Raimund Schulz, Uwe Walter
Griechische Geschichte ca. 800–322 v. Chr.

Grundriss der Geschichte

———

Herausgegeben von Hans Beck, Karl-Joachim Hölkeskamp, Achim Landwehr, Steffen Patzold und Benedikt Stuchtey

Band 50/2

Raimund Schulz, Uwe Walter

Griechische Geschichte ca. 800–322 v. Chr

Band 2: Forschung und Literatur

ISBN 978-3-11-076245-7
e-ISBN (PDF) 978-3-11-076257-0
e-ISBN (EPUB) 978-3-11-076263-1

Library of Congress Control Number: 2021949013

Bibliografische Information der Deutschen Nationalbibliothek
Die Deutsche Nationalbibliothek verzeichnet diese Publikation in der
Deutschen Nationalbibliografie; detaillierte bibliografische Daten
sind im Internet über http://dnb.dnb.de abrufbar.

© 2022 Walter de Gruyter GmbH, Berlin/Boston
Satz: bsix information exchange GmbH, Braunschweig
Druck und Bindung: CPI books GmbH, Leck

www.degruyter.com

Vorwort der Herausgeber

Die Reihe *Oldenbourg Grundriss der Geschichte* dient seit 1978 als wichtiges Mittel der Orientierung, sowohl für Studierende wie für Lehrende. Sie löst seither ein, was ihr Titel verspricht: ein Grundriss zu sein, also einen Plan zur Verfügung zu stellen, der aus der Vogelschau Einsichten gewährt, die aus anderen Perspektiven schwerlich zu gewinnen wären.

Seit ihren Anfängen ist die Reihe bei ihren wesentlichen Anliegen geblieben. In einer bewährten Dreiteilung wollen ihre Bände in einem ersten Teil einen Überblick über den jeweiligen historischen Gegenstand geben. Ein zweiter Teil wird bestimmt durch einen ausgiebigen Forschungsüberblick, der nicht nur den Studierenden in einem historischen Forschungsgebiet eine Übersicht über gegenwärtige wie vergangene thematische Schwerpunkte und vor allem Debatten gibt. Denn angesichts der Komplexität, Internationalität sowie der zeitlichen Tiefe, die für solche Diskussionen kennzeichnend sind, stellt es auch für Wissenschaftler eine zunehmende Herausforderung dar, über die wesentlichen Bereiche einer Forschungsdebatte informiert zu bleiben. Hier leistet die Reihe eine wesentliche Hilfestellung – und hier lässt sich auch das Merkmal identifizieren, das sie von anderen Publikationsvorhaben dieser Art deutlich abhebt. Eine umfangreiche Bibliographie rundet als dritter Teil die jeweiligen Bände ab.

Im Laufe ihrer eigenen Historie hat der *Oldenbourg Grundriss der Geschichte* auf die Veränderungen in geschichtswissenschaftlichen Diskussionen und im Geschichtsstudium reagiert. Die Reihe hat sich nach und nach neue Themenfelder erschlossen. Es geht nicht mehr ausschließlich darum, in der griechisch-römischen Antike zu beginnen, um das europäische Mittelalter zu durchschreiten und schließlich in der Neuzeit als unserer erweiterten Gegenwart anzukommen. Dieser Gang durch die Chronologie der deutschen und europäischen Geschichte ist für die Orientierung im historischen Geschehen weiterhin grundlegend; er wird aber zunehmend erweitert durch Bände zu nicht europäischen Themen und zu thematischen Schwerpunkten. Die Reihe dokumentiert damit die inhaltlichen Veränderungen, die sich in den Geschichtswissenschaften international beständig vollziehen.

Mit diesen Inhalten wendet sich die Reihe einerseits an Studierende, die sich die Komplexität eines Themenfeldes nicht nur inhaltlich, sondern auch forschungsgeschichtlich erschließen wollen. Andererseits sollen Lehrende in ihrem Anliegen unterstützt werden, Themengebiete in Vorlesungen und Seminaren vermitteln zu können. Im Mittelpunkt steht aber immer der Versuch zu zeigen, wie Geschichte in ihren Ereignissen und Strukturen durch Wissenschaft gemacht wird und damit selbst historisch gewachsen ist.

Hans Beck
Karl-Joachim Hölkeskamp
Achim Landwehr
Steffen Patzold
Benedikt Stuchtey

Vorwort

Die letzte, bibliographisch ergänzte Auflage des Vorgängerbandes in dieser Reihe, verfasst von Wolfgang Schuller († 2020), erschien 2008, Konzeption und erste Fassung liegen jedoch mehr als vierzig Jahre zurück. In diesem langen Zeitraum haben sich die Rahmenbedingungen für den „Oldenbourg Grundriss" doppelt verändert: Es gibt inzwischen eine nicht geringe Zahl von einbändigen Überblicken, außerdem gediegene Bücher zu den Hauptepochen der Griechischen Geschichte in den europäischen Hauptsprachen. Gleichzeitig sieht das Geschichtsstudium durch den sogenannten Bologna-Prozess heute anders aus als vor einer Generation. Orientierungswissen für Anfänger soll nunmehr vielfach durch stark elementarisierte Kompaktlehrbücher vermittelt werden, während fortgeschrittene Studenten punktuell an historischen Problemen arbeiten. Der forschungs- und problemorientierte Epochenüberblick, mit dem breiter angelegte Seminare sowie das Abschlussexamen fundiert vorbereitet werden könnten, hat auch insofern an Bedeutung verloren, als ‚Bildung' gegenüber Kreditpunkten ins Hintertreffen geraten ist und vielerorts am Ende des Studiums gar keine große Prüfung mehr steht. Die Bände der Reihe „Oldenbourg Grundriss der Geschichte" (OGG) haben es daher heute schwerer als 1980, als sie wie Landregen auf einem trockenen Feld begrüßt wurden.

Dennoch sind Verlag und Verfasser überzeugt, dass die Reihe mit ihrem Konzept wertvoller denn je ist und eine Lücke füllt. Denn es fehlt ein Buch, welches das aktuelle Bild der Griechischen Geschichte von ca. 800/750 bis Alexander explizit an seine gedanklichen Voraussetzungen zurückbindet sowie pointiert den Stand der Forschung zu den wichtigsten Themen transparent macht. Nur so kann Geschichte als Problem erkannt werden und die Arbeit an den Quellen einen stabilen Rahmen erhalten. Eine solche reflektierte und kritische Orientierung soll auch Lesern dienen, die ihr Studium schon hinter sich haben, etwa Lehrern und Wissenschaftlern, die andere Epochen oder Disziplinen beackern, sowie allgemein Interessierten.

Anders als Wolfgang Schuller sind wir in der sowohl komfortablen wie delikaten Lage, bestimmte systematische Sachgebiete wie Religion, Wirtschaft, Haus und Familie sowie Geschlechterbeziehungen teilweise ausklammern zu können beziehungsweise zu müssen, weil dafür inzwischen in der parallelen „Enzyklopädie der griechisch-römischen Antike" (EGRA) Synthesen und Forschungsüberblicke auf relativ aktuellem Stand vorliegen. Das entlastet, birgt aber auch die Gefahr, diese Sektoren in ihrer Bedeutung für die im vorliegenden Band behandelten Gegenstände zu vernachlässigen. So haben wir uns bemüht, einige unentbehrlich erscheinende Faktoren und Phänomene, etwa den Oikos oder den Krieg, zu integrieren, und verweisen ansonsten auf die EGRA-Bände. Für das Themenfeld „Konstruierte Identitäten: Mythen, Vergangenheitsfiktionen, Barbaren, Hellenen" erschien es wenig sinnvoll, die verschiedenen, nur ganz exemplarisch anzuführenden Phänomene in beiden Teilen des Buches zu behandeln; das entsprechende Kapitel 2.7 im Forschungsteil bietet aber auch die nötige sachliche Auskunft.

Der Umfang des Manuskriptes erforderte es, das Werk zu teilen, wobei Band 1 den Darstellungsteil, die chronologische Übersicht, die Karten, ein Glossar mit Erklärungen wichtiger Begriffe sowie ein eigenes Register enthält. Dieser Band kann auch für sich als eine knappe, moderne Geschichte des antiken Griechenland vor Alexander gelesen werden. Band 2 umfasst den Forschungsteil sowie die Bibliographie. Querverweise mit arabischen Ziffern beziehen sich auf den jeweils gleichen Band, solche mit I oder II auf den jeweils anderen.

Alle antiken Jahreszahlen sind „v. Chr." zu verstehen, wenn nicht anders ausgewiesen oder evident (z. B. 1918). Aus ästhetischen und stilistischen Gründen verwenden wir das grammatikalisch korrekte generische Maskulinum. Im Text genannte Literatur ist durch die beigefügte Dezimalnummerierung leicht in der Bibliographie aufzusuchen. Fehlt die Angabe, so findet sich der Titel im gleichnamigen Unterkapitel der Bibliographie. Wenn wir überwiegend neuere und neueste Literatur nennen, so bedeutet das mitnichten, dass wir ältere Arbeiten für überholt und nicht mehr konsultierenswert hielten – es gibt auch auf dem Gebiet der Griechischen Geschichte junggebliebene Klassiker in erklecklicher Zahl! Nicht selten führen wir einen von ihnen an, auch solche aus dem 19. Jahrhundert, müssen aber zumal für die ‚mittelalte' Literatur auf die am Ende ca. 1900 Titel umfassende Zusammenstellung bei Schuller verweisen, der in dieser Hinsicht nützlich bleibt und überdies leicht zugänglich ist.

Wir danken dem Herausgeber Hans Beck sowie allen Kolleginnen, Kollegen und Freunden, mit denen wir bei unterschiedlichen Gelegenheiten Probleme der Griechischen Geschichte diskutieren konnten und die uns durch ihre Hinweise und Kritik weitergeholfen haben. Der Verlag hat es ermöglicht, das Werk ohne Kürzungen in zwei Bänden vorzulegen.

Bielefeld, im August 2021
Raimund Schulz / Uwe Walter

Inhaltsverzeichnis

Band 2

Vorwort der Herausgeber —— V

Vorwort —— VII

II		Grundprobleme und Tendenzen der Forschung —— 1
1		Griechische Geschichte studieren —— 1
	1.1	Grundlinien des Verständnisses —— 1
	1.1.1	Etablierte Gesamtentwürfe —— 1
	1.1.2	Zäsuren und Epochenbegriffe —— 4
	1.1.3	Das Angebot des vorliegenden Buches —— 5
	1.1.4	Jenseits einer ‚griechischen' Geschichte —— 8
	1.2	Grundkategorien des Historischen: Raum, Zeit, Bevölkerung —— 16
	1.3	Die Quellen —— 22
2		Grundstrukturen und Basisprozesse —— 28
	2.1	Bronzezeit und *Dark Ages* als Voraussetzungen —— 29
	2.2	Ordnungsrahmen I: Haus, Familie, Wirtschaft —— 39
	2.3	Ordnungsrahmen II: Gesellschaft und soziale Beziehungen —— 46
	2.3.1	Schichtung und Interaktionen —— 46
	2.3.2	Distinktion und Gruppenbildung: die Aristokratie —— 54
	2.4	Menschen in Bewegung: Mobilität, Migration, Siedlungsexpansion —— 63
	2.5	Politische Organisationsformen —— 78
	2.5.1	Die Polis: Räumlichkeit, Institutionalisierung, Bürgerstaatlichkeit, Integration, Stasis —— 82
	2.5.2	Ordnungsmodelle in der Polis: Tyrannis, Oligarchie, Demokratie —— 98
	2.5.3	Alternativen zur Polis —— 104

	2.5.4	Der Beitrag des politischen Denkens —— 111
	2.6	Krieg —— 114
	2.7	Konstruierte Identitäten: Mythen, Vergangenheitsfiktionen, Barbaren, Hellenen —— 130
3	**Facetten der griechischen Staatenwelt —— 146**	
	3.1	Milet und Ionien —— 146
	3.2	Kreta —— 152
	3.3	Delphi und die Delphische Amphiktyonie —— 155
	3.4	Sparta und sein peloponnesisches Machtsystem —— 158
	3.5	Korinth —— 173
	3.6	Theben und das übrige Boiotien —— 179
	3.7	Athen: maritime Großmacht und Demokratie —— 184
	3.8	Massilia —— 203
	3.9	Syrakus —— 208
4	**Die Griechen machen große Politik (550–400) —— 219**	
	4.1	Die Griechen im Mittelmeerraum —— 219
	4.2	Sparta und Athen gegen Ende des 6. Jahrhunderts —— 223
	4.3	Große und kleine Kriege in Ost und West – Der Perserkrieg (499–478) —— 229
	4.4	Athen in der Offensive —— 239
	4.5	Der Peloponnesische Krieg (431–404) —— 253
5	**Neue Machtkonstellationen und Transformationen des Politischen (400–322) —— 261**	
	5.1	Neue Konflikte, alte Fronten und der Wiederaufstieg Persiens bis zum Königsfrieden —— 261
	5.2	Veränderung der machtpolitischen Gewichte in Ost und West —— 273
	5.3	Der Aufstieg Makedoniens unter Philipp II. —— 281
	5.4	Griechenland im Schatten des Alexanderzuges —— 286

III	Literatur —— 291
1	Griechische Geschichte studieren —— 291
2	Grundstrukturen und Basisprozesse (800–320) —— 309
3	Hellas in seiner Vielfalt —— 333
4	Die Griechen machen große Politik (550–400) —— 353
5	Neue Machtkonstellationen und Transformation des Politischen (400–322) —— 358

Register —— 363

Band 1

Vorwort der Herausgeber —— V

Vorwort —— VII

I	Darstellung —— 1	
1	Griechische Geschichte: gedankliche und reale Voraussetzungen —— 1	
	1.1	Traditionen und neue Ausrichtungen —— 1
	1.2	Die Menschen in ihren Lebensumwelten —— 7
2	Grundstrukturen und Basisprozesse —— 14	
	2.1	Bronzezeit und *Dark Ages* als Voraussetzungen —— 15
	2.2	Ordnungsrahmen I: Haus, Wirtschaft und Politik —— 23
	2.3	Ordnungsrahmen II: Gesellschaft und soziale Beziehungen —— 29
	2.3.1	Schichtung und Trennlinien —— 29
	2.3.2	Distinktion und Gruppenbildung: die Aristokratie —— 32
	2.4	Menschen in Bewegung: Mobilität, Migration, Siedlungsexpansion —— 38
	2.5	Gemeinschaftsaufgaben und öffentliche Ordnung: die Polis und ihre Alternativen —— 48

2.5.1 Die Polis: Räumlichkeit, Institutionalisierung, Bürgerstaatlichkeit, Integration, Stasis —— 51
2.5.2 Ordnungsmodelle in der Polis: Tyrannis, Oligarchie, Demokratie —— 64
2.5.3 Alternativen zur Polis —— 72
2.5.4 Der Beitrag des politischen Denkens —— 79
2.6 Krieg und zwischenstaatliche Beziehungen —— 82

3 Facetten der griechischen Staatenwelt —— 91
3.1 Milet und Ionien —— 92
3.2 Kreta —— 96
3.3 Delphi und die Delphische Amphiktyonie —— 99
3.4 Sparta und sein peloponnesisches Machtsystem —— 105
3.5 Korinth —— 117
3.6 Theben und das übrige Boiotien —— 122
3.7 Athen: maritime Großmacht und Demokratie —— 127
3.8 Massilia —— 148
3.9 Syrakus —— 152

4 Die Griechen machen große Politik (550–400) —— 158
4.1 Die Griechen im Mittelmeerraum —— 158
4.2 Sparta und Athen gegen Ende des 6. Jahrhunderts —— 164
4.3 Große und kleine Kriege in Ost und West (499–478) —— 167
4.4 Griechen in der Offensive: die syrakusanische Hegemonie im Westen und der Aufstieg Athens zur ostmediterranen Seemacht (478–460) —— 175
4.5 Rückschläge für Athen und Verfestigung der Gegensätze – ein bipolares Hellas? (460–431) —— 184
4.6 Die Ausweitung imperialer Ambitionen nach Westen und der Peloponnesische Krieg —— 191

5 **Neue Machtkonstellationen und Transformationen des Politischen (400–322)** —— **200**
    5.1   Neue Konflikte, alte Fronten und der Wiederaufstieg Persiens bis zum Königsfrieden —— **200**
    5.2   Neue Organisationsstrukturen und Verlagerung der Macht an die Randgebiete —— **207**
    5.3   Wechselspiele der Macht —— **212**
    5.4   Der Expansion Makedoniens unter Philipp II. —— **216**
    5.5   Griechenland im Schatten des Alexanderzuges —— **221**

Chronologische Übersicht —— **231**

Glossar —— **239**

Karten —— **253**

Register —— **261**

II Grundprobleme und Tendenzen der Forschung

1 Griechische Geschichte studieren

1.1 Grundlinien des Verständnisses

1.1.1 Etablierte Gesamtentwürfe

‚Griechische Geschichte' erwuchs als Gegenstand historischer Forschung und Bildung in Europa aus Orientierungsbedürfnissen seit dem ausgehenden 18. Jahrhundert. Mit dieser Feststellung ist sie allerdings nicht der Beliebigkeit und Dekonstruktion preisgegeben. Denn zum einen stellt sie ein Stück Tradition, ein Segment unserer Wissensordnung dar, das nicht einfach ignoriert werden kann. Zum anderen geht es im vorliegenden Buch immer wieder um die guten Gründe, die es erlauben, auch jenseits des kulturell Tradierten weiterhin von einer ‚Griechischen Geschichte' zu sprechen.

Überblicke zur Forschungsgeschichte berücksichtigen den jeweiligen Zeithintergrund: Idealisierung der Hellenen im Klassizismus und Neuhumanismus [repräsentativ 1.2.1: CURTIUS, Griechische Geschichte]; ‚realistische' Hinwendung zu Macht, Staat und Wirtschaft mit positivistischer Methodik im späteren 19. Jahrhundert; Suche nach neuen Sinnhorizonten in der Krise nach 1918 [NÄF, Deutungen] usw. Eine zweite Linie bildete die zunehmende Professionalisierung der wissenschaftlichen Forschung. Gediegene Grundrisse bieten J. K. DAVIES, Griechische Geschichte; C. AMPOLO, Storie greche; K. CHRIST, Hellas; essayistisch U. WALTER, Erzählungen; für bio-bibliographische Informationen s. KUHLMANN / SCHNEIDER [1.6.2]; zum weiteren Kontext, den Themen und Verwendungen s. jetzt S. REBENICH, Die Deutschen und ihre Antike. Ein Inventar von bis heute fortwirkenden Interpretationsmustern hat G. BILLETER vorgelegt [Anschauungen]. Ein in Deutschland lange Zeit ‚heißes' Thema umreißt P. FUNKE [Das antike Griechenland: eine gescheiterte Nation?], eines der imperialen Macht Großbritannien T. HARRISON [Through British Eyes]. Wie verschieden der Gegenstand in seiner räumlichen Ausdehnung aufgefasst wurde, zeigt A. HARTMANN, Was ist Griechische Geschichte. Forschungstrends

Überblicke

und Perspektiven umreißen [alle 1.5] J. DAVIES [Greek history], R. OSBORNE [Changing Ancient Greek History] und H.-J. GEHRKE [Methodologische Überlegungen].

Die Fundamentbauer

Die Rekonstruktion der pragmatischen Geschichte kann für das 6., 5. und 4. Jahrhunderts seit den um 1900 entstandenen großen Werken [alle 1.2.1] von ED. MEYER und K.-J. BELOCH als gesichert gelten. Letzterer akzentuierte auch Wirtschaft und Demographie, während G. BUSOLT [Griechische Geschichte] v. a. ein Quellenrepertorium bietet. Daneben stehen die ältere „History of Greece" von G. GROTE, ausgezeichnet durch eminente historisch-politische Vernunft [NIPPEL, Grotes *History of Greece*; zum Autor s. DEMETRIOU, Companion], sowie die „Griechische Kulturgeschichte" von J. BURCKHARDT [1.2.1], die an scharfen Beobachtungen reich ist und wirkmächtige Konzepte (Polis; agonales Prinzip) prägte; dazu BURCKHARDT / GEHRKE, Jacob Burckhardt und die Griechen. Gedanklich tiefschürfend und sprachlich prägnant, wie sie ist, bleibt die Interpretation von A. HEUSS [1.2.1: Hellas] lesenswert, zum Autor s. die Beiträge in GEHRKE, Alfred Heuss. V. EHRENBERG [1.2.1: From Solon to Socrates] sieht in den beiden titelgebenden Gestalten die „moderation and clarity of mind which are the mark of Athenian greatness" repräsentiert. Griechische Geschichte war einst ein Projekt der Aufklärung, nicht der Verfremdung. Zum Verfasser s. eindringlich H. SCHAEFER, Victor Ehrenbergs Beitrag. Leider nie übersetzt wurde die ebenfalls bis zum Tod des Sokrates reichende Darstellung, in der G. DE SANCTIS während des Faschismus der Freiheit der Griechen und ihren geistigen Errungenschaften ein Denkmal setzte [1.2.1: Storia dei Greci; s. CHRIST, Hellas, 278–282].

Moderne Klassiker

Orientierende Sammelwerke

Faktenreich und für die wissenschaftliche Orientierung unentbehrlich sind die Bände der „Cambridge Ancient History" [1.3: CAH]; ähnlich breit angelegt, doch insgesamt ‚moderner' ist das italienische Sammelwerk „I Greci" [1.3: SETTIS; dazu U. WALTER, Historische Zeitschrift 271, 2000, 93–122]. Viele Beiträge im „Oxford Handbook of Hellenic Studies" von BOYS-STONES und GRAZIOSI [1.3] reflektieren die Bestimmung des Gegenstands dezidiert kritisch und problematisieren die Begriffe „Hellenic/Hellenism" selbst sowie die vielfältigen Zugriffe auf die ‚griechische Welt': Gerade durch eine lange und starke Tradition verfestigte Konzepte müssten immer wieder auf ihre Voraussetzungen und Triftigkeit hin überprüft werden; vgl. S. 3: „The ancient Greek world is contested, fragile, and phantasmatic; it is constructed by a gaze that looks intensely back into the past." Ähnlich grundsätzlich verwerfen ULF / KISTLER [1.2.2: Entstehung] die Frage nach möglichen ‚Anfängen' der Geschichte der Griechen und nach Kontinuitäten sowie generell alle Essentialisierungen von Volk, Nation oder Kultur zugunsten eines komplexen Ineinander von „emischen" und „etischen" Perspektiven (Selbstbeschreibung bzw. Außensicht) im Rahmen eines langwierigen Ethnogeneseprozesses. Man kann allerdings fragen, wo überhaupt noch Bastionen überholter Vorstellungen zu stürmen sind. Kondensate des aktuellen Forschungsstandes finden sich in 1.3: GEHRKE /SCHNEIDER, Geschichte der Antike (Beiträge von J. WIESEHÖFER, E. STEIN-HÖLKESKAMP / K.-J. HÖLKESKAMP und P. FUNKE). Einbändige Darstellungen haben zuletzt R. SCHULZ, C. ORRIEUX / P. SCHMITT-PANTEL, I. MORRIS / B. POWELL, K.-W. WELWEI, V. PARKER und R. OSBORNE vorgelegt [alle 1.2.1]. SCHULZ [Kleine Geschichte] betont die anfängliche Randlage von Hellas gegenüber den Mächten des Vorderen Orients, aus der sich ab dem 6. Jahrhundert eine Dialektik aus Anziehung und Abstoßung entwickelte. Schrittmacher der Entwicklungen seien die ungewöhnliche Mobilität der Griechen seit frühester Zeit sowie der Krieg gewesen. ORRIEUX / SCHMITT-PANTEL [History] repräsentieren die Tradition französischer *manuels* und beziehen Forschungskontroversen ein. MORRIS / POWELL [The Greeks] geben eine sehr klare, durch viele Quellenzitate anschauliche Darstellung. K.-W. WELWEIS Synthese [Griechische Geschichte] sucht zahlreiche Detailprobleme der Forschung zu berücksichtigen, ist dadurch aber nicht immer einfach zu lesen. In einem mit kühnen Thesen (etwa: Kontinuität seit der Bronzezeit; oligarchische Züge in der Athenischen Demokratie; Hellas im 4. Jahrhundert stark überbevölkert) aufwartenden Buch zieht V. PARKER [History of Greece] ausdrücklich den Quellenbefund einem stärker abstrahierenden und synthetisierenden Zugriff vor; vgl. U. WALTER, Sehepunkte 14, 2014, Nr. 7/8; R. OSBORNE, Bryn Mawr Classical Review 2014.09.11: „reactionary". OSBORNE seinerseits [Greek History] sieht – mitunter überpointiert – den Gang der Dinge durch „Labilität und Fluktuation, nicht stabile Entwicklungslinien" [R. SCHULZ, Klio 88, 2006, 242] geprägt. WALTER [1.2.1: Griechenland] verbindet Daten, strukturgeschichtliche Erklärungen, tabellarische Übersichten und Karten.

Neuere einbändige Überblicke

Detaillierte, farbig gestaltete historische Karten bilden den Kern des „DNP-Atlas" [1.7.1: WITTKE u. a., Historischer Atlas],

Historische Atlanten

durch den die älteren weltgeschichtlichen Kartenwerke (Putzger; Westermann) weitgehend überholt sind.

Sektorale Zugriffe — Die Spannung zwischen den Transformationen der griechischen Antike im Laufe der Rezeptionsgeschichte und dem ‚realhistorischen' Stratum sucht ein umfangreicher Sammelband durch Rückgriff auf das Konzept des Erinnerungsortes aufzulösen [1.3: STEIN-HÖLKESKAMP / HÖLKESKAMP, Die griechische Welt]. Verschiedene Handlungsräume und -stile beleuchten die Beiträge in 1.3: VERNANT, Der Mensch, etwa den Homo Oeconomicus, den Bürger oder den Krieger. In zehn Eigenschaften (z. B. Neigung zur Seefahrt) will E. HALL [Die alten Griechen, 2017] eine zwar historisch gewachsene, aber doch charakteristische hellenische Mentalität aufweisen.

1.1.2 Zäsuren und Epochenbegriffe

Periodisierung — Ein grundlegendes und unabdingbares Ordnungsmuster historischer Forschung ist die Periodisierung; s. U. WALTER, 1.6.1: DNP 9, 2000, 576–582. Größere geschichtliche Abschnitte werden gegenüber dem gleichförmigen Fortschreiten der Zeit so mit Sinn aufgeladen (und qualitativ differenziert), dass sie unter dem gewählten Aspekt jeweils eine plausible Einheit (Periode, Epoche, Zeitalter) bilden und einzelne Ereignisse den Rang von Epochenwenden oder Zäsuren erhalten. Diese Einheiten werden qualitativ unter bestimmten, erklärenden Perspektiven unterschieden, und dies wiederum bildet zugleich Rahmen und Voraussetzung für weitere Forschungen. Ungeachtet ihrer Abhängigkeit von den jeweils bevorzugten Kriterien bleibt Periodisierung als Ausdruck einer wissenschaftlichen Konsolidierung wie auch neuer Akzentsetzungen und Paradigmen, ferner in der Organisation der akademischen Disziplinen sowie im Geschichtsunterricht unentbehrlich.

Epochenbegriffe — Dass der Griechischen Geschichte eine auf der Hand liegende Tektonik fehlt, zeigt sich auch an den etablierten Epochenbegriffen. Die beiden gängigen Bezeichnungen für den im vorliegenden Band behandelten Zeitraum – Archaische Zeit, konventionell von ca. 800 bis 490 oder 479/78 gerechnet, und Klassische Zeit (490 oder 479/78 bis 322) – sind ihrem Ursprung nach ästhetisch-kulturgeschichtliche Qualitätsbegriffe; dazu 1.4: WALTER, Archaische Zeit; DERS., The Classical Age. Wir behalten beide Bezeichnungen grundsätzlich bei, legen jedoch eine modifizierte Gliederung zugrunde (s. Bd. 1, S. 158 ff. und u. S. 28 f.). Die Charakterisierung „Die Griechen machen große Politik" geht auf A. HEUSS zurück [1.2.1: Propyläen Weltgeschichte III, 23 f.], der sie allerdings für das 5. und 4. Jahrhundert gebrauchte. Eine Zäsur um 400 lässt sich jedoch rechtfertigen [1.2.3: HORNBLOWER, The Greek World, 190–216]; auch die Athenische Demokratie erfuhr in dieser Zeit wesentliche Modifikationen (u. 3.7). Weit verbreitet ist auf der Ereignisebene folgende Binnenperiodisierung der Epoche zwischen den Schlachten von Marathon (490) und Chaironeia (338) bzw. dem Lamischen Krieg (322): Perserkriege (500/490–479/8), Pentekontaëtie (479/8–431), Peloponnesischer Krieg (431–404), überlappende Versuche von Hegemoniebildungen griechischer Staaten und Aufstieg Makedoniens zur Vormacht (404–338), endgültige Niederlage Athens gegen Makedonien (322). Dabei stellt der Peloponnesische Krieg, aufgefasst als ein in sich geschlossener Ereignis- und Sinnzusammenhang, eine Konstruktion des Geschichtsschreibers Thukydides dar [1.5: STRAUSS, Problem of Periodization], die zeitgenössisch kaum beachtet und erst in der Neuzeit kanonisch wurde. Stets zu bedenken ist jedoch, dass die gängigen wie die modifizierten Epochenbezeichnungen und Zäsuren für den großen Zusammenhang und die Hauptakteure des Kernlandes, v. a. Athen, Sparta, Korinth und Theben, plausibel sind, während lokal ganz andere Einschnitte naheliegen bzw. in den Gemeinschaften memoriert wurden. Auch für die Westgriechen ergibt sich eine andere Sequenz; hier waren es einzelne Tyrannen, die buchstäblich ‚Epoche machten' [3.9: FUNKE, Western Greece]. – Zu Begriff und Definition des Hellenismus gibt der Oldenbourg-Grundriss von H.-J. GEHRKE (2003³) Auskunft; als Gesamtschau zu empfehlen ist A. CHANIOTIS, Die Öffnung der Welt. Eine Globalgeschichte des Hellenismus, 2019. – Die gängigen Epochenbegriffe behaupten sich zäh gegen Revisionsversuche, das zeigen gerade die an ihnen festhaltenden, ansonsten oft sehr innovativen neueren Darstellungen und ‚Companions', die in der Bibliographie aufgelistet sind [1.2.2 und 1.2.3]. Speziell zur Archaik s. u. S. 28 f.

Binnenperiodisierung

1.1.3 Das Angebot des vorliegenden Buches

Vor hundert Jahren hat V. EHRENBERG – zeitbedingt essenzialisierend – den Kern der Griechischen Geschichte in der „Stellung des Griechentums zwischen Okzident und Orient" sowie in der „Einheit des Menschen im Staat als der politisch-religiösen Gemeinschaft" gesehen [Vom Sinn der griechischen Geschichte (1923), in: 1.3: DERS., Polis und Imperium, 7–18, hier: 8. 13]. Damit zog er zwei Fluchtlinien aus: Wie formierten sich die Griechen zwischen 800 und 320 im größeren Rahmen der mediterranen und vorderasiatischen Welt? Und: Inwiefern definierten Verfahren und Praktiken der politischen Integration, was als spezifisch griechisch gelten kann? Auf beide Fragen konzentriert sich auch der vorliegende Grundriss. Dabei gehen wir von einer dialektischen Verschränkung aus: Die spezifische historische Gestalt der Griechen prägt sich aus, indem diese seit frühester Zeit vielfältige Impulse von anderen Mächten und Kulturen aufnahmen, ohne jedoch von diesen deren Stempel aufgedrückt zu bekommen. Dies wurde möglich, da die Bewohner der südlichen Balkanhalbinsel mit ihren zahlreichen küstennahen Lokalitäten sowie der Inselwelten bereits in der Bronzezeit eine ausgeprägte Disposition für Aufbruch, Mobilität und Migration entwickelten. Dabei waren die sich formierenden Gemeinschaften bis etwa 550 keiner starken Machtprojektion von außen ausgesetzt. Sie konnten so in wechselseitiger Konkurrenz und Nachahmung sehr ähnliche Merkmale ausbilden; hierzu gehörten die agrarische Lebensgrundlage, ferner das Nebeneinander und Zusammenwirken von aktiven Eliten und mobilisierbaren Bürgerschaften, häufig in einem verdichteten Siedlungszentrum, sowie politische Institutionen und kulturelle Praktiken von erheblicher Prägekraft. Größe, Mittel, Optionen und Ambitionen waren in der griechischen Staatenwelt jedoch ungleich verteilt. Seit etwa 550 beschleunigte sich die historische Entwicklungsdynamik sowohl in den innergriechischen Beziehungen als auch durch Interaktionen größerer griechischer Staaten mit auswärtigen Mächten wie dem Perserreich und Karthago sowie durch weiträumigere Machtbildungen (Sparta, Athen, Syrakus). Hierbei kam den Griechen ihre alte Vertrautheit mit dem Krieg und der Seefahrt zugute. Im 4. Jahrhundert wuchs die Zahl der ‚Big Player': Ressourcenreiche, doch bis dahin politisch ‚unterentwickelte' Formationen wie Boiotien, Thessalien und Makedonien erstarkten nunmehr nachholend und wuchsen in einer Art ‚sekundärer Modernisierung' zu – mindestens zeitweise – machtvollen Akteuren.

Zu den Konstanten in der Geschichte der Griechen zählen wir ferner deren Lust an und Kreativität in der Politik. Diese manifestierten sich nicht nur resultativ in Phänomenen wie der Polis, dem hegemonialen Bündnis oder dem Bundesstaat, sondern auch performativ in den Akteuren bzw. Akteursgruppen und ihren politischen ‚Handlungsstilen': Aristokraten als aktive Individuen und als Gruppe; bäuerliche Gemeinschaft bzw. Gliedgemeinden; genossenschaftliche Assoziationsformen; Zerfall der Bürgerschaft in Parteiungen; Unterdrückungssysteme gegen ganze Bevölkerungen; Politik als Domäne der Männer sowie als Lebensform in der Demokratie usw. Hier geht es – nach den zahlreichen kulturalistischen *turns*, in deren Verlauf die Geschichte zunehmend in Diskurse aufgelöst zu werden schien – durchaus wieder um harte Fakten: Teilhabe/Ausschluss, Herrschaftsstrukturen, Wehrkraft, Expansion, Krieg und Gewalt sowie Freiheit/Unfreiheit.

Loyalitäten, Strukturen, Handlungsräume und politische Stile waren in Hellas ganz maßgeblich lokal bestimmt und bildeten sich auf diesem Feld aus, wie neuerdings H. Beck eindringlich dargelegt hat [1.5: Localism]. Die Idee ist nicht gänzlich neu; bereits H. Berve hatte das Bemühen um „Lokaltöne" als eine Herausforderung beim Schreiben einer Griechischen Geschichte benannt [Gnomon 4, 1928, 474]. ‚Die Griechen' sind weder generalisierend noch allein in ihren am besten dokumentierten Vertretern zu erfassen. In diesem Sinn hat bereits H.-J. Gehrke [1.5: Jenseits von Athen und Sparta] eine größere Zahl von Stadtstaaten typologisch nach geographischer Lage, Größe und ökonomischen Grundlagen differenziert. S. Hornblower fächert seine meisterliche Darstellung des 5. und 4. Jahrhunderts [1.2.3: The Greek World] regional breit aus; die Besonderheiten der Ost- und der Westgriechen seien dabei maßgeblich aus den Möglichkeiten und Gefahren ihrer geographischen Lage zu erklären. Bereits der genannte H. Berve meinte in seiner Gesamtschau [1.2.1: Griechische Geschichte], freilich von hoher Warte aus, zumindest in der Archaik bei den Ioniern, Westgriechen sowie im Mutterland unterschiedliche ‚Stile' und Strukturen identifizieren zu können. Das Bemühen, alle erreichbaren Daten zu jeder Polis zu sammeln und zu klassifizieren bzw. zu typologisieren, leitete dagegen die Forschungen des „Copenhagen Polis Centre"; s. u. 2.5.1. Über die verdichtete Polis hinaus wiesen die größeren Vergemeinschaftungen (u. 2.5.3). Sie finden unter rechtlich-politischen Gesichtspunkten schon lange das Interesse der Forschung; hinzugetreten ist zuletzt die Frage nach den in ihnen wirkenden kulturellen und emotionalen Bindekräften. Dabei

Lokale und regionale Besonderheiten

Ethnizität

wird unter den Stichworten „Ethnizität" und „ethnische Identität" untersucht, wie sich „imagined communities" [B. Anderson] bildeten: Diese formierten sich auf der Basis mythischer Erzählungen von einer gemeinsamen Abstammung und kollektiven Leistungen, ferner eines gemeinsamen Namens und Siedlungsraums und schließlich von geteilten Kulten und kulturellen Praktiken. Dazu gibt es inzwischen einen eigenen „Companion" mit mehreren Beiträgen auch zu den Griechen [1.5: McInerney, Companion to Ancient Ethnicity; darin der dichte Forschungsüberblick von N. Luraghi, The Study of Greek Ethnic Identities, 213–227]. Wichtige Beiträge vereinigte bereits 1.5: Malkin, Perceptions of Greek Ethnicity; vgl. ferner die beiden breit rezipierten Monographien von J. Hall [2.7: Ethnic Identity; 2.7: Hellenicity].

Politische Kultur

Freilich gelten die dort entwickelten Muster ebenso für die urban verdichtete Polisstaatlichkeit: Innere Kohärenz von Gemeinschaften, stabiles Verhalten sowie Einsatz- und Opferbereitschaft waren keineswegs selbstverständlich oder in Urgründen des ‚Volkes' bzw. einer lokalen ‚Schicksalsgemeinschaft' verankert, wie die ältere Forschung annahm, sondern sie mussten immer wieder durch Regeln und Praktiken verschiedener Art befestigt und eingeschärft werden – zumal gerade bei den Griechen erodierende Kräfte wie inneraristokratische Konkurrenz, soziale Konflikte oder ein polarisierender Anschluss an auswärtige Mächte selten fehlten. Das ist das Thema der seit gut drei Jahrzehnten blühenden Forschungen zur ‚Politischen Kultur'. Sie wurde für die römische Republik allerdings ungleich kompakter untersucht als für die vielgestaltige hellenische Welt. Immerhin ist das Paradigma nicht nur in die erwähnte Ethnizitätsdebatte, sondern auch in das Konzept der „city-state culture" [s. 2.5: Molho, City States; 2.5: Hansen, Inventory, XIII] sowie der Polisreligion eingeflossen [dazu 2.5: Sourvinou-Inwood, What is Polis Religion?].

1.1.4 Jenseits einer ‚griechischen' Geschichte

Postkolonialismus

Heftige Kritik an den etablierten Erzählungen erwuchs aus dem intellektuellen Umfeld der sog. *postcolonial studies*, die indes primär in der Literaturwissenschaft blühen und die Althistorie noch nicht mit voller Wucht getroffen haben [s. jedoch U. Walter, Klio 102, 2020, 711–717]. Eine Ausnahme bilden Arbeiten zu Migration und Kolonisation (s. ausführlich u. 2.4): Zwar setzt die unzurei-

chende Dokumentation dem Wunsch, die Sicht der ‚Kolonisierten'
und ihre ‚agency' sowie Fragmentierung und Hybridität in den
Vordergrund zu rücken [1.5: VAN DOMMELEN, Colonial constructs],
enge Grenzen, doch mit Recht sieht man heute stärker in Räumen
wie Spanien, Südfrankreich oder Italien komplexe Interaktionen
zwischen Gruppen wie Einzelpersonen am Werk [1.5: DIETLER /
LÓPEZ-RUIZ, Colonial encounters in Ancient Iberia; 1.5: MALKIN, A
Small Greek World, Kap. 5 u. 6] und achtet generell stärker auf die
lokalen Ausprägungen eines vielgesichtigen Phänomens; s. exemplarisch 2.4: LUCAS u. a., Greek Colonization in Local Contexts.
Eine begriffssensible Typologie der Kontaktformen schlägt F. BERN-
STEIN vor [2.4: Immigranten und Indigene]. Knappe generelle Über-
sichten zum theoretischen *framing* bieten J. CRAWLEY QUINN, 1.6.1:
EAH 10, 5461 f.; 1.5: GREENWOOD, Postcolonialism; 1.5: SCHLIEPHAKE,
Blendung des Kyklopen. Den Blick vom Zentrum aus auf die ver-
meintlichen Ränder umzukehren forderte bereits M. BERNAL in seinem dreibändigen Werk „Black Athena" (1987–2006), doch seine
Hypothesen zu den afro-asiatischen bzw. ägyptischen Wurzeln
der griechischen Kultur hielten der Kritik nicht stand [s. 1.2.1:
SCHULLER, Griechische Geschichte, 173 u. 249; S. HOWE, Afrocen-
trism, 1.6.1: OEAGR 1, 39 f.]. Überdies funktioniert ein Zentrum-Peripherie-Modell für die in sich kleinteilige und polyzentrische
griechische Welt weniger gut als etwa für das Römische Reich
oder neuzeitliche Kolonialimperien.

Ein angeblich toxisches Zerrbild zu entlarven bemühte sich K.
VLASSOPOULOS in einer polemischen, „der Freiheit unterdrückter
Völker" gewidmeten Programmschrift [1.5: Unthinking the Greek
Polis]: Nationalistische und ethno- bzw. eurozentrische Narrative
sollten durch eine Verflechtungsgeschichte der mittelmeerischen
und nahöstlichen Welt ersetzt werden. Zu überwinden sei dabei
u. a. eine verengte und normative Vorstellung von der antiken,
sich selbst regierenden Stadt. In der Tat stellt die gängige, von
Aristoteles, Max Weber und Moses Finley inspirierte Auffassung
den politisch integrierten und auf Autonomie bedachten Stadt-
staat (Polis) ins Zentrum der griechischen Geschichte. Sie grenzt
damit die griechische (und römische) Welt vom Alten Orient und
die Antike vom Mittelalter ab. Methodisch ist dieses Modell bestimmt vom Idealtyp der Polis (s. u. 2.5.1), verbunden mit Evoluti-
onsvorstellungen sowie einer generalisierenden Struktur- und Institutionengeschichte, wobei seit J. BURCKHARDT [1.2.1: Kulturge-

> Weg mit den Griechen!

schichte] die polisbezogene Identität der (ausschließlich als Männer verstandenen) Bürger herausgestellt wird. Mit dieser Sicht erscheint es jedoch ohne weiteres vereinbar, politische und kulturelle Transfers seit dem 8. Jahrhundert durch ein Netzwerk von „peer-polity-interaction" [1.5: RENFREW / CHERRY] beschleunigt zu denken oder auch die wechselseitigen Wahrnehmungen und Beeinflussungen von Griechen und ihren Nachbarn im ‚Osten' zu untersuchen [1.5: ZENZEN u. a., Aneignung und Abgrenzung; 1.5: ROLLINGER u. a., Getrennte Wege?]. Erweiterungen des etablierten Interpretationsrahmens sind also möglich, während VLASSOPOULOS' Agenda für die künftige Forschung als „rooted in a land of dreaming" erscheint [A. KÜHR verh. GANTER, BMCR 2009.01.16; s. ebenfalls kritisch J. COBET, Gnomon 82, 2010, 34–37]. – Am anderen Ufer trauen sich Gelehrte wie CHR. MEIER, die auf Moden keine Rücksicht mehr nehmen müssen, immer noch (und mit Recht), einer griechischen Einzigartigkeit im Vergleich mit dem Vorderen Orient nachzuspüren [1.2.2: Kultur, um der Freiheit willen]; in diesem Sinn sah zuletzt K. RAAFLAUB [The Great Leap] seit dem 7. Jahrhundert einen manifesten Sonderweg hin zu kommunalen Ordnungen, die möglich wurden, weil ein zentralisierter Territorialstaat und eine göttlich sanktionierte Hierarchie fehlten.

Die im Dunkeln sieht man nicht!

Der zuvor erwähnte postkoloniale Perspektivwechsel lenkt den Blick ferner auf das Erleben und die Emotionen von ‚kleinen Leuten', die jetzt als sozial Marginalisierte oder Opfer angesprochen werden (und nicht mehr als „Unterschicht" wie in der klassischen emanzipatorischen Sozialgeschichte). Doch zum einen beschäftigen ‚Randgruppen' wie Alte, Arme oder Menschen mit Beeinträchtigung die althistorische Forschung schon seit geraumer Zeit [H. GRASSL, 1.6.1: DNP 10, 2001, 768–772; I. WEILER (Hg.), Soziale Randgruppen und Außenseiter im Altertum, 1988]; andererseits schränkt die Quellenlage den Radius dessen, was dazu halbwegs vertretbar gesagt werden kann, empfindlich ein. So kommt R. GARLAND [1.5: Athens Burning] mit seinem Versuch, die Erfahrungen der Athener bei der zweimaligen Evakuierung ihrer Stadt 480 und 479 vor Augen zu führen, zwar einem aktuellen Interesse am Schicksal von Flüchtlingen entgegen, doch die dünne Überlieferung zwingt ihn rasch zu Spekulationen und Analogieschlüssen; zudem fehlt es an einer hinreichenden Rahmung, was öffentliche Institutionen und soziale Verbände in einer solchen Ausnahmesituation bestenfalls zu leisten vermochten. G. ZUCHTRIEGEL sucht in seiner Studie [1.5] am Beispiel der Siedlung Herakleia in Süditalien dem Phänomen der „subalternity" im Kontext der Kolonisation in Klassischer Zeit näherzukommen, doch das Ergebnis erscheint weder besonders neu noch besonders aufregend [anders C. SCHLIEPHAKE, Historische Zeitschrift 309, 2019, 451–453]: Selbst wenn Kolonien als Siedlungen von Vollbauern ‚egalitär' angelegt waren (was sehr unwahrscheinlich ist), gab es nach einiger Zeit große Ungleichheiten und ‚subalterne' Gruppen wie Kleinbauern, Hirten und Kleinhandwerker, die teils auch räumlich an den Rand gedrängt waren. Dieser Prozess hieß früher soziale Differenzierung; allerdings interessierte man sich stärker für die ‚Gewinner', weil in erster Linie deren Kreativität und Stärke historischen Wandel, mitunter auch Fortschritt in Gang setzten. Die mitunter zu einseitigen Sichtweisen in den postkolonial ausgerichteten Teilen der Altertumswissenschaften einmal beiseitegelassen: Forscher sind gewiss sensibler geworden für die Frage, wie wir uns die Verbreitung kultureller und politischer Errungenschaften, generell Interaktionen zwischen (zunächst) Fremden vorzustellen haben: hierarchisch in einem Zentrum-Peripherie- bzw. Überschichtungsmodell oder wechselseitig, vielstimmig und prinzipiell egalitär; s. 1.2.2: ULF / KISTLER, Entstehung, 119 f. 222–225. Auch fließen Essenzialisierungen historischer Akteursgruppen oder Formationen heute nicht mehr so leicht aus der Feder.

Einen einflussreichen Impuls setzte das ‚Mittelmeerbuch' von P. HORDEN und N. PURCELL [1.5: The Corrupting Sea; vgl. als ‚Nachschlag' 1.5: DIES.: The Boundless Sea]. Ihr Konzept fasst das Mittelmeer selbst und die angrenzenden Regionen als einen Großraum, der aus zahlreichen ökologisch verschiedenartigen, aber miteinander vernetzten Kleinregionen bestehe; diese Idee, so I. MALKIN, „fits the new era of globalization and supranational framework". PURCELL selbst bescheinigt dem von ihm mit-definierten „borderless, mutable, uncentred Mediterranean", die Forschung endlich von totalitären (!) und hegemonialen Konzeptualisierungen befreit zu haben und damit einen Weg zu „postcolonial investigations" zu weisen [1.5: MALKIN, Mediterranean Paradigms, 1 bzw. 22; s. U. WALTER, Göttinger Forum für Altertumswissenschaft 10, 2007, 1047–1053]. Falls tatsächlich Mobilität, Konnektivität [dazu D. K. PETTEGREW, Connectivity, 1.6.1: EAH 4, 1708–1711] und Hybridformen die Entwicklung prägten, verlören automatisch ‚die Griechen' ihre Identität sowie ihre bis dahin privilegierte geschichts-

Netzwerke

kulturelle und -wissenschaftliche Stellung. Demgegenüber hält MALKIN an den Griechen als einer historischen Formation fest; ja, seiner programmatischen Studie [1.5: A Small Greek World] zufolge ließen Mobilität, Migration und ‚networking' vom 8. bis zum 6. Jahrhundert gerade eine hellenische Identität bzw. regionale Identitäten (z. B. als Rhodier oder Sikeliote) entstehen. Triebkräfte der wachsenden Vernetzung seien Mobilität zur See und zu Land sowie der Handel gewesen; Verdichtung und Häufigkeit vernetzten Handelns hätten eine tiefgreifende Bewusstseinsänderung bewirkt. Durch engmaschige und miteinander verknüpfte Mikronetzwerke sei die griechische Welt trotz großer Entfernungen kleiner geworden. Selbst Akteure mit einem kleineren Radius, als ihn Seefahrer, Kolonisten, reisende Spezialisten oder Söldner durchmaßen, hätten am „Greek Wide Web" partizipiert.

Doch kann auch die modische Netzwerkmetapher nicht darüber hinwegtäuschen, dass z. B. militärisch-politische Bündnisse in Hellas selten egalitär waren und eine ältere Stadt oft auf einen Vorrang gegenüber ihrer jüngeren Tochterstadt pochte. Griechen dachten gern in Polaritäten [1.5: CARTLEDGE, Die Griechen und wir]; sie waren „not always aware of the networks discussed" [1.5: MALKIN, A Small Greek World, 171]. Weiter führen Thesen wie die von C. CONSTANTAKOPOULOU [1.5: Dance of the Islands], wonach Delos mit seinem Apollon-Heiligtum den ‚Knoten' eines insularen religiösen Netzwerkes gebildet habe, um dann im 5. Jahrhundert von Athen zu einem symbolischen Zentrum imperial-maritimer Herrschaft weiterentwickelt zu werden. Die Studien von HORDEN / PURCELL und von MALKIN bilden nur zwei markante Punkte einer weitreichenden epistemischen Neuorientierung in der Forschung, wie H. BECK [1.5: Localism, 7] feststellt: „The galvanizing amount of scholarship on networks, connectivity, and exchanges in and across the ancient Mediterranean has altered the landscape in classical studies." Zuletzt hat T. HODOS in einer theoretisch wie empirisch wohlfundierten Studie [1.5: The Archaeology of the Mediterranean Iron Age] anhand dreier Basisprozesse (Güteraustausch, Stadtentwicklung, Schriftgebrauch) den Mittelmeerraum der Zeit von 1100 bis 600 als eine sich globalisierende Welt dargestellt, wobei gleichermaßen Griechen und Phönizier die Entwicklung vorantrieben. Diese zeigte zwar je nach Ort und Zeit verschiedene Gesichter, doch die Kumulation von verschiedenen, für eine Globalisierung typischen Prozessen – Hodos nennt u. a. „time-space-compression" sowie

Frühe Globalisierung?

ein komplexes Ineinander von Standardisierung (etwa beim Schreiben) und Homogenisierung, so in der Nutzung hochwertiger Keramik, gleichzeitig aber auch von „cultural heterogenity" und „re-embedding of local culture" – lege es nahe, den Begriff in diesem Kontext wissenschaftlich streng und nicht nur als modisches Schlagwort zu verwenden. Maßgeblich für die konkrete Gestalt der Transformation sei die Tatsache gewesen, dass eine alles dominierende, zentrale Macht fehlte; „for the Mediterranean Iron Age, it is the cultural aspects of materials, styles and practices that created connections of globalising natures" [219].

Wie lassen sich die Griechen räumlich und zeitlich in den denkbar größten Zusammenhang einbetten? Während sie in der Tradition der Welt- und Universalhistorie als Volk oder Kultur im Staffellauf der Menschheit zum Fortschrittsziel eine zentrale Rolle spielten, fragt die neuere Global- und Verflechtungsgeschichte nach konkret fassbaren Interaktionen zwischen entfernten Großräumen [1.5: SCHULZ, Von Gades zum Ganges]. Mit einer innovativen Disposition wartet dabei die 2015 publizierte „Cambridge World History" auf: Darin werden nicht einzelne Regionen und Reiche nacheinander abgehandelt, sondern epochemachende Transformationen – Agrarrevolution, Urbanisierung, Staaten, Reiche und Netzwerke – um den ganzen Globus herum vergleichend und in ihren Wechselwirkungen verfolgt [s. R. SCHULZ, Historische Zeitschrift 304, 2017, 128–139]. Welt- oder Globalgeschichte?

Überzeugender als in der o. g. Programmschrift identifiziert K. VLASSOPOULOS den historischen Ort der antiken Hellenen in „Greeks and Barbarians" [2.7]: Zwar will er auch hier den Gegenstand – die Geschichte des Verhältnisses zwischen Griechen und Barbaren – von orientalistischen Vorstellungen und der Opposition von „Osten" und „Westen" befreien, entwickelt dafür aber eine plausible Strategie: Die Vielfalt der tatsächlichen Interaktionen spiegele sich in vier parallelen, jedoch verflochtenen Räumen: den Welten von Netzwerken und von Kolonien, ferner einer panhellenischen Welt und im Kontext von Imperien. Die historischen Prozesse führten zu einer Globalisierung, wobei jedoch die (kleineren) Griechen weder assimiliert wurden noch den anderen ihre Kultur aufzwingen konnten. Die Hellenen einfach zu dezentrieren erkläre nicht, warum griechische Lebensformen im 1. Jahrtausend so allgegenwärtig waren; es sei „a historical fact, and not merely Eurocentric bias, that at the end of the first millennium a traveler VLASSOPOULOS' „Greeks and Barbarians" across the Mediterranean would encounter various glocalised versions of Greek culture" [322]. Dieses Phänomen müsse erklärt werden, „instead of accepting a Eurocentric mode that takes it for granted, or a post-modern, politically correct mode that explains it away or refuses to recognise its existence" [ebd.]. Griechen und Barbaren sollten auch weiterhin unterschieden werden, doch eine simple Trennlinie gebe es nicht: nicht im Perserreich, nicht in den Verflechtungen mit den Thrakern, auch nicht in den „societies with mixed populations and complex triangulations between Greek and non-Greek immigrants and native communities" [323]. Warum konnten die Griechen so besonders werden? Vlassopoulos hebt für sie eine „coexistence and interaction between so many different parallel worlds" [ebd.] hervor, während etwa die Lyder nicht an der Welt der Kolonien teilhatten und den Etruskern der kurze Weg in die Welt der Imperien fehlte. Es sei „the location of Greek culture at the intersection of so many and so diverse parallel worlds of interaction that provides one explanation of its peculiar nature and its widespread globalisation" [ebd.]. Die Welt der Kolonien (u. 2.6) schuf Frontier-Gesellschaften und lieferte lebenswichtige, über Netzwerke weitervermittelte Güter, in erster Linie jedoch entstand hier das Modell der Polis mitsamt ihrer kulturellen Prägekraft (etwa in Gestalt des Mythos), das exportiert und lokalen Besonderheiten angepasst werden konnte [dazu 2.5: BERNSTEIN, Ressourcenorientierung]. Und schließlich: ohne das Achämenidenreich kein „discourse of the Panhellenic community in the aftermath of the Persian Wars" [324], von den weiteren Anregungen durch das „Barbarian repertoire in Greek culture" ganz zu schweigen.

<small>Polis als Modell</small>

Unberührt von Dekonstruktivismus, *postcolonial bias* und globalgeschichtlicher Verzwergung der Griechen stellt J. OBER [1.2.1: Das antike Griechenland] diese als erfolgreiche Gestalter einer für vormoderne Verhältnisse bemerkenswert stetigen und sichtbaren Blüte auf den Feldern Ökonomie, Politik und Kultur vor. Methodisch innovativ macht er u. a. die Neue Institutionenökonomie fruchtbar, zudem spieltheoretische Ansätze sowie Modellbildungen aus der Sozialanthropologie und Soziobiologie. Empirisch ruht die Studie auf dem zu Datensätzen aufbereiteten Material des Polis-Inventory [1.6.2: HANSEN / NIELSEN; s. http://polis.stanford.edu (zuletzt 30.9.2021)]. OBER zufolge war die griechische Welt keine Ansammlung von Flecken, bevölkert von darbenden Subsistenz-

<small>J. OBERS starke Griechen</small>

bauern und schmalen Eliten mit *leisure class*-Mentalität, die sich hier und da gemeinsam den Luxus von Demokratie und Kunst leisteten, sondern ein Geflecht von Stadtstaaten, die ihr Wachstumspotential optimal ausnutzten und denen es gelang, die am Ende doch übermächtigen „Raubstaaten" Makedonien und Rom so zu prägen, dass das Erbe ihrer Kultur in einzigartiger Weise präsent blieb. OBER zeigt, welche Voraussetzungen für eine langfristig gedeihliche wirtschaftliche, politische und kulturelle Entwicklung gegeben sein müssen: breite Teilhabe an der Politik und Vertrauen in die Zukunft, ferner funktionierende Institutionen, die beides sichern. Bedenkt man, wie strittig der Gegenstand „Griechische Geschichte" inzwischen ist, verdient das Buch große Aufmerksamkeit, weil es an der traditionellen Frage, was die antiken Griechen historisch so besonders machte, festhält, sie aber neu (und mit hoher Gegenwartsrelevanz) beantwortet. Methodische wie inhaltliche Schwächen fehlen jedoch nicht; vgl. kontrovers 1.5: SCHULZ / WALTER, Eine neue Idee vom antiken Griechenland?; kritisch 4.4: RUFFING, Reiches Hellas?.

Obers Buch wirft generell die Frage auf, welche sozialwissenschaftlichen Zugriffe bei der Erforschung der Griechischen Geschichte helfen können. Die Beiträge in dem von M. CANEVARO u. a. dirigierten Sammelband [1.5: Ancient Greek History and Contemporary Social Science] bieten Fallstudien zu Themen, bei denen etwa die Verhaltensökonomik oder die Akteur-Netzwerk-Theorie sinnvoll nutzbar zu sein scheinen, doch eine systematische Erschließung fehlt [s. D. ROHDE, Historische Zeitschrift 310, 2020, 135 f.]. Das gilt auch für die Systemtheorie N. LUHMANNS, die in einzelnen Aufsätzen ebenfalls schon fruchtbar an bekannten Problemen ausprobiert wurde, so von O. GROTE [2.5: Herausbildung politischer Rollen und Verfahren; Genese der griechischen Polis], C. MANN [3.7: Politische Gleichheit] und H. BECK [3.7: Freiheit und Herrschaft]. Mancher vermeintlich neue Entwurf scheint indes auch Auffassungen von historischem Wandel, wie sie einst in Stufentheorien verschiedener Couleur unter dem Signum des ‚Fortschritts' entwickelt wurden, neu aufzulegen, selbstverständlich mit einem modernisierten Begriffsapparat. So suchte D. B. SMALL in einem Einführungsbuch (!) [1.5: Ancient Greece], die Dynamiken struktureller Veränderungen in der ‚griechischen' Kultur von der ausgehenden Steinzeit bis zum Hellenismus mittels soziologischer Komplexitätstheorien zu analysieren: Von der Evolutions-

Griechische Geschichte und Social Sciences

theorie borgend charakterisiert er Gesellschaften als offene und dynamische Systeme, in denen Epochen mit identifizierbaren sozialen Strukturen sich mit Phasen, die von strukturellem Chaos gekennzeichnet seien, abwechselten, wobei letzteres immer dann eintrete, wenn die bestehenden Strukturen den wandelnden Verhältnissen und neuen Bedürfnissen nicht hinreichend angepasst seien; in diesem Sinne verdienten die ‚Zwischenspurts' einer „chaotic rapid transition" [3] besonderes Interesse. Das ist recht schlicht.

Theorien und Methoden

In jedem Fall gab und gibt es auch in der Alten Geschichte Theoriekonjunkturen und Großdenker, deren Begriffe und Konzepte immer wieder aufgerufen werden, manchmal als konzeptionelle Grundlage, oft auch nur als Schlagwörter. Zu nennen sind etwa Max Weber, Georg Simmel, Michel Foucault, Pierre Bourdieu sowie der eben erwähnte Niklas Luhmann. Zum Stellenwert von Theorie(n) generell s. die Bemerkungen von 1.11: MORLEY, Theories, Models, and Concepts, 1–31. In der Praxis gehen Theoriegebrauch, Methodik und Heuristik sowie allgemeine Erkenntnislehre (Epistemologie) oft Hand in Hand. Antike Bezeichnungen und moderne Begriffe sind niemals identisch, aber auch selten völlig verschieden. Verallgemeinerungen, Vergleiche und Analogieschlüsse stellen schwierige, jedoch angesichts der Überlieferungslücken nicht selten unvermeidbare Operationen dar. Aufschlussreiche, wenn auch unsystematische Überlegungen stellte M. FINLEY an [1.11: Quellen und Modelle]; einen noch längst nicht ausgeschöpften Aufriss bieten die Historik-Vorlesungen von J. G. DROYSEN [1.11: Historik].

1.2 Grundkategorien des Historischen: Raum, Zeit, Bevölkerung

Raum

Auch wenn die Erhitzung um den sog. ‚spatial turn' in den Kulturwissenschaften abgeklungen ist, stellen sich in dessen Gefolge doch die Bemühungen um die historische Grundkategorie Raum differenzierter dar. Die Forschung richtete ihr Augenmerk traditionell auf die Topographie [Lokalisierung und Benennung von Örtlichkeiten; grundlegend 1.7.1: TALBERT, Barrington-Atlas, mit Map-by-Map Directory], die Geländegestalt von Landschaften und Schlachtfeldern, den Verlauf von Küsten sowie die Binnenstruktur, Bewirtschaftung und Bebauung von Regionen. Ungeachtet vieler Neufunde und neuer Perspektiven behält hier auch die ältere gelehrte Arbeit ihren Wert. Die reichen Nachrichten der antiken Schriftsteller hat C. BURSIAN [1.7.2: Geographie Griechenlands] einst gebündelt; er berücksichtigt auch die Inselwelt. Nützlich bleiben die historisch-topographischen Artikel von E. MEYER im „Kleinen Pauly" und in der RE [1.6.1]. Von den großen Werken zur Topographie ist das von PHILIPPSON / KIRSTEN [1.7.2: Die griechischen Landschaften] stärker erdkundlich, das von PRITCHETT [1.7.2: Studies] stärker historisch-topographisch ausgerichtet. Die enge Beziehung zwischen Mensch und Raum wurde schon früh erkannt [s. 1.7.2: GEHRKE, Rolle der Geographie]. Für die allgemeinere Auffassung s. etwa (alle 1.2.1) GROTE, Geschichte 1, 487–504 = History 3, 1–22; CURTIUS, Griechische Geschichte 1, 1–15; BERVE, Griechische Geschichte 1, 1–9; vgl. 1.7.2: EHRENBERG, Griechisches Land. In der neueren Forschung ist die Gefahr eines ökologischen Determinismus erkannt; zuspitzend bemerkt H. BECK, „the social quality of space is not determined by geography but is defined through human practice" [1.5: Localism, 33 f.]. Zur neueren Historischen Ökologie s. die Studie von R. SALLARES [1.7.3: Ecology], der sich auf Demographie und Landwirtschaft konzentriert, während SCHULZ / GÜNTHER [1.7.3: Ökologie] die durch maritime Aktivitäten und Netzwerkbildungen beförderte wirtschaftliche Dynamik betonen. Die aktuellen Debatten und Ansätze bündelt 1.5: SCHLIEPHAKE, Environmental Humanities. Schrittmacherdienste für die Forschung zu Griechenland im engeren Sinn leistete R. OSBORNE, der Stadt und Umland als eng miteinander verschränkte Handlungsräume vorstellte [1.7.2: Classical Landscape]. Überblicke geben F. SAUERWEIN [1.7.3: Physical Background] und S. ALCOCK [1.7.3: Die Menschen in ihrer natürlichen Umwelt]. Zur ersten Orientierung nützlich ist das Lexikon von S. LAUFFER [1.6.2]. Neuerdings wurde in einem weiteren Zusammenhang der Begriff der Ressource etabliert, verstanden als Mittel in einem Prozess ökonomischer, kultureller oder politischer Gestaltung; damit sind also nicht nur Anbaugebiete, Wasser oder Rohstoffe gemeint, sondern auch Wissen, Institutionen und Vorstellungen, etwa von Gerechtigkeit; s. dazu die Beiträge in 1.3: DELP / HERREN, TextRessouren.

Mensch und Landschaft

Ressource

Für die inzwischen reichhaltige Forschung zu Erdbeben und der Bewältigung ihrer Folgen s. zusammenfassend 1.7.3: BORSCH, Erschütterte Welt; alle literarisch belegten seismischen Ereignisse in Griechenland und Kleinasien nach Landschaften verzeichnet

Einzelnes

W. Capelle, 1.6.1: RE Suppl. 4, 346–358. – Einen Überblick zur Ernährung in der Praxis wie in der Theorie (antike medizinische Literatur) gibt E. Craik [2.2: Diet, *diaita* and dietetics]. Für das im Darstellungstext genannte Beispiel von Landschaftsgestaltung durch Olivenanbau s. 1.7.3: Foxhall, Olive Cultivation. Die Bedeutung des Fischverzehrs für Genuss, Sozialstatus und politische Zuschreibungen behandelt J. Davidson in einem faszinierenden Buch [1.5: Kurtisanen und Meeresfrüchte]. – Zum in anderer Hinsicht bemerkenswerten Wasserbau in der Kopaisregion s. B. Burke / I. Fappas, 1.6.1: EAH 7, 3809 f.; 1.6.2: Lauffer, Lexikon, 337 f.; zu den Wasserleitungen in einzelnen Städten 1.7.2: Lang, Archaische Siedlungen, 118–125. Referenzrahmen für die Umwelt- und Klimageschichte ist häufig das Mittelmeer, so bei J. D. Hughes [1.7.3: Mediterranean], doch hat gerade das ‚Mittelmeerbuch' von Horden / Purcell [1.5: Corrupting Sea] den Blick auf die Eigenheiten der Siedlungskammern und Mikroklimata gelenkt.

Jüngere Detailstudien [im Folgenden alle 1.7.2] erhellen daher die Mikrostruktur kleiner Räume [Lohmann, Atene] oder rekonstruieren die Landschafts- und Siedlungsgeschichte einzelner Regionen in der langen Dauer [Freitag, Golf von Korinth; Jameson, A Greek Countryside; Lolos, Land of Sikyon]. Generell eignet der interdisziplinären Untersuchung von Landschaften ein ‚totaler' Zug, wird doch versucht, alle lebensweltlich relevanten Phänomene wie Topographie, Besiedlung und Wege, aber auch Kulte und Mythen, zu integrieren; s. jüngst etwa Beck / Smith, Megarian Moments. Wissenschaftliche Bemühungen in diese Richtung sind alt, trugen aber seit K. O. Müller [Die Dorier, 1824] oft einen romantischen Einschlag und gründeten in der Idee eines festen Volks- und Landescharakters. Neuere Ansätze, Regionen als abgrenzbare Einheiten zu fassen, nehmen physische Geographie, Ethnizität, politische Autorität und wirtschaftliche Integration in den Blick; s. knapp G. Reger, Regionalism, 1.6.1: EAH 10, 5758–5764. Für das historische Verständnis bleibt Autopsie unentbehrlich; das betrifft in erster Linie die Höhenverhältnisse im Landschaftsrelief. Die im Darstellungsband erwähnte Survey-Archäologie [s. einführend 1.10.5: Lang, Klassische Archäologie, 97–122] „disclosed a tremendous florescence of activity in the countryside of many city-states in the Classical period" [1.5: Beck, Localism, 31]. Die für die Festigung lokaler und regionaler Identität vielerorts wichtige Gedan-

Marginalien: Regionen; Autochthonie

kenfigur der Autochthonie beleuchtet ebenfalls BECK [1.5: Localism, 51–61]; als knappe Einführung U. WALTER, 1.6.1: EAH 2, 979 f.

Ein eigenes Gebiet bilden die Anlage und Struktur von Städten (Urbanistik), in denen seit etwa 700 Muster des Zusammenlebens von Göttern, Menschen und Toten [1.7.2: HÖLSCHER, Öffentliche Räume] sowie planendes Gestalten erkennbar sind; dazu [alle Titel 1.7.2] BINTLIFF, Emergent Complexity; HOEPFNER / SCHWANDNER, Haus und Stadt; HOEPFNER, Städtebau. Für die Frühzeit betont F. DE POLIGNAC [Meaning of Urbanization] die Vielfalt und Offenheit des Prozesses. Ein siedlungsgeographischer Stadtbegriff liegt dem Überblick von F. KOLB [Stadt im Altertum] zugrunde. F. LANG bietet ein Inventar für die Frühzeit [Archaische Siedlungen], D. MERTENS einen methodisch ausgerichteten Abriss [Archäologische Stadtforschung].

Urbanistik

Als historisch wirkmächtig erwiesen sich ferner Raumvorstellungen [GEHRKE, Raumvorstellungen] und die ‚mental map', mit denen etwa Grenzen konzeptualisiert wurden [FREITAG, Grenzen; ROCCHI, Systems of Borders]. Um Herrschaft in der Fläche zu etablieren, nutzte man Verfahren, den Raum zu strukturieren, wie an den – wohl persischer Praxis nachgebildeten – Tributbezirken des Attischen Seebundes zu erkennen ist. Sehr viel weiter erstreckten sich die vom strukturalistischen Denken beeinflussten Überlegungen einiger französischer Gelehrter; so bettete J.-P. VERNANT [2.5: Raum und politische Organisation] in Auseinandersetzung mit P. LÉVÊQUE / P. VIDAL-NAQUET [2.5: Clisthène l'Athénien] die Reformen des Kleisthenes in Athen als „Zeichen einer Veränderung im geistigen Universum" ein in das Raum- und Ordnungsdenken von den frühen milesischen Philosophen über die Stadtplanung des Hippodamos von Milet [s. 1.7.2: GEHRKE, Bemerkungen] bis hin zu Platons utopischem Staatsentwurf. Kontext und Ertrag dieser Forschungen diskutiert T. ITGENSHORST [2.5: Clisthène l'Athénien].

Raummodelle in der französischen Forschung

Die Zeitrechnung der Griechen spiegelt geradezu mustergültig die Dialektik von lokaler Vielfalt und gestifteter Einheit [im Folgenden alle Titel 1.8]. Grundsätzlich hatte jede Gemeinde ihr eigenes System zur Jahrezählung (Eponymenlisten) und zur Strukturierung des Jahres (Kalender); dazu als Überblicke KALETSCH, Zeitrechnung, DICKERMAN, Chronology, SAMUEL, Chronology sowie HANNAH, Calendars; zu den Monaten TRÜMPY, Untersuchungen. Doch die lokale wie die polisübergreifende Geschichtsschreibung benötigte Verfahren, um die zeitliche Relation von Ereignissen an

Zeitrechnung

verschiedenen Orten zu bestimmen; vgl. etwa HEDRICK, Prehistory; STRASBURGER, Herodots Zeitrechnung; COBET, Zeitsinn; BICHLER, Das chronologische Bild der „Archaik". Aus diesem Bemühen erwuchs ab dem ausgehenden 5. Jahrhundert die Chronographie. Sie etablierte über den technischen Rahmen hinaus auch kulturelle Hegemonien, wenn z. B. die Jahrezählung mittels der athenischen Archonten erfolgte. Da antike Chronographen nicht Ereignisse in ein bestehendes Zeitraster einfügten, sondern ein solches Zeitraster erst konstruierten, um Ereignissen Bedeutung zuzuweisen, sind die konventionellen Daten für das 8. bis 6. Jahrhundert nur mit Vorsicht zu gebrauchen: Viele Probleme beim Datieren von Personen und Ereignissen erwuchsen, weil man Angaben aus inkompatiblen Systemen interpretierend kombinierte und sie harmonisierend auf ein einziges Zeitrechnungsschema projizierte; s. zuletzt SHAW [Discrepancies] für die peloponnesische Geschichte. Alternative Datierungsvorschläge taugen daher nur, wenn sie in eine konsistente und einleuchtende historische Rekonstruktion eingebunden sind; s. für eine Fallstudie GEHRKE, Herodot und die Tyrannenchronologie. Die Rolle (und Fluidität) der olympischen Siegerlisten in den chronographischen Fixierungen diskutiert P. CHRISTESEN, Victor Lists. Zu berücksichtigen sind ferner generell die spezifischen Zeitkonzeptionen, wie sie dem (Gründungs-)Mythos und der mündlichen Überlieferung eignen (Generation von jeweils 30 Jahren als Berechnungsgrundlage, relative Chronologie [‚früher – später']). Die Ergebnisse der antiken chronographischen Konstruktionen, die bis in die mythische Vorzeit hinaufgeführt wurden (Trojanischer Krieg 1193–1184!), sowie die seit etwa 500 meist validen Daten hat C. PETER mit reichen Belegen zusammengestellt [Zeittafeln]; noch detaillierter sind die „Fasti Hellenici" von H. F. CLINTON. Die Zeittafel bei SETTIS [1.3: I Greci 4.2, 1359–1399] beginnt in der Tradition von G. Grote (s. o.) mit Olympiade 1.1 = 776. Auch im „Ploetz" [1.2.1: WALTER, Griechenland] sind einige der konventionellen bzw. nur näherungsweise anzugebenden Daten noch verzeichnet. Ausführliche chronologische Übersichten, Königs- und Beamtenlisten, für die ältere Zeit mit dem ihm eigenen rigorosen Rationalismus rekonstruiert, bietet K. J. BELOCH [1.2.1: Griechische Geschichte].

Chronologische Zusammenstellungen

Demographie

Die Historische Bevölkerungsforschung zur Antike suchte zunächst Einwohnerzahlen von Regionen und größeren Stadtstaaten sowie Durchschnittswerte für eine „Normalpolis" (E. Ruschenbusch) zu ermitteln, um militärische und wirtschaftliche Potentiale einschätzen zu können; s. 1.9: HANSEN, Shotgun Method. Die einst von (K.) J. BELOCH [1.9: Bevölkerung] berechneten Zahlen konnte die neuere Forschung (auf methodisch deutlich verbesserter Grundlage) in vielen Fällen nicht wesentlich korrigieren. Qualifizierte Schätzungen kommen für die gesamte Poliswelt einschließlich Epirus und Makedonien in der Mitte des 4. Jahrhunderts auf eine Bevölkerung von 7 bis 10 Millionen Menschen, für ‚Kerngriechenland' auf 3 Millionen [s. 1.2.1: OBER, Griechenland, 51 und 136 f.]. In der aktuellen Forschung geht es um längerfristige, auch durch Klimaveränderungen und Kriege beeinflusste Populationsdynamiken im ökologischen Kontext [dazu 1.7.3: SALLARES, Ecology, 42–293; kondensiert DERS., Population, Greek, 1.6.1: OCD^4 1185–1187]; dabei werden Siedlungsweisen und -verdichtungen, agrarische Bewirtschaftung, Alters- und Sozialstruktur der Bevölkerung, Mortalität, Familienstrukturen, Heiratsalter und Reproduktionsverhalten sowie Migration in den Blick genommen; s. 2.2: SCHMITZ, Haus und Familie, 70–76; zum Beitrag der Survey-Archäologie s. 1.9: PRICE, Estimating. Eine gute Synthese bietet A. BRESSON [2.2: Greek Economy, Kap. 2]; die Berechnungsgrundlagen und -spannweiten diskutiert R. OSBORNE [1.2.1: Greek History, 39–48] exemplarisch anhand der frühen Siedlung Pithekussai (u. 2.4).

Für eine statistisch valide Datengrundlage sind die Quellen indes generell zu dünn [1.9: STANGL, Antike Populationen]; daher arbeitet die Forschung auch mit aggregiertem Material aus anderen vormodernen Formationen, Vergleichen zum 19. Jahrhundert sowie mit Kapazitätsannahmen, Sterbetafeln und Modellrechnungen, die strittig sind und viele Fragen aufwerfen. Dennoch hat W. SCHEIDEL [1.9: Greek Demographic Expansion] für ‚Kerngriechenland' ein kontinuierliches Bevölkerungswachstum vom Beginn der Eisenzeit bis zum Höhepunkt im 4. Jahrhundert plausibel gemacht; weder sei für das 8. Jahrhundert eine rapide Bevölkerungszunahme wahrscheinlich, noch habe die Anlage neuer Siedlungen das Wachstum in den abgebenden Regionen merklich verlangsamt. Für den vorliegenden Grundriss sind drei Themen von Bedeutung [1.5: SCHEIDEL, Demography and Sociology, 666–669]: erstens die Bevölkerungsentwicklung in der frütharchaischen Zeit (mit Blick auf die Ursachen von Migration und für die Formierung von Staatlichkeit); zweitens die offenbar bereits im 5. Jahrhundert rückläufige Zahl spartanischer Vollbürger und deren Ursachen (u.

Methodische Probleme

3.4); drittens die Bürgerzahl Athens; dabei kommen Maximalisten auf 50–60 000 Bürger vor 431 und 30 000 im 4. Jahrhundert (Minimalisten: 40–45 000 bzw. 20 000). Kreiste die Kontroverse zwischen M. H. Hansen [1.9: Demography and Democracy] und E. Ruschenbusch [1.3: Kleine Schriften, passim] v. a. um die Zahl der Bürger und damit um den Prozentanteil der Aktiven in den Institutionen der Demokratie, konzentriert sich B. Akrigg [1.9: Population and Economy] auf die Entwicklung der Gesamtbevölkerung Attikas (einschließlich Metöken und Sklaven) sowie deren Implikationen für die wirtschaftliche Dynamik und die Besitzverteilung. Für die Zeit von 480 bis 431 nimmt er eine Verdoppelung der Einwohnerschaft an, was erheblichen Zuzug voraussetzt.

1.3 Die Quellen

J. G. Droysen

Die historische Forschung kann sich, so stellte J. G. Droysen klar [1.11: Historik, darin: Grundriss der Historik, § 5], „nur auf solche historischen Gegebenheiten richten, die ihr unmittelbar zu sinnlicher Wahrnehmbarkeit gegenwärtig sind. Das Gegebene für die historische Forschung sind nicht die Vergangenheiten, denn diese sind vergangen, sondern das von ihnen in dem Jetzt und Hier noch Unvergangene, mögen es Erinnerungen von dem, was war und geschah, oder Überreste des Gewesenen und Geschehenen sein." Jede historische Rekonstruktion hat sich also auf Materialien aller Art zu stützen, die aus der Vergangenheit greifbar sind und von Historikern durch sachgerechte Fragen zu Quellen gemacht werden. Altertumskunde und Altertumswissenschaft haben einen erheblichen Teil ihrer Kapazitäten darauf verwendet (und tun dies noch), diese Materialien zu heben, zu sammeln und verständlich zu machen; dabei haben es die einzelnen Disziplinen jeweils mit unterschiedlichen Arten von Zeugnissen zu tun: die Klassische Philologie mit der antiken Literatur, die Epigraphik mit den Inschriften, die Numismatik mit den Münzen und die Archäologie mit den vielfältigen materiellen Überresten. Die Papyrologie spielt für den im vorliegenden Grundriss behandelten Zeitraum praktisch keine Rolle; zentrale Papyrustexte wie die „Verfassung der Athener" (*Athênaiôn Politeía*) aus der Schule des Aristoteles und die anonyme, nur fragmentarisch erhaltene „Helleniká aus Oxyrhýnchos" können der (über mittelalterliche Handschriften tradierten) Literatur zugeschlagen werden, ebenso die auf Papyri erhaltenen Dichtertexte.

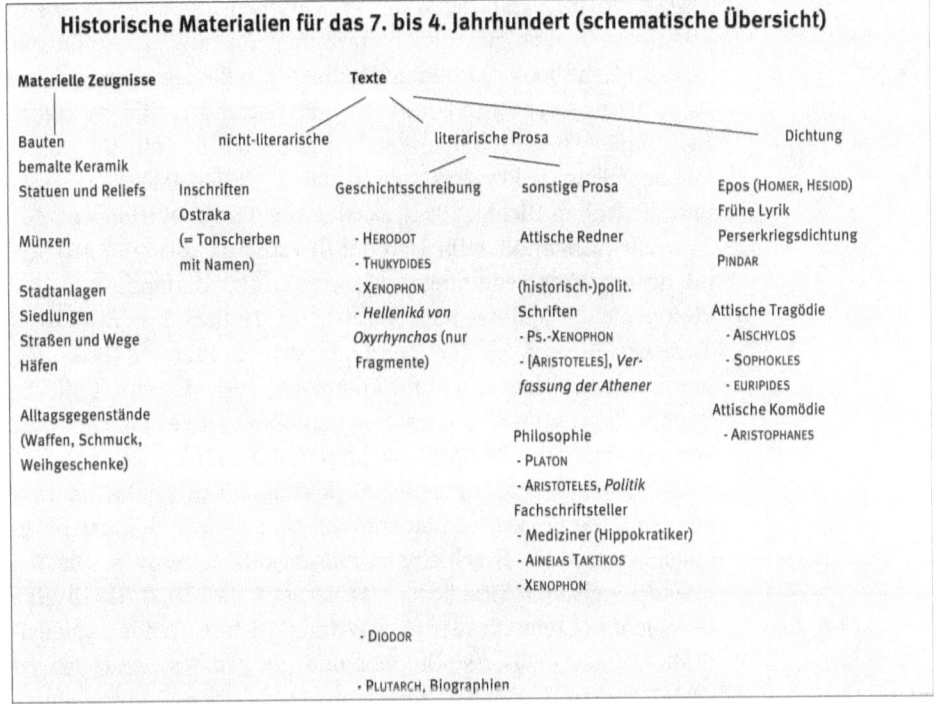

Es gibt keine systematische Quellenkunde zur griechischen Geschichte vom 8. bis zum 4. Jahrhundert. Knappen Ersatz bieten für die Zeit bis 500 O. MURRAY [1.2.2: Das frühe Griechenland, 28–48], für das 5. und 4. Jahrhundert D. M. LEWIS [1.3: CAH V, 1–14] bzw. S. HORNBLOWER [1.3: CAH VI, 1–23]. Die Quellenlage ist auch im Vorgängerband dieses Grundrisses umrissen [1.2.1: SCHULLER, Griechische Geschichte, 64–75; Bibliographie 159–169 und 247 f.]; da die Forschung inzwischen stark zugelegt hat, würde jeder Versuch, dies zu aktualisieren, entweder unzureichend ausfallen oder den Rahmen des Buches sprengen. Im Literaturverzeichnis [1.10.1] sind daher einschlägige Quellensammlungen aufgelistet, die in der Regel weiterführende Informationen enthalten, außerdem einige exemplarische Titel, die zeigen, wie bestimmte Quellenarten historisch aufzuschließen sind. Wir verzichten jedoch darauf, Übersetzungen, Kommentare und Spezialliteratur zu ein-

Literarische Quellen zelnen Autoren zu nennen. Die griechische Literatur von den homerischen Epen bis (zunächst) in den Hellenismus erschließt das gründlich gearbeitete und aktuelle Werk von ZIMMERMANN und RENGAKOS [1.10.2: Handbuch der griechischen Literatur]. Problemorientierte Essays zu allen literarischen Gattungen enthält das „Oxford Handbook of Hellenic Studies" [1.3: BOYS-STONES u. a., part III]. Für die wichtigsten Autoren und Gattungen gibt es eigene Handbücher bzw. „Companions" [alle 1.10.2]; das gilt für Homer [MORRIS / POWELL; RENGAKOS / ZIMMERMANN], Hesiod [MONTANARI u. a.] und die frühen Dichter [BUDELMANN] sowie die Fabel [HOLZBERG, 13–24], selbstverständlich für Herodot [BAKKER u. a.; DEWALD / MARINCOLA], dessen Werk neuerdings zudem durch eine umfangreiche „Encyclopedia" erschlossen ist [BARON], für Thukydides [RENGAKOS / TSAKMAKIS; BALOT u. a.], Xenophon [FLOWER] und Plutarch [BECK], ferner für Platon [HORN u. a.] und Aristoteles [RAPP / CORCILIUS], für die Redner insgesamt [WORTHINGTON; handbuchartige Monographie von ALEXIOU, Greek Rhetorik; wichtige Aufsätze in CARAWAN, Oxford Readings] sowie für Demosthenes [MARTIN]. Zu den attischen Dramen sind die Enzyklopädien von ROISMAN bzw. von SOMMERSTEIN zu

Historiographie konsultieren. Zur Geschichtsschreibung als Gattung s. die bei SCHULLER gelisteten Titel [s. o., 175], ferner (alle 1.10.2) NÄF, Antike Geschichtsschreibung; PITCHER, Writing History (beide systematisch angelegt); WALTER, Herodot und Thukydides. Lehrreich ist der Abriss von F. GSCHNITZER [Geschichtsschreibung]. Durch einige gute Beiträge nützlich ist der von J. MARINCOLA verantwortete „Companion". Sein Überblick [Greek Historians] spiegelt eine veränderte Blickrichtung der Forschung: von der Frage nach Quellenwert, Genauigkeit und Zuverlässigkeit zu „close readings of the formal, rhetorical, and thematic elements" [III]. Die westgriechische Historiographie behandelt weiterführend D. TIMPE; zur Lokalgeschichtsschreibung s. u. 2.7.

Anleitungen Eine Überschau zu den literarischen Quellen für das 5. und 4. Jahrhundert bietet P. J. RHODES [1.10.2: The Literary Sources]. C. PELLING [1.10.2: Literary Texts and the Greek Historian] analysiert in Fallstudien athenische Texte aller Gattungen zur Geschichte der zweiten Hälfte des 5. Jahrhundert. Wie viel Geschichte aus der Lyrik herauszuholen ist, demonstriert D. BOEDEKER [1.10.2: Early Greek Poetry as/and History]. Ausführliche, schulmäßige Analysen von 16 Quellenstücken zum 5. Jahrhundert hat K. MEISTER vorgelegt [1.11: Interpretation]. Eine schwierige, nicht selten vernachlässigte

Quellengruppe, nämlich antike Erklärungen zu einem literarischen Text (Scholien) sowie Kommentare und Lexika, erschließt 1.10.2: DICKEY, Ancient Greek Scholarship. Ursprünglich für die Quellensystematik zur mittelalterlichen und neuzeitlichen Geschichte definiert sind die „Akten"; jedoch wird das Konzept des „primären", aus „Geschäften" erwachsenen Zeugnisses auch in der Alten Geschichte bisweilen übernommen; dazu 1.11: HANSEN, What is a document? Da sich die antiken Texte bei der Lektüre niemals unmittelbar erschließen und verstehen lassen, sind erklärende wissenschaftliche Kommentare unentbehrlich; s. (neben vielen anderen, hier nicht aufgeführten) 1.10.2: ASHERI u. a. zu Herodot; 4.5: HORNBLOWER zu Thukydides; 5.1: KELLY / MCDONALD zu Xenophons „Hellenika"; 2.2: POMEROY zu Xenophons „Oikonomikós"; 3.7: RHODES zur „Athênaíôn Politeía" aus der Schule des Aristoteles.

Moderne Kommentare

Ein monumentales Werk ist an dieser Stelle gesondert zu erwähnen: FELIX JACOBY (1876–1959) publizierte ab 1923 „Die Fragmente der Griechischen Historiker" [1.10.1: FGrH], eine Sammlung der Überreste von mehr als 850 Autoren mit Kommentar in 15 (Teil-)Bänden. Auch wenn Jacobys Gliederung des Materials nach Gattungen Kritik gefunden hat und er die Edition nicht vollenden konnte [begonnen wurde eine Weiterführung in Buchform; s. 1.10.1: SCHEPENS, Biography], bleibt diese dennoch für jedes vertiefte Studium der Griechischen Geschichte unentbehrlich. Seit 2007 wächst eine internationale Online-Neubearbeitung, die durch Beigabe von englischen Übersetzungen einen größeren Nutzerkreis erreicht [1.10.1: BNJ]. Jacoby flankierte seine Fragmentsammlung durch Einzelstudien [1.3: Abhandlungen] sowie mehrere Artikel für die „Realenzyklopädie" [1.6.1: RE; klassisch die über Hekataios und Herodot]. Die Fragmente der erwähnten „Helleniká aus Oxyrhynchos", einer Fortsetzung des thukydideïschen Werks, wurden von P. R. MCKECHNIE / S. J. KERN (Warminster 1998, englisch) und R. BEHRWALD (Darmstadt 2005, deutsch) ediert, übersetzt und kommentiert; eine Einführung gibt R. NICOLAI, 1.6.1: EAH 6, 3117 f.

„Fragmente der Griechischen Historiker"

Hell. Oxy.

Wer tief in bestimmte Themen der griechischen Geschichte eindringen will oder sich für lokale bzw. regionale Phänomene interessiert, muss die auf Vollständigkeit zielenden Sammlungen (Corpora) heranziehen, also die „Inscriptiones Graecae" (IG) und die jeweils einzelne Orte bzw. Regionen erschließenden Editionen wie die „Fouilles de Delphes", die „Inschriften von Olympia"

Inschriften

(IvO) oder die „Inschriften griechischer Städte in Kleinasien" (IK). Neufunde und -lesungen versammelt jährlich das „Supplementum Epigraphicum Graecum" (SEG). Kurzgefasste systematische Einführungen in das Studium der griechischen Inschriften legten [alle folgenden Titel 1.10.3] G. Petzl, G. Klaffenbach und P. J. Rhodes vor. Ansonsten genügen Auswahlsammlungen historisch aussagekräftiger Inschriften; in deutscher Sprache sind das „Historische griechische Inschriften in Übersetzung" [Brodersen u. a., HGIÜ, ohne Originaltext und Kommentar]. Die drei Bände von Meiggs / Lewis [ML], Osborne / Rhodes [OR] und Rhodes / Osborne [RO] bieten griechische Texte mit englischer Übersetzung (außer ML) und instruktive Kommentierungen. Für das Studium der frühen Staatlichkeit sind als Sammlungen Koerner und Ruzé / van Effenterre unentbehrlich, für das frühe Kreta jetzt Gagarin / Perlman. Wie Inschriften in die Historiographie übergriffen, zeigt R. Osborne, Greek Inscriptions as Historical Writing. Der Attische Seebund erhielt ein neues Gesicht, als Mitte des 20. Jahrhunderts Fragmente der Tributquotenlisten gefunden und in einer ebenso monumentalen wie umstrittenen Rekonstruktion präsentiert wurden, den „Athenian Tribute Lists" (ATL) [daraus exemplarisch OR Nr. 119]; dazu L. Kallet, Democracy, Empire, and Epigraphy. Allerdings ist gerade bei einigen der historisch besonders interessanten, ‚imperialen' athenischen Beschlüsse in Sachen Seebund die Datierung (Mitte des 5. Jahrhunderts? 420er-Jahre; s. u. 4.4) strittig. K. Vlassopoulos spricht gar vom „collapse of the consensus on the dating of fifth-century Athenian inscriptions in the 1990s" [Greece & Rome 66, 2019, 258]; etwas weniger alarmistisch lässt sich P. J. Rhodes vernehmen [3.7: After the three-bar *sigma* controversy]. – Bestimmte methodische Ansätze wie das Studium von Personengruppen und ihren internen Verbindungen (Prosopographie) [Lit. 1.6.3] sowie die Erforschung wichtiger Phänomene des politischen Lebens, etwa der Proxenie, ruhen weitgehend auf den Inschriften.

Münzen   Wie genuin historische Fragen durch die Auswertung von Münzen geklärt werden können, zeigt der Überblick von C. Howgego [1.10.4: Geld in der antiken Welt]. Speziell zur griechischen Numismatik liegt eine vorzügliche Einführung von P. F. Mittag [1.10.4] vor; dort sind Angaben zu den großen Corpora und digitalen Auskunftsmitteln zu finden. Als detaillierterer Überblick zu den regionalen Münzfüßen und Nominalsystemen bleibt C. M.

KRAAY, Archaic and Classical Coins [1.10.4] unentbehrlich. Für die allgemeine Geschichte relevant ist zum einen die Frage, warum zu Beginn des 6. Jahrhunderts zuerst bei den Lydern, dann auch in Griechenland geprägte Münzen von genormtem Gewicht und mit einheitlichem Bild die prämonetären Geldformen ablösten: Sollte der Handel erleichtert werden, bezahlte man mit ihnen Söldner und Infrastrukturmaßnahmen oder ging es darum, dass die sich formierenden Poleis ihre Normsetzungsbefugnis ausdrücken wollten? Einen guten Forschungsüberblick bietet A. EICH [2.2: Politische Ökonomie, 463–469]; er betont die „Durchsetzung des von staatlichen Funktionsträgern (...) erhobenen Anspruchs, daß ausschließlich Regierungsinstitutionen gültige Zahlungsmittel emittieren oder doch den Rang, gültiges Zahlungsmittel zu sein, an definierte Objekte verleihen dürfen" [469]; vgl. ferner [alle 1.10.4] KIM, Archaic Coinage; KLOFT, Geld und Wirtschaft; VON REDEN, Antike Wirtschaft, 153 f. Die Bilder der vorhellenistischen Münzen waren – mit Ausnahme der prachtvollen sizilischen [3.9: FISCHER-BOSSERT, Coinage of Sicily; E. BOEHRINGER, Die Münzen von Syrakus, 1929] – oft eher schlicht, aber wer eine athenische Drachme mit Athenakopf, Eule und Olivenblättern in Händen hielt, wusste überall, woran er war. Athen machte mit der Münzhoheit Großmachtpolitik [FIGUEIRA, The power of money; KROLL, What about Coinage?], wie u. a. das (fragmentarisch erhaltene) sog. Münzdekret zeigt [1.10.3: OR Nr. 155 = HGIÜ Nr. 68; die Datierung ist strittig, s. u. 4.4]. Stark methodisch ausgerichtet ist KALLET / KROLL, The Athenian Empire: Using Coins as Sources. – Überdies stellten Münzen mit ihren Götter- und Mythenbildern, bisweilen auch Darstellungen von besonderen Stärken (Metapont: Getreideähre) lokale Identitätsmarker dar; s. etwa 1.10.4: RITTER, Bildkontakte.

Einblicke in Methoden und Systematik der Klassischen Archäologie [Lit. 1.10.5] bieten die Einführungen von T. HÖLSCHER, F. LANG und R. VON DEN HOFF; den Nutzen stark theoretisch ausgerichteter Zugriffe erörtern die Beiträge in NEVETT, Theoretical Approaches. Wie textbasierte und archäologische Befunde, von denen die einen immer noch gern herangezogen werden, um im jeweils anderen Gebiet Irgendetwas zu ‚bestätigen', einander auf methodisch verantwortbare Weise erhellen können, erörtert J. HALL [Artifact and Artifice] anhand von Fallstudien u. a. zur Spruchpraxis der Pythia in Delphi, dem Eid von Plataiai und dem sog. Kallias-

Archäologie

frieden. Über laufende Grabungen informieren die jährlich erscheinenden, regional und thematisch gegliederten „Archaeological Reports". Für die Bedürfnisse von Historikern geeignet sind der Überblick von Chr. Mee [Greek Archaeology] sowie die problemorientierte Synthese von J. Bintliff [Archaeology]; zu einzelnen Epochen s. I. Morris [Archaeology and Archaic Greek History] und B. Forsén [Non-written Sources]. Reichhaltiges, gut kommentiertes Bildmaterial aller Art in thematischer Ordnung (u. a. Mobilität, natürliche Umwelt, Stadt, Krieg, Haus, Symposion) stellt der „Atlante" von 1.3: I Greci [Bd. 4.1/2] bereit. Zu den Bänden III–VI der „Cambridge Ancient History" [1.3: CAH] hat J. Boardman Abbildungen zusammengestellt und kommentiert [Plates, 3 Bde., 1984, 1988, 1995]. Eine knappe Kombination aus historischer Landeskunde und archäologischem Reiseführer bietet 1.7.2: Kirsten / Kraiker, Griechenlandkunde; darin sind auch die ägäische Inselwelt sowie Kreta berücksichtigt.

2 Grundstrukturen und Basisprozesse

Keine Archaische Zeit mehr?

Die Ende des 19. Jahrhunderts in der Archäologie geprägte Bezeichnung der griechischen Kunst zwischen der „geometrischen" Epoche und der Klassik als „archaisch" wurde für die allgemeinhistorische Periodisierung übernommen. Im doppelten Wortsinn epochemachend war ein großer Aufsatz von A. Heuss [1.4: Die archaische Zeit]; für ein Kondensat der Diskussion und eigene Vorschläge s. U. Walter [1.4: Archaische Zeit]. Mit dieser Epoche verbindet sich auch das theoretisch diffizile Problem des geschichtlichen Anfangs; dazu 1.4: Walter, Von Anfängen. Die historiographischen ‚Narrative' für das (früh-)archaische Griechenland durchmustert P. Zeller [1.5: Basileis und Goden, 32–42]; Arbeiten zum Problem der chronologischen Fixierung von Daten sind oben 1.4 genannt.

Neuerdings gibt es eine Tendenz, die Archaik in eine längere, bereits in der späten Bronzezeit ab ca. 1200 beginnende und weniger von Zäsuren gekennzeichnete Formierungsepoche aufgehen zu lassen (s. u. 2.1). Zugleich werden die chronologischen und heuristischen Probleme auch in Epochenüberblicken exemplarisch formuliert; so ruft R. Osborne [1.2.2: Greece in the Making, 8–16] die Gründung von Kyrene im Widerstreit zwischen literarischen, inschriftlichen und archäologischen Zeugnissen auf, während J. Hall [1.2.2: Archaic Greek World, 1–8] den in der antiken Tradition prominenten, von der älteren Forschung meist um 700 datierten „Lelantischen Krieg" zwischen Chalkis und Eretria dekonstruiert [für die traditionelle Sicht auf diesen s. knapp V. Parker, 1.6.1: EAH 7, 4010]. Auch C. Baurain betont in einem methodologischen Kapitel, dass viele ‚Daten' zur Archaik erst sehr viel später generiert wurden und daher auch einem „autre mode de réflexions que celui qui avait cours avant les guerres médiques" folgten [1.2.2: Les Grecs, 43]. E. Stein-Hölkeskamp hält eine chronologische Darstellung der Archaischen Zeit für nicht mehr angemessen und wendet sich gegen die „irreführende Linearität einer ... narrativen Meistererzählung" [1.2.2: Das archaische Griechenland, 13]: Die Entwicklung Griechenlands zwischen dem 12. und dem 6. Jahrhundert habe sich als „außerordentlich widerständig gegen abschließende Synthesen" erwiesen [ebd., 9]. B. Lavelle [1.2.2: Archaic Greece] trägt dem Problem Rechnung, indem er nach einem knappen chronologischen Abriss lediglich wichtige Sachfelder (Polis und Politik, Krieg, Religion, Gender u. a.) ausmisst und der Kultur breiten Raum gibt. – Anders als die neueren, stark exemplarisch und analytisch verfahrenden Epochenüberblicke (ein Vorreiter war A. Snodgrass [1.2.2: Archaic Greece]) suchten eher ‚positivistische' Darstellungen die Vielfalt der Regionen plastisch zu machen und referieren in diesem Sinne die – freilich in vielen Fällen höchst problematischen – Daten und Überlieferungen; s. in diesem Sinn A. R. Burn, The Lyric Age od Greece, 1960; L. H. Jeffery, Archaic Greece. The City-States c. 700–500 B.C., 1976; M. Grant, The Rise of the Greeks, 1987.

2.1 Bronzezeit und *Dark Ages* als Voraussetzungen

Neuere Synthesen zur sog. Ägäischen Bronzezeit reflektieren die terminologischen und konzeptionellen, überwiegend forschungsgeschichtlich bedingten Vorprägungen des gezeichneten Bildes in unterschiedlichem Ausmaß [s. Cline, Handbook; Shelmerdine, Companion; Dickinson, Aegean Bronze Age; knappe Bilanz: 1.2.2: Ulf / Kistler, Entstehung, 28–33]. Recht ausführlich sind Bronzezeit und *Dark Ages* im Vorgänger dieses Buches behandelt [1.2.1: Schuller, Griechische Geschichte, 2–9, 96–112]. Eine übersichtliche Tabelle der archäologischen Epochenterminologie bietet z. B. der Karlsruher Ausstellungskatalog „Mykene", 392. Während lange Zeit die Formationen auf Kreta und dem Festland als in mehrerlei Hinsicht sehr verschieden, ja polar angesprochen wurden, deuten der Palast als Wirtschaftszentrum, die Administration mittels einer Schrift sowie die weitgespannten diplomatischen und merkantilen Außenbeziehungen auf eine strukturelle Ähnlichkeit.

Gegen die in der Mykenologie unstrittige Ansicht, der Palast sei nicht nur Wirtschafts- und Herrschaftszentrum, sondern auch Hof eines machtvollen Königs nach nahöstlichem Vorbild gewesen, hat T. SCHMITT gewichtige Einwände erhoben [Kein König; Agamemnons Maske]; vgl. 1.2.2: ULF / KISTLER, Entstehung, 162–164. Am Beispiel von Pylos nennt ferner D. SMALL [Surviving the Collapse] Argumente für die Auffassung, dass der Palast die wirtschaftliche Tätigkeit der Region keineswegs vollständig dominierte und kontrollierte, sondern nur ein besonders großer Oîkos mit allen wesentlichen Merkmalen dieser Formation (u. 2.2) war, was für eine strukturelle Kontinuität „from the Late Bronze Age to later Greece" spräche – nicht einmal ein Steuerregime lasse sich nachweisen. Hinsichtlich der Entstehung einer Machthierarchie in der mykenischen Welt suchte M. COSMOPOULOS [Von Lokalkönigen zu Herrschern] am Beispiel von Iklaina in Messenien plausibel zu machen, dass die großen Paläste nicht evolutionär aus Häuptlingstümern hervorwuchsen; vielmehr seien zunächst miteinander konkurrierende kleinere Zentren entstanden, die dann teilweise von einem besonders durchsetzungsstarken Wettbewerber ‚geschluckt' wurden. Im Fall von Iklaina war dies Pylos. Die siegreiche Palastmacht konnte sich freilich ihrer Expansion nur etwa zwei Generationen lang erfreuen und den Schritt zu einem Territorialstaat nicht vollenden; dabei mögen Instabilität und Überdehnung der Ressourcen während dieses Übergangs wichtige Ursachen für den raschen Zusammenbruch um 1200 gewesen sein. Während Archäologen und Historiker in der Regel die komplexe, mit einem hohen Maß an Zwang operierende und schriftgestützte „Hochkultur" für eine Errungenschaft halten, deren Verlust sich für die Menschen in jedem Fall negativ auswirkte, betont J. SCOTT [Against the Grain, 187], einfachere Gestaltungen des Sozialen können besser zu den gegebenen Rahmenbedingungen passen als komplexe, jedoch anfälligere: Während ‚Kollaps' eine Reduktion sozialer Komplexität impliziere, „it is these smaller nu-

‚Paläste' und Staatlichkeit

clei of power – a compact small settlement on the alluvium, for example – that are likely to persist far longer than the brief miracles of statecraft that lash them together into a substantial kingdom or empire". Das System des Palastes wurde demgemäß als „prekäre Errungenschaft", ja als „Sackgasse" angesprochen [1.2.2: STEIN-HÖLKESKAMP, Das archaische Griechenland, 50]; G. MIDDLETON spricht von „hegemonic fragility" [Collapse and transformation, Kap. 2]. Hingegen vermochte sich der kleinere Oíkos als basale Einheit zu behaupten, da er sich bei einem Ortswechsel oder einer Veränderung der Wirtschaftsweise leichter anpassen konnte. Selbst in Tiryns, wo in nachmykenischer Zeit offenbar noch einmal erhebliche Ressourcen mobilisiert werden konnten, nahm man den zuvor mit großem Aufwand erweiterten und befestigten Palast nicht wieder in Betrieb; in den Ruinen entstand vielmehr ein neuartiges, für die Zeit bis 700 typisches Gebäude, das längliche Megaron-Haus, während auf dem Areal der Unterburg eine dorfartige Siedlung existierte [MARAN, Nach dem Ende; DERS./PAPADIMITRIOU, in: WITTKE, Frühgeschichte der Mittelmeerkulturen, 515–519].

Devolution als Gewinn?

Über die Diskussion der Ursachen für den Zusammenbruch der Paläste (innermykenische Rivalitäten, Revolte italischer Söldner, Aufstände von Unterschichten, Erdbeben, Angriffe von außen, Unterbrechung des Metallzuflusses, Stress und Überdehnung) orientieren O. DICKINSON [Aegean, 46–56] und E. STEIN-HÖLKESKAMP [1.2.2: Das archaische Griechenland, 28–31 (multifaktoreller Systemkollaps)]. Dem elaborierten Entwicklungsmodell von M. KRAMER-HAJOS [Mycenean Greece] zufolge stellte die Palast-Epoche lediglich das Experiment einer zentralistischen und zugleich vernetzten Organisation dar, deren Scheitern erneut der Dynamik von kriegerischen und mobilen Kleingruppen Raum gab. Ob diese mit dem Eindringen von Zuwanderern von weiter her in Beziehung standen, ist nicht geklärt.

Über das Kriegswesen orientieren J. CHADWICK [Mykenische Welt, 212–239] und die Beiträge in R. LAFFINEUR [Polemos], über die Seefahrt in der bronzezeitlichen Ägäis R. LAFFINEUR / L. BASCH [Thalassa] sowie T. TARTARON [Maritime Networks]; im größeren Zusammenhang N. DEMAND [Mediterranean Contexts, Kap. 7] sowie die grundlegende Monographie von A. B. KNAPP [Seafaring and Seafarers]. Minoer und Mykener unterhielten im gesamten östlichen Mittelmeerraum sowie in Italien, Sizilien und auf Sardinien Han-

Krieg und Seefahrt

delsbeziehungen [B. E. BURNS, Trade, in: CLINE, Handbook, Kap. 22] und erwarben praktische Kenntnisse, die in der Nachbronzezeit nicht verlorengingen. Die Forschung diskutiert wechselseitige sowie räumlich weiter ausgreifende Prozesse der ‚Minoisierung' und ‚Mykenisierung' [GOROGIANNI, Beyond Thalassocracies]. R. SCHULZ [1.7.2: Abenteurer, 23–40] zeigt auf, wie die meererprobten Akteure der spätmykenischen Welt – die wohl überwiegend nicht aus den Palastzentren kamen – in die Austauschprozesse des Nahen Ostens eingebunden waren, dort jedoch v. a. als Piraten und Söldner wahrgenommen wurden – ähnlich wie dann auch die ‚Männer aus dem Westen' in früharchaischer Zeit. Dass es eine mykenische Kolonisation im Sinne einer physischen Ansiedlung nicht ganz kleiner Gruppen von ‚Mykenern' in Italien, West-Kleinasien oder auf Zypern gab, wird hingegen inzwischen bezweifelt; s. VANSCHOONWINKEL, Mycenean Expansion, in: 2.4: TSETSKHLADZE, Greek Colonization 1, 41–113; MEE, Mycenaean Greece, the Aegean and Beyond, in: SHELMERDINE, Companion, 362–386, v. a. 368 u. 382. Die maritimen Konflikte im östlichen Mittelmeer in der späten Bronze- und frühen Eisenzeit untersucht, die Kontinuitäten betonend, J. EMANUEL, Naval Warfare; er zeigt detailliert, dass „naval warfare, seaborne raiding, and other martial maritime pursuits are attested throughout the Bronze Age, both between polities and among (and carried out by) groups that are presented in less organized fashion" [348], und sucht eine „cosmopolitan nature of postpalatial interactions" [290] plausibel zu machen.

Dark Ages: Orientierung und Überblick

Für die Zeit von etwa 1100/1050 bis 800/750 ist die lange gängige Bezeichnung „Dunkle Jahrhunderte" zunehmend in Misskredit geraten und inzwischen überwiegend durch „Frühe Eisenzeit" ersetzt [A. KOTSONAS, Dark Age Greece, 1.6.1: EAH 4, 1929 f.]. Für die Hauptlinien der Entwicklung sowie die regional vielfältigen archäologischen Befunde, die generalisierende Aussagen über die ohnehin lange Epoche nur eingeschränkt erlauben, sind die neueren Synthesen zu konsultieren, in erster Linie K.-J. HÖLKESKAMP, Vom Palast zur Polis [in 1.3: GEHRKE / SCHNEIDER, Geschichte der Antike, 63–90] sowie die einschlägigen Kapitel in den Büchern von K.-W. WELWEI [1.2.1: Griechische Geschichte], E. STEIN-HÖLKESKAMP [1.2.2: Das archaische Griechenland], R. OSBORNE [1.2.2: Greece in the Making] und J. HALL [1.2.2: Archaic Greek World]. Ins Detail gehen die Beiträge in DEGER-JALKOTZY / LEMOS [Ancient Greece]. Während viele Autoren aus der breiteren Fundlage eine größere Kontinuität zur Spätbronzezeit als früher angenommen erschließen, betont O. DICKINSON erneut den Bruch, denn „there is virtually no sign of the investment of exceptional effort and resources in *anything*, whether monumental buildings, tombs, communal ritual sites, or works of craftsmanship" [From Bronze Age to Iron Age, 238]. Ergänzend betont NIGHTINGALE [Von der mykenischen zur griechischen Welt, 335] „das nahezu totale Verschwinden der politischen Terminologie" sowie die Verschiebungen in der politischen Topographie; so waren in der Argolis nach der submykenischen Phase die Palastorte Tiryns, Mykene und Midea bedeutungslos; das neue lokale Zentrum entstand in Argos – „nicht als ein mykenischer Nachfolgestaat, sondern als neuartige Gemeinde, die sich letztlich zu einem Polisstaat entwickelte". THOMAS / CONANT [Citadel to City-State] legen das methodische Problem der Kontinuitätserzählung in ihrer Gliederung offen, indem sie sechs Orte (Mykene, Nichoria, Athen, Lefkandi, Korinth, Askra) in je einer Phase in den Blick nehmen, ohne sagen zu können, wie repräsentativ der jeweilige Befund für seine Zeit ist. Das enzyklopädische Sammelwerk von A.-M. WITTKE [Frühgeschichte der Mittelmeerkulturen] bietet für die Zeit von 1200 bis 600 nicht nur stoffreiche Überblicke zu den verschiedenen Regionen von Spanien bis Syrien, sondern behandelt auch strukturbildende Phänomene wie Besiedlung und Mobilität, Gesellschaft und Herrschaft, ferner Religion, Kriegswesen, Wirtschaft und Rechtsentwicklung sowie den Transfer von Praktiken und Wissen, wobei dem konnektivistischen Ansatz entsprechend die Bedeutung mobiler Gruppen hervorgehoben wird. Bereits CH. STARR minimierte im Zuschnitt seiner immer noch beachtlichen Darstellung [1.2.2: Origins] die Zäsur um 800 und betonte die Prozessualität. Auch die von A. B. KNAPP und P. VAN DOMMELEN herausgegebene „Cambridge Prehistory" [1.2.2] behandelt Bronze- und Frühe Eisenzeit konzentriert auf die regionalen Entwicklungen. Der breite, indes jedes ‚Narrativ' dekonstruierende Forschungsüberblick von ULF / KISTLER [1.2.2: Entstehung] erlaubt es, im Folgenden nur einige wenige Gesichtspunkte aus der Darstellung in aller Kürze anzusprechen. Sehr viel ausführlicher (und offener) erschließt der gelungene ‚Companion' von LEMOS / KOTSONAS [1.2.2: Archaeology of Early Greece] das Material von der Bronzezeit bis in die frühe Archaik; dabei ist der gesamte zweite Band mit regionalen Bestandsaufnahmen gefüllt. Die Vielfalt der Prozesse in den verschiedenen Gebieten verdeutlichen auch (mit

Zäsur um 800?

deutlichem Akzent auf Kontinuitäten) die Beiträge in G. MIDDLETON, Collaps and transformation.

Bevölkerungs-schwund

Wie groß der Bevölkerungsschwund im 11. und 10. Jahrhundert war, ist schwer auszumachen, weswegen Karten, die alle nachweislich besiedelten Plätze verzeichnen [s. etwa 1.2.2: OSBORNE, Greece in the Making, 37, 39. 40], nur begrenzte Aussagekraft haben. Aus methodischen Erwägungen lehnt DICKINSON [From Bronze Age to Iron Age, 92–98] alle Versuche ab, den als solchen unbestreitbaren Bevölkerungsrückgang zu quantifizieren. Die jüngste Forschung zur Bevölkerungsentwicklung seit der Bronzezeit resümiert J. L. BINTLIFF [in: 1.2.2: LEMOS / KOTSONAS, Archaeology of Early Greece, 11–25]. Für die im Darstellungsband vertretene Ansicht der zeitweiligen Zunahme einer stärker auf Viehzucht setzenden und daher mobileren Lebensweise zumindest eines Teils der Bevölkerung s. 1.2.2: SNODGRASS, Archaic Greece, 35 f.; die Indizien nennt HÖLKESKAMP [in 1.3: GEHRKE / SCHNEIDER, Geschichte der Antike, 78 f.]; ablehnend freilich DICKINSON [2.1: From Bronze Age to Iron Age, 98–102]. E. KIRSTEN [Gebirgshirtentum und Sesshaftigkeit] hat durch eine genaue Auswertung von Geländeformationen und ökologischen Rahmenbedingungen die frühdorische Einwanderung in Lakonien plausibel als sukzessive Wanderungsbewegung und „Einsickern" von (halbnomadischen) Gebirgshirten in die Zone nachmykenischer Sesshaftigkeit zu rekonstruierten gesucht und auf die Parallelen zur frühen Wanderung der hirtennomadischen Israeliten/Hebräer aus dem Transjordangebirge in die westliche Levante verwiesen; dazu jetzt bestätigend z.B. A. F. RAINEY, Whence came the Israelites and their languages, in: Israel Exploration Journal 57, 2007, 41–64). Folgt man dieser These, so lassen sich laut Kirsten manche als typisch spartanisch erachtete Einrichtungen (u. 3.4) wie etwa die Vier-Dörfer-Siedlung, die Delegierung der Landarbeit an unterworfene Vorbewohner, die Krypteia oder das Leben in Hütten am Karneia-Fest (vgl. das hebräische Laubhüttenfest), vielleicht sogar das Doppelkönigtum, als bewusste Tradierung einer einst als erfolgreich erachteten halbnomadischen Lebensweise interpretieren.

Von der Bronze zum Eisen

Viel komplizierter als oben in der Darstellung skizziert stellt sich ferner der Übergang von Bronze zum (archäologisch schwerer greifbaren) Eisen als Hauptgebrauchsmetall dar; strittig ist u. a., von wo dieser ausging und Impulse erhielt (Zypern?), ob er durch einen Mangel an Bronze verursacht wurde und welche Rolle das Eisen als (auch) Prestigegut spielte; s. WERTIME / MUHLY, Age of Iron; HAARER, Problematising; SNODGRASS, The Coming.

Die zentrale Frage nach den politischen Verhältnissen in den Siedlungsgemeinschaften der frühen Eisenzeit ist diffizil und bewegt sich heuristisch in einem Dreieck. 1) Die über die Keramik einigermaßen datierbaren archäologischen Funde aus Begräbnisstätten geben Auskunft über Menge und Verteilung von Prestigegütern und damit über die Ressourcen, die der Elite zur Verfügung standen – doch Grabsitten konnten sich wandeln. Die Überreste von Siedlungen mit bestimmten Strukturen und unterschiedlich großen Häusern erlauben Rückschlüsse auf das Ausmaß sozialer Differenzierung; von der Größe der Siedlungen ausgehend kann vermutet werden, in welchem Umfang Gemeinschaftsaufgaben anfielen, die gelöst werden mussten. Die Siedlungsbefunde geben jedoch keine Auskunft darüber, von wem diese Aufgaben wahrgenommen wurden und welche Rolle das Kollektiv der Bewohner spielte. 2) Aus den Homer zugeschriebenen Epen „Ilias" und „Odyssee" sowie den Dichtungen Hesiods, die allesamt wohl im 7. Jahrhundert entstanden, ergibt sich ein sehr viel deutlicheres Bild der Strukturen eines Hauses, der vorherrschenden Norm- und Wertvorstellungen sowie der ‚politischen' Verkehrsformen in den dort vorkommenden Gemeinden, besonders hinsichtlich der in den Epen meist als *basileís* bezeichneten Anführer und des versammelten Volkes (*agorḕ*); dazu die auch methodisch überzeugende Einführung von B. PATZEK, Homer und die frühen Griechen. Allerdings besteht Einigkeit darüber, dass die geschilderten Verhältnisse zumindest bei Homer nicht durchweg gleichzeitigen Erfahrungshorizonten entsprechen, sondern viele Elemente einer episch-heroischen Überhöhung und künstlichen Alterung geschuldet sind; so steht das Eisen als Metall für Waffen bei Homer weit hinter der Bronze zurück [1.2.1: BELOCH, Griechische Geschichte I 2, 109–121]. ULF / KISTLER [1.2.2: Entstehung] werten daher für die Rekonstruktion der ‚Anfänge' das archäologische Material und die epischen Texte getrennt voneinander aus, doch es ist legitim, archäologische Befunde heranzuziehen, um Schilderungen in den Epen als wirklichkeitshaltig zu erweisen oder ins Reich der Fiktion zu verbannen; in diesem Sinne verfährt etwa E. STEIN-HÖLKESKAMP [1.2.2: Das archaische Griechenland, 52–95]. 3) Ein Teil der Forschung neigt dazu, die in den Epen genannten Bezeichnungen für Führungspersonen, Kollekti-

Wege zur Erhellung der politischen Verhältnisse

Homer

Bezeichnungen und Begriffe

ve und Institutionen der „Dunklen Jahrhunderte" von spätmykenischen, in den Linear B-Täfelchen bewahrten Bezeichnungen abzuleiten – so sei aus dem *qa-si-re-u*, einem nachgeordneten Funktionsträger in lokal organisierten Siedlungsverbänden, der homerische *basileus* geworden. Demgegenüber werden seit geraumer Zeit lieber verfremdende Begriffe und Konzepte der *Social Anthropology* bemüht, um aus den archäologischen Befunden und epischen Schilderungen ein konzeptuell fundierteres Bild von Führung in den noch nicht städtisch verdichteten oder durch feste politische Institutionen gebundenen Siedlungsgemeinschaften bis ins frühe 8. Jahrhundert zu gewinnen, ohne durch vertraute Bezeichnungen wie „König", „Fürst" oder „Staat" zu irrigen Vorstellungen veranlasst zu werden; dazu eingängig 1.2.2: STAHL, Archaische Zeit, 94–151. Eine Typologie prä- und protostaatlicher Gemeinschaften mit ihren spezifischen Siedlungsformen und grundlegenden Formierungen entwickelt C. ULF [Gesellschaft und Herrschaft, in: WITTKE, Frühgeschichte der Mittelmeerkulturen, 853–888]. Doch auch Bezeichnungen wie *big man*, *chiefdom* oder *postpalatial warlords* bringen womöglich irreführende Konnotationen mit sich, weshalb sich viele Gelehrte auf die Quellensprache zurückziehen und einfach von *basileís* sprechen. Wie auch immer man ‚Führung' definieren mag – im Ergebnis war die Zeit von 1050 bis 850 geprägt von „successive failures to establish any extensive political, economic, or social organization" [1.2.2: OSBORNE, Greece in the Making, 55]. Mit Recht betont O. DICKINSON [From Bronze Age to Iron Age, 248], es sei völlig offen, „whether the communities of the Aegean were all organised on similar lines".

Migrationen, Dialekte und ‚Hellenen'

Im Zuge der vielfältigen Migrationsbewegungen in den *Dark Ages* gewannen die historischen Landschaften und Großregionen des späteren Hellas ihre Gestalt, auch wenn die im Mythos geronnenen Wanderungserzählungen relativ späte Produkte der Formierung von ethnischen Identitäten darstellten [für eine methodisch saubere Fallstudie s. 2.7: ZINGG, Schöpfung] bzw. erst im 6. und 5. Jahrhundert mit den machtpolitischen Ansprüchen Spartas [„Rückkehr der Herakliden" auf die Peloponnes; s. 2.7: PRINZ, Gründungsmythen, 206–313; bündig F. KIECHLE, 1.6.1: KlP 2, 1967, 1037–1039] und Athens („Mutterstadt aller Ioner") wirksam wurden. Als vom 12. bis ins 10. Jahrhundert griechisch sprechende Gruppen aus dem Ägäisraum nach Zypern und an die kleinasiatische Westküste gelangten, folgten sie den bereits in der Bronzezeit bekannten Wegen, und auch für die andere Himmelsrichtung gilt, wie J. K. Papadopoulos [Greece in the Early Iron Age, 188] zuspitzt: „The first western Greeks were Mycenaeans." Einen Überblick zu den Migrationen mit reichen Literaturangaben bietet B. Eder [in: Wittke, Frühgeschichte der Mittelmeerkulturen, 446–456], eine Zusammenschau der wichtigsten Regionen K.-W. Welwei [1.2.1: Griechische Geschichte, 50–60]. Ein zählebiges, die Forschung, v. a. jedoch die Darstellungen prägendes Axiom zerstört mit Recht F. Bernstein [Ionische Migration]: Die Unterscheidung von ‚Wanderungen' in den *Dark Ages* und einer expansiven ‚Kolonisation' ab ca. 750 ist künstlich (s. u. 2.4). – Über die Dialekte orientiert J. L. Garcia Ramón, Griechische Dialekte, 1.6.1: DNP 4, 1998, 1231–1236; eine detaillierte Karte findet sich in 1.7.1: Wittke, Historischer Atlas, 37; vgl. 1.3: Cartledge, Kulturgeschichte, 39. Den polyzentrischen Prozess fasst J. B. Hainsworth in dem Satz zusammen, „no single dialect could claim in every respect to have been in the mainstream of the development" [The Greek language and the historical dialects, in: 1.3: CAH III 1, 850–865, hier: 850]. Die graphische Übersicht zu den verschiedenen lokalen Alphabeten, wie sie etwa R. Osborne [1.2.2: Greece in the Making, 102 f.] bietet, illustriert die im Text hervorgehobene Einheit in der Vielfalt. Das maßgebliche Handbuch stammt von L. H. Jeffery [1.10.3: Local Scripts; Kondensat aus gleicher Feder 1.3: CAH III 1, 819–833]. Die aktuelle Synthese von P. M. Steele [in: 1.2.2: Lemos / Kotsonas, Archaeology of Early Greece, 247–269] umfasst auch Linear B und die zyprische Sonderentwicklung, während die Überschau von B. Powell [Alphabet and Writing, 1.6.1: OEGRA 1, 76–80] den phönizischen Kontext betont. E. Wirbelauer [Telekommunikation] hebt mit Recht hervor, dass die griechische Alphabetschrift von Anfang an dazu diente, große Entfernungen zu überwinden (ganz anders als die rein intern verwendete Linear B-Schrift) und dabei Besitz, Verbindungen und Identitäten zu dokumentieren. B. Powell entwickelte die ältere These weiter, erst das Bedürfnis nach Aufzeichnung der zunächst mündlich verfertigten Hexameterpoesie habe zur Adaption des Alphabets geführt; dazu kritisch W. Rösler, in: 1.10.2: Rengakos / Zimmermann, Homer-Handbuch, 203–205. Jedenfalls konnten die einmal fixierten Dichtungen sofort eine beträchtliche Reichweite erzielen und ihre gemeinschaftsorientierte ‚Botschaft' verbreiten; diese war auch im Fall Homers „nicht an ein exklusiv ‚adliges' Publikum gerichtet, sondern an alle, die zuhö-

Alphabetschrift

Reichweite der frühen Epen

ren (wollen)" [ULF, Homers Publikum, 15]. Für Hesiod gilt das ohnehin.

Ein markantes frühes Zeugnis griechischer Schrift wurde in Italien gefunden: der sog. Nestorbecher von Pithekussai/Ischia [1.2.2: MURRAY, Das frühe Griechenland, 123 f.; C. O. PAVESE, La iscrizione sulla kotyla di Nestor da Pithekussai, in: Zeitschrift für Papyrologie und Epigraphik 114, 1996, 1–23]. Die Übernahme der Alphabetschrift und ihre rasche Verbreitung wären ohne weittragende Verbindungen zur See nicht möglich gewesen, und in der Tat gab es auch in den *Dark Ages* dynamische maritime Unternehmungen, die Wagemut, Wissen und Erfahrung, jedoch keine umfangreiche Infrastruktur erforderten. Dazu passt die Beobachtung, dass die nachhaltigsten Aktivitäten dieser Art nunmehr von Euboia ausgingen, wo in der Bronzezeit kein Palast existiert hatte. In der Spurensuche von R. LANE FOX [Reisende Helden] firmieren die Euboier vom ausgehenden 11. bis ins 8. Jahrhundert gar als *die* dynamische Kraft in der proto-hellenischen Welt; zur euboisch-phönizischen „connection" s. 1.7.2: SCHULZ, Abenteurer, 49–52. Doch auch andere Küstenregionen profitierten vom Ende der Monopolisierungsbemühungen: Aus dem Schatten der Paläste heraustretend, so pointiert N. DEMAND, experimentierten Menschen „with new craft methods and production technologies, and developed new trading partners, exchanging knowledge and expertise along with pottery, raw materials, and products, such as cloth, that have left no traces in the archaeological record" [Mediterranean Contexts, 238].

In der zweiten Phase der „Dunklen Jahrhunderte", also ab dem 9. Jahrhundert, wurden in den Bereichen Technik, soziale Praktiken und Denkweisen wichtige Weichen gestellt [vgl. 1.2.1: ORRIEUX / SCHMITT PANTEL, History, 27 f.]; dabei ergaben sich produktive Spannungen innerhalb eines gemeinsamen Rahmens [1.2.2: STARR, Origins, 108]. Bei allen Kontinuitäten im lebensweltlichen Alltag blieb von den ‚mykenischen' Ansätzen zu einer Zentralisierung nichts übrig. Es waren vielmehr die von einer breiten Streuung und flachen bzw. prekären Hierarchien geprägten früheisenzeitlichen Siedlungen, die künftig die Gliederung der Landschaften Griechenlands kennzeichneten und zur Grundlage der kleinräumigen Gemeinwesen seit dem 8. Jahrhundert werden sollten [s. EDER / LEMOS, in: 1.2.2: Archaeology of Early Greece, 151]. Ähnliches galt auf dem allmählich entstehenden Feld der Politik, denn „the absence of clear social stratification resulted in a complex ensemble of different political styles and claims that had to be negotiated within these same communities" [2.3: MA, Elites, Elitism, and Community, 414].

2.2 Ordnungsrahmen I: Haus, Familie, Wirtschaft

Der orientierende Bericht zu diesem Abschnitt ist kurz gehalten, da in der „Enzyklopädie der griechisch-römischen Antike" (EGRA) gleich drei einschlägige Bände vorliegen: SCHMITZ, Haus und Familie 1.12: VON REDEN, Antike Wirtschaft; 1.12: SCHEER, Geschlechtergeschichte. Instruktiv ist ferner die gedankenreiche, den komplexen Verhältnissen gerecht werdende Skizze von O. MURRAY [Life and Society]. M. STAHL [1.2.2: Archaische Zeit, 13–46] arbeitet (mitunter idealisierend) den stationären Charakter des bäuerlichen Oíkos und der dort wirkenden ethischen Normen sowie dessen Vereinzelung heraus. In eine andere Richtung überhöht V. D. HANSON [Other Greeks] die ländliche Welt der Griechen: Die mittleren Grundeigentümer hätten mit ihrer Lebensklugheit, ihren Normen und ihrer selbstbewussten Individualität das Rückgrat der sozialen wie der politischen Ordnung gebildet (s. L. FOXHALL, CR 48, 1998, 340 f.). Für die Archaische Zeit kann man jedenfalls durchaus von einer ganz überwiegend „an den Grundbesitz gebundenen Gesellschaft" sprechen [„una società legata alla terra": B. BRAVO, in: 1.3: SETTIS, I Greci 2 I, 527–560], für die es erste Pflicht war, „di conservare la proprietà fondiaria che era alle base dell'esistenza della sua famiglia cosí come della sua posizione sociale" [560]. Doch auch wenn günstige Bedingungen herrschten, der Besitz vor Angriffen halbwegs sicher war und man mit attraktiven Preisen auf lokalen Märkten rechnen konnte, sahen sich mittelgroße und noch mehr kleinere bäuerliche Betriebe mit vielfachen Gefährdungen konfrontiert; dazu 2.3: GALLANT, Risk and Survival; zur Schädigung der Landwirtschaft durch Krieg s. 2.6: HANSON, Warfare and Agriculture. W. SCHMITZ [2.3: Nachbarschaft] zeigt überzeugend, wie der einzelne bäuerliche Oíkos zwar in eine nachbarschaftliche Solidargemeinschaft eingebunden war, dort jedoch einer rigiden Sozialkontrolle unterlag (im Sinne von Fleiß, Sparsamkeit und strenger Aufsicht über die der Gewalt des Hausherrn Unterworfenen). Diese Regeln waren nicht in Texten fixiert, sondern äußer-

Oíkos

Landwirtschaft als Norm

ten sich in Sprüchen und Geschichten. Demgegenüber trägt Xenophons „Oikonomikós" (um 360) als Loblied auf den (wohlhabenden) bäuerlichen Oíkos deutlich ideologische Züge; die Schrift erschließt der gründliche Kommentar von S. Pomeroy. Die Fixierung normativer Texte auf Grundbesitz und Landwirtschaft als ‚beste' Lebensform sollte jedenfalls nicht darüber hinwegtäuschen, dass in einer maritimen und merkantilen Stadt wie Athen bereits im Laufe des 6. Jahrhunderts ein Wandel einsetzte: Im Zuge des wirtschaftlichen Aufstiegs Athens ernährten auch andere Tätigkeiten als die Arbeit auf eigener Scholle ihren Mann, und es erscheint unmöglich, dass in einer Stadt, die durch Handwerk und Handel verschiedenen Größenzuschnitts wohlhabend geworden war, die Verachtung von nicht-bäuerlicher Handarbeit sowie Geschäften mit Waren und Geld, wie sie in der philosophischen Literatur breit ausgeführt ist, allgemein geteilt wurde (zu Korinth s. Bd. I 3.5). In der Tat zeigen v. a. Herstellersignaturen den Stolz auf einschlägige Beschäftigungen und Bestleistungen; vgl. Engels, Mit meiner Hände Arbeit; allgemein zur Einstellung gegenüber der Arbeit Meier, Arbeitsauffassungen; Balme, Attitudes to work; reich illustriert Fisher, Arbeit und Freizeit. Wichtiger als der Gegenstand der Arbeit war für die soziale Wertschätzung offenbar die Frage, ob sie im eigenen Betrieb oder abhängig – d. h. auch: diskontinuierlich – geleistet wurde; dafür spricht der Umstand, dass Sklaven (s. u.) beinahe alle Tätigkeiten verrichteten, denen auch Freie nachgingen.

Landbesitz wurde jedenfalls im klassischen Athen (auch) als Wirtschaftsgut behandelt und in Einzelfällen von anderen Einkommensquellen bzw. Vermögenswerten überflügelt; so vererbte der Vater des Redners Demosthenes offenbar gar kein Land mehr, sondern u. a. ein Stadthaus, eine Waffenwerkstatt mit mehr als 30 Sklaven sowie Kreditforderungen; s. 3.7: Rohde, Zustimmungsdemokratie, 224–227. Ein Schlaglicht auf den Besitz wohlhabender athenischer Bürger und dauerhaft ansässiger Ausländer (Metöken) – Land, Häuser, Sklaven, Inventar – wirft die Liste der eingezogenen Güter nach dem sog. Hermenfrevel (414) [1.10.3: HGIÜ 1 Nr. 132 = 1.10.1: Fornara Nr. 147]. E. M. Harris [Workshop, marketplace, and household] weist für das klassische Athen eine starke handwerkliche Spezialisierung nach; diese schuf erheblichen Wohlstand, ohne die Akteure an politischem Engagement zu hindern – im Gegenteil: „the polis offered plentiful symbolic capital in return for monetary capital" [86], das im Dienst des Gemeinwesens bei Leiturgien eingesetzt wurde. Doch auch die größeren Grundbesitzer mussten kluge Investitionen tätigen und finanziell beweglich bleiben, um ihren Liturgiepflichten nachzukommen – und das galt nicht nur für Athen [R. OSBORNE, Pride and prejudice, sense and subsistence, in: 1.3: DERS., Athens, 104–126]. Beispiele einer gar nicht so seltenen „einträglichen Arbeit des rechten Bürgers" im militärischen und politischen Bereich sowie in Geschäften mit dem Staat sammelt F. GSCHNITZER, Bürgerpflicht.

Die genauere Analyse der Vermögensdynamiken und Erwerbsformen bildet nur einen Ausschnitt des revidierten Bildes der Ökonomie im antiken Griechenland. Während VON REDEN [1.12: Antike Wirtschaft] nochmals eher in der Tradition von M. Finley und K. Polanyi minimalistisch die Oîkos-Zentrierung und Einbettung in einen ethisch-sozialen Rahmen betont, stellen neuere Entwürfe auf der theoretischen Basis der Neuen Institutionenökonomie heraus, wie differenziert, dynamisch, marktorientiert und vernetzt Griechen zu wirtschaften verstanden und wie stark auch die Staaten dabei Rahmenbedingungen gestalteten und Anreize gaben. Die in diesem Sinne angelegte, empirisch wohlfundierte Studie von A. BRESSON [Making of the Ancient Greek Economy] ist allerdings nicht ohne Widerspruch geblieben, weil darin gegenüber den Märkten stabile Überzeugungen, Normen und Traditionen als wirtschaftsrelevante Faktoren ebenso unterschätzt seien wie nicht-monetäre und nicht-marktförmige Aktivitäten [D. WANG, Bryn Mawr Classical Review 2016.07.35]. Zu J. OBER [1.2.1: Das antike Griechenland] s. o. 1.1.4; vgl. auch den Forschungsbericht von S. GÜNTHER, Journal of Ancient Civilizations 31/1, 2017, 55–81. Nach Epochen und Etappen des wirtschaftlichen Prozesses gegliedert gibt die „Cambridge Economic History" [1.3: SCHEIDEL u. a., 175–406] einen umfassenden Überblick. A. EICH [Politische Ökonomie] entwickelt ein komplexes Modell unterschiedlich dichter und dynamischer Wirtschaftsräume: Herrschte im lokalen Bereich weiterhin die bäuerliche bzw. handwerkliche Hauswirtschaft vor, habe sich durch den intraregionalen Handel sowie die allgegenwärtige Kriegführung in mehreren Poleis eine stark von ‚staatlich' gesetzten Rahmenbedingungen geprägte, vernetzte, auf Gewinnmaximierung ausgerichtete ökonomische Praxis entwickelt. Sie hatte systemischen Charakter und umfasste landwirtschaftliche und handwerkliche Produkte ebenso wie importierte Luxusgüter,

Charakter der griechischen Wirtschaft

Sklaven und Geld. Die elaboriertesten Varianten eines durch Handel, Krieg und Geldwirtschaft integrierten, militärisch-politisch gesicherten Wirtschaftsraums stellten die Herrschaftsgebiete der sizilischen Tyrannen sowie – noch weiträumiger – der Attische Seebund dar. Auf diesem Gleis ergaben sich, wie Eich zeigt [437–445], in Athen bemerkenswerte Optionen; so konnte die Triërarchie, also der Unterhalt und Betrieb eines Kriegsschiffes als Beitrag eines reichen Bürgers (Liturgie), im 4. Jahrhundert zum Vehikel eines Kriegsunternehmertums mit Kreditfinanzierung, rechenhafter Amtsführung und kalkulatorischer Lohnkonkurrenz (um gute Ruderer) werden. B. O'Halloran [3.7: Political Economy] stellt im Sinne des von J. Ober (wie oben) vertretenen Wachstumsmodells heraus, dass die Flottenpolitik Athens in klassischer Zeit den Bedarf an Infrastruktur, Arbeit und Geld steigerte, was einträgliche Beschäftigung, Spezialisierung, Investitionen in Technologie und Anlagemöglichkeiten für Kapital beförderte und in keynesianischer Manier einen militärisch getriebenen Wohlstandszyklus in Gang setzte [für eine kritische Würdigung s. A. Eich, Gnomon 93, 2021, 331–336]. Voraussetzung dafür waren jedoch Handlungsmöglichkeiten ,staatlicher' Politik, die in den Konflikten zunächst mit Aigina, dann mit dem Perserreich ausgeweitet wurden.

Regionale Differenzen — Um solche Dynamiken vergleichend in die allgemeine Geschichte einordnen zu können, müssen die sehr unterschiedlichen Ausgangsbedingungen der einzelnen Gemeinwesen nach Lage, Größe, Ressourcen usw. berücksichtigt werden; s. dazu den typologisierenden Entwurf von H.-J. Gehrke [1.5: Jenseits von Athen und Sparta] und die daran angelehnte Skizze von K. Brodersen [Aegean Greece, in: 1.2.3: Kinzl, Companion, 99–114]. Erste Fallstudien nehmen ökonomisch vernetzte und integrierte Großregionen in ihrer zeitlichen Entwicklung in den Blick; s. Archibald, Economies, sowie 3.7: Rutishauser, Athens and the Cyclades. Ungeachtet aller Verflechtungen und Entgrenzungen blieben für die praktische wie die mentale Ausrichtung der meisten Griechen jedoch die eigene Gemeinde und die unmittelbare Nachbarschaft maßgeblich, wie H. Beck [1.5: Localism] auch für das Feld der Wirtschaft plausibel macht. Doch die ,kleine' Lebenswelt zeigte sich ebenfalls vielfältig und veränderte sich.

Hausformen — Für die Archaische Zeit wird diskutiert, wie der Wandel der baulichen Struktur – von der Ein- zur Mehrräumigkeit, von der linearen zur hofzentrierten Anordnung – die sozialen Beziehungen im Haus und außerhalb spiegelt; s. F. LANG, Structural Change. Die verstreuten Befunde zu den Hausformen erschließt W. HOEPFNER [Geschichte des Wohnens] nach Regionen geordnet; die von ihm und W. SCHWANDNER vorgetragene These [1.7.2: Haus und Stadt], in Klassischer Zeit seien in mehreren Städten im Rahmen einer rational-geometrischen Stadtplanung mit der auf Egalität zielenden Isonomie bzw. Demokratie kongruierende „Typenhäuser" entstanden, hat allerdings keine breite Zustimmung gefunden; vgl. im größeren Kontext G. SHIPLEY, Little Boxes on the Hillside. Nachgewiesen sind hingegen für das 4. Jahrhundert einzelne repräsentativere und besser ausgestatte Häuser in so verschiedenen Städten wie Athen, Eretria und Olynth; s. SCHMITZ, Haus und Familie 41 f., 114 f.; WALTER-KARYDI, Nobilitierung. Generell wird man nach wirtschaftlicher und sozialer Funktion zwischen Häusern in der Stadt und im ländlichen Raum unterscheiden müssen; dazu NEVETT, Between Urban and Rural.

Was die griechischen Eigennamen über den Oíkos aussagen, zeigt prägnant M. STAHL [1.2.2: Archaische Zeit, 18–20]. In ihnen spiegelten sich ferner regionale Besonderheiten, soziale Distinktionsbemühungen und Beziehungen zu Nicht-Griechen; s. knapp TH. CORSTEN, Names, Greek, in: OEAGR 5, 47 f. P. M. FRASER u. a. [1.6.3: LGPN] versammelt das gesamte Namenmaterial mit Belegen und nach Großregionen geordnet.

Personennamen

Die in der Darstellung genannten Beispiele: Zu Solon s. u. 3.7. Der umfangreichste Überlieferungskomplex mit Regelungen zu Themen wie Vergewaltigung und Ehebruch, Vermögensaufteilung nach Scheidung, Ehegüterrecht, nach- und unehelichen Kindern, Erbrecht an frei verfügbarem Familienvermögen, Veräußerung zu Lebzeiten, Kauf eines Sklaven, Erbtöchtern und Adoption ist die um 450 zu datierende große Inschrift von Gortyn (Kreta); s. 1.10.3: KOERNER, Gesetzestexte, Nr. 163–181; 1.10.3: GAGARIN / PERLMAN, Laws of Ancient Crete, 334–428; 3.2: KRISTENSEN, Codification. Bodentransaktionen in Boiotien um 500: 1.10.3: SEG 60 Nr. 507. Das mit Perikles verbundene Bürgerrechtsgesetz, das mit A. COŞKUN [3.7: Definition] wohl ins Jahr 446/45, nicht 451/50 zu datieren ist, band den Bürgerstatus an die Abstammung von zwei athenischen Eltern in rechtmäßiger Ehe. Nach L. C. NEVETT [Domestic Space, 42] erzeugte erst diese Verschärfung einen Druck, der Ehefrau einen besonderen Teil des Hauses zuzuweisen, mit dem Ziel, „to control contact between women and unrelated men so that a householder

Eingriffe der Gemeinde in den Oíkos

could be seen to be securing the parentage of his offspring". Alle Regelungen vermochten jedoch die durch Tod oder Überleben bedingte „demographic instability of *oikoi*" [Davies, in: 1.3: CAH V, 290] nur begrenzt zu kompensieren; in den attischen Gerichtsreden sind ungemein komplexe und fluide Familienverhältnisse zu finden („doing/undoing kinship"). – Zur Ephebie, die wohl erst in den 330er-Jahren formalisiert wurde, aber als Praxis sicher älter war, vgl. knapp H.-J. Gehrke, 1.6.1: DNP 3, 1997, 1071–1075; zur neueren Studie von J. L. Friend [3.7: Athenian *Ephebeia*] s. N. Kennell, Ancient History Bulletin Online Reviews 10, 2020, 50–54: „more akin to historical fiction than evidence-based scholarship".

Oíkos und Gemeinde Hand in Hand

Das in der Darstellung mit dem Begriff *governance* bezeichnete Zusammenwirken aller akzeptierten Formen der Regelung gesellschaftlicher Sachverhalte macht die Frage, ob Elemente der Ordnung ‚staatlich' oder ‚privat' aufrechterhalten wurden, überflüssig. In jedem Fall verfügten die Akteure – in diesem Kontext der *kýrios* sowie die politischen Organe der Gemeinde – über Entscheidungskompetenz, Organisationsmacht und Legitimationsfähigkeit; zum Konzept s. C. Lundgreen, Schlüsselmonopole oder *governance*-Funktionen, in: 1.3: Meister / Seelentag, Konkurrenz und Institutionalisierung, 157–192 sowie allgemein Benz, Arthur u. a., „Governance", in: Staatslexikon[8] Bd. 2, Freiburg u. a. 2018, 1412–1426.

Bürger in prekären Verhältnissen

Die Freien ohne eigenen Oíkos, die in der Landwirtschaft, im Handwerk oder in anderen Bereichen meist diskontinuierlich arbeiteten, haben in der Forschung wegen des Mangels an aussagekräftigen Quellen weniger Aufmerksamkeit gefunden [2.3: Schmitz, Gesellschaft, Index s. v. ‚Gesinde' und ‚Theten'], obwohl die Theten als Ruderer der Kriegsschiffe maßgeblich zum Großmachtstatus Athens beitrugen und deshalb auch politisches Gewicht gewannen. Ganz anders sieht das für die (Kauf-)Sklaven aus, die Eigentum ihres Herrn waren, daher zu allen Arbeiten eingesetzt, ferner verkauft, vermietet, verpfändet, vererbt und freigelassen, belohnt oder bestraft werden konnten. Ihre Erforschung hat sowohl konzeptuell wie in der Durchdringung des Materials ein hohes Niveau erreicht. Untersucht wurden u. a. die Lebensverhältnisse [dazu Klees, Sklavenleben], der ‚Nachschub' und die Vermarktung von Sklaven, ihre ökonomische Bedeutung, daran gekoppelt die Frage nach ihrer Gesamtzahl sowie ihr Anteil in den verschiedenen Sektoren, ferner Mentalität, *agency* und soziale

Sklaven

Einbindung, schließlich auch regionale Sonderformen; zu all diesen Aspekten s. die Beiträge im Handbuch von BRADLEY / CARTLEDGE [1.3: World History of Slavery, 22–193] sowie die detaillierten Einträge im glücklich vollendeten „Handwörterbuch der antiken Sklaverei" [1.6.2: HAS]. Einen Perspektivenwechsel fordert K. VLASSOPOULOS [Greek Slavery]: Die Griechen hätten die Sklaverei weniger als einheitliches Eigentums- denn als vielfältiges Herrschaftsverhältnis gesehen – das würde immerhin ein Stück weit erklären, warum lebensweltliche Stellung und Alltag der Sklaven so unterschiedlich waren, ebenso die Bezeichnungen für sie. Dagegen hält D. LEWIS [Greek Slave Systems] daran fest, dass Sklaverei primär ein Eigentumsverhältnis darstellte, auch bei den spartanischen Heloten und den kretischen *woíkeis*. Das Buch bietet nicht nur eine aktuelle Einführung in wichtige Phänomene und Debatten, sondern stellt auch Sklavereisysteme im weiteren nahöstlichen Raum vor und ermöglicht so Vergleiche mit den – in sich wiederum sehr verschiedenen – griechischen Ausprägungen der unfreien Arbeit. E. HERRMANN-OTTO umreißt in ihrer Einführung [Sklaverei und Freilassung, 62–122] auch Sonderformen der Unfreiheit sowie die bereits im 18. Jahrhundert, dann markant von M. FINLEY [in: 1.3: DERS., Economy, 97–115] aufgeworfene (und bejahte) Frage, ob die Demokratie in Athen (nur) durch Sklavenarbeit möglich war, da diese auch den weniger wohlhabenden Bürgern eine gewisse Abkömmlichkeit für die Politik ermöglicht habe. Daneben spielte gewiss auch ein ideologischer Faktor eine Rolle: Die Bürger konnten sich eher als Gleiche fühlen, wenn sie keine abhängige Arbeit auf dem Hof oder im Betrieb eines anderen Bürgers leisten mussten (das Rudern eines Kriegsschiffes war davon kategorial verschieden); vgl. knapp RAAFLAUB, Demokratie, 1.6.2: HAS 1, 663–665; OSBORNE, The economics and politics of slavery in Athens (1995), in: 1.3: DERS., Athens, 85–103. Zur strittigen Frage, ob alle oder doch die meisten athenischen Bauern mindestens einen Sklaven besaßen, s. abwägend W. SCHMITZ, Haus und Familie, 109 f. W. AMELING [3.7: Landwirtschaft und Sklaverei] weist die Annahme einer weit verbreiteten ländlichen Sklaverei zurück und leitet daraus (spekulativ) eine geringe Identifikation der landsässigen Bauern mit der Demokratie ab. Demgegenüber billigt W. SCHMITZ [Verbreitung der Sklaverei] für das 5. und 4. Jahrhundert auch mittleren Bauern Sklaven zu, während zuvor Arbeitsspitzen mit Hilfe von freiem Gesinde bewältigt wurden. – Die

Sklaverei und Demokratie in Athen

fast ausschließlich von Sklaven geleistete Ausbeutung der Silbervorkommen in Südattika [dazu 3.7: LAUFFER, Bergwerkssklaven] spielte zweifellos als ‚Anschub' für die Flottenfinanzierung in der Zeit des Perserkriegs und danach eine wichtige Rolle.

Schwer zu fassen ist die Bedeutung der Sklaven, die Eigentum der Gemeinde waren (*dêmósioi*) und die wir wiederum am besten aus Athen kennen. Folgt man P. ISMARD [Democracy's Slaves], so waren sie Spezialisten mit Kompetenz und Erfahrung, insofern unentbehrlich für das Funktionieren der Demokratie, ohne jedoch selbst Akteure mit eigenen Interessen zu sein oder in innenpolitische Konflikte hineingezogen werden zu können. Eine gute Skizze zur Sklaverei in Athen bietet SCHMITZ [2.3: Gesellschaft, 154–179]; zu den Heloten in Sparta ebd., 215–221, zum Status der Unfreien in kretischen Städten ebd., 248–252, jeweils mit Forschungsüberblick. Die im Detail kaum greifbaren Spielarten der Unfreiheit abhängiger Landbewohner, wie sie nicht nur für Sparta und Kreta, sondern auch in Thessalien, Syrakus und Herakleia am Schwarzen Meer belegt ist, führt WELWEI [Ursprung] auf die Unterdrückung indigener Bewohner in der politischen Formierungsphase der jeweiligen Gemeinwesen zurück. M. FINLEY [in: 1.3: Economy and Society, 116–132 und 150–166] bezieht zusätzlich die Schuldknechtschaft (*debt-bondage*) mit ein; dazu 2.3: DE STE. CROIX, Class Struggle, 136 f. 162–170.

Zwischen Freien und Sklaven?

2.3 Ordnungsrahmen II: Gesellschaft und soziale Beziehungen

2.3.1 Schichtung und Interaktionen

Orientierung

Sowohl in der klassischen wie der kulturgeschichtlich erweiterten, besonders an Praktiken interessierten Sozialgeschichte stehen Strukturen und längerfristige Entwicklungen von Gesellschaft im Mittelpunkt; dazu hat W. SCHMITZ [Gesellschaft] eine gediegene Synthese vorgelegt. Die wissenschaftliche Analyse ist schwierig, weil wir – wie auch sonst in der Griechischen Geschichte – mit einer Vielfalt an lokalen Ausprägungen konfrontiert sind, die Quellenlage sich jedoch höchst ungleichmäßig darstellt. So werden die in den Epen Homers und Hesiods fassbaren gesellschaftlichen Tatsachen und Vorstellungen seit dem Klassiker von M. FINLEY [Welt des Odysseus] intensiv untersucht; vgl. bilanzierend K.

RAAFLAUB, Homeric Society, in: 1.10.2: MORRIS / POWELL, Companion to Homer, 624–648; ULF, Homerische Strukturen: Status – Wirtschaft – Politik, in: 1.10.2: RENGAKOS / ZIMMERMANN, Homer-Handbuch, 257–278; SCHMITZ, Gesellschaft, 15–42. Ferner erlaubt das historische Material halbwegs valide Aussagen für Athen und (eingeschränkt) für Sparta sowie für Kreta, da dort inschriftlich erhaltene Gesetze Aufschluss geben (s. o. 2.2.).

In der Sozialgeschichte wie in der historischen Soziologie fehlen überdies klare Definitionen für zentrale klassifizierende bzw. analytische Begriffe wie Schicht, Stand, Klasse oder Status. Zu fragen ist stets, welche Rolle die jeweilige ökonomische Lage für die soziale Verortung einer Person oder Gruppe im Verhältnis zu anderen Faktoren spielte. Über die Schnittstellen zwischen der Historischen Soziologie als einer theoretisch und vergleichend ausgerichteten Disziplin und den ‚Hellenic Studies' unterrichtet (sehr gedrängt) W. SCHEIDEL [1.5: Demography and Sociology, 669–674]. Er stellt dabei verblüfft fest [672], dass sich in der Forschung MOSES FINLEY weitgehend durchgesetzt hat, insofern er für die (griechische) Antike ‚Status' als soziologische Zuordnungskategorie etablierte, dagegen ‚Klasse' verwarf [s. 1.3: FINLEY, Economy and Society, XVII]. Dieses Resultat im Streit um angemessene Analysekonzepte hat sicher mit der Genese des Klassenbegriffs und seiner Verquickung mit der (industriellen) Moderne zu tun. Der berühmte Satz eingangs des „Manifests der Kommunistischen Partei" (1848), die Geschichte aller bisherigen Gesellschaft sei die Geschichte von Klassenkämpfen, wurde zusammen mit Marx' erratischem Vorwort zur „Kritik der politischen Ökonomie" (1859) in der späteren marxistischen Doktrin zu einer gesetzmäßigen Abfolge von Produktionsweisen und Klassenformationen ausgesponnen, wobei man die Antike mit der „Sklavenhaltergesellschaft" identifizierte. Die dogmatische Einschnürung der historischen Interpretation in der Wissenschaft des Staatssozialismus und die reflexhafte Abwehr im ‚Westen' sowie die Schwierigkeit, einen epochenübergreifend konsistenten und operablen Klassenbegriff zu bestimmen, haben lange Zeit eine differenzierte Erörterung verhindert. Doch es gibt Gründe, in bestimmten Kontexten der Griechischen Geschichte nach der Verteilung von Ressourcen und sich daraus ergebenden Konflikten zu fragen, zumal in antiken Texten Zuschreibungen dieser Art und aus ihnen abgeleitete Verhaltenserklärungen durchaus nicht fehlen; das betrifft plakative

Status oder Klasse?

Klassenkampf in Hellas?

‚Klassenbezeichnungen' in Archaischer Zeit wie „die Dicken" (*pacheís*) oder „die das Land unter sich aufgeteilt haben" (*gamóroi/geomóroi*) [Schulz, Bezeichnungen, 102 f.], daneben die Oligarchie als politisches Ordnungsmodell, zu deren Legitimation maßgeblich der Reichtum der Herrschenden gehörte (s. 2.5.2). Zu Aristoteles' Unterscheidung von Reichen (*eúporoi*) und Armen (*áporoi*) als Interessen- und Akteursgruppen s. A. Winterling, „Arme" und „Reiche"; auch Thukydides und Platon nahmen einen Grundkonflikt dieser Art als selbstverständlich an. Die umfassende Studie von G. E. M. de Ste. Croix [Class Struggle] erschien 1981 vielleicht zur Unzeit, denn der Marxismus war zu dieser Zeit als geschichtswissenschaftliches Erklärungsinstrument schon weitgehend außer Kurs geraten, und die aufkommenden kulturalistischen *turns* konnten mit ökonomisch definierten Interessen, Verteilung von Produktionsmitteln und Klassenkonstellationen wenig anfangen. Das Buch hat daher in den Studien zur Griechischen Geschichte kaum Spuren hinterlassen; s. immerhin W. Schuller, Historische Zeitschrift 236, 1983, 403–413; W. Nippel, Gnomon 56, 1984, 623–633. Einen neuen Anlauf unternahm P. W. Rose [Class]: Zentrale Basisprozesse wie die Polisbildung und die Kolonisation seien ohne den Kampf um die Verfügung über bebaubares Land nicht zu verstehen. Ausdruck von Klassenkämpfen seien weniger offene Konflikte, sondern ideologische Formierungen gewesen. Die Polis bildete dabei das institutionelle und ideologische Gehäuse, in dem der *dêmos*, mehrheitlich die kleinen Landbesitzer, zu Gehorsam und Kooperation geführt werden konnte. Bei den Fahrten der „warrior traders" und frühen Kolonisten blickt Rose nicht auf die aristokratischen Führer, sondern die „discontented, rejected/ejected elements of the newly emerging *poleis*" [154]. Die Tyrannen sowie Solon und andere Gesetzgeber zielten auf Einhegung aristokratischer Auswüchse und eine Stärkung des Polis-Bewusstseins; die Eigentumsverteilung blieb unangetastet. Rose lässt die konkreten Formen der Unterdrückung und Ausbeutung durch die Reichen offen; vielmehr sei es mittels einer (besser greifbaren) Ideologie gelungen, die Unterdrückten durch Homogenisierung ihrer Identität von der hohen Qualität ihrer Existenz – zumal als Bürger – zu überzeugen. Mit Blick auf die Entstehung der Demokratie in Athen plädiert Rose für eine dialektische Analyse des Zusammenspiels zwischen der verbreiteten Unzufriedenheit der breiten

Bürgerschaft und kreativen Antworten der herrschenden Klasse („They ask for land, let them eat politics!").

In eine ähnliche Richtung weist die umfangreiche, freilich nicht unproblematische [E. M. HARRIS, Journal of Hellenic Studies 140, 2020, 253 f.] Studie von J. ZURBACH [Les hommes, la terre et la dette]: Im Rahmen einer Analyse landwirtschaftlicher Arbeit zwischen 1400 und 500 stehen hier die Verfügung über Grund und Boden sowie die damit verbundene Ungleichheit und Ausbeutung durch mykenische Paläste, dann Landbesitzeliten und schließlich Marktsysteme im Vordergrund. Dem Autor zufolge strukturierten Schulden die Klassenbeziehungen langfristig und nachhaltig. Insgesamt verdient A. EICH wohl Zustimmung zu seiner Bilanz, dass sich bestimmte Momente von Marxens Theorien, zumal die Klassentheorie, „nur schwer abtun lassen, ohne einen Konflikt mit der Realität zu produzieren" [1.1: Klassenbegriff, 83]. Generell scheinen aktuelle Kapitalismus- und Ungleichheitskritik den Blick der Forschung auf bislang wenig beachtete Themen gelenkt zu haben (vgl. o. 1.1.4); in dieser Öffnung sieht K. VLASSOPOULOS [1.1: Marxism and Antiquity] einen wichtigen Beitrag des Marxismus. So hat neuerdings etwa C. TAYLOR [Poverty] Lebenswirklichkeit und *agency* der Armen in Athen sowie die Diskurse über diese am Rande der Gesellschaft stehenden Menschen untersucht. So berechtigt und sinnvoll das gewiss auch ist, macht sich der Mangel an Quellen hier doch noch empfindlicher bemerkbar als beim Arbeiten über die Eliten. Die unter dem Namen Äsop überlieferten Fabeln sind zweisprachig in der Tusculum-Reihe greifbar (zuletzt hg. von N. HOLZBERG, 2021; dort auch die Zeugnisse zum Leben Äsops und ein Abriss der Datierungsdiskussion). Den sozialhistorisch relevanten Gehalt der tief pessimistischen Erzählungen destilliert A. DEMANDT, Politik in den Fabeln Äsops; s. ferner jetzt A. LA PENNA [1.10.2: La favola antica, 257–334]. Sehr viel weitere Bögen schlägt L. KURKE [1.10.2: Aesopic Conversations], doch ihr ‚Pan-Äsopismus' setzt voraus, den späten und aus kaum erkennbaren Quellen und Fiktionen gespeisten „Äsop-Roman" zur Grundlage für einen Diskurs der Archaischen Zeit erheben. Was davon authentisch erscheint, findet sich auch bei Hesiod und Solon. Die mythomotorische Kraft (u. 2.7) der Figur ist jedoch treffend umrissen: Äsop er scheint als eine „mobile, free-floating figure in ancient culture, the narrative of whose life, discourses and death remained end-

Die im Dunkeln ...

Äsop, Stimme der Subalternen?

lessly available and adaptable for all kinds of resistance, parody, and critique from below" [13].

Nochmals: Status oder Klasse? Das Konzept ‚Status' hat den Vorteil, dass sich mit ihm die Stellung einer Person in der Gesellschaft als Summe von Zuordnungen auf *verschiedenen*, nicht nur in der Vormoderne je für sich wichtigen Feldern fassen lässt. FINLEY [1.3: Economy and Society, 131] nannte 1. „claims to property, or power over things", 2. „power over a man's labour and movements", 3. „power to punish", 4. „privileges and liabilities in legal action", 5. „privileges in the area of the family: marriage, succession, and so on", 6. „privileges of social mobility", und 7. „privileges and duties in the sacral, political, and military spheres". Er berief sich auf die von M. WEBER vorgenommene Unterscheidung von Klassen und Ständen [Wirtschaft und Gesellschaft, 531–540]. WEBER definierte „ständische Lage" als eine „wirksam in Anspruch genommene positive oder negative Privilegierung in der sozialen Schätzung", begründet auf Lebensstil, Erziehung, Heiratsverhalten und Umgang mit anderen Personen sowie Abstammungs- oder Berufsprestige, mitunter auch Monopolisierung privilegierter Erwerbschancen oder „Perhorreszierung bestimmter Erwerbsarten" [Wirtschaft und Gesellschaft, 179 f.]. Status stellt sowohl die Subjektivität des Ego (Wo möchte ich eingeordnet werden?) wie die Außensicht (Wo ordnen mich die anderen ein?) in Rechnung; beide Perspektiven fließen zusammen im Begriff der Ehre. Weil sich Status als Summe verschiedener Faktoren darstellt und überdies empfindlich gegenüber Veränderungen ist, erscheint der Begriff beim Blick auf antike Gesellschaften sehr geeignet, soziales Handeln in einer konkreten Situation zu erklären. Allerdings sollte es in der Frage ‚Status oder Klasse?' [gute Diskussion bei 1.11: MORLEY, Theories, 72–87] kein scharfes ‚So oder So' mehr geben, da sich die Bedingungen verändert haben: Die ‚Klassiker' der sozialökonomischen Debatte (Weber, Polanyi, Finley) werden heute differenzierter gelesen [1.1: NAFISSI, Ancient Athens and Modern Ideology]; die Frage, ob Wirtschaften in Griechenland autonom und gewinnorientiert oder sozialethisch eingebettet war, vereinfacht die Gemengelage allzu sehr. Zudem kann die (partielle) Modernität der Ökonomie im Klassischen Athen schlicht nicht mehr geleugnet werden (s. o.), ohne dass deshalb gleich auf ‚die' griechische Wirtschaft geschlossen werden darf. Die unübersichtliche Diskussionslage durchleuchtet M. NAFISSI, Class, Embeddedness, and the

Modernity of Ancient Athens. Wie komplex sich rechtlicher und sozialer Status in einer relativ stark ausdifferenzierten Gesellschaft darstellen konnte, zeigt D. KAMEN [Status] ebenfalls für Athen.

Neuerdings hat A. WINTERLING [1.1: Gesellschaftsgeschichte] in Weiterführung von Webers Ansatz vorgeschlagen, von Stratifizierung als einem eigenen Typus gesellschaftlicher Differenzierung in der Vormoderne zu sprechen. Diese habe in einer durch Rang, Ehre und Lebensführung definierten Schichtung bestanden. Allein für die griechisch-römische Antike sei es jedoch charakteristisch gewesen, dass diese Schichtung in einem städtisch geprägten Umfeld entstand und dort engstens mit einer „politischen Integration" verbunden war – politisch deshalb, weil soziale Rangordnung und politische Organisation aneinander gekoppelt waren. Diesen Zusammenhang habe Athen bis zu einer „Inflationierung der Ehrvergabe durch Verbreiterung des Zugangs zu fast allen Ämtern auf die gesamte Bürgerschaft in der Demokratie" vorangetrieben [159]. Vermögensdynamiken und soziale Mobilität erscheinen in diesem Rahmen als Störfaktoren, führten sie doch nicht selten zu politisch ausgetragenen Konflikten um ein neues Austarieren der sozialen Positionen. Komplementär dazu führt N. FISHER [Arme und Reiche, 82] drei bereits von Aristoteles formulierte Konfliktgründe zwischen Reichen und Armen an: ökonomische Ausbeutung, Ausschluss von den politischen Ämtern und den Gerichten sowie direkte Gefährdung der persönlichen Sicherheit und Ehre (*timê*).

Stratifizierung

Da soziale Schichten im heutigen Sinn für das Verständnis antiker Gesellschaften nur begrenzte Erklärungskraft haben, blickt die Forschung gern auf bestimmte Interaktionen, im Sinne des Soziologen N. Luhmann, der Gesellschaft als abschließende Gesamtheit der füreinander erreichbaren oder aufeinander Bezug nehmenden Kommunikationen bestimmt. So kann man etwa ökonomisches Handeln, soziale Beziehungen und sozialethische Verhaltensnormen im Konzept des Tausches und den damit verbundenen Verpflichtungen fassen. Konkrete Formen des Tausches waren u. a. der Geschenketausch zwischen homerischen *basileis*, ferner (zeitweilige) Loyalitätsbindungen zwischen Anführern und ihrem Gefolge, die bindende Gabe bei der Eheschließung oder das Gebot, Gutes oder Böses, das einem von anderen widerfahren ist, zu vergelten, schließlich der Austausch auf Märkten unterschied-

Interaktionen und Institutionen

Tausch

licher Größe und Reichweite oder der als Bestechung skandalisierbare Geschenkempfang im diplomatischen Verkehr. Das beim *giftgiving* leitende Prinzip wird mit einem Begriff aus der Sozialanthropologie als Reziprozität gefasst, als ‚angemessene Gegenseitigkeit'; dabei kann mit ‚angemessen' je nach Kontext entweder äquivalent gemeint sein, etwa bei rechtlicher Vergeltung, oder auch ‚überbietend', wie bei Wohltaten. Anders als beim marktmäßigen Austausch erfolgte reziproke Erwiderung oft zeitverzögert. Die Vorstellung, reziproke Beziehungen seien generell nicht in einem ökonomischen Sinn gewinnorientiert gewesen, erscheint jedoch romantisierend. Vgl. die Beiträge in Gill u. a., Reciprocity, sowie in 2.2: Carlà / Gori, Gift Giving and the ‚Embedded' Economy; ferner B. Wagner-Hasel, Geschenke I: Griechenland, 1.6.1: DNP 4, 1998, 984–988, und von Reden, Exchange. Das Konzept Geschenketausch historisiert B. Wagner-Hasel, Gift-Exchange; für die genannten Ausprägungen s. Donlan, Reciprocities in Homer; ders., Chiefs and Followers in Pre-State Greece (1994), in: ders., Aristocratic Ideal, 345–357; Wagner-Hasel, Stoff der Gaben; Gehrke, Rache; Hunt, Diplomacy, in: 1.10.2: Martin, Demosthenes, 115–128. Sehr kritisch zum Erkenntnispotential des Konzepts Reziprozität äußert sich D. Ogden, CR 49, 1999, 508–510 („lack of fit between reciprocity theory and Greek culture"). Indes vertritt neuerdings M. D. Gygax [Benefaction and Rewards] die Ansicht, dass auch der sog. Euergetismus, also der demonstrative Einsatz eigener Ressourcen für das Gemeinwesen und die sich anschließende öffentliche Anerkennung, als Gabentausch zu deuten sei, wobei informelle und formelle Belohnungen zu unterscheiden seien. Letztere gingen zunächst an Ausländer, im Rahmen der Proxenie (s. u. 2.5), sowie an Athleten; im 4. Jahrhundert kam dann der später, im Hellenismus und der Kaiserzeit, so typische Konnex zwischen ‚Wohltat' (= Leistung für das Gemeinwesen) und formalem Amt bzw. Prestigerang in der Stadt auf.

Eine zentrale soziale Ressource, die tagtäglich zu erneuern ist und ohne die weder Märkte noch politische Institutionen funktionieren können, ist Vertrauen der Akteure in die Absichten und Handlungsweisen der anderen Teilnehmer in einem System. So zeigt S. Johnstone [Trust] in einer anregenden Studie unter anderem, dass Vertrauen zwischen Bürgern, die zufällig (etwa durch Los) und ohne einander zu kennen in einem Kollegium zusammenzuwirken hatten, in erster Linie aus der Beachtung der Verfahren sowie aus sozialen Handlungen, z. B. gemeinsamem Essen, erwachsen konnte. J. TIMMER [3.7: Weg des Vertrauens] spitzt dies zu: In der unübersichtlicher werdenden athenischen Gesellschaft des 4. Jahrhunderts suchte man Systemvertrauen durch institutionalisiertes Misstrauen und dessen konditionierende Wirkung zu sichern. J. OBER [1.2.1: Das antike Griechenland] sieht im institutionell gesicherten Vertrauen die wesentliche Grundlage für die von ihm postulierte Wohlstandsdynamik. Auf Vertrauen im Sinne von Berechenbarkeit zielte zweifellos auch die soziale Konditionierung durch Erziehung und Gemeinschaftsleben in festen Gruppen, wie sie die Spartaner praktizierten. – Allgegenwärtig, aber in ihren konkreten Wirkungen nicht leicht zu greifen ist Freundschaft. Während die Gastfreundschaft (*xenía*) durch Regeln und Rituale eine Verbindung zwischen nicht verwandten Personen, meist aus verschiedenen Orten, stiftete, umfasste die Beziehung zwischen *phíloi* ein breiteres Spektrum; vgl. G. HERMAN, friendship, ritualized, 1.6.1: ODC^4, 591 f.; DERS., friendship, Greek, ebd., 591. D. KONSTAN [Friendship] postuliert einen semantischen Unterschied zwischen *phílos* und *philía* (‚Freundschaft'). Freundschaft war lebensweltlich so präsent, dass sie auch die Formel für zwischenstaatliche Bündnisverträge prägte: „denselben Freund und denselben Feind zu haben". E. BALTRUSCH [2.6: Symmachie, 66 f.] leitet diese Formel aus einem alten Kriegskameradeneid ab, der „die Verbindung der Kriegsteilnehmer über ihre persönlichen Beziehungen hinaus festigen sollte, indem er sie unter den Schutz der Götter stellte". Die Bindung zwischen verschworenen ‚Kameraden' (*hetaíroi*) schloss definitiv gemeinsames Kämpfen, Trinken und Politisieren ein [Überblick: BROCK, Hetaireia, 1.6.1: EAH 6, 3196 f.]. Freunden zu helfen und Feinden zu schaden dürfte als ethische Faustregel eher zu einer fragmentierten Aristokratie (u. 2.3.2) als in eine bäuerliche Gemeinschaft passen; dennoch scheint sie zumindest diskursiv verbreitet gewesen zu sein; vgl. das Material bei M. BLUNDELL, Helping Friends and Harming Enemies, 26–59. T. A. VAN BERKEL [Economics of Friendship] will im athenischen Denken über das Soziale für das 5. und 4. Jahrhundert eine komplexe Verschränkung von persönlicher „*philía*-reciprocity" und einer „disembedded transaction" erkennen, wobei erstere subjektiv und moralisch aufgeladen wurde, um sie vom rein marktförmigen Austausch abzusetzen.

Freundschaft

Recht Ein soziales Feld, in dem ‚privater' Raum und öffentliche Aushandlung, ökonomisches Handeln und sozialer Status eng miteinander verquickt waren, wo gleichermaßen Regel- und Normenkonsens beschworen und Konflikte ausgetragen wurden sowie Vertrauen durch Verfahren entstand, war das oft vernachlässigte bzw. Spezialisten überlassene griechische Recht; s. als Kondensat WOLFF, Recht I, 1.6.1: LAW 2516–2530] sowie neuerdings HARRIS / RUBENSTEIN [1.3: The Law and the Courts]; Forschungsbericht: 1.5: HARRIS, Developments. FOXHALL / LEWIS [1.3: Greek Law] versammeln Beiträge u. a. zu Mündlichkeit und Schriftlichkeit, zum ‚law code' von Gortyn und zur politischen Rahmung des griechischen Rechts. Arbeiten zum athenischen Gerichtswesen sind u. 3.7 genannt.

Räume sozialer Kommunikation Während gesonderte Orte der sozialen Kommunikation und Formierung wie das Symposion (s. u.) schon länger untersucht werden, haben erst neuerdings auch öffentliche Räume wie Straßen, Märkte, Barbierstuben, Wirtshäuser, Gymnasien und Badehäuser in dieser Hinsicht Interesse gefunden. Dort wurde nicht nur Politisches besprochen, sondern auch – über den ‚Ruf' (*phêmê*) – individueller Status in der Gesellschaft verhandelt. Quellenbedingt steht in den einschlägigen Arbeiten Athen im Mittelpunkt; s. 3.7: GOTTESMAN, Politics and the Street; 3.7: MATUSZEWSKI, Räume der Reputation.

Einzelnes Zu den Metöken in Athen s. u. 3.7. Die (wenigen) Belege für residente Ausländer in anderen Poleis bespricht D. WHITEHEAD, Immigrant communities. Literatur zu den von Solon eingeführten Zensusklassen ist ebenfalls unten (3.7) besprochen. – Zum Gleichheitspostulat innerhalb der Vollbürgerschaft: für Sparta s. 3.4: M. MEIER, Homoios-Ideal, für Athen 3.7: J. BLEICKEN, Athenische Demokratie, 287–310. – Zum sozialen Aufstieg des Bankiers (*trapezitês*) Pasion s. kurz K. SHIPTON, 1.6.1: EAH 9, 5076f.; das Material erschließt J. K. DAVIES [1.6.3: APF, 427–442]. Anthemion: [Aristot.] Ath. Pol. 7,4.

2.3.2 Distinktion und Gruppenbildung: die Aristokratie

Die griechischen (Selbst-)Bezeichnungen für die Mitglieder der sozialen Elite durchmustert B. J. SCHULZ [Bezeichnungen] nach Epochen; speziell zur Dynasteia s. den gleichnamigen Aufsatz von J. MARTIN; zu „ruling families" 2.5: MITCHELL, Heroic Rulers, 91–118 sowie u. zur (Älteren) Tyrannis. Wann und wie ‚Aristokraten' im Zuge von Verdichtung und sozialer Differenzierung aus den *big men* in den frühen Siedlungsgemeinschaften hervorgingen, ist strittig und nur modellhaft zu umreißen; s. 1.2.2: ULF / KISTLER, Entstehung, 82–86, 188–197. J. MEISTER kann in einer theoretisch und forschungsgeschichtlich versierten, freilich nicht immer hinreichend durch Quellen fundierten Studie [‚Adel'; s. C. MANN, Bryn Mawr Classical Review 2021.03.43] im Gefolge älterer Arbeiten zeigen, wie stark die Oberschicht noch im frühen 7. Jahrhundert durch bäuerliche Verhältnisse geprägt und wie prekär ihr doch sehr relativer Reichtum in der Regel war. Die Scheidelinie innerhalb der Gesellschaft lag demnach zunächst nicht zwischen wehrfähigen Bauern und einzelnen besonders reichen *oíkoi*, sondern zwischen den unterschiedlich begüterten Vorstehern vollbäuerlicher Haushalte, die ein eigenes Gespann besaßen, und den vielen, die als Kleinbauern oder Tagelöhner einen minderen Status hatten. Erst nach einem Umzug der Wohlhabendsten in die Stadt, so die neue These, habe der Lebensstil eine distinktive Bedeutung erlangt und konnten die nunmehr im Zentrum konzentrierten Eliten eine ‚eigene Welt' schaffen, die freilich auf mehrfache Weise mit einer weiteren Welt in Beziehung stand und diese zum Handlungsfeld machte. Damit waren diese Eliten zwar von Anfang an in die Lebenswelt der Polis eingebunden (s. u.), freilich auf komplexe Weise, bildeten sich im 7. und 6. Jahrhundert doch diverse Felder der Konkurrenz sowie entsprechende Handlungslogiken und -strategien heraus. Das demonstrative Sich-Absetzen vom ‚Volk' war erst am Ende der Archaik abgeschlossen, als die Elite in Griechenland „nicht durch ein ‚Bürgertum' abgelöst wird, sondern im Gegenteil deutlich ‚adliger' erscheint als noch im siebten Jahrhundert" [379]. Das im Zuge der politischen Theoriebildung (s. u. 2.5.4) sowie durch den Gegensatz zur Demokratie ideologisierte Modell eines legitim herrschenden Adels [dazu 2.5: JORDOVIĆ / WALTER, Feindbild und Vorbild] sei dann in eine Konstruktion angeblicher Uranfänge zurückprojiziert worden – und prägte die Handbücher bis in jüngste Zeit.

Entstehung eines ‚Adels'

Gute jüngere Zusammenfassungen des Diskussionsstandes bieten W. SCHMITZ [Verpaßte Chancen] und E. STEIN-HÖLKESKAMP [Eliten]; eine prägnante Darstellung gibt MURRAY [1.2.2: Das frühe Griechenland, 49–72 und 252–273]. Ob das Konzept ‚Aristokratie' tatsächlich so wenig hilft, die Gliederung antiker Gesellschaften bes-

Orientierung

ser zu verstehen, wie N. FISHER und H. VAN WEES meinen [The trouble with ‚aristocracy', in: DIES.: ‚Aristocracy', 1–57], erscheint zweifelhaft; zutreffend betonen sie jedoch, dass (auch) hier mit regional und lokal sehr unterschiedlichen Formen, Graden und Legitimationen von Ungleichheit und einer besonderen Rolle der prominenten Eliten zu rechnen ist; ihr Band enthält in diesem Sinne Fallstudien zu Athen, Aigina, Samos, Kreta und Sizilien. Nicht immer hinreichend gewürdigt wird die maritime Dimension aristokratischen Agierens in ihren vielen Facetten; jedenfalls fehlt eine weiterführende Synthese; für eine Skizze s. 1.7.2: SCHULZ, Die Antike und das Meer, 17–78. So ausgedehnt, zentrifugal und kontingenzträchtig wie dieser Raum war, konnte auch von ihm kein Impuls zur Stabilisierung der Elite als Gruppe ausgehen.

Praktiken und prekäre Stratifizierung

Meilensteine der Forschung waren die Studien von M. STAHL [Aristokraten und Tyrannen] und E. STEIN-HÖLKESKAMP [Adelskultur und Polisgesellschaft]. Zuvor hatte F. BOURRIOT [Recherches] überzeugend die Vorstellung von alten, ausgedehnten und stabilen ‚Geschlechtern' als Basis adliger Herrschaft [markant bei 1.2.1: MEYER, Geschichte des Altertums III, 278–294] widerlegt; wie selten Prominenz über mehrere Generationen selbst in einer so großen Polis wie Athen war, zeigte bereits K. J. BELOCH [1.2.1: Griechische Geschichte II 2, 28–46] anhand der bekannten Namen (Alkmeoniden, Perikles, Miltiades, die Kerykes). Auf dieser Basis entwickelten M. STAHL und E. STEIN-HÖLKESKAMP das oben im Text knapp umrissene Bild. Ihr praxeologischer Zugriff – Strukturen entstehen durch Handlungen und stellen im Kern sich wandelnde Beziehungsgeflechte dar [dazu TH. WELSKOPP, Unternehmen Praxistheorie, 2017, 110 f.; E. FLAIG, Den Kaiser herausfordern, 2019², 32–38] – wurde jüngst noch zugespitzt: A. DUPLOUY identifiziert in einem vielbeachteten Buch [Le prestige des élites] sechs soziale Praktiken, mit denen Eliten in Griechenland zwischen dem 10. und 5. Jahrhundert nach anerkannter Überlegenheit strebten und einen herausgehobenen sozialen Status konstituierten: Verweis auf die Vorfahren, Heiratspolitik, Bestattungspraktiken, Aneignung orientalischer Luxusgüter sowie die Aufstellung und Pflege von prestigeträchtigen Gaben an Heiligtümern. Indem er die auf

Adel als soziale Praxis

Exklusivität und Dauerhaftigkeit zielenden Selbstäußerungen der Akteure, etwa im Corpus der Theognis-Gedichte, gegenüber den Praktiken zurückstellt, sucht er zu untermauern, dass soziale Mobilität griechischen Gesellschaften konstant eigen war, also nie eine ‚Aristokratie' zu Stabilität gelangte und ‚Aristokraten' keine soziale Gruppe bildeten: Zur Elite zu gehören „has to be conceived as the result of a process of accumulation of social prestige by a continuous succession of behaviors increasing one's respect and popularity, which could eventually lead to a dominant position and to a monopoly of power" [Duplouy, 1.6.1: EAH 2, 697]. Unstrittig ist der häufig geringe innere Zusammenhalt der Eliten im Verein mit fehlender Standessolidarität, Bindungsschwäche und einer wachsenden sozialen Differenzierung, aus der „eine labile Situation ständiger Konfrontation resultierte" [Stahl, Aristokraten und Tyrannen, 92]. Umso interessanter sind die Versuche, durch Exklusivierung, gewaltsame Machtübernahme oder Kartellbildung Stabilität zu erreichen (s. o.). In einem konzeptuell ausgreifenden Versuch, die Eliten in ein neues, akteurszentriertes Modell der Formierung von Gemeinschaftlichkeit einzubinden, formuliert J. Ma, dass „the fluid social field of the Archaic Greek cities required individuals, families, and groups to put forward multiple claims in order to achieve ‚prestige' in the absence of strongly embedded social stratification" [Elites, Elitism, and Community, 405]. In diesem Sinne spricht W. Schmitz mit Blick auf die griechische Aristokratie von „verpassten Chancen" einer nachhaltigen Stabilisierung, wie sie in Rom der Nobilität gelang. Dazu gehört auch die Beobachtung, dass bereits in den frühesten literarischen Texten „eine kritische Einstellung gegenüber Reichtum und Macht" zu finden ist [Fisher, Arme und Reiche, 83]. Demgegenüber betont J. Hall [1.2.2: Archaic Greek World, 201 u. ö.] eine relativ stabile Elitendominanz in den sich formierenden Stadtstaaten; diese sei durch Gesetzgebungen formalisiert und damit eher noch gefestigt worden.

Sich in sportlichen Wettkämpfen zu messen gehörte zu den zentralen kulturellen Praktiken der *áristoi* in der Archaik. N. Fisher postuliert in seinem Überblick [The Culture of Competition, in: 1.2.2: Raaflaub / van Wees, Companion, 524–541] freilich verallgemeinernd eine „Greek passion for competition and honor" [540]. Nun ist zwar die von J. Burckhardt entwickelte, auf die Aristokratie gemünzte Vorstellung eines „agonalen Menschen" [1.2.1: Kulturgeschichte 4, 59–159] vielfach kritisiert worden [s. schon Ehrenberg, Das Agonale; bilanzierend Meister, ‚Adel', 180–185 und passim]; dennoch sind die Spuren eines auf Unabhängigkeit, Konkurrenz und Sieg ausgerichteten Handlungsstils zu offenkundig, um

‚Agonale' Aristokratie und die Labilität des Politischen

einfach ignoriert werden zu können. Dieser griff vom soziokulturellen auf das politische Feld über und kann mit guten Gründen als Mitursache der Aporien griechischer Außenpolitik angesprochen werden [für Athen s. 3.7: RAAFLAUB, Ideologie der Macht]. Gleichwohl fordert J. MEISTER mit Recht, diesen aristokratischen Handlungsstil „nicht als ein den Griechen immanentes ‚Agonales', sondern als ein soziologisch zu erklärendes Konkurrenzverhalten" zu analysieren [‚Adel', 378]. Weiter ausgreifend hat bereits A. HEUSS die generelle Fluidität der politischen Verhältnisse, die ihren Ausgang von den Aristokraten nahm, klar identifiziert [2.5: Herrschaft und Freiheit, 86]: Die geringe Stabilität, welche die Außenpolitik der griechischen Welt kennzeichnete, sei infolge ihrer Wechselwirkung mit der Innenpolitik zugleich ein Gradmesser für die Labilität der inneren Ordnung. Zwar gab es „im einzelnen viel Machteinsatz und deshalb auch viel Herrschaft, aber dieses beides nur immer widerruflich, vorläufig und auf kurze Zeit, niemals für die Dauer. Niemals bot sich infolgedessen die Chance zur Verfestigung, weder nach außen noch nach innen." Kurzfristigkeit und Zersplitterung der politischen Unternehmungen und ihrer Resultate „machten jeden Zustand alsbald reversibel". – Die Kosten der agonalen Adelsethik betont auch E. FLAIG [Ehre gegen Gerechtigkeit]: Diese habe verhindert, dass Gerechtigkeit in der griechischen Kultur (trotz einiger Ansätze, etwa bei Hesiod) zu einem zentralen Wert wurde.

Neben oder in der Gemeinde? Debattiert wird das Verhältnis zwischen Aristokraten und den sich institutionell organisierenden politischen Gemeinden. So neigt E. STEIN-HÖLKESKAMP zu der Ansicht, der „Politisierungsprozess innerhalb der Gemeinwesen" sei „geradezu am Adel vorbei (gelaufen)" [Adelskultur und Polisgesellschaft, 234], und sie betont, die „tiefe Polarität zwischen dem aristokratischen Individuum und der Polisgemeinschaft" müsse als eines der „strukturellen Grundmuster des gesellschaftlichen und politischen Lebens der archaischen griechischen Stadtstaaten angesehen werden" [1.2.2: Das archaische Griechenland, 251]. In der Tat bezogen sich zentrale Verkehrs- und Prestigeformen der Aristokraten wie das Symposion und die panhellenischen Agone nicht auf den jeweiligen politischen Verband oder wiesen über diesen hinaus (Gastfreundschaft, Heiratsverbindungen). Die griechische Aristokratie wäre demnach ein außerhalb der Polis stehendes Kulturphänomen gewesen und habe sich erst allmählich (und vielfach widerwillig) den Ansprüchen der Gemeinde unterworfen. Allerdings hingen, wie STAHL betont, schon bei Homer „die Verpflichtung, die gesamtgemeindlichen Aufgaben zu bewältigen", und die „Zuerkennung aristokratischen Sozialprestiges" eng zusammen [Historische Zeitschrift 254, 1992, 147].

In den historischen Lebenswelten (und gewiss auch von einem Faktor wie dem jeweiligen Lebensalter abhängig) existierten beide Dispositionen in der Tat wohl von Anfang an nebeneinander. Wer zur Elite zählen wollte, verfolgte verschiedene Strategien und Stile, um sich durchzusetzen und sein Ansehen zu vermehren – vereinzelt, mit anderen zusammen oder im Kollektiv, gegenüber seinesgleichen oder nach ‚unten'. Dabei sind die Praktiken nicht von der Ideologie zu trennen, wenn die *áristoi* eine besondere „Vortrefflichkeit" (*aretê*) beanspruchten oder uralte Abstammungen konstruierten. In diesem Sinne betont W. DONLAN, das aristokratische Ideal sei als „response to pressures on the social class which was its focus" zu verstehen. Das Ziel, „to prove the superiority of the upper class and to impose a particular set of values on the society as a whole", sei teilweise erreicht worden, doch hätten sich die Wertideen bis zum 5. Jahrhundert auch verändert [Aristocratic Ideal, XVIf.]. Aufschlussreich sind die Bemühungen, das bei panhellenischen Agonen errungene symbolische Kapital (P. Bourdieu) in der eigenen Heimatgemeinde in politisches Gewicht umzumünzen; dazu im größeren Zusammenhang 2.5: MANN, Athlet und Polis.

Die lange dominierende ‚Meistererzählung', knapp umrissen von J. MA [Elites, Elitism, and Community, 398f.; zum Begriff 1.2.2: ULF / KISTLER, Entstehung, 137 f.], ist zuletzt stärker in Zweifel gezogen worden. Mit Blick auf die Rolle der Eliten in den Formierungsprozessen des 7. und 6. Jahrhunderts schlagen J. MEISTER und G. SEELENTAG [1.3: Konkurrenz, 11–38] vor, zwei zentrale, jedoch für Mystifizierungen und Essentialisierungen anfällige Begriffe durch präzise soziologische Konzepte zu ersetzen: Agonalität (s. o.) sollte durch Konkurrenz abgelöst werden, Polis(bildung) oder gar Staat durch Institutionalisierung. Konkurrenz bringe in jedem Fall eine vergesellschaftende Dynamik mit sich, sei bei ihr doch neben dem Ego und den Mitwettbewerbern noch eine dritte, den Sieg zuerkennende Instanz vorhanden. Um allerdings funktionieren zu können, müssten sich alle Beteiligten auf ein Regelwerk und objektivierbare Vergleichskriterien verständigen. Deren Festlegung

Neue Konzepte

produziere wiederum Erwartungshaltungen und -gewissheiten, die ihrerseits einen Prozess der Institutionalisierung auslösten. Als greifbare Resultate dieses Prozesses können Schiedsrichter beim *agôn*, aber auch Satzungen über die Bestallung und Tätigkeit von Amtsträgern in einer Polis gelten. Was wir in den Quellen seit Homer greifen, seien „Sinnkonstruktionen zur Legitimierung von Institutionen" und „Typen von Wissen und Wissensvermittlern", die diese Sinnkonstruktionen und Erfahrungen als Tradition formulieren und weitergeben könnten [22]. Die Kombination der beiden Leitkonzepte eröffne weitere Einsichten; so sei es den archaischen Eliten niemals gelungen, die diversen Konkurrenzfelder zu hierarchisieren, also beispielsweise einen Olympiasieg und eine Gesetzgebung gegeneinander abzuwiegen [J. MEISTER, Geltungskonkurrenz zwischen Praktiken des Prestigeerwerbs als Problem des archaischen ‚Adels', in: 1.3: DERS. / SEELENTAG, Konkurrenz, 39–60]. Dennoch gab es selbstverständlich Versuche, die Konkurrenz auszublenden, indem bestimmte nachprüfbare Kriterien einer Zugehörigkeit zur Elite formuliert wurden [C. ULF, Die relativ Besten grenzen sich ab. Aristokratisierung durch Aufhebung des Wettbewerbs im archaischen Griechenland, ebd., 95–118]. G. SEELENTAG [Das Kartell. Ein Modell soziopolitischer Organisation in der griechischen Archaik, ebd., 61–94] fragt unter dem Stichwort „Institutionalisierung gegen Konkurrenz", warum und wie Angehörige der Elite die unberechenbare Konkurrenz zu neutralisieren suchten und stattdessen kollektiv miteinander kooperierten. Letzteres ließ sich besonders aussichtsreich im politischen Raum der Gemeinde bewerkstelligen und konnte, wenn ‚das Volk' sinnvoll beteiligt wurde, zu einer halbwegs stabilen aristokratischen Herrschaft führen. Doch selbstverständlich bedurfte eine solche auch günstiger naturräumlicher, wirtschaftlicher und demographischer Bedingungen. [Zu Korinth s. u. 3.5 sowie 1.5: GEHRKE, Jenseits von Athen und Sparta, 128–133; 2.5: WELWEI, Polis, 282–286; zu Massilia s. u. 3.8 sowie 1.6.2: Inventory, 165–167; 2.5: SCHÜTRUMPF, Aristoteles III 491 f.; zu Thessalien GEHRKE, wie eben, 98–100; 2.5: BECK, Polis und Koinon, 119–134. Zur Oligarchie s. u. 2.5.2].

Aristokratische Herrschaft?

Den Konkurrenten ausscheiden

Am anderen Ende der Optionenskala stand das Scheitern aller Einhegungsbemühungen [W. SCHMITZ, Widerstreitende Kräfte, in: 1.3: MEISTER / SEELENTAG, Konkurrenz, 317–338]. In diesem Fall eskalierten die Konflikte so weit, dass die Sieger ihre Rivalen als religiös befleckt stigmatisierten und aus der Stadt trieben (zur *stásis* s. u. 2.5.1 am Ende). Gerade Tyrannen (u. 2.5.2) hätten gern die Vorgaben elitärer Konkurrenzsysteme missachtet – an dieser Stelle kam der regelignorante und entgrenzende Zug im aristokratischen Verhaltensprofil markant zum Ausdruck. Schon in der älteren Forschung war der Tyrann als äußerste Steigerung der vereinzelten aristokratischen Existenz angesprochen worden; vgl. 2.5: BERVE, Tyrannis, 164. Auch in neueren Studien wird der ‚unternehmerische' und rücksichtslose Habitus von Individuen und kleinen Verbänden in der Archaischen Zeit betont; s. etwa van WEES, Mafia of Early Greece.

Dass in einer so diversen Welt gleiche Phänomene durchaus verschiedene Wirkungen zeitigen konnten, zeigt E. KISTLER [Zwischen *stasis* und *eunomia*. Banketthäuser und soziale Gruppenbildung im archaischen Griechenland, in: 1.3: MEISTER / SEELENTAG, Konkurrenz, 119–158]: Banketthäuser dienten als Treffpunkte für Hetairie- und Abstammungsgruppen und wurden zu Brutstätten für destruktive Konkurrenz, *stásis* und ein Streben nach Tyrannis (s. u. 2.5.1 und 2.5.2); zugleich beherbergten sie Zusammenkünfte der Gesamtpolis oder ihrer Institutionen und beförderten damit deren Gedeihen. Strukturell durchaus ähnlich ist der Befund für das viel untersuchte Symposion; s. 1.2.2: MURRAY, Das frühe Griechenland, 258–266; 2.3: HAMMER, Ideology; OSBORNE, Intoxication. F. HOBDEN [Politics] skizziert, wie es sich zum „integral part of the Greek polis, a meeting point for select members of the city where they can reflect on civic life and, in Athens at least, a tool in the critical apparatus of the city" [278] entwickelte. Wie M. WECOWSKI [Greek Aristocratic Banquet] zeigt, wurde durch Bankette und Symposien immer wieder die Zugehörigkeit zur Aristokratie aktualisiert und konnten reale soziale, ökonomische und politische Rangordnungen durch situative Hierarchien überlagert werden. Anders als die ältere Forschung meinte, sei das Symposion nicht ‚orientalischen' Ursprungs gewesen, sondern als eine im 8. Jahrhundert aufkommende, genuin griechische Praxis anzusehen. Einen guten Überblick zu den nicht-staatlichen Vergemeinschaftungen, zu denen das Symposion gehörte, bietet N. FISHER, Greek Associations.

Räume der Assoziation und Dissoziation

Symposion

Die Entwicklung der Agone umreißt A. NEUMANN-HARTMANN, Von improvisierten Wettbewerben zu institutionalisierten Festspielen, in: 1.3: MEISTER / SEELENTAG, Konkurrenz, 405–425. Mono-

Agone

graphisch zeigt Z. Papakonstantinou [Sport and Identity] die Bedeutung der athletischen Wettkämpfe für Identitätsformierungen in Griechenland: Zwar waren und blieben diese Leistungsschauen durchgehend wichtig für die Aristokraten, um Status und Überlegenheit zu demonstrieren, doch wuchs der Kreis der Teilnehmer über die Elite hinaus. Zudem stärkten Wettkampfsiege das Selbstbewusstsein der Gemeinden. Insgesamt machte der generelle Institutionalisierungs- und Verflechtungsprozess seit dem 8. Jahrhundert auch vor diesen Foren nicht halt. E. Flaig [Olympiaden und andere Spiele] betont ebenfalls die Bedeutung der Agone für die kulturelle Identität der Griechen: Die im Laufe der Zeit an Zahl und Größe zunehmenden Wettbewerbe „ritualisierten und choreographierten die Zusammengehörigkeit über die Polisgrenzen hinweg"; sie „strukturierten und belebten einen Kommunikationsraum von den Städten am Schwarzen Meer bis nach Nordspanien" und „homogenisierten [...] eine Kultur, die sich nicht nur sozial und funktional ausdifferenzierte, sondern auch ständig riskierte, sich regional zu partikularisieren" [368 f.]. – Zu den Priestertümern s. 1.12: Linke, Antike Religion, 40–43 und 130–135: Als die zuvor partikulare Verfügung über Kult und Religion auf die Polisgemeinschaft überging, wurden die alten Priestergeschlechter im Laufe des 5. Jahrhunderts der Kontrolle durch Beamte unterworfen, die wiederum der Gemeinschaft verantwortlich waren. Bereits in der Archaik sei es gelungen, die religiös konnotierten öffentlichen Handlungen (Weihung, Etablierung von Kulten, Errichtung von Kultbauten) weitgehend aus dem Bereich individueller Statusetablierung auf die sich formierende Polis zu übertragen und so für eine „Neutralität der sakralen Sphäre" zu sorgen; s. 2.5: Linke, Religion und Herrschaft.

Priester

Die im Text referierte Dreros-Inschrift [1.10.3: ML Nr. 2 = HGIÜ I Nr. 2; vgl. 2.1: Patzek, Homer und die frühen Griechen, 123–127; M. I. De Rossi, Axon 1.2, 2017, 7–14] diskutiert G. Seelentag [3.2: Kreta, 139–163]; daneben ist V. Ehrenberg [2.5: Frühe Quelle] immer noch lesenswert. – Dass die Peisistratiden zumindest in der Spätzeit ihrer Tyrannis in Athen rivalisierende Aristokraten einzubinden suchten, ergibt sich aus einer fragmentarischen Archontenliste; s. 1.10.3: ML Nr. 6.

Einzelnes

2.4 Menschen in Bewegung: Mobilität, Migration, Siedlungsexpansion

Die Forschungen zur transregionalen Mobilität seit den *Dark Ages* lassen sich generell in solche Arbeiten einteilen, die dem Phänomen einen die Polisbildung (s. u. 2.5) vorbereitenden und begleitenden Charakter zusprechen, und solchen, die ihm das Gewicht einer alle Epochen durchwirkenden und die Griechische Geschichte grundlegend prägenden Erscheinung einräumen. Die erste, eher traditionelle Richtung geht von der Annahme aus, dass griechische (wie überhaupt vormoderne) Gesellschaften von stationärer agrarischer Versorgung abhängig waren; begrenzte logistisch-technische Mittel ließen großräumige Bewegung zu Wasser und zu Lande nur in Not- und Ausnahmesituationen zu. Diese Sicht setzt Sesshaftigkeit als das Normale voraus und sieht in ihr die logische Grundlage einer auf ‚staatliche' Strukturen fixierten Entwicklung. Die andere Richtung bestreitet die technischen Beschränkungen und misst – fußend auf Erkenntnisse zur mediterranen Ökologie und Siedlungsarchäologie [z. B. 3.8: CUNLIFFE, Europe Between the Oceans; 1.5: HORDEN / PURCELL, Corrupting Sea] – verschiedenen Formen von Mobilität den Rang einer gleichberechtigten, wenn nicht gar dominanten [so PURCELL, Mobility and the Polis, 41], in jedem Falle nicht außergewöhnlichen Daseinsform zu, die „zu den auffälligsten Charakteristika der Griechen in der Antike gehört(e)" [SCHLESIER, Menschen und Götter, 129], zugleich ein wesentliches Element ihrer Erfolgsgeschichte bildete [GARLAND, Wandering Greeks, 197; MONTIGLIO, Wandering, 263] und eine „culture founded on transit" [PURCELL, Mobility and the Polis, 57] formte. Diese Richtung bezieht ihre Impulse auch aus althistorischen Forschungen, die globalgeschichtliche Perspektiven einzubringen suchen. Sie ist häufig verbunden mit einer Neubewertung der griechischen Wirtschaft, die von der Vorstellung einer stagnierenden agrarischen Subsistenzökonomie abrückt und florierende Märkte als Schnittstellen von Produktion, Austausch und Konsumption bereits in der Archaik postuliert; s. 1.2.1: OBER, Das antike Griechenland; 2.2: BRESSON, Greek Economy.

Mobilität im Rahmen der Griechischen Geschichte

Globalgeschichte und „Neue Ökonomie"

Vor diesem Hintergrund eine ausgewogene Balance zu finden zwischen einer regelrechten Kontakt- und Mobilitätseuphorie und einer die epochenspezifischen Beschränkungen berücksichtigenden Skepsis, ist nicht einfach. Die Probleme beginnen schon bei

Begrifflichkeit den Bezeichnungen. So suggeriert „wandering" wie das deutsche Äquivalent eine Bewegung ohne klares Ziel; es rückt damit in die Nähe des ebenso oft gebrauchten Reisens [CASSON, Reisen; H. DUCHÊNE (Hg.), Voyageurs et antiquité classique, 2003; G. MARASCO, I viaggi nella Grecia antica, 1978, jeweils zur gesamten Antike]. ‚Reisen' suggeriert die Freiwilligkeit des Akteurs und eine routinierte Sicherheit der Bewegung. Dies und die mit ‚Wandering' verbundene relative Zielunabhängigkeit sind freilich ein Luxus, den die griechische Antike, zumal wenn es um die Bewältigung längerer Stecken ging, so gut wie gar nicht kannte. Selbst ‚touristisches Reisen', wie es die Quellen mitunter andeuten, war mit klaren Zielen verbunden. Niemand brach auf, ohne einen Plan und eine stimmige Vorstellung von der relativen Lage des Zieles im Verhältnis zu den bekannten Räumen und dem Weg dorthin zu haben, auch wenn die genauen Umstände unsicher waren. Das gilt für individuelle Bewegungen wie für Gruppen oder Großgruppen. Diese werden, wenn sie über längere Zeit schubweise erfolgten, gleiche Zielgebiete ansteuerten und einen nennenswerten Sogeffekt auslösen, meist als Wanderungsbewegungen oder Migrationen bezeichnet. Sie mündeten oft über Zwischenaufenthalte in eine dauerhafte Einwanderung bzw. Ansiedlungsmigrationen,

Überblickswerke und orientierende Aufsätze während zirkuläre Migration an den Ausgangspunkt zurückführt. Eine die konträren Betrachtungsweisen abwägende und die Epochen verbindende Darstellung in monographischer Form oder als „Companion" fehlt. Arbeiten, die unter dem Stichwort Mobilität oder „wandering" großräumige Bewegungen analysieren, erfassen und klassifizieren Migrations- und Mobilitätsformen recht unreflektiert [GARLAND, Wandering] oder widmen sich literarischen Narrativen [MONTIGLIO, Wandering, zur gesamten Antike]. M. COSTANZI [Mobility] legte einen knappen Überblick über die antike Terminologie vor, ohne hieraus historische Modellangebote zu formulieren. Hingegen erschließt der gehaltvolle Überblick von KOTSONAS und MOKRIŠOVÁ [Mobility, Migration, and Colonization, in: 1.2.2: LEMOS / KOTSONAS, Achaeology of Early Greece, 217–246] den archäologischen Befund mit einem Konzept konstanter Mobilität, die je nach Umständen verschiedene Ausprägungen fand. Bausteine für eine historisch kontextualisierte und konzeptionell strukturierte Typologie antiker Migrationsbewegungen mit einer Kritik an forschungsgeschichtlich eingefahrenen Paradigmen umriss U. WALTER, Paradigmen; aktualisiert und auf die Archaische Zeit konzentriert DERS., Ares-Söhne.

Dass das Meer als Medium routinierter und explorativer Mobilität für die Griechen eine herausragende Bedeutung besaß, wird oft betont [z. B. MONTIGLIO, Wandering Greeks 7 f.: „The sea is (...) the privileged setting of wandering."] und als Ausgangspunkt entsprechender Monographien genutzt; vgl. 1.7.2: SCHULZ, Antike und das Meer; 1.7.2: DERS., Abenteurer. Auch L. CASSON [Reisen] konzentriert sich auf Reisen zur See; instruktiv im globalgeschichtlichen Kontext ist DE SOUZA / ARNAUD, The Sea in History. Die mit maritimer Mobilität verbundenen logistischen, ökologischen und nautischen Phänomene sind durch archäologische und historisch-komparativ arbeitende Studien in allen wesentlichen Details aufgearbeitet; s. WHITEWRIGHT, Sails; zusammenfassend 1.7.2: SCHULZ, Abenteurer, 14 f. Die Forschung hat aufgeräumt mit zählebigen Klischees wie dem von der Küstengebundenheit antiker Seefahrt und ihrer angeblichen Unfähigkeit, über das offene Meer und gegen den Wind zu segeln. Weniger Interesse haben dagegen die – allein durch die Parzellierung des Grundbesitzes notwendigen – Bewegungen über Land und Fluss erfahren [Überlegungen bei 1.7.2: RACKHAM, Ancient Landscapes]. Forschungen beziehen sich auf größere militärische Kontexte (Feldzüge) oder auf die ‚Reiserouten' einzelner Akteure wie Aristeas, Hekataios oder Herodot. Zu einem interdisziplinär arbeitenden Spezialgebiet hat sich die Analyse transregionaler Karawanenrouten im Süden und Nordosten der Oikumene entwickelt [SCHULZ, Over the Water; LIVERANI, Libyan Caravan Road].

Sucht man transregionale Mobilität typologisch nach Aktionsarten und Bewegungsroutinen zu erfassen, so stehen die Aktivitäten von Piraten, Händlern und Kriegern/Söldnern im Vordergrund des Interesses. Die bei Homer oft gestellte Frage (Hom. Od. 3,7–74; vgl. 9,252–255) an den Fremden, ob er der Geschäfte wegen (*katá préxin*) oder wie Räuber (*leistéres*) „den Fremden zum Unheil" auf dem Meer herumschweift, wird als Indiz für fließende Übergänge zwischen ähnlichen Formen ökonomischer Umverteilung [GARLAND, Wandering, 172] genommen; sie zeigt aber, dass man sehr wohl zwischen zwei Aktionsmodi unterschied, auch wenn der Akteur und seine Absichten zunächst nicht eindeutig identifizierbar waren. Tatsächlich verbergen sich hinter dem Label Piraterie [Forschungsbericht zur gesamten Antike: DESCHARMES,

Das Meer als Medium von Mobilität

Piraterie

Piraterie] meist Überfälle, die vom Meer auf Küstenstädte und -siedlungen erfolgten und mit der Wegnahme beweglicher Beute (Vieh und Menschen) verbunden waren. Bereits die assyrischen Annalen Sargons II. sprechen darüber hinaus davon, dass die „in der Mitte des Meeres lebenden Ionier" den Seehandel unterbrachen [LURAGHI, Traders, 31]. Das impliziert Angriffe auf Handelsschiffe und assyrisch kontrollierte Hafenstädte [YAMADA, Neo-Assyrian Trading Posts] und rückt die ‚Piraterie' im Osten in die Nähe gleichartiger Aktivitäten, wie sie die Phokaier gegenüber den etruskischen und karthagischen Handelsverbindungen ausübten. Dass diese Handlungen – wie oft behauptet – als ehrenvoll angesehen wurden, trifft nur für die Angreifer und Profiteure zu, nicht aber für die Betroffenen und Verschleppten (Hom. Od. 14,85 ff.). Entsprechend konnten mit der Herausbildung hegemonialer Macht- und Interessensphären griechische und nichtgriechische Gegner als Piraten diffamiert und die eigenen Bemühungen als Kampf gegen diese legitimiert werden. Eine moderne Gesamtdarstellung, welche diese Ambivalenz berücksichtigt und die Piraterie als ein Phänomen transmediterraner Mobilität begreift, ist ein Desiderat. Vorliegende Arbeiten widmen der Thematik geringen Raum; P. DE SOUZA [Piracy in the Graeco-Roman World, 1999] kommt für den Berichtszeitraum des vorliegenden Buches mit 27 Seiten aus!

Söldner   Ein ähnliches Bild ergibt sich für das griechische Söldnerwesen. Der Schwerpunkt der englischsprachigen Monographien liegt auf dem 4. Jahrhundert. Das ältere Werk von H. W. PARKE [Greek Mercenary Soldiers, from the earliest times to the battle of Ipsus, 1933; zur Archaik S. 3–13] ist chronologisch-genetisch angelegt; M. TRUNDLE [Greek Mercenaries] erörtert einzelne Problemfelder. M. BETTALLI widmet der Archaik mehrere, auf bestimmte Räume (Ägypten, Syrien, Vorderasien) konzentrierte Kapitel, versteht das Söldnerwesen aber konsequent als Ausdruck ökonomischer Not und Unterversorgung [Mercenari, 26, 245 f.; so auch KAPLAN, Social Status]. Die frühen Formen sind für ihn ein Elitenphänomen, repräsentiert von einzelnen Adligen und basierend auf „ritualized friendship" [TRUNDLE, Greek Mercenaries, 30 f.; vgl. 219: Zweifel an den von Herodot überlieferten Zahlen]. Gegen diese minimalistische Position hat N. LURAGHI [Traders] auf die weite Verbreitung griechischen Söldnerdienstes in der Archaik in Ägypten, Babylonien und Assyrien sowie in den Garnisonen von Tyros und Judah verwiesen und zu bedenken gegeben, dass sich nicht nur Adlige die von einem Söldner erwartete Ausrüstung eines Schwerbewaffneten (Hopliten) leisten konnten. Im Übrigen seien die Grenzen zwischen Piraterie, Raub und Söldnerdienst viel zu fließend, als dass man ihre Akteure auf den Kreis elitärer Familien beschränken könne.

Bisher fehlen Modelle, die das Söldnerwesen erstens als eine mit anderen Formen vernetzte Variante transregionaler Mobilität und zweitens bei aller Betonung relativer ökonomischer Not – die für bestimmte Phasen und Herkunftsgebiete zutreffen mag – als Chance einer kriegerischen Gesellschaft versteht, *zusätzliche* Einnahmen zu erzielen. Vor diesem Hintergrund wäre nicht nur der Vergleich mit nichtgriechischen Söldnerphänomenen (Italikern und Kelten) lohnend. Eine gute Arbeitsgrundlage mit aus Vergleichen gewonnenen Erkenntnissen bietet G. TAGLIAMONTE, [2.6: Figli di Marte]. Darüber hinaus wäre zu klären, welche Überschneidungen es zu anderen Formen mobiler Erwerbsformen gab und inwieweit gemeinsame Migrations- und Informationssysteme entwickelt und genutzt wurden.

Defizite an komparativen Modellen

Dabei spielte der Handel mit Sklaven und Gebrauchsgütern (Waffen, Wein, Keramik, Textilien) eine wesentliche Rolle. Die jüngere Forschung neigt heute mehr denn je dazu, die sich transregional verbreitenden Austauschbewegungen von Gütern und Dienstleistungen (Söldner- und Kapitänsdienst, Töpfer-, Bildhauer und Ingenieurskunst) als Teil eines frühen, durch die Ökologie und die kleinteiligen politischen Strukturen des Mittelmeerraums begünstigten Marktgeschehens zu interpretieren [OSBORNE, Pots, 31; 2.2: BRESSON, Greek Economy]. Schrittmacher dabei waren die multi-ethnischen bzw. ethnisch noch nicht definierten *middle grounds*; für eine Fallstudie (Golf von Neapel) s. I. MALKIN, A colonial middle ground. Die auf „ritualized friendship" [2.3: HERMAN] beruhenden, zentraler Kontrolle entbehrenden Beziehungsnetze hielten nicht nur die Transaktionskosten niedrig, sondern ermöglichten auch, flexibel mündlich und schriftlich Informationen auszutauschen [DANA, Connecting People; DESCAT, La mer et l'information] sowie vergleichsweise rasch auf wechselnde Bedarfe zu reagieren [BETTALLI, Mercenari, 215]. Aristokratische Kontaktformen passten sich geschmeidig den Veränderungen an, die mit der Institutionalisierung der Polis und der Formierung bzw. dem Verfall hegemonialer Interessensphären einhergingen; Formen von

Handel, Mobilität und Märkte

„ritualized friendship" wandelten sich zur „public friendship" in Gestalt der für den Handel wie für die politische Flankierung wichtigen Proxenie [TERPSTRA, Trade, 37; Literatur zur Proxenie: u. 92f.]. Die sich überlappenden Austauschnetze und die von den Poleis gebildete „specific market configuration" ersetzten gewissermaßen die auf monarchische Zentralen hin ausgerichteten tributären Verteilungssysteme des Nahen Ostens, auch wenn sie an diese Systeme andockten und von ihnen Impulse erhielten. Polisstruktur *und* mediterrane *connectivity* bildeten die Voraussetzung für die Entstehung interagierender Märkte; maritime Mobilität war der Schmierstoff des stupenden wirtschaftlichen Aufschwunges, den die Poliswelt seit dem 8. Jahrhundert erlebte. Es ist vor diesem Hintergrund nur plausibel, wenn BRESSON [2.2: Greek Economy, 60 f.] Zusammenhänge zwischen Prosperitätszyklen, Bevölkerungswachstum und der Intensivierung des Seehandels konstatiert. D. TANDY [Warriors into Traders] datiert die richtungweisende Verknüpfung von demographischem Aufschwung, Marktgeschehen und Ausbildung von Institutionen zur Förderung des Handels bereits ins 8. Jahrhundert. Dessen Effizienz wurde durch die Vermehrung spezialisierter und unabhängiger Akteure [REED, Maritime Traders, 62 ff. mit einer Liste quellenmäßig fassbarer „Händler"], ferner durch die Etablierung einer regelmäßige Überschüsse produzierenden, mit geringen Abgaben belasteten ‚Mittelschicht' sowie die Errichtung stabilisierender Institutionen – Münzstandards und Kreditwesen, rechtlich verankerte Eigentumssicherung und jurisdiktionelle Streitforen – gestützt und gesteigert. Das schuf Vertrauen (s. o. 2.3.1), erleichterte die Zirkulation von Gütern und Informationen und bot einer zunehmend urbanen Gesellschaft Aufstiegschancen und Wohlstand, der wiederum das mediterrane Marktgeschehen stimulierte; s. dazu im größeren Zusammenhang 1.2.1: OBER, Das antike Griechenland.

Nicht nur Beweglichkeit und Dynamik werden neuerdings gern betont; komplementär zu den ‚modernen' Verhältnissen ist auch die Netzwerktheorie in die Forschung zur antiken Welt einbezogen [s. o. 1.1.4 sowie 2.4: LEIDWANGER / KNAPPETT, Maritime networks], wobei die materielle Kultur [1.5: BRUGHMANS, Connecting the Dots] und die Religion [1.5: EIDINOW, Networks] im Zentrum stehen. Zumal an den ‚Knoten' der Mobilität hätten sich durch Verknüpfung Identitäten herausgebildet: bürgerstaatliche, ethnische, zuletzt auch eine ‚griechische'. In diesem Sinne werden etwa die

Befunde in Pithekoussai auf Ischia seit Mitte des 8. Jahrhunderts gedeutet [vgl. DONNELLAN, „Greek Colonisation" and Mediterranean Networks]: eine „Gateway Community", in der sich zunächst Euboier, Phönizier und einheimische Akteure nebeneinander tummelten – in diesem Fall, um dem Handel mit gesuchten Gütern, in erster Linie Metallen, eine leistungsfähigere Struktur zu geben. Dort sind für die erste Phase „weder eine Tendenz zur geplanten Siedlung noch Anzeichen zur Formierung einer Agora zu erkennen" [1.2.2: ULF / KISTLER, Entstehung, 44]; s. als Überblicke 1.2.2: OSBORNE, Greece in the Making, 106–111; D'AGOSTINO, Greeks in Italy, 216–232 [‚precolonial' pattern: 226]; zur Debatte um den Charakter des Ortes (Emporion? Apoikie?) s. KOTSONAS / MOKRIŠOVÁ, Mobility, Migration, and Colonization, 231. Chronologisch wie sachlich unklar ist das Verhältnis zu Kyme.

Die sich im 7. Jahrhundert formierenden Städte in Übersee fungierten auch deshalb als Knotenpunkte der sich verdichtenden Handels- und Austauschsysteme, weil ihre Entstehung auf den gleichen Rahmenbedingungen und Mobilitätsfaktoren beruhte: Ohne halbwegs sichere Prognosen, vorerschlossene Zielgebiete und Informationen von Vorsiedlern war eine Migration ethnisch gemischter Siedlergruppen undenkbar. Diese entwickelten erst nach einem längeren Verbleib und einer Abgrenzung als Kollektive ein – zunächst noch vages – Gefühl solidarischer Ethnizität, genauso wie die aus verschiedenen Gegenden stammenden Söldnertrupps sich erst dann als ethnisch homogene Einheit verstanden, als sie von ihren jeweiligen Soldherren wegen ihrer Sprache und Kriegstechnik als geschlossenes Kampfkorps organisiert wurden [TRUNDLE, Identity, 35]. Die Rolle von Mythen in der Ausbildung von ethnischer Identität im Westen diskutiert I. MALKIN, Returns of Odysseus.

Mobilität und Ethnizität

Migration als Ortswechsel, an dessen Ende eine dauerhafte neue Sesshaftigkeit steht, „has been a constant feature of Greek history because the underlying causes have remained broadly constant" [DE ANGELIS, Colonies 251]. Da die antike Überlieferung strukturell und funktional nicht zwischen früheren und späteren Phasen frühgriechischer Migration differenziert [ebd., 252], drängt F. BERNSTEIN [2.1: „Ionische Migration"] darauf, die verbreitete sachliche und zeitliche Unterscheidung zwischen „Ionischer Migration" und „Kolonisation" (ab 750) aufzugeben – schon G. BUSOLT hatte unter der Überschrift „Die Entstehung der griechischen

Migration und „Kolonisation"

Staatenwelt" die sog. Dorische Wanderung, die Ausbreitung der Griechen über die Ägäis, die westgriechischen Kolonien und die „weitere Kolonisation im östlichen Mittelmeergebiet" als ein Kontinuum dargestellt [1.2.1: Griechische Geschichte I, 202–509]. Bernstein spricht anstelle von zwei getrennten Vorgängen von einer epochenübergreifenden, lediglich neue Richtungen suchenden „Diffusion von Bevölkerungsgruppen". Dahinter steht nicht nur das oft artikulierte [z. B. Osborne, Early Greek Colonization?, 268 f.; Purcell, Mobility, 56] Unbehagen gegenüber dem Konzept ‚Kolonisation', das eine planmäßig-expansive Aussenden von Kolonisten durch ‚Mutterstädte' impliziert, sowie gegenüber der Idee einer Wanderung von ethnisch kohärenten ‚Stämmen' oder ‚Völkern'. Hinzu kommt, dass mit ‚Kolonisation' und ‚Wanderung' unterschiedliche Wanderungs- und Mobilitätsaktivitäten teleologisch im Hinblick auf das Ziel einer Landnahme bzw. Polisgründung hin gebündelt und reduziert werden. Der Vorschlag, die verschiedenen Phänomene möglichst neutral als Migrationen zu bezeichnen (R. Osborne u. a.), hat freilich ebenfalls Widerspruch hervorgerufen, weil nicht ausreichend zwischen individuellen Bewegungen und stärker organisierten kollektiven Unternehmungen differenziert werde; in diesem Sinne Malkin, Migration and Colonization.

Motive und Gründe von Ansiedlungsmigration

In jedem Fall waren die Ansiedlungen im Westen keineswegs dominierend – wie man lange glaubte – durch agrarische Not und Überbevölkerung bestimmt [Osborne, Early Greek Colonization, 262 f.; Zweifel an der „overpopulation" schon bei Purcell, Mobility, 45; Cawkwell, Early Colonization]. Zwar mehren sich im Bemühen, Ungleichheit und sozio-ökonomische Konflikte als Faktoren von Wandel wieder ernster zu nehmen (s. o. 2.3.1), auch Stimmen, die auf ältere Erklärungsmuster zurückgreifen, etwa den Hunger auf Land; s. Zurbach, Question foncière, der auch eine „formalisation du processus de départ colonial durant l'archaïsme" für unabweisbar hält [99]. Knappheit agrarischer Ressourcen und ökologisch-klimatisch bedingte Veränderungen bildeten indes stets wirksame Voraussetzungen mediterraner Mobilität. Doch ähnlich wie manche Unternehmungen einzelner Aristokraten und ihrer Gefolgsleute resultierten auch die sich seit dem 7. Jahrhundert intensivierenden Migrationswellen der Griechen häufig aus inneren Konflikten und politisch erzwungener Emigration [Bernstein, Konflikt und Migration; zu Dorieus, der Sparta im Streit mit Kleomenes I. verließ, s. 3.4: SCHENK GRAF VON STAUFFENBERG, Dorieus; 3.4: BRACCESI, L'enigma Dorieo], ferner aus der Zuversicht einer auf Austausch ausgerichteten Gesellschaft, in der Fremde bessere bzw. zusätzliche Erwerbs- und Lebenschancen zu finden. Die immer wieder postulierte „Abenteuerlust" war dabei kein spezifischisolierter Antriebsfaktor [TAUSEND, Verlockung der Fremde?], sondern eine mobilitätsaffinen Gesellschaften eigene Haltung, die aus kalkulierter Risikobereitschaft eine Status und Besitz sichernde Tugend machte und Konflikte in die Fremde ablenkte. So gesehen ist die transmediterrane Siedlungsmigration als ein effizientes gesellschaftliches Regulationssystem zu verstehen, also weniger als ein Zeichen von ökonomischer Schwäche als von breit gestreuter Stärke, getragen von wachsendem militärisch-ökonomischen Selbstbewusstsein – ein Phänomen, das auch für andere Formen griechischer Mobilität gilt: Piraterie und Seehandel setzten technisch innovative Schiffe, Hafenanlagen [MAURO, Archaic and Classical Harbours] sowie recht hohe Trainings- und Instandhaltungskosten voraus, die aber, wie BRESSON [2.2: Greek Economy] betont, durch geringe Transaktionskosten in anderen Bereichen ausgeglichen wurden: Städte erhoben geringe Marktgebühren und mussten weder teure stehende Armeen noch den Bau und Betrieb aufwendiger Paläste finanzieren. Auch war der für einen Söldner obligatorische Besitz einer Panhoplie im Laufe des 5. Jahrhunderts kein Ausweis von Reichtum mehr, sondern repräsentierte den Standard der Ausrüstung als Schwerbewaffneter, der – auch das ein Zeichen ökonomischer Potenz – von ein oder zwei Trossknechten begleitet wurde [TRUNDLE, Greek Mercenaries, 118–125].

Mobilität als Zeichen von Stärke

Angesichts der variablen, nicht auf bestimmte Zeiträume begrenzbaren Formen und Motive von Mobilität und Migration mehren sich Stimmen, welche die von späteren Quellen verbreitete Annahme eines einmaligen, von bestimmten Standardelementen gekennzeichneten Gründungsaktes einer Apoikie als eine Konstruktion ansehen, um die Landnahme im Nachhinein zu legitimieren, und stattdessen von einem „gradual process" ausgehen; vgl. OSBORNE, Early Greek Colonization, 264 ff.; STEIN-HÖLKESKAMP, Land der Kirke, 313–322; 2.1: BERNSTEIN, „Ionische Migration", 276; für die Motive in den literarischen Quellen s. MILLER, Kolonisation. Die traditionelle Sicht bieten Ed. MEYER [1.2.1: Geschichte des Altertums III, 388–451] und H. BERVE [1.2.1: Griechische Geschichte 1, 110–134], wobei besonders letzterer einen normierten Typus um-

Fließende Übergänge oder Gründungsakte?

riss, während der positivistische Meyer die Vielfalt der Tradition akzeptierte und 120 Jahre vor den aktuellen Postulaten eines Kontinuums die ionisch-aiolischen Gründungen der *Dark Ages* mit der ‚Großen Kolonisation' des 8. bis 6. Jahrhunderts zusammennahm. Unleugbar gab es eine größere zeitliche Tiefe und Bandbreite ‚kolonialer' Phänomene jenseits der Gründung von Apoikien. In jedem Fall widerspricht das dem Kolonisationsnarrativ zugrundeliegende Axiom von etablierten „Mutterstädten", die sich durch „Tochterstädte" expansiv vermehrten, dem archäologischen und historischen Befund bzw. bildet diesen nur in bestimmten Fällen und einem zeitlichen Segment ab. Vieles deutet darauf hin, dass ägäische Poleis der Archaik primär als Auswanderungs- oder Verschiffungshäfen fungierten – Siedler- und Söldnertrupps waren gleichermaßen ethnisch heterogen [Osborne, Early Greek Colonization, 257] – und dass sie „Migranten weniger aussandten denn abgaben" [2.1: Bernstein, „Ionische Migration", 270], überhaupt selten in die Auswanderungsmodalitäten dirigierend eingriffen, jedoch strikt die Rückkehr der Wegziehenden zu verhindern suchten [Moggi, Emigrazioni forzate], weil eine solche natürlich die Grundbesitzfrage neu entfachte. Prominentes Beispiel für eine abgewehrte Rückkehr ist die um 630 erfolgte Gründung Kyrenes von Thera aus; die Überlieferung dazu stellt auch methodisch eine Herausforderung dar [1.2.2: Murray, Das frühe Griechenland, 152–157; 1.2.2: Osborne, Greece in the Making, 8–15].

Angesichts schwach ausgebildeter staatlicher Strukturen in der Heimat waren es gewiss die Erfahrungen der Ansiedlung selbst, die wichtige Impulse zur Polisbildung (s. u. 2.5.1) setzten und in komplexen Rückkopplungseffekten einen transmediterranen Urbanisierungsprozess vorantrieben [Schulz, Innovationsraum; 4.1: Mertens, Städte und Bauten; 1.7.2: Osborne / Cunliffe, Mediterranean Urbanization]. N. Purcell [Mobility, 56] bemerkt, Institutionen, die etwa den Status von Fremden oder von Neubürgern gegenüber den Altsiedlern regeln, seien „signs of the systematic overcoming of the separateness risked by widespread mobility"; das wird auch durch die moderne Migrationsforschung bestätigt. Insofern ist verständlich, weshalb die Polis des 5. Jahrhunderts, wie N. R. Demand in einem wichtigen Buch [Urban relocation] herausgearbeitet hat, auch nach Abflauen der Migrationswellen ein besonderes, nur mit den phönizischen Städten vergleichbares Spezifikum bewahrt hat: die Bereitschaft, im Fall ei-

---

Polis als Ergebnis von Migration und Mobilität

„Relocation" der Gesamtbürgerschaft

nes zu Lande überlegenen Angreifers eine Um- und Neuansiedlung der gesamten Bürgerschaft vorzunehmen und diese Option in die außenpolitisch-militärischen Planungen miteinzubeziehen.

Gewiss musste die Forschung in steter kritischer Revision – auch ihrer zeitbedingten Voraussetzungen – Perspektiven zurechtrücken, Anachronismen vermeiden und Kontinuitäten griechischer Migration als Teil verbreiteter Mobilität verstehen lernen, doch darf dies nicht darauf hinauslaufen, folgenreiche Prozesse und epochale Veränderungen im Einheitsbrei eines alles umfassenden Mobilitäts- und Kontaktdiskurses aufgehen zu lassen. Der vielgeschmähte Begriff „Große Kolonisation" signalisiert bei allen missverständlichen Assoziationen das Gewicht handfester und irreversibler Innovationen, die trotz vorhandener Mobilitätsstrukturen eben erst zu einem bestimmten Zeitpunkt eintraten – dies zeigt schon der Blick auf eine Karte der „griechischen Welt" im 5. Jahrhundert. (Das im DNP-Atlas [1.7.1: WITTKE, Historischer Atlas] gebotene Kartenmaterial bezieht auch die etruskischen und phönizischen Ansiedlungen ein.) Hierzu gehören an erster Stelle die Formierung und Verbreitung des Polismodells (s. u. 2.5). Es liegen kompakte Darstellungen vor, welche diese Phase unter Vermeidung der genannten Verengungen beschreiben, z. B. ANTONACCIO, Colonization; 1.2.2: OSBORNE, Greece in the Making (mit tabellarischer Übersicht 114–118). Knappe Abrisse auf Grundlage der skizzierten modifizierten Sicht geben U. WALTER [1.2.1: Griechenland, 155–157 (mit Karte)] und F. DE ANGELIS, Colonies. Einblick in verschiedene Ansätze unter Einbeziehung archäologischer Forschungen bietet der Band von TSETSKHLADZE / DE ANGELIS, Archaeology of Greek Colonization. Materialreich, gerade für die verschiedenen Regionen der Apoikien, doch in den konzeptuellen Beiträgen z. T. überholt sind die beiden von G. TSETSKHLADZE edierten Sammelbände [Greek Colonisation; dazu U. WALTER, Historische Zeitschrift 288, 2009, 172–174 und 291, 2010, 475–477]. M. MAUERSBERG [Die „griechische Kolonisation"] beleuchtet das Thema von seinen theoretischen Voraussetzungen und wissenschaftsgeschichtlichen Traditionen her, freilich recht selektiv. Die Bewegung der Forschung „von der ,Großen Kolonisation' zu einer Migrationsgeschichte der Griechen" zeichnet F. BERNSTEIN souverän nach. In seiner Komposition kontrovers präsentiert ein L. DONNELLAN u. a. verdankter, sehr anregender Tagungsband [Conceptualising Early Colonisation] viele der aktuell diskutierten Themen: für oder ge-

Verbreitung des Polismodells

Orientierung

gen den Begriff „Kolonisation" und deren ‚staatlichen' Charakter [I. Malkin vs. R. Osborne], postkoloniale Zugriffe, Gender (anhand von Eheschließungen mit eingeborenen Frauen), *frontier studies* als methodische Anregung [F. de Angelis, 97–104], Netzwerkmodelle und mediterrane Konnektivität, wirtschaftliche Dynamik in der Archaik, Raumorganisation, Identitätsfragen und die Problematik der mittels verschiedener Quellengruppen erzeugten Chronologien [V. Nizzo, 105–116]. Benannt werden dabei die zunehmenden Frontbildungen in der Forschung: zwischen anglophonen und kontinentalen Stimmen, archäologie- und textbasierter Heuristik, postkolonialen und Zentrum-Peripherie-Modellen. In diesem Sinne sprechen die Herausgeber von einem „new ‚Great Divide'" [10], A. Esposito und A. Pollini gar von ‚intellektueller Apartheid' [69], und F. de Angelis beklagt eine Polarisierung bis hin zu einem ‚Ismus-Schisma' [98]. Unter den Fallstudien zu Sizilien und Unteritalien macht die von H. Tréziny [167–178] im Rahmen der Frage nach dem Polismodell wahrscheinlich, dass in Megara Hyblaia bereits im späten 8. Jahrhundert ein geplanter urbaner Raum mit annähernd gleichen Grundstücksgrößen und einem regelmäßigen Straßengrundriss zu erkennen ist – was es im griechischen Kernland zu dieser Zeit und noch lange danach eben nicht gab.

<small>Schismen</small>

Eine für die Folgezeit hochbedeutsame außenpolitische Innovation der Siedlungsbewegung von ca. 700 bis 550 bestand darin, dass einzelne Poleis lernten, Apoikien und etablierte Mobilitätsnetze zu machtpolitischen Zwecken zu nutzen. Allein die Entstehung von Gründungs- oder Koloniallegenden im späten 6. Jahrhundert zeigt, dass die Poleis ein waches Sensorium für die machtpolitischen Chancen von Landnahme entwickelt hatten, indem sie aus den Legenden politische Verpflichtungen der Apoikien abzuleiten und eigene Militäraktionen zu legitimieren suchten [Stein-Hölkeskamp, Land der Kirke, 323]. Insofern erweist sich für *diese* Zeit der Begriff der (‚imperialen') Kolonisation als fruchtbar, weil nun mit der Anlage von Apoikien und anderen Siedlungen oder Festungen expansive Kontrollmechanismen und die hierfür notwendigen institutionell-logistischen Voraussetzungen gegeben waren. Besonders aktiv wurden solche Poleis, die Anlaufpunkte für ihre mit dem neuen Typ des Dreiruderers ergänzten Flotten benötigten; dies könnte z. B. auch die Subkolonisation Massilias im 5. Jahrhundert erklären [Dietler, Iron Age, 252 f.]. J. K. Davies [3.7:

<small>Apoikien und Machtpolitik</small>

Corridors, Cleruchies] sieht hierin nicht nur wesentliche Elemente zur Bildung von „substantial proto-empires", sondern auch Faktoren, welche die Monetarisierung der Aktionsräume befeuerten bzw. sie in eine neue Richtung lenkten. T. STICKLER beschreibt, wie die Korinther, aufbauend auf die Verbindungen der Tyrannen, „das Verhältnis zwischen Mutterstadt und Kolonie zum Kristallisationspunkt ihrer machtpolitischen Bestrebungen insbesondere in Nordwestgriechenland, aber auch an der nordägäischen Küste" machten [3.5: Korinth, 261]. Wie Athen nach dem Sturz der Tyrannen mit der Einrichtung von Kleruchien und Apoikien ein flexibles Instrumentarium ‚imperialer Kolonisation' entwickelte und mit der Hegemonie im Seebund kombinierte, zeigt das Buch von C. IGELBRINK [3.7: Kleruchien]. Ergänzend ist der Band von N. SALOMON [3.7: Le cleruchie] heranzuziehen, weil er quellennah die rechtlichen Grundlagen und Besonderheiten der Kleruchie nachzeichnet.

Athens Kleruchien

Doch auch außerhalb dieser Entwicklungslinie gibt es Befunde, die für eine durchaus starke Prägung der Apoikie durch *eine* ‚Mutterstadt' sprechen, zumal in den *nómima* (Institutionen wie Kulte, Kalender oder Magistrate), und das beinahe schon neu-orthodoxe Bild der zusammengelaufenen Emigranten und Auf-eigene-Faust-Unternehmer konterkarieren – wobei man sicherlich zeitlich differenzieren und die ‚Stile' der verschiedenen Akteure berücksichtigen muss. Den Forschungsstand bilanziert F. BERNSTEIN, Apoikie und Metropolis; zum aufschlussreichen Fall der Apoikien Megaras s. A. ROBU, Mégare.

Metropolis und Apoikie

Im 4. Jahrhundert zeichnet sich jedenfalls ein machtpolitisch signifikanter Trend ab: Die großen Poleis suchten die auf personal-aristokratischen Beziehungen beruhenden Mobilitätsnetzwerke zu vereinnahmen und unter ihre Kontrolle zu bringen. Das gilt nicht nur für die Anlage von Apoikien und Kleruchien, sondern auch für das Söldnerwesen und Teile des überregionalen Handels. In dem Maße, wie die hegemonialen Systeme schwächer wurden, waren Poleis wie Sparta, Korinth und Athen jedoch gezwungen, ihrem militärischen Führungspersonal vor Ort bei der Nutzung aristokratischer Beziehungen, sei es im Bereich des Söldner- und Kriegswesens, des Handels oder der Siedlungssuche größere Freiräume einzuräumen – in der Hoffnung, dass sich die ‚unternehmerischen' Akteure loyal verhielten.

Entwicklungen im 4. Jahrhundert

Bevölkerungsverschiebungen in Sizilien

Recht eigen gegenüber den allgemeinen Entwicklungen stellt sich – wie oft – Sizilien dar. In der Ägäis bildete die Massenumsiedlung von Poleis nur im äußersten Notfall und als letzte Fluchtmöglichkeit gegenüber einer überlegenen Landmacht des Ostens eine Option [Hdt. 1,170: Ioner]. Die syrakusanischen Tyrannen nutzten dagegen sämtliche ihnen zur Verfügung stehenden und von ihnen geschaffenen Möglichkeiten der Neugründung und Neubesiedlung von Poleis sowie der massiven Verschiebung städtischer Bevölkerungen, um ihre Machtsphäre zu erweitern und ihre eigene Herrschaftsposition nach innen und außen abzusichern; s. u. 3.9. Die Anlage von Söldnersiedlungen als Festungen (*phroúria*) an strategischen Außengebieten in eroberten und entvölkerten Poleis (s. o. S. 74) entspricht funktional in gewisser Hinsicht den athenischen Kleruchien. Der Unterschied zur Politik der ägäischen Vormacht zeigt sich aber besonders augenfällig in der Behandlung des hegemonialen Zentrums: Während Athen (und Sparta zu Beginn des 4. Jahrhunderts) durch die Anlage von Kleruchien und weiträumiges militärisches Agieren sein Wehr- und Bürgerpotential vom Zentrum an die Ränder verlagerte, nutzten die Tyrannen jede sich bietende Möglichkeit, unterschiedliche Bevölkerungsgruppen nach Syrakus zu verpflanzen, um dort ihre loyale, aber politisch inaktive Anhängerschaft zu stärken und mehr Menschenmassen sowie wichtige Berufsgruppen (Söldner, Handwerker, Techniker) unter direkter Kontrolle zu halten [Demand, Urban relocation, 100 ff.]. Die Großpolis Syrakus ist somit das spektakulärste Ergebnis einer massiven Umlenkung und zentrierenden Rückverlagerung von Migration, welche die übrigen Poleis in der Regel vehement zu verhindern suchten. Zu dieser gesteuerten Bevölkerungsverschiebung innerhalb einer Hegemonialsphäre gibt es neben Aufsätzen [Vattuone, ‚Metoikesis'; zu Dionysios Giuliani, Le migrazione forzate, zu Dionysios], den einschlägigen Kapiteln von Demand [Urban Relocation, 45–98] und den Monographien zu Sizilien nur die ältere Studie von J. Seibert, Bevölkerungsfluktuation. Dieser weicht allerdings einer Einordnung der funktionalen Aspekte in den gesamtmediterranen Kontext aus. Es fehlt somit eine Arbeit, welche die reichen Erkenntnisperspektiven nutzt und das gleiche leistet wie die Bücher von T. Stickler und Ch. Igelbrink für Korinth bzw. Athen. Die Politik der Tyrannen ähnelt nämlich den Maßnahmen, die makedonische Könige [Demand, Urban Relocation, 151–164] und nahöstliche Herrscher

Monarchische Herrschaftsmethoden

mit vergleichbaren Zielen und in ähnlichem Umfang anwandten: In Sizilien wurden bis 10 000 Menschen auf einmal zwangsumgesiedelt; das sind Bevölkerungszahlen größerer Poleis und Stärken von Armeen. Timoleon soll von Korinth aus 10 000 Mann nach Sizilien dirigiert haben, aus Italien und Sizilien kamen angeblich 60 000 [Diod. 16,82,5; Plut. Tim. 23,4; 3.9: TALBERT, Timoleon, 146–160; 3.9: SMARCZYK, Timoleon, 70–141]. Es handelte sich um eine monarchische Methode der Herrschaftssicherung bzw. -begründung, die auf die hellenistische Zeit vorausdeutet.

Für die urbane und politische Konzentration in einem Zentrum kannten die Griechen selbst das Konzept des *synoikismós* [Übersicht in 1.6.2: Inventory, 115–119; materialreich ist U. KAHRSTEDT, 1.6.1: RE 4.2, 1932, 1435–1445]. Dieser konnte, musste aber nicht mit Umsiedlungen verbunden sein. Während der prominent überlieferte Synoikismos Attikas zur Polis Athen durch Theseus ins Reich der „invented tradition" gehört [3.7: WELWEI, Staatswerdung, 108–118], sind die Fälle in historischer Zeit besser belegt; s. 2.5: MOGGI, I sinecismi interstatali. Genannt sei die wohl weitgehend ohne Umsiedlung vollzogene Gründung von Elis als Polis i. J. 471 [ROY, Synoikism of Elis; anders GROTE, Synoikismos: tatsächlich eine Integration verschiedener bis dahin abhängiger Periökengemeinden in einen gesamtheitlichen Bürgerverband]; zu Megalopolis (*Megálê pólis*) in Arkadien s. T. H. NIELSEN in: 1.6.2: Inventory, Nr. 282. Die meist als Synoikismos bezeichnete Umgestaltung auf Rhodos im Jahr 408/07 zentralisierte vermutlich bestehende Bundesstrukturen und Poleis zu einem Bundesstaat und bildete eine wichtige Voraussetzung für den ökonomischen und politischen Aufstieg der Insel im Hellenismus [GABRIELSEN, Synoikized *Polis* of Rhodes].

Synoikismos

Der Aufenthalt von Griechen im Perserreich ist entweder der ‚Arbeitsmigration' zuzurechnen oder war ein Exil; vgl. als Überblick FUNCK, Griechen im Perserreich; für eine Liste 1.6.3: HOFSTETTER: Griechen in Persien. Zu den Söldnern s. G. F. SEIBT, Griechische Söldner im Achämenidenreich. Die oft prominenten Emigranten zählt J. SEIBERT auf [Flüchtlinge, 393]. Die Flucht oder Vertreibung der Unterlegenen als Resultat einer *stásis*, das Exil nach einer gerichtlichen Verurteilung sowie das zeitweilige Verlassen der Heimat durch ein geregeltes Verfahren – am bekanntesten ist der Ostrakismos in Athen (s. u. 3.7) – lassen sich selbst-

Griechen im Perserreich

verständlich generell unter Mobilität subsumieren; s. SEIBERT [Flüchtlinge] und FORSDYKE, Exile, Ostracism, and Democracy.

2.5 Politische Organisationsformen

Griechischer ‚Staat' oder was?
Einige Forscher sind bemüht, die lange selbstverständliche Rede vom ‚Staat' als irreführend zu verabschieden [s. allgemein 1.5: WALTER, Begriff des Staates; spezieller 1.2.2: ULF / KISTLER, Entstehung, 17 f.; 149–152] und die Entwicklung statt dessen als allmähliche Formierung von ‚Staatlichkeit' oder als ‚Institutionalisierung' auf verschiedenen Ebenen zu erfassen; davon war schon in den Abschnitten zu den *Dark Ages* (2.1) und zur Aristokratie (2.3.2) die Rede, ebenso vom Konzept der *governance*, in dem Ordnung durch das Zusammenwirken verschiedener Akteursebenen hergestellt wird. Ein breites Theorietableau präsentiert W. SCHEIDEL, Studying the State [in: 1.3: BANG / SCHEIDEL, Oxford Handbook of the State, 5–57]; zu Wort kommen dort jedoch nur Vorschläge aus der Sozialanthropologie, der Soziologie bzw. Politikwissenschaft und der *Archaeology*, kaum juristische oder historische Ansätze. Die Fachdisziplin beeinflusst dabei die Perspektive: Während Archäologen mit Blick auf die materielle Kultur eher Managementleistungen und die Integration von Akteursgruppen betonen, stellen Historiker und Soziologen Konflikte und Ungleichheiten heraus, sofern diese in schriftlichen Quellen belegt sind [ebd., 12]. E. VAN DER VLIET [Regime Building] sucht die von Soziologie und Sozialanthropologie entwickelten Modelle zur Evolution früher Staaten auf die frühen Griechen zu projizieren; diese gehörten nicht zum ‚Normalfall' einer hierarchischen Zentralisierung, sondern beschritten einen Weg, der als „heterarchy" bezeichnet werden könne [127: „a system in which elements are unranked relative to one another or ranked in a variety of ways depending on conditions"]. Sehr viel pragmatischer nennt H.-J. GEHRKE [States, in: 1.2.2: RAAFLAUB / VAN WEES, Companion, 395–410] mit Blick auf den (frühen) griechischen Staat als wesentliche Elemente: Institutionalisierung von Funktionen (Amtsträger), Formalisierung durch Verfahren sowie gesetzliche Regelung zumal in Kultangelegenheiten und Konflikten. Dieses Verständnis von Staatlichkeit impliziert, dass wertvolle Güter – Sicherheit, Rechtsfindung, Kommunikation mit den Göttern, zentrale Räume usw. –

nicht mehr von Einzelnen oder kleinen Gruppen monopolisiert und zugewiesen, sondern geteilt und ‚in die Mitte' (Hdt. 3,80,2; 142,3) gelegt werden. Ein solcher ‚kommunitärer' Blick richtet sich auf formale Institutionen, die diesen Prozess befördern (Ämter, Gesetze, Aufteilungen u. a.), ebenso auf Räume der ‚Mitte', sowohl reale (Agora) wie symbolische; vgl. GERNET, Symbolisme politique; VERNANT, Entstehung, 127–131.

Obwohl begrifflich und konzeptionell längst überholt stellt die zweibändige „Griechische Staatskunde" von G. BUSOLT nach wie vor ein gediegenes, quellengesättigtes Handbuch dar, strukturiert durch starke, nur teilweise von der Überlieferung nahegelegte, in jedem Fall zugespitzte und wirkmächtige Setzungen: die Gegenüberstellung von schwach institutionalisiertem „Stammstaat" und verdichteter „Polis" (s. u. 2.5.1), die „Staatsverwaltung" sowie die „zwischenstaatlichen Beziehungen", unter die auch „Staatenbünde und Bundesstaaten" subsumiert wurden. F. GSCHNITZER versammelte in dieser Fluchtlinie der Forschung wichtige Aufsätze [1.3: Staatskunde]. Das kaum zu lösende Kernproblem einer angemessenen Erfassung der politischen Organisationsformen hat V. EHRENBERG [Staat] benannt: Aus den vielfältigen Befunden könne nur ein Bild gewinnen, wer hinter der Vielheit die Einheit erkenne; diese stelle jedoch eine Abstraktion dar. Unter Verweis auf Max Webers „Idealtypus" formuliert Ehrenberg die Aufgabe, „das ‚Typische' zu beschreiben, ohne über dem Gemeinsamen das Verschiedene zu vergessen" [VIII]. Im Zentrum seiner immer noch lesenswerten Synthese steht die Polis, „für die Griechen ein bestimmter und in der Hauptsache einheitlicher Staatstyp" [ebd., IX]. Das etwa gleichzeitig erschienene französische Gegenstück zu Ehrenbergs Buch [GLOTZ, Cité grecque] fügte hingegen verschiedene Herrschaftsformen in eine Erzählung von Aufstieg und Fall ein: Auf die homerische Zeit und eine Phase aristokratischer Herrschaft folgte als Höhepunkt die (athenische) Demokratie; den Schluss bildete ein Niedergang, da der Individualismus, der anfangs der Stadt geholfen habe, die patriarchalische Familie zu besiegen, nunmehr im Egoismus degenerierte. Skeptisch gegenüber ‚Meistererzählungen' jeder Art orientiert neuerdings H. BECK seinen „Companion" an Rahmungen wie der Kulturgeschichte des Politischen und der Praxeologie (Institutionen werden durch Handlungen generiert). Betont werden ferner die charakteristische Offenheit, Sichtbarkeit und Direktheit der politischen Inter-

Grundlagenwerke

aktion, denn in der politischen Kultur der Polis unter freiem Himmel „the deeds of government were neither distant nor heavy-handed, or unilateral, but rather performed in the center of the community, and hence made an immediate impact on every member of that community" [Greek Government, 3].

Seit einiger Zeit hebt die Forschung häusliches, ökonomisches und religiöses Handeln als konstitutiv auch für das politische Feld hervor – und verabschiedet damit die markant von HANNAH ARENDT [Vita activa oder Vom tätigen Leben, 1960] unter Rückgriff auf Aristoteles begründete, von Althistorikern wie Chr. Meier aufgegriffene Idee eines gesonderten Raums des Politischen als Errungenschaft der Griechen. MEIER spricht [Entstehung des Politischen, 255] von einem „Bruch zwischen gesellschaftlicher und politischer Ordnung": Die „Gesellschaft mit all ihren Ungleichheiten blieb im wesentlichen, wie sie war. Daneben entstand – abstrahiert davon und befestigt in eigenen Institutionen – der neue Bereich, in dem alle gleich waren." Der Preis der Konzentration auf „das Politische" in dieser Definition erscheint vielen Forschern heute zu hoch; die Bevölkerungsmehrheit so ‚auszubürgern' wird nicht länger akzeptiert.

Das Politische als eigener Raum?

Oft betont hat man den Zusammenhang zwischen Militärwesen und politischer Ordnung: Sowohl die „Herkunft der Polis aus der Wehrgemeinde wie ihr Charakter als Staat der Politen machten die Verteidigung des Staates zur Sache der Bürger" [EHRENBERG, Staat, 98, mit Verweis auf M. WEBER: antike Stadt seit Schaffung der Hopliten eine „Kriegerzunft": 2.3: Wirtschaft und Gesellschaft, 809]. Zu diesem freilich oft allzu kausal-deterministisch gedachten Zusammenhang s. 2.6: HUNT, War and Society. H. VAN WEES [2.6: Politics and the Battlefield, 170 f.] schränkt daher ein, dass „changes in Greek warfare were far less dramatic, and had far fewer political ramifications, than our sources suggest and historians have long believed". Die Verzahnung von Bürgerschaft, politischer Ordnung, Wehrpflicht und Kriegführung verhinderte jedoch, dass sich in den griechischen Gemeinwesen ein eigener militärischer Bereich oder eine Kriegerkaste herausbildete; vgl. 2.6: BURCKHARDT, Staat und Heer. Die Idee einer in ihren Folgen auch für die politischen Kräfteverhältnisse maßgeblichen „Hoplitenrevolution" im 7. Jahrhundert wird in der Forschung indes nicht mehr geteilt, zumal die frühe Hoplitenphalanx – wenn es sie damals überhaupt schon gab! – offenbar nicht egalitär war,

Militär und Verfassung

sondern sehr wohl Statusdifferenzen abbildete; vgl. 1.2.2: HALL, Archaic Greek World, 181 und ausführlich u. 2.6.

Oft und mit Recht wird die Athenlastigkeit der Überlieferung festgestellt; gleichwohl bieten sowohl die Inschriften [(alle 1.10.3): KOERNER, Inschriftliche Gesetzestexte; RUZÉ / VAN EFFENTERRE, Nomima; GAGARIN / PERLMAN, Laws of Ancient Crete; RHODES, Decrees] als auch die „Politik" des Aristoteles [Übersetzung und reichhaltiger Kommentar: SCHÜTRUMPF] gerade für die Archaische Zeit wertvolle Nachrichten zu den Ordnungen zahlreicher anderer Gemeinwesen. Eine handliche Quellensammlung hat P. J. RHODES vorgelegt [1.10.1: Greek City States].

Asymmetrie der Quellenlage?

Für Irritation sorgte vor dem Hintergrund der im Darstellungstext genannten Rahmenbedingungen die Neigung K. J. BELOCHS, führende und gestaltende Individuen hinter materielle und kollektive Kräfte zurücktreten zu lassen [programmatisch 1.2.1: Griechische Geschichte I 1, 1–16]. Zum Mythos einer ‚perikleischen Zeit' s. 3.7: WILL, Perikles, 7 f., 111–115; dennoch tragen in diesem Fall selbst neuere „Companions" diese einst von Voltaire begründete (und durch Thuk. 2,65,8–10 keineswegs gedeckte) Projektion kritiklos weiter; s. 1.2.3: SAMONS, Age of Pericles. Anders liegen die Dinge für Sparta, da die Überlieferung zu Anführern wie Kleomenes I. oder Pausanias wegen der „Rivalitäten und Kontroversen innerhalb der führenden Kreise", bei denen Gerüchte und „gezielte Desinformation" produziert wurden, stark gestört erscheint [3.4: WELWEI, Einzelpersönlichkeit und Polis, 192]. Zu dem kaum greifbaren, vielleicht gerade deshalb so faszinierenden Pythagoreer Archytas von Tarent s. knapp M. BERREY, 1.6.1: EAH 2, 667 f., ausführlicher GIANGIULIO, Democrazie, 138–147.

Einzelpersönlichkeit und politische Gemeinde

Biographische Monographien über Akteure wie Perikles, Alkibiades, Demosthenes oder Philipp II. werden ungeachtet aller Probleme bis heute immer wieder einmal vorgelegt; auch eine Sammlung biographischer Essays fehlt selbstverständlich nicht [1.3: BRODERSEN, Große Gestalten]. Demgegenüber untersucht FERRARIO [1.5: Historical Agency] anhand der Geschichtsschreibung sowie der Inschriften, wie die Griechen/Athener selbst die Frage behandelten, wer den Lauf der Geschichte an ihren Wendepunkten maßgeblich bestimmte: institutionalisierte Kollektive oder doch ‚Staatsmänner'? Erhellend zeigt ferner L. MITCHELL [Heroic Rulers], dass ungeachtet wertgeleiteter Unterscheidungen (‚guter König' vs. ‚schlechter Tyrann') der Typus des heroischen Anführers, der

Köpfe

sich auf überlegene Tüchtigkeit (*aretê*), göttliche Abstammung, Siege im Krieg, Reichtum oder strahlende Wettkampferfolge berief, bei den Hellenen große Aufmerksamkeit genoss und durchaus Herrschaftschancen hatte. Ergänzend diskutiert C. ATACK [Discourse of Kingship] die Rede über den König bei den Hellenen zwischen Politik, (Myth-)Historie und Philosophie. Da Tugend und Laster in Königen besonders viel aus- oder anrichten konnten, gehörten biographische Werke über sie sowie ‚Fürstenspiegel' in der Sache eher zur Ethik als zur historisch-politischen Literatur.

2.5.1 Die Polis: Räumlichkeit, Institutionalisierung, Bürgerstaatlichkeit, Integration, Stasis

‚Die' griechische Polis: Etappen eines Konzepts

Forschungsgeschichtlich lässt sich eine Spiralbewegung ausmachen: ‚Die' griechische Polis als markantester und welthistorisch einzigartiger Typus griechischer Staatlichkeit setzte sich konzeptionell um 1900 gegen den sammelnd-rubrizierenden Usus in den „Staatsaltertümern" durch [für viele: HERMANN, Lehrbuch], maßgeblich befördert durch J. BURCKHARDT [1.2.1: Kulturgeschichte 2, 53–269]. Bereits zuvor war besonders in Deutschland das Nachdenken über ‚den' griechischen Staat mit zeitgenössischen Streitfragen – Freiheit vs. staatlicher Zwang; Herrschaft der Gesetze vs. Souveränität des Volkes usw. – sowie verfassungsgeschichtlichen Verlaufsmodellen aufgeladen worden. Politische Orientierungsbedürfnisse, der Weber'sche Idealtypus und der Drang, zum „Wesen" und der „Individualität" historischer Phänomene durchzustoßen, leiteten eine Forschungsrichtung, als deren markanteste Summe das o. g. Buch von V. EHRENBERG [Staat] gelten kann. Die wissenschaftliche Konzept- und Begriffsgeschichte bis etwa 1920 schlüsselt W. GAWANTKA in einer freilich sehr eigenwilligen, sich in randständigen Details verlierenden Studie auf [Die sogenannte Polis]; demgegenüber bietet M. B. SAKELLARIOU [Polis-State] einen klaren Aufriss von Definition, (antiker) Begrifflichkeit und Entstehung der Polis in der Forschung, verknüpft mit eigenen Vorschlägen.

Orientierung

Vorzügliche weiterführende Überblicke zur Polis bieten A. HEUSS [Herrschaft und Freiheit, 67–98] sowie C. AMPOLO [Il sistema della ‚polis']. Durch mehrere grundlegende Beiträge einflussreich war und ist der Sammelband von O. MURRAY / S. PRICE [Greek City].

Die im deutschsprachigen Raum verbreitete, besonnene Synthese von K.-W. WELWEI [Polis] verbindet historischen Bericht und strukturgeschichtliche Analyse, konzentriert sich aber wie schon Busolt letztlich doch wieder auf Athen und Sparta. Neben der gesellschaftlichen Basis und den Institutionen hebt WELWEI treffend die genossenschaftlichen Elemente hervor [Ursprünge]. Damit öffnet er den Blick auf eine Eigenart der Poleis: Der Anführer einer Kriegergefolgschaft, der Gründer einer neuen Siedlung aus Menschen verschiedener Herkunft, der Gesetzgeber oder Schiedsrichter, der eine Bürgerschaft neu ordnet: Sie alle stehen für undeterminierte Momente des „Anfangens" [H. ARENDT, Zwischen Vergangenheit und Zukunft (^{2}2000), 211 und 217 f.] und für die Formbarkeit des Politischen als spontane Assoziation jenseits der ‚natürlichen' Bande von Familie, Clan und Sippe. Die Kehrseite dieser Struktur in Gestalt der Dissoziation bildete die Stasis (s. u.). Die neuere Forschung richtet ihren Blick folgerichtig darauf, wie die ‚künstliche' Assoziation Polis durch Praktiken und Diskurse Kommunalität und Integration zu erzeugen und zu demonstrieren suchte; dazu gehörten gemeinschaftliches Essen [SCHMITT-PANTEL, La cité au banquet], generell polisbezogene Kulte und Feste [SOURVINOU-INWOOD, What is Polis Religion?], die Prägung der Jugend [C. CALAME, Coming of Age, Peer Groups, and Rites of Passage, in: 1.3: BOYS-STONES, Oxford Handbook, 281–293], Verwandtschaftsfiktionen in der Binnenorganisation durch Phylen und Phratrien sowie die Konstruktion einer identitätstiftenden Geschichte (s. u. 2.7). In jedem Fall war die Polis in hohem Maße ein organisierter Personenverband; diese Einsicht schlägt sich im Begriff „Bürgerstaat" nieder [1.4: HEUSS, Die archaische Zeit, 39]. Neuerdings akzentuiert A. DUPLOUY [Construire la Cité] in einer soziologisch angelegten Studie mit Blick auf die Polis weder die gebaute Stadt noch einen „Staat", sondern die Gemeinschaft der *citoyens* als Lebensform, in der das Individuum zur *personne* werde. Er steht zum Teil in der von N. D. FUSTEL DE COULANGES [La Cité antique, dazu 1.1: MOMIGLIANO, Die antike Stadt] begründeten, in Frankreich überaus wirkmächtigen Tradition: Fustel hatte die religiösen und psychologischen Grundlagen antiker Vergemeinschaftungen sowie des Privateigentums betont und zu zeigen gesucht, dass die „cité" erst sekundär aus Familienverbänden erwachsen sei, die in Ahnherren und Gentilkulten ihre Mitte hatten. Ferner hätten religiöse und familiale Strukturen bzw. Praktiken das staatliche Leben ebenfalls stark

Polis als Assoziation

DUPLOUY: Gemeinschaft der *citoyens*

geprägt. Auch Duplouy sieht den Umgang mit den Göttern und den Toten als konstitutiv für die Gemeinschaft an, konnten doch über Kultteilnahme und Begräbnis Inklusion und Exklusion gesteuert werden.

Diese Praktiken in den Blick zu nehmen hat methodisch den Vorteil, dass sie zeitlich weit hinter Urbanität, geschriebene Gesetze und Phylenreformen in die *Dark Ages* hinaufreichen und archäologisch fassbar sind. Allerdings stellt sich die Frage, ob hier nicht anachronistisch Praktiken einer Elite als Marker einer breiten Zugehörigkeit genommen werden. Ferner fragt Duplouy, wie die Mitglieder der Gemeinschaften einander erkannten. Dies sei maßgeblich über eine „culture visuelle civique" geschehen und habe sich in lokalen Stilen niedergeschlagen. Damit wird ein Bogen zum charakteristischen Polis-Lokalismus geschlagen und überdies die traditionelle Fixierung auf die exklusive Bürgerschaft aufgebrochen (wie auch in einer ganz anderen, von postkolonialem Denken beeinflusste Forschungsrichtung), denn an den einschlägigen Praktiken und ‚Sichtbarkeiten' hatten auch Nicht-Bürger teil. Zwar hebt auch Duplouy mit Recht hervor, dass sich die Polis als Abstammungsgemeinschaft reproduzierte, doch wurde dieser Zusammenhang nur teilweise biologisch gefasst und drückte sich v. a. in sozialisierenden Praktiken (Erziehung, Päderastie, Musik und Tanz, Bankette) aus. In dieser Rekonstruktion stehen freilich Integration und Inklusion im Vordergrund, während (politische) Institutionen weitgehend, wirtschaftliche Bedingungen sowie Gewalt und Unterdrückung ganz ausgeblendet werden. Die Exklusion mitsamt ihren Instrumenten (und Folgen) wird daher kaum konturiert.

Das „Copenhagen Polis Centre"

Weniger konzeptionell als durch die schiere Masse des gesichteten Materials öffnete der von MOGENS H. HANSEN initiierte und geleitete internationale Forschungsverbund um das „Copenhagen Polis Centre" (CPC) weitere Perspektiven: Gegen viele zugespitzte Interpretationen, die nur Teilwahrheiten zu Tage förderten – die Polis als Personenverband, aber auch als Territorialeinheit, als Kult- oder Identitätsgemeinschaft, als Ort der Vernunft [O. MURRAY, Cities of Reason, in: DERS./PRICE: The Greek City, 1–25], als Staat oder Nicht-Staat, als modifizierter Import aus Phönizien oder als Spiegel der Defizite moderner politischer Systeme –, sollte aristotelische Ordnung walten, und die Reserve gegen modische -ismen erschien berechtigt, da doch so viel an elementaren Tatsachen noch zu heben war. Was in zahlreichen Sammelbänden [CPC Acts und Papers; Übersicht in HANSEN, Return, 7 f.] zusammengetragen und erarbeitet worden war, ging verdichtet in das „Inventory of Archaic and Classical Poleis" [1.6.2] ein. Dieses verzeichnet u. a. Namen, geographische Lage [ohne Karten, aber gekoppelt an 1.7.1: Barrington Atlas], Größe, Binnenstruktur, Bauten, Kulte und Institutionen von mehr als 1000 bezeugten griechischen Poleis, geordnet nach 45 Regionen und erschlossen durch 27 Register. Während der Beitrag über Athen nur eine knappe Zusammenfassung des Kenntnisstandes bietet und der Sparta-Artikel sogar hinter die Forschung zurückfällt, sind für die lange vernachlässigten Regionen Nordwest- und Mittelgriechenlands sowie der Peloponnes beachtliche neue Erkenntnisse zutage gefördert und im „Inventory" gebündelt worden. In der historischen Interpretation zeigen sich zwar die Grenzen des neopositivistischen und zugleich die Klarheit eines Staatsrechtes in semantischen Distinktionen suchenden Ansatzes, der den philologisch-antiquarischen und den abstrahierenden Strang der Forschungsgeschichte zusammenführte. Doch die Definitionsbemühungen des CPC bezogen auch einen flexiblen praxeologischen Ansatz ein: Als Polis kann eine Gemeinde gelten, wenn sie Mitglied eines Bundesstaates ist, Münzen prägt, Proxeniedekrete beschließt, einen Beauftragten zur Betreuung ausländischer Festgesandter (*theoroi*) bestellt, einen Sieger in einem panhellenischen Wettkampf stellt, ein Ratsgebäude besitzt, einen Nachbarn im Kampf besiegt usw. [Inventory, 7]. Nicht alle diese Handlungen sind in der Regel belegbar oder gegeben, aber der Katalog bietet eine Handhabe. Deutlicher als zuvor ist außerdem zu sehen, wie viele Poleis in verschiedenem Maß abhängig von größeren Einheiten waren [Inventory, 87–94; zum komplexen Konzept der Autonomie s. HANSEN, Autonomous City-State].

‚Sein' Bild hat HANSEN in einer Synthese dargestellt [Polis. An Introduction]. Der Zugriff des CPC lässt sich als institutionenzentriert ansprechen; demgegenüber wurden zuletzt verschiedene Felder und die auf ihnen gepflegten Praktiken als weiter gefasste Bestimmungsfaktoren des Politischen gefasst, darunter prominent Religion, Kult und Fest, Alltagskommunikation sowie – in der Demokratie – die öffentliche Rede. S. FORSDYKE [Civic Institutions, in: 1.3: BOYS-STONES, Oxford Handbook, 197–210] konstatiert mit Recht, dass „the formal institutions of the Greek city-state are best un-

Doppelcharakter der Polis

derstood as emerging from but still very much embedded within a much broader range of collective practices and discourses" [197]. Doch in einer früheren semantischen Studie [in: Hansen, Polis as an Urban Centre, 9–86] hatte auch M. Hansen die (nicht neue) Einsicht untermauert, dass die Polis sowohl die politische Formierung ihrer Bürger als auch – in ökonomischer, sozialer und siedlungsgeographischer Perspektive – eine Stadt darstellte, in der die Politen zusammen mit Frauen und Nicht-Bürgern lebten. Der öffentliche Raum der Polis (*public space*) war demnach kein exklusiver *civic space*. Folgerungen aus der Spannung zwischen beiden Bestimmungen zu ziehen überließ Hansen anderen; stattdessen ordnete er die griechische Variante abschließend als *einen* historischen Fall in den Kontext von insgesamt 36 Stadtstaatskulturen der Weltgeschichte ein [s. Inventory, XIII]. Einen vergleichenden Zugriff [Polis; Italien/Rom; Städte des Mittelalters und der Renaissance; s. Molho, City States] hatte bereits Max Weber durch seine Studien zur vormodernen Stadt nahegelegt; dazu 1.1: Bruhns / Nippel, Max Weber und die Stadt.

‚Anfang' der Polis   Mit dem systematisch-klassifizierenden Zugriff hat das CPC die Frage nach dem Zeitpunkt und den Voraussetzungen der Entstehung der Polis weitgehend ignoriert. Versteht man die Frage chronologisch, sprach zumal die archäologisch geprägte Forschung mit Blick auf Bevölkerungswachstum, erste urbane Verdichtungen, einen Wandel in den Bestattungssitten und im Kriegswesen sowie den intensivierten maritimen Austausch gern von einem Aufschwung oder gar einer „revolution" im 8. Jahrhundert, so markant A. Snodgrass [1.3: Archaeology]. I. Morris formuliert superlativisch [in: 1.2.2: Raaflaub / van Wees, Companion, 64–80, hier 65]: „(T)here are few episodes in world history before the industrial revolution when a society experienced such profound change in the course of a hundred years." Allerdings ist das Ausmaß des Bevölkerungswachstums strittig; s. 1.2.2: Ulf / Kistler, Entstehung, 185–187; 1.9: Scheidel, Gräberstatistik; Morris (wie eben), 66 f. Mit Blick auf politische Ordnungsleistungen, wie sie sich in frühen Satzungen manifestierten, nannte bereits V. Ehrenberg [Wann entstand die Polis?] das 8. Jahrhundert, gestand jedoch erhebliche Ungleichzeitigkeiten zwischen Kleinasien, den ‚Kolonialgebieten' und weiten Teilen der griechischen Halbinsel zu. R. Osborne sieht im 8. Jahrhundert ebenfalls eine verstärkte Dynamik [1.2.2: Greece in the Making, 66–130], lässt diese jedoch nicht allein auf die Polis zulaufen, sondern auf verschiedene Ausprägungen gemeindlicher Formationen und die damit verbundenen Konflikte; zumal bei Homer und Hesiod gehe es um „issues of political power and its operation within the community" [130]. Die oft behandelte Frage nach der ‚Polis bei Homer' [s. etwa HÖLKESKAMP, *Ptolis* and *Agore*, RAAFLAUB, Homer to Solon; SCULLY, Homer and the Sacred City] kann in diesem Sinn breiter gestellt werden. P. ZELLER [1.5: Basileis und Goden] entwickelte neuerdings die These, dass die Gemeinwesen in den Jahrzehnten um 700 „zwar bereits über stabile Regelsysteme verfügten, deren Funktionalität, Durchsetzungsfähigkeit und Reichweite jedoch in hohem Maße an den personalen Einfluss einzelner Akteure (...) gebunden war" [151].

In der aktuellen Forschung werden nicht nur wegen der Ungleichzeitigkeiten in den verschiedenen Regionen verallgemeinernde zeitliche Fixierungen vermieden. J. MA [2.3: Elites, Elitism, and Community, 402] stellt stattdessen erhellend zwei verschiedene Sichtweisen heraus: Die eine blicke auf die ‚wilden' Akteure und Zustände in den sich verdichtenden Gemeinden, auf Konkurrenz und Kartelle der Eliten (s. o. 2.3.2) – eine „ecology of associations and entrepeneurs", gegen die sich erst spät, z. T. nicht vor dem 6. oder gar 5. Jahrhundert, eine institutionalisierte und regulierende öffentliche Ordnung durchsetzte. Diese Sicht ist nicht neu: Schon H. BERVE meinte, die Polis habe erst um 600 oder gar – in Athen – nicht früher als im Konflikt mit den „fürstlichen Herren" um 500 obsiegt [dazu kritisch EHRENBERG, Wann entstand die Polis, 4 Anm. 2]. In der anderen Sicht, dem „communitarian, institutionalist, or ‚Aristotelian' paradigm", bedeute der Vorrang des Staates aus der Interessenlage der Gesamtgemeinde heraus, dass die Polis als Ort eines versachlichten Kollektivwillens relativ früh ausgebildet und effizient dastand. Diese beiden *stories* – „elitist-entrepreneurial and communitarian-statist" – beschreiben indes beide unleugbare Phänomene, die einander überlappten: Im 7. Jahrhundert kamen „constitutional arrangements" auf, zugleich inszenierten die Eliten ihren Rang demonstrativ vor der Öffentlichkeit, etwa durch Bestattungen und Grabkulte; in ähnlicher Parallelität sah das 6. Jahrhundert „urban monumentalization and a consolidation of the state toward arguably democratic forms" sowie einen von Tyrannis und Gruppenbildung geprägten politischen Stil der Aristokraten [MA, 403].

Konstellationen, nicht Zeitpunkte

Die frühe Polis war also beides: Kampfplatz der Eliten, welche die durch die Verdichtung gesteigerten Möglichkeiten, Innovationen und Verregelungen zu ihren eigenen Zwecken zu nutzen suchten, aber auch der Ort, wo eben diese Prozesse und ihre Manifestationen – Ämter, Agorai, Kollektivgremien, Gesetzgebungen, gesamtgemeindliche Praktiken – die Option erzeugten, eine neue ‚Mitte' zu schaffen und ein Gemeinwohl zu definieren, notfalls gegen die Eliten oder Teile von ihnen. Dazu trug sicher bei, dass zentrale Vorhaben in ihren wachsenden Dimensionen von kleinen, partikularen Assoziationen nicht zu leisten waren; das gilt für den Bau von Tempeln und Stadtmauern sowie selbstverständlich für die Mobilisierung einer größeren Zahl einsatzfreudiger, gut ausgerüsteter Kämpfer (Hopliten, s. 2.6). Doch schon in den ausgehenden *Dark Ages* hatte die Elite weder das Kriegsmonopol besessen noch eine von den Göttern abgeleitete Herrschaft etablieren können. Überhaupt bildete das Fehlen einer starken religiösen Autorität und exklusiven Theologie eine wichtige Voraussetzung dafür, dass sich ein breit gelagerter Bürgerstaat entwickeln konnte [so im Kern schon 1.2.1: BURCKHARDT, Kulturgeschichte 2, 134: „schwache Religion"]; vgl. FLAIG, Mehrheitsentscheidung, 182 f.

Umso drängender stellt sich damit die Frage nach den weiteren Akteuren im Prozess der Polisbildung. Neben einer bei Homer wie im archäologischen Befund greifbaren „elitist-ideology" identifizierte I. MORRIS ein wirksames „strong principle of equality", das in eine „middling ideology" mündete [Strong Principle]. MORRIS' Modell hat auch Widerspruch gefunden [1.5: KISTLER, Kampf der Mentalitäten]; es gewann jedoch an Überzeugungskraft, als W. SCHMITZ [2.3: Nachbarschaft] in der bäuerlichen Lebenswelt mit ihren dezidiert nicht-adligen Wertvorstellungen und sozialen Praktiken den sozialen Ort und die Trägergruppe einer anders gearteten Orientierung fand. Auch W. DONLAN [Relations of Power] sieht in den Hopliten-Bauern eine „middle-class" zwischen dem exklusiven Adel und den einflusslosen Armen und Abhängigen; ohne diese soziale Konstellation hätten später „the unprecedented concepts of citizen equality and citizen power" [47] kaum entstehen können. Die von MA formulierte Bilanz erscheint jedenfalls plausibel: Die Polis resultierte demnach aus „long processes of problem-solving, negotiation, and integration – not by ‚aristocratic' or ‚elite' groups (or not always and not exclusively), but by a diversity of actors and constituencies that included wealthy elites and would-be warrior groups, but also non-elite farmers and producers" [2.3: Elites, Elitism, and Community, 414].

Anregend ist der Vorschlag von O. GROTE [Herausbildung politischer Rollen und Verfahren; Genese der griechischen Polis], die Polisbildung als Prozess der Entindividualisierung und Abstraktion von Funktionen zu verstehen. Dabei legen systemtheoretische Überlegungen nahe, zunächst eine Komplexititätssteigerung der gesellschaftlichen und politischen Verhältnisse anzusetzen. Um die hiermit verbundenen Risiken zu verringern, wurden Institutionen formiert, die in berechenbarer Weise, gleichwohl ergebnisoffen eindeutige Entscheidungen zu treffen und Handlungsmöglichkeiten zu reduzieren in der Lage waren. Legitimität stifteten die sich etablierenden, unpersönlichen, aber viele Akteure einbeziehenden Verfahren, etwa bei der Ämterbesetzung. Die Ausdifferenzierung und Formalisierung der verschiedenen Funktionen trugen dann letztlich zur Reduktion der zunächst gewachsenen Komplexität bei. Wie die Mehrheitsentscheidung bei Wahlen, Abstimmungen und Gerichtsentscheiden aufgrund ihrer Schnelligkeit und Optionenschärfung eine politische und kulturelle Dynamik der griechischen Polis erst eigentlich ermöglicht hat, zeigt E. FLAIG in einer breit angelegten, komplex argumentierenden, vergleichend verfahrenden Studie [Mehrheitsentscheidung]. Ab dem 7. Jahrhundert ermöglichte diese Form der Entscheidungsfindung den Gemeinden eine „Verfügungskapazität, die rasant zunimmt und viel mehr Optionen auftauchen läßt, als die überkommenen Handlungsroutinen verkraften können" [182]. Eine breite Diskussion des Buches mit Replik findet sich in „Erwägen – Wissen – Ethik" 25, 2014, 369–526. Flaig denkt – ausgestattet mit schärferen Kategorien der Politischen Anthropologie, Soziologie und Demokratietheorie – Fragen und Perspektiven weiter, die in erster Linie CHR. MEIER entwickelt hat [Entstehung des Politischen; 1.2.2: DERS., Kultur, um der Freiheit willen].

Intensiv erforscht wurde die Raumdimension der Polis, die sich fruchtbar mit Frage nach den Anfängen verbinden lässt. So stellt T. HÖLSCHER [1.7.2: Öffentliche Räume] heraus, dass sich die Polis als politische Form bildete, indem Handlungen, Rechte und Verantwortungen in zentralen Lebensbereichen von den einzelnen Familien bewusst und demonstrativ in die Gemeinschaft der Bürger und die kollektiven Institutionen verlegt wurden und die

Formierung durch Verfahren

Mehrheitsentscheidung

Räume der Polis: Menschen, Götter, Tote

Menschen zugleich begannen, den einzelnen Feldern gemeinschaftlichen Handelns abgegrenzte und klar bezeichnete öffentliche Räume zuzuweisen. Lange vor der architektonischen Ausgestaltung durch repräsentative Gebäude lag in der räumlichen Organisation des Lebens und der Strukturierung des Raumes insgesamt der entscheidende Schritt zur Polis als einer politischen Form. Die öffentlichen Räume der Polis bildeten drei Pole, die der Dreiheit der idealen Polisgemeinschaft entsprachen: Menschen, Götter, Tote. Gemeinschaft und Interaktion mit den Mitbürgern vollzogen sich in der Volksversammlung auf der Agora, mit den Göttern der Polis während der religiösen Feste bei den Heiligtümern und mit den Toten bei den Begräbnisfeiern in den Nekropolen jenseits der Stadtgrenzen. In ersten, noch wenig spektakulären Ausgestaltungen durch Grenzsteine, Sitzstufen, Startmarken für Wettläufe oder befestigte Tanzplätze gewann die multifunktionale Agora Form. Die Heiligtümer der Polis-Gottheiten im Zentrum wie an der Peripherie des Polisterritoriums [„liminale Heiligtümer": DE POLIGNAC, La naissance de la cité grecque] waren bewusst von der Agora getrennt, was dort besonders sinnfällig ist, wo beide Räume nebeneinander lagen. Politisches und religiöses Zentrum bildeten ein polares System mit vielfältigen Wechselwirkungen, ablesbar daran, dass die auf der Agora beschlossenen Gesetze meist bei oder an einem Tempel als Inschriften aufgestellt oder angebracht waren und dort durch ihre öffentliche, oft monumentale Präsentation wirkten [HÖLKESKAMP, Tempel, Agora und Alphabet]. Die Nekropolen wiederum repräsentierten die Polisgemeinschaft in ihrer ‚natürlichen' Gliederung nach Familien, während an den beiden anderen Orten die Bewohner in ‚horizontalen' Gruppierungen zusammenkamen, unterschieden nach Geschlecht, Alter oder politischem Status. Zugleich lagen sie außerhalb der Stadtmauern; die Gemeinschaft barg ihre Toten gemeinsam am Rand ihres Lebensraumes. Verknüpft waren die drei Pole durch großzügig angelegte sakrale Achsen; in Athen war das die Panathenäen-Straße von Eleusis durch die beiden Tore im Nordwesten der Stadt, über die Agora und hinauf zur Akropolis. Im 8. und 7. Jahrhundert wies man zunächst funktional differenzierte öffentliche Räume aus, um diese dann in Etappen durch Bauten und Bildwerke auszugestalten, zunächst in Form von Tempeln. Diese zu errichten erforderte große gemeinschaftliche Anstrengungen und verstärkte das Zugehörigkeitsbewusstsein. Die räum-

Strukturierung des Polisgebiets

liche Strukturierung ist schon bei Homer greifbar; sie konnte, wie das Beispiel von Metapont zeigt, bereits im 6. Jahrhundert in Monumentalisierungen des urbanen Raumes und eine weiträumige geometrische Katastrierung des Polisterritoriums münden [Überblick: Hölkeskamp, The Polis and its Spaces].

Der Prozess der Vergemeinschaftung des öffentlichen Raumes verlief jedoch nicht konfliktfrei und linear. So macht M. Mohr plausibel, dass in einer Siedlungskammer lokale Kult- und Weilergemeinschaften sowie Heiligtümer rivalisierender Familien bzw. Elitegruppierungen (auch) durch die Anlage Heiliger Straßen „in den kultischen Kosmos eines territorial-politisch definierten Gesamtverbandes" eingebunden wurden und erst so die einheitliche „Kulttopographie eines Poliskultes" entstehen konnte [Heilige Straße, 108]. Der Basisprozess einer ‚Kommunalisierung' lässt sich auch an den Akteuren und Praktiken des rühmenden Erinnerns aufzeigen: von partikularen Kulten an ‚Heroengräbern' [2.7: Boehringer, Heroenkulte] seit den *Dark Ages* über Waffenweihungen in großen Heiligtümern bis hin zur poliszentrierten Erinnerung an die siegreichen Helden des Kollektivs durch Denkmäler, Inschriften und Großveranstaltungen [2.7: Schröder, Polis als Sieger]. Jenseits eines allgemeinen Trends zur Monumentalisierung lassen sich dabei auch spezifische Varianten unterscheiden, wobei die athenische Praxis (Rückholung der Gebeine, Gefallenenlisten) vielerorts übernommen wurde.

Eine (durch Neufunde partiell freilich überholte) Gesamtschau bietet F. Lang [1.7.2: Archaische Siedlungen]. Die physischen Merkmale einer Polis durchmustern Morgan / Coulton, The *Polis* as a Physical Entity. Nach R. Frederiksen [City Walls] hätten bereits in Archaischer Zeit viele griechische Städte eine durchgehende Ummauerung besessen, was jedoch selbst bei optimistischer Befunddeutung zweifelhaft erscheint; dennoch ist das Buch als Überblick wertvoll. Im Kontext des CPC-Projekts hält P. Ducray [La muraille] dafür, dass eine Stadtmauer zunächst noch kein konstitutives Merkmal einer Polis war. Zu den frühen Phasen der Agora als Nucleus der Gemeinschaftsbildung s. 1.2.2: Ulf / Kistler, Entstehung, 44–48, 181 f.; zur weiteren Entwicklung U. Kenzler, Studien; Hoepfner / Lehmann, Agora. Theoretisch weit ausgreifend zeigt K.-J. Hölkeskamp [Institutionalisierung], wie die bereits bei Homer greifbare Rede und Beratung in der Öffentlichkeit durch ihre Bindung an eine prominente Lokalität, eben die Agora, an

Gewicht gewann; mit „der Fixierung, Abgrenzung und Reservierung im Raum, der Markierung und architektonischen Gestaltung wird die *agorē* räumlich wie konzeptionell zum Kristallisationspunkt dessen, was schon bei Homer die Polis heißt" [93]. Im Rahmen des CPC-Projekts haben M. H. Hansen und T. Fischer-Hansen alle Belege für profane öffentliche Gebäude, v. a. Prytaneia und Bouleuteria, zusammengetragen; diese wurden – wie die Privathäuser – vor der Spätklassik bzw. dem Hellenismus kaum je aufwendig ausgestaltet; „monumental architecture was invariably sacred architecture" [Political Architecture, 85]. Archäologisch besonders gut erforscht ist die Gestaltung von Zentrum und Territorium in westgriechischen Städten, die oft nach dem Modell der sog. „Streifenstadt" angelegt waren; s. Mertens, Raumgestaltung; 4.1: Ders., Städte und Bauten; zur Bedeutung der Stadtanlagen für die Identitätsbildung dort s. Ders., Von Megara nach Selinunt; zu Megara Hyblaia s. knapp F. Longo, 1.6.1: EAH 8, 4412 f. Tempel schließlich werden überwiegend in ihren Kontexten untersucht: räumlich als Zentrum eines Heiligtums und Glied eines das Polisterritorium umspannenden Netzwerks markanter Orte, zeitlich-performativ als Angelpunkt für Feste und Prozessionen; s. knapp De Polignac, Temples and Festivals, in: 1.2.2: Raaflaub / van Wees, Companion, 427–443. Einen guten Forschungsüberblick, der auch auf die strittige Genese des Bautyps Tempel eingeht, bietet B. Linke [1.12: Antike Religion, 117–126; Lit. 171–176]. Was im Text dazu skizziert ist, folgt weitgehend K. Reber, Vom Versammlungsraum zum Tempel. Zu Athen s. u. 3.7.

Für die verschiedenen, besonders im Bereich der Amtsträger auch sehr vielfältig benannten Institutionen sind die Lexika einzusehen. Es mag verwirren, dass dieselbe Bezeichnung Amtsträger und ein Kollektivgremium meinen kann; s. etwa F. Gschnitzer, Prytanen, in: 1.3: Ders., Schriften II, 274–287. Vgl. ferner für gediegene Übersichten Ehrenberg, Staat, 63–90 sowie die Beiträge in Beck, Companion to Greek Government [J. Blok, Citizenship, the Citizen Body, and its Assemblies, 161–175; A. McAuley, Officials and Office-Holding, 176–190; R. W. Wallace, Councils in Greek Oligrachies and Democracies, 191–204; D. Avilés / D. Mirhady, Law Courts, 205–218]. Zu den besser greifbaren Institutionen Spartas und Athens s. u. 3.4 und 3.7 sowie eingehend Busolt / Swoboda, Staatskunde II. Unter die netzwerkbildenden Institutionen griechischer Staaten zählten die Proxenie [Mack, Proxeny and Polis;

klassische Synthese bei Gschnitzer, Proxenos, 1.6.1: RE Suppl. 13, 1973, 629–730; zuletzt als knapper Forschungsüberblick Cojocaru, Proxenia, 1.6.1: EAH online 2021] sowie die Festgesandtschaften zu den großen panhellenischen ‚Events' [Rutherford, State Pilgrims].

Eigentümlich verhielt es sich mit der Administration, also dem staatlichen Handeln unterhalb der politischen Ebene von Beratung und Entscheidung. Einen Überblick bietet F. Pownall [Public Administration, in: Beck, Companion to Greek Government, 287–301]. Besonders interessant sind in diesem Kontext die Gemeindesklaven (*dêmósioi*) in Athen, die vielfältige, durchaus sensible Aufgaben wahrnahmen, auch für die öffentliche Sicherheit [grundlegend 2.2: Ismard, Democracy's Slaves]. Langfristig tätig konnten sie ein Experten- und Verfahrenswissen ansammeln, das unter den Bürgern verpönt war, da diese sich als Gleiche verstanden und in den immer nur für ein Jahr wahrgenommenen Ämtern kaum Expertise ansammeln konnten. Administrative Routinen Sklaven anzuvertrauen hatte einen doppelten Effekt: Es machte dieses Aufgabenfeld im Bild des Politischen unsichtbar und es ließ keinen staatlichen ‚Apparat' mit eigenem Gewicht und eigener Agenda aufkommen, der im Kollektiv der Bürgerschaft als Fremdkörper gewirkt hätte. Die öffentlichen Sklaven konnten zwar Ehren erlangen, aber auch jederzeit sanktioniert werden und daher keinen ‚Staat im Staat' bilden. Generell sind die in älteren Handbüchern unter „Staatsverwaltung" subsumierten Aufgaben und Funktionen nur schwer einzelnen Akteuren bzw. Gremien trennscharf zuzuweisen – das ist einer der Gründe, warum der einzige explizite Versuch eines „Staatsrechts" für Griechenland in der Forschung keine Anerkennung gefunden hat [s. Ehrenberg, Staat, 307].

<small>Administration</small>

Für die Formierung der Polis zwischen dem 8. und 5. Jahrhundert konzentriert sich die Forschung auf bestimmte maßgebliche Felder; vier davon seien hier genannt. Als Personenverband definierte die Polis Zugehörigkeit zu ihr durch Institutionen und Praktiken, die am Ende eines längeren Prozesses in einem Bürger*recht* mit genau bestimmten Voraussetzungen (in erster Linie Abstammung), Rechten und Pflichten zusammenliefen; s. Walter, An der Polis teilhaben. Neuerdings wird stärker die performative Seite des Bürgerseins betont; s. für die Archaische Zeit die Beiträge in Duplouy / Brock, Defining Citizenship, mit einem eingehenden und

<small>Polisgenese in wichtigen Sektoren
Bürgersein und Bürgerrecht</small>

erhellenden Forschungsüberblick von A. Duplouy [1–49]. Schon zuvor sprach sich P. Schmitt-Pantel [Collective activities] dafür aus, dass es zunächst überhaupt noch kein eigenes Feld des Politischen gegeben habe; Zugehörigkeit zur Polis habe sich allein durch die Teilhabe an verschiedenen kollektiven Handlungen ergeben. Auch für das Bürgersein und Bürgerrecht konzentriert sich die Forschung wegen der Quellenlage auf Athen; vgl. [alle 3.7] Manville, Origins; Blok, Citizenship; Liddel, Civic Obligation. Die Überlieferung der frühen Gesetzgebungen und deren Zuschreibung an berühmte Persönlichkeiten sind quellenkritisch oft zweifelhaft; dennoch liegen die Muster in der Sache – Problemstellungen, Materien, Ablauf des Satzungsaktes, Publikation – klar zutage; dazu grundlegend K.-J. Hölkeskamp, Schiedsrichter. Obwohl Hölkeskamp begründet für die Annahme bloß partieller und situativer Regelungen plädiert, bleibt eine „apparent discrepancy between the systematic law-codes described by later authors and the rather specific and ad hoc responses to narrowly circumscribed situations that the earliest inscribed laws" [1.2.2: Hall, Archaic Greek World, 140 f.]; zu diesem Problem s. R. Osborne, Law and Laws, in: 1.3: Mitchell / Rhodes, Development, 74–82. In einem einflussreichen Buch hatte zuvor M. Gagarin [Early Greek Law] die Gesetzgebung eng an den Aufstieg der Polis geknüpft und dabei die Verfahren für wichtiger erachtet als die Inhalte [dagegen E. M. Harris, What are Athenian laws about? Substance and procedure in Athenian statutes, in: Dike 12/13, 2009/2010, 4–67]. Demgegenüber liest Z. Papakonstantinou [Lawmaking] die Satzungen eher als Ausdruck von Status- und Klassenkämpfen.

Durch eine verhältnismäßig gute, gleichwohl viele Fragen aufwerfende inschriftliche Überlieferung sind die Formierungsprozesse in den Gemeinden Kretas teilweise greifbar; demgegenüber behandelt die literarische Tradition gern die Frage, wie die Genese einander ähnelnder ‚dorischer' Besonderheiten in Sparta und auf Kreta zu erklären sei (s. auch u. 3.2). Neuerdings erörtert H.-J. Gehrke [3.2: Konflikt und Gesetz] die inneraristokratischen Konflikte und die Bemühungen, diese einzuhegen. Weiterführend bettet G. Seelentag [3.2: Kreta] auf breiter Basis den politischen Institutionalisierungsprozess in den Kontext gewollter gesellschaftlicher Transformationen ein und diskutiert dabei auch die generell wichtige Frage, ob Druck ‚von unten' die Institutionalisierungsschübe auslöste oder ob die Eliten damit ‚unter sich' die potentiell zerstörerische Konkurrenz bändigen wollten. Letzteres gelang offenbar, war doch am Ende Kreta „die wohl einzige griechische Gesellschaft, in der es den Aristoi gelang, eine stabile, da institutionalisierte Adelsherrschaft auf Dauer zu stellen" [57]. Diese ruhte jedoch eher auf einem außerinstitutionellen Konsens, der durch verschiedene Sozialisierungs- und Integrationskreise sowie den Verzicht auf ausgiebige sozio-kulturelle Konkurrenz stabilisiert wurde. Seelentag, der die gängigen evolutionär-teleologischen „Meistererzählungen" zur Polisgenese mit Recht kritisiert und stärker auf die Akteure als auf die Institutionen selbst blickt, ‚liest' die kretische Entwicklung durch eine römische Brille. Er kann aber nicht erklären, warum von Kreta nach dem Kreativitäts- und Konsolidierungsschub später so gar keine (außen-)politische Initiative ausging – ein Umstand, der wohl dazu beigetragen hat, dass die Forschung die Poleis der Insel meist gesondert betrachtet; s. Bd. 1, S. 96–99 und u. S. 152–155.

Die Bedeutung der Phylen für die „Public Organization in Ancient Greece" [so der Titel der gründlichen Bestandsaufnahme von N. F. JONES] ist seit langem anerkannt. Neuerdings hat O. GROTE [Die griechischen Phylen] anhand von Fallstudien zu Kyrene, Sikyon, Sparta, Gortyn, Dreros, Korinth, Argos, Milet, Chios und Athen dargelegt, wie Phylenreformen in Archaischer Zeit die im Zuge der politischen Verdichtung der Poleis auftretenden Probleme aufzufangen vermochten und wie sie in größeren und divers zusammengesetzten Bürgerschaften jeweils breite, akzeptierte Repräsentation sicherstellten. Dadurch konnte eine „bürgerliche Gegenwärtigkeit" [CHR. MEIER] wachsen. Die Gliederung der Bürgerschaft in gleichberechtigte Segmente erwies sich als geeignet, zentrifugalen Bestrebungen von Individuen bzw. sozial, regional oder ethnisch definierten Gruppen entgegenzuwirken. Grote unterstreicht damit gegen kulturalistische und alltagspraxeologische Einseitigkeiten in der Forschung erneut die Bedeutung von durchdachten ‚rationalen' Institutionalisierungsprozessen, wie das zuvor bereits O. MURRAY anhand des ‚Bürgerarchivs' der Stadt Kamarina auf Sizilien gezeigt hatte [Rationality and the Greek City]. Für Athen zeigt Grote, wie erst die kleisthenischen Phylen als Vergemeinschaftungen einer Ebene zwischen dem Oíkos und Demos ‚unten' und der Polis ‚oben' im täglichen politischen Betrieb die Transformation partikularer Interessen, Ansichten und Willensäußerungen in eine politisch generierte Entscheidung im Bereich

Phylen als Gestaltungselement

des Gesamtstaates ermöglichten. Er entwickelt zudem ein ansprechendes Bild der Entstehung der Phylen im Kontext der Siedlungskonsolidierungen im frühen Griechenland: Weder waren die Phylen, wie in der älteren Forschung vorausgesetzt, gentilizische Überbleibsel aus einem Zerfall wandernder Stämme noch sind sie erst im Zuge der Polisgenese entstanden, wie dies D. ROUSSEL in einer einflussreichen Studie nachzuweisen suchte [Tribu et cité]. Vielmehr habe die bereits bei Homer vorausgesetzte Einteilung in *phýla* ihren Ursprung in der Sukzession und Hierarchie von Altsiedlern sowie primären und sekundären Neusiedlern in sich verdichtenden Nachbarschaftsverbänden gehabt; sie gehörten damit in den Kontext der Neu- und Umgruppierungen der *Dark Ages* (10./9. Jahrhundert; s.o. Kap. 2.1).

Summe trotz Vielfalt? Blickt man auf die große Vielfalt an je eigenen Gestaltungen des institutionellen Gefüges griechischer Gemeinden, dazu auf den historischen Wandel vom 8. bis zum 4. Jahrhundert, rechnet man ferner die noch einmal sehr unterschiedlichen sozialen Grundlagen durch die jeweilige Zusammensetzung der Bevölkerung und die wirtschaftlichen Möglichkeiten sowie die große Bandbreite, wie die Institutionen praktisch und performativ mit Leben gefüllt wurden, hinzu, so mag es vermessen erscheinen, überhaupt irgendeine Aussage über ‚die' Polis treffen zu wollen – vor diesem Problem stand ja schon V. Ehrenberg (s.o.). In der Tat wurde versucht, diesen historischen Eckstein hellenischer Eigenart entweder zu einem reinen, also nur gedanklich existenten und heuristisch dienstbaren Idealtyp zu degradieren oder ihn gleich ganz der ideologiekritischen Dekonstruktion anheimzustellen [1.5: VLASSOPOULOS, Unthinking; vgl. DERS., Bryn Mawr Classical Review 2007.01.41: „uselessness of the concept of the polis in explaining Greek history"]. Doch wer sich bemüht, die genannten Vielfalten in ihrer Fülle wie in ihrer gemeinsamen Logik zu erfassen und zu verstehen, gelangt zu einer anderen Einschätzung: Die raffinierte Ausdifferenzierung der Polisinstitutionen, so H. BECK [Gemeinschaften, 187 f.], ferner „die enge Verzahnung ihrer Aufgabenbereiche und nicht zuletzt die vielschichtige Einbindung des Einzelnen in das politisch-administrative Netz von Entscheidung und Kontrolle dokumentieren einen eindrucksvollen Willen zur Gestaltung und Rationalisierung des Politischen. Wie in kaum einem anderen Zeitalter brachen sich Idee und Praxis des Bürgerstaates im klassischen Griechenland Bahn, und diesem historischen Experiment der Griechen war, gerade nach dem Maßstab der bürgerlichen Beteiligung am Staat, mehr Erfolg beschieden als allen anderen Modellen des Bürgerstaates, auch in seinen modernen Varianten."

Das grundlegende Werk zu den inneren Kriegen (*stáseis*), die „an essential aspect of the Polis" bildeten [M. H. HANSEN, in: 1.6.2: Inventory, 124–129], ist für die Klassische Epoche H.-J. GEHRKE, Stasis. Die Befriedungsversuche behandelt A. DÖSSEL, Beilegung; zur Archaik s. H. VAN WEES, Stasis, destroyer of men. Für die inneren Dissoziationen im 7. und 6. Jahrhundert ist strittig, welche Rolle in ihnen Konstellationen eines ‚Klassenkampfes' spielten: „In der wirtschaftlichen Not", so formulierte prägnant A. HEUSS, [1.2.1: Hellas, 138], „in der ihr entspringenden Verzweiflung und in dem Haß der Armen gegen ihre Peiniger lag der eigentliche Antrieb für den Kampf des Demos gegen den Adel. (...) Das Gemeinwesen war in zwei feindliche Lager ‚auseinandergetreten' (der griechische Ausdruck *stasis*, in diese Zeit zurückgehend, meint das ganz wörtlich). Auf beiden Seiten will man sich gegenseitig vernichten, (...). Zeitweise regiert das Faustrecht." Demgegenüber hat M. STAHL [2.3: Aristokraten und Tyrannen, 56–105] gezeigt, dass jedenfalls im Athen des 6. Jahrhunderts die Stasis-‚Parteien' aus einzelnen Aristokraten bestanden, die enger oder lockerer gebundene Anhänger sowie auswärtige Gastfreunde und Ressourcen zu mobilisieren vermochten. Dass bei einer solchen Mobilisierung andernorts Verteilungskonflikte und schichtenübergreifende Mobilisierung durchaus eine Rolle spielen konnten, ist damit jedoch nicht ausgeschlossen; dafür spricht auch, dass der Zugriff auf bebaubaren Boden vielerorts Gegenstand von Konflikten und gesetzlichen Regelungen war [2.3: LINK, Landverteilung, mit der These, es sei dabei stets um das noch nicht zu Eigentum gewordene Gemeindeland gegangen]. Gegen Gehrkes auf die Eliten fixierte Auffassung, die Stasis sei jedenfalls in Klassischer Zeit als weitgehend politischer Konflikt zu verstehen, wandte sich A. EICH [2.2: Politische Ökonomie, 508–603]; er hob hervor, dass es „neben Gewalttätigkeit und Veränderung des politischen Systems der Angriff auf Besitztitel (hinsichtlich Land, Schuldverschreibungen, Sklaven, Geldvermögen u. a.) gewesen ist, der die Stasis in unseren Texten als Schrecken oder Versuchung erscheinen läßt" [555]. Die Gruppenbildungen erfolgte „anhand sozialer, nicht politischer Formationen" [600]; allerdings sei das Zusammengehörigkeitsgefühl der

Stasis

Soziale Ursachen?

Stasis bei den Westgriechen

Stasisparteien diffuser Natur gewesen und habe eher auf bestimmten „Schemata der sozialen Wahrnehmung" beruht [599 f.]. Den *stáseis* bei den Westgriechen widmete S. BERGER eine gesonderte Studie [Revolution]. Als Sonderbedingungen, die im ägäischen Hellas fehlten, führt er an, dass im Westen die Polis einer tiefen Verwurzelung entbehrte, immer wieder grundlegend umgestaltet wurde und daher fragil blieb; zur sozialen Instabilität sei noch „the interference of non-Greek peoples in Greek affairs" getreten [109]; vgl. ausführlicher u. Kap. 3.9. – Strittig ist, wie viel die *stáseis* im Berichtszeitraum des vorliegenden Buches miteinander gemein hatten; ein verbindendes Element war in jedem Fall die eruptive und exzessive Gewalt.

2.5.2 Ordnungsmodelle in der Polis: Tyrannis, Oligarchie, Demokratie

Tyrannen

Das maßgebliche, nach Regionen gegliederte Handbuch für das Phänomen insgesamt ist immer noch H. BERVE, Tyrannis; die alte Darstellung von H. G. PLASS [Die Tyrannis in ihren beiden Perioden bei den alten Griechen. Dargestellt nach Ursachen, Verlauf und Wirkungen, 2 Bde., 1855], die den Gegenstand seinerzeit überhaupt erst konstituierte und das Zweiphasenmodell zugrundelegte, bleibt wegen ihrer klugen Disposition lesenswert. Berve prägte die in der deutschsprachigen Forschung vorherrschende Sicht, die Ältere Tyrannis als höchste Form aristokratischen Dominanzstrebens zu sehen; in dieser Fluchtlinie wollte zuletzt E. STEIN-HÖLKESKAMP in ihrem Überblick [1.2.2: Das archaische Griechenland, 221–255] die Tyrannis „nicht als grundsätzliche Alternative zur kollektiven Herrschaft der Aristokraten, (…) sondern nur als höchste Steigerung dieser Herrschaft" verstanden wissen. [254]. Demgegenüber werden in der englischsprachigen Literatur öfter die bereits bei Aristoteles zu findenden Hinweise auf eine ‚volksfreundliche', vielerorts aus sozialen Konflikten erwachsene Tyrannis als glaubwürdig eingeschätzt; vgl. 1.2.1: EHRENBERG, From Solon to Socrates, 24: „The urgent dangers of social disruption and economic distress were the greatest help the tyrants found when they seized power." Ähnlich sieht es O. MURRAY [1.2.2: Das frühe Griechenland, 177–202, mit Fallbeispielen für die verschiedenen Ursachen]. In einer älteren, modernistischen Lesart stützten sich die frühen Tyrannen auf einen aufstrebenden ‚Mittelstand' aus Handwerkern und Kaufleuten und kamen zugleich bedrängten Bauern zu Hilfe: s. 1.2.1: MEYER, Geschichte des Altertums III, 583 (zu Megara). Im Grunde geht es hier um die gleiche Frage wie bei der (mit der Tyrannis eng verbundenen) *stásis* (o. 2.5.1). Aufsätze von 1906 bis 1977 versammelt K. KINZL, Ältere Tyrannis; Weiteres bei 1.2.1: SCHULLER, Griechische Geschichte, 120 f. Für eine Verbreitungskarte der Älteren und der Jüngeren Tyrannis s. 1.7.1: WITTKE, Historischer Atlas, 92 f. Eine reiche Quellenauswahl bietet 1.10.1: DILLON / GARLAND, Ancient Greece, 256–295. Gegen die gängige Isolierung der Tyrannis ordnet N. LURAGHI [One-Man Government] diese „monarchy Greek style" [135–139] in die verschiedenen Optionen des Regierens Einzelner ein und behandelt auch die komplexe Semantik [s. schon J. COBET, König, Anführer, Herr; Monarch, Tyrann, in: 1.6.2: WELSKOPF, Typenbegriffe 3, 11–66].

Orientierung

J. HALL, der die Tyrannis als „return of the ‚big man'" vorstellt [1.2.2: Archaic Greek World, 137–143], bringt in Erinnerung, dass weniger als dreißig Städte eine solche Herrschaft durchliefen, die sich nicht (wie in den kleinasiatischen Städten) persischer Intervention verdankte. Generell verbietet es sich gewiss, die (Ältere) Tyrannis als Phänomen zu isolieren oder sie von der Frage nach Legitimität und Illegitimität (‚guter' König vs. ‚böser' Tyrann) her zu denken, obwohl dies durch die politische Theorie und die Rezeptionsgeschichte nahegelegt wird. In diesem Sinne betont R. OSBORNE [1.2.2: Greece in the Making, 185] den Zusammenhang mit der Formierung politischer Gemeinschaften. Die oft unterschätzte maritime Dimension im Agieren der Tyrannen in Korinth, auf Samos und in Athen skizziert R. SCHULZ [1.7.2: Die Antike und das Meer, 55–64; vgl. u. 4.1 sowie schon Thuk. 1,13,1]. Kaum einen merklichen Unterschied zwischen ‚Tyrannen' und anderen Adligen bzw. Adelsgruppierungen will dagegen G. ANDERSON [Before *Turannoi*] sehen (und nähert sich damit der in der deutschsprachigen Forschung dominierenden Interpretationslinie; s. o.); vgl. ebd., 202: „It was not a distinct category of regime altogether." Ähnlich sieht es M. KÕIV, Dynamics of Monarchy: ‚Monarchie' (= Tyrannis) und kollektive (Adels-)Herrschaft seien alternative, einander nicht unähnliche Spielarten der Polisformierung gewesen [„tyranny as one type of aristocratic leadership", 71], doch habe sich der monarchische Weg langfristig als nicht stabil erwiesen. Nicht zufällig war die Tyrannis vielfach keine Alleinherr-

Tyrannis und Polisstaatlichkeit

schaft im strengen Sinn, sondern eine „family affair" [69 A. 318; zur *dynasteía* s. o. 2.3.2].

In einen weiteren Kontext hätten, so wiederum M. KÕIV [Why did the Greeks hate their tyrants?], die Tyrannenherrschaften jedoch auch mit den Stadtstaaten-Monarchien im Nahen Osten Gemeinsamkeiten gehabt. Markante Alleinherrschaften kamen auf, als die zunehmende soziale Komplexität in den wachsenden Gemeinwesen eine wirksame Führung zu erfordern schien; insofern dienten die Tyrannen der Polisbildung, indem sie politische Krisen bewältigten, effektiv Krieg führten sowie nicht selten Wohlstand und Ruhm in ihre Stadt holten. Dennoch gelang ihnen angesichts der relativ egalitären Eigentumsverteilung seit den *Dark Ages* der Schritt vom eigenen Reichtum zu einer effektiven Monopolisierung der wichtigsten ökonomischen Ressourcen allenfalls kurzfristig, und so „in the long term the monarchies failed to entrench and to stabilise Greek society" [169]. Umgekehrt halten Nachrichten über stärkere Eingriffe in die Vermögensverhältnisse, etwa durch eine „Neuverteilung des Bodens", einer kritischen Überprüfung nicht stand [BRANDT, Γῆς ἀναδασμός]. R. W. WALLACE sieht Tyrannen, Gesetzgeber und „Weise" (*sophoí*) als „charismatic leaders", die im Laufe der Formierungskrisen der Polisstaatlichkeit im 7. und 6. Jahrhundert Raum erhielten [in: 1.2.2: RAAFLAUB / VAN WEES, Companion, 411–427]. Dabei wurden Angehörige der beiden ersten Gruppen auch in der dritten geführt, wie sich an den verschiedenen Katalogen der „Sieben Weisen" ablesen lässt; dazu einführend ENGELS, Die Sieben Weisen. Auch N. LURAGHI [Anatomy] erkennt die Besonderheit der Tyrannen im Charisma, das ihnen in Krisenlagen der Polis zugeschrieben wurde, das sich aber kaum dynastisch verstetigen oder „veralltäglichen" ließ; vgl. ebd., 81: „A new investigation of archaic tyranny should start by focussing on the extraordinarily high degree of acceptance for the idea of handing over absolute power to a single individual as a way out of civil strife that we observe in archaic Greece."

Einzelnes Die im zugehörigen Text referierte Erzählung zu Kypselos' Aufstieg in Korinth steht bei Nikolaos von Damaskus, FGrH 90 F 57; dazu W. SCHMITZ, Kypselos und Periandros, 27 f. Zum *tyranníkos anêr* bei Platon s. I. JORDOVIĆ, Taming Politics. Die Anti-Tyrannis-Gesetze seit dem 4. Jahrhundert diskutiert D. TEEGARDEN, Death to Tyrants; zum Tyrannisdiskurs s. K. TRAMPEDACH, Tyrannis als Wunsch- und Schreckbild. Monographisch behandelt wurde bislang der so weit ausgreifende Polykrates von Samos [4.1: CARTY, Polycrates]; dort ist leider die frühe Legendenbildung um diese Figur ausgeblendet. Diskutabel erscheint jedoch die Ansicht, Polykrates habe als Lieferant und ‚Makler' von Sklaven für Ägypten sowie Getreideimporte von dort großen Erfolg gehabt. – Zur Tyrannis in Athen s. u. 3.7. – Die sog. Jüngere Tyrannis sieht I. JORDOVIĆ [Anfänge] in den Umwälzungen des Peloponnesischen Krieges (vermehrte *stáseis*, Übertragung von Befugnissen auf Einzelne) sowie in athenischen Vorläufern (Alkibiades, Kritias, die „Dreißig") und im sophistischen Machtdiskurs wurzeln. – Zu den Herrschern des Bosporanischen Reiches s. als Überblick S. WALLACE, Spartokids, 1.6.1: EAH 11, 6346 f.

Die breite Wirklichkeit der politischen Ordnungen, die vereinfacht als Oligarchien gefasst werden, fand in den Quellen kaum Niederschlag. Mit Recht stellt I. JORDOVIĆ fest, dass „the perception of oligarchy is Athenocentric and does not rightfully reflect how an ‚ordinary' oligarchy was perceived" [1.6.1: EAH 9, 4889]. Die umfangreiche Studie von E. CAIRE [Penser l'oligarchie] konzentriert sich aus diesem Grund ganz auf den athenischen (und aristotelischen) Diskurs. H. LEPPIN [Unlike(ly) Twins] zufolge war die Praxis in Oligarchien und Demokratien gar nicht so unterschiedlich; so gab es überall die bekannten institutionellen Säulen (Ämter, Rat, Volksversammlung). Die Konzepte Oligarchie und Demokratie sollten daher nicht „as essentialist conceptions of historical reality, but as constructions conceived to structure the multifariousness of the political orders in the Classical *polis*" angesehen werden [157]. Auch W. BLÖSEL [Zensusgrenzen] sieht die (athenische) Demokratie und eine gemäßigte Oligarchie darin nahe beieinander, dass beide den Zugang zu (manchen) Ämtern durch ein Mindestvermögen begrenzt hätten – das ist für Athen jedoch nicht sicher und ändert nichts daran, dass nur in der Demokratie die Volksversammlung die Politik bestimmte. M. GIANGIULIO macht in einem auch forschungsgeschichtlich aufschlussreichen Aufsatz [Oligarchies of ‚Fixed Number' or Citizen Bodies in the Making?, in: DUPLOUY / BROCK, Defining Citizenship, 275–293] plausibel, dass runde Zahlenangaben (z. B. 1 000) für Versammlungen in der Archaik keine ‚oligarchische' Begrenzung signalisieren. Schwierig ist es auch, Aristokratie und Oligarchie als Konzepte politischer Ordnungen zu unterscheiden. Bei ersterer scheint die individuelle Qualität des Regierenden im Vordergrund gestanden zu haben,

Oligarchie

Aristokratie und Oligarchie

weswegen Aristokraten wie Perikles und Alkibiades in der Demokratie reüssieren konnten und die Aristokratie als Gruppe dort auch ihren Platz finden konnte, während ‚Oligarchie' den Gruppencharakter und bestimmte Verfassungsmerkmale betont. Zudem ist ‚Aristokratie' eine meist positiv besetzte Selbstbezeichnung, während *oligarchía* bis auf wenige frühe Ausnahmen (v. a. Ps.-Xen. Ath. Pol. 2,17 u. 20) als kritische Fremdbezeichnung gelten muss.

Orientierung

Selbstverständlich haben die oligarchischen Episoden in Athen 411 und 404/03 in der Forschung breite Aufmerksamkeit gefunden (Kap. 3.7); für die Oligarchie insgesamt ist die Ausbeute jedoch spärlich. So ist die einst grundlegende, typologisch ausgerichtete Studie von L. WHIBLEY [Greek Oligarchies. Their Character and Organisation, 1896] noch immer nicht umfassend ersetzt; auch die materialgesättigten Seiten von BUSOLT [Staatskunde I, 352–369] sollten nicht ignoriert werden. M. OSTWALD [Oligarchia] diskutiert lediglich die Wahrnehmung und Einschätzung des Phänomens durch griechische Autoren, in erster Linie Aristoteles, dringt jedoch kaum je zur historischen Tatsächlichkeit durch. M. SIMONTON [Greek Oligarchy] konzentriert sich auf die Institutionen und Strategien, mit denen sich Oligarchien an der Macht hielten, sowohl im Binnenverhältnis als auch gegenüber dem ‚Volk'. Anachronistisch dürfte seine Einschätzung sein, diese Regimes seien grundsätzlich unpopulär gewesen. Damit einher geht die Ansicht, Oligarchen und oligarchisches Denken seien neue Phänomene des 5. Jahrhunderts gewesen, nicht einfach Fortführungen einer traditionalen Elitenherrschaft. Das trifft für Athen und die ‚ideologisch' gefasste, scharf antidemokratische Variante sicher zu, darf aber nicht verallgemeinert werden. Wertvoll ist Simontons Analyse der Verfahren, die (mit Einschränkungen) als typisch oligarchisch gelten können, darunter bestimmte Abstimmungsweisen oder Aufwandsgesetze, aber auch die Verdrängung der ‚Masse' aus dem öffentlichen Raum der Stadt. Letzteres ist plausibel, wurde doch die Maxime, jeder möge sich um seine eigenen Angelegenheiten kümmern, als Depolitisierungsstrategie auch Tyrannen beigelegt. Gern wüsste man, ob es in stabilen Oligarchien Tendenzen zur Klientelbildung gab.

Demokratie

Gegen die von J. BLEICKEN [3.7: Athenische Demokratie, 579] formulierte Position – „Eine Geschichte der Demokratien außerhalb Athens gibt es nicht, und sie wird auf Grund der desolaten

Quellenlage auch wohl kaum jemals geschrieben werden können." – wendet sich E. W. Robinson, Democracy beyond Athens. Nach Großregionen ordnend benennt er insgesamt 54 Poleis bzw. Regionalverbünde, die in Klassischer Zeit mit einem hohen oder mindestens gewissen Grad an Wahrscheinlichkeit wenigstens über einen längeren Zeitraum demokratisch verfasst waren. Wie an den besser erkennbaren Fällen Argos [dazu gesondert Leppin, Argos; Piérart, Argos; ders., Klyton Argos] und Syrakus zu erkennen ist, spielte athenischer Einfluss dabei keine Rolle. Es gab offenbar zahlreiche lokale Varianten (das Buch ist auch ein implizites Plädoyer für eine lokalistische Geschichte Griechenlands); so scheint in Argos die Kontrolle der Amtsträger eine zentrale Rolle gespielt zu haben. Kritiker monierten, Robinsons Katalog sei unvollständig [M. H. Hansen, Bryn Mawr Classical Review 2013.01.17], zudem unterschätze er die Einzigartigkeit Athens, wo Außenpolitik, vielgeschäftige Praxis, Debatte, Kultur und Lebensgefühl in der zunehmend selbstverständlichen Demokratie zusammenliefen [s. U. Walter, Historische Zeitschrift 296, 2013, 465–467]. Zuvor hatte ebenfalls Robinson [First Democracies] an gut fünfzehn Fallbeispielen den partizipatorischen Grundzug in der Entwicklung der Staatlichkeit dargelegt und Poleis wie Chios, Megara und Kyrene als Demokratien im 6. Jahrhundert klassifiziert; dazu U. Walter, Gnomon 72, 2000, 320–324. Die demokratischen Phasen bei den Westgriechen (Syrakus, Kroton, Thurioi, Tarent) sind (neben Athen) Thema in M. Giangiulio, Democrazie; vgl. ausführlicher u. Kap. 3.9. Die egalitären Züge im Archaischen Griechenland arbeiten Raaflaub / Wallace heraus [People's Power]; selbstverständlich mündeten sie nicht zwangsläufig in eine Demokratie. Beide Bücher Robinsons zeigen, dass alle Bemühungen um den Gegenstand mit einer lähmenden Vielgestaltigkeit und Komplexität zu ringen haben: ‚Demokratie' ist ein Wort der Quellensprache (für die Begriffsgeschichte s. u. 2.5.4), ein Begriff des Historikers und eine Vokabel des (modernen) politischen Diskurses, jeweils mit verschiedenen und sich wandelnden Inhalten. Die im Darstellungsteil gegebene Merkmalliste verdankt sich weitgehend Aristoteles, der je nach Umfeld (maritim, agrarisch usw.) und Art der Bürgerschaft verschiedene Typen von Demokratie erkennen wollte; s. Touloumakos, Begründung; Piepenbrink, Demokratische Implikationen. Eine für die hier gewählte Sicht nützliche, weil systematisch geordnete Anthologie ist K. Stüwe / G. Weber (Hg.), Antike

… außerhalb Athens?

und moderne Demokratie. Ausgewählte Texte, 2019². Quellentexte und Aufsätze für die akademische Lehre versammelt eine von E. W. Robinson verantwortete Anthologie [Ancient Greek Democracy], mit der Kontroverse zwischen K. Raaflaub, der eine ‚Wurzel' der Demokratie bereits in herrscherkritischen und gemeindeorientierten Szenen bei Homer und Hesiod sieht, und L. Edmonds.

2.5.3 Alternativen zur Polis

Seit geraumer Zeit reiten Forscher einen Angriff auf die lange gepflegte, auch durch idealtypische Abstrahierung nahegelegte isolierte Betrachtung der Polis; die einschlägigen Leitbegriffe lauten dabei Interaktion, Netzwerk (o. 1.1.4), Stadtstaatskultur (s. o.) oder Regionalismus (o. 1.2). Komplementär dazu werden Eigenart und Einzigartigkeit der Polis immer stärker bestritten. Auf einer pragmatischen Ebene erscheint der Hinweis wichtig, dass „nearly half the poleis of the classical Greek world for some time participated in koina" [Mackil, Creating a Common Polity, 400].

Éthnê und *koiná*: Begriff und Genese

Ähnlich der Konzeption des vorliegenden Unterkapitels fasste V. Ehrenberg Amphiktyonien, hegemoniale Symmachien sowie „Stamm- und Landschaftsbünde" zusammen [Staat, 133–160]. Die Karte „Bundesbildungen mit hegemonialer Tendenz im 4. Jh. v. Chr." im DNP-Atlas [1.7.1: Wittke, Historischer Atlas, 99] macht eindrucksvoll, wenn auch etwas unübersichtlich klar, dass polisübergreifende Formationen zeitweise den größten Teil der griechischen Halbinsel und des Nordens einschlossen. Selbstverständlich sind die *éthnê* auch in den älteren Handbüchern behandelt, freilich in der Lesart als „Stammstaaten" und als im Vergleich zur Polis primitive Relikte aus der Wanderungszeit [Busolt, Staatskunde I, 128–135, 145–153]. Dem folgte F. Gschnitzer, doch seine Unterscheidung zweier Gemeindetypen nach den Bezeichnungen der Bewohner bleibt erhellend [Stammes- und Ortsgemeinden]. Die Bedeutungen des in den Quellen durchaus unterschiedlich gebrauchten Begriffs *koinón* umreißt T. Corsten, 1.6.1: EAH 7, 3798 f.; komplementär dazu skizziert S. Larson [1.6.1: OEAGR 3, 168–170] die semantischen Probleme der modernen Begriffe *federal state*, *league* usw. (im Deutschen ähnlich: Bundesstaat). In der Tat besteht hier das Problem des ‚falschen Freundes'; jedenfalls äußert G. Tsetskhladze süffisant den Verdacht, „that federalism, used loosely ancient and modern to cover arrangements from confederacies to devolved hegemonies via the Soviet Potemkim version and the ‚European project', may be the next casualty in the terminology war beloved of Anglophone academics" [Ancient West and East 18, 2019, 324]. Die antike Semantik schlüsselt J. Rzepka auf [Greek Federal Terminology].

Für die Frage nach der Entstehung der *éthnos*-Verbände in den *Dark Ages* greift P. Funke [Stamm und Polis] auf das Modell der sog. segmentären Gesellschaft zurück, die ohne zentrale Führung gemeinschaftlich zu agieren imstande ist, und führt als Beispiel die Verhältnisse bei den Aitolern an. Ein zentrales methodisches Problem stellt die Frage dar, wie alt formale Gliederungen und handlungsfähige Organe dieser Formationen waren. Dass der Prozess von einer militärischen Kooperation ausging, erscheint als plausible Vermutung. Ergänzend zeigt Funke [*Polis*genese und Urbanisierung], wie die Gründung von Poleis im 5. und 4. Jahrhundert die bundesstaatliche Formierung nicht etwa hemmte, sondern geradezu stärkte, da bereits die formal noch dorfartigen Siedlungen als Glieder der neuen Bundesorganisation politisches Gewicht besaßen. Auch leuchtet seine These ein, die Formierung einer zentralen Gewalt und einer ‚Politik' bei den *éthnê* sei durch die Polarisierung der Staatenwelt im Vorfeld des Peloponnesischen Krieges ausgelöst oder befördert worden.

Die genannten Gestaltungen können inzwischen als konzeptionell wie empirisch gut erschlossen gelten. Soweit ihre Glieder als Poleis anzusprechen sind, finden sie sich selbstverständlich im „Inventory" von Hansen / Nielsen [1.6.2] verzeichnet. Einen einflussreichen Anfang setzte H. Beck [*Polis* und *Koinon*]: Auf die landeskundlichen Gegebenheiten zurückgreifend behandelt er in knappen Synthesen (mit Schwerpunkt auf dem 4. Jahrhundert) die Akarnanen, Aitoler, Achaier, Arkader, Boioter, Phoker, Thessaler, Epeiroten/Molosser und Chalkidiker, dann in einem typologisch-systematischen Teil die Bundesorgane, die Rechtsbeziehungen zwischen den Gliedgemeinden und dem *koinón* sowie die informellen Kräfte der politischen Integration (Bezug auf den Stammverband, wirtschaftliche Faktoren, soziale Stratifizierung). Da die Bundesstaaten keine erkennbaren Ansätze zu einer ‚neuen' Bündnispolitik untereinander entwickelten, vermochten sie die griechische Staatenwelt insgesamt nicht zu stabilisieren. Auch im Innern spiegelten sie teilweise die Probleme der Poliswelt; so „führte der Faktionalismus zwischen den einzelnen Hetairien in

Orientierung

nahezu allen Koiná zu latenten oder zu akuten Spannungen, die im Extremfall vom Umsturz der bestehenden Verfassung begleitet werden konnten" [248]. Interner Streit und ‚Extratouren' einzelner Mitglieder wurden von den Großmächten gern zur Intervention ausgenutzt; das Verhältnis von Polisautonomie und Bundesstaatlichkeit „führte somit nicht selten zu einer ‚Internationalisierung' von ursprünglich regional dimensionierten Konflikten zu größeren Koalitionskriegen" [249].

Im aktuell gültigen Handbuch zu den Bundesstaaten [BECK / FUNKE, Federalism], das die klassische Darstellung von J. A. O. LARSEN [Greek Federal States, 1968] ablöst, werden nicht nur alle bekannten Formationen dieser Art, sondern auch übergreifende Fragen behandelt, u. a. die Ausprägungen einer panhellenischen Identität [L. MITCHELL], Verfahren der internen Konfliktlösung [S. AGER], die ökonomische Dimension [E. MACKIL] sowie mögliche Vorläufer und Modelle [K. RAAFLAUB, Collaboration and integration through alliance]. Wie nicht anders zu erwarten, ergibt sich ein diverses Bild, was z. B. die Integrationstiefe, den Einfluss einer vorhandenen oder neu etablierten Polisorganisation oder die geographisch-topographischen Bedingungen angeht – und nicht zuletzt den relativen Erfolg oder Misserfolg dieser Ausprägungen griechischer Staatlichkeit. – J. MCINERNEY gibt eine knappe, politikwissenschaftlich informierte Skizze [Polis and koinon] mit einem Katalog der Merkmale von koiná [470 f.]. Stimulierend ist die Studie von E. MACKIL [Creating a Common Polity]: Ihre Untersuchung der boiotischen, achaischen und aitolischen koiná vom späten 6. Jahrhundert bis in den Hellenismus zeigt, warum diese Verbünde durch militärisch-politische, ökonomische sowie kultisch-religiöse Interaktion und Integration für die (an sich auf Autonomie bedachten) Poleis sehr attraktiv sein konnten – etwa indem durch sie binnenländische Orte einen guten Zugang zum Meer erhielten. Mackil erweist damit diese Organisationsform „as a far more complex entity than was ever realized when koina were taken simply as examples of federal states like those of the modern era" [401]. – Karten zu einzelnen Bundesstaaten: 1.7.1: WITTKE, Historischer Atlas, 100–103. Zur Struktur des im Darstellungstext umrissenen Boiotischen Bundes seit 446 und den Veränderungen in der ‚Sitzverteilung' s. zusammenfassend 3.6: BECK / GANTER, Boiotia, 141–144.

Die politische Formierung und Identitätsbildung in Thessalien, Phokis, Ost-Lokris, Achaia und Arkadien sind Thema der grundlegenden, doch nicht einfach zu lesenden Studie von C. MORGAN [States Beyond the Polis]. Untersucht werden Siedlungsmuster, Heiligtümer und Kultstätten sowie die Durchdringung des Territoriums. In ihren archäologisch fundierten Überlegungen zu Urbanität, Zentralität, Tauschplätzen und ‚einigenden' Medien wie Inschriften und Münzen lösen sich die Unterschiede und Ungleichzeitigkeiten zwischen Polis und Nicht-Polis zu einem guten Teil auf [„parallel processes of local and regional consolidation", 208]. Regionale Interaktion verband beide Formationen sehr eng, wie Morgan am Beispiel des Golfs von Korinth zeigt [213–222; s. ausführlicher 1.7.2: FREITAG, Golf von Korinth]. Während die äußere Geschichte und die politische Organisation der *éthnê* und *koiná* nur durch neu gefundene Inschriften weiter erhellt werden können (was bisweilen geschieht), hat die Forschung zuletzt die von H. BECK [*Polis* und *Koinon*, 188–211] umrissenen informellen Faktoren der politischen Integration in den Blick genommen; dazu leisten topographische Studien sowie die Survey- und Grabungsarchäologie kontinuierlich wichtige Beiträge. So weiß man heute, dass die keineswegs nur auf Subsistenz ausgerichteten Ökonomien dieser Landschaften vielfach verflochten waren; dabei spielten erneut die regionalen wie überregionalen Heiligtümer eine nicht zu unterschätzende Rolle. Dass die an den Heiligtümern gepflegten Mythen, Rituale und Gründungserzählungen für die Kommunikation und Identitätsbildung von großer Bedeutung waren, zeigen die Beiträge in FUNKE / HAAKE, Greek Federal States and Their Sanctuaries. Scheinbar Selbstverständliches bezweifelnd wurde auch gefragt, ob ethnische Identität(sbildung) und politischer Zusammenschluss in einem *koinón* tatsächlich nur zwei Seiten derselben Münze darstellten. So vertritt J. HALL die Ansicht, „ethnicity was not simply a prerequisite for federalization, but rather one of the means by which it was accomplished" [Federalism and ethnicity, in: BECK / FUNKE, Federalism, 30–48: 48]. Ergänzend hebt E. MACKIL hervor, dass ethnisch definierte Solidaritäten durchaus von wechselnden politischen Konstellationen beeinflusst und daher im Schaufenster ausgestellt oder im Schrank versteckt werden konnten: Ethnische Identität „appears to have been only one weapon in a much larger arsenal built up by those advocating the for-

Ethnos und Polis, nah beisammen

Integration jenseits der Politik

Éthnê, koiná und Ethnizität

mation of regional states in the Greek world" [Ethnic Arguments, 25 f.].

Einzelne éthnê und koiná

Die einzelnen Verbünde sind in der Studie von BECK [Polis und Koinon] sowie auf aktuellem Stand in BECK / FUNKE [Federalism] vorgestellt und diskutiert. Wegweisend war (am Beispiel der Phoker) J. MCINERNEY [3.3: Folds of Parnassos; s. bündig DERS., 1.6.1: OEAGR 5, 274 f.]; er unterstreicht mit Recht, dass es ein Fehler wäre, diese als „relics of a more primitive age" zu verachten (auch wenn die Griechen selbst dies taten): Ihr *éthnos* und der daraus erwachsende Bundesstaat „were the product of a very complex interweaving of environmental conditions, population movement, agrarian economy, myth, ritual, and specific historical circumstances" [180], und das phokische *koinón* „was an appropriate and imaginative response to the changing circumstances of the Archaic period" [181]. Anders als die zerklüftete Phokis waren Thessalien und Makedonien geographisch einheitlicher und boten mehr Ressourcen; dort gaben miteinander kooperierende kriegerische Eliten den Ton an und hatten dynastische Formen von Macht gute Chancen; vgl. ARCHIBALD, Space, Hierarchy, and Community. Den Thessalischen Bund bezeichnete K. J. BELOCH [1.2.1: Griechische Geschichte I 1, 337] als „gewaltige Macht" bereits im 7. Jahrhundert. Dem im Text erwähnten Thessaler Jason widmete S. SPRAWSKI eine schmale Studie [Jason of Pherae]. Für die Aitoler arbeitete M. SORDI schon 1953 heraus, dass ein „Übergang von einem ursprünglich losen Verband der Zweigstämme zu einem Bundesstaat" nicht fassbar sei [Anfänge, 353]; der entwickelte Bundesstaat im Hellenismus mit seiner komplexen politischen und administrativen Organisation sei „das Ergebnis der natürlichen Entfaltung einer primitiven Stammesordnung", die gleichzeitig die Wesenszüge einer Amphiktyonie und einer Symmachie trage und deren Ursprünge auf unvordenkliche Zeiten zurückgehen [374].

Koiná als Staatlichkeit neuer Qualität?

Aus einer doppelten Perspektive, nämlich von der einzelnen Polis als ‚Norm' seit der Archaik und vom Machtgewicht der Bundesstaten in hellenistischer Zeit her, bestimmt E. MACKIL die Qualität dieser Assoziationsform: Es habe sich um eine echte politische Innovation auf dem Wurzelgrund kleiner Stadtstaaten und anderer Gemeinschaften gehandelt. Unfähig, ihre Eigenständigkeit ganz aufzugeben oder aber anderen ihren politischen Willen aufzuzwingen, konnten diese in einer Umwelt des militärischen und politischen Wettbewerbs nur überleben, indem sie mit Nachbarn kooperierten, mit denen sie sich durch religiösen und wirtschaftlichen Austausch enger verbunden fühlten als mit anderen Griechen. So entstand eine Variante von Staatlichkeit, in der die politische Organisation eine spezielle Gestalt annahm, „with small-scale institutions replicated at the larger scales of both district and region, facilitating a careful distribution of powers that simultaneously protects the integrity of the member poleis and unifies them into a single state" [Creating a Common Polity, 407]. Dass bei Urteilen dieser Art auch aktuelle (Wunsch-)Vorstellungen in Richtung auf staatenübergreifende (oder -überwindende), teils integrierte, teils subsidiäre politische Formationen eine Rolle spielen, liegt auf der Hand.

Was die größeren Machtzentren vor den hellenistischen Königreichen und Bundesstaaten angeht, versteht I. MORRIS [4.4: Greek Multicity States] Sparta, Athen und Syrakus als drei verschiedene Ansätze für größere Staatsbildungen durch eine einzelne Polis: Sparta als zwangsintensives, Athen (mit dem Seebund) als' kapitalintensives Modell, Syrakus als eine Kombination von beidem [283; s. u. 4.4]. Die These von W. RUNCIMAN [in: MURRAY / PRICE, The Greek City, 347–367], eine stabile Großstaatsbildung in der Poliswelt sei gescheitert, weil deren Institutionen zu demokratisch waren, um eine Konsolidierung von Macht an der Spitze zu ermöglichen, weist er mit guten Gründen zurück. Eher seien die lokalen Peripherien durch Bevölkerungs- und Wirtschaftswachstum im Vergleich zum Zentrum stärker geworden; hinzu kamen kultureller Partikularismus und der Ausfall jeder religiösen Legitimation, wie sie anderswo für zentralisierte Systeme oft konstitutiv war. Athen sei es jedoch durchaus gelungen, im 5. Jahrhundert „a fairly robust Ionian multicity state" zu errichten [auch mittels religiöser Legitimation: 3.7: SMARCZYK, Religionspolitik], doch nach der Niederlage 404 fehlten Zeit und Ressourcen, um das durchaus erfolgreiche Modell zu rekonstruieren. Morris hätte hinzufügen können: Zu den Paradoxien, wie sie in der Geschichte der Staatsbildungen zahlreich sind, gehört es, dass das athenische Vorbild im 4. Jahrhundert Nachahmer ermutigte. Ihnen gelang für kurze oder längere Zeit durch Institutionen- und Technologietransfer [s. 1.2.1: OBER, Das antike Griechenland, Kap. 10] eine gleichsam nachholende Formierung von „multicity states" (Theben, Thessalien, Makedonien). Damit versperrten sie Athen den Weg zurück zur Hegemonie, obwohl dessen Ressourcenmobilisierung in den

Poleis als Großmächte

330er- und 320er-Jahren nicht hinter dem Stand zu Zeiten des Ersten Seebunds zurückstand.

Symmachien Die in der Darstellung genannten hegemonialen Symmachien sowie der Hellenenbund von 481 sind in den folgenden Kapiteln an passender Stelle behandelt, ferner sehr klar 2.6: BALTRUSCH, Au-

Amphiktyonien ßenpolitik, 40–53; 131–145. Die Bezeichnung Amphiktyonie leitet sich von den griechischen Wörtern *amphí* (herum) und *ktízein* (wohnen, siedeln) ab, bezeichnet also „die um eine Örtlichkeit herum Wohnenden". P. FUNKE [Was die Amphiktyonie, 20] sieht als Grund für das Entstehen solcher Verbünde – von denen nur der Delphische eine gewisse historische Bedeutung erlangte und halbwegs greifbar ist – ein Bedürfnis nach ‚zwischenstaatlicher' Kommunikation: Der Partikularismus ihrer Staatenwelt habe die Griechen früh gezwungen, zur Sicherung ihrer Existenz Formen des gemeindeübergreifenden Miteinanders zu entwickeln, um Konflikte zumindest zu regeln, womöglich gar zu verhindern. Auch habe die zunehmende Politisierung und Institutionalisierung der Staatenwelt nahegelegt, die Formen des zwischenstaatlichen Austausches stärker zu verregeln. Als Kristallisationspunkte für staatenübergreifende Zusammenschlüsse seien ‚neutrale' Heiligtümer besonders geeignet gewesen; sie dienten den Nachbarn als „zentrale, von allen akzeptierte Referenzpunkte für das Interagieren in einem umgrenzten, aber multipolaren Netzwerk unabhängiger Stammesverbände" [24]. Die Interaktion dürfte religiöse wie politische Fragen zum Thema gehabt haben. Falls in Amphiktyonien „die zwischenstaatliche Komponente entscheidend im Vordergrund" stand [30], so mag das für die frühe Phase zutreffen – für die indes Strabons Warnung [9,3,7 p. 420] gilt: „Die alte Einrichtung ist unbekannt." In der historisch besser greifbaren Zeit jedoch, so notiert E. BALTRUSCH mit Blick auf Delphi, „scheint die Bedeutung der Amphiktyonie eher peripher gewesen zu sein, wenn nicht in kultischem, so zumindest in zwischenstaatlichem Kontext" [2.6: Außenpolitik, 131]. P. LÉVÊQUE spricht sogar von „fallimento" und konstatiert: In der historischen Wirklichkeit haben diese Vereinigungen, die Opfer, die sie darbrachten, die Feste, die sie feierten, niemals eine Stadt soweit gebracht, auf ihre eigenen, partikularen Interessen zu verzichten [1.3: I Greci 2 I, 1115]. Selbst Funke räumt ein, die meisten Amphiktyonien hätten die dynamischen und tiefgreifenden politischen Veränderungen in der klassischen Zeit nicht überlebt, es sei denn, „dass ihnen zwischenzeitlich neue Aufgaben zugewachsen waren, die weit über die Grenzen der ursprünglichen Amphiktyonie hinauswiesen und – wie etwa im Falle von Delphi und Delos – panhellenische oder sogar ‚internationale' Dimensionen erreichten" [Was ist eine Amphiktyonie? 31].

Während über die Amphiktyonien beim Poseidon-Heiligtum in Onchestos (Boiotien) sowie beim Heiligtum des gleichen Gottes auf der Insel Kalaureia im Saronischen Golf kaum etwas bekannt ist [FUNKE, Greek Amphiktyonies, 460–462; zu Kalauria s. 1.5: CONSTANTAKOPOULOU, Dance of the Islands, 29–37], bleibt der Verbund um das Apollon-Heiligtum von Delphi Gegenstand intensiver Forschung; s. u. Kap. 3.3. Zum Panionion s. als knappe Synthese L. BOFFO, 1.6.1: EAH 9, 5025 f. mit Literatur; zum vermutlichen Ursprung des Zusammenschlusses nach der Zerstörung der karischen Hauptsiedlung im Mykalegebirge s. H. LOHMANN [3.1: Ionians and Carians]. Die in der Darstellung erwähnten Gedankenspiele der ‚weisen Ratgeber' Bias und Thales bei Herodot sind bündig diskutiert in 1.10.2: ASHERI u. a., Commentary, 189–191. Strittig ist, ob Delos, seit 478 kultisches Zentrum des Attischen Seebundes, zuvor Mittelpunkt einer Amphiktyonie war (eher von Inselstaaten als von Ioniern); vgl. FUNKE, Greek Amphiktyonies, 458–460 mit Diskussion. Entschieden für die Existenz eines solchen Verbundes seit sehr alter Zeit argumentierten K. J. BELOCH [1.2.1: Griechische Geschichte I 1, 329] und jetzt ausführlich, unter Verweis auf den frühen monumentalen Ausbau des Heiligtums mit Hilfe weiterer, auch nicht-ionischer Inselstaaten, C. CONSTANTAKOPOULOU [1.5: Dance of the Islands, 38–58].

Die einzelnen Amphiktyonien

2.5.4 Der Beitrag des politischen Denkens

Erste Orientierung bieten umfassende Sammelwerke (im Folgenden alle 2.5); dabei sind das solide informierende „Handbuch der politischen Ideen" [FETSCHER / MÜNKLER] und die „Cambridge History of Greek and Roman Political Thought" [ROWE / SCHOFIELD] diachron angelegt, während der einschlägige „Companion" [BALOT] nach Sachgebieten organisiert ist und teilweise vergleichend verfährt. Einen guten einführenden Überblick hat R. BALOT [Greek Political Thought] vorgelegt; P. CARTLEDGE [Political Thought] verbindet Kontextüberblick und fallweise Tiefenbohrungen. Dicht informiert K. A. RAAFLAUB, Reflections. Selbstverständlich war das

Orientierung

politische Denken über weite Strecken ein Teil der Philosophie; aus der unüberschaubaren Literatur sei hier nur die Einführung von M. KNOLL [Antike griechische Philosophie] genannt. Abgeklungen ist die zeitweise intensive Debatte um nahöstliche Anregungen – die v. a. im Bereich des Rechts erkennbar sind; s. bilanzierend RAAFLAUB, Das frühe politische Denken der Griechen.

Denken und Polisentwicklung

Wie breit die politische Reflexion von Anfang an war, lässt sich daran ablesen, dass sie in so gut wie allen literarischen Gattungen stattfand. Während die geistesgeschichtlich verfahrende Forschung gern die historischen Kontexte der Entwicklung dieser Reflexion vernachlässigt oder in einen „autonomen Prozess" [MEIER, Entstehung einer autonomen Intelligenz] ausgelagert hat, nimmt T. ITGENSHORST [Denker und Gemeinschaft] die Wechselwirkung zwischen Polisentwicklung und gemeinschaftsbezogenem Denken der Dichter und Philosophen in der Archaik unter die Lupe. Einen naheliegenden Evolutionismus vermeidend entwickelt sie zentrale Merkmale dieses Denkens (z. B. Subjektivität, appellativer Charakter, Reflexion über die richtige Form des Zusammenlebens), das durch räumliche Mobilität und agonale Kommunikation immer wieder vorangetrieben wurde. Den wesentlichen Durchbruch zum politischen Denken macht sie bei Hesiod aus. Die Eigenarten des philosophischen Denkens bei den Griechen führt auch K. NEBELIN [Philosophie und Aristokratie] auf den lebensweltlichen Kontext zurück; „ohne die spezifische Struktur der griechischen Aristokratie, ohne die damit verbundene Mischung aus Prekarität, Unsicherheit, Offenheit, übersteigertem Selbstbewusstsein und dem Streben danach, der ‚Beste' zu sein, hätte es die antike Philosophie in dieser Form vermutlich niemals gegeben" [357].

Grundbegriffe

Selbstverständlich wurden auch zentrale Werte als ‚Achsen' des politischen Denkens immer wieder behandelt. So stellt BALOT [Greek Political Thought, 16–47] für die Archaische Zeit die Bedeutung der Gerechtigkeit heraus (etwa bei Hesiod und Solon), während später – maßgeblich unter dem Eindruck der Perserkriege – die Freiheit in den Vordergrund trat; dazu umfassend K. RAAFLAUB, Discovery of Freedom. „Isonomie" war eher eine Ordnungsvorstellung, die in verschiedenen sachlichen und politischen Kontexten aufgerufen wurde, so als Formel für aristokratische Gleichheit gegen die Tyrannis oder in der Frühphase der Demokratie; dazu eindringlich SCHUBERT, Isonomia. Die Begriffsgeschichte der Demokratie hat v. a. Chr. Meier in immer neuen Anläufen untersucht [zuletzt: Zum Aufkommen]; hier sind keine neuen Einsichten zu erwarten; vgl. bilanzierend (und kritisch) 3.7: Bleicken, Athenische Demokratie, 461–466. – Die „Entstehung der Verfassungstypologie" im 5. Jahrhundert klärt ebenfalls J. Bleicken. Sie setzt die Vorstellung einer Gestaltbarkeit des Politischen voraus, wie sie sich auch in der zunehmend dichter werdenden Überlieferung zu den Gesetzgebern (s. o. 2.5.1) sowie in der verschiedentlich herumgeisternden Idee einer „Stadt mit 10 000 Bürgern/Einwohnern" manifestierte; s. Schaefer, Pólis myríandros.

Gestaltbarkeit des Politischen

Zu den Sophisten – von denen kaum einer aus Athen kam! – s. als Handbuch Meister, Aller Dinge Maß; für eine dichte Einführung auf aktuellem Stand M. Bonazzi, Sophists. Lesenswert bleibt die Würdigung durch G. Grote [1.2.1: History 8, 302–359 = Geschichte 4, 571–622]. Die griechische Ethnographie bezog bereits im 5. Jahrhundert die Herrschaftsform in ihr Vergleichsrepertoire ein [2.7: Schulz, Als Odysseus staunte]; so stellt die im Kreis der Hippokratiker entstandene Schrift „Über die Umwelt" einen Zusammenhang zwischen Klima und menschlicher Disposition zu Freiheit bzw. Unfreiheit her. Die am politischen Denken Beteiligten ließen den sterilen Streit darüber, welche Herrschaftsform die beste sei, bald hinter sich, und fragten stattdessen, wie eine gute Regierung aussehe und etabliert werden könne. Die Demokratie fand ihre Selbstbestätigung weniger in theoretischen Rechtfertigungen, sondern in der alltäglichen Praxis des Beratens und Entscheidens. Ihr diskursives Pathos lag in den zahlreich publizierten Volksbeschlüssen mit dem stereotypen Einleitungssatz „Rat und Volk haben beschlossen", in vielfältigen Ehrungen sowie in den Reden in der Volksversammlung und vor Gericht [Balot, The Virtue Politics of Democratic Athens, in: Salkever, Companion, 271–300; Piepenbrink, Ordnungskonzeption, 93–170]. Als philosophische Beiträge zu ihr können jedoch die Idee des Sophisten Protagoras gelten, Zeus habe die wesentlichen sozialen Tugenden allen Menschen in gleichem Maße gegeben, sowie die bei Aristoteles greifbare sog. Summierungstheorie, wonach Wissen und Einsichten einer großen Zahl von Menschen der hohen Weisheit Einzelner überlegen sein könnten; s. Piepenbrink, Demokratische Implikationen, 256–259. Beim Urteil über die Tyrannis ist zu beachten, dass die sich verändernde Einschätzung der nicht-traditionellen Einmann- bzw. Familienherrschaft retrospektiv auch die

Sophistik und Ethnographie

Für die Demokratie

Für und wider die Monarchie

Überlieferung beeinflusste; vgl. dazu Forsdyke, Use and Abuse. Im 4. Jahrhundert gewann mit Blick auf Machtbildungen an der Peripherie die Alleinherrschaft bzw. die Idee des idealen Staatsmannes und Lenkers in nichtmonarchischen Ordnungen an Boden, etwa bei Xenophon [Grey, Mirror of Princes] und Isokrates. Zu der Ende des 5. Jahrhunderts aufkommenden Idee der *miktê politeía* ist die Studie von W. Nippel [Mischverfassungstheorie, 29–158] immer noch wertvoll; er nennt den Ausgleich der gesellschaftlichen Interessen als Grundproblem griechischer Verfassungen, für das die Mischung eine Lösung bieten sollte. Eine neuere Zusammenfassung mit weiterer Literatur bietet Hahm, Mixed Constitution.

Platon und Aristoteles
Den engen Zusammenhang zwischen den politischen und moralischen Verwüstungen gegen Ende des 5. Jahrhunderts – auch und gerade im Zusammenhang mit den Umstürzen in Athen 411 und 404/03 – und der zunehmenden Krisenfixierung des politischen Denkens arbeitet K. A. Raaflaub heraus [Politisches Denken und Krise der Polis]. Wie radikal Platons auf die absolute Einheit der Polis zielende Gedankenspiele, zumal die „Politeia", das Politische verwarfen, zeigt E. Flaig, Weisheit und Befehl. Die Literatur zu Aristoteles' „Politik" ist schier uferlos, aber kein ernsthaftes Studium kommt ohne den monumentalen Kommentar von E. Schütrumpf aus [2.5: Aristoteles, Politik]. Die eindringliche Studie von E. Rogan [La Stásis dans la politique d'Aristote] zeigt u. a., wie Aristoteles gerade die Differenziertheit der Vermögen, Fähigkeiten und Ansprüche innerhalb einer Bürgerschaft als ein konstitutives Hauptmerkmal einer Polis ansah, weswegen „vouloir penser une cité sans *stásis* reviendrait paradoxalement à annihiler la polis"

Archytas von Tarent
[132]. Die zitierte Archytas-Stelle findet sich in H. Diels, Die Fragmente der Vorsokratiker. 9. Aufl. hg. von W. Kranz, Bd. 1, Berlin 1960, 437 f. [DK 47 B Fragm. 3]; für alle Zeugnisse und Fragmente s. mit ausführlichem Kommentar C. A. Huffman, Archytas.

2.6 Krieg

Ältere deutsche Gesamtdarstellungen
Krieg und Militärgeschichte der griechischen Antike gehören zu den Themen, die in hohem Maße von der angloamerikanischen und französischen Forschung dominiert werden, obwohl sie einst von deutschen Altertumswissenschaftlern, Militärs und Militärhistorikern geprägt waren. Die aus dieser Tradition stammenden

Werke von J. Kromayer / G. Veith [Heerwesen und Kriegführung] und H. Delbrück [Geschichte der Kriegskunst] sind heute im Hinblick auf das seither angesammelte Spezialwissen sowie gewisse historische Grundannahmen (wie die von großen „Dorischen Wanderungen") und zeitgenössisch-terminologische Engführungen teilweise veraltet [zur Forschungsgeschichte s. z. B. Hanson, Modern Historiography; zu einseitig: Konijnendijk, Classical Greek Tactics, 6–12]. Beide Bücher sind dennoch, wie auch zwei noch ältere, ihnen vorausgehende Werke [Droysen, Heerwesen und Kriegführung; Rüstow / Köchl, Geschichte des griechischen Kriegswesens] nicht zuletzt wegen ihrer souveränen Stoffbeherrschung nach wie vor lesenswert. Kromayer bietet einen nach Sachgebieten klar und klug gegliederten Überblick, der wesentliche Aspekte des Kriegswesens in seinem historischen Kontext erklärt. Erhellend sind zudem manche aus dem Vergleich mit Rom gewonnenen Deutungen langfristiger Entwicklungen, wie etwa die „vom Einfachen zum Komplizierten" [3], oder überhaupt die Erkenntnis der Schwierigkeit, griechische Kriegsgeschichte wegen ihrer Heterogenität als Einheit zu erfassen; so stehe diese „doch je nach Hegemonieverhältnissen im Zeichen verschiedener Staaten und zeigt daher eine wechselnde, anorganische und sprunghafte Entwicklung, gelegentlich eine Parallelentwicklung gegensätzlicher Art" [1]. Das Werk Delbrücks, eines als preußischer Offizier und Historiker an der Berliner Universität geschulten Gelehrten, bleibt besonders in methodischer Hinsicht instruktiv und vorbildlich (nicht ohne Grund wurde es früh ins Englische übersetzt). Seine an den Zahlenangaben der Quellen sowie an geographischen und demographischen Parametern vorgeführte „Sachkritik" demonstriert, wie historischer Sachverstand, Gelände-Autopsie, kritische Quellenkenntnis und in sich logische Schlussfolgerungen zu plausiblen Ergebnissen führen können.

Delbrücks Sachkritik

Es trifft auch schlicht nicht zu, wie jüngere Gelehrte [z. B. Konijnendijk, Classical Greek Tactics] insinuieren, dass die „Prussian tradition" ein einseitiges, nur auf die Schlachten-Taktik konzentriertes Bild des griechischen Kriegswesens entworfen hätte. Tatsächlich nehmen die Realien zur Bewaffnung, Logistik, Rekrutierung und Ähnlichem vieles vorweg und sind unentbehrliche Grundlage für das, was heute unter dem Etikett sozialhistorischer Forschungen betrieben wird. Des Weiteren hat man sich auf die Taktik der „rangierten", d. h. von beiden Seiten im offenen Gelände (und nicht direkt aus dem Marsch heraus sich entwickelnden) Hopliten-Schlachten und auf die vom Einzelfall abstrahierende Modellbildung keineswegs deshalb konzentriert, weil man geglaubt hätte, das griechische Kriegsgeschehen sei nur durch Phalanxschlachten geprägt gewesen – dazu kannten die Autoren ihr Quellenmaterial viel zu gut (s. u.). Die Ausrichtung ergab sich vielmehr aus der Annahme, die in taktischer und technischer Hinsicht so elementare „Klarheit" der antiken Schlachten lasse die „großen Grundsätze der Kunst auf die einfachste starke Weise" [RÜSTOW / KÖCHLY, Geschichte des griechischen Kriegswesens, IV] erkennen, vermöge am besten das Wechselspiel von Krieg, Staat und Verfassung zu erklären und halte somit wesentliches Lehr- und Lernpotential für die militärtaktische Ausbildung der eigenen Zeit bereit.

>Fortdauer der Kriegspragmatik

Auch wenn diese Zuversicht heute veraltet und in gewissem Sinne naiv erscheint (immerhin ist Thukydides trotz voranschreitender Technisierung nach wie vor Pflichtlektüre an amerikanischen Militärakademien!), so hat das „Prussian model" auch die anglo-amerikanische Forschung auf die ein oder andere Weise geprägt, nicht zuletzt in einer Zeit, als deutsche Gelehrte entweder völlig von der antiken Kriegsgeschichte Abschied nahmen oder sich auf vermeintlich unverfänglichere Felder wie die kulturellen oder ideologischen Implikationen des Krieges zurückzogen. Durchaus in der Tradition deutscher Militärhistoriker, aber ebenfalls die Perspektive auf die kulturellen und sozialhistorischen Kontexte ausweitend, legte W. K. PRITCHETT (parallel zu einer nicht minder umfangreichen Buchreihe zur griechischen Topographie) seine auf fünf Bände verteilte Gesamtdarstellung „The Greek State at War" vor (1971–1991). Der unschätzbare Wert dieser Arbeiten besteht in der beinahe lückenlosen Erfassung der Quellen und ihrer systematischen Auswertung nach einschlägigen Sachkriterien; zudem scheute sich der Autor wie seine deutschen Vorgänger nicht, komparative Analysen zu älteren oder räumlich benachbarten Kriegstraditionen (wie z. B. die der Etrusker) einfließen zu lassen.

Nun wird das Werk zwar häufig zitiert, aber zumal in der deutschen Althistorie – wohl aus einer grundsätzlichen Skepsis gegenüber dem auf vollständige Erfassung militärischer Realien gerichteten Bemühen – (zu) selten genutzt oder gar weiterentwickelt. Überhaupt ist die Bereitschaft gering, aktuelle angloamerikanische, mehr an der Militärpragmatik ausgerichtete Interessen und neuere Fragestellungen nach den kulturellen Kontexten und literarischen Verarbeitungsformen auf einer gemeinsamen Diskussionsebene zusammenzuführen. Wie breit und tief der Graben zwischen den Forschungskulturen inzwischen ist, zeigt der erste Satz einer neuen, keineswegs untypischen Studie aus den USA: „At its core", so räumt D. A. BLOME [Greek Warfare Beyond the Polis, IX] offen ein, „this book is about ancient battle. I wrote it as a combat veteran of modern warfare who learned ancient Greek and earned a PhD in ancient Greek history. The book combines my academic expertise and military experience, but in a peculiar way."

Das von R. SCHULZ vorgelegte Buch über den Krieg in der Antike [Feldherren, Krieger und Strategen] ist auch aus einem Unbehagen über diese zerklüftete Forschungslandschaft entstanden. Es sucht die Entwicklung der militärpragmatischen Seite des Krieges in die politischen und wirtschaftlichen Makroentwicklungen der Epochen einzuordnen und diese unter Berücksichtigung der jeweiligen ökologischen sowie geographischen Rahmenbedingungen als einen wesentlichen Antriebsfaktor auch der Griechischen Geschichte zu erklären. Einen sehr knappen Überblick über die Formen des Krieges und dessen „Charakter" legte C. MANN [1.12: Militär und Kriegführung] vor; eine Quellensammlung wird M. M. SAGE verdankt [Warfare in Ancient Greece]. *Neue Gesamtdarstellungen*

Zusätzlich kann die Forschung mit einigen Sammelwerken aufwarten, die vor allem die Ergebnisse der englischsprachigen Forschung bündig und perspektivreich präsentieren. Das von H. VAN WEES herausgegebene Buch [War and Violence] bietet mehrere Beiträge, welche die Variabilität des griechischen Kriegswesens bei ähnlichen Motiv- und Legitimationsstrukturen [zur Wirkmächtigkeit homerischer Motive: J. E. LENDON, Homeric Vengeance, 1–30] herausarbeiten und u. a. die traditionelle Vorstellung von der Dominanz der Phalanxschlacht ins Wanken bringen (s. u.); hervorzuheben ist diesbezüglich L. RAWLINGS, Alternative Agonies, 233–259. Teil 1 des ersten Bandes der von P. SABIN, H. VAN WEES und M. WHITBY herausgegebenen „Cambridge History of Greek and Roman Warfare" erschließt die Thematik über mehrere, aufeinander aufbauende und in sich meist chronologisch angelegte Querschnittsthemen: „International Relations", „Military Forces", „War" (hier geht es um die alltäglichen Abläufe der Vorbereitung, *Sammelbände*

Rekrutierung, Logistik etc.), „Battle", also das Schlachtgeschehen, usw. Die Einzelbeiträge halten freilich nicht immer das, was die Titel versprechen; so behandelt V. Gabrielsen [Warfare and the State] fast ausschließlich Athen und die Finanzierungsfragen während der Seebundära. Innovativ, wenn auch weniger beachtet sind die Aufsätze in dem von G. Mandl und I. Stellfelbauer herausgegebenen Band [Krieg in der Antiken Welt], die sich u. a. dem Verhältnis von „Seher" und „Feldherren" [J. Taita], den durch die militärische Ausrichtung besonderen Geschlechterverhältnissen in Sparta [K. Schnegg], der vergleichenden Kriegsökonomie [I. Steffelbauer] und der „Idee vom gerechten Krieg" [P. Scheibelreiter] widmen (letzterer einmal nicht aus der sattsam bekannten römischen Perspektive). Ähnlich instruktiv sind einige Beiträge in L. Brice, New Approaches; behandelt werden Themen wie Ernährung, Besoldung und Beutemachen [M. Trundle], das Alltagsleben in griechischen Armeen [J. Lee] und die Rückkehr des Soldaten ins ‚zivile' Leben [L. A. Tritle].

Stand der Forschung zum Landkrieg

Zieht man eine Zwischenbilanz über den Stand der Forschung, so haben sich heute – soweit es die militärpragmatischen Phänomene und realhistorischen Kontexte angeht – zwei Richtungen herauskristallisiert [eine knappe Präsentation der Ergebnisse aus anglo-amerikanischer Perspektive bietet Rawlings, War and Warfare in Ancient Greece; eine Anthologie von teils grundlegenden, teils aber auch angejahrten Aufsätzen hat Wheeler zusammengestellt: Armies of Classical Greece]:

Das Problem der Phalanxschlacht

Die ‚orthodoxe' Sicht

Auf der einen Seite steht eine auf älteren Analysen fußende und diese in verschiedene Richtungen ausdifferenzierende Tradition, die begründet und bis heute prominent vertreten wird durch die Arbeiten V. D. Hansons. Während sich die älteren deutschen Militärhistoriker (besonders Kromayer / Veith) aus *methodischen* Gründen auf die „rangierte" Schlacht konzentrierten und hieraus ein „agonales" Selbstverständnis ableiteten (aber andere Kriegsformen nicht ausschlossen!), nahmen Hanson und seine Schüler an, der Krieg der Klassischen Zeit sei grundsätzlich und wesentlich geprägt gewesen durch den Kampf des Schwerbewaffneten (Hoplit) in der Phalanxschlacht, also dem direkten Aufeinandertreffen eng geschlossener Reihen von Fußsoldaten, die mit einer weitgehend normierten Rüstung und Bewaffnung den Gegner im frontalen, aber geordneten Angriff zurückzudrängen und dessen Schlachtreihe aufzulösen suchten (der hierfür spezifische Begriff *phálanx* taucht erst im

4. Jahrhundert bei Xenophon auf). Im Rahmen dieses „grand hoplite narrative" [KAGAN / VIGGIANO, Men of Bronze, XV] komme der „pitched battle" der Hopliten eine über die Antike hinausreichende Vorbildfunktion zu, da sie den „Western Way of War" (so der Titel des Klassikers von HANSON aus dem Jahr 1989) begründet habe. Paradebeispiel für diese der Polis und ihren Bürgern eingeprägte und ihr Selbst- und Kriegsverständnis repräsentierende Kampfform bilde die von Thukydides [5,67,1-3] ungewöhnlich detailliert beschriebene Schlacht von Mantineia [418; dazu SCHULZ, Feldherren, Krieger und Strategen, 122-124]. Andere in der Überlieferung erwähnte Schlachten hätten sich an dieser orientiert, und auch die großen Treffen des 4. Jahrhunderts seien Varianten und situativ-taktische Weiterentwicklungen einer Grundform gewesen, die freilich insgesamt flexibler wurde und zusätzliche Waffengattungen als Flankenschutz zu integrieren suchte, aber ihre Grundstruktur beibehielt [Überblicke bei VAN WEES, Greek Warfare, 195-197; FRANZ, Krieger, Bauern, Bürger, 243-325 mit tabellarischer Übersicht 324 f.].

Diese auch in populärwissenschaftlichen Darstellungen verbreitete Deutung der Phalanxschlacht als einer für die Poliswelt typischen Kriegsform wurde argumentativ untermauert durch ihre angeblich lange in die Vergangenheit zurückreichenden Anfänge: Diese ließen sich bereits in den Kämpfen der homerischen „Protohopliten" schemenhaft erfassen; dazu und zur Komposition der Kampfszenen z. B. RAAFLAUB, Homerische Krieger; SCHULZ, Feldherren, 21-24; eine Art Phalanx bei Homer als „Ordnung in der Linie" nahmen bereits RÜSTOW / KÖCHLY an [Geschichte des griechischen Kriegswesens, 3 f.]. Ihre anfangs noch lockeren und situativ (meist in Phasen der Defensive) gebildeten Formationen wurden – so die übliche Erklärung – durch die schrittweise Einbindung des adligen Nahkampfes in das Milizsystem der Polis sowie die hiermit verbundene Integration nichtadliger Schwerbewaffneter immer weiter verdichtet. Dabei spielte Sparta auch infolge der Erfahrungen der Messenischen Kriege eine Vorreiterrolle. Die spartanische Hoplitenarmee galt bis weit in die Klassische Zeit aufgrund der überlegenen Disziplin und des Trainings gegenüber den – freilich allmählich nachziehenden – Bürgerformationen anderer Polis als *non plus ultra* und, jedenfalls bis zur Schlacht von Leuktra 371, unter ‚normalen' Umständen als unschlagbar.

Vorläufer der Phalanx?

Die revisionistische Deutung

Gegen diese noch heute, auch in der an sich sehr lebendigen französischen Forschung zum Krieg dominierenden Sicht [vgl. z. B. M. DEBIDOUR, Les Grecs et la Guerre, der stark an Hanson angelehnt die klassische Zeit fast durchweg durch „combat hoplitique" geprägt sieht] führte – flankiert durch mehrere Publikationen anderer Gelehrter [s. o. zum Aufsatz von RAWLINGS] – H. VAN WEES einen fulminanten Frontalangriff. Er ging von der Tatsache aus, dass wir vor dem 5. Jahrhundert keine Quellenhinweise auf eine Phalanxschlacht besitzen, und entlarvte gegenteilige Deutungen als unzulässige Rückprojektion in eine Zeit, die hierfür nicht die Voraussetzungen bot. Tatsächlich ist die von der Rüstung (*hópla*) abgeleitete Bezeichnung *hoplites* erst mit Beginn des 5. Jahrhunderts (bei Aischylos und Pindar) nachweisbar, dagegen habe es keine „specific terms to denote the heavy armes infantryman during the Archaic period" gegeben [Zitat und Forschungsstand bei ECHEVERRÍA REY, Hoplite and Phalanx, 294–298]. Ebenso habe eine von der Forschung immer wieder postulierte „middle-class" der Hopliten nie existiert: Dafür seien die Bewaffnung und Ausrüstung zumindest bis zu den Perserkriegen viel zu heterogen und keineswegs auf eine materiell begüterte Schicht begrenzt gewesen, die hieraus politische Ansprüche und ein soziopolitisches Selbstverständnis hätte ableiten können. Umgekehrt verpflichtete das Bürgerrecht zwar zum Kriegseinsatz, schloss aber Nichtbürger vom Kampf für die Polis keineswegs aus. Weder aus der homerischen „Ilias" noch aus Vasenbildern – insbesondere der immer wieder herangezogenen Chigi-Kanne [s. 3.5: D'ACUNTO, Il mondo del vasi Chigi] – lasse sich eine Protophalanx herauslesen. Die Zeugnisse deuteten vielmehr auf einen fluiden Verlauf des – nach dem Wurf der Lanze einsetzenden – Vorpreschens und Zurückweichens („charge forward or hang back") von Individuen und Kleingruppen, was fest geschlossene Reihen unmöglich gemacht habe [so auch WHEELER / STRAUSS, Battle, 194 f.]. Die Aufforderung des Dichters Tyrtaios an die spartanischen Kämpfer, die Reihen zu schließen und Schild an Schild gegen den Feind vorzurücken, beweise gerade nicht, dass dies eine allseits praktizierte Norm war, sondern nur, dass die lockeren und undisziplinierten Konglomerate („still open and fluid") allmählich als Problem empfunden wurden [VAN WEES, Greek Warfare, 172–175]. Erst die Perserkriege und der Wechsel vom Wurf- zum Stoßspeer hätten die Entwicklung zur geschlossenen und tief gestaffelten „klassischen"

Phalanx eingeleitet, wie sie Herodot bei Marathon andeutete und Thukydides exemplarisch bei Mantineia beschrieb.

Man muss nicht alle „heretic views" teilen, die VAN WEES und seine Mitstreiter erarbeitet sowie jüngst auch durch begriffsgeschichtliche Analysen [ECHEVERRÍA REY, Hoplite and Phalanx] untermauert haben. Und sicherlich gibt es, wie immer bei solchen Kontroversen, Tendenzen, den Bogen in die ein oder andere Richtung zu überspannen. Ein Beispiel hierfür ist R. KONIJNENDIJK [Classical Greek Tactics], der mit erkennbarer Lust am generellen Widerspruch fast alle ‚scheinbaren' Gewissheiten über die Phalanxschlacht zu unterminieren sucht. Dabei präsentiert er Unstrittiges als neue Wahrheit – dass griechische Kämpfer, außer den Spartanern, Amateure und deshalb die taktischen Spielräume der Schlacht begrenzt waren, wusste schon H. DROYSEN [Heerwesen und Kriegführung, 36 f.] – und entwirft letztlich seinerseits ein Modell weitgehend brutaler Regellosigkeit, das in seinem Ausschließlichkeitsanspruch viel ‚orthodoxere' Züge einer ‚grand theory' aufweist als das von ihm so leidenschaftlich bekämpfte Modell der ‚preußischen' Militärgeschichtsschreibung. In diesem Kontext verkennt Konijnendijk insbesondere, dass deren Auffassungen zur Taktik nur aus der „rangierten Schlacht" gewonnen wurden. Sicherlich ist es richtig, dass viele Schlachten – wenn es denn möglich war (!) – auf Verfolgung und Vernichtung des Gegners zielten [188–205], ferner dass agonale „fairness" ein selten verwirklichtes Ideal war und man stattdessen alle Möglichkeiten nutzte, um einen Vorteil zu gewinnen. Das heißt aber nicht, dass die Verfolgung und Vernichtung des Gegners „the crucial phase of the battle" bildeten [205] – dazu kam dies viel zu selten vor und dazu waren auch die überlieferten und geschätzten Verlustzahlen zu gering [KRENTZ, Casualties]. Kriege und Schlachten verliefen im Übrigen auch nicht völlig regellos oder schlossen auf Seiten der Akteure die Beachtung bestimmter Regularien völlig aus. Jeder Krieg produziert erfahrungsgemäß, vor allem wenn er wie in Klassischer Zeit länger dauert, seine eigenen Regeln – und selbst ein vermeintlich regelloses Verhalten wäre eine fundamentale Regel.

Trotz mancher Überzeichnungen hat die von VAN WEES und anderen Forschern etablierte „revisionistische" Linie Impulse gesetzt, die für das Phänomen Krieg neue Erkenntnis- und Verständnisperspektiven eröffnen. Man kann die Kriegsgeschichte des vor-

Einseitige Überzeichnungen

Krieg jenseits der Phalanxschlacht

hellenistischen Griechenland – wie dies v. a. in populärwissenschaftlichen Werken geschieht – nicht mehr allein und hinreichend entlang der angeblich nach festen Regeln oder gar ritualisiert durchgeführten Phalanxschlachten als ein agonales Kräftemessen erklären oder von einem „Zeitalter der Hopliten" [M. Rausch, in: Mandl / Staffelbauer, Krieg in der antiken Welt, 32–63] sprechen. Offene Feldschlachten („pitched battles") mit einer verdichteten „killing zone" bildeten zu allen Zeiten der griechischen Geschichte immer nur einen kleinen, wenn auch spektakulären und mitunter auch entscheidenden Ausschnitt des realen Geschehens. Das gleiche gilt für Seeschlachten, wie Thukydides an der ersten Phase des Peloponnesischen Krieges zeigt [Wheeler / Strauss, Battle, 222]. Das Kriegsgeschehen war vielmehr durch eine Fülle fluider „Kleinformen" [dazu nach wie vor lesenswert: Kromaier / Veith, Heerwesen und Kriegführung, 87–93: „Das zerstreute Gefecht und der Kleinkrieg"] und technisch-taktischer Varianten geprägt, die allein am Maßstab des Erfolgs ausgerichtet waren und sich jenseits eindeutiger, von beiden Seiten beachteter „Spielregeln" entwickelten.

Agonal warfare?

Es ist insofern irreführend, aus einer aristokratisch konnotierten Motivation und Legitimation des Kampfes um Ehre und die Wiederherstellung von Ehre zu schließen, diese hätten auch die realen Kriegsformen bestimmt und seien in einer Schlacht in Gestalt eines agonal-fairen Wettkampfes zum Tragen gekommen. Manche sehen inzwischen in der Vorstellung einer ‚agonalen' Kriegführung eher ein modernes Forschungskonstrukt als antike Wirklichkeit; s. Krentz, Fighting by the rules; Dayton, The Athletes of War; Rawlings, War and Warfare, 9; Konijnendijk, Classical Greek Tactics, 77 ff., 87 ff. Tatsächlich war selbst der Hoplit keineswegs allein auf eine Phalanxschlacht hin konditioniert [so aber wieder 1.12: Mann, Militär und Kriegführung, 5, 15], sondern auch aufgrund seiner immer leichter werdenden Rüstung ein „Allrounder", der zu Schiff kämpfen, Hügel erklimmen und bei Belagerungen und der Erstürmung von Poleis eingesetzt werden konnte [Belege und Interpretationen in 2.6: Rawlings, Alternative Agonies; ders., War and Warfare, 21 f.]. Wäre das nicht der Fall gewesen, ließe sich auch schwer erklären, weshalb Hopliten als Söldner in nicht-griechischen Kriegskonstellationen so begehrt und erfolgreich waren. Insofern löst sich das oft, auch noch von Chr. Mann [1.12: Militär und Kriegführung, 15] mit Verwunderung konstatier-

Hopliten als Allrounder

te „Paradoxon" der „Dominanz von Hoplitenschlachten in einem doch eher für bewegliche Truppen, für Guerilakrieg und Hinterhalte" geeigneten Gelände von selbst auf. Weder hat es eine solche Dominanz je gegeben, noch waren Hopliten unfähig zum Kampf auf unebenem Gelände oder zu „beweglichen Kleinformen". Überraschende Überfälle, Täuschung und List gehörten seit Homers Zeiten zu den nie in Frage gestellten Instrumenten der Kriegführung [KRENTZ, Deception; WHEELER / STRAUSS, Battle, 203 f.; KONIJNENDIJK, Classical Greek Tactics, 83 ff.]. In diesen Kontext fügen sich auch die Nachrichten über besonders qualifizierte Verbände ein, die ALONSO / FREITAG zusammengetragen haben [2.6: Eliteeinheiten]. Diese „Epilektoi waren die Bürger, die sich aus ganz unterschiedlichen Gründen im militärischen Bereich von der Masse der Hopliten qualitativ abhoben" [217] und die auch öfter im Verbund mit anderen Waffengattungen kämpften.

Überhaupt muss man sich von der – auch durch mediale Assoziation mit späteren Epochen nahegelegten – Vorstellung lösen, dass selbst in einer Phalanxschlacht äußerlich und von der Bewaffnung her einheitliche Truppenkörper aufeinanderstießen. Das galt allenfalls für Sparta, aber sicherlich nicht für die Mehrzahl der Milizen, die im Hinblick auf Bewaffnung, Aussehen sowie Qualität und Umfang der Rüstung sehr heterogen waren, außer dass man den Schild als Erkennungszeichen der Polis zu normieren suchte. J. P. FRANZ [2.6: Krieger, Bauern, Bürger, 280 ff.] vermutet plausibel für Athen allein „zwei Typen von Hopliten: Leichtbewaffnete, die nur mit einem *pilos*, einem Hoplitenschild und einem Schwert gerüstet waren, und Schwerbewaffnete, die einen richtigen Helm, einen Hoplitenschild, einen Brustpanzer oder Schutzkleidung, sowie meistens Beinschienen trugen".

Angesichts dieser auf mehreren Feldern manifesten Variabilität und Heterogenität der Entwicklung hat die Forschung inzwischen mehrheitlich auch Abstand genommen von der Vorstellung einer „hoplite-revolution" im 7. Jahrhundert, die mit erheblichen politischen Änderungen und Folgewirkungen einhergegangen sei oder diese angestoßen hätte [zur Sache und zur Forschungsgeschichte s. KRENTZ, Warfare and Hoplites]; ähnliche Zweifel hegt man an dem Zusammenhang zwischen dem Militärdienst der Theten als Ruderer und der Entwicklung zur „radikalen" Demokratie in Athen. Es handelt sich eher um parallel verlaufende Prozesse, die sich gegenseitig befruchten *konnten*, aber keinen ursächlich-

Keine *hoplite-revolution*

kausalen Konnex aufweisen. Insofern wäre es wichtig, dass die Forschung noch stärker als bisher die „schweigende Masse" der sog. Leicht- und Spezialbewaffneten, also derjenigen, die nicht über eine Hoplitenrüstung verfügten oder nicht in dieser kämpfen wollten, sowie die bei Bedarf aufgebotenen Nicht-Bürger als Teil des Polisaufgebotes ernst nimmt und trotz des dürftigen Quellenmaterials in das Gesamtbild kriegerischer Aktivitäten bereits vor der Zeit des 4. Jahrhunderts einzuordnen sowie mit den Hoplitenformationen zu verbinden sucht.

Colonial-style of warfare

Ein zweites, in diesem Zusammenhang drängendes Desiderat besteht darin, die Formen und politisch-ökologischen Kontexte des in den sog. Randgebieten gepflegten „colonial-style of warfare" [2.6: WHEELER / STRAUSS, Battle, 215] übergreifend zu erfassen und historisch einzuordnen. Wesentliche Einzelerscheinungen etwa auf dem Gebiet des Belagerungskrieges sind zwar in all ihren Facetten gut erforscht, auch was die sich gegenseitig aufschaukelnden Dynamiken von Angriffs- und Eroberungstechniken (Artillerie etc.) und Verteidigungsbauten angeht. P. B. KERN [Ancient Siege Warfare] bietet einen instruktiven Durchgang durch die gesamte Antike, wichtig auch im Hinblick auf mögliche Anregungen aus Assyrien [29–62, s. 89–193 zur griechischen Entwicklung]; vgl. E. W. MARSDEN. Greek and Roman Artillery, sowie die Literaturhinweise bei 1.12: MANN, Militär und Kriegführung, 146. Das gleiche gilt für die Reiterei. Doch inwiefern und vor allem warum sich just die Randgebiete hierbei wesentlich von den Verhältnissen auf der griechischen Halbinsel unterschieden und eine Vorreiterrolle spielten, ist bisher noch nicht hinreichend geklärt; ein wichtiger Ausgangspunkt ist das von Herodot (7,158,4) überlieferte Angebot Gelons von 480, den Hellenenbund mit leichter und schwerer Infanterie, Reiterei, Bogenschützen und Schleuderern zu unterstützen. Weiter hilft hier gewiss eine Wiederaufnahme komparativer Analysen der in den westlichen und nördlichen Siedlungsgebieten viel einflussreicheren „barbarischen" Kriegstraditionen, wie sie etwa von Skythen, Etruskern sowie den italischen und sikelischen bzw. keltischen Ethnien sowie von den Karthagern gepflegt wurden.

Kontexte und Bereiche von Innovation

Schließlich wäre (nicht nur) in diesem Zusammenhang noch einmal grundsätzlich zu erörtern, was eigentlich Innovation im griechischen Kriegswesen ausmachte, durch welche Faktoren sie angetrieben und beschleunigt bzw. gebremst und verhindert wurde, wie Innovationen „wanderten" und sich ausbreiteten (oder nicht) und warum sich Innovation offenbar auf bestimmte, technisch anspruchsvolle Waffengattungen und Kriegstechniken konzentrierte. Das Thema wird in modernen Überblicksdarstellungen [DE SOUZA, Kriege des Altertums, MANN, Militär und Kriegführung] so gut wie gar nicht behandelt; einige Überlegungen dazu finden sich bei R. SCHULZ, Feldherren, 449 ff. Auch die jüngeren englischsprachigen Darstellungen [z. B. CAMPBELL/TRITLE, Oxford Handbook; SABIN u. a. Cambridge History of Warfare; KONIJNENDIJK, Classical Greek Tactics] beschränken sich auf Einzelbeobachtungen zu bestimmten Epochen. Instruktiv ist dagegen der Aufsatz von ECHEVERRÍA REY [Weapons], der darauf verweist, dass antike Autoren Schlachterfolge und Niederlagen vornehmlich mit dem „menschlichen Faktor", mit moralischen, aber nicht militärtechnischen Kriterien erklären. Reale Innovationen hätten sich unter situativen Zwängen ergeben und seien danach auch oft wieder fallengelassen worden. Dieser auch durch den extremen Konservatismus des Militärs begründete „limited room for innovation" passt zu den, freilich nicht gänzlich neuen Ergebnissen des Buches von R. KONIJNENDIJK [Classical Greek Tactics, 36 und 52-71], wonach der griechische Infanteriekrieg deshalb keine revolutionären Innovationssprünge erlebte, weil das von den Griechen (außer den Spartanern) selbst gewählte Ideal des „entrenched military amateurism" [70] sowie der hiermit verbundene Verzicht auf Training und Drill solches nicht zugelassen hätten. Damit bestätigt der Autor übrigens indirekt die von ihm so bekämpfte Grundannahme der „preußischen Militärhistoriker", dass man Hoplitenschlachten seit den Perserkriegen auf ein Grundmodell reduzieren kann.

Tatsächlich erlebte der Krieg in klassischer Zeit seine größten Entwicklungssprünge nicht im Bereich der (Schlachten-)Taktik, sondern der Strategie, ablesbar auch an der seit dem Peloponnesischen Krieg zunehmenden Spezialisierung und teilweisen Professionalisierung der Truppengattungen [u. a. FRANZ, Krieger, Bauern, Bürger] sowie der hiermit einhergehenden räumlichen Ausweitung militärischer Operationen. Das Kämpfen mit „verbundenen Waffen" trieben in erster Linie die Makedonen voran, bis hin zu einer Integration der verschiedenen Waffengattungen; dazu jetzt (freilich auf große Schlachten konzentriert) G. WRIGHTSON, Combined Arms Warfare. Aufs Ganze gesehen war der technisch anspruchsvolle und von Spezialisten weiterentwickelte Belagerungs-

Innovationen eher im Bereich der Strategie als der Taktik

krieg (noch vor dem Seekrieg) der innovativste Bereich der griechischen Kriegsgeschichte. Er hat – wie der ebenfalls auf anspruchsvolle Vorbereitungen und Training beruhende Einsatz der Reiterei – bezeichnenderweise eine eigene Fachschriftstellerei hervorgebracht; dabei gingen die entscheidenden Impulse von den unter monarchischer Herrschaft stehenden ‚Randgebieten' aus [VAN WEES, Greek Warfare, 197]. Hier könnte sich das Bemühen um eine stärker komparativ ausgerichtete Analyse des Kriegswesens (s. o.) instruktiv mit der Frage nach den Rahmenbedingungen für Innovationssprünge verbinden: Wenn griechische (und überhaupt mediterrane) Stadtstaaten militärische Neuerungen implementierten, dann geschah dies fast durchweg, indem sie diese von Kriegsgegnern übernahmen. Nicht ohne Grund beschreiben die Fachschriftsteller zur Belagerungstechnik (Poliorketik) die Entwicklung militärischer Techniken selten als die Erfindung von etwas völlig Neuem, sondern eher als Adaption und Verbesserung des Bestehenden [CUOMO, Technology and Culture, 55; ECHEVERRÍA REY, Weapons and technological determinism, 29 f., 53 f.]. Innovative Impulse ergaben sich – auch darauf hat F. ECHEVERRÍA REY [Weapons, 46] hingewiesen – vor allem und überall dort, wo unterschiedliche militärische Traditionen und Techniken aufeinandertrafen, nicht nur in den Perserkriegen, sondern insbesondere in den Kämpfen der kolonialen Poleis gegen Etrusker und Karthager sowie die nordwestlichen „Barbaren", später auch als Folge der Kriege Alexanders in Indien (Elefanten). Dabei scheint es ein relatives Transfergefälle von den technisch fortschrittlicheren, meist monarchischen Formationen des Ostens (bzw. deren Kolonien wie Karthago) hin zu den materiell weniger potenten Stadtstaaten des griechischen und westmediterranen Raums gegeben zu haben: Das Torsionskatapult wurde z. B. wie so vieles im levantinischen Raum von den Phöniziern in assyrischer Tradition entwickelt, dann in die tyrische Kolonie Karthago übertragen, von dem syrakusanischen Feldherrn und Tyrannen Dionysios erst zu Beginn des 4. Jahrhunderts in Syrakus gebaut und modifiziert und von dort schließlich über Thessalien nach Makedonien transferiert – ein transmediterraner Staffellauf über mehrere ethnische Grenzen und Kriegstraditionen hinweg [CUOMO, Technology and Culture, 46 ff.; MARSDEN, Greek and Roman Artillery, 12 f.]. Ebenso weisen die Erfindung der Triëre in der Levante und in Ägypten sowie deren zeitverzögerte Verbreitung über die Tyrannenherrschaf-

Transethnische Innovationsschübe

Innovationstransfer von Ost nach West

ten Siziliens und Korinths in den griechischen Raum darauf hin, dass monarchische Herrschaftssysteme Innovationen größere Entfaltungsspielräume einräumten als Figurationen wie die Bürgerpoleis, bei denen militärischen Strukturen weniger disponibel und modellierbar waren. Weil die Herrscher eines monarchischen Systems bei Wahrung bestimmter landestypischer Traditionen in der Regel selbst entscheiden konnten, wie sie sich militärischen Erfolg sicherten, und weil deren Akzeptanz auch auf der Demonstration überlegener Ressourcen und militärischer Leistungsfähigkeit beruhte, waren sie aufgeschlossener für alle Instrumente, die ihnen diesen Erfolg verschafften. Und weil sie in der Regel größere materielle Mittel konzentrieren und diese über stabile und straffe Befehlshierarchien einsetzen konnten, besaßen sie auch mehr Möglichkeiten und Autorität, militärische Spezialisten an sich zu ziehen, die von der Polisbürgerschaft tendenziell als Fremdkörper oder gar als Bedrohung ihres politischen Selbstverständnisses misstrauisch beäugt wurden. Kamen expansive Dynamiken hinzu, zögerte ein Monarch nicht, diese Mittel nach dem Kriterium militärischer Effektivität einzusetzen. Das ist der Grund, weshalb nicht die Spartaner, sondern Philipp II. über die Vermittlung des thessalischen Tyrannen Jason das Torsionsgeschütz übernahm und sein Sohn den mobilen Belagerungstrain zur Grundlage seiner Eroberung des urbanisierten Ostens machte [5.2: SCHULZ, Militärische Revolution].

Kapazitäten monarchischer Herrschaftssysteme

Auch hieran zeigt sich, wie wichtig es für die zukünftige Forschung ist, komparativ sowie kulturenübergreifend zu arbeiten, um die militärpragmatischen, ökonomischen und politischen Kontexte des griechischen Kriegswesens gerade für die Klassische Zeit schärfer zu konturieren. Um ein Beispiel zu nennen: Von den politischen Kontexten beeinflusst wurden offenbar die Gehorsamsmodalitäten. In einer Armee wie der Athens, wo die Feldherren von den Bürgern gewählt und nach Misserfolgen häufig unter Anklage gestellt wurden, stellte sich die Frage nach der Disziplin im Feld anders als in Rom oder in Sparta – und doch zeigt Herodots Bericht zur Schlacht von Plataiai (479) etwas überraschend, wie unter Spartanern ein Konflikt um Ehre und Hierarchie große Konfusion in der Führung erzeugen konnte [Hdt. 9,53–57, anders 418 bei Mantineia: Thuk. 5,71–73]. Überlegungen zu dem Problem bietet S. HORNBLOWER, Army as *polis*; einige Aspekte berührt G. HUTCHINSON, Xenophon and the Art of Command.

Befehl und Gehorsam

Kreative Kriegsfinanzierungen — Mehrere Handlungsfelder berührt auch ein anderes Forschungsthema: die Finanzierung des Krieges; s. dazu die einschlägigen Beiträge in BURRER / MÜLLER, Kriegskosten und Kriegsfinanzierung. Hier entwickelten die Griechen im 4. Jahrhundert, als immer öfter der Krieg den Krieg ernähren musste, eine gewisse Kreativität: Nicht nur ‚zu Hause' wurden verfeinerte Instrumente zur Verteilung der Lasten auf die (wohlhabenden) Bürger erdacht, etwa die Symmorien in Athen [G. I. OLIVER, 1.6.1: EAH 11, 6475 mit Literatur, ferner mehrere Beiträge in 1.3: RUSCHENBUSCH, Kleine Schriften, 269–308]; auch im Einsatzgebiet nutzten Kommandeure nunmehr Verbindungen und ökonomische Kenntnisse, um in Kooperation mit Produzenten und Händlern über Märkte die Versorgung sicherzustellen und Geldmittel zu generieren [GÜNTHER, War-Zone Markets].

Seekrieg — Die Entwicklung von militärischer Macht zur See und der Seekriegsführung geht weitgehend in der Ereignisgeschichte auf; s. u. Kap. 4, ferner SCHULZ, Feldherren, Kap. 3 (Perserkriege) und 4 (Athens Seeherrschaft); STRAUSS, Naval battles and sieges. Die großen Linien zeigt SCHULZ auf [Flotte]. Einer monographischen Synthese harrt die dynamisierende Wirkung von Seemachtpolitik und Flottenrüstung auf Staatlichkeit, Wirtschaft, Politik und Demographie in größeren Poleis; s. für einen ersten Aufriss GABRIELSEN, Naval Warfare. **Die Triëre** — Viele offene Fragen zur Triëre konnten Fahrten mit einem nachgebauten Schiff dieses Typs klären: MORRISON / COATES, Die athenische Triere; RANKOV, Trireme *Olympias*.

Zwischenstaatliche Beziehungen — Die Konzepte und Instrumentarien der zwischenstaatlichen Beziehungen (Rolle der Religion, Diplomatie und Gesandtschaften, Vertragswesen und Schiedsgerichte) sowie die Problematik der Anwendung von Begriffen wie Außenpolitik und Völkerrecht auf die Griechen sind Themen der klaren Darstellung und Diskussion von E. BALTRUSCH [Außenpolitik, 14–34, 97–126]. In systematischer Darstellung sucht A. GIOVANNINI [Les relations] die Qualität der zwischenstaatlichen Politik bei den Griechen gegen ihre Verächter zu verteidigen. In diesem Sinne diskutiert er in konzentrischen Kreisen die Grundlagen von Gemeinsamkeit (Verwandtschaft, Religion, Gastfreundschaft und andere akzeptierte soziale Bindungen), dann die konstituierenden Einheiten (Polis, *éthnê* usw.), ferner den Krieg und seine Regeln, schließlich bilaterale Beziehungen („accords entre états") und Formen multilateraler Kooperation („systèmes d'états"). Gerade in den beiden letzten

Kapiteln verdeckt die Disposition offenkundige Unterschiede und finden sich eigenwillige Klassifizierungen und Thesen; s. dazu E. BALTRUSCH, Gymnasium 117, 2010, 503f.

Ein Überblickswerk zur ‚Diplomatie' (Begriff und Konzept waren in der Antike strenggenommen unbekannt) legten ADCOCK / MOSLEY vor [Diplomacy in Ancient Greece; von MOSLEY stammen auch fast alle Beiträge zu Griechenland in E. OLSHAUSEN / H. BILLER (Hg.), Antike Diplomatie, 1979]. Eine grundlegende Studie zu den Bündnis- und Vertragsformen bietet E. BALTRUSCH [Symmachie und Spondai]. Zum Gesandtschaftswesen ist immer noch D. KIENAST [Presbeia] grundlegend; L. PICCIRILLI [L'invenzione della diplomazia] bietet Bausteine zu einer Kultur der Gesandten sowie ihrer Sprache. Zur Eidleistung als (auch) im zwischenstaatlichen Verkehr zentrale Praxis s. SOMMERSTEIN / BAYLISS, Oath and State, 145–325; BOLMARCICH, Oaths. Belege für frühe, vereinzelte Schiedsakte nennt S. HORNBLOWER [arbitration, 1.6.1: OCD⁴ 133]; vgl. als Kondensat ihrer Monographie S. L. AGER, 1.6.1: EAH 2, 615–617. Das Material hat L. PICCIRILLI gesammelt und kommentiert [Gli arbitrati]; die Forschung ordnet BALTRUSCH ein [Außenpolitik, 124 f.].

Eine eher negative Sicht der Verhältnisse repräsentiert C. R. CHAMPION [Interstate Relations, OEAGR 4, 82–86], der eine „inefficiency of ancient diplomatic instruments" feststellt: Deren informelle wie auch die fixierten Regeln seien oft ignoriert worden, nicht zuletzt in einem so spektakulären Fall wie der Ermordung der persischen Gesandten in Sparta und Athen 491 [Hdt. 7,133,1; „an act of sacrilege by Greek standards": N. G. L. HAMMOND, CAH² IV, 498]. Champion ergänzt, „the Greek world had a history of dysfunctional treaty making". Das wäre eine gewisse Parallele zur jüngeren These von der Regellosigkeit militärischer Praktiken (s. o.). Der Versuch von P. Low [Interstate Relations], die griechischen Verhältnisse mit dem Blick der modernen Wissenschaft von den „International Relations" (der ‚idealistischen' wie der ‚realistischen' Richtung) neu zu beleuchten, glückte nicht [s. U. WALTER, Historische Zeitschrift 289, 2009, 414–416]. Sie wollte u. a. zeigen, dass die von Thukydides im Melierdialog [5,85–113] vorgestellten Semantiken und Praktiken außenpolitischen Handelns für Hellas in klassischer Zeit nicht typisch gewesen seien und dass die Beziehungen zwischen den Polisstaaten durchaus Regeln und einer Moral folgten [in eine ähnliche Richtung geht BUIS, Taming Ares, der sich u. a. mit dem *ius ad bellum* und dem *ius in bello* befasst].

Verdikte und Ehrenrettungen

Das ist unbestreitbar, aber auch banal – alles was in der sozialen Sphäre existiert, gehorcht Regeln und lässt sich normativ überhöhen. Und in den Prinzipien der Gegenseitigkeit, der Freundschaft sowie der ethnischen und ‚ideologischen' Gemeinschaft formative Elemente dieser Beziehungen zu erkennen, ist nicht eben neu. Schließlich versäumt Low zu fragen, welche Konsequenzen sich aus der von Aristoteles formulierten Ansicht ergaben, dass allein Beziehungen innerhalb einer Polis ‚politischen' Charakter haben konnten – zwischenstaatliche also eben gerade nicht. An der weitgehenden Fehlanzeige ändert sich auch nichts, wenn man den Spuren eines Diskurses über den Frieden nachgeht; s. RAAFLAUB, Greek Concepts and Theories of Peace. Zwischenstaatliche Politik, Völkerrecht und „International Relations" (IR) mit Blick auf das Werk des Thukydides behandeln mehrere Beiträge in BALTRUSCH / WENDT, Ein Besitz für immer? Die (meist eher oberflächliche) Aktualisierung dieses Autors in der ‚realistischen' Schule und den IR generell ist Thema der Aufsätze von S. FORDE und R. N. LEBOW, in: K. HARLOE / N. MORLEY (Hg.), Thucydides and the Modern World (2012), 178–196 bzw. 197–211.

2.7 Konstruierte Identitäten: Mythen, Vergangenheitsfiktionen, Barbaren, Hellenen

Die Forschung hat in den letzten Jahrzehnten die in der Überschrift genannten Phänomene so intensiv beackert, dass man von einem regelrechten Boom, auch von Übertreibungen sprechen kann. Denn bisweilen wird zugunsten der Untersuchung von Subjektivitäten das Bemühen um die halbwegs erhärtbare Realgeschichte an den Rand gedrängt – oder man erklärt diese unter Hinweis auf den Konstruktcharakter jeglicher Vergangenheitsrepräsentation gar gleich für ungreifbar. Auch pompös-verrätselte Diskursorgien fehlen nicht; für ein Beispiel s. U. WALTER, Historische Zeitschrift 293, 2011, 463f. Den Hintergrund bilden die sog. kulturwissenschaftliche Wende und in ihrem Rahmen der *memorial turn* [s. für die Begriffe und Konzepte GUDEHUS u. a., Gedächtnis und Erinnerung]: Sozial konstruierte Geschichtsbilder stiften demnach in angebbaren Gemeinschaften Identität und vermögen das Handeln zu leiten. Jene Identität ist lokaler oder regionaler Natur, sie kreist um Götter, Heroen, Kulte und fundierende Geschichten aus Urvorzeiten, aber auch um jüngere Ereignisse etwa der Perserkriegszeit. Damit ist zugleich angedeutet, warum sich ‚Geschichte' bei den Griechen so flexibel darstellt: Sie war untrennbar mit dem Mythos verknüpft. Mythen lassen sich (sehr vereinfacht) bestimmen als traditionelle Erzählungen ohne Erstautor, die in einer Gemeinschaft Bedeutung haben und für diese „Gültiges aussagen über die Entstehung der Welt, der Gesellschaft und ihrer Institutionen, über die Götter und ihr Verhältnis zu den Menschen, kurz über alles, was die menschliche Existenz bestimmt" [GRAF, Griechische Mythologie, 9]. Mythos

Gute Einführungen bieten (neben Graf) W. BURKERT [Mythos und Mythologie], B. POWELL [Einführung] und L. EDMUNDS [Greek Myth]; zu Mythos und Identität s. A. KÜHR, Als Kadmos nach Boiotien kam, 15–41. Lexikalische oder erzählende Synthesen des Materials bleiben unentbehrlich, lassen jedoch nicht immer die lokale Vielfalt und Zurichtung der Mythen erkennen; genannt sei nur R. VON RANKE-GRAVES [Griechische Mythologie]. Das Material erschließt T. GANTZ, Early Greek Myth. A Guide to Literary and Artistic Sources, 1993. W. HANSEN [Classical Mythology] verbindet Einführung, Personen-, Sach- und Motivlexikon; Weiteres bei POWELL, Einführung, 223 f. Konzeptionell ist das (natürlich veraltete) Handbuch von O. GRUPPE interessant. Es gibt zu Beginn auf 350 Seiten eine Übersicht der wichtigsten Mythen, regional geordnet nach Kultstätten, da „der Drang nach Selbständigkeit, der auch die kleineren Staaten erfüllte, und den die überwiegende Macht einer führenden Gemeinde immer nur vorübergehend niederwarf, sich in der Ordnung der religiösen Angelegenheiten ebenso bethätigt(e), wie in der Politik"; jedenfalls „erscheinen die religiösen Ceremonien und Überlieferungen in Griechenland, (...), als eine Vielheit einzelner Kulte und Mythen, die jede eine bis zu einem gewissen Grade abgeschlossene, nur aus ihren besonderen Bedingungen zu verstehende Geschichte durchmachen" [Griechische Mythologie und Religionsgeschichte, Bd. 1, 1906, 1 f.]. Lokale Grundierung

Weil Mythen sozial und funktional stets bezogen waren und in zahlreichen Medien verhandelt wurden (mündliche Erzählung, Dichtung und Bühne, Ritual, Vasenmalerei, plastische Bildwerke u. a.), stellten sie sich als überaus formbar dar und erschienen in immer neuen Varianten (Mythomotorik); man hat daher vom „mythogenen Vergangenheitsbezug der Griechen" gesprochen [E. FLAIG]. Zwar stellten diese sich den Zeithorizont der großen Mythen qualitativ durchaus anders vor als die jeweils eigene Gegenwart – besonders darin, dass damals die Götter unmittelbar am Geschehen mitwirkten und sich mit Menschen verbanden. Und gewiss gab es Differenzierungsbemühungen; s. neben Hdt. 1,5,3 nur 3,122,2: Polykrates von Samos erstrebte als erster „innerhalb der sogenannten Menschenzeit" eine Seeherrschaft; der ebenfalls erwähnte, frühere Minos wird hier offenbar einem qualitativ andersgearteten Zeitalter zugerechnet. Dennoch wurden die Tatsächlichkeit und v. a. die Wirkmächtigkeit des Trojanischen Krieges, der Familienkonflikte um Theben oder der Städtegründungen durch umherziehende Heroen und Halbgötter nicht bezweifelt. J. Burckhardt pointierte, das „ganze griechische Menschengeschlecht hielt sich für den Erben und Rechtsnachfolger der Heroenzeit"; selbst „noch viel spätere Ereignisse sind hier so lange in der Erzählung umgestaltet worden, bis sie typisch, sprechend, charakteristisch lauteten" [1.2.1: Kulturgeschichte 1, 31 und 35; das Kapitel „Die Griechen und ihr Mythus" ist nach wie vor lesenswert; ebenso 1.2.1: Grote, History 2, 1–103 („Grecian myths, as understood, felt and interpreted by the Greeks themselves") = Geschichte 1, 235–320]. In der Tat wird in der Bilderwelt der griechischen Vasenmalerei kaum je zwischen ferner Vergangenheit und Gegenwart unterschieden [Giuliani, Myth as Past?] und konnten in der Dichtung wie in der Historiographie selbst zeitnahe historische Ereignisse mythisiert werden [Meier, Deiokes-Episode, 40–44]. Als Kristallisationspunkte für mythische Sinnstiftung dienten nicht zuletzt alte Gegenstände und markante Punkte in der Natur; dazu aus archäologischer Sicht J. Boardman, Archaeology of Nostalgia (mit einem Anhang literarischer Zeugnisse) sowie enzyklopädisch A. Hartmann, Relikt und Reliquie.

Mythos als ‚Alte Geschichte'

Die Griechen sahen ihre durch Stammbäume strukturierte ‚Alte Geschichte' [vgl. allgemein Graf, Griechische Mythologie, 117–137: Mythos als Geschichte] von großen Kämpfen, Mobilität und Gründungen geprägt, wobei der Trojanische Krieg eine zeitliche Achse bildete. Es gab außerdem eine Generation davor (Herakles, Theseus, die Argonauten, die Sieben gegen Theben, die Schlacht gegen die Amazonen usw.) sowie eine Epoche danach mit vielen Wanderungen und Niederlassungen, unter ihnen die „Rückkehr der Herakliden" (s. o. 2.1), die mythhistorische Legitimation für Spartas Vorherrschaft auf der Peloponnes. Wie die Spartaner sich selbst in Mythen definierten, legte I. Malkin auseinander [Myth and Territory]. In dichterischen Mythenkonstruktionen ließen sich, wie ein beinahe beliebig gewähltes Beispiel zeigt, historisch fundamentale Kategorien wie Migration und Genealogie mit dem Ruhm eines aktuellen Wettkampfsiegers und seiner Heimatstadt (Aigina) verbinden; s. STENGER, Migration. Mythen verklammerten ferner in Form von Anfangserzählungen (Aitia) zu den praktizierten Riten die kultischen Feste einer Polis oder einer Landschaft mit den Bewohnern und dem Boden, auf dem sie lebten. An Beispielen aus Athen, u. a. dem Synoikia- und dem Panathenäen-Fest, sowie aus Sparta, Argos, Messenien und Phigaleia legt N. ROBERTSON [Festivals and Legends] seine These dar, es sei „the aetiological and social reference that makes Greek myth what it is" [132].

Wenn Vergangenes durch Auswahl, Gestaltung und Deutung zur Geschichte erhoben wird, steckt immer eine Absicht dahinter. Die von H.-J. GEHRKE geprägte Formel „intentionale Geschichte" hat in diesem Sinn weite Verbreitung gefunden; vgl. als eingängige Synthese DERS., Geschichte als Element. Doch den Griechen fiel es besonders leicht, für sie bedeutungsvolle Geschichten zu formen, weil ihnen der Mythos als Bauplan und Praxis zu Gebote stand. Eine Konsequenz war, dass bedeutsame Vergangenheiten in vielen Gattungen der Literatur, auch vor und außerhalb der Historiographie, behandelt wurden (Epos, Dichtung, Tragödie und Komödie, Reden, Philosophie). Fallstudien dazu bieten etwa J. GRETHLEIN [The Greeks and Their Past; das Buch rekonstruiert intellektuelle und literarische Optionen, mit Kontingenz fertigzuwerden, nicht politische Wirkungen] und J. MARINCOLA u. a. [Greek Notions of the Past; darin auch nicht-literarische Medien wie Vasenbilder und Inschriften]. In Heiligtümern, lokalen wie überregionalen, war Geschichte ebenfalls vielfach präsent, so in den Kultliedern, den Weihungen und den dort publizierten Inschriften; s. die Beiträge in HAAKE / JUNG, Heiligtümer als Erinnerungsorte. Die Stadt als Gehäuse und Produkt von Erinnerung umreißt J. MA, City as Memory; für den am besten dokumentierten und erforschten Fall s. einführend T. HÖLSCHER, Athen – die Polis als Raum der Erinnerung. In einem pointierten Aufsatz [Vergangenheit in der Gegenwart] identifiziert die Archäologin K. SPORN innerhalb des im vorliegenden Grundriss abgedeckten Zeitraums drei Kontexte für eine verstärkte „invention of tradition" (E. Hobsbawm): die Geometrische Zeit als Phase der Siedlungsentwick-

Herstellung von Geschichte

lung, die Zeit der frühen Polis „mit Legitimitätsansprüchen aristokratischer Clans" sowie die Klassik als Epoche einer „Politisierung der griechischen Welt". Die späte Konstruktion einer ethnischen und historischen Identität durch (und für) die Messenier hat N. LURAGHI aufgearbeitet [Ancient Messenians]. Im Folgenden können nur einige Themen kurz angerissen werden.

Lokalhistorie   Die einst reiche, leider nur trümmerhaft überlieferte Lokalgeschichtsschreibung diente der Stiftung einer partikularen, in der Vergangenheit verankerten Identität; für eine knappe Übersicht s. H.-U. WIEMER, 1.6.1: EAH 8, 4131–4133. In den Werken dieser Art, die einer fest definierten Gattung zuzuordnen man heute vorsichtig ist, wurden, wie zuletzt R. THOMAS herausgestellt hat [Polis Histories], sowohl dem eigenen wie einem gesamtgriechischen Publikum die jeweiligen Leistungen und Besonderheiten vorgestellt [s. TOBER, Greek Local Historiography]. Die Spannweite reicht vom engen, Ort oder Region überziehenden Netz des Mythos bis in die eigene Zeit des Autors, vom Krieg über die Institutionen (*nómima*) bis zur Kultur. Auch wurde die beschriebene Gemeinschaft nicht selten in einen größeren geographischen und historischen Zusammenhang eingeordnet; die Werke „augmented the prestige of the focal locality by exploiting centrifugal force, by casting the local outward" [D. TOBER, Megarians' Tears, in: 1.7.2: BECK / SMITH, Megarian Moments, 183–207, 196]. Ein Teil der Lokalgeschichtsschreibung scheint auf chronologische Exaktheit und Übersichtlichkeit, etwa in Form von Beamtenlisten, Wert gelegt zu haben. Thomas betont die Vielschichtigkeit dieser Geschichten, ihre Verflechtung mit Handlungen der ‚Barbaren' sowie die große Bedeutung von Frauen. Auch H. BECK [1.5: Localism, 165–175] hebt gegen früher gängige Geringschätzungen und eine zu enge Gattungsbestimmung hervor, wie vielfältig und lebensweltlich bedeutsam die zahlreichen Werke zu diesem Thema gewesen seien; ihre „sociocentric voice" setzte die Gemeinschaften in den Stand, „to navigate through the multiple layers of the past, from the remote *ktisis* period to more recent times and the present day" [174 u. 170]. Selbst die ‚große', weite Räume erfassende und miteinander verknüpfende Historiographie Herodots ruht weitgehend auf mündlich geformten, lokalen Überlieferungen, den sog. epichorischen Quellen, und lässt das jederzeit erkennen [LURAGHI, Local Knowledge].

In der athenischen Lokalgeschichte der sog. Atthidographen von Hellanikos von Lesbos (Ende 5. Jahrhundert) bis Philochoros (Anfang 3. Jahrhundert) wurden neben Mythen, Familiengeschichten, Institutionen und der Chronologie seit den frühesten Königen auch Verfassungsfragen behandelt: Die in der pseudoaristotelischen „Athênaíôn Politeía" (Kap. 41) aufgezählten Umbrüche gehen wohl auf solche Periodisierungsbemühungen um verschiedene Arten und Begründer der Demokratie zurück. Die klassische Studie verfasste F. Jacoby [Atthis], der in seiner Fragmentsammlung (s. o. 1.3) auch die Texte ediert und mit umfangreichen Kommentaren versehen hat [FGrH Nr. 323a–334, dazu zwei separate Kommentarbände]. S. ferner Rhodes, Atthis; Schubert, Atthidographen; Bearzot / Landucci, Storie di Atene. Sammlungen übersetzter Fragmente mit Kommentar hat Ph. Harding [The Story of Athens; Androtion and the Atthis, beide 1.10.1] vorgelegt. Die von Jacoby vertretene These, die Atthidographen hätten sich teilweise auch ‚verfassungspolitisch' positioniert, wurde zuletzt öfter kritisiert, scheint aber zumindest für Kleidemos [FGrH Nr. 323] valide zu sein; s. 3.7: McInerney, Politicizing the Past.

Lokalhistorien Athens

In den geringen Resten der frühen boiotischen Lokalhistorie [Tufano, Boiotia from within] lassen sich vier Themen ausmachen: die ursprüngliche Bevölkerung, die Gründungsmythen für Theben und andere Städte, die Beziehungen zu Thessalien sowie ‚große' hellenische Ereignisse wie der Perserkrieg aus der Sicht der Boioter, die ja nicht dem Hellenenbund angehört hatten und immer wieder mit dem Vorwurf konfrontiert waren, auf der Seite der Perser gestanden zu haben (s. u. 3.6). – Warum es in und zu Sparta kaum Werke der Lokalgeschichte gab, erläutert L. Thommen [3.4: Fehlende Lokalgeschichte].

... und Boiotiens

Die zweite, besser greifbare Textsorte sind die literarisierten Reden auf die für Athen Gefallenen (*epitáphioi lógoi*), in denen der Kanon des geschichtsgesättigten Selbstbildes der Athener rühmend durchdekliniert wurde: von der Autochthonie (Ansässigkeit in Attika von Anfang an) über die Schirmherrschaft der Göttin Athena und die Staatsgründung durch den Synoikismos des Theseus bis zu verschiedenen Hilfeleistungen für andere oder alle Hellenen, gipfelnd natürlich im Sieg über die Perser. Ungeachtet neuerer Arbeiten bieten hierzu die Studien von N. Loraux immer noch einen inspirierenden Ausgangspunkt [Invention of Athens

Athenische Gefallenenreden

(zu den Gefallenenreden); Born of the Earth (zu verschiedenen Mythen, u. a. der Autochthonie); Divided City (zum verordneten Vergessen als Heilmittel nach dem Bürgerkrieg 404/03)]. Bekräftigend oder kontrovers mit Geschichte zu argumentieren war auf verschiedenen Feldern geläufig. Im zwischenstaatlichen Verkehr [grundlegend Osmers, Wir aber sind] gehörte dies zur ‚Kleiderordnung'; historische Begründungen verwiesen auf verwandtschaftliche Beziehungen, Herkunft und Abstammung, ruhmreiche Taten, ältere Bündnisse oder Feindschaften sowie auf Verfehlungen der Gegenseite. Nicht überraschend wurden die Verknüpfungen von Vergangenheit, Gegenwart und Zukunft durch verschiedene Muster und Medien wie Genealogie, Listen eponymer Magistrate, Kalender, Lokalgeschichte und Chronographie, zwischen Homer und dem Hellenismus dichter und zahlreicher. Ein festes Repertoire von Erzählungen im Gedächtnis der Griechen insgesamt bildete sich indes nicht (weswegen das Konzept des „kulturellen Gedächtnisses" [J. Assmann] für Hellas nicht taugt). Die Berichte konnten auch im Widerspruch zueinander stehen; „in ihnen spiegelte sich nicht nur die Mehrschichtigkeit der Zugehörigkeit zu einer Polis, sondern auch der Polyzentrismus der hellenischen Welt" [Osmers, Wir aber sind, 87] – die trotzdem als ein einheitlicher Kommunikationsraum wahrgenommen wurde. Dass die Quellenlage auch auf diesem Feld athenlastig ist, verwundert nicht. Die neueren Arbeiten beziehen sich auf die etablierten wissenschaftlichen Konzepte des „sozialen Gedächtnisses" (nach M. Halbwachs) und des „Erinnerungsortes" (Lieux de mémoire, nach P. Nora); für einen einführenden Überblick s. Chr. Michels, Mit Erinnerung arbeiten. Vertiefend zeigt B. Steinbock [Social Memory in Athenian Public Discourse] am Beispiel der Sicht auf die Beziehungen zu Theben, wie präsent die Argumentation mit Vergangenheit im politischen Diskurs der Demokratie war. Als Träger und Medien des sozialen Gedächtnisses wirkten die öffentlichen Gefallenenreden – inhaltlich das „master narrative of Athenian history" [49] –, aber auch Zusammenkünfte bei Festen und Kulthandlungen oder in den Familien, Demen und Phylen sowie Inschriften und Monumente. Während jedoch Osmers zufolge (s. o.) die Vergangenheitsargumente im zwischenstaatlichen Verkehr weitgehend ohne praktische Wirkung blieben, meint Steinbock, auf (außen-)politische Entscheidungen der Athener habe durchaus nicht nur ‚Realpolitik', sondern auch der geteilte und immer wieder aktualisierte Wissensschatz um eigene Leistungen und Ansprüche eingewirkt – wie das erwiesen werden kann, bleibt allerdings offen. Auf festerem Grund steht K. Kostopoulos [Die Vergangenheit vor Augen]; sie zeigt, dass die Redner vor dem Volk und vor Gericht häufig die Geschichte Athens in Gestalt der sichtbaren oder nur vorgestellten Monumente und Zeugnisse (Akropolis, Mauern, Gräber, Tropaia [Siegesmale] bzw. Ehrenstatuen auf der Agora und Inschriften) aufriefen. Die „durch Erinnerungsräume multivernetzten Personen und Ereignisse sind als zentral für das Selbstbild der athenischen Bürger anzusehen" [348]. Wie G. Westwood [Rhetoric of the Past] ergänzend darlegt, dienten die in den Reden präsentierten Versionen der Vergangenheit zudem dazu, die politische Identität und Autorität des Redners zu schärfen und damit auch in Konkurrenz zu anderen Rednern zu treten. Indem die geschilderten Ereignisse in ein Kontinuum athenischer Werte eingebettet wurden, sollte ein gutes Licht auf den Vermittler dieser Ereignisse fallen. M. Barbato [3.7: Democratic Ideology] legt dar, wie „shared views on justice, public advantage, *philanthrōpia* and other values significant to the community" in Athen durch institutionelle Praxis und soziales Gedächtnis zu einer vielschichtigen und dynamischen Ideologie der Demokratie werden konnten.

Athen war auch als Produzent und in der Überlieferung der prominenteste Ort im Bereich der bildlichen und monumentalen Darstellungen historisches Ereignisse, zumal der Perserkriege. Aus der reichhaltigen archäologischen Literatur, die auch mit der schwierigen Kategorie ‚Realität' zu ringen hat, s. exemplarisch K. Stähler, Griechische Geschichtsbilder.

Ein häufiger Gegenstand von Erinnerungspflege und -konstruktion war die Gründung einer Stadt bzw. ihre Neugründung durch einen Reformakt (s. o. 2.5.1 zu den Gesetzgebern). Hier hatte die Forschung zunächst frühere Bemühungen abzuweisen, aus den Mythen einen ‚historischen Kern' herauszupräparieren und so die älteste ‚Wanderungszeit' zu erhellen; in diesem Sinne bleibt die Studie von F. Prinz [Gründungsmythen] wichtig. M. Kõiv [Tradition] erörtert die mythhistorischen Fundierungsgeschichten für Lakonien, die Argolis und Korinth. Diese Geschichten folgten dem Muster von Krise und Lösung, wobei der zentrale Kult die Hauptrolle spielte. Die geschilderten Vorgänge unter Hinweis auf die genealogische Binnenchronologie der Erzählungen und den davon unabhängigen archäologischen Befund ins 8. Jahrhundert zu da-

Gründung

tieren, erscheint jedoch methodisch problematisch, da die zeitliche Fixierung auf beiden Feldern höchst unsicher ist. Die Gründungsgeschichten der Ioner in Kleinasien waren MAC SWEENEY [Foundation Myths and Politics] zufolge insofern komplex, als sie sich der zunehmenden Polarisierung von ‚Griechen' und ‚Barbaren', ‚Europa' und ‚Asien' verweigerten; überdies „competition and rivalry were major contributing factors to a sense of Ionian collectivity" [200]. Für die Gründungsgeschichten (*ktíseis*) der Apoikien ist auf den besonnenen Überblick von J. HALL [2.4: Foundation Stories] zu verweisen; er skizziert, wie sich die Forschung heute zu den Gründungsgeschichten positioniert, stellt die Eigenarten solcher Erzählungen heraus und konfrontiert sie für Sizilien und Unteritalien mit dem archäologischen Befund. Die Frühgeschichte der West-Peloponnes (Elis, Messenien) scheint in wesentlichen Zügen erst im Zuge der politischen Neuformierung nach Spartas Niederlage 371 gestaltet worden zu sein; s. ZINGG, Schöpfung.

Ethnizität

Nicht nur Poleis pflegten ihre Geschichte, auch für die Formierung von ethnischen oder (damit verbunden) landschaftlichen Identitäten auf verschiedenen Ebenen (s. o. 2.5.3) war diese von hoher Bedeutung. Ein besonders komplexer Fall ist Boiotien, da wir es hier sowohl mit einer selbstbewussten Polis (Theben), die eine reiche Erinnerungslandschaft pflegte, als auch dem Ethnos der Boioter zu tun haben, das bereits im Schiffekatalog der „Ilias" auftaucht. Hinzu kam, dass wichtige Teile des Erinnerungskonglomerats aus Fremdzuschreibungen bestanden („altes Schimpfwort ‚boiotische Sau'" [Pind. Ol. 6,89 f.]; Theben als Schauplatz

Boiotien

schrecklicher Ereignisse in der Attischen Tragödie; s. u. Kap. 3.6). All das hat A. KÜHR vorbildlich aufgedröselt [Als Kadmos nach Boiotien kam]: Die thebanischen Gründungsmythen schilderten kanonisierend das Werden des Polisraumes und strukturierten diesen; zugleich verknüpften sie Erinnerungsorte und Heiligtümer miteinander. Die Identitätskonstruktion des Ethnos war zwar ebenfalls stark durch die einzelnen Städte und ihr jeweiliges Verhältnis zueinander geprägt, doch es waren primär die Mythen Thebens, welche die Region definierten: Die politische Vormachtstellung der Kadmos-Stadt setzte sich in der Geschichtskonstruktion fort.

Dorer vs. Ioner?

Im Gesamtbild der Griechischen Geschichte wurde bisweilen ein Dualismus von ‚Dorern' und ‚Ionern' für prägend angesehen;

diese beiden ‚Stämme' standen dann für unterschiedliche Charaktere und politisch-kulturelle Stile [markant in 1.2.1: BERVE, Griechische Geschichte]. Neuere Studien haben jedoch gezeigt, dass die Idee eines Dualismus erst spät aufkam, nämlich im 5. Jahrhundert mit dem Anspruch Athens, Mutter und Vormacht aller ‚ionischen' Städte zu sein, und dem sich zuspitzenden Gegensatz zu Sparta, das seinerseits zum Haupt der ‚dorischen' Griechen aufstieg; s. ALTY, Dorians and Ionians; OSMERS, Wir aber sind, 105–134. Bereits ED. MEYER [1.2.1: Geschichte des Altertums III, 538 Anm. 1] hat das Nötige klargestellt: „Man abstrahiert das Doriertum aus den Spartanern, das Ioniertum aus den Ioniern des 6. und 5. Jahrhunderts, verallgemeinert die historisch gewordenen Unterschiede, ganz unbekümmert darum, daß z. B. Argos, Korinth, Korkyra, Syrakus in das dorische Schema absolut nicht hineinpassen, und datiert sie in die Urzeit zurück. Die Masse der übrigen Stämme wird dabei gewöhnlich völlig ignoriert." Wie wenig es so etwas wie eine ursprüngliche ‚Stammessolidarität' gab, zeigt die konstante Feindschaft zwischen Sparta und Argos seit dem 7. Jahrhundert.

Auch das scheinbare Gegenteil des Erinnerns an eine gemeinsame Geschichte gehört in den großen Topf der Geschichtskonstruktionen: das verordnete Vergessen böser Taten im Dienste eines Neuanfangs. In Regelungen nach einer Stasis (s. o. 2.5.1) wurde dann vereinbart, „einander Böses nicht nachzutragen". Die sog. Amnestie war ein Mittel, um von oben die Einheit der Polis wiederherzustellen, durch Verbannung ausgeschlossene Bürger wieder einzugliedern und generell eine „Eintracht" (*homónoia*) zurückzugewinnen; s. DREHER, Amnestie (mit einem Katalog). Sie zielte nicht auf ein tatsächliches Vergessen, sondern auf negatives Erinnern an einen selbstzerstörerischen Konflikt. Prominent und am besten dokumentiert ist die Vereinbarung zwischen den athenischen Bürgerkriegsparteien 403 (u. Kap. 3.7).

Verordnetes Vergessen

Konstruiert wurden Identität und Andersartigkeit (Alterität) nicht nur auf der Zeitachse, sondern auch im Raum. Die Interaktion mit Nicht-Griechen brachte vielerlei Erfahrungen mit sich. Sie ermöglichte jedoch zugleich, dass der Prozess der Ausformung eines eigenen kulturellen und politischen Selbstverständnisses zu vereinfachenden, gegebenenfalls mobilisierenden Vorstellungen führte und polar gedachte Identitäten ausgebildet wurden – verstärkt durch die Jahrhundertkonfrontation der Perserkriege (490 und 480/79). Diese Polarität konnte in Medien jeder Art ausbuch-

Perser und andere ‚Barbaren'

stabiert, zugespitzt, aber auch differenziert werden. Zum Gegenbegriff wurde der Barbar (damals geglaubte Wortbedeutung: der unverständlich, jedenfalls nicht griechisch Redende). Wie Forschungen zumal zum Perserbild deutlich gemacht haben, waren es weder allein konkrete Begegnungen und Erfahrungen, die ein solches Bild formten, noch setzte sich umgekehrt dieses unmittelbar in Handlungen um. So war der Perserkönig für Griechen vieles zugleich bzw. in jeder Konstellation ein anderer: Arbeitgeber, Zufluchtsstätte, Bündnispartner, Hort sehnsuchtsvoll erahnten Reichtums, machtpolitischer Konkurrent, Feind der Freiheit, Haupt einer völlig anderen, ‚orientalischen' Lebensform oder ein den Leidenschaften ergebener, verabscheuungswürdiger Tyrann, den es auf Abstand zu halten galt.

Ebenso vieldeutig war das Bild der ‚nördlichen' Barbaren, zumal der als Skythen gefassten Bevölkerungen, da diese von sich aus seltener in griechische Angelegenheiten involviert waren – und wieder anders sah es aus beim uralten Wunderland Ägypten. Beschleunigt bildeten sich die Barbarenbilder aus, als Griechen mit dem Perserreich aneinandergerieten, der Schwarzmeerraum und sein skythisches Hinterland Ressourcen von Rohstoffen sowie Sklaven wurden und Ägypten in den 450er-Jahren in den Blick athenischer Machtprojektion kam (u. 4.3 und 4.4).

Doch wo es konkrete Begegnungen gab, zeigten sich Abschattierungen: Nicht-griechische Akteure konnten durch mythische Genealogien in einen griechischen Verwandtschaftshorizont eingebunden werden; so wurde Makedon, der fiktive Stammvater der Makedonen, zum Enkel des Hellen und über seinen Vater Aiolos sowie die Onkel oder Cousins Doros, Ion, Achaios und Aiolos in die Reihe der Gründerahnen der Hellenen eingereiht [zu dieser Option s. generell GRUEN, Rethinking the Other, 253–276]. Die Makedonen galten damit als Griechen. Der Redner Demosthenes hingegen beschimpfte den aktuellen Makedonenkönig Philipp II. als Barbaren – es kam immer auf den Kontext an. Im 19. Jahrhundert nahm die deutschsprachige Forschung unter dem Etikett der „Nationalität der Makedonen" diese Spur mit zeittypischen Kategorien wieder auf; vgl. 1.2.1: BELOCH, Griechische Geschichte IV 1, 1–9. – Alterität konnte auch verzeitlicht werden: Thukydides zufolge „lebten die Griechen in alter Zeit sehr ähnlich den Sitten in der heutigen Barbarenwelt" [1,6,6], indem sie etwa nur bewaffnet das Haus verließen.

Makedonen

P. CARTLEDGE [1.5: Die Griechen und wir, 36–60] betont die polare Konzeption von Hellenen und Barbaren im griechischen Denken, aber auch die Spannung zwischen Theorie und Praxis; er skizziert zudem die antike Klimatheorie, derzufolge die Griechen in der idealen Mitte lebten, zwischen einer Fülle, welche die Orientalen schlaff und einer despotischen Herrschaft bedürftig mache, und einer nördlichen Kargheit, die Freiheit fördere, jedoch Zivilisation verhindere. A. DIHLE [Die Griechen und die Fremden] hebt in einer gediegenen Gesamtschau hervor, dass die Griechen durch die Vielfalt ihrer Kontakte mit hochentwickelten wie mit ‚primitiven' Gesellschaften eigentlich für eine differenzierte Sichtweise prädestiniert waren; erst das Ergebnis der Perserkriege habe – mit Verzögerung – die literarisch greifbare Fremdenwahrnehmung in Richtung auf Ethnozentrismus und Stereotype gelenkt. Laut G. WALSER [Hellas und Iran] war die vielbeschworene Hellenen-Barbaren/Perser-Antithese ein Produkt der imperialen Propaganda Athens zur Zeit des Seebundes und hatte mit der komplexen Wirklichkeit der Beziehungen wenig zu tun. Vor diesem Hintergrund ist es besonders interessant zu sehen, wie in breitenwirksamen Medien ‚Barbaren' dargestellt wurden; s. zur Tragödie E. HALL, Inventing the Barbarian. Ein umfänglicher Sammelband [1.5: ZENZEN u. a., Aneignung und Abgrenzung] beleuchtet bestimmte Sektoren oder Phänomene der Lebenswelt (Monarchie, Raum, Wissenschaft, Religion u. a.) aus griechischer und ‚östlicher' Perspektive sowie in der wechselseitigen Wahrnehmung. Über die Ebene der Perzeption weit hinaus geht der bemerkenswerte Entwurf von K. VLASSOPOULOS, Greeks and Barbarians (s. o. S. 13). Jüngst plädierte T. HARRISON [Reinventing] dafür, die Polarität Hellenen-Barbaren weiterhin ernstzunehmen, sie also nicht angesichts der vielen Kontakte und Differenzierungen für irrelevant oder eine Erfindung athenischer Ideologie zu erklären. Dennoch überwiegt deutlich der Trend, das griechische Fremdverstehen ausdrücklich jenseits des Griechen-Barbaren-Gegensatzes neu zu konzeptualisieren.

Orientierung

Beeinflusst von aktuellen Debatten um Nationalismus, Identitätskonstruktionen, Orientalismus und Rassismus hat man zumal in den englischsprachigen Altertumswissenschaften die Frage gestellt, wie radikal bereits in der Antike der Nicht-Zugehörige als ‚Anderer' stereotypisiert, zu Schreckbildern stilisiert und herabgesetzt wurde, um den stets bedrohten Zusammenhalt der ‚eigenen'

Rassismus und differenzierte Modelle des ‚Fremden'

Formation erhalten zu können. Einen Vorstoß in diese Richtung unternahm B. ISAAC [The Invention of Racism in Classical Antiquity, 2004]. Einen Gegenentwurf bietet E. GRUEN [Rethinking the Other; zum griechischen Perserbild 9–75]: Griechen, Römer und Juden hätten differenzierter, nuancierter und komplexer über andere Völker gedacht als von Isaac zugestanden; Unterschiede zu benennen sei nicht mit Xenophobie, Ethnozentrismus, Jingoismus oder gar Rassismus gleichzusetzen. Durch eine genaue Rekonstruktion der griechischen Ethnographie (bis einschließlich Herodot) als Denkweise im Kontext der realhistorischen Umstände wie der Publikumserwartungen entwickelt auch R. SCHULZ [Als Odysseus staunte] ein differenziertes Bild, pointiert jedoch im Falle des demokratischen Athen: Während adlige Kreise die persischen Krieger, die Leistungen des Weltreiches und den glanzvollen Lebensstil der Paläste bewunderten, benötigte die breite Bürgerschaft in der sich etablierenden Demokratie „auch zur Rechtfertigung ihres imperialen Ausgreifens in Form des Seebunds ein Feindbild, das die politisch-verfassungsrechtlichen Gegensätze von Freiheit (der Poleis) und Unfreiheit (unter persischem Befehl) zum politischen Schlagwort instrumentalisierte und mit moralischen Degradierungen versah, wie sie ansatzweise bereits die Lyriker gegenüber den verweichlichten, dem Luxus verfallenen und den Persern unterlegenen Lydern angedeutet hatten" [336]. Demgegenüber habe Herodot „immer wieder die latente Neigung zur generellen Polarisierung zwischen Griechen und Barbaren durchkreuzt und überblendet, ohne diese gänzlich aufzulösen und ihren Wert für die historische Erklärung des Verlaufs der Perserkriege aus dem Auge zu verlieren" [343].

Hellenische Identität

479 begründeten die Athener in einer zugleich von Selbstbewusstsein und Empörung getragenen Rede, so erzählt Herodot, warum sie keineswegs auf die Seite des Xerxes zu wechseln vorhätten, und begründeten dies u. a. mit dem Verweis auf ein „Hellene sein" (*tó Hellênikón*), „das das gleiche Blut und die gleiche Sprache besitzt, die gemeinsamen Heiligtümer der Götter, die Opferfeiern und die gleichartigen Sitten (*êthea*)" [8,144,2]. Ungeachtet der politischen Wirklichkeit – es stand ja nur eine Minderheit der Staaten der Balkanhalbinsel gegen die Perser, und nach dem Sieg wurde der Hellenenbund sehr rasch von einer machtpolitischen Konkurrenz zwischen Athen und Sparta abgelöst (s. Bd. I 4.3 und 4.4) – scheint es also damals, spätestens aber zu der Zeit,

als Herodot sein Werk schrieb (450 bis ca. 425), ein halbwegs klares Bewusstsein einer ‚großen' Zugehörigkeit neben all den anderen, räumlich und ethnisch begrenzteren gegeben zu haben. Wie lernte man, Hellene zu sein und sich so zu nennen (der Name ist eine Selbst-, keine Fremdbezeichnung, anders als *Graeci*, „Griechen")? Dieser komplexe Prozess vollzog sich im Berichtszeitraum des vorliegenden Grundrisses, muss aber an dieser Stelle nicht im Detail nachgezeichnet werden, da er im Band zum frühen Griechenland einen roten Faden bildet und ausführlich erörtert wird [1.2.2: ULF / KISTLER, Entstehung, 100–132; 207–238; älteren Konzepten verpflichtet, doch immer noch lesenswert ist H. SCHAEFER, Das Problem der griechischen Nationalität, in: 1.3: DERS., Probleme, 269–306]. Generell ist auf die in der Alten Geschichte intensiv aufgenommenen Forschungen verschiedener Disziplinen zu Ethnizität und ethnischer Identität zu verweisen [o. 1.1.3]; dafür stehen zwei einflussreiche und grundlegende, freilich auf die Archaische Zeit konzentrierte Studien von J. HALL [Ethnic Identity; Hellenicity]. Die eher philologisch-geistesgeschichtliche Tradition repräsentiert der instruktive Artikel von WILL, Hellenen.

Kulturelle Gemeinsamkeiten lassen sich bereits in früheisenzeitlichen Keramikstilen, die in mehreren Landschaften verbreitet waren, sowie bei Homer beobachten. Die häufigen Kontakte in überseeischen *middle grounds* sowie die Konfrontationen mit einheimischen Bevölkerungen in den Siedlungsapoikien (s. o. 2.4) scheinen zwar ein erstes Bewusstsein von Eigenart begründet zu haben, doch bezog sich dieses wohl noch nicht auf ganz Hellas, sondern auf ethnisch oder regional definierte Zugehörigkeiten und Leitkulturen eine Ebene darunter: Achaier, Aioler, Euboier, Kreter, die aggressiven *Ia(w)ones* (Ioner) in nahöstlichen Zeugnissen. Dafür, aber auch für eine gesamthellenische Identität formierend wirkte zweifellos, an bestimmten Praktiken teilzuhaben und diese dadurch auch zu stärken: griechische Sprache, Homerrezitation, Wettbewerbe, Symposion, breit gelagerte politische Ordnungen sowie die Orientierung auf bestimmte Heiligtümer, die ihrerseits über eine bloß lokale oder regionale Bedeutung hinauswuchsen und teilweise später exklusiv nur Hellenen zu den Wettbewerben zuließen (anders als die Orakel). Bei den Dichtern Hesiod und Archilochos im 7. Jahrhundert findet sich der Hellenenname bereits verallgemeinert gebraucht [1.2.1: MEYER, Geschichte des Altertums III, 493], doch ist unklar, wie repräsentativ

Entwicklungsskizze

solche Einzelbelege für ein allgemeines Bewusstsein sind. Wohl nicht zufällig hatten beide Autoren einen ‚Migrationshintergrund' und kannten zwei (Hesiod) bzw. mehrere (Archilochos) teils weit voneinander entfernte Regionen. Das angeblich von neun griechischen Städten Mitte des 6. Jahrhunderts in Naukratis (Ägypten) errichtete Heiligtum trug die Bezeichnung Hellenion, Weihinschriften dort galten den „Göttern der Hellenen" [Hdt. 2,178; 2.4: Möller, Naukratis, 105–108, 193–196 u. ö.]. Die offiziellen Aufseher über die Olympischen Spiele hießen seit dem frühen 5. Jahrhundert Hellanodíkai („Hellenenschiedsrichter"); s. P. Christesen, 1.6.1: EAH 6, 3111 f. Parallel dazu entstanden mythische Erzählungen; so wurde bereits Mitte des 6. Jahrhunderts der Heros Hellen [s. Hall, Hellenicity, 25–29] in großen Teilen Griechenlands als ältester Stammvater anerkannt und in die jeweils eigene Genealogie eingefügt – man wünschte, wie die anderen (auch) Hellene zu sein [Hall, Ethnic Identity, 47–50]. Auf die Identitäts- und Ethnizitätsbildung durch Gruppen von Söldnern in Ägypten und Persien sowie den kategorisierenden Blick von außen verweist R. Schulz, Als Odysseus staunte, 187 f. Die militärisch-politische Konfrontation mit dem Perserreich verstärkte die Identitätsformierung ganz handgreiflich, nunmehr in Opposition zu einem als ‚anders' vorgestellten Widerpart (s. o.). J. Hall [Hellenicity] ist der Ansicht, eine allgemein geteilte hellenische Identität habe sich erst aus diesem Konflikt ergeben. Dass diese Gemeinsamkeit fransige Ränder hatte, zeigt sich an der oben erwähnten, bereits zeitgenössisch strittigen Frage, ob die Makedonen Griechen oder Barbaren seien [Hdt. 5,22: König Alexander I. bei den Olympischen Spielen]. Die Wirkmächtigkeit der hellenischen Identität schwankte situativ; sie „subsumed, competed, and sometimes overlapped with other identities" [L. Mitchell, Hellenes, 1.6.1: EAH 6, 3113].

Panhellenismus

Die durchaus begrenzte Wirksamkeit von ‚großen' Identitätskonstruktionen historischer wie geographisch-ethnischer Art lässt sich gut am sog. Panhellenismus untersuchen, einer in erster Linie von dem athenischen Intellektuellen Isokrates (436–338) seit 380 propagierten politischen Idee, die sich auf ältere Strukturen berufen konnte, in erster Linie die großen, ‚für alle Hellenen' wichtigen Heiligtümer und Spiele (Delphi, Olympia, Isthmia, Nemea): Ein wie zu Zeiten des großen Perserkriegs geeintes Hellas sollte unter Führung Athens und Spartas zu einem Rachefeldzug gegen das schwach gewordene Reich im Osten aufbrechen, um so die sozialen und politischen Gebrechen der Zeit zu heilen. Realpolitisch blieb dieses Werben folgenlos, zumal Isokrates im Kern am Anspruch Athens auf die führende Stellung festhielt [5.2: WALTER, Isokrates metanóôn?]. Als Philipp II., danach Alexander an der Spitze des 338 formierten Korinthischen Bundes zu diesem Feldzug antraten, war die panhellenische Parole weitgehend Fassade makedonischer Machtpolitik – wie sie schon zwei Generationen davor beim Kleinasienfeldzug des Agesilaos (396–394) spartanische Ziele hatte überhöhen sollen (u. S. 265); zu diesem Zusammenhang generell PERLMAN, Panhellenism. L. G. MITCHELL [Panhellenism and the barbarian; knapp DIES., 1.6.1: EAH 9, 5023–5025] vertritt die anfechtbare These, ein starkes panhellenisches Gefühl habe sich bereits im 6. Jahrhundert ausgebildet, was jedoch allenfalls für bestimmte Phänomene auf dem religiösen und kulturellen Feld gelten kann; zudem spricht das sehr poliszentrierte Gedenken an die Perserkriege gegen diese Ansicht (s. u. 4.3). Dennoch ist eine Spurensuche in den Autoren des 5. Jahrhundert natürlich legitim; s. FLOWER, From Simonides to Isocrates.

Sehr skeptisch ist J. BLEICKEN [3.7: Athenische Demokratie, 552]: Nicht nur der politische Panhellenismus, wenn es ihn denn in der Antike je gab, sondern auch die literarische Variante eines Isokrates hätten eine zumindest teilweise Zustimmung bzw. die Chance dazu bei den Adressaten einer solchen Geisteshaltung erfordert, um auch nur in die Nähe einer Bedeutung zu gelangen. D. ASHERI bezieht auch die entsprechend ausgewiesenen Unternehmungen des Perikles Mitte des 5. Jahrhunderts – den nicht realisierten, auf eine Anerkennung der athenischen Hegemonie zielenden ‚panhellenischen' Kongress [Plut. Perikl. 17; 1.2.1: BUSOLT, Griechische Geschichte III 1, 445–449] sowie die Apoikie Thurioi (s. u. 4.4) – ein und befindet bündig, die panhellenische Ideologie „fu un fallimento, sia in età periclea sia in età demostenica" [Identità greche, identità greca, in: 1.3: SETTIS, I Greci 2 II, 5–26, hier: 24].

3 Facetten der griechischen Staatenwelt

3.1 Milet und Ionien

Orientierung

Wie bei vergleichbaren Poleis der kleinasiatischen Küste so besteht die besondere Herausforderung einer Geschichte Milets darin, die recht reiche archäologische Hinterlassenschaft mit den spärlichen und heterogenen literarischen Zeugnissen zu einer plausiblen historischen Darstellung zu verbinden. Beides versuchen mit je unterschiedlichen Schwerpunkten die Monographien von A. M. GREAVES [Miletos] und V. B. GORMAN [Miletos]. Während Graeves, „a concise summary of key points in the archaeology of Miletus" (XIII) von der Bronzezeit bis ins 4. Jahrhundert präsentiert, bietet Gorman in der Tradition amerikanischer Dissertationen eine kontextualisierte, vorwiegend politische Geschichte der Stadt, die das Quellenmaterial ausschöpft und in eine gut lesbare, gleichwohl problemorientierte Erzählung integriert. Wichtig sind ferner die Ergebnisse der v. a. von W. D. NIEMEIER, H. LOHMANN und V. v. GRAEVE durchgeführten archäologischen Arbeiten zur Frühgeschichte Milets; s. die Beiträge in COBET u. a., Frühes Ionien; als knappe Synthese (mit Plänen) J. COBET, 1.6.1: DNP 8, 2000, 170–180.

Kontinuitäten seit der Bronzezeit

Alle Autoren stimmen darin überein, dass der in den *Dark Ages* eingenommene Siedlungsplatz der Polis bereits in der Bronzezeit eine bedeutende und erstaunlich großflächige minoische bzw. mykenische Anlage beherbergte und offensichtlich eine sehr weit zurückreichende Kontinuität als strategisch bedeutsamer Anlaufpunkt „westlich-ägäischer" Interessen bildete. Diese richteten sich, so die plausible Erklärung von GREAVES [Miletos, 47; vgl. NIEMEIER, Milet von den Anfängen, 10], darauf, Zugang zu den landeinwärts gelegenen Abbaugebieten von Metallen (Silber, Gold, Eisen) zu bekommen. Sicherlich wurde zusätzlich das exzellente natürliche Hafengebiet als Knotenpunkt des aus der Levante und Ägypten verlaufenden Überseehandels geschätzt; s. NIEMEIER [Miletus in the Bronze Age], ferner SENFF [Ergebnisse, 319] zu den „weitgespannten kulturellen Beziehungen" des frühen Milet in den Vorderen Orient, nach Ägypten und Etrurien. Eine weitere, sich von der Bronzezeit bis in die Frühe Klassik hinziehende Kontinuität scheint darin zu bestehen, dass just diese Versuche, an einer strategisch und handelspolitisch wichtigen Position Fuß zu fassen und Zugriff auf die Ressourcen des Hinterlandes zu erlangen, militärische Gegenreaktionen binnenländischer Mächte provozierten. Die bronzezeitlichen Zerstörungshorizonte dürften auf hethitische Interventionen zurückgehen, die ihre Fortsetzung fanden in der expansiven Politik der lydischen Könige und dann der Perser. Als Reaktion hierauf sind die Verteidigungsanlagen am Hügel Kalabaktepe, der städtischen Akropolis, zu interpretieren [GREAVES, Miletos, 13, nach KLEINER, Ruinen, 36; zur Stadtmauer SENFF, Ergebnisse, 322–324]. Manche Autoren halten es zudem nicht für abwegig, dass die späteren Erzählungen von Athen als Ausgangspunkt und „Mutterstadt" der sog. Ionischen Wanderung auf reale transägäische Interessen der vom spätbronzezeitlichen Umbruch verschonten Stadt in Attika schließen lassen [GORMAN, Miletos, 40]; das wäre ein zusätzliches Indiz für sehr viel längere Kontinuitäten. Frühe Interessen Athens?

Ein weiteres für die historische Beurteilung Milets wichtiges Ergebnis hat die intensive Überprüfung der ökologischen Rahmenbedingungen der zeitweise bis auf die vorgelagerten Inseln reichenden städtischen *chôra* und an der Mündung des Mäander erbracht, die GREAVES ausführlich in der genannten Monographie [1–38] und im Kontext der übrigen kleinasiatischen Poleis in seinem Ionienbuch [Land of Ionia, hier bes. 45–94] vorgelegt hat. Das günstige Klima sowie das im nördlichen Bereich der Stadt gelegene fruchtbare Umland ermöglichten eine sichere Eigenversorgung mit Getreide, Wein und Oliven sowie Holz (für Haus- und Möbelbau), außerdem Viehzucht (Schafe, Ziegen), wobei das frühe Milet mehrere „Siedlungscluster" und neben der Metropole „kleinere Siedlungsagglomerationen wie Assesos, Argasa und Teichioussa umfasste" [LOHMANN, Die Chora Milets, 389]. Zu den Bevölkerungszahlen s. K. W. HARL, The Greeks in Anatolia, 755. GREAVES [Miletos, 102] hält eine Gesamtbevölkerung von 50 000 bis 60 000 Köpfen (ohne die Sklaven) oder sogar noch mehr für plausibel; diese Größenordnung hätten die natürlichen Ressourcen durchaus hergegeben. Das mitunter in den Quellen hervorscheinende und von manchen Gelehrten übernommene Bild einer Polis, die ihre Gewinne und den Unterhalt ihrer recht großen Bürgerschaft vornehmlich über die Seefahrt und den Seehandel erzielte, lässt sich in dieser Pauschalität nicht aufrechterhalten. Dennoch begründeten das intensive Engagement der Milesier im Seehandel

Ökologie und Siedlung

Fruchtbare Chora

Seehandel als Zusatzgeschäft der Eliten

sowie der frühe Aufbau und Unterhalt einer Kriegsflotte den Ruf der Stadt als der „bedeutendsten archaischen Metropole Griechenlands neben Athen" [LOHMANN, Die Chora Milets, 365, wobei diese Qualifizierung Syrakus im Westen außer Acht lässt]. Handel dürfte aber – wie meist in der Griechischen Geschichte – Mittel zu zusätzlichen Gewinnen und Gewinnchancen, nicht Basis der Existenz gewesen sein; dafür spricht auch, dass die Seefahrt und ihre Mittel meistenteils in den Händen einer landbesitzenden Adelselite lagen, die sich gegenüber der Mehrheit der an den Boden gebundenen bäuerlichen Bevölkerung (auch karischer Herkunft) abzugrenzen suchte. Für dieses Bild der maritimen Ausrichtung als lukratives Zusatzgeschäft der städtischen Elite sprechen auch die zahlreichen Apoikien in der Nordägäis und im Schwarzmeergebiet [Überblick bei GORMAN, Miletos, 243–258]. GRAEVES [Land of Ionia, 130 f.; Miletus, 106–108] hat darauf hingewiesen, dass die stets an der Küste angelegten Siedlungen häufig über reiche Fischgründe verfügten, aber in keinem Fall ein besonders fruchtbares Agrargebiet den Ausschlag für die Anlage gegeben haben kann, es also offensichtlich keine Landnot in Milet gab. Alles deutet vielmehr darauf hin, dass die frühen Siedler Zugänge zu und den Weiterhandel mit den naturalen Ressourcen suchten, die es in Milet und anderswo in der Ägäis sowie im ostmediterranen Raum kaum oder gar nicht gab und die entsprechend große Gewinne im Zwischenhandel eröffneten sowie gleichzeitig – ein sich gegenseitig stimulierender Rückkopplungseffekt – den Aus- und Weiterbau der eigenen Flotte sicherstellten: Schiffbauholz aus Thrakien, Eisen von der Nordküste des Schwarzen Meeres etc. [GRAEVES, Miletos, 36; GORMAN, Miletos, 66–71, auch zur Frage pontischen Exportgetreides]. Dies scheint zunächst im Widerspruch zu stehen zu der von T. R. TSETSKHLADZE [Greek Penetration of the Black Sea] entwickelten These, dass der gemeinhin in das 7. Jahrhundert datierte Beginn der milesischen ‚Kolonisation' erst ein Ergebnis zunächst der lydischen, dann der persischen Aggression gewesen sei, welche die fruchtbare *chôra* der Milesier sukzessive reduzierte und deren Bewohner sowie die anderer Poleis in mehreren Wellen zur Auswanderung gezwungen habe. H. LOHMANN [Die Chora Milets, 389] meint dagegen, die Milesier hätten die Fernkolonisation anstelle der „Besiedlung des kargen milesischen Hochlandes" und der Binnenkolonisation wegen der „erheblich gesteigerten ökonomischen Chancen" (was auch immer darunter zu verstehen

Funktion und Entwicklung der Apoikien

ist) vorgezogen. Tatsächlich lassen sich die unterschiedlichen Perspektiven auch im Vergleich mit der Westexpansion der Phokaier gut miteinander kombinieren, wenn man annimmt, dass die frühen Ansiedlungen ein typisches Ergebnis protokolonisatorischer Erkundungen waren, die zur Anlage von *empória* häufig mit einheimischer Bevölkerung, aber ohne eigene *chôra* führten [GORMAN, Miletos, 62]. Erst der zunehmende lydische und persische Druck habe – dies wäre eine weitere Parallele zur Entwicklung Massilias (o. 3.8) – den Zu- bzw. Nachzug milesischer Siedler und die Erweiterung bestehender (Olbia) und Gründung neuer Apokien mit größerer *chôra*, z. B. Heraklea, gefördert. Unter dieser Perspektive wäre die eigentliche „Kolonisierung" der Schwarzmeerküsten – wie im Falle Korinths (s. u.) – vornehmlich ein Werk der milesischen Tyrannen gewesen [TSETSKHLADZE, Greek Penetration of the Black Sea, 119 ff.], die ihren aristokratischen Ehrgeiz befriedigten und erweiterte Machtpositionen in ressourcenreichen Gegenden suchten; sie taten dies auch mit Billigung der Perser oder suchten ihre Aktivitäten zumindest mit der persischen Außen- und Expansionspolitik abzustimmen, wie das Agieren des Histiaios und Aristagoras illustriert.

Protokolonisation und späterer Zuzug

Die äußeren Aktivitäten Milets waren somit nie unabhängig von der gesamtpolitischen Entwicklung des Ägäisraumes und den innenpolitischen Verhältnissen der Stadt. Gerade dieser letzte Bereich gehört aufgrund der dürftigen und heterogenen Quellenlage zu den schwierigsten Bereichen der milesischen Geschichte. Die wesentlichen Texte bilden Hdt. 5,28–30,1; Plut. Quaest. Gr. 32, 298c-d (zu den *aeináutai*); 1.10.1: FORNARA, Archaic Times, Nr. 92 (zu Athens Regularien für Milet) sowie die sog. Statuten der Molpoi; s. 2.5: GROTE, Die griechischen Phylen, 179–196. Einen ausgezeichneten Überblick über die verwickelte Diskussion mit eigenen Interpretationen bietet – neben den einschlägigen Kapiteln in GORMAN [Miletos, 88–121; 216–236] – N. ROBERTSON, Government and Society. Demnach lassen sich im Wesentlichen vier miteinander verbundene Probleme als Ursachen und Antriebsfaktoren der notorischen inneren Labilität Milets seit dem 6. Jahrhundert ausmachen: Da war erstens die auch in anderen Poleis zu beobachtende Spannung zwischen der ‚alten', sich zugleich jedoch auf ihren Reichtum und ihre Leistungen im Seehandel und Schiffbau bzw. den Besitz der Schiffe berufenden Grundbesitzeraristokratie [die „grundbesitzende Handelsaristokratie": 2.5: BUSOLT, Staatskunde,

Entwicklung der inneren Verhältnisse

Vier Krisenfaktoren

375; nach 1.2.1: MEYER, Geschichte des Altertums III, 509 verwandelte sich die Aristokratie der Grundbesitzer in eine „Kaufmannsaristokratie"], die sich auch über die Kontrolle religiöser Kulte definierte und diese als Klammern transregionaler Handelsaktivitäten nutzte [GORMAN, Miletos, 202 zum milesischen Athena-Tempel] einerseits und einer aufbegehrenden, ethnisch offenbar gemischten Gruppe (Karer) von minder bemittelten Grundbesitzern, Handwerkern und Neureichen andererseits, die Teilhabe an den politischen Vorrechten verlangten. Zu dieser Gruppe entwickelt C. TALAMO [Mileto, 24–29] interessante Überlegungen; ethnisch gemischte und hierarchisch geordnete Besitzverhältnisse in den *chorai* ionischer Poleis sieht BALCER [Imperialism and stasis] als generelles Problem des 5. Jahrhunderts. Zur milesischen *stásis* im 6. Jahrhundert (Hdt. 5,28) s. GORMAN, Miletos, 52, 113; ferner TALAMO, Mileto, 33–36 (zu den Neuregelungen des Bodenbesitzes). Zweitens bestand eine extreme Konkurrenzsituation zwischen Milet und anderen Poleis der kleinasiatischen Küste und der vorgelagerten Inseln, besonders Chios und Samos; vgl. 1.2.1: MEYER, Geschichte des Altertums III, 405; HARL, The Greeks in Anatolia, 755 f. Die Aggression und Expansion zunächst der Lyder, dann der Perser [GORMAN, Miletos, 87 f.] hatten – drittens – einen doppelten Effekt: sie führten einerseits als Abwehrreaktion oder von den Angreifern lanciert zur Etablierung von Tyrannen; zu nennen sind hier der mit Periandros von Korinth befreundete Thrasyboulos sowie dessen Nachfolger Thoas und Damasenor [GORMAN, Miletos, 121 zur Tyrannis des Thrasyboulos als „direct result of Lydian threat"]. Obwohl die fremden Mächte Milet wegen der maritimen Bedeutung des Ortes und der nautischen Kompetenz seiner Eliten lange Privilegien einräumten, okkupierten sie offenbar andererseits Teile der fruchtbaren *chôra* und verschärften damit innere Spannungen. Hinzu kam nach dem Ionischen Aufstand ein nicht unerheblicher Bevölkerungsschwund durch Tötung, Verschleppung und Versklavung, der allerdings nach 479 die Reorganisation und Weiterbebauung beziehungsweise -besiedlung der Polis nicht verhinderte; hierzu erhellend N. EHRHARDT, Milet nach den Perserkriegen.

Und schließlich waren es – viertens – die ausgreifenden hegemonialen Bestrebungen Athens, später für kurze Zeit auch Spartas, die spätestens seit der Mitte des 5. Jahrhunderts immer aggressiver milesische Interessen in der Nordägäis (Strymon-Tal), auf den Kykladen (Parosfeldzug des Miltiades), im Schwarzmeerraum (Pontosexpedition des Perikles) und mittelbar auch im Westen – Thurioi wird auf dem Boden des alten milesischen Handelspartners Sybaris gegründet! – bedrohten [GREAVES, Miletos, 132f.] und den wirtschaftlichen, künstlerischen und intellektuellen Niedergang der Stadt wesentlich vorantrieben. Zur Diskussion um die wirtschaftlichen Probleme Ioniens „brought on in part by the high cost of Athenian imperialism" [4.4: CARLSON, A View, 16] wägt R. OSBORNE [3.7: Archaeology and the Athenian Empire] ältere Positionen [z. B. COOK, Problem; BALCER, Fifth Century Ionia, bes. 40] vorsichtig ab.

Möglicherweise war es diese sich in der Archaik andeutende und im 5. Jahrhundert verschärfende Dauerlabilität der Stadt, welche indirekt die für die milesische Naturphilosophie und Naturwissenschaft so typische Suche nach Gründen der Veränderung der Welt und nach abstrakter Harmonie bei ihrer Darstellung beförderte. Ursachen und Sonderkonstellationen für die Entwicklung der ionischen Philosophie sind mehrfach diskutiert worden; s. z. B. EMLYN-JONES, The Ionians and Hellenism, 60 ff.; 1.7.2: SCHULZ, Antike und das Meer, 69 ff. M. V. GARCIA QUINTELA [Le Livre d'Anaximandre] hat interessante Überlegungen über die kosmologischen Ordnungsprinzipen Anaximanders und die von verschiedenen Gruppen dominierten Siedlungsschwerpunkte der Stadt angestellt. Die sich seit dem zweiten Drittel des 5. Jahrhunderts verstärkenden inneren Spannungen [s. 2.5: GEHRKE, Stasis, 114–117; ausführlicher DERS., Zur Geschichte Milets], verbunden mit einem relativen Niedergang der ökonomischen Prosperität auch anderer ionischer Poleis [EMLYN-JONES, Ionians and Hellenism, 164 ff.] unter dem Druck Athens, ferner der bezeichnende Rückgang der einst so vitalen Kunstproduktion sowie die Beschneidung der maritimen Verbindungen und aristokratischen Handlungsspielräume dürften für ein weiteres Phänomen verantwortlich sein: Seit der Mitte des 6. Jahrhunderts wanderten immer wieder Angehörige der Eliten sowie Künstler und Spezialisten aus, was nur teilweise durch den Zuzug aus den Apoikien ausgeglichen wurde. So ging Archelaos von Milet nach Athen und wurde Lehrer des Sokrates; Aspasia war dort als hochgebildete Hetäre und Lebensgefährtin des Perikles berühmt. Ein anderes ‚Zielgebiet' war der Westen [dazu u. a. EMLYN-JONES, The Ionians and Hellenism, 166–174]: So fertigte der Milesier Bion, Sohn des Diodoros, den goldenen Drei-

Politik und Philosophie

Emigration der Eliten

fuß, den Gelon nach dem Sieg bei Himera über die Karthager weihte [1.10.3: ML Nr. 28]. Hier konnten manche Zuwanderer unter der Patronage reicher Tyrannen ihre Ideen in einem weniger durch inneren Dauerhader erschütterten Raum testen und ansatzweise verwirklichen; hier fanden sie offenbar auch ein aufnahmefähigeres Publikum als in ihrer kleinasiatischen Heimat. Bezeichnenderweise sind für Ionien bereits in Archaischer Zeit auch kollektive Auswanderungen überliefert, sowohl als Gedankenspiel (Bias: Hdt. 1,170,1 f., o. 2.5.3 am Ende) wie in der Praxis (Phokaia: Hdt. 1,164,2–167,3).

In jedem Fall bedeutete die Abwanderung einen nicht zu unterschätzenden Aderlass Milets an intellektueller und politischer Kompetenz sowie an Ansehen in der griechischen Welt. Diesen Prozess nicht nur in seinen kultur- und geistesgeschichtlichen, sondern auch den politischen und ökonomischen Kontexten zu beschreiben, bildet eine Forschungslücke; diese zu füllen verspräche auch, die bisweilen allzu isoliert betrachtete Geschichte Ioniens in größere Zusammenhänge einzubinden und dadurch bedeutsamer zu machen. Ausgangspunkt können die einschlägigen Kapitel von GORMAN sein [Miletos, 72–85 zu den „Milesian intellectuals"; 151–163 zu Hippodamos von Milet], ferner das Buch von EMLYN-JONES [The Ionians and Hellenism] sowie die älteren Hinweise bei T. J. DUNBABIN, The Western Greeks, 287 ff.; vgl. außerdem die jüngere, freilich sehr knappe Zusammenfassung der Geschichte Ioniens und ihrer archäologischen Überreste von W. HOEPFNER [Ionien]. Bezeichnenderweise erlebte Milet erst im 4. Jahrhundert, also nach der Auflösung des Ersten Attischen Seebundes, wieder eine Nachblüte [EMLYN-JONES, The Ionians and Hellenism]. Dies deutet darauf hin, dass sich die unangefochtene Herrschaft Persiens letztlich trotz finanzieller Belastungen und politischer Einschränkungen stabilisierend auswirkte, während die aggressive Expansion Athens den kleinasiatischen Poleis vielfach die Luft zum Atmen nahm.

3.2 Kreta

Orientierung

Die knappe Darstellung von A. CHANIOTIS [Das antike Kreta, 9–78] richtet sich dem Format nach an eine breite Leserschaft, basiert jedoch auf profunder Kenntnis und eigener Forschung. Klar und materialreich orientiert 2.5: BUSOLT / SWOBODA, Staatskunde II, 737–758. Die Auskunftsmittel zur Bronzezeit und den *Dark Ages* sind oben (2.1) angeführt. Der archäologisch ausgerichtete Überblick von J. WHITLEY [Crete] ruht auf der Monographie desselben Autors [Archaeology]; Whitley betont den von der Topographie nahegelegten Regionalismus [Crete, 275]. Unser Wissen über die einzelnen kretischen Poleis hat P. PERLMAN [in: 1.6.2: HANSEN / NIELSEN, Inventory, 1144–1195] zusammengetragen; dort sind 49 Orte so klassifiziert. Die inschriftlichen Gesetze sind nun dank GAGARIN / PERLMAN leichter zugänglich [1.10.3: Laws of Ancient Crete]; das ältere Corpus aller bis dahin bekannten kretischen Inschriften [1.10.3: GUARDUCCI, Inscriptiones Creticae] ist dadurch teilweise ersetzt. Verschiedene Aspekte der Gesetzesinschrift von Gortyn (um 450) sind in einem Tagungsband behandelt: GRECO / LOMBARDO, La grande iscrizione. Bereits R. F. WILLETTS betonte in seiner einflussreichen sozialhistorischen Pionierstudie [Aristocratic Society] den durchgehend aristokratischen Charakter von Gesellschaft und Politik in Kreta; für eine aktuellere Synthese der sozialgeschichtlichen Forschung s. 2.3: SCHMITZ, Gesellschaft, 225–252. Den Strukturwandel zwischen dem späten 7. und dem 5. Jahrhundert auf verschiedenen Feldern (materielle Kultur, Recht, Gesellschaft, politische Ordnung) untersuchen die gehaltvollen Beiträge in PILZ / SEELENTAG, Material Culture. Speziell die Heiligtümer und Kultpraktiken sind Gegenstand der Studie von M. PRENT, Cretan Sanctuaries and Cults (reicht von der Minoischen Zeit bis 600).

Die lange Zeit auf die Bronzezeit konzentrierte archäologische Forschung nahm zuletzt verstärkt auch die späteren Epochen in den Blick; so haben Ausgrabungen für die mittelkretische Stadt Eleutherna aufschlussreiche Funde zutage gefördert, darunter das Brandgrab eines Kriegers aus dem 8. Jahrhundert [STAMPOLIDES, Eleutherna]. Das in der Darstellung zitierte Lied des Waffen- und Sklavenbesitzers wird von dem Buntschriftsteller Athenaios (15,50,118 ff. p. 696a) einem sonst unbekannten kretischen Dichter Hybrias zugeschrieben [Poetae Melici Graeci ed. D. PAGE, Oxford 1962, Fragment 909]; der Text kann wegen der Anspielung auf den Großkönig frühestens Ende des 6. Jahrhunderts entstanden sein. – Die „Seeherrschaft" [zum Begriff s. 1.5: KOPP, Thalassokratie] des Minos war primär eine (gern geglaubte) Erfindung des Thukydides, wohl eine Rückprojektion der Athener Hegemonie im Delisch-Attischen Seebund; s. 1.7.2: STARR, Influence, 12 f.; zur Tra-

Einzelnes

ditionsgenese 2.7: IRWIN, Politics of Precedence. – Zur Präsenz von Phöniziern in Kommos s. SHAW, Phoenicians, sowie neuerdings (breiter) 2.1: PAPPA, Exchanges. Hinsichtlich der Quellenlage wird diskutiert, wie weit die literarischen Zeugnisse, in denen die politischen Ordnungen der kretischen Städte als recht einheitlich und resistent gegen Wandel dargestellt werden, Glauben verdienen; dafür argumentiert S. LINK, 100 Städte; DERS., Aristoteles; s. ferner G. SEELENTAG, Kreta, 93–118. Anders sieht dies P. PERLMAN, One Hundred-Citied Crete; ähnlich J. WHITLEY, Crete, 276: „Regional diversity makes any ‚Cretan' generalization hazardous, and should raise suspicions about the tendency in ancient authors to refer to the ‚Cretans' rather than to the inhabitants of Lyttos, Knossos, and so forth." Unstrittig ist hingegen, dass die Nachrichten über die ‚kretische Verfassung' auf einer gemeinsamen Vorlage basieren; s. PERLMAN, Imagining Crete.

S. WALLACE [Ancient Crete] vertritt in ihrer siedlungsarchäologisch basierten Analyse der soziopolitischen und ökonomischen Entwicklung die Ansicht, die nachbronzezeitliche Zersplitterung in viele kleine Siedlungsplätze habe bestehende soziale Unterschiede nivelliert; dadurch sei die Herausbildung kollektiver Identitäten innerhalb der neu gegründeten Siedlungen entscheidend befördert worden. Dies habe bereits früh zu einem im Vergleich mit dem griechischen Festland hohen Maß an sozialer Stabilität geführt und „the ‚successful' nature of social collapse circa 1200 BC was directly linked to the later development of social conditions in which democracy did not/could not emerge" [4]. Implizit gegen die These einer bewussten Transformation der Eliten im 7. und 6. Jahrhundert will sie eine „appropriation of power by a small group of clans at an early stage in state development" erkennen [396]; wegen der frühen Konsolidierung dieser Verhältnisse zu einer festgefügten oligarchischen Herrschaft sei es in den kretischen Poleis nie zu einer Beteiligung breiterer Schichten an politischen Entscheidungen gekommen. Wallace blendet allerdings wichtige Befunde und Forschungen aus; s. kritisch A. KOTSONAS, Bryn Mawr Classical Review 2011.04.52; G. SEELENTAG, Historische Zeitschrift 298, 2014, 741–743.

In pointierten, auch den bereits antiken Vergleich mit Sparta aufgreifenden Untersuchungen hebt S. LINK [Das griechische Kreta] u. a. hervor, dass die Familie in Kreta (anders als in Sparta) als Kern gesellschaftlicher Stabilität große Fürsorge genoss; die Bürgerschaft erscheint in den einschlägigen Gesetzgebungen „weniger als die Summe ihrer Bürger, sondern vielmehr als die Summe ihrer Familien" [122]. Link erkannte überdies bereits, was dann G. Seelentag [Kreta] detailliert herausarbeitete (s. o. 2.5.1): Es „gelang den Städten auf Kreta, einen Kanon von Regeln zu entwickeln, mit deren Hilfe sie einen Zusammenbruch ihrer Adelsherrschaft, wie ihn die meisten anderen griechischen Städte erlebten, vermieden" [124]; dabei habe das Rotationsprinzip in der Ämterbekleidung eine wichtige Rolle gespielt. Konkurrenz und Abhängigkeiten entfalteten sich dagegen in markanten gesellschaftlichen Praktiken: den Mahlgemeinschaften und der Erziehung, in der homosexuelle Beziehungen eine wichtige Rolle spielten. Doch Hausmachtbildungen wirkten hier nicht erodierend, sondern stärkten die genossenschaftlichen Kriegerverbände – jedenfalls für eine gewisse Zeit. Im 4. Jahrhundert jedoch klafften gesellschaftlicher und politischer Rang der Adelshäuser öfter auseinander; am Ende des Desintegrationsprozesses, so jedenfalls Aristoteles in seiner harschen Kritik der zeitgenössischen Verhältnisse auf Kreta [Pol. 2,10, 1272a33–b23; dazu ausführlich 2.5: Aristoteles, erklärt von Schütrumpf, Bd. 2, 330–344], glich die Staatsordnung vielerorts nur noch äußerlich einer Verfassung (*politeía*), sei jedoch in Wahrheit ein Dynastenregime, eine „Willkürherrschaft einzelner mächtiger Leute" gewesen. Der Export von Söldnern dürfte also auch auf Kreta nicht zuletzt ein soziales und politisches Ventil dargestellt haben; er war möglich, weil die Konflikte zwischen einzelnen Städten begrenzt blieben und von der abhängigen ländlichen Bevölkerung offenbar keine Gefahr ausging. In diesem Zusammenhang ist eine Bemerkung von Link [Das griechische Kreta, 131] wichtig: Die militärische Ertüchtigung zielte wohl nur teilweise auf den Kampf in der Phalanx und scheint eher auf „Formen des Partisanenkampfes" ausgerichtet gewesen zu sein.

3.3 Delphi und die Delphische Amphiktyonie

Das vorzügliche Buch von M. Scott [Delphi] behandelt nicht nur den Ort, das Heiligtum und das Orakel, sondern gibt eine Griechische Geschichte aus delphischer Perspektive; die im Darstellungsteil des vorliegenden Grundrisses skizzierte Auffassung des Orakels folgt seiner Rekonstruktion [9–30]. Mit Recht hebt Scott her- *Orientierung* vor, dass Delphi nur als „combined package of oracle, management, festivals, games and dedications" [288] und durch die damit vorhandenen Möglichkeiten so erfolgreich sein konnte. Knappe Übersichten mit Planskizzen bieten H. Bowden / J. R. Hale / F. Graf, 1.6.1: OEAGR 2, 382–390 sowie M. Maass / G. Daverio Rocchi, 1.6.1: DNP 3, 403–413. Eine fundierte populäre Darstellung aus archäologischer Sicht legte M. Maass vor [Das antike Delphi, 1993].

Delphi und die Kolonisation

Welche Rolle das Orakel bei der Gründung von Apoikien spielte, ist in der Forschung umstritten. Einen erheblichen Einfluss suchte etwa W. G. Forrest [Colonization and the Rise of Delphi] zu erweisen, doch die Auffassung ist viel älter; s. 1.2.1: Curtius, Griechische Geschichte I, 491–493. In die gleiche Richtung verallgemeinerte (mit dem Akzent auf Wissen) A. Snodgrass [1.5: Interaction, 53]: „Delphi was evidently acting as the main central clearing-house for information of a geographical and political kind which was of potential value to many different cities and their governments." Dagegen hielt J. Defradas [Propagande] alle Berichte über eine ‚Lenkung' von Apoikiegründungen, die in die Zeit vor dem 6. Jahrhundert fallen, für Rückprojektionen, die sich aus dem hohen Prestige des Orakels in Klassischer Zeit ergaben. Die verschiedenen Positionen durchmustert 2.4: Malkin, Religion and Colonization, 17–22. M. Scott [Delphi, 62f.] differenziert und nimmt einen Prozess an: Bereits im 8. Jahrhundert hätten Städte wie Korinth, Chalkis und Sparta das Orakel für Sizilien und Unteritalien konsultiert; dieser Kreis sei im 7. Jahrhundert dann größer geworden. Doch auch Scott räumt ein, dass seit dem 6. Jahrhundert die Bedeutung Apollons in den Gründungserzählungen rückblickend wohl überhöht wurde, „as colonies and mother cities sought increasingly to reframe and often aggrandize their foundations and relationships by according often greater roles to a Delphi, which was, by that time, fully immersed in the center of the Greek world" [Delphi, 63]. In diesem Sinne stellt M. Giangiulio [Collective Identities] heraus, dass die Geschichten von fundierenden Orakelkonsultationen nicht in Delphi, sondern in den jeweiligen Städten entstanden seien. Doch eine besondere Verbundenheit mit dem pythischen Apollon, wie sie in der Kultpraxis der neuen Polis, regelmäßigen Festgesandtschaften nach Delphi oder bedeutenden Weihungen dorthin hätte Ausdruck finden müssen, ist für kaum eine Apoikie nachzuweisen; s. A. Jacquemin, Adieu l'*apoikia*. Mit dieser Sicht korrespondiert W. G. Forrests Diktum, durch die Kolonisation seien die Bedeutung und das Prestige Delphis stärker vermehrt worden, als das Orakel selbst die Kolonisation befördert habe [Colonization and the Rise of Delphi, 174].

Wenig Anklang gefunden hat die von CHR. MEIER [2.5: Entstehung des Politischen, 73–79; 2.5: DERS., Autonome Intelligenz, 109–112] entwickelte These, die „Männer von Delphi" hätten (neben den Sieben Weisen) als ein „intellektuelles Zentrum religiöser Autorität" [Intelligenz, 109] und als „geistiger Umschlagplatz" [ebd., 110] durch ihre Vernetzung sowie ihr akkumuliertes Wissen in der Entwicklung des politischen Denkens so etwas wie „eine dritte Position" ausgebildet. Diese habe „die Erkenntnis und intellektuelle Bewältigung aller anstehenden Probleme zu ihrer Sache" gemacht [Entstehung, 76] und generell die Überzeugung befördert, dass man vor den mannigfachen Herausforderungen der Zeit nicht verzweifeln müsse [ebd., 79]; vgl. kritisch 3.7: BLEICKEN, Athenische Demokratie, 465 f. sowie neuerdings 2.5: NEBELIN, Philosophie und Aristokratie, 137–141.

<small>Delphi als Ort einer „autonomen Intelligenz"?</small>

Von den Weihungen lydischer Könige nach Delphi ist die des Kroisos (Mitte 6. Jahrhundert) durch Herodot am besten belegt; s. SCOTT, Delphi, 58, 84 f.; FLOWER, Delphic Tradition about Croesus. Die Verbindungen nach Kleinasien erörtert M. WÖRRLE, Delphes et l'Asie Mineure. Die früher gängige Sicht, die delphische Priesterschaft habe 481 fest mit einem Sieg der Perser gerechnet und daher den Griechen vom Widerstand abgeraten [z. B. 1.2.1: MEYER, Geschichte des Altertums IV 1, 347 f.], hat K. TRAMPEDACH [Der Gott verteidigt sein Heiligtum, 157 f.] mit quellenkritischen und logischen Erwägungen überzeugend zurückgewiesen; wahrscheinlich habe man „möglichst wenig Profil gezeigt und sich ruhig und abwartend verhalten". In einer eindringlichen Studie [Politische Mantik] begründet TRAMPEDACH die weitergehende These, Orakel (und andere Formen der Divination) hätten in der griechischen Staatenwelt generell einen geringen politischen Einfluss gehabt; in dieser Fluchtlinie deutet er [378–384] auch die oben im Darstellungsteil erwähnte Ermordung Jasons von Pherai in Delphi.

<small>Delphi und die Mächte im Osten</small>

<small>Jason von Pherai</small>

Umfassende Synthesen haben E. LEFÈVRE [L'amphiktionie pyléo-delphique] und P. SANCHEZ [L'amphiktionie des Pyles; in knappster Form DERS., 1.6.1: EAH 1, 375 f.] vorgelegt; von LEFÈVRE stammt auch die jetzt maßgebliche Sammlung der (meist späten) Inschriften [Corpus des inscriptions de Delphes, vol. 4: Documents amphictioniques, 2002]. Der frühen Amphiktyonie schrieb

<small>Die Delphische Amphiktyonie</small>

man – wie dem Orakel – bisweilen einen großen Einfluss zu, wohl auch wegen ihres ‚Formierungsvorsprungs'. BELOCH [1.2.1: Griechische Geschichte I 1, 331] zufolge könnte sogar der Hellenenname (o. 2.7) von dort aus zu breiterer Geltung gebracht worden sein, nachdem „Hellas" zunächst lediglich eine kleine Region im Süden Thessalien bezeichnet hatte – die Thessaler besaßen durch eigene und kontrollierte Stimmen anfangs das Übergewicht in der Versammlung. Später stellten jedoch Prestige und Reichtum des Heiligtums wegen der unterschiedlichen Interessen der Amphiktyonen, die sich inzwischen staatlich stärker formiert hatten, eher ein Problem als einen Aktivposten dar. S. HORNBLOWER [Did the Delphic Amphiktiony] sieht u.a. die Bemühungen Thebens, in den 360er- und 350er-Jahren den Verbund für seine machtpolitischen Interessen einzusetzen, als Indiz für dessen politische Bedeutung – das ist aber etwas Anderes als Initiative und Gewicht der Institution selbst.

„Heilige Kriege" In der Frage, ob die (nur modern) als „Erster Heiliger Krieg" bezeichnete Auseinandersetzung der Amphiktyonie mit der phokischen Gemeinde Krisai (Anfang 6. Jahrhundert?) tatsächlich stattgefunden hat, stellt G.A. LEHMANN heraus, dass dieser schon seit Beginn des 4. Jahrhunderts „einen festen Platz im Geschichtsbewußtsein der hellenischen Welt einnahm" [Krieg, 246] – was aber eine Historizität nicht erweist. J. HALL [1.2.2: Archaic Greek World, 276–281] hält zwar „hostilities against a resident local population" für wahrscheinlich, doch als ‚historischer Kern' der Tradition zu einem ersten Heiligen Krieg sei das eher kümmerlich. Zu den im Darstellungsteil erwähnten Zerwürfnissen und Verbannungen im Vorfeld des Dritten Heiligen Krieges s. 2.5: GEHRKE, Stasis, 50–52; SCOTT, Delphi, 148.; zum Krieg selbst s. 5.2: BUCKLER, Philipp II and the Sacred War; zur Rolle von Thebens Machtpolitik in diesem Zusammenhang 5.2: DERS., Central Greece, 213–223. Terminologie und Definition des „Heiligen Krieges" waren in der Antike nicht eindeutig; s. BRODERSEN, Heiliger Krieg, 3–9.

3.4 Sparta und sein peloponnesisches Machtsystem

Deutungen und Verwendungen

Die Etappen der Interpretationen und Instrumentalisierungen Spartas seit der Antike überblickt E. RAWSON [Spartan Tradition], während sich K. CHRIST [Spartaforschung] und S. REBENICH [Alter

Wein] auf die deutschsprachige Althistorie konzentrieren; für die englischsprachige s. S. HODKINSON, in: DERS., Sparta. Comparative Approaches, XI–XIX. Eine gute Synthese legte V. LOSEMANN vor [1.6.1: DNP 15/3, 2003, 153–172]. Die vier einschlägigen Beiträge in dem von A. POWELL dirigierten „Companion to Sparta" umreißen die Rezeption in Frankreich, Deutschland, den USA und England. Forschungs- wie ideengeschichtlich reizvoll und lehrreich ist die Kontroverse zwischen H. BERVE und V. EHRENBERG: Beide bewunderten Sparta im Stadium der Vollendung; jedoch postulierte Ehrenberg einen „Neugründer des Staates" im 6. Jahrhundert und damit einen bewussten Akt politischer Gestaltung, parallel zu den Reformen des Kleisthenes in Athen. Demgegenüber meinte Berve, der nicht zufällig bald darauf eine radikalisierte Darstellung im Geiste des Nationalsozialismus vorlegte [Sparta, 1937], spartanischer Kosmos und spartanischer Geist seien nicht gemacht, sondern gewachsen „aus der letzten zeitlosen Tiefe" einer dorischen Volksseele [vgl. CHRIST, Spartaforschung, 49]. Ehrenberg wiederum bemerkte – bei aller Hochschätzung für das „Ideal disziplinierter Männlichkeit" – früh, dass der in Sparta seiner Ansicht nach unternommene Versuch, ein Gemeinwesen „in einen totalitären, vom Despotismus seiner eigenen Gesetze beherrschten Staat zu verwandeln", zwar viele antike wie moderne Bewunderer fand, aber am Ende zum Scheitern verurteilt war [Ein totalitärer Staat (1934), in: CHRIST, Sparta, 217–228, hier 227]. Die Idee von Sparta als einer ‚formierten Gesellschaft' schlug sich auch im gern gebrauchten Begriff Kosmos nieder, doch ist das Wort in diesem Kontext kaum belegt und figurierte in der Antike nie als *terminus technicus* für die spartanische Verfassung oder Lebensordnung; s. THOMMEN, Der spartanische *Kosmos* und sein „Feldlager", 130–133. Zur „dorischen Volksseele" steht das Nötige übrigens schon bei G. GROTE: Die „Institutionen Spartas waren nicht dorisch, sondern ihm eigenthümlich und unterscheiden es nicht weniger von Argos, Korinth, Megara, Epidauros, Sikyon, Korkyra oder Knidos, als von Athen oder Theben" [1.2.1: Geschichte 1, 577 = History 3, 116].

In der neueren Forschung fallen wachsende Spezialisierung und konjunkturelle Ballungen auf; so ist im deutschsprachigen Raum nach den Arbeiten VON ST. LINK, L. THOMMEN, A. LUTHER, K.-W. WELWEI und M. MEIER die Aktivität seit etwa 2010 wieder abgeflaut. Allerdings hat auch danach noch W. SCHMITZ originelle Aufsätze

Neuere Trends

zur Gesellschaftsgeschichte zumal der Frühzeit vorgelegt sowie die spartanische Sozialordnung im Zusammenhang dargestellt [2.3: Gesellschaft, 180–224]. Im englischsprachigen Raum setzten mehrere Sammelbände nach meist von A. POWELL und ST. HODKINSON initiierten Tagungen seit 1989 wichtige Impulse [Classical Sparta; Sparta: New Perspectives; Shadow of Sparta; Sparta: Beyond the Mirage; Sparta & War; Sparta. Comparative Approaches; Sparta: The Body Politic; außerdem FIGUEIRA, Spartan Society]; hinzu kamen die Monographien von M. NAFISSI und N. RICHER. Eine vielbeachtete Studie zu den Besitzverhältnissen und dem ‚doppelbödigen' Verhältnis zum Reichtum legte S. HODKINSON vor [Property and Wealth]. P. CARTLEDGE hat seit seiner grundlegenden Dissertation [Sparta and Laconia] und einer vorzüglichen Studie über die Krise seit dem späten 5. Jahrhundert [Agesilaos] immer wieder über Sparta publiziert, jedoch zunehmend für ein breiteres Publikum [The Spartans].

Generell spielen die älteren, stark von der antiken Stilisierung geprägten Vorstellungen in der Forschung keine Rolle mehr, doch ist vielfach nicht erkennbar, wie belastbare Lösungen oder gar ein neuer Konsens aussehen könnten. Wichtige Einsichten haben der „Laconia Survey" und das „Laconia Rural Sites Project" erbracht [W. CAVANAGH, An Archaeology of Ancient Sparta, in: POWELL, Companion to Sparta, 61–92; DERS., Continuity and Change]; so scheint das vieldiskutierte Landproblem im 7. und 6. Jahrhundert eher in ungleicher Verteilung als in einer absoluten Knappheit bestanden zu haben. Zudem erkennt man – auch auf den Spuren der „Pariser Schule", die Religion und Rituale ins Zentrum stellte – inzwischen deutlicher, wie die monumental sparsamen Spartaner dennoch den Raum ihrer Polis kultisch und memorial strukturiert und in erster Linie performativ mit Sinn aufgeladen haben, nicht zuletzt durch spektakuläre Aktionen wie die Translation der Gebeine des Agamemnon-Sohnes Orestes [2.7: HARTMANN, Relikt und Reliquie, 247–251] oder des 480 gefallenen Königs Leonidas [JUNG, Wanderer]. Wie sozialanthropologische Modelle und Vergleiche bei der Analyse von sozialen Phänomenen im weitesten Sinn, z. B. Übergangsriten, helfen können, ist dagegen strittig. Beständig blüht die Rezeptionsgeschichte, die – ohne Rücksicht auf eine antike Wirklichkeit nehmen zu müssen – Aneignungen und Verwendungen Spartas aus klassisch-ideologiekritischer Sicht oder (neuer-

Land und Raum

dings) mit Blick auf Gender und Körper untersucht; s. als Beispiel Turner, Only Spartan Women.

Eine gute Analyse der Quellenlage legte A. Powell vor [Reconstructing History from Secrecy, Lies and Myth, in: ders., Companion to Sparta, 3–28]; auf die Überlieferung zur Formierungsphase konzentriert sich Ch. Starr [Glaubwürdigkeit]. Das antike Spartabild hat E. N. Tigerstedt nach Themen, Autoren und Provenienzen aufgeschlüsselt [Legend of Sparta]; die Aufsätze in Powell / Hodkinson [Shadow of Sparta] behandeln einzelne Autoren, Werke und Themen, während M. Flower [Invention of tradition] die Traditionskonstruktion seit dem 5. Jahrhundert beleuchtet. S. Hodkinson [Imaginary Spartan *Politeia*] sucht die Rede über Sparta in der Klassischen Zeit zu historisieren: von den „dominant dystopian images of the fifth century" zu „more positive images that dominated the forth" [243], als zunehmend die *homónoia* („Eintracht", verstanden als Abwesenheit von Staseis) in den Vordergrund rückte.

Überlieferungslage

Die mit Händen zu greifenden Defekte in der Realität Spartas zu übersehen erforderte allerdings ein hohes Maß an Autosuggestion. Man hat richtig bemerkt, dass Herodots Darstellung zwar manche Eigentümlichkeiten Spartas berichtet, doch „ein spartanischer Sonderweg bzw. eine militarisierte spartanische Gesellschaft tritt dabei nicht hervor" [Thommen, Sparta, 7; vgl. Levy, La Sparte d'Herodote]. Deutlich mit athenischen Etikettierungen versehen sind einige der einschlägigen Passagen bei Thukydides; s. Powell / Debnar, Thucydides and Sparta. Kommentare zur Spezialschrift Xenophons, in der Spartas Ordnung (wie schon von Herodot) auf den Gesetzgeber Lykurg zurückgeführt wird und Kritik an den Zuständen zur Zeit der Niederschrift nicht fehlt, haben (jeweils mit Übersetzung) S. Rebenich [Die Verfassung der Spartaner, 1998] und M. Lipka [Xenophon's Spartan Constitution, 2002] erarbeitet. Die Schrift sei zwar „ein politisches, der idealstaatlichen Diskussion verpflichtetes Manifest für das der historischen Realität entrückte Sparta Lykurgs"; sie enthalte jedoch wichtige und zuverlässige Informationen über die spartanischen Verhältnisse, die Xenophon aus unmittelbarer Anschauung bekannt waren [Rebenich, 34]. Dem Spartabild des Isokrates hat T. Blank eine umfangreiche, für die politische Schriftstellerei des athenischen Publizisten insgesamt grundlegende Studie gewidmet [Logos und Praxis]. Wie im Hellenismus das Bild v. a. der Verfassung Spartas model-

Einzelnen Autoren über Sparta

liert wurde, untersuchte T. J. FIGUEIRA, *Politeia* and *Lakônika*. Zu Plutarchs einflussreicher Lykurg-Vita, die mangels biographischer Fakten das Bild eines idealisierten, auf sittliche Erziehung, nicht auf kriegerische Eroberung ausgerichteten Gemeinwesens entwirft, ist die annotierte zweisprachige Ausgabe von P. DESIDERI u. a. [Plutarco, Licurgo] nützlich. Die im Darstellungsteil zitierten Bestimmungen der Verträge Spartas mit den peloponnesischen Verbündeten sind authentisch in einer der wenigen aussagekräftigen Inschriften überliefert: dem Abkommen mit den ansonsten unbekannten aitolischen Erxadieis; s. 1.10.3: OR Nr. 158 (5. Jahrhundert). Eine Auswahl übersetzter Quellen mit Einleitungen ist in der Sammlung von DILLON / GARLAND [1.10.1: Ancient Greece, 213–255] zu finden.

Orientierung

Reichhaltige und aktuelle Überblicke zu fast allen wichtigen Themen bündelt der von A. POWELL veranstaltete „Companion to Sparta". Unter den Gesamtdarstellungen ist das besonnene, auf die Politik- und Ereignisgeschichte konzentrierte, freilich auch trockene Buch von K.-W. WELWEI zu nennen [Sparta]; dieser betont mit Recht, dass sich die Polis am Eurotas zunächst in vielerlei Hinsicht wie andere griechische Gemeinwesen entwickelte; auch die Bildende Kunst trug im 7. und frühen 6. Jahrhundert reiche Früchte [Übersicht: STIBBE, Das andere Sparta; ferner mehrere Beiträge im genannten „Companion"]. Wohl allzu kritisch beurteilt Welwei die Erkenntnismöglichkeiten durch ethnologische Vergleiche und sozialanthropologische Modelle. Komplementär zu Welwei steht die „Verfassungs- und Sozialgeschichte" aus der Feder von L. THOMMEN [Sparta]; er vertritt die Ansicht, viele vermeintlich alte Züge des spartanischen Staates seien erst im Zuge des 5. Jahrhunderts modelliert worden. Das Buch bietet auch eine gut ausgewählte, thematisch gegliederte Bibliographie. Lesenswert sind ferner die schnörkellosen Untersuchungen von ST. LINK [Kosmos Sparta], der die Probleme Spartas in der Rechtsordnung gespiegelt sieht. Die knappe Darstellung von P. RAHE [The Spartan Regime] legt den Grund für seine mehrbändige Großmachtgeschichte Spartas [bisher 4.2: Grand Strategy; 4.4: Sparta's First Attic War; Sparta's Second Attic War: The Grand Strategy of Classical Sparta, 446–418 B. C., 2020]. Wichtige ältere Aufsätze stellte K. CHRIST [Sparta] zusammen; das englischsprachige Gegenstück dazu ist M. WHITBY, Sparta. Ganz aus gehaltvollen eigenen Arbeiten konnte

Sparta und Athen

P. CARTLEDGE einen Sammelband bestücken [Spartan Reflections].

Sparta und Athen vergleichend sowie in ihrer geschichtlichen Verflochtenheit darzustellen ist ein beliebtes Thema für Studienbücher; s. 1.2.3: Schulz, Athen und Sparta; M. Dreher, Athen und Sparta, 2001; Ch. Schubert, Athen und Sparta in klassischer Zeit, 2003; A. Powell, Athens and Sparta: Constructing Greek political and social history from 478 B. C., 1988; E. Cantarella, Sparta e Atene. Autoritarismo e democrazia, 2021. Bis in aktuelle Schulbücher hinein reicht der Erfolg der Athener, Sparta als einen der eigenen Polis in jeder Hinsicht entgegengesetzten Akteur zu konturieren: ethnisch (Dorer/Ioner), politisch (Oligarchie vs. Demokratie), ökonomisch (primitiv vs. dynamisch) sowie im Lebensgefühl (lichtscheu und verdruckst vs. offen und freiheitlich). Antike und neuzeitliche Spartafreunde kehrten meist einfach die Wertung um, übernahmen aber die konstruierte Polarität als gegebene Tatsache.

Die Ausbildung der gesellschaftlichen und politischen Institutionen Spartas, die kurz nacheinander bereits M. Nafissi [La nascita del kosmos] und L. Thommen [Lakedaimonion Politeia] monographisch behandelt hatten, ist wenig später durch die Studie von M. Meier [Aristokraten und Damoden] wesentlich erhellt worden. Doch „alle Rekonstruktionen von Geschichte und Zuständen der spartanischen Frühzeit", so formulierte V. Ehrenberg einen nach wie vor gültigen Vorbehalt, „müssen hypothetisch bleiben" [Spartiaten und Lakedaimonier (1924), in: Christ, Sparta, 144–194, 144] Was oben im Darstellungstext zum sog. Ersten Messenischen Krieg als einem ‚gesamtgemeindlich' eskalierenden Konflikt nach Raubzügen aristokratischer Gruppen sowie dessen Datierung (beginnendes 7. Jahrhundert) gesagt ist, folgt M. Meiers Rekonstruktion [Aristokraten und Damoden]. Bei fortdauernden Spannungen zwischen Adel und Dâmos drohten auch in Sparta Stasis und Tyrannis; nur mühsam konnte ein Umsturz verhindert werden, indem die Aufrührer als Apoikisten zur Gründung von Taras abgeschoben worden seien. Die um 650 entstandene „Große Rhetra" zielte darauf, den Konflikt einzudämmen; dabei „sollte die Bestimmung über die Einrichtung von Phylen und Oben die Position jedes einzelnen Politen in seiner Polis fest umgrenzen" [227]. Auch unberechenbare soziale Assoziationen wie die von Adligen dominierten Geheimbünde seien nunmehr in Polisinstitutionen überführt worden (*krypteía*; Kriegserklärung an die Heloten); das galt auch für das Symposion, das zur regulären Praxis der Syssi-

_{Erste Formierung im 7. Jahrhundert}

_{„Aristokraten und Damoden"}

tien wurde. Die neue, strikt polisbezogene Lebensform wurde während des (ebenfalls später als bislang gängig zu datierenden) Zweiten Messenischen Krieges weiter eingeschärft und in den Dichtungen des Tyrtaios in Verbindung mit einem legitimierenden Geschichtsbild kanonisch fixiert. Seitdem überlagerte ein neuer Gegensatz zwischen freien Spartiaten und geknechteten Heloten den (in der Sache ja nur teilweise beigelegten) Konflikt zwischen Adel und Dâmos. Meier hat seine konsistente Deutung, die archäologische Befunde und ethnologische Modelle einbezieht, weiterführend gegen Kritik verteidigt; s. MEIER, Tyrtaios und die große Rhetra. Die Kritik [scharf: H. VAN WEES, Bryn Mawr Classical Review 1999.10.15 (online)] entzündete sich u. a. an der Späterdatierung der beiden Kriege, an der Frage, ob Tyrtaios die „Große Rhetra" voraussetzte [s. VAN WEES, Tyrtaeus' Eunomia], sowie an der Nutzung von Pausanias als Quelle für die frühe Zeit. „Aristokraten und Damoden" hat zudem eine kleine Konjunktur in der Forschung ausgelöst; s. S. LINK, Das frühe Sparta, sowie den gleichnamigen Sammelband von A. LUTHER u. a.

Austerität
Die Existenz einer Aristokratie mit einem entsprechenden Lebensstil, wie er auch sonst in der griechischen Welt gepflegt wurde, kann für das 7. Jahrhundert seit MEIER [Aristokraten und Damoden, 18–44] nicht mehr bestritten werden [zu den im Darstellungsteil erwähnten Alkman-Zeugnissen ebd., 21 f.]. Weniger klar ist, wie weit die Elite im Laufe oder gegen Ende des 6. Jahrhunderts auf Austerität im Lebensstil umsteuerte und wie viel davon für Sparta spezifisch war – Luxus zu beschränken und Ausgaben in Gemeinschaftsaufgaben umzulenken lag im 6. und 5. Jahrhundert auch anderswo in Griechenland und Italien im Trend. Überdies waren möglicherweise bereits die Symposien (nicht nur) im frühen Sparta keineswegs ‚private', sondern öffentliche und kultisch eingebettete Veranstaltungen, in denen die Eliten Spannungen einzuebnen suchten, s. dafür grundlegend A. RABINOWITZ, Drinking from the same cup. H. VAN WEES [Luxury, Austerity and Equality, 224 f.] gelangt zu einem komplexen Befund: Anhäufung von Eigentum und ökonomische Ungleichheit hatten sich in Sparta hinter sozialer Gleichheit zu verstecken. So reguliert das öffentliche Leben für die Männer war, so viel Freiheit genossen die Frauen im privaten Bereich, und so rigide bewusste Kargheit die Heranwachsenden disziplinieren sollte, so frei konnten Männer ihren Wohlstand – sofern vorhanden – genießen. Die reale Macht der

Frauen habe, wie M. DETTENHOFER wahrscheinlich zu machen such- *Frauen in Sparta*
te [Frauen in Sparta], in erster Linie darin bestanden, dass das
Management der Klaroi in ihren Händen lag und damit generell
auch der soziale Status ihrer Ehemänner sowie der Fortbestand
der *homoíoi* – und nur die Frauen konnten den Reichtum ihres
Hauses zur Schau stellen. Doch auch bei dieser Rekonstruktion ist
Vorsicht geboten [s. HODKINSON, Female property ownership] und
darf man nicht der maßgeblich in Athen produzierten Obsession
über die spartanische „transgressive female" [MILLENDER, Athenian
ideology, 377] auf den Leim gehen.

T. FIGUEIRA [Demography] hat überschlägig berechnet, dass ein *Bevölkerung*
Spartiatenkleros etwa 18 Hektar umfasste. Frühere Vermutungen,
wonach die Zahlenrelation von Spartiaten und Heloten 1:7 oder
gar 1:10 betragen habe, seien stark übertrieben: 480 hätten 75 000
bis 118 000 Heloten (Männer, Frauen, Kinder) etwa 23 000 Spartiaten jeden Alters und Geschlechts gegenübergestanden, was zu
den bereits früher aus Angaben von Heereszahlen berechneten
ca. 8 000 bis 9 000 erwachsenen Vollbürgern bzw. 5 000 Hopliten
passt. OBER / WEINGAST [Violence] rechnen für das 5. Jahrhundert
mit 35 000 Spartiaten, 55 000 Periöken und 160 000 Heloten (15 /
20 / 65 %). Zum Schwund an Spartiaten seit dem 5. Jahrhundert s.
CARTLEDGE [Sparta and Lakonia, 263–272] sowie den Forschungsbericht von T. DORAN [1.9: Oliganthropia]. Wohl mit Recht wird jüngst
wieder den Kriegs- und Katastrophenverlusten samt ihren genera-
tiven Folgen eine größere Bedeutung eingeräumt; s. 1.9: DECETY,
Oliganthrôpia revisited. Die antike Bezeichnung führt strenggenommen in die Irre, denn von einem generellen Bevölkerungsschwund kann keine Rede sein. Warum die Spartaner nach dem
7. Jahrhundert keine ernsthaften Versuche mehr unternahmen,
die (Voll-)Bürgerschaft durch integrierende Reformen auch demo-
graphisch zu konsolidieren, wie das etwa in Athen durch Kleisthenes erfolgte, ist schwer zu sagen. Folgt man der These von W.
SCHMITZ [Gründung der Stadt Tarent], gab es während des Zweiten
Messenischen Krieges ein solches Experiment: Freigelassene Heloten sollten mit Witwen gefallener Spartiaten Kinder zeugen.
Doch um deren Status seien heftige Konflikte entbrannt, so dass
die aufständischen Heloten schließlich die Polis verlassen mussten (andere Erklärung für die Gründung Tarents, s. o.). Ihre Kinder
habe ‚Lykurg' in die Bürgerschaft integriert und zugleich weitere
Gesetze zur Ehe, zur Polyandrie, zur Anerkennung Neugeborener

sowie zu deren Erziehung außerhalb einer Familie veranlasst; s. ferner Schmitz, Lykurgs Gesetz über die Kinderzeugung (mit der Vermutung, die kasernierende *agôgê* sei zunächst nur für Helotenkinder verbindlich gewesen, die fern ihrer Elternhäuser spartanisch sozialisiert werden sollten). Die Erinnerung an diese Krise könnte die Spartaner von weiteren biopolitischen Experimenten abgehalten haben. – Den für die spätere Entwicklung zentralen systemischen Grundwiderspruch stellte S. Link heraus [Kosmos Sparta, 86]: Das Ziel der Gemeinschaft, in deren Interesse jeder Spartiate möglichst viele Nachkommen hervorbringen sollte, sei vom Bestreben sowohl besitzgieriger Reicher als auch von Armut bedrohter ‚Kleinspartiaten' gleichermaßen durchkreuzt worden – beide seien bemüht gewesen, jeweils nur einen einzigen Erben für eine glückliche Erbfolge zu hinterlassen. Ober / Weingast [The Sparta Game] verweisen auf die kontraproduktive Ausstoßung zu armer Spartiaten aus der Vollbürgerschaft.

Periöken   Eine gute Einführung in die Frage nach der Stellung der Periöken liefert D. Lotze, Bürger zweiter Klasse. Er weist darauf hin, dass Xenophon das aus Spartiaten und Periöken gebildete Heer als „Bürgerheer" oder einfach „Bürger" bezeichnet; die Periöken lebten „in Gemeinden mit eigener Identität" [177] und bildeten „eine unentbehrliche Voraussetzung für die Größe des Staates, den wir mit irreführender Vereinfachung ‚Sparta' zu nennen pflegen" [183]. In der Klassifikation des „Copenhagen Polis Centre" sind die Periökenstädte klassische abhängige Poleis; s. G. Shipley, The other Lakedaimonians. Ebenfalls Shipley listet für die Archaische und Klassische Zeit neben Sparta 23 als Poleis organisierte Siedlungen auf [1.6.2: Hansen / Nielsen, Inventory, 578–595]. J. Ducat [The Perioikoi, in: Powell, Companion to Sparta, 598–614] schätzt die Zahl der Periöken*gemeinden* insgesamt auf ca. 60, von denen etwa die Hälfte sicher lokalisiert werden könne. Ducat selbst führt eine von F. Hampl [Periöken, v. a. 21–30] formulierte These weiter: Spartiaten und Periöken hätten keinen Staat, sondern einen Verbund auf der Basis ethnischer und kultureller Gemeinsamkeiten sowie ökonomischer Interessen gebildet. Die Periöken „must have taken pride in fighting alongside the men reputed as the best warriors in Greece", und sie erhielten dadurch „the best possible guarantee of physical security in a Greek world where turbulence and threats of invasion were the norm" [Ducat, 612; vgl. ausführlich ders., Le statut]. Thuk. 8,22 erwähnt unter dem

Jahr 412 den Periöken Deiniades als erfolgreichen Flottenkommandeur; s. CARTLEDGE, Sparta and Laconia, 225. Möglicherweise war auch einer der Befehlshaber, die Lysander auf dem Denkmal für den Sieg über die athenische Flotte bei Aigospotamoi in Delphi verzeichnen ließ, ein Perioke [Paus. 10,9,10 mit 1.10.3: OR, 561]. Das Material zu den Flottenbefehlshabern hat E. BIANCO zusammengestellt [Sparta e i suoi navarchi]. – Gytheion und Tainaron als Periökensiedlungen: SHIPLEY, The Other Lakedaimonians, 190.

Periöken und die Flotte

In die zeitweilige Konjunktur der Spartaforschung gehören die Monographie von J. DUCAT [Les hilotes] sowie der Sammelband von LURAGHI / ALCOCK [Helots and Their Masters]. Aktuelle Überblicke bieten WELWEI / SAMOTTA [Heloten / Helotie] sowie FIGUEIRA [Helotage]. Vieles ist strittig, etwa, ob die Helotie in Lakonien aus einer Eroberung oder einem innerspartanischen Differenzierungsprozess entstanden ist [dafür: LURAGHI, Helotic Slavery; mit guten Gründen dagegen: WELWEI, Überlegungen], ferner, inwiefern und wann die messenischen Heloten ein ethnisches Bewusstsein entwickelten und sich darin von den lakonischen unterschieden. Durch Vergleich mit verschiedenen neuzeitlichen Systemen unfreier Arbeit suchte S. HODKINSON [Spartiates, helots] zu klären, wie die Heloten ihre Lage und das Verhältnis zu ihren Herren wahrnahmen, wie die ‚Gehorsamsmodalitäten' waren und welchen Stellenwert die alltäglichen Freiheiten der Unterworfenen hatten. Offenbar waren die Verhältnisse lokal und in der Zeit sehr uneinheitlich.

Heloten

„Über den Gesetzgeber Lykurg", so gesteht Plutarch erfrischend eindeutig (Lyk. 1,1), „kann man schlechthin nichts sagen, das nicht umstritten wäre. Über seine Abkunft, seine Reisen, seinen Tod, vor allem auch über seine Tätigkeit als Gesetzgeber und Staatsgründer liegen ganz verschiedene Darstellungen vor, und am wenigsten herrscht über die Zeit, zu der der Mann gelebt hat, Übereinstimmung." Davon ausgehend hat die Forschung zu klären versucht, wie die Figur, über die es keinerlei alte Überlieferung gab, seit dem 5. Jahrhundert modelliert wurde; s. ausführlich ED. MEYER, Lykurgos. Neuere Synthesen bieten K.-J. HÖLKESKAMP [Lykurg] und M. NAFISSI [Lykourgos], der die Herausforderung unterstreicht, „to define better the different layers and elements that make up the complex tradition on Lykourgos and to understand the wealth of information that antiquity has left us about him"

Mythos und Wirklichkeit

[111]. – Auch Nachrichten über einige extreme Praktiken der Lebensführung haben einer quellen- und sachkritischen Überprüfung nicht standgehalten oder sich zumindest als grobe Verallgemeinerungen bzw. Übertreibungen tatsächlicher Phänomene erwiesen; das gilt für die Unbestechlichkeit [NOETHLICHS, Bestechung], die Fremdenvertreibungen [REBENICH, Fremdenfeindlichkeit; FIGUEIRA, Xenelasia] oder die Übung, junge Spartaner loszuschicken, damit sie in geheimer Mission Heloten töten [WELWEI, Krypteia]. Die Krypteia ist sehr verschieden gedeutet worden, u. a. ethnologisch als Initiationsritus im Rahmen der Erziehung [1.5: VIDAL-NAQUET, Black Hunter, 112–114, 147 f.] sowie (plausibel) als Instrument, um die Heloten zu verunsichern und zu demütigen. Das Verbot, ausländisches Geld zu besitzen, wurde wohl erst 404/03 eingeführt, als viele Spartaner allein oder in kleinen Gruppen verstreut in anderen Städten Kontrolle ausübten und dabei natürlich in Versuchung gebracht wurden; es blieb aber, wie es scheint, nicht lange in Geltung; s. H. VAN WEES, Luxury, Austerity and Equality, 209 f. Zweifellos historisch ist hingegen die Einteilung der Kinder und Jugendlichen in Altersklassen im Rahmen der Erziehung, die nicht zuletzt Respekt vor dem Älteren lehrte sowie durch Disziplinierung „eine Geschlossenheit hervorgerufen haben dürfte, die ein militärisches Übergewicht zu sichern half"

> Kein Thema mehr?
> Sparta und der Krieg

[SCHMITZ, Altersklassen, 126]. Zu den Kernbeständen der antiken wie der neuzeitlichen Mythenbildung gehörten der „Militärstaat" und das „Heerlager" Sparta [THOMMEN, Der spartanische *Kosmos* und sein „Feldlager", 133 f.] sowie die für 150 Jahre als unbesiegbar geltende Hoplitenphalanx. Auf diesem Gebiet hat sowohl die neuere Militärgeschichte (o. 2.6) als auch die Spartaforschung Dekonstruktionsarbeit geleistet. Während einer der o. g. Tagungsbände aus der HODKINSON-POWELL-Schmiede noch dem Krieg gewidmet ist [Sparta & War; darin zentral: HODKINSON, Was Classical Sparta a Military Society?, 111–162], fehlt im „Companion to Sparta" (2018) ein eigener Beitrag. Das Thema scheint ins populäre Genre abgedrängt zu sein: Bücher wie das von N. FIELDS [The Spartan Way, 2013, in der Reihe „Pen & Sword" (!)] oder von S. M. RUSCH [Sparta at war. Strategy, tactics, and campaigns, 950 (!) – 362 BC, 2011] finden im englischsprachigen Raum immer noch viele Leser; sie transportieren jedoch vielfach ein überholtes Geschichtsbild. Das gilt in noch höherem Maße für andere Medien (Graphic Novel, Spielfilm, Computerspiel).

Unter den politischen Institutionen kommt dem in der „Großen Rhetra" nicht explizit genannten, wohl auch nicht vorausgesetzten Ephorat eine besondere Bedeutung zu, weil es durch Volkswahl, weitgespannte Funktionen und das schwankende Verhältnis zu den Königen als die am meisten ‚politische' Größe im Ordnungsgefüge gelten kann. Die materialreiche Studie von N. RICHER [Les Éphores] ist leider den Quellen gegenüber zu unkritisch und hält Sparta für „un système absolument cohérent et délibérément cultivé comme tel" [231]; s. P. CARTLEDGE, Gnomon 74, 2002, 143–147. M. MEIER [Zwischen Königen und Damos] rekonstruiert das politische *setting* des Ephorats im Kontext der anderen Institutionen. Weniger einleuchtend meint A. LUTHER [Könige und Ephoren], das Verhältnis zwischen Königtum und Ephorat habe sich zwischen ca. 550 und 400 kaum geändert; s. L. THOMMEN, Historische Literatur 2, 2004, H. 3, 67–69. Die Rahmung des Verhältnisses hat S. LINK [Kosmos Sparta, 69] bestimmt: „Alle Voraussetzungen dafür, das politische Geschehen ihrer Zeit über eine längere Dauer zu bestimmen, lagen demnach bei den Königen – jedenfalls, sofern sie sich an eine politische Linie hielten, auf der große Teile der Bürgerschaft ihnen folgten. Alle Voraussetzungen dafür, die Könige mit verfassungsrechtlichen Mitteln an einem Ausbruch aus dem Rahmen, den die Bürgerschaft vorgab, zu hindern, lagen bei den Ephoren."

Ephorat

Das Doppelkönigtum reichte zwar in eine sehr frühe Zeit zurück und genoss hohen Respekt, erwies sich jedoch als kontingenzanfällig: Könige konnten im Krieg erfolgreich sein oder nicht, untereinander und mit den anderen Gewalten Konflikte austragen, ins Exil getrieben werden oder im Ausland ‚aus dem Ruder laufen'. S. als neueren Überblick MILLENDER, Kingship; wie prekär die Position eines Königs sein konnte, stellt A. POWELL heraus [Divination]. Die namentlich bekannten Könige hat M. MEIER in einer Liste zusammengestellt [1.8: EDER / RENGER, Herrscherchronologien, 180–183]; deren zeitliche Fixierung ist freilich für die Spanne bis Mitte des 6. Jahrhunderts wegen der bereits antiken Unkenntnis über die frühere Zeit unverbindlich. Wer sich in die Quellengrundlage und die Methodik der Rekonstruktion vertiefen möchte, findet bei BELOCH einen zünftigen Einstieg [1.2.1: Griechische Geschichte I 2, 171–191]. Hinsichtlich der Spartiatenversammlung [über ihre antike Benennung s. WELWEI, Apella oder Ekklesia?] kann O. GROTE [Zur politischen Funktion der Volksversammlung]

Doppelkönigtum

Volksversammlung

wahrscheinlich machen, dass die Elite während der Debatten abschätzte, ob ein Beschlussantrag Aussicht auf Billigung hatte. Da die „Große Rhetra" ausdrücklich anordnete, dass die Leitung „schiefe Sprüche" durch rechtzeitige Auflösung der Versammlung gar nicht erst zur Abstimmung kommen lassen sollte, konnte man unliebsame oder konfliktträchtig erscheinende Entscheidungen verhindern. War aber eine Abstimmung einmal auf den Weg gebracht, habe der Damos die Rolle der ‚Dritten Instanz' im Sinne von G. Simmel übernommen: Die gebilligten und durch die Spartiaten legitimierten Beschlüsse brachten den für Sparta so konstitutiven Konsens demonstrativ zum Ausdruck. Dabei konnte freilich der Abstimmungsmodus politisch von hoher Relevanz sein, wie E. FLAIG an dem berühmten Fall des Jahres 432 aufzeigt [Abstimmung nach der Lautstärke].

Politische Kultur in Sparta?

Die ‚Qualität' des politischen Entscheidens in Sparta hat S. LINK eindringlich charakterisiert: Mit dem Ziel, alle Amtsträger an den politischen Willen der gesamten Gemeinschaft zu fesseln, korrespondierte die gegenseitige Schwächung der Institutionen. Allerdings musste, um in dieser Konstellation handeln zu können, ein Konsens in der Bürgerschaft wie in den Institutionen gegeben sein. Fehlte einmal dieses allgemeine Einverständnis, dann „brachen die Meinungsverschiedenheiten und Machtkämpfe, die unausgetragen unter der Oberfläche schwelten, immer wieder hervor und drohten, eine zuvor sorgfältig angelegte Politik zunichte zu machen" [Kosmos Sparta, 78] – und offenbar mangelte es an Routinen, geregelt einen Konsens herzustellen bzw. mit Dissens umzugehen. Weitergeführt hat LINK diese Erkenntnis in zwei Aufsätzen [Staatliche Institution und innergemeindlicher Diskurs; Sparta, von innen gesehen]: Fehlende Kompetenzabgrenzung und das unklare Verhältnis der Institutionen zueinander in Fällen von unterschiedlichen Ansichten ergaben sich, weil die Spartaner vorinstitutionell auf Konsens und Hierarchie setzten. Konflikte wurden dann entweder durch den Dauerdruck von außen, dem Sparta ausgesetzt war, bzw. durch militärische Erfolge überdeckt – oder aber in irregulärer Weise ausgetragen. Ein günstigeres Urteil über den politischen Entscheidungsprozess formulierte indes K.-W. WELWEI [Konstrukt eines Gegenbildes]: Es habe in der Apella durchaus längere, ergebnisoffene Debatten gegeben; auch sei „die Entscheidungsfindung in Sparta nach festen Regeln in dem dafür vorgesehenen institutionellen Rahmen" verlaufen [170] –

und das bei einer höheren tatsächlichen Teilnahmequote in der Volksversammlung als im demokratischen Athen. Doch auch wenn ‚lakonisch zu sprechen' aus einer spezifischen Bildung resultierte [J. Ducat, in: Hodkinson / Powell, Sparta, 47], so kann das hochgeschätzte Schweigen als Form hierarchischer Kommunikation [E. David, Sparta's *kosmos* of silence, ebd., 117–146] für den politischen Raum doch nicht folgenlos geblieben sein; vgl. W. Schmitz, Macht über die Sprache. Die Ambivalenz im ‚System Sparta' verdeutlicht O. Grote [2.5: Die griechischen Phylen, 65–111]: Auch dort erfüllte die Binnenorganisation der Bürgerschaft eine für die Ermöglichung des Politischen zentrale Aufgabe: Einzelne und partikulare Interessen konnten in einen Gesamtwillen transformiert werden, indem in den Phylen und Oben relevante Meinungen entstanden, die auf der Ebene und in den Gremien der Gesamtpolis verhandelt werden konnten. In Sparta habe der politische Willensbildungsprozess immer wieder beträchtliche Spannungen in den politischen Organen produziert, erlaubt es aber auch, diese auszuhalten. Eigenmächtige Vorstöße einzelner Adliger oder kleiner Gruppen konnten ausgebremst werden. Andererseits fiel es in Sparta deshalb oft schwer, gemeinsame Entscheidungen zu fällen – Stasiseruptionen blieben aus, um den Preis von „Lethargie – im Guten wie im Schlechten" [111]. Indes zeigt sich auf dem (in der Forschung lange vernachlässigten) Feld des öffentlichen Finanzwesens, dass eine systemische Unterentwicklung wirkungsvolle Lösungen nicht ausschloss. Wie D. Rohde [Finanzen] darlegt, wirkte auch in Sparta der Peloponnesische Krieg als Katalysator für die Anpassung an gesteigerte Bedarfe. Einen Überblick zur Wirtschaft Lakedaimons, wie es angesichts der Bedeutung der Periöken auf diesem Feld wohl heißen müsste, gibt L. Thommen, Wirtschaft Spartas. Dagegen scheint A. Powell als Dirigent seines ansonsten so umfassenden „Companion to Sparta" einem Diktum Rousseaus gefolgt zu sein: „Ce mot de finance est un mot d'esclave; il est inconnu dans la Cite." Zitiert ist dieses Wort kurioserweise im genannten „Companion" [674].

Finanzen und Wirtschaft

Das Bündnissystem Spartas auf der Peloponnes kann als gut untersucht gelten; ein sehr klarer Überblick ist bei Baltrusch [2.6: Außenpolitik, 43–46, 135–137] zu finden. Dessen These [Mythos oder Wirklichkeit?], beim Abschluss der Einzelbündnisse habe in erster Linie die Helotengefahr Pate gestanden sowie das Bemühen, zumal die messenischen Heloten zu isolieren, hat nach wie

‚Peloponnesischer Bund'

vor viel für sich; dass die Heloten keine ständige Bedrohung bildeten und die von ihnen ausgehende Gefahr auch nicht die Politik Spartas dominierte, suchte C. ZIMMERMANN [Der vertraute Feind] plausibel zu machen. Der Überblick von J. ROY [Sparta and the Peloponnese from the Archaic Period to 362 BC, in: POWELL, Companion to Sparta, 354–373] folgt der Ereignisgeschichte; auch D. YATES [Archaic Treaties] orientiert sich bei der Interpretation der frühen Verträge weniger an (völker-)rechtlichen als an ‚realpolitischen' Gesichtspunkten. Im Sinne eines generellen Trends, nicht immer nur auf die Ziele, Interessen und Vorgaben der Großmächte zu schauen, stellt C. WOLFF [Sparta und die peloponnesische Staatenwelt] die Bemühungen der Mittelmächte Elis und Korinth, ferner Tegeas und Mantineias sowie schließlich der Städte in Achaia heraus, gegenüber kleineren Satelliten jeweils ihrerseits Machtpolitik zu betreiben. Sie rekonstruiert „Interaktionsmodelle, mit deren Hilfe es gelang, die Außenpolitik dieser Staaten zu vereinheitlichen und die daher zu ausgeprägten regionalen Machtkonzentrationen innerhalb der peloponnesischen Binnenstruktur führten" [240]. Auch der ‚Peloponnesische Bund' erweist sich in dieser Perspektive als ein differenziertes Gebilde und „Gefüge wechselseitiger Abhängigkeiten" [242], in dem es immer wieder zu regionalen Konflikten kam, die weite Kreise ziehen konnten. Andererseits sind auch gewisse Lernprozesse erkennbar, die von den traditionellen, ganz nach außen gerichteten symmachialen Verbindungen weg- und zu sympolitischen Integrationsmodellen hinführten.

Singuläres Sparta? Während die aus der Antike fortwirkende Mythisierung und die angebliche Polarität mit Athen (und vielleicht auch das historistische Individualitätsprinzip) die ältere Forschung veranlasst haben, Sparta meist isolierend und als ‚Sonderfall' zu betrachten, spielt dieser „exceptionalism" heute kaum noch eine Rolle; er ist dreifach aufgebrochen: im zeitlichen Verlauf (das frühe Sparta bewegte sich vielfach im *mainstream* der Entwicklungen), im Ausmaß (viele eigenartige Institutionen Spartas wurden mindestens stark übertrieben und verallgemeinernd geschildert) sowie durch den Vergleich mit anderen Gemeinwesen bzw. Praktiken innerhalb wie außerhalb Griechenlands mittels ethnologischer Perspektiven (obwohl ein allzu vereinfachender Vergleich auch gerade Exzeptionalität nahelegen kann). Dennoch kann das komplexe Thema, bei dem es darauf ankommt, wohin man sieht, sicher nicht als ‚erledigt' gelten; so plädiert M. FLOWER dafür, die spartanische Religionspraxis als eine von der allgemeinen griechischen verschiedene zu verstehen [Spartan ‚religion' and Greek ‚religion'], galt es doch schon in der Antike als ungewöhnlich, wie stark sich die Spartaner von der Erkundung des göttlichen Willens leiten ließen [POWELL, Divination]. In diesem Sinne haben S. HODKINSON und M. H. HANSEN eine Debatte über „Sparta a normal or an exceptional polis?" ausgetragen; s. HODKINSON, Sparta. Comparative Approaches, 385–498; vgl. DERS., Sparta. An Exceptional Domination of State over Society?, in: POWELL, Companion to Sparta, 29–57. – Etwas überspitzt formuliert kann als Bilanz der jüngeren Spartaforschung gelten: Wir wissen heute weniger als früher, aber das auf einem viel höheren Niveau.

3.5 Korinth

Das bis heute unübertroffene Standardwerk ist die Monographie von J. B. SALMON mit dem programmatischen Titel „Wealthy Corinth". Ein Hauptverdienst der Arbeit besteht darin, mit der bereits von den antiken Quellen (besonders Thukydides) begründeten Vorstellung aufzuräumen, Reichtum und Wohlstand der Stadt basierten im Wesentlichen auf den – an sich nicht in Frage gestellten – weitausgreifenden Handelsgewinnen und Erfolgen in Schiffbau und Seefahrt. Tatsächlich wies Salmon durch eine genaue Analyse der Quellen und ökologischen Rahmenbedingungen nach, dass – wie nahezu alle Poleis – die Macht, die diversifizierte Wirtschaft und die allgemeine Prosperität Korinths auf besonderen agrarischen Grundlagen beruhten; die korinthische Wirtschaft „still followed the universal rule of the ancient world that agriculture was dominant" [158; vgl. 1.5: GEHRKE, Jenseits von Athen und Sparta, 128–133, der Korinth ebenso wie Milet der Klasse „mittlere Agrarstaaten mit bedeutender maritimer Komponente" zuordnet]. Das Land am Isthmos gehörte zwar zu den trockensten Regionen Griechenlands, doch wurde dieser Nachteil durch jahresbeständige Quellen ausgeglichen, die eine konstante Bewässerung der küstennahen Ebenen Korinths erlaubten und dieses Gebiet zu den agrarisch produktivsten machten [SALMON, 1–26]. Hinzu kamen der Baumreichtum der nahen Hügel, der die für das Handwerk sowie den Haus- und Schiffbau notwendigen Materialen bot und in klas-

„Wealthy Corinth"

Agrarische Grundlagen

sischer Zeit sogar Holzexporte erlaubte [ebd., 30]. Einen ausgezeichneten, übersichtlich gestalteten archäologisch-historischen Überblick über die Bauten und Architektur Korinths sowie der städtischen Umgebung bieten die Beiträge in K. KISSAS, Ancient Corinthia.

Warenverkehr und Lebensstil

Die günstige verkehrstechnische Lage auf dem Isthmos, sowohl im Hinblick auf den Landweg von Attika auf die Peloponnes (und umgekehrt) als auch auf die maritimen Verbindungen, ermöglichte einen konsequent genutzten Zugewinn. Die meisten, über den Hafen Lechaion laufenden Exportprodukte waren bezeichnenderweise wahrscheinlich agrarischer Art [KOUROU, Corinthian Wares and the West]. Diese Konstellation beflügelte das Handwerk und begründete das kosmopolitische Gepräge der Stadt im Zentrum der griechischen Welt. Sie konnte zwar nicht mit spektakulären literarischen und philosophischen Leistungen aufwarten, vielleicht abgesehen von dem frühen Epiker Eumelos; zu den übrigen Akteuren und Aktivitäten im Bereich des Theaters, der Literatur und Geschichtsschreibung bietet der von P. ANGELI BERNADINI herausgegebene Sammelband [Corinto. Luogo di Azione] eine Reihe interessanter Aufsätze. Korinth stand vielmehr für ein lebendiges, vergleichsweise luxuriöses *savoir vivre* ‚für Jedermann', der es sich leisten wollte und konnte (und das waren offenbar nicht wenige). Die in größerem Umfang angebotene und vielleicht den städtischen Aphrodite-Kult mitfinanzierende Prostitution [dazu SCHEER, Tempelprostitution in Korinth?, mit Kritik an der verbreiteten Vorstellung] gehörte genauso hierzu wie die Erfolge korinthischer Athleten in Olympia [dazu und zur innovativen Anlage des städtischen Stadions ROMANO, Athletics and Mathematics] und das reiche kulinarische Angebot, insbesondere im Bereich hochwertiger Fischereiwaren.

Der Golf von Korinth als Einheit

Bei alldem scheinen die Verbindungen der Polis nach Westen in und über den Korinthischen Golf auch nach der Einrichtung des Diolkos [dessen Zweck und Funktion in der Forschung strittig sind; s. D. K. PETTEGREW, 1.6.1: EAH 4, 2121 f. mit Literatur; WERNER, Largest Shipway; RAEPSAET / TOLLEY, Le Diolkos] und der Nutzung des Osthafens stets intensiver gewesen zu sein als die in den Saronischen Golf und in die Ägäis, wo im Norden allein die strategisch wichtige Apoikie Poteideia Zugang zu zusätzlichen naturalen Ressourcen (Holz) sichern sollte. Was das westliche Meeresbecken angeht, so hat K. FREITAG detailliert nachgewiesen, dass der Korinthische Golf nicht nur als Durchgangs- und Transfergebiet für die Fernverbindungen über die Straße von Otranto in das westliche Mittelmeer (und in die korinthischen Apoikien) fungierte, sondern auch ein eigener, durch regionale Fährverbindungen und unterschiedliche Hafentypen vernetzter Verkehrs- und Kommunikationsraum und damit auch in der Summe der regionalen Dynamiken eine eigenständige und -gewichtige historisch-politische und „strategische Einheit" und Größe bildete [1.7.2: Der Golf von Korinth; DERS., Fährverbindungen, zur regional-maritimen Verflechtung]. Wenn es um die Einordnung der westlichen Fernkontakte und Handelsverbindungen ging, hat sich die Forschung lange auf die vor allen in Italien (Etrurien) und Sizilien beliebte, im Laufe des 6. Jahrhunderts aber angeblich durch die konkurrierenden Produkte athenischer Werkstätten zurückgedrängte bemalte Gefäßkeramik konzentriert. Diese Perspektive ist in den letzten Jahrzehnten in mehrfacher Hinsicht modifiziert und ergänzt worden. So nimmt man zunehmend Abstand von einer in Analogie zu den politischen Rivalitäten gebildeten Vorstellung einer Handelskonkurrenz („commercial competition") zwischen Athen und Korinth im Bereich des Fernhandels mit Keramik sowie Luxus und Verbrauchsgütern.

Handelskontakte in den fernen Westen

Tatsächlich deuten die archäologischen Befunde auf eine transregionale Zusammenarbeit („commercial cooperation") von Fernhändlern, Produzenten und Transporteuren, die zur Befriedigung einer heterogenen Schicht von Konsumenten militärische Fronten und machtpolitische Einflussgebiet regelrecht durchkreuzten und sich selbst von größeren Kriegsszenarien kaum beirren ließen. Alte (und offenbar von der europäischen Politik des 18., bis 20. Jahrhunderts geprägte) Vorstellungen von Handelsblockaden oder der Sperrung von Meerengen, wie man sie lange den Karthagern in der Straße von Gibraltar unterstellte, werden vor diesem Hintergrund zunehmend obsolet (wie hätte man das auch technisch und logistisch durchführen sollen?), genauso wie das Konzept einer primär an außen- und militärpolitischen Erwägungen orientierten Handelspolitik einzelner Poleis; vgl. dazu am Beispiel von Korinth in Klassischer Zeit eindringlich und überzeugend B. R. MACDONALD, The Import of Attic Pottery to Corinth. Eine solche Politik bezog sich nur auf Getreide und Holz, also auch strategisch für den Bau und Unterhalt von Kriegsflotten und für den Verteidigungsfall existentielle Güter, nicht aber auf den übli-

Kooperationen

chen Fern- und Lokalhandel mit Keramik, Kunstgegenständen sowie pflanzlicher und tierischer Nahrung wie Fisch, Öl oder Vieh. Generell wird die Ansicht, Wirtschaften in der Antike sei vollständig von sozialen und politischen Handlungsorientierungen dominiert gewesen, während Ökonomie als eine eigenständige Handlungssphäre erst in der westeuropäischen Moderne entstanden sei, heute nicht mehr geteilt; vgl. 2.2: EICH, Politische Ökonomie, 51. Das politisch ‚entzerrte' Bild des Fernhandels wurde im Falle Korinth auch durch wichtige Grabungen im südwestlichen Forum des Stadtgebietes ergänzt [instruktiver Überblick mit historischer Auswertung M. L. ZIMMERMANN-MUNN, Corinthian Trade; C. G. KOEHLER, Corinthian Developments]: Das „Punic Amphora Building" bildete ein großzügig angelegtes Logistik- und Speditionszentrum für Transportamphoren, dessen Blüte offenbar in den mittleren Dekaden des 5. Jahrhunderts lag und „a tremendous increase in the quantity of transport amphoras and fish remains, and a commensurate decrease in finewares and domestic coarsewares" [ZIMMERMANN-MUNN, Corinthian Trade, 198 f.] offenbarte. Mit anderen Worten: Korinthische Händler und Handwerker hatten sich seit der späten Archaik zumindest teilweise von einem bis dahin dominierenden Export von Keramik und vegetabilischen Produkten sehr erfolgreich auf den spezialisierten Import von fermentiertem Fisch umgestellt. Dieser stammte vornehmlich aus den artenreichen Meeresräumen des unter karthagischer Hegemonie stehenden atlantischen Spanien sowie Marokkos. Dabei nutzten die Korinther wahrscheinlich Gades als Umschlagplatz der Waren und – das ist das überraschendste Ergebnis – in großem Stil das an der atlantischen Küste im nördlichen Bereich der karthagischen Kolonien (Lixus) gelegene Kouass als Produzenten regional gefertigter Amphoren (deshalb die Bezeichnung „Punic Amphora Building"). Es gab also eine beinahe das gesamte Mittelmeer und die atlantischen Küsten umspannende ‚internationale' Arbeitsteilung nach Art eines Konsortiums, das den Korinthern und ihren modernen Transportschiffen mit 400–500 Tonnen Ladekapazität auch in Klassischer Zeit ihre Stellung als internationales Handelszentrum (neben dem Piräus) sicherte und den Athener Markt und die Ägäis zu einem saisonal, durch die Schifffahrtsrouten festgelegten Zeitpunkt reichlich beliefern konnte [ZIMMERMANN-MUNN, Corinthian Trade, 212; ferner G. KOEHLER, Corinthian Developments, 452 zur

Diversifizierung der Amphoren als Zeichen der Handelsblüte im 5. Jahrhundert].

An diesem Einblick in die Fernhandelsströme und -aktivitäten zeigt sich auch, dass unser durch die literarische Überlieferung geprägtes Bild einer langsamen kommerziellen Abwärtsentwicklung seit der Glanzzeit der Korinthischen Tyrannen Kypselos und Periandros so nicht stimmen kann. Diese schufen wichtige technische Voraussetzungen (Hafenanlagen, Diolkos), um den Transit- und Fernhandel besser abschöpfen zu können, und auch ihre Bautätigkeit sowie die Einrichtung der panhellenischen Isthmien dürften zum Aufschwung des innerstädtischen Handwerkes und der früh einsetzenden Diversifizierung der Wirtschaft beigetragen haben. Dagegen scheint ihre Anlage von Apoikien zumal an der Straße von Otranto (insbesondere Korkyra) zunächst noch eine geringe wirtschaftliche Bedeutung für den Fernhandel mit den beschriebenen Produkten gehabt zu haben; ihr Wert war wohl – das würde auch zur beginnenden Kriegsflottenpolitik der Tyrannen passen und wird durch Hinweise des Thukydides für den Beginn des Peloponnesischen Krieges bestätigt – eher strategisch, indem sie potentiell die machtpolitisch zu nutzenden Getreideimporte aus Sizilien und Unteritalien auf die Peloponnes unterstützen bzw. erschweren (nicht: „blockieren") konnten. Das war einer der wenigen Bereiche, die in die außenpolitische Zuständigkeit und Entscheidungsbefugnis der Polis bzw. der politischen Führungsinstanzen gehörten und nicht dem „freien Spiel" der im Handel tätigen Akteure überlassen wurden, wobei diese überdies häufig Nichtbürger (Metoiken) waren.

Dass es recht früh (Thuk. 1,13.4) und immer wieder mit der bedeutenden Apoikie Korkyra zu teils heftigen, auch militärischen Konflikten kam, dürfte auch damit zusammenhängen, dass Korkyra in Konkurrenz zur Mutterstadt den Zugriff auf die Seefahrtsrouten und Verbindungen in die Adria sowie insbesondere (über die weiter nördlich gelegenen Apoikien Apollonia und Epidamnos) auf die binnenländischen Silbervorkommen monopolisieren wollte; vgl. als jüngeren Überblick P. CABANAS, Les diasporas grecques en Adriatique, bes. 109–114. Immerhin konnte Korinth B. SMARZCYK [3.9: Timoleon, bes. 47–69] zufolge selbst noch in der turbulenten, politisch und militärisch angespannten Zeit Mitte des 4. Jahrhunderts seine Apoikien (auch und insbesondere Korkyra) in der Straße vom Otranto zu einer Art konzertierten (finanziellen)

Keine kommerzielle Abwärtsentwicklung

Rolle der Tyrannen

Kolonien

Unterstützung der Timoleon-Expedition bewegen, um Syrakus und sein Umland mit Neusiedlern zu stabilisieren und damit auch den so lukrativen Handel mit der alten sizilischen Apoikie wiederzubeleben. Das war eine, wie sich zeigen sollte, sehr erfolgreiche westliche Alternative zu den Hoffnungen, die der Athener Isokrates im Osten mit der Eroberung (und Kolonisierung) des Perserreichs verband.

Stabile oligarchische Ordnung

Es passt zu dieser vitalen und stabilen, bis weit in die Klassische Zeit hineinreichenden wirtschaftlichem Prosperität der Stadt und ihrer offensichtlich flexiblen und effektiven Fernverbindungen, dass die jüngere Forschung dazu neigt, anstelle der von den Autoren des 5. Jahrhunderts auf der Basis mündlicher Tradition dramatisierten Abfolge der ‚Verfassungswechsel' [dazu eingehend Kõiv, Reading ancient tradition] eher von Kontinuitäten auszugehen: Der historische Kern sowohl des mit mythischen und legendenhaften Versatzstücken angereicherten [Giangiulio, Per una nova immagine, zu den vorderasiatischen Motiven] und mit individuellen Gewalthandlungen beschriebenen ‚Putsches' durch Kypselos als auch der ‚Vertreibung' der Bakchiaden (Bd. 1, S. 66) scheint in der an sich nicht unüblichen Ablösung eines in der Außenpolitik nicht mehr erfolgreichen Familienclans durch einen anderen bestanden zu haben [Kõiv, wie eben, 119 ff.]; dabei versuchten die Kypseliden und ihre Gefolgsleute ihrerseits, den Bruch der inneren Ordnung zu überspielen und ihre neue Herrschaft als „in Einklang mit der Tradition stehend und vom Volk akzeptiert" darzustellen [2.5: Schmitz, Kypselos und Periandros, 46 f. sowie S. 38–41, zu den aus den Quellen herauszufilternden „sozialen" und wirtschaftlichen Maßnahmen]. Die Maßnahmen zur Sicherung ihrer Herrschaft sowie zur Steigerung der städtischen Prosperität unterschieden sich wohl nur graduell voneinander, auch wenn die Kypseliden wahrscheinlich – entsprechend der allgemeinen mediterranen Entwicklung – stärker in militärisch (durch Kriegsflotten) und strategisch (Apoikien) zu sichernden Hegemonialsphären dachten und deren Kontrolle innerfamiliär konzentrierten; dazu Stickler, Korinth und seine Kolonien.

Kypseliden

Auch der ‚Sturz' der Tyrannis der Kypseliden passt nicht nur in die Gesamtkonstellation der griechischen Ägäiswelt, er verlief wiederum offenbar recht undramatisch und hat institutionell – ähnlich wie in Massilia – lediglich zu einer Verbreiterung der nie in Frage gestellten oligarchischen Gesamtordnung geführt; vgl.

als Überblick über die Institutionen SALMON, Wealthy Corinth, 231–239; 2.5: WELWEI, Polis, 282–286; zu den im Darstellungstext referierten Phylenreformen s. 2.5: GROTE, Die griechischen Phylen, 145–161. Dementsprechend – auch das ist eine Parallele zu Massilia – blieb Korinth selbst in der klassischen Zeit von bürgerkriegsähnlichen *stáseis* verschont. Die Anbindung an den Peloponnesischen Bund war eine selten in Frage gestellte Grundsatzposition, schloss aber flexible und situative Abweichungen nicht aus. Bezeichnenderweise gab es innerstädtische Richtungskämpfe mit Verfassungswechseln erst dann, als im 4. Jahrhundert mit Sparta eine auswärtige Macht direkt und militärisch (durch die Stationierung von Besatzungstruppen) in die innerstädtischen Belange eingriff und neue Bündniskonstellationen erprobt wurden; s. 2.5: GEHRKE, Stasis, 84–87.

3.6 Theben und das übrige Boiotien

Selbstverständlich wird Theben als großer Akteur in den Darstellungen und ,Companions' [1.2.1–3] behandelt; das gilt besonders für die erste Hälfte des 4. Jahrhunderts. Seit mehreren Jahrzehnten florieren „Boeotian studies", die auch eine eigene Zeitschrift haben („Teiresias", nach dem berühmten Seher mehrerer thebanischer Mythen). Allmählich gelingt es besser, die bislang eher in sich gekehrte Theben- und Boiotien-Forschung in den weiteren Horizont der Griechischen Geschichte einzufügen. Jedenfalls können die beiden älteren Darstellungen von R. J. BUCK [History of Boeotia (reicht nur bis 431); 5.2: Boiotian and the Boiotian League] nunmehr als teilweise überholt gelten. Die neueren Polis-Geschichten von P. CARTLEDGE [Forgotten City] sowie von N. ROCKWELL [Thebes] sind freilich recht elementar gehalten und synthetisieren in erster Linie die literarischen Quellen. Demgegenüber führen die gesammelten Studien von A. SCHACHTER [Boiotia in antiquity] und von J. M. FOSSEY [Boiotia in ancient times] sowie ein von N. PAPAZARKADAS veranstalteter Band [Epigraphy and History] gut in die aktuellen Forschungsdiskussionen ein. Neue Wege wies A. SCHACHTER mit seinen „Cults of Boiotia". Eine wissenschaftsgeschichtliche Pointe mag man darin sehen, dass der geistige Vater einer orts- und ethnosbezogenen ,Totalgeschichte' Griechenlands, K. O. MÜLLER, vor gut zweihundert Jahren seine Pionierstudie just der Früh-

Orientierung

geschichte einer boiotischen Stadt widmete [Orchomenos und die Minyer, 1820] und damit einem integrativen Ansatz den Weg wies. Ereignis- und Institutionengeschichte sind im thebanisch-boiotischen Fall besonders eng verflochten; in diesem Sinne bleibt die zupackende Darstellung von Busolt / Swoboda [2.5: Staatskunde II, 1409–1442] wertvoll.

Über alle Detailforschung hinweg ist die Tektonik der Geschichte Boiotiens vom 6. bis zum 4. Jahrhundert klar erkennbar: Sie war „one of persistent strife, of integration and disintegration, of cooperation and falling apart, of rivalry, reconciliation, and then more rivalry" [Beck, Ethnic Identity, 19]. Aus dieser Unruhe erwuchs jedoch eine beträchtliche Kreativität – die Boioter unternahmen in Gestalt einer bundesstaatlichen, durch Ethnizität flankierten Organisation „some of the most enterprising ventures of political unity" [ebd.]. Zu den verschiedenen Etappen ethnischer und bundesstaatlicher Organisation s. die Synthese von Beck / Ganter [Boiotia] sowie schon zuvor 2.5: Beck, Polis und Koinon, 83–106. In dieser Hinsicht unterscheidet E. Mackil [Creating a Common Polity] eine Phase von „region building" (525–457) sowie einen später hinzutretenden Prozess von „state building". Zur in diesem Zusammenhang katalytischen Wirkung der Schlacht von Koroneia (447) s. Beck, From Regional Rivalry to Federalism. E. Mackil [Creating a Common Polity, 63] hebt mit Recht hervor, wie anspruchsvoll das Ineinander von föderaler und poliszentrierter Politik war: Gefordert waren Zurückhaltung sowie Spielräume für die Bundesinstitutionen, um sich entwickeln zu können. Beides zu üben bzw. zu bieten überforderte die ehrgeizigen Thebaner mehr als einmal. In diesem Kontext stellte M. Jehne [Formen] heraus, dass es Theben nach 371 nicht an Ideen fehlte, die neue Großmacht aber mit den Ansprüchen der anderen Mächte kollidierte und kein plausibles Ziel für eine friedliche Gesamtordnung formulieren konnte.

Naturraum und Militärpotential

Zu den Weichenstellungen durch den Naturraum im weiteren Sinn [s. 1.7.2: Philippson / Kirsten, Landschaften 1.2, 430–547; Fossey, Topography] bemerken Beck / Ganter [Boiotia, 133], dass „geography provided the *ethnos* with a well-demarcated and structured space". Die Strukturierung der Landschaft in mehrere Teilregionen und die Lage wichtiger Orte boten jedoch auch Ausgangspunkte für zentrifugale Tendenzen: So mochten die Orchomener die Option sehen, mit den Gemeinden am Kopaïs-See im Norden einen eigenen Verbund zu bilden und eine unabhängige Stellung zu gewinnen, während die Politik Plataiais [s. HAMMOND, Plataea's Relations] sicher auch mit der Lage der Polis an der Grenze zu Attika zusammenhing. Hinzu kam, dass die größeren Poleis (Theben, Orchomenos, Thespiai) kleinere ‚Satellitengemeinden' bei sich hatten und diese in der Bundesorganisation mitvertraten; vgl. CARTLEDGE, Boiotian Swine, 403. – Für die im Darstellungstext genannte Stärke der boiotischen Armee bei Delion s. Thuk. 4,93,3; darauf beruht die plausible Berechnung von K. J. BELOCH [1.9: Bevölkerung, 163]: knapp 100 000 Bürger und Metöken in ganz Boiotien. Dazu passen die Soll-Angaben Hell. Oxy. 19,4: 11 x (1 000 Hopliten + 100 Reiter). Der von Epaminondas in den 360er-Jahren unternommene Versuch einer maritimen Politik scheiterte nach gewissen Anfangserfolgen nicht zuletzt daran, dass es nicht gelang, die Perser zu einer längerfristigen Finanzierung der geplanten Flotte aus 100 Trieren zu bewegen; s. VAN WIJK, Contested Hegemonies.

Die bronzezeitlichen Befunde in Boiotien und Theben summiert A. DAKOURI-HILD im „Oxford Handbook" [2.1: CLINE, 614–630 und 690–711]. V. ARAVANTINOS [Thebes and Boiotia] behandelt überdies die frühe Eisenzeit; im 8. und 7. Jahrhundert sei Boiotien „one of the most vigorous artistic and cultural centers of Greece" [78] gewesen. Für die Archaische Zeit und den Beginn des 5. Jahrhunderts sind die älteren Synthesen jetzt überholt durch H. BECK, Thebes, der auch das zuletzt stark vermehrte archäologische und inschriftliche Material breit darlegt. Die thebanischen Mythen rekapituliert knapp R. V. RANKE-GRAEVES, Griechische Mythologie 1, 173–178; 2, 7–22. M. PANTELIA [1.6.1: OEAGR 7, 26–31] betont, dass in dem „complex cycle of traditions mixed with folklore and Orientalizing elements" Krieg und Familienzerwürfnisse im Mittelpunkt stehen, während – anders als etwa in athenischen Mythen – Befriedung durch Satzung, geordnete Machtübergabe oder politische Kontinuität fehlten. Grundlegend ist die Studie von A. KÜHR (verh. GANTER) [2.7: Als Kadmos nach Boiotien kam]; vgl. 2.7: GANTER, Καδμεία νίκη: In der Attischen Tragödie wurden die thebanischen Mythen zu einem „inverted print of Athenian self-images" [24], doch ungeachtet der Umdeutung spielte Theben in den Erzählungen aus der Heroenzeit eine prominente Rolle – und das war für das Prestige entscheidend. Demgegenüber kam der Landschaftseponym Boiotos erst spät auf und blieb konturlos. In der

Bronzezeit und Archaik

Mythen

Ethnizität und Identität

Fluchtlinie der neueren Ethnizitätsforschung arbeitet S. LARSON [Tales of Epic Ancestry] die auf eine gemeinsame ‚boiotische' Identität zielenden Bestrebungen heraus, unterschätzt dabei aber, dass es sich parallel dazu „um eine Landschaft notorisch zerstrittener Poleis handelte" [A. KÜHR verh. GANTER, Historische Zeitschrift 289, 2009, 722]. Im Sinne einer komplexen Dialektik entwickelt H. BECK [Ethnic Identity] anhand des epigraphischen Befundes die These, dass im 6. Jahrhundert sowohl das Bewusstsein, Boioter zu sein, als auch die Formierung einer jeweils eigenen Polisstaatlichkeit – die dann auch die Option bereithielt, gegen den Nachbarn Krieg zu führen – zusammengehörten; im Ergebnis habe das boiotische *éthnos* jedenfalls bereits zu dieser Zeit „the maximum level of trans-local integration that was thinkable in its times" erreicht [41].

Perserfreundliche Thebaner?

Politik und Einstellungen der Griechen gegenüber dem Perserreich waren vielfältig und schwankend, lassen sich also nicht einem simplen pro-/contra-Schema zuweisen. Dennoch hing den Thebanern lange der Gestank eines Paktierens mit dem Großkönig (*mêdízein* = „es mit den Medern [= Persern] halten") an, obwohl es für ihre Entscheidung nachvollziehbare Gründe gab und damals offenbar eine kleine Clique auf der Kadmeia das Regiment führte – eine Gruppe von Thebanern unterstützte dagegen bei den Thermopylen die griechischen Verteidiger. Wohlweislich schöpfte der Hellenenbund die Optionen einer Bestrafung – dem „Eid von Plataiai" zufolge sollte Theben gar zerstört und ein Zehntel der Beute dem Delphischen Apollon geweiht werden! – nicht aus, sondern beließ es bei der Hinrichtung der Rädelsführer. Das sehr negative Bild der ‚verräterischen' Thebaner dürfte wesentlich in Athen modelliert worden sein; es beeinflusste Herodot so sehr, dass Plutarch als stolzer Boioter noch in der Kaiserzeit das Pamphlet „Über die Böswilligkeit Herodots" verfasste [Einzelausgabe mit Übersetzung und Erläuterungen von A. J. BOWEN, Plutarch. The Malice of Herodotus, 1992]. – Der erwähnte Eid ist in Gestalt einer – in ihrer Authentizität freilich sehr strittigen – Neuaufzeichnung Mitte des 4. Jahrhunderts in Athen erhalten; s. 1.10.3: RO Nr. 88, Z. 21 ff. = HGIÜ I, Nr. 40; zu ihm im Kontext der Perserkriege und der Konstruktion ihres Angedenkens 4.3: CARTLEDGE, After Thermopylae.

Stasis, Hegemonie, Demokratie

Die oligarchischen Ordnungen in Boiotien scheinen – wohl mitbedingt durch die Eigenart der Bundesstrukturen – relativ isonom, also auf interne Gleichheit ausgerichtet gewesen zu sein; P. CARTLEDGE [Boiotian Swine, 410] spricht von einem „determined oligarchic egalitarianism". Die durch Aristoteles überlieferte Gesetzgebung zum Erb- und Bodenrecht wird einem Nomotheten namens Philolaos (wohl 7. Jahrhundert) zugeschrieben; s. 2.5: HÖLKESKAMP, Schiedsrichter, 248–250; 2.3: LINK, Landverteilung, 61–68; BECK, Thebes, Abschn. 6. Zu den im Darstellungsteil erwähnten Umstürzen bzw. Verfassungsänderungen in Theben und anderen boiotischen Städten s. 2.5: GEHRKE, Stasis, 164–182. – E. ROBINSON [2.5: Democracy Beyond Athens, 53–61] sucht wahrscheinlich zu machen, dass eine erste demokratische Phase in Theben vom Sturz der perserfreundlichen Clique (479) bis 447 gedauert habe. Ferner wird vielfach ein Zusammenhang zwischen einer seit 379 angeblich demokratisch(er) gewordenen Verfassung und der dynamischen Hegemonialpolitik angenommen; s. 5.2: BUCKLER, Theban Hegemony, 34–45. Pelopidas habe in seinem dreijährigen Exil in Athen gelernt, dass „the best way to resuscitate post-occupation, liberated Thebes and Boeotia was by going democratic" [CARTLEDGE, Thebes, Kap. 9]. Skeptisch ist indes P. J. RHODES [1.2.3: History, 284], mindestens für die Bundesorgane: Er geht auch für die Zeit nach 379/78 von gemäßigt oligarchisch beschränkten Bürgerschaften aus, während zugleich der im älteren Bund fungierende Rat aus Vertretern der Bezirke durch eine Versammlung der Bürger ersetzt wurde, die zu Boiotarchen wählen konnte, wen sie wollte – was am Ende die Position Thebens im Bund gestärkt habe [ebd.]. BECK / GANTER [Thebes, 148] stellen präzisierend heraus, dass eine in Theben wählende und abstimmende Urversammlung des Bundes im Grunde nicht von der thebanischen Bürgerschaft zu unterscheiden war; „the quest for a strict, legal separation between two assemblies is futile, if not counterintuitive". Da es keine *boulê* des Bundes mehr gab, wurden die so wichtigen probuleutischen Funktionen wohl ebenfalls von thebanischen Organen wahrgenommen. Hinsichtlich der Koexistenzfähigkeit der beiden politischen Modelle sind BECK / GANTER [ebd., 150] optimistisch: Der neue Boiotische Bund habe die Mechanismen einer ethnosbasierten Integration und die Ambitionen einer einzelnen Polis, sich in diesem Prozess als Hegemon an die Spitze zu setzen, erfolgreich verschmolzen. Wie die Bewohner der ehemaligen Städte Plataiai, Thespiai und Orchomenos diese Sicht beurteilt hätten, wissen wir nicht – immerhin beteiligten sich Männer

Gelungene Integration?

aus allen drei von ihnen an der von Alexander angeordneten Zerstörung Thebens; s. SCHACHTER, Boiotia in Antiquity, 113. – Was für die Zeit bis 379 über die führenden Persönlichkeiten in Theben zu sagen ist, diskutiert A. SCHACHTER [Politics and Personalities in Classical Thebes, in: DERS., Boiotia in Antiquity, 68–79]. Von den Plutarch-Biographien über die Dioskuren der 370er- und 360er-Jahre ist die zu Epaminondas leider nicht überliefert; ihr Komplementärstück hat A. GEORGIADOU kommentiert [Plutarch's Pelopidas]. Während der Tod des Pelopidas und des Epaminondas zufällige Ereignisse darstellten, trug die danach von den Thebanern betriebene Politik durchaus zu ihrem Absturz – bis hin zur Zerstörung 335 – bei; das gilt besonders für das hartnäckig verfolgte Ziel, die Phoker zu unterwerfen. Man kann hierin mit SCHACHTER auch ein strukturelles Problem griechischer Außenpolitik sehen; in diesem Sinne „the Thebans, like the Athenians and the Spartans, failed ultimately not because of a failure in the system of polis society, but because of their overriding obsession with an unattainable goal" [Boiotia in Antiquity, 126].

,Parteien' und Persönlichkeiten

Absturz

3.7 Athen: maritime Großmacht und Demokratie

Orientierung

Die beiden gründlich gearbeiteten, stets auf die Forschung abhebenden Bücher von K.-W. WELWEI [Athen; Das klassische Athen] sind in einer einbändigen Sonderausgabe [Athen. Von den Anfängen bis zum Beginn des Hellenismus, 2011] um zehn Seiten kommentierte „Nachträge zur Literatur" ergänzt. Das Werk kann als Antipode zur gedanklich tiefschürfenden, glänzend geschriebenen, jedoch eigenwilligen und nur bis 404 reichenden Darstellung von CHR. MEIER [Athen] gelten, die aus dem Staunen darüber konzipiert wurde, „wie es zu den Griechen kam". Dabei stehen der Wandel sozialer Praktiken, das Aufkommen neuer Handlungsfelder sowie das Selbstverständnis der Bürgerschaft, das auch in der Kunst sowie im Drama geformt worden sei und zugleich Ausdruck gefunden habe, im Vordergrund, während die Wirtschaft weitgehend ausgeblendet ist; vgl. U. WALTER [Göttingische Gelehrte Anzeigen 246, 1994, 197–207] und E. FLAIG [Rechtshistorisches Journal 13, 1994, 411–432, zu den theoretischen und geschichtsphilosophischen Prämissen]. Überraschenderweise fehlen profunde englischsprachige Gesamtdarstellungen; das materialreiche, auf

Kultur und „intellectual history" konzentrierte Buch von M. Munn [School of History] behandelt ausführlich nur die Zeit von 415 bis 395 und hat kaum Wirkung entfaltet. Nach Ansicht von K. Vlassopoulos haben zwar einige Spezialstudien zuletzt den (angeblichen) *mainstream*-Konsens herausgefordert, doch „the traditional narrative of the history of Athenian democracy is due for a radical deconstruction in the very near future" [Greece & Rome 65, 2018, 259]. Ob damit auch ein Urteil über „Die athenische Demokratie" J. Bleickens gesprochen ist? Diese ganz eigenständig konzipierte, meisterhafte Synthese ordnet die Demokratie konsequent in die Geschichte Athens ein; sie verfährt dabei, ohne das lauthals zu verkünden, praxeologisch: Der Autor erkannte im unübersichtlichen, geduldig entwirrten und systematisch rekonstruierten Konglomerat der Institutionen, Regeln und Routinen den Kern eines politischen Systems, das sich im Alltag des Debattierens, Entscheidens und Kontrollierens durch den Demos verwirklichte. Begriffliche Abstraktion und Systematisierung orientieren sich an der inneren Logik des jeweils analysierten Zusammenhangs. Mit George Grote und gegen alte wie neue Verächter stellt Bleicken die Demokratie als verwirklichte und leistungsfähige Herrschaft des Volkes dar, ohne ihr jedoch ein Fortschritts- oder Aktualitätspotential zuzubilligen – schon deshalb nicht, weil sie im Zuge einer aggressiven Kriegs- und Herrschaftspolitik Wurzeln schlug. Sehr zu ihrem Schaden ignoriert die nicht-deutschsprachige Forschung das Buch weitgehend.

J. Bleicken, „Die athenische Demokratie"

Erstaunlicherweise fehlt eine umfassende monographische Geschichte der Stadt Athen in ihrem attischen Kontext, die das alte Handbuch von W. Judeich [Topographie von Athen, 1931] ersetzt. Die neueren Arbeiten zu den Hauptstätten können hier nicht aufgezählt werden; s. als guten Einstieg den Reiseführer von H. R. Goette, Athen, Attika, Megaris (1993), ferner die beiden topographischen Bildlexika von J. Travlos. J. M. Camp, dem auch mehrere Bücher zur Agora verdankt werden, hat eine chronologisch aufgebaute Darstellung vorgelegt, die Attika einschließt [Archaeology of Athens]; vgl. knapp ders., 1.6.1: OEAGR 1, 305–315. Ein solider Überblick für ein breites Lesepublikum ist U. Sinn, Athen. Geschichte und Archäologie, 2004. Faszinierende Funde erbrachten die Bauarbeiten für neue U-Bahn-Linien; s. Parlama / Stampolides, The City beneath the City. Zwei neuere Studien zu historisch relevanten Längsschnittthemen seien exemplarisch genannt: E. Wal-

Stadt und Land

TER-KARYDI, Die Athener und ihre Gräber; A.-M. THEOCHARAKI, The Ancient Circuit Walls of Athens. Verschiedene Perspektiven bieten die Beiträge in NEILS / ROGERS, Companion to Ancient Athens; sie erschließen die Lebenswelten breit, können aber eine Monographie ‚aus einem Guss' nicht ersetzen. Was die Kenntnis des ‚platten Landes' angeht, so hat die exemplarische Studie von H. LOHMANN über einen *dêmos* in Südwestattika [1.7.2: Atene] eine differenzierte und ökologisch bestens angepasste Siedlungs- und Bewirtschaftungsstruktur zu Tage gefördert. Binnenleben und Bedeutung der Demen beleuchtet auf breiter Grundlage R. OSBORNE,

Die Frühzeit

Demos. Für die Phase bis ins 6. Jahrhundert stellt die primär archäologische, jedoch auch die althistorische Forschung berücksichtigende Studie von M. RÖNNBERG [Athen und Attika] eine willkommene Gesamtschau dar. Dieser betrachtet die Formierung der Polis als einen längeren Prozess im Lauf des 7. und 6. Jahrhunderts; parallel sei auch die athenische Aristokratie entstanden, nachdem sie bereits seit dem 8. Jahrhundert durch gewandelte Selbstdarstellung in Heiligtümern und Grabstätten ‚sichtbarer' geworden sei. Anders akzentuiert A. DORONZIO, die wahrscheinlich zu machen sucht, dass die „funktionale Reorganisation des individuellen und kollektiven Raumes" im Sinne einer breiteren Beteiligung bereits während des 7. Jahrhunderts stattgefunden habe [3.7: Athen, 283]. Die Akteure sind jedoch aus den Befunden nicht zu identifizieren; Banketthäuser, Weihungen auf der Akropolis und die Verlegung von Begräbnisplätzen konnten auch auf Angehörige der Elite zurückgehen. Die „frühzeitige Strukturierung des städtischen Innenraumes" ist keineswegs zwingend von Anfang an „das Ergebnis einer kollektiven Entscheidung gewesen" [289]; dafür fehlten vor Solon die politischen Voraussetzungen. Athens Entwicklung zu einem „true civic and religious center" für die Bewohner Attikas gehört eher ins 6. Jahrhundert [3.7: HOUBY-NIELSEN,

Athen in Attika: Einheit und Lokalität

Attica, 206], wobei die Tyrannis der Peisistratiden wesentliche Impulse gab; s. 2.3: STAHL, Aristokraten und Tyrannen, 233–255. Zur „Unification of Attica" s. zusammenfassend 1.2.2: HALL, Archaic Greek World, 243–251; eine detaillierte Forschungsübersicht zur Frage, seit wann die Regionen Attikas in die Polis Athen integriert waren, bietet nun RÖNNBERG [Athen und Attika, Kap. II 5]; dort auch eine kritische Auseinandersetzung mit G. ANDERSON [Athenian Experiment; vgl. DERS., Alkmeonid Homelands], der auf die starke geographische Untergliederung der Landschaft sowie alte lokale

Partikularismen verweist und die Eingliederung weiter Teile Attikas in den Polisverband als einen erst um 500 vollendeten Prozess beschreibt. Plausibel ist RÖNNBERGS Annahme einer „sukzessiven Verschränkung des späteren Zentrums Athen mit dem Rest Attikas" – wobei die Frage nach einer ‚Einheit' Attikas vor 500 wohl überhaupt falsch gestellt sei. Begrifflich sollte jedenfalls unterschieden werden zwischen einem ‚urwüchsigen', um das jeweils eigene Lebensumfeld kreisenden Lokalismus und einem politischen Partikularismus, der ausdrücklich auf Eigenständigkeit pocht und dem Aufgehen in einen größeren Verband widerrät. (In diesem Zusammenhang bleibt strittig, ob Eleusis ursprünglich ein eigenständiges Gemeinwesen bildete, das von Athen regelrecht unterworfen und eingegliedert wurde.) Plausibel erscheint jedenfalls die Annahme, dass sich im 7. Jahrhundert zunächst die Anführer der einzelnen Siedlungen nach Athen ausrichteten, um dort zusammen mit ihresgleichen Aristokraten zu sein.

Die (höchst problematischen) Quellen zu einer frühen politischen Gliederung Attikas und zum sicher unhistorischen Synoikismos des Theseus finden sich vollständig bei BUSOLT [1.2.1: Griechische Geschichte II, 76–82, 90–93]. Dass Peisistratos Demenrichter einsetzte, bezweifelt WELWEI, Athen, 233–235. Ausgehend von der sog. Drei-Parteien-Geschichte im Vorfeld der Tyrannis [2.3: STAHL, Aristokraten und Tyrannen, 56–69] erörtert S. SCHMIDT-HOFNER [Politik räumlich denken] die diskursive Verbindung von politischen Formationen und Konstellationen mit jeweils zugeordneten Räumen; das betrifft auch den angeblichen Stadt-Land-Gegensatz im Peloponnesischen Krieg [630–648]. Die Forschung zur kleisthenischen Demen- und Phylenreform unter technischen wie politischen Gesichtspunkten muss hier nicht referiert werden; zu den trefflichen Synthesen gehören BLEICKEN, Athenische Demokratie, 153–160, 447–451, 496–499; 1.2.3: STAHL, Klassische Zeit, 20–63; 2.5: GROTE, Phylen, 205–220; die militärischen, maritimen und außenpolitischen Zusammenhänge sind Kap. 4.2 besprochen. Eine schematische Karte zur Zusammensetzung der Phylen aus voneinander getrennten Siedlungsgebieten der Stadt, des Binnenlandes und der Küste bietet O. MURRAY [1.2.2: Das frühe Griechenland, 340], detaillierter R. OSBORNE [1.2.2: Greece in the Making, 281]. Die Karten in der Studie von J. S. TRAILL [Political Organization of Attica, Maps 1–2] machen deutlich, wie Kleisthenes die bestehenden, sehr unterschiedlichen Siedlungs- und Interaktions-

Einzelnes

Demen und Phylen

wirklichkeiten bewahrte und zugleich mit kreativer Phantasie ein klar strukturiertes, dabei differenziertes Ganzes schuf. Das gilt selbst dann, wenn eingeräumt wird, dass Demen im 5. Jahrhundert neu zugeschnitten wurden, die meisten ‚Daten' zur Binnengliederung Attikas aus dem 4. Jahrhundert stammen und mit Veränderungen durch Siedlungsverdichtung und Binnenwanderung [ENGELS, Zur Entwicklung] zu rechnen ist. CHR. MEIER verbindet daher mit Kleisthenes nicht weniger als eine „Neugründung der Polis" [Athen, 182–218]. Dazu gehörte auch, während der Tyrannenzeit eingewanderte Söldner und Spezialisten, deren Status zwischenzeitlich prekär war, als Athener anzuerkennen und so die Bürgerschaft zu befrieden und weiter zu stärken; s. 2.5: WALTER, An der Polis teilhaben, 203 f. Eine gute Gesamtwürdigung der kleisthenischen Ordnung bietet R. OSBORNE [1.2.2: Greece in the Making, 276–297], der mit Recht unterstreicht, dass Kriegführung, Teilnahme an Festen und lokale Verantwortlichkeiten sicherstellten, „that Kleisthenes' new institutions existed not just on paper but as part of people's lives" [294].

2500 Jahre Demokratie? Im Ringen um die knappe Ressource öffentliche Aufmerksamkeit pragmatisch bei Kleisthenes einen Anfang setzend fanden 1992/93 in der anglophonen Welt Tagungen und Ausstellungen zum 2500. ‚Geburtstag' der Demokratie statt; dabei wurden auch Brücken zu aktuellen politischen und politikwissenschaftlichen Debatten in den USA geschlagen; s. etwa J. OBER / CH. W. HEDRICK (Hg.), The Birth of Democracy. An Exhibition Celebrating the 2500th Anniversary of Democracy (Katalog), 1993; COULSON, W. D. E. (Hg.), The archaeology of Athens and Attica under the democracy. Proceedings of an international conference celebrating 2500 years since the birth of democracy in Greece, 1994; MORRIS / RAAFLAUB, Democracy 2500; J. P. EUBEN / J. R. WALLACH / J. OBER (Hg.), Athenian Political Thought and the Reconstruction of American Democracy, 1994; 2.5: OBER / HEDRICK, Dēmokratia. Ober hat auch monographisch mehrfach die Gegenwartsbedeutung dieser athenischen Errungenschaft herausgestellt; vgl. nur DERS. / P. B. MANVILLE, A company of citizens: what the world's first democracy teaches leaders about creating great organization, 2003. Doch bereits M. FINLEY brachte (ohne unternehmenssoziologische Aktualisierung) die Gegenwartsbedeutung auf den Punkt: Athen biete eine wertvolle Fallstudie, „wie die Aktivität von politischen Führern und die Teilnahme des Volkes an der Regierungstätigkeit über einen langen Zeitraum hinweg erfolgreich neben- und miteinander bestehen konnten – und zwar ohne die politische Gleichgültigkeit und Unbedarftheit, wie sie heute von den Meinungsforschungsexperten aufgedeckt werden, und ebenso ohne die extremistischen Gespenster, die manchen Elitetheoretiker so sehr verfolgen" [Antike und moderne Demokratie, 1980, 37]. Doch fehlen auch moralisierende Verurteilungen nicht; s. etwa LOREN J. SAMONS, What's wrong with democracy? From Athenian practice to American worship, 2004. Deren Genealogie ist lang, wie ein Blick in die Bücher von W. NIPPEL [1.1: Antike oder moderne Freiheit] und J. T. ROBERTS [1.1: Athens on Trial] lehrt; zur Rezeptionsgeschichte der Demokratie s. jetzt den „Companion" von PIOVAN / GIORGINI.

Die Literatur zu einzelnen Institutionen, ihrem Gefüge sowie der ‚Logik' der Demokratie ist umfangreich und verzweigt, daher muss hier ein summarischer Verweis auf das oben erwähnte Grundlagenwerk von J. BLEICKEN [Athenische Demokratie] ausreichen, s. ferner 2.5: BUSOLT / SWOBODA, Staatskunde II, 939–1239. Den Zustand im 4. Jahrhundert behandelt M. H. HANSEN [Athenische Demokratie] systematisch und detailliert; allerdings ist das Buch schematischer angelegt und intellektuell genügsamer als das Bleickens. Neue Forschungen zum Rat und zur Volksversammlung diskutiert P. J. RHODES, The Athenian Assembly and Council. Kurze Gesamtüberblicke für den Einstieg haben in jüngerer Zeit K. RAAFLAUB [Democracy], E. STEIN-HÖLKESKAMP [Demokratie], H. KLOFT, G. WEBER und W. SCHMITZ [alle drei jeweils: Die athenische Demokratie] sowie K.-W. WELWEI [Athens langer Weg] vorgelegt. Einflussreiche ältere und neuere Aufsätze vereinen die Anthologien von KINZL [1.3: Demokratie] und RHODES [Athenian Democracy]. Wegen der breiten Teilhabe an der Politik kennen wir relativ viele Athener, v. a. durch die Inschriften, aber auch aus den literarischen Zeugnissen; sie sind in der älteren „Prosopographia Attica" sowie den „Persons of Ancient Athens" mit den Belegen gelistet [beide 1.6.2]. R. DEVELIN [1.6.2: Athenian Officials] führt die namentlich bekannten Amtsträger jahrweise auf, während J. K. DAVIES alle Athener verzeichnet und bespricht, die durch Abstammung, Vermögen und politische Verbindungen ‚gleicher' als andere waren [1.6.2: Athenian Propertied Families]. Zu den wenigen über mehrere Generationen prominenten attischen Adelshäusern s. 1.2.1: BELOCH, Griechische Geschichte II 2, 28–46; zur Geschichte

Synthesen

Das Personal

des athenischen Adels s. jetzt eingehend 2.3: Meister, ‚Adel', 275–371.

Recht und Gerichte   Mit der Demokratie eng verbunden war die Rechtsordnung; sie kann als systematisch-technischer Zusammenhang betrachtet werden wie im klassischen Werk von J. H. Lipsius [Attisches Recht und Rechtsverfahren], ferner als komplexes soziales System wie in der Studie von V. J. Hunter [Policing Athens] und dem Sammelband von D. Cohen [Demokratie, Recht und soziale Kontrolle; vgl. ders., Law, sexuality, and society] oder aber von ihrer Schauseite her, den mehr oder minder spektakulären Prozessen. Der Sammelband von Burckhardt / von Ungern-Sternberg [Große Prozesse] enthält auch einführende Überblicke zum Gerichtswesen; s. ferner Bleicken, Athenische Demokratie, 203–228, 514–521 (Forschung) sowie S. Johnstone, Disputes and Democracy. In den Gerichtshöfen mit einer großen Zahl von Geschworenen waren politische Konformität und soziale Plausibilität wichtiger als die materiellen Gesetze; vgl. neuerdings die Beiträge in Carey, Use and Abuse of Law. Literatur zu den Attischen Rednern, einer zentralen Quelle für Politik und Gesellschaft seit dem späten 5. Jahrhundert, ist oben in Kap. 1.3 genannt.

Wichtige Zeugnisse erschließt 1.10.1: Rhodes, Greek City States, 101–162; die Sammlung von L. Asmonti [Athenian Democracy, 2015] ist leider unbrauchbar. Alle Arbeiten zur politischen Ordnung Athens haben sich mit der 1891 erstmals publizierten, im Umfeld des Aristoteles entstandenen Schrift „Verfassung der Athener" [„Athênaîôn Politeía", umfassend erschlossen in Rhodes, **Die „Athênaîôn** Commentary] auseinanderzusetzen. Sie bietet zunächst einen Ab- **Politeía"** riss der Verfassungsentwicklung seit ältester Zeit, während der zweite Teil (Kap. 43–62) detailliert die Institutionen zur Zeit der Niederschrift (wohl um 330) schildert. Allerdings fehlen die Nomotheten (s. u.) und die seit ca. 350 so prominenten hohen Ämter im Finanzwesen; vielleicht orientierte sich die Systematik am revidierten athenischen Gesetzescorpus vom Ende des 5. Jahrhunderts. Dafür kommt die um 335 reformierte Ephebie (o. Kap. 2.2) ausführlich zur Sprache. Die im Kontext athenischer Verfassungsdebatten des 4. Jahrhunderts um die ‚beste' Demokratie und die „Verfassung der Väter" zu lesende Schrift hat die Forschung lange Zeit verführt, auch in der historischen Wirklichkeit nach markanten Umbrüchen, wie sie Kap. 41 aufgelistet sind, zu suchen, außerdem die Entwicklung als Dauergegensatz von Oligarchen und

Demokraten zu sehen. Das verfehlt jedoch die Eigenarten athenischer Politik.

Der Weg Athens zunächst zur Staatlichkeit und dann (überlappend) zur Demokratie war lang. Unser Darstellungsteil orientiert sich für das 7. und 6. Jahrhundert an STAHL / WALTER, Athens; dort ist die Entwicklung bewusst als ein konsistenter Prozess gezeichnet, mit den Etappen: erste Anfänge (Drakon), genialer Entwurf (Solon), Latenz (Peisistratos), Revolution (Aufstand gegen Isagoras und die Spartaner 508/07) und institutionelle Vollendung des Bürgerstaates (Kleisthenes). Andere, auf Sinnbildung dieser Art verzichtende Narrative sind möglich. Immerhin lässt eine folgerichtige Erzählung die oft gestellte Frage, ab welchem Zeitpunkt sinnvoll von einer Demokratie in Athen gesprochen werden kann, weniger wichtig erscheinen: Natürlich wäre die starke und dauerhafte Mobilisierung breiter Schichten für die Politik ohne den Sieg über die Perser und den Aufstieg der Stadt zur imperialen Großmacht im 5. Jahrhundert kaum möglich gewesen [so entschieden BLEICKEN, Wann begann?]; insofern spielten Ereignisse und kontingente Faktoren eine Rolle. Doch ruhte diese Mobilisierung auf mentalen und institutionellen Voraussetzungen, die im 6. Jahrhundert gelegt wurden – nur mit diesem ‚Vorlauf' konnte der *dêmos* so schnell in die neue Rolle hineinwachsen. Die in der Forschung diskutierten ‚Ursprungsetappen' von Solon bis in die Mitte des 5. Jahrhunderts sind Thema der teils kontroversen Beiträge in 2.5: RAAFLAUB u. a., Origins of Democracy; s. ferner OSBORNE, When was the Athenian democratic revolution?

Den nur abstrakt zu erschließenden Übergang von den *basileís* zu den frühesten Ämtern erörtert 2.3: STAHL, Aristokraten und Tyrannen, 145–175. Die Daten für die überlieferten Archonten bis zum Ende der Klassischen Zeit sind zusammengestellt in 1.8: EDER / RENGER, Herrscherchronologien, 145–153; zur Geschichte des Amtes s. bündig M. TAYLOR, 1.6.1: EAH 2, 665–667. Von den rätselhaften *naukraríai* bleibt nach der quellenkritischen Sezierung durch CH. SCHUBERT [Naukrarien] für die Archaische Zeit nichts übrig. Kylons Vorstoß zeigt auch, dass zu diesem Zeitpunkt Athen und die Akropolis bereits das wesentliche Spielfeld aristokratischen Handelns waren. Zur Bedeutung Drakons s. den Überblick von W. SCHMITZ, Das Gesetz Drakons; einen Zusammenhang zwischen der Tötung der Anhänger Kylons („Kylonischer Frevel") und Drakons Blutrecht stellt G. THÜR her [New Light]; zu Kylon und Solon als

Die Frage nach dem Beginn der Demokratie

Erste Ämter

Kylon

Drakon

greifbaren Etappen aristokratischer bzw. staatlicher Formierung s. RÖNNBERG, Athen und Attika, Kap. II 3.1–2.

Solon   Eine gute Einführung hat CH. SCHUBERT vorgelegt [Solon]; sie identifiziert in der Tradition drei Schichten: Solon den Gesetzgeber und Weisen (bei Herodot), Solon als Argument im Streit um die beste Verfassung (4. Jahrhundert); Solon als ‚vollständige', aus seinen Dichtungen und mit viel Gelehrsamkeit (re-)konstruierte Gestalt (v. a. bei Plutarch). Angesichts der Überlieferungslage konzentriert sich RÖNNBERG [Athen und Attika, Kap. II 3.3] auf die Diskussion der Zeugnisse und ihrer Interpretationen in der Forschung. Für die Erschließung der authentischen Quellen ist inzwischen gut gesorgt; das betrifft sowohl die Gesetzgebung [1.10.1: RUSCHENBUSCH, Solon; 1.10.1: LEÃO / RHODES, Laws of Solon] als auch die Dichtungen; s. MÜLKE, Solons politische Elegien und Iamben; NOUSSIA-FANTUZZI, Solon: The Poetic Fragments. Eine eindringliche Interpretation der sog. Eunomie-Elegie (Fragment 4 West) bietet M. STAHL, Solon F 3 D. Die literaturwissenschaftlich ausgerichteten Artikel in BLOK / LARDINOIS [Solon of Athens] geben die Dichtungen dagegen ungezügelt der Fiktionalisierung preis und suchen sie teils sogar „ins anonyme Massengrab der Oral Poetry zu versenken" [T. ITGENSHORST, Historische Literatur 5, 2007, H. 4, 34–38, 38; vgl. U. WALTER, Historische Zeitschrift 286, 2008, 685–687].

Solon soll 594/93 Archon gewesen sein, doch das kollegiale Jahresamt bot kaum den Rahmen für eine so umfassende Ordnungsleistung; zudem legen Nachrichten über Begegnungen mit Peisistratos und Kroisos eine spätere *akmê* (Blüte, Schaffenshöhepunkt) um 580/570 nahe; vgl. SEALEY, Datum; 1.2.2: STAHL, Archaische Zeit, 229; SCHUBERT, Solon, 44 f. Worin die agrar-soziale Krise um 600 genau bestand, ist strittiger denn je; für einen kritischen Überblick s. M. MEIER, Hektemoroi, der seinerseits die vieldiskutierten „Sechstteiler" (= Bauern, die ein Sechstel ihrer Erträge abgeben mussten?) mit guten Gründen für das Produkt einer bereits antiken Fehllesung eines Solonverses hält und damit ins Reich der Fiktion verweist. E. M. HARRIS [A New Solution] möchte die ebenfalls immer wieder diskutierte *seisáchtheia* („Lastenabschüttelung") ganz von den Problemen des Landbesitzes und der Verschuldung lösen; demnach befreite Solon die einfachen Athener von der Pflicht, den Aristokraten für das Bewältigen der Gemeinschaftsaufgaben eine konstante Abgabe, nämlich ein Sechstel ihrer Erträge, abzuliefern. Auch B. WAGNER-HASEL [Hektemoroi, 304]

Die ‚Agrarkrise'

spricht von einer „lange zurückreichende(n) Tradition von Diensten und Abgaben". Die gängige, jedoch oft mit Unbehagen vertretene Ansicht, Solon habe für die in Abhängigkeit geratenen Kleinbauern einen Schuldenerlass durchgeführt, beruhe, so Harris weiter, auf einer bereits antiken Fehlinterpretation von dessen Worten: Die pseudo-aristotelische „Athênaíôn Politeía" deutete die *hóroi* als Markierungssteine für verschuldetes oder verpfändetes Land (12,4, danach Plut. Solon 15); diese Wortbedeutung sei aber erst für die zweite Hälfte des 4. Jahrhunderts belegt. Athener, die im Ausland ihr Dasein fristen mussten, holte Solon gewiss zurück; das seien jedoch keine Schuldsklaven gewesen (wie und wovon hätte man sie auch zurückkaufen sollen?), sondern frühere Opfer der *stásis*, die nun ungefährdet heimkehren konnten. Wie auch immer man das sieht: An der Annahme eines irgendwie gearteten Schuldenschnitts zur Befriedung der Spannungen scheint kein Weg vorbeizuführen; das schließt anders begründete feste Abgaben jedoch nicht aus, auch nicht die Idee, in den *hóroi* Markierungen für einstiges Gemeindeland zu sehen, das von Adligen privatisiert wurde [so mit guten Gründen 2.3: LINK, Landverteilung, 20 ff.]: Aus solchen Okkupationen könnte ein größerer Bedarf an Arbeitskräften erwachsen sein; diese wiederum wären – vor dem Durchbruch zur Kaufsklaverei – nur aus ärmeren Bürgern zu rekrutieren gewesen, die dann auf die eine oder andere Weise hätten abhängig gemacht werden müssen. – Die Maßnahmen Solons, die sich unter das Attribut ‚ökonomisch' subsumieren lassen, legten für die maritime Orientierung Athens seit der Tyrannis einen Grund (Olivenkultur, Keramikproduktion); s. STANLEY, Economic Reforms, 229–274.

Das rätselhaft erscheinende sog. Stasisgesetz ([Aristot.] Ath. Pol. 8,5; Plut. Solon 20,1) deutet W. SCHMITZ [Athen – eine wehrhafte Demokratie?] als die Verpflichtung der Mitglieder des Areopag, in einer *stásis*-Konstellation Stellung zu beziehen und damit womöglich den Konflikt zu entschärfen; Kleisthenes habe diesen wohl nicht so erfolgreichen Mechanismus durch den Ostrakismos auf die gesamte Bürgerschaft übertragen. – Die Diskussion zu den solonischen Schätzungs- oder Zensusklassen (Bd. 1, S. 31) umreißt K.-W. WELWEI [3.7: Athen, 180–184]; diese ruhten auf einer älteren Gliederung nach militärischen und sozialen Kriterien. G. E. M. DE STE. CROIX [in: DERS., 1.3: Democratic Origins, 5–72] erörtert die Quellen und die ursprünglichen Qualifikationen, während L. FOX-

Politische Reformen Solons

HALL [A view from the top, in: 1.3: MITCHELL / RHODES, Development, 113–136] die solonischen Klassen in den Kontext des Elitenkonflikts um Land und soziopolitischen Status einordnet. Historisch unsicher ist, ob Solon auf der Grundlage der vier alten Phylen einen Rat der 400 einsetzte. Generell waren es jedoch nicht einzelne Institutionen oder gar die Schöpfung einer ‚Verfassung', was den Polisbildungsprozess in Athen vorantrieb, sondern „die in den Aushandlungen akzeptierten und dann auch institutionalisierten Verfahren" [SCHUBERT, Solon, 58].

Tyrannis der Peisistratiden

Das Material sammelt und sichtet 2.5: H. BERVE, Tyrannis, 41–77, 539–563; die Quellenlage ist Thema von H. SANCISI-WEERDENBURG, Peisistratos and the Tyranny. In der Frage, welchen Beitrag die Tyrannis zur Formierung von Staatlichkeit in Athen geleistet habe (o. 2.3.2), folgen wir M. STAHL [2.3: Aristokraten und Tyrannen; vgl. bündig mit weiterer Literatur STAHL / WALTER, Athens, 149–151; dagegen entschieden WELWEI, Tyrannis als Vorstufe?]. Bereits H. SCHAEFER [Athen, 103] betonte, dass „die von den Tyrannen geübten Methoden der Machtgewinnung und Machtbewahrung etwas völlig Neues innerhalb der politischen Praxis Athens waren" und die „Voraussetzungslosigkeit" in der Politik des Kleisthenes „eine der tiefen Nachwirkungen der Tyrannis des Peisistratos" darstellte. Noch weiter geht B. M. LAVELLE [3.7: Fame, Money, and Power]; er spricht von einer „democratic tyranny" des Peisistratos und will umgekehrt „patterns of tyrannical behavior among early democratic Athenian leaders" [163] ausmachen. Zur Münzprägung s. DAVIS, Mining Money; VAN DER VIN, Coins in Athens. Die peisistratidische Überseepolitik ist Kap. 4.2 in die Kontinuität der Expansion Athens gestellt. Die im Darstellungstext erwähnte Neuordnung für Salamis (Einrichtung einer Kleruchie?) ist durch den frühesten (fragmentarisch) erhaltenen athenischen Volksbeschluss dokumentiert: 1.10.3: ML Nr. 14 = 1.10.3: HGIÜ I Nr. 23; vgl. S. FRULLINI, Axon 4.1, 2020, 7–30. Zum Athena-Kult s. M. MEYER, Athena; zu den Großen Panathenäen, die seit ihrer Begründung (spätestens 566) als ‚penteterisches' Fest, also alle vier Jahre, für die Identitätsbildung der Bürger von überragender Bedeutung waren und zugleich die athenische Gesellschaft – einschließlich Frauen, Mädchen und Metöken – in ihrer ganzen Differenziertheit vorstellten, s. jetzt J. SHEAR, Serving Athena.

Die Revolution von 508/07

Dass die Vertreibung des Isagoras und seiner spartanischen Unterstützer nicht weniger als ein revolutionärer Akt gewesen sei, hat J. OBER immer wieder betont [The Athenian Revolution; „I Besieged That Man". Democracy's Revolutionary Start]; dagegen argumentiert etwa SAMONS, Revolution or Compromise?. Verwunderlich bleibt, warum diese Tage des *dêmos* zwar in der mündlichen Überlieferung bewahrt wurden (s. Aristoph. Lys. 273–282), aber nicht zum fundierenden Ereignis erhoben wurden – dieses blieb der Mord am Tyrannen Hipparchos durch Harmodios und Aristogeiton, trotz seiner faktischen Folgenlosigkeit; dazu E. FLAIG, Der verlorene Gründungsmythos; zu den berühmten Statuen der beiden Tyrannenmörder s. V. AZOULAY, Tyrant-Slayers.

Die Phase der ‚frühen' Demokratie reicht über die Perserkriege bis in die frühe Zeit des Seebunds (u. Kap. 4); s. den einflussreichen Aufsatz von J. MARTIN, Von Kleisthenes zu Ephialtes, ferner W. EDER, Aristocrats. Verfahren und Zweck des Ostrakismos wurden in erster Linie durch die Auswertung der zahlreich aufgefundenen Scherben selbst erhellt; s. SIEWERT, Ostrakismos-Testimonien; BRENNE, Ostrakismos und Prominenz; zur Interpretation s. MANN, Macht des Volkes – Disziplinierung des Adels.

> Der Bürgerstaat unter aristokratischer Führung

Eine Zeitlang viel diskutiert wurde ein angeblicher Um- oder Durchbruch zur ‚vollendeten' Demokratie im Jahr 462/61, als mit dem ‚Sturz' Kimons der betont aristokratische Politikstil an sein Ende gekommen und überdies der Areopag ‚entmachtet' worden sei. Die (in ihren Hintergründen ganz unkenntliche) Ermordung des entschiedenen Demokraten und Sparta-Feindes Ephialtes habe dabei das sinnfällige Fanal dargestellt. Diese Sicht haben in jüngerer Zeit CHR. MEIER [Athen, 338–353] und K. RAAFLAUB [Breakthrough of *Dēmokratia*, v. a. 138–142] vertreten, von den älteren Gelehrten markant 1.2.1: MEYER, Geschichte des Altertums IV 1, 536–549. Doch ist die Annahme eines die Politik in Archaischer Zeit kontrollierenden Areopag nirgendwo glaubhaft belegt; vielmehr sagt die „Athēnaíôn Politeía" (25,2) ausdrücklich, diesem Gremium seien seit den Perserkriegen Kompetenzen zugewachsen und es habe also nur für kurze Zeit eine Aufsicht über die Ordnung ausgeübt; so gesehen handelte Ephialtes eigentlich ‚konservativ' und rückte die Volksversammlung mitsamt dem Rat, wie seit der kleisthenischen Ordnung klargestellt, (wieder) in die Mitte der Politik, weswegen es konsequent war, nun auch die Kontrolle der Amtsträger auf diese beiden Organe zu übertragen. Zur Kritik an der These eines ‚Umbruchs' s. etwa 1.2.3: STAHL, Klassische Zeit, 64–86; BLEICKEN, Demokratie, 44–46, 454–459; WELWEI, Das

> „Vollendete Demokratie" seit 462/61?

klassische Athen, 91–95. R. W. WALLACE [Ephialtes, 1.6.1: EAH 6, 2432 f.] verweist mit Recht auf die dürftige Quellenlage; „hence, much scholarship is speculative".

Perikles und Alkibiades

Vom ‚Perikles-Problem' war schon oben in Kap. 2.5 im Zusammenhang mit dem Verhältnis von Einzelpersönlichkeit und politischer Gemeinde kurz die Rede. Biographische Monographien mit sehr unterschiedlicher Bereitschaft, das durch Thukydides [s. ausführlich 4.5: WILL, Thukydides und Perikles] sowie Plutarch entworfene Bild des „Olympiers" und Athens als quasi-symbiotisches Gesamtkunstwerk zu akzeptieren, haben G. A. LEHMANN, CH. SCHUBERT und W. WILL publiziert [alle: Perikles]; nach Sachthemen gegliedert ist die Studie von V. AZOULAY, Pericles of Athens. Ältere Aufsätze zu Einzelfragen versammelt G. WIRTH, Perikles und seine Zeit. Zu wenig beachtet wird die Tatsache, dass Perikles in keiner der aus seiner Zeit recht zahlreich überlieferten Inschriften erwähnt wird. In seiner Person spiegelt sich ungeachtet aller Stilisierungen das fundamentale Problem des Verhältnisses zwischen der Bürgerschaft und den politisch aktiven Angehörigen der Eliten. Das gilt auch für Alkibiades, der ebenfalls monographisch gewürdigt wurde; s. HEFTNER [Alkibiades]; ELLIS [Alcibiades]; STUTTARD [Nemesis]. Die nüchterne Darstellung von P. J. RHODES [Alcibiades, 2011] trifft im Untertitel das Schillernde dieser Gestalt: „Athenian Playboy, General and Traitor".

Der dêmos und seine ‚Lenker'

Zu den Demagogen gibt es – neben der klaren Erörterung von J. BLEICKEN [Athenische Demokratie, 172–177, 504 f.] und dem klassischen Aufsatz von M. FINLEY [Athenian Demagogues] – mit den Büchern von J. OBER [Mass and Elite] und CHR. MANN [Die Demagogen und das Volk] zwei grundlegende Studien. Wie Ober zeigt, konnten die Redner und Antragsteller als Angehörige einer Elite nur erfolgreich sein, wenn sie im Kontakt mit dem Volk soziale Mimikry betrieben. Zwar habe jeder gewusst, dass einer, der sich zum Reden auf die Bühne stellte, nicht arm und ungebildet war; entscheidend sei jedoch gewesen, dass in dieser Vorspiegelung eine Anerkennung der Vormacht des *dêmos* und seiner Spielregeln lag – wer etwas erreichen wollte, musste sich demonstrativ der egalitären Ideologie unterwerfen und durfte nicht darauf hoffen, eine dauerhaft anerkannte Führungsposition zu erlangen. Mann stellt die kontinuierliche Bedeutung und Leistung der Redner und Antragsteller heraus; die bereits von Thukydides, Aristophanes und der pseudo-aristotelischen „Athênaíôn Politeía" geprägte Ansicht, bis einschließlich Perikles hätten Politiker mit hohem Prestige im vorpolitischen Raum die Bühne beherrscht, erst danach seien verantwortungslose Radaumacher wie Kleon an die Spitze gekommen und hätten den *dêmos* mit ihrer sophistisch beeinflussten, populistischen Rhetorik verführt, widerlegt er überzeugend. Mann untermauert, dass die strikte Trennung von sozialer und politischer Ordnung ein Wesensmerkmal der Athenischen Demokratie war: Persönliche Bindungsverhältnisse vertikaler oder horizontaler Art, Reichtum und Bildung waren zumindest auf der institutionellen Ebene nicht unmittelbar wirksam; daher änderte auch die sich wandelnde soziale Herkunft der Demagogen die Spielregeln in der Politik nicht. Es gilt heute als erwiesen, dass weder so etwas wie eine ‚konservative' oder ‚demokratische Partei' noch überhaupt feste Parteiungen existierten, während Freundschaftsnetzwerke durchaus eine Rolle spielten; s. GEHRKE, Zwischen Freundschaft; HÖLKESKAMP, Parteiungen. Zum (gemischten) antiken und modernen Kleon-Bild s. zuletzt E. HALL, Boys of Cydathenaeum. Neuerdings nimmt man auf einer systemischen Ebene die Legitimation von Entscheidungen durch allgemein akzeptierte Verfahren in den Blick. Die an sich legitimierend wirkende Mehrheitsentscheidung konnte jedoch an Verbindlichkeit verlieren, wenn sich Bürger dauerhaft in einer Minderheitsposition ‚eingemauert' sahen, wie es offenbar bei den oligarchischen Gegnern (s. u.) der Fall war; vgl. zuletzt – mit politikwissenschaftlichem Theoriedesign – zwei Aufsätze von J. TIMMER [Teilhabe und Systemeffektivität; Mehrheitsregel und Legitimität] sowie 2.5: FLAIG, Mehrheitsentscheidung, 219–256 („Risiken der Mehrheitsentscheidung"). Zu beachten ist, dass die Bürger Möglichkeiten hatten, Misserfolge nicht ihrer eigenen, als falsch erwiesenen Entscheidung zuzuschreiben, sondern einem Versagen oder Verrat der ausführenden Amtsträger. Wohl deshalb spielte die Qualität von Entscheidungen in der Fundamentalkritik an der Demokratie eine überraschend geringe Rolle, wie M. NEBELIN [Demokratisches Entscheiden] wahrscheinlich machen kann. Dass die Athener ihre Ordnung durchaus als gefährdet betrachteten und deshalb tätig wurden, zeigt J. BLEICKEN [Verfassungsschutz].

<small>Legitimation durch Verfahren</small>

Blickt man auf die demokratische Hyperaktivität sowie Athens weites Ausgreifen in alle Himmelsrichtungen, stellt sich die Frage nach dem Wissen: Wie speisten die Athener die Sachkunde der Vielen in den Entscheidungsfindungsprozess ein und

<small>Demokratie und Wissen</small>

wie gingen sie mit dem Anspruch der Reichen und Vornehmen um, ein überlegenes Wissen zu besitzen? Dazu s. U. WALTER, Welches Wissen?; trotz des anregenden Buches von J. OBER [Democracy and Knowledge; s. kritisch CHR. MANN, Gnomon 82, 2010, 334–339] scheint hier weitere Forschung erforderlich. Wie sehr die Flottenpolitik und der Seebund – nicht zuletzt auch in Gestalt von Administration und Buchführung [s. diachron J. P. SICKINGER, Public Records and Archives] – Staatlichkeit formiert und die Demokratie dynamisiert haben, tritt am besten in den großen Synthesen von R. MEIGGS [Athenian Empire, diachron] und W. SCHULLER [Herrschaft der Athener, systematisch] sowie in den beiden vorzüglichen Quellensammlungen von S. HORNBLOWER / M. GREENSTOCK bzw. R. OSBORNE [beide 1.10.1: The Athenian Empire; s. ferner 1.10.1: PAARMANN, Aparchai und Phoroi] zu Tage; vgl. u. Kap. 4.4: eine „für mediterrane Verhältnisse ungewöhnliche Funktionärsbürokratie". Zahlreiche Geschäftsträger amtierten nicht in Athen, sondern im Seebundsgebiet: Garnisonen mussten besetzt und befehligt werden, es gab Episkopoi („Aufseher") und Archonten, die in als ‚wackelig' geltenden Bündnerstädten stationiert waren; zudem hatten die athenischen Gerichte viel zu tun, da bestimmte Verfahren nur dort verhandelt werden durften. Bei dieser Verdichtung routinemäßiger Herrschaft sind Konjunkturen erkennbar: die 440er-Jahre, als die Legitimation des Seebundes schwächer wurde, sowie die 420er-Jahre, als Athen wegen des teuren Krieges gegen Sparta die Zügel anzog. Zu beachten ist, dass ‚der Seebund' aus verschieden ausgelegten Einzelverträgen Athens mit den Verbündeten bestand und als Ganzes v. a. in Athen sichtbar war (Zurschaustellung der Tribute; Generaldekrete; laufende Tätigkeit des Rates). – Auch auf den Bereich der Kultur strahlte die Dynamik von Seebund und Demokratie vielfältig aus; s. exemplarisch die Beiträge in BOEDEKER / RAAFLAUB [Democracy, Empire, and the Arts]; zur Baupolitik zuletzt T. L. SHEAR, Trophies of Victory.

Die Scheidung zwischen Bürgern und Nichtbürgern sowie die Fixierung auf erstere halten manche Forscher inzwischen für obsolet. In der Tat lebten in Athen und Attika insgesamt wohl 200 000 bis 250 000 Menschen und bildete der politische Körper auch in der Demokratie nur einen Ausschnitt der Bevölkerung. Dass die Metöken [Überblick bei 2.3: SCHMITZ, Gesellschaft, 141–154], obwohl rechtlich Ausländer, zu den treuesten Anhängern der Demokratie gehörten, ist geläufig [ADAK, Metöken als Wohltäter Athens]. Ihren Beitrag zur Blüte Athens und ihre weitgehende Integration in der Lebenswelt unterstreicht E. Cohen [The Athenian Nation], der generell die Bedeutung der Trennlinie zwischen männlichen Bürgern und allen anderen Bewohnern Attikas im Alltag zu relativieren sucht. D. Kasimis [Perpetual Immigrant] thematisiert – nicht untypisch für die akademische Kultur unserer Tage – die Widersprüche, die sich aus der Existenz demokratietreuer Ausländer für die athenische Identität ergeben haben sollen, rein diskursanalytisch und aus einem aktuellen politischen Orientierungsbedürfnis heraus. In einer „gleichermaßen ideenreichen wie kühnen Monographie" [R. Matuszewski, Sehepunkte 19, 2019, Nr. 11] versuchte jüngst S. Dmitriev, die gängige Sicht auf die Entwicklung der demokratischen Bürgergemeinschaft Athens zwischen Solon und Kleisthenes grundlegend zu revidieren [Birth of the Athenian Community]. Die in der Forschung etablierte Gegenüberstellung von Bürgern und Nicht-Bürgern werde der Komplexität der Verhältnisse nicht gerecht. Zu unterscheiden seien vielmehr drei unterschiedliche, einander aber teilweise überlappende soziale Gruppen: der Verwandtschaftsverband der *astoí*, die Rechtsgemeinschaft der *polítai* und die politische Gemeinschaft der *demotai*. Die erste Kategorie liegt im Trend der Forschung, Verwandtschaft (wieder) als konstitutiven Faktor politischer Vergemeinschaftung zu sehen [s. das monumentale Werk von S. Humphreys, Kinship in Ancient Athens]: Die politische Ordnung sei von Anfang an, nicht erst seit dem ‚perikleïschen' Bürgerrechtsgesetz Mitte des 5. Jahrhunderts (o. 2.2), eine „kinship community" gewesen. Auch J. Blok [Citizenship] möchte die auf Aristoteles zurückgehende, angeblich zu enge Identifizierung des Bürgerseins mit politischen Rechten allein der Männer auflösen. Die Athener hätten vielmehr einen Bürgerbegriff gekannt, der auf der Teilhabe an der religiösen Praxis, an den *hierá* und *hósia* beruhte und insofern auch Frauen einschloss. Weniger grundstürzend, dafür sehr klar stellen V. Azoulay und P. Ismard [Les lieux du politique] drei verschiedene, einander ergänzende Bestimmungen des Politischen in Athen heraus: institutionelle Strukturen, bürgerschaftliche Ideologie und soziale Praktiken. Die Sphäre des Gemeinschaftlichen habe sich als „association des manières de vivres et de règles institutionelles" konstituiert [206]. K. Vlassopoulos bemerkt im Sinne einer Öffnung des Feldes, die soziale Realität in Athen „included a range of arenas and activities in which legal

Diverse Konzepte von Zugehörigkeit

status was unimportant or invisible, and a range of arenas and activities in which it mattered significantly, but where it was often difficult to establish and open to challenges and conflicts" [2.3: What do we really know?, 438].

Oligarchen in Athen

Zweifellos eine reine Männer- und Bürgersache war die „innere Opposition gegen die Demokratie" [so die Kapitelüberschrift in BLEICKEN, Athenische Demokratie, 371–379, 571 f.]. Wie im letzten Drittel des 5. Jahrhunderts demokratiekritische Aristokraten von ‚ideologisch' denkenden und handelnden Oligarchen abgelöst wurden, zeichnet P. RHODES nach [Oligarchs in Athens]. Fast alle Intellektuellen, deren Werke auf uns gekommen sind, sahen die Demokratie kritisch [OBER, Political Dissent], u. a. deshalb, weil in ihr die individuell ungleichen Menschen als Bürger gleich behandelt würden, was ungerecht sei, und weil „Gevatter Handschuhmacher eine dominierende soziologische Größe ausmachte" [1.2.1: HEUSS, Hellas, 275]. Die diskursive Verflechtung von Demokratie und Antidemokratie erörtern die Beiträge in JORDOVIĆ / WALTER, Feindbild und Vorbild. Zur Schrift Pseudo-Xenophons s. H.-J. GEHRKE [Der historische Hintergrund] und K. RAAFLAUB [Erklärung]. Gute Ausgaben mit Übersetzung und Kommentar haben G. WEBER [Die Verfassung der Athener, 2010] und J. L. MARR / P. J. RHODES [The ‚Old Oligarch', 2008] erarbeitet.

G. A. LEHMANN [Oligarchische Herrschaft, 25–61] ordnet beide Intermezzi sowie die von Makedonien oktroyierte Oligarchie (322) diachron in die athenische Geschichte ein. Für den Verfassungswechsel 411 s. die einführende Skizze von K. BRINGMANN [Alkibiades und der Sturz der athenischen Demokratie] sowie ausführlich H. HEFTNER, Der oligarchische Umsturz; demnach stellte sich dieses Regime „weniger als ein zielbewußter Umbau der überkommenen Strukturen des athenischen Staatswesens nach oligarchischen Prinzipien denn als ein vom Diktat der Umstände bestimmter Kampf der Regierenden um den Machterhalt und bald nur noch um das physische Überleben" dar. Aus den lesenswerten Darstellungen zum Regime der „Dreißig" seien exemplarisch genannt: 1.2.1: MEYER, Geschichte des Altertums V, 13–22, 32–40; WELWEI, Das Klassische Athen, 247–257; MUNN, School of History, 218–247. Obwohl Institutionen in diesem Regime, das ja nie zur Ruhe und Konsolidierung kam, eine nachgeordnete Rolle spielten, trug man doch eine numerisch definierte ‚rationale' Ordnungsidee vor sich her: 3 000 Hopliten sollten die Bürgerschaft bilden, 300 *hippeís*

411

Die „Dreißig"

(Reiter) die Maßnahmen exekutieren, 30 Oligarchen die Regierung bilden; vgl. NEMETH, Kritias, 72 f. Viel Aufmerksamkeit hat naturgemäß die bereits in der Antike berühmte Versöhnung 403/02 gefunden; dazu LOENING, Reconciliation Agreement; s. ferner SCHEIBELREITER, *Atheniensium vetus exemplum*; A. NATALICCHIO, „Μὴ μνησικακεῖν": l'amnistia, in: 1.3: SETTIS, I Greci 2 II, 1305–1322; FLAIG, Amnestie und Amnesie. Zur Hinrichtung des Sokrates s. aus athenischer Sicht HANSEN, Trial of Socrates; für den weiteren Kontext s. C. MOSSÉ, Prozess des Sokrates. Die sich über ein Jahrzehnt hinziehende Revision des Bestandes an Gesetzen erörtert RHODES, Code of Laws. Eine willkommene Synthese, die alle Felder der längerfristigen Reaktionen auf die Oligarchie berücksichtigt, lieferte J. SHEAR; ihrem Fazit, dass „collective responses to oligarchy wrote democracy on to the city's landscape in a new way and they left no doubt that the *demos* cared to protect its rule and its control" [Polis and Revolution, 313], kann sicher zugestimmt werden.

Aufräumarbeiten

Die Frage, ob die Demokratie des 4. Jahrhunderts im Vergleich zur ‚imperialen' des 5. Jahrhunderts eine andere oder eine modifizierte war [vgl. BLEICKEN, Einheit der Demokratie], hängt von den Akzentuierungen ab; auch sind die Quellen für beide Phasen verschieden: So haben wir jetzt durch die überlieferten politischen und gerichtlichen Reden vom Redner und Antragsteller (s. o.) und seinen Kommunikationsstrategien ein sehr viel klareres und zugleich detaillierteres Bild [für Demosthenes s. die u. Kap. 5.3 diskutierte Literatur]. Zur Ausgliederung der Gesetzgebung aus dem routinemäßigen Beschlussbetrieb s. sehr klar HANSEN, Athenische Demokratie, 167–183; knapp L. RUBINSTEIN, *Nomothetai*, 1.6.1: EAH 9, 4810 f.; aus rechtshistorischer Sicht WOLFF, „Normenkontrolle" und Gesetzesbegriff; 2.5: QUASS, Nomos und Psephisma, 40–44, 68–72; als Synthese HASSKAMP, Oligarchische Willkür – demokratische Ordnung. Gegen die früher mit Blick auf Athen im 4. Jahrhundert gängige Niedergangserzählung [klassisch: C. MOSSÉ, Der Zerfall der athenischen Demokratie, 1979] betont die Forschung schon länger die Stabilität der demokratischen Ordnung [z. B. RHODES, Stability] sowie eine ungebrochene politische, ökonomische und kulturelle Dynamik; s. den bereits recht ausführlichen Literaturüberblick bei 1.2.1: SCHULLER, Griechische Geschichte, 150–155. Schrittmacherdienste leistete ein von W. EDER dirigierter Tagungsband [Athenische Demokratie im 4. Jahrhundert; die gleichnamige ‚Fortsetzung' durch C. TIERSCH ist diffuser ausgefal-

Modifikationen der Ordnung

len]; s. ferner Lehmann, Oligarchische Herrschaft, 86–121. Als einen komplexen, mehrschrittigen, durch Lernen aus gescheiterten Experimenten geprägten „constitution-making process" versteht F. Carugati [Creating a Constitution] die Transformation Athens seit 411, methodisch auf den Pfaden der Stanford-Schule [Institutionentheorie, Politische Ökonomie, Modellbildung; s. 1.2.1: Ober, Das antike Griechenland] und inspiriert von der sehr aktuellen Frage, wie aus „failed states" und Diktaturen stabile Ordnungen entstehen können (ihr aktuelles Beispiel ist Myanmar).

Ausdifferenzierung Als generelle Tendenz kann eine Ausdifferenzierung im Institutionellen wie in der Praxis gelten; zu nennen sind die Unterscheidung von *nómoi* und *psêphísmata* (s. o.) oder die Trennung des Vorsitzes in der Volksversammlung von der ansonsten geschäftsführenden Phyle (Prytanie); auch traten nunmehr die Rollen von Rednern und Feldherrn auseinander. Hinzu kam eine Mo-

Monumentalisierung numentalisierung der eigenen Ordnung und Geschichte [s. Hintzen-Bohlen, Retrospektive Tendenzen]; in diesem Sinn wurden etwa die Pnyx, das Dionysostheater und das Zeughaus im Piräus ausgebaut, kanonisierte man die Tragödien aus dem 5. Jahrhundert und führte die Epheben in die Geschichte und Gedenkorte der Polis ein. Nachdem die Oligarchie indiskutabel geworden war, konnte Kritik an der aktuell bestehenden Ordnung nur noch im Verweis auf eine frühere, angeblich bessere Phase geäußert werden, wobei auch das Schlagwort von der „Verfassung der Väter" [*pátrios politeía*; s. C. Bearzot, 1.6.1: EAH 9, 5095 f.] unter Verdacht stand – nicht zufällig polierte Phokion 322 diese Idee wieder auf, um die neuerliche Oligarchie als angebliche Rückkehr zu Solon (!) auszuflaggen. In die Praxis des ‚Ausstellens' gehörte auch ein spektakulärer Text wie das prominent publizierte Gesetz gegen Verfassungsumsturz [337/36; 1.10.3: RO Nr. 79 = 1.10.3: HGIÜ II Nr. 258].

Wirtschaft und Finanzen als Transformationsmotoren Will man für das 4. Jahrhundert von einer ‚Modernisierung' sprechen, rückt die Wirtschafts- und Fiskalpolitik in den Blick; s. im eben erwähnten Sammelband von Tiersch die Beiträge von R. Stroud, R. Descat, E. E. Cohen, C. Pébarthe, A. Eich und K. Shipton sowie die Aufsätze in der von D. Rohde und S. Günther dirigierten Sondernummer des „Journal of Ancient Civilization" [34, 2019, Heft 2; der Titel verweist auf die Tradition dieser Forschungsrichtung: 200 Years after August Boeckh's *The Public Economy of Athens* („Die Staatshaushaltung der Athener", 2 Bde., 1817)]. Die

„institutional foundations of prosperity" arbeitet F. CARUGATI [Creating a Constitution, 108–139] sowohl in ihrer Genese und Abfolge wie systematisch heraus; demnach „fiscal and economic policy reflects growth-enhancing, innovative departures from the status quo, but departures crafted with an eye to preserving the balance of power among domestic actors" [20]. Indem Hochsteuerzahler mehr Ansehen und Finanzpolitiker größere Kompetenzen erhielten, gingen Verschiebungen im Ordnungsgefüge von diesem zentralen Feld staatlichen Handelns aus; dazu eingehend D. ROHDE, Von der Deliberationsdemokratie zur Zustimmungsdemokratie. Was fehlt, sind biographische, die Frage nach den Gestaltungsspielräumen im System wie in der Sachpolitik aufwerfende Monographien zu Eubulos und vor allem zu Lykurg (ca. 390–324) – beide werden immer noch von Demosthenes überschattet und haben es bezeichnenderweise nicht einmal in die Sammlung von K. BRODERSEN [1.3: Große Gestalten] geschafft.

3.8 Massilia

Die Geschichte Massilias in vorhellenistischer Zeit ist eine nahezu exklusive Domäne der französischen Altertumswissenschaften und Lokalforschung. Ein modernes deutschsprachiges Überblickswerk existiert nicht. Informativ und instruktiv ist nach wie vor die Zusammenschau von M. CLAVEL-LEVEQUE, Das griechische Marseille, wenn man sie zusammen mit der redigierten und erweiterten Originalausgabe von 1974 [Marseille grecque] liest. Die größte Herausforderung, die sich jedem Historiker Alt-Massilias stellt: Es ist für den Berichtszeitraum dieses Buches kein einziges größeres Baudenkmal erhalten. Man ist angewiesen auf die Auswertung von Kleinfunden, vor allem Keramik, einigen Kunsterzeugnissen und Münzen, aber keine einzige Inschrift oder Inschriftenfragment vermag der inneren und äußeren Geschichte in Klassischer Zeit ein dokumentarisches Fundament zu verleihen. Immerhin konnten jüngere, recht großflächige Ausgrabungen am alten Hafen (nahe der modernen Börse) wichtige Erkenntnisse über den Umfang des Stadtgebietes sowie die Art der Hausbauten, der Werkstätten, Fortifikationen und die Nekropole zu Tage fördern und somit den Alltag und die wirtschaftlichen Grundlagen des städtischen Lebens erhellen, wobei freilich viele Fragen offenblei-

Überblicksdarstellungen

... ihre methodischen Probleme

ben [Überblick bei HERMARY u. a., Marseille Grecque, 71–85; zu dem wenigen, was sich über die religiösen Kulte sagen lässt, ebd. 61–67]. Da die literarische Überlieferung meist nur aus episodenhaften Schlaglichtern zeitgenössischer Historiker – Herodot und Thukydides konzentrierten sich auf den östlichen Mittelmeerraum und die mit ihm verbundenen Ereignisse – und/oder späterer Überlieferungen (Strabon, Pompeius Trogus, Cicero) besteht, kann eine zusammenhängende Geschichte Massilias kaum geschrieben werden. Das Werk von M. CLERC, Massalia [davon Bd. I: Des origines jusqu' au IIIe siècle avant J.-C.] ist ein bewundernswerter Versuch in diese Richtung, muss aber chronologische Lücken durch Querschnittstudien, z. B. zum Münzwesen und zu den Apoikien, füllen, die heute im Detail veraltet sind, aber manch ingeniöse Interpretationen insbesondere zum Handel und den maritimen Entdeckungsfahrten bieten. Es gilt so vielmehr, auf der Basis des Quellenmaterials und allgemeiner historischer Überlegungen Schwerpunkte zu bilden, die den Charakter dieser Polis am Rande der griechischen Welt konturieren und erklären. Das jüngste Werk dieser Art bildet der mit reichen Karten-, Bild- und Quellenmaterial hervorragend illustrierte, didaktisch klug aufgebaute Band „Marseille Grecque", herausgegeben von A. HERMARY u. a. Er kann gleichermaßen als Studiengrundlage und Führer durch die Geschichte und Realien der antiken Stadt und ihres Umfeldes gelesen werden, bietet im Anhang eine annähernd vollständige Sammlung antiker Texte (in französischer Übersetzung) und eine thematisch geordnete Auswahlbibliographie.

Es sind im Wesentlichen drei Problem- und Themenbereiche, auf die sich die jüngere Forschung konzentriert und wo sie wichtige Neuerkenntnisse gewonnen hat. So unterscheidet man heute sehr viel schärfer zwischen einer frühen Phase der Ansiedlung, in der die Neuankömmlinge aus Phokaia sehr wahrscheinlich zusammen mit einheimischen und etruskischen Gruppen (von mindestens 20 %) siedelten, aber selbst keinen transregionalen Handel betrieben (dieser lief zunächst nach wie vor über das etruskische Emporion bei St. Blaise), und einer späteren, durch den Nachzug phokaischer Familien geprägten Geschichte, die das geläufige Bild einer wohlhabenden, mächtigen und im Seehandel erfolgreichen Polis begründete; manche Forscher sprechen inzwischen von einer zweiten Gründung Massilias. Die frühe Phase spiegelt sich im archäologischen Befund, dem sehr bescheidenen

Siedlungsareal, der gemischten Keramik sowie dem Fehlen jeglicher Indizien für „traceable early activity of Marseilles vis-à-vis its distant hinterland" [2.4: SHEFTON, Massilia and Colonization, 66]; sie lässt sich aber auch mit der ambivalenten Überlieferung verbinden, die zwei Gründungsdaten kennt [diskutiert bei HERMARY u. a., Marseille Grecque, 40]. Selbst die berühmte, von mehreren Quellen tradierte Gründungsgeschichte passt bei allen toposartigen, der indoeuropäischen Tradition vertrauten Motiven [dazu PRALON, La légende de la fondation de Marseille; 1.7.2: SCHULZ, Abenteurer der Ferne, 117; jüngst M. MAUERSBERG, The Ktisis of Massilia, mit Betonung der *topoi*] insoweit zur jüngeren historisch-archäologischen Analyse, als die Begegnung der phokaischen Jungmannschaft mit dem einheimischen Fürsten friedlich verlief und zu frühen Mischehen führte, repräsentiert durch die nach einheimisch-aristokratischem Ritus gestiftete Ehe zwischen dem Oikisten Protis und der ‚Prinzessin' Gyptis; vgl. HERMARY u. a., Marseille Grecque, 37–39. Offensichtlich suchten die Phokaier nicht in erster Linie Siedlungsland, sondern auf ihren Fahrten entlang der Küste des westlichen Mittelmeeres – vielleicht auf dem Weg nach Tartessos [diskutiert bei 2.4: SHEFTON, Massilia and Colonization, 72] – mittelfristige Gewinne. Diese boten sich – so die auf der Basis ähnlicher Überlegungen Wallingas in Analogie zu den Tätigkeiten in Tartessos entwickelte Interpretation von R. SCHULZ [1.7.2: Abenteurer der Ferne, 124–128] – im Söldnerdienst sowie im Küstenschutz für küstennahe Stämme (nach Herodot 1,163,2 hätten die Phokaier ihre Westfahrten nicht mit runden Handelsschiffen, sondern mit Fünfzigruderern unternommen); diese hätten den Ankömmlingen als Belohnung für deren Dienst und nach einer gewissen Zeit der Bewährung Land gegeben und Einheirat erlaubt.

Gründungsgeschichte und frühes *emporion*

Erst nach dem Zuzug größerer Familiengruppen aus der Heimat in Folge der persischen Bedrohung – manche Forscher wie M. GRAS [Occidentalia] und V. KRINGS [Carthage et les Grecs, 151 f.] nehmen heterogene Emigrationswellen an – waren die Voraussetzungen gegeben, das Siedlungsgebiet systematisch zu erweitern und durch Stützpunkte zu sichern sowie die bisher auf „introductory gifts" beruhenden Kontakte mit inländischen Fürsten in ein stabiles und entlang der Rhône ins Landesinnere ausgreifendes Handelsnetz einzufügen. Der Rückgang etruskischer Keramikwaren in dieser Phase entspricht nicht nur einem Aufschwung massilioti-

„Zweite Gründung" durch phokaische Flüchtlinge

scher Produkte, sondern auch einer „relative suddeness of the irruption of (...) Attic Material into the heart of Europe", als deren hauptsächlicher Träger massiliotische Zwischenhändler zu gelten haben [2.4: SHEFTON, Massilia and Colonization, 68]. Seit dieser Zeit suchten die Massilier auch Zugang zu den Silber- und Goldvorkommen des atlantischen Spanien und sie unternahmen in Konkurrenz zu Karthago Entdeckungsfahrten entlang der Zinnroute nach Britannien sowie zu den vermuteten Goldvorkommen des Senegal; die Küstenroute wurde durch Subkolonien (die erst durch den Nachzug der Siedler aus Phokaia möglich waren) gesichert und ausgebaut. Der Einbruch in karthagische Interessensphären dürfte ein Grund für die literarisch und indirekt auch archäologisch, nämlich durch die Weihungen nach Delphi [GRAS, Marseille, la bataille d'Alalia et Delphes] belegten Seekämpfe gegen Karthago gewesen sein. Dass Massilia offenbar nicht an der Schlacht von Alalia teilnahm [Diskussion der Forschungsmeinungen bei MAUERSBERG, The Ktisis of Massilia, 160 f.], spräche für die Beschränkung der Interessen auf die atlantisch-spanischen Gefilde.

Aufschwung des überregionalen Handels

Der geradezu eruptive Aufstieg Massilias als Handels- und Hafenpolis seit der Mitte des 6. Jahrhunderts lässt sich nicht nur in der (archäologisch fassbaren) erweiterten Bausubstanz des Wohn- und Hafengebietes sowie der „zone industrielle", der Nekropole, der Fertigung von Transportamphoren sowie dem Beginn einer eigener Münzprägung ablesen [HERMARY u. a., Marseille Grecque, 56 sprechen von einer Veränderung in der Handelsökonomie Massilias um 540/530; zu den genannten Aspekten ebd., 71–84]; er spiegelt sich auch – ein angesichts der trümmerhaften Überlieferung indes problematisches Feld – an der Entwicklung der inneren Ordnung. Offensichtlich gelang es der auf die Gründergeneration zurückgehenden Aristokratie, ihre oligarchische Ordnung behutsam so zu modifizieren bzw. „abzumildern" [2.5: BUSOLT, Griechische Staatskunde, 357], dass einerseits die seit 545 ankommenden Familien politisch integriert werden konnten [M. GRAS, L'arrivé d'immigrés à Marseille]. Andererseits wurden die sich mit der Erweiterung der Polis ergebende Differenzierung und Stratifizierung der Bevölkerung eingefangen sowie die durch das Aufblühen von Wirtschaft und Handel ergebenden politischen Ansprüche der Neureichen weitgehend befriedigt, ohne dass die Grundstruktur und Akzeptanz der timokratisch-oligarchischen Ordnung

Innere Ordnung

in Frage gestellt wurden; dies scheint auch ablesbar an den Grabbefunden der Nekropole, der „opposition entre deux groupes sociaux, aristocratique dans le premier cas, plus modest dans le second" [HERMARY u. a., Marseille Grecque, 84]; mit einem „demokratischen Fortschritt", wie M. CLAVEL-LÉVÊQUE [Das griechische Marseille, 903] meinte, hat das freilich gar nichts zu tun. Tatsächlich ist es erstaunlich, dass die Stadt in ihrer langen Geschichte keinen einzigen Tyrannen oder eine Clique von Tyrannen hervorgebracht hat und – soweit wir wissen – frei von *stáseis* blieb. Offenbar empfand man die Erweiterung des durch Abstammung und Reichtum bestimmten [CLAVEL-LÉVÊQUE, Das griechische Marseille, 903f.] „Adelsrates" (*synhédrion*) auf 900 Mitglieder (*timoúchoi*), dem die Führung der gesamten Politik und des Strafrechts oblag, als optimale Antwort sowohl auf die politischen Ansprüche einer wachsenden Elite als auch auf die spezifischen handels- und außenpolitischen Erfordernisse. Hier wurden die gemeinsamen Interessen verhandelt und Konsense erzielt, was sowohl potenziellen Tyrannengelüsten wie isonomen Tendenzen das Wasser abgrub und die institutionellen Voraussetzungen schuf, um das über Generationen gesammelte und stetig erweiterte Erfahrungswissen der erfolgreichen Familien zu Gunsten der Gesamtpolis zu aktivieren. Anders ausgedrückt: Die Erweiterung des oligarchischen Verfassungsrahmens hegte interne Streitigkeiten ein und machte gleichzeitig ein größeres Maß an (handels-) politischer Kompetenz verfügbar. Das in Massilia waltende, für Kolonialgesellschaften typische ‚konservative' Ethos, an alten und strengen Verhaltensnormen festzuhalten, ließ dieses Experiment konsistent erscheinen und nötigte offensichtlich auch fremden Partnern und Konkurrenten Respekt ab.

> Reaktion auf die Herausforderungen des 6. Jahrhunderts

> Beziehungen zu den Kelten/Galliern

Zu den weithin auf Kooperation basierenden Beziehungen und Austauschprozessen mit den Kelten/Galliern gibt es – neben den einschlägigen jüngeren Kelten-Büchern – eine große französischsprachige Spezialliteratur sowie einige englische Aufsätze und Monographien, welche die Forschung synthetisieren und in einen größeren historischen Kontext einordnen; vgl. A. T. HODGE, Ancient Greek France; P. WELLS, Farms, Villages, and Cities; M. DIETLER, The Iron Age in Mediterranean France (mit instruktiven Modellen und reichhaltiger Bibliographie) sowie, einen weiten geographischen und zeitlichen Horizont absteckend, B. CUNLIFFE, Europe between the Oceans, bes. 291 ff.

3.9 Syrakus

Megále Hellás
Die griechischen Städte Unteritaliens und Siziliens als „Großgriechenland" zu bezeichnen folgt dem Sprachgebrauch des Geographen Strabon (6,1,2, 253C); s. M. Lombardo, 1.6.1: EAH 8, 4233 f. Für die Einheit der Region s. P. Funke, Western Greeks; eine klassische, durch archäologische Neufunde inzwischen jedoch teils überholte Synthese legte T. J. Dunbabin unter dem gleichen Titel vor. Den ‚Sonderweg' diskutiert M. Dreher, Die Westgriechen. Siziliens Bedeutung und zugleich seine vorausgesetzte Isolierung von der Griechischen Geschichte spiegelte sich in zwei großen ‚erzählenden' Werken des 19. Jahrhunderts: A. Holm, Geschichte Siciliens im Alterthum [3 Bde., 1870–1898] und E. A. Freeman, History of Sicily [4 Bde., 1891–1894]; demgegenüber bildete bei E. Pais die „Storia della Sicilia e della Magna Grecia" [1894, unvollendet] einen Teil der Vorgeschichte der Einigung Italiens durch Rom. Wie inzwischen üblich als Sammelwerk präsentiert sich „La Sicilia antica", dirigiert von E. Gabba und G. Vallet (5 Bde.). Die Quellenauswahl von Dillon / Garland [1.10.1: Ancient Greece, 278–290] kreist nicht zufällig um die Tyrannis.

Ein Sonderweg?

Sizilien in der antiken Welt
Die antiken literarischen Quellen vermitteln ein ambivalentes Bild von Sizilien im Allgemeinen und Syrakus im Besonderen: auf der einen Seite ein agrarisch gesegnetes Land voller Reichtümer, Chancen und staunenswerter architektonischer Leistungen, das jedoch andererseits von dauernden Kämpfen, inneren Unruhen und einer politisch labilen Mischbevölkerung geprägt ist, der es an Zusammenhalt mangelt und die immer wieder ehrgeizige Tyrannen ans Ruder ließ. Erst die Forschung der letzten Jahrzehnte hat dieses Bild relativieren und manche ältere Auffassungen korrigieren können, denn „many an accepted view has proven erroneous, and many an assumed turning point deceptive" [Fischer-Bossert, Coinage of Sicily, 143]. Die gängige Sicht entstammt zu wesentlichen Teilen der Feder von Autoren der griechischen Halbinsel, die es gewohnt waren, ihre Heimat zumal im Vergleich mit dem Westen als agrarisch schwächer zu charakterisieren, und die im gleichem Maße die aus der Kargheit erwachsene Stabilität und Kampfkraft lobten und dieses Lob in das außenpolitische Kalkül ehrgeiziger Politiker einfließen ließen; das bekannteste Beispiel ist die Alkibiades-Rede bei Thukydides 6,17. Natürlich haben die antiken Autoren dabei Richtiges gesehen: Die ethnische Durchmi-

Moderne Kritik antiker Topoi

schung verschiedener Sprachgruppen (Dialekte) und ‚Stämme' war bereits mit der Ankunft der aus unterschiedlichen Poleis oder Landschaften stammenden Kolonisten gegeben und wurde durch die Integration von Neusiedlern und Söldnern fortgesetzt [DREHER, Die Westgriechen, 232–235]. Unbestritten besaß die Insel aufgrund günstigerer ökologischer Bedingungen – das Klima war feuchter als heute und im Vergleich zum ostmediterranen Raum – größere agrarische Ressourcen als die griechische Halbinsel. Doch wie immer überzeichneten antike Argumentationsmuster die Realität, wenn sie auf Differenzen und Gegensätze abzielten. Es war und ist besonders die Archäologie, die der historischen Kritik die nötigen Argumente lieferte, um Pauschalisierungen zu differenzieren und Extreme zu entschärfen. Die laufenden Ergebnisse dokumentieren und präsentieren die „Archaeology in Sicily" in den „Archaeological Reports" [1.10.5] sowie die Zeitschrift „Kokalos"; eine zusammenfassende Monographie legte R. ROSS HOLLOWAY [Archaeology of Greek Sicily] vor. So wissen wir z. B. heute, dass die Größe der in und um Sizilien eingesetzten Heere und Flotten tendenziell von den Quellen zu hoch angesetzt wurde; ferner, dass eine vollständige Zerstörung von Städten genauso wenig möglich war und durchgeführt wurde wie die komplette Tötung und Überführung der Bevölkerung in andere Poleis, auch wenn beides und die Folgen (Sklaverei) ein Markenzeichen sizilischer Politik unter der Ägide der Tyrannen waren. Doch selbst diese konnten keineswegs so selbstherrlich schalten und walten, wie eine ihnen feindlich gesonnene und moralisch aufgeladene Tradition suggeriert. Dementsprechend werden auch die ökonomischen und politischen Brüche und Verwerfungen, die man früher in der Geschichte Siziliens und ihrer bedeutendsten Städte zu erkennen glaubte, vielfach relativiert. Die jüngste, die genannten Forschungstrends bündelnde und instruktiv weiterführende Gesamtdarstellung aus der Feder von F. DE ANGELIS [Archaic and Classical Greek Sicily] setzt dementsprechend anstelle tiefer Einschnitte und spektakulärer Wendungen sehr viel stärker auf Kontinuitäten und situative Abweichungen nicht nur auf ökonomischem [222–318], sondern auch auf politischem und verfassungshistorischem Gebiet (s. u.). Kontinuität statt Bruch

Tatsächlich hatte der erwähnte Einsatz von Söldnerarmeen keineswegs nur destabilisierende und zerstörerische Effekte (die es natürlich gab), sondern er stimulierte und intensivierte – nicht zuletzt aufgrund des zusätzlichen Getreidebedarfs – auch das lo- Ökonomische und ökologische Verhältnisse kale Marktgeschehen, das Handwerk sowie den Land- und Weinbau. Zusätzliche Impulse erhielt die diversifizierte, nicht nur auf Getreideproduktion beruhende Wirtschaft durch die Investitionen der Tyrannen in den Ausbau der Städte und Tempelanlagen, Armeen und Militärtechnik; ihre Herrschaft etablierte „a kind of common market" [DE ANGELIS, Archaic and Classical Greek Sicily, 273–277]. Der agrarischen Fruchtbarkeit Siziliens und den Exportüberschüssen stand jedoch – im Gegensatz zu Sardinien oder Zypern – ein auffälliger Mangel an wertvollen Mineralien und Bodenschätzen gegenüber (Ausnahme: das Gebiet um Zankle), der durch einen steten Zustrom von Silber, daneben Kupfer und Erzen, ausgeglichen werden musste. Diese spezifische Konstellation von segmentärerem Überangebot und Defizit, verbunden mit der verkehrstechnisch so günstigen Lage im Zentrum des Mittelmeers und nahe der großen Seehandelsrouten, erklärt, weshalb Sizilien und seine Poleis seit der Archaik mit allen Teilen der mediterranen Welt und ihrer Anrainer eng verbunden waren – man könnte eine Geschichte der Antike komplett aus der Perspektive der Insel schreiben.

Die griechischen Eliten

Der Überseehandel blieb freilich, obwohl Syrakus und andere Küstenpoleis über hervorragende Häfen verfügten und vom Warenaustausch profitierten, offensichtlich nicht in den Händen der sizilischen Griechen selbst, sondern er wurde von auswärtigen Kaufleuten zumal aus Korinth, Athen und Massilia betrieben [DE ANGELIS, Archaic and Classical Greek Sicily, 259]; vielleicht begann deshalb auch Syrakus erst gegen Ende des 6. Jahrhunderts, eigene Münzen nach Athener Standard und nordägäischem, nicht korinthischem (!) Vorbild zu prägen [RUTTER, Coin Types and Identity, 78 ff.; etwas früher datiert FISCHER-BOSSERT, The Coinage of Sicily]. Dieses erstaunliche Phänomen begründete und prägte offenbar – auch das eine wichtige Erkenntnis der letzten Jahrzehnte – die soziale Struktur der griechischen Eliten: Diese gerierten sich, am ehesten vergleichbar mit den Verhältnissen in Thessalien, als „wealthy men of leisure with expensive predilection" [ebd., 146] und suchten ihre Interessen durch verwandtschaftliche, über die Kernfamilie hinausgehende Beziehungen und „clan formations" [DE ANGELIS, Archaic and Classical Greek Sicily, 267] durchzusetzen. Das könnte auch viele der binnen- und machtpolitischen Eigenarten der sizilischen Geschichte vom 8. bis 4. Jahrhundert erklären.

Allerdings ist es bisher erstaunlicherweise nicht gelungen, die Geschichte von Syrakus in diesen Rahmen monographisch überzeugend einzuordnen, obwohl die Quellenlage eigentlich recht günstig ist und die Forschung auf eine lange Tradition nicht nur italienischer, sondern auch älterer englischer und deutscher Arbeiten zurückblicken kann. Das von R. Evans vorgelegte Werk [Ancient Syracuse, reicht bis in die Mitte des 4. Jahrhunderts] bietet eine aus der Kritik der Hauptquellen (Herodot, Diodor, Plutarch) und entlang der meist außenpolitischen und militärischen Ereignislinien erarbeitete Darstellung, die manche Detailprobleme diskutiert, so die von den Quellen zu hoch angesetzten Größen der Kriegsflotten oder die Datierung der Gründungsvorgänge, aber Wirtschaft und Kultur weitgehend außer Acht lässt. In deutscher Sprache ist als sehr knappe Synthese der RE-Artikel von H.-P. Drögemüller zu nennen [1.6.1: RE Suppl. 13, 1973, 815–836]. Eine gute, die angesprochenen thematischen Leerstellen zumindest in einem Bereich ausfüllende Arbeit bildet nach wie vor M.-P. Loicq-Bergers „histoire culturelle". Ihr historischer Erkenntniswert liegt insbesondere darin, dass sie nicht nur die ‚kulturellen' Äußerungen auf dem Gebiet der Keramik, der Architektur und Bildenden Kunst, der Literatur, des Theaterwesens sowie der wissenschaftlichen Entwicklungen (Medizin, Philosophie) zu erfassen sucht, sondern sie als Ergebnis überregionaler Kontakte einzelner Akteure und Akteursgruppen in ihrem jeweiligen historischen Kontext interpretiert. Geboten wird also *en passant* auch eine Prosopographie kulturell produktiver Köpfe, nicht nur der prominenten Gäste und Besucher (Aischylos, Platon).

Syrakus: Gesamtdarstellungen mit Schwerpunkten

Kulturgeschichte

Dabei wird deutlich, wie intensiv einerseits die Einflüsse aus Korinth [68 ff.], aber auch und besonders aus dem kleinasiatisch-ionischen Raum [71 ff.] waren, wie weit die Handelsbeziehungen, Kontakte und der ‚Techniktransfer' der Stadt bis nach Massilia, zu dessen Subkolonien [205 ff., Ansiedlung massiliotischer Familien im 3. Jahrhundert: 139], nach Karthago, Italien und ins Tyrrhenische Meer sowie nach Athen reichten. Erneut zeigt sich am Beispiel von Syrakus: Handelskontakte und -austausch sowie die sich auf den gleichen Bahnen bewegende Mobilität von Künstlern, Literaten, Technikern und sonstigen Spezialisten vollzogen sich weitgehend unabhängig und unbeeinflusst von militärischen Konfrontationen und machtpolitischen Frontlinien. Auch dies begründete das Ansehen und die Prosperität der Stadt im Zentrum des Mittelmeers und als bedeutendste Polis und Drehscheibe der westlichen Apoikien [271 f.], die eben nicht nur auf Söldner und politische Hasardeure wie ein Magnet wirkte [zur Anziehungskraft der sizilischen „Tyrannenhöfe" s. G. WEBER, Poesie und Poeten, bes. 51–63]. Instruktiv für die Dichter- und Bautätigkeit ist nach wie vor die kultur- und ereignisgeschichtliche Zusammenschau (bis zum Sturz der Deinomeniden) aus der Feder A. SCHENK GRAF V. STAUFFENBERGS [Trinakria], auch wenn die historisch-politischen Wertungen und die Diktion des Bruders des Attentäters vom 20. Juli 1944, die sich an die von ihm verehrten Dichter Pindar und Stefan George anlehnte, heute überholt und befremdlich erscheinen. In Bezug auf die Architektur (Tempelbau, städtische Infrastruktur, Hafen- und der Verteidigungsanlagen) lässt sich das Buch von M.-P. LOICQ-BERGER [Syracuse] gewinnbringend mit den einschlägigen Kapiteln des monumentalen Überblicks von D. MERTENS [4.1: Städte und Bauten] verbinden.

Architektur, Bautätigkeit und Topographie

Die nach wie vor auch wegen ihrer methodischen Präzision und Umsicht lesenswerte Studie von H. P. DRÖGEMÜLLER [Syrakus] zur Topographie und baugeschichtlichen Entwicklung rekonstruiert die allmähliche Ausweitung des Stadtgebietes im historisch-politischen Kontext und korrigiert ältere, übertriebene Vorstellungen (v. a. in Bezug auf die Besiedlung der Hochebene Epipolai) über das bewohnte Areal und die Bevölkerungszahlen. Demnach übertraf die Gesamtfläche von Syrakus die des zeitgenössischen Athen um ein Drittel, doch die städtische Bevölkerungszahl dürfte selbst in der Glanzzeit des Tyrannen Dionysios nie größer als rund 40–45 000 gewesen sein; im letzten Teil bietet das Werk einen hervorragenden topographischen Kommentar zur Belagerung der Athener nach Thukydides. Lehrreiche Überlegungen für die frühe, offenbar unsystematische und auf ältere (einheimische) Siedlungsstrukturen aufbauende Frühbesiedlung von Ogygia bietet A. HAUG, Faszination der Geometrie, 49–53, 61. Generell für die jüngeren Forschungen sowie das gesamte Feld der Stadtplanung, bildenden Kunst und Keramik ist auf die sehr produktive italienische Spezialliteratur und – nie zu vergessen – die meist voluminösen, hervorragend bebilderten und dokumentierten Ausstellungskataloge zu verweisen; für ganz Sizilien einschließlich Syrakus z. B. G. PUGLIESE CARRATELLI, The Western Greeks.

Einen weiteren Bereich, der schon früh im Zentrum der Forschung stand, in jüngerer Zeit aber vielleicht aus einer gewissen

Resignation gegenüber der notorisch schwierigen Quellenlage ein wenig aus dem Blickfeld der Gelehrten gerückt zu sein scheint, bildet die Rekonstruktion der wechselvollen inneren Ordnung der Stadt. Eine die Quellen gut aufbereitende Ausgangsbasis bildet nach wie vor der Versuch einer Gesamtdarstellung von W. Hüttl [Verfassungsgeschichte], die freilich wegen einzelner veralteter Deutungen und mitunter undifferenzierter Terminologie mit neueren Spezialaufsätzen und -werken zu verbinden ist. Doch auch im Zentrum der jüngeren Forschungsdiskussion stehen altbekannte und wegen der zu dürftigen Quellenlage wohl nie endgültig zu lösende Probleme wie die nach der Rechtstellung der zunächst von den Gamóroi unterworfenen (Hdt. 7,155,2) und durch Gelon in die Polis integrierten Kyllyrier, der Umfang und Vorgang der Bürgerrechtsverleihungen sowie – bis heute prominent – die Frage, wie die insgesamt recht kurzen Phasen einer breiteren politischen Beteiligung des Volkes und die von älteren Forschung und manch jüngeren Gelehrten gerne pauschal als „Demokratien", „wiederhergestellte Demokratie" oder „demokratisches Zwischenspiel" bezeichneten Ordnungen historisch einzuschätzen sind. Die Mehrheit der Forscher [z. B. E. Robinson, Democracy in Syracuse; M. Hofer, Tyrannen, Aristokraten, Demokraten, 146–159; von den älteren z. B. Hüttl, Verfassungsgeschichte, und L. Wickert, Syrakusai, 1.6.1: RE 4.2 A, 1478–1547] erkennen spätestens in der Summe der nach dem Sieg über die Athener Flotte gegen Ende des 5. Jahrhunderts eingeführten Veränderungen eine vollwertige, am Athener Vorbild orientierte „Demokratie". Sie qualifizieren deren Vorstufen jeweils nach der Vertreibung der Gamoren bzw. der Tyrannen entweder auch als Demokratien oder als (noch) aristokratisch geprägte Isonomien [Aristot. Pol. 5.4 1304a27 nennt die nach dem Sturz der Deinomeniden eingerichtete Ordnung *politeía*] und erblicken in der „Bürgergemeinschaft" des *dêmos* einen zumindest phasenweise eigenständigen Faktor [pointiert Deininger, Krise der Polis, sogar für die gesamte Zeit des 5. und 4. Jahrhunderts, dessen Position sich allerdings nicht durchsetzen konnte]. Andere Forscher wie F. De Angelis [Archaic and Classical Greek Sicily, 208–210], K. Rutter [Syracusan Democracy] und K.-W. Welwei [1.2.1: Griechische Geschichte, 215–222, 378 f.] sehen in diesen Entwicklungen dagegen eher situativ bedingte und gegen die Tyrannis gerichtete [deshalb die Betonung und Propagierung der *eleuthería*; vgl. Dreher, Die syrakusanische Verfassung, 50–52; Consolo

Die Entwicklung der innenpolitischen Ordnung

Demokratie in Syrakus?

LANGHER, Un Imperialismo Tra Deomocrazia e Tirannide, 42] Ausformungen „demokratischer" Institutionen, die aber bereits vorher und auch in der letzten Phase vor der Machtergreifung des Dionysios unter dem dominierenden Einfluss aristokratischer Eliten blieben bzw. diesem unterlagen; so BERGER, Revolution and Society, 39; DERS. Democracy, 306. Sie standen gleichzeitig – beides bedingte einander – so stark unter dem Damoklesschwert tyrannischer Einzelherrschaften, dass von einer echten Entfaltung und Verankerung demokratischer Strukturen nicht die Rede sein kann. So sollte z. B. der in Syrakus Mitte des 5. Jahrhunderts kurzzeitig eingeführte Petalismós die Polis vor erneuter Tyrannis, nicht aber – wie in Athen der vergleichbare Ostrakismós– die Demokratie an sich schützen [RUTTER, Syracusan Democracy, 147; vgl. BERGER, Democracy, 304 f. zur Wahl von *pezaloi* aus religiösen Gründen]. Dementsprechend bezeichnet S. BERGER [Democracy, 306] die nach dem Sturz der Deinomeniden eingerichtete „democracy" als „an anti-tyrannical regime".

Man muss demnach immer damit rechnen, dass der ohnehin sehr vage Begriff *demokratía* (in Kombination mit *eleuthería*) entweder von Autoren wie Diodor anachronistisch verwendet [so dezidiert 1.2.1: WELWEI, Griechische Geschichte, 215–222] oder von den handelnden Zeitgenossen als Kontrast zur vorangegangenen Tyrannis genutzt wurde, ohne dass hiermit eine echte demokratische Ordnung nach Athener Muster mit Initiativrecht der Volksversammlung gemeint war [dies gilt auch für die von Timoleon Mitte des 4. Jahrhunderts eingeführte Ordnung: TALBERT, Timoleon, 131 f., SMARCZYK, Timoleon, 156: Neuordnung ist „konservativ"]. Auch die gerne mit der Demokratie in Syrakus bzw. Sizilien in Verbindung gebrachte und angeblich von dort nach Athen transferierte sophistische Kunst der Rhetorik diente nach jüngeren Überlegungen weniger der politischen Debatte vor der Volksversammlung, sondern war Frucht der sich aus den Bevölkerungsverschiebungen und politischen Umwälzungen ergebenden Rechtsstreitigkeiten um Bodenbesitz [DE ANGELIS, Archaic and Classical Greek Sicily, 206 f.]. Die Vorstellung eines politisch und sozial stabilen Dêmos sei – so das Fazit M. ZAHRNTS [Der Demos von Syrakus] nach kritischer Durchsicht der Quellen und des Kontextes – Illusion, selbst wenn diesem in Analogie zum Athener Sieg bei Salamis kurzzeitig nach dem Sieg über die athenische Flotte größere Einflussmöglichkeiten zugesprochen wurde. Der Dêmos war allein schon durch die drohenden und tatsächlich durchgeführten Bevölkerungsverschiebungen permanenten Veränderungen ausgesetzt. Er hatte so gar nicht die Zeit, sich als eigenständiger politischer Faktor zu etablieren (er benötigte selbst in der Zeit der „Demokratie" einen Sprecher, einen *dêmou prostátes*) und blieb so über weite Strecken Verfügungsmasse und Resonanzrahmen aristokratisch-tyrannischer Politik. Bezeichnenderweise hören wir aus Syrakus und Sizilien auch nichts von Phylenreformen, die anderswo in der griechischen Welt im 6. und 5. Jahrhundert vielfach eine Grundlage für die stabilisierte Teilhabe der gesamten Bürgerschaft am Gemeinwesen schufen. Tatsächlich besaß Syrakus ähnlich wie die kleinasiatischen Poleis, wie schon frühere Gelehrte sahen [DUNBABIN, The Western Greeks, 404] und zuletzt erneut betont wurde [4.1: SCHULZ, The Making of Greece, 515 f.], offenbar keine starke städtische Hoplitenschicht; weitaus bedeutender war die Reiterei und die sie stellenden grundbesitzenden Eliten [Thuk. 4,64; 7,4–6; HOFER, Tyrannen, Aristokraten, Demokraten, 212 f.]: Syrakus war selbst „in seiner demokratischen Epoche keine klassische Hoplitenpolis" [ebd., 214], damit fehlten die sozioökonomischen Voraussetzungen und politischen Gelegenheiten, über mehrere Zwischenstufen eine stabile Demokratie nach Athener Vorbild zu etablieren und diese in den Köpfen der Syrakusaner zu verankern: „Democracy, then", so S. HORNBLOWER [1.2.3: Greek World, 53], „in Syracuse, Akragas and elsewhere, meant the rule of a prosperous agricultural class."

Keine „Hoplitenpolis"

Möglicherweise ergibt sich ein Ausweg aus der Aporie der konträren Forschungspositionen – diesen Weg ist M. HOFER [Tyrannen, Aristokraten, Demokraten, bes. 150 ff., 172 ff.] gegangen –, wenn man weniger in verfassungsrechtlichen Kategorien denkt, sondern auf die Eigenheiten aristokratischer Macht-, Werte- und Herrschaftskonzepte blickt, und zwar vor dem Hintergrund einer wohlhabenden Polis, die keine grundlegenden institutionellen Neuordnungen, sondern immer nur bestimmte Abweichungen und Dehnungen eines (auch für andere Apoikien typischen) aristokratisch-oligarchischen Substrats zuließ. Eine solche Polis konnte sich, beeinflusst durch äußere Entwicklungen, militärische Notwendigkeiten, die etwa zur Stärkung bzw. Umorganisation oder Teilung des Strategenamtes führten, und innere Konkurrenzkämpfe, häufiger in eine monokratische Richtung einzelner militärisch und diplomatisch erfolgreicher Militärs und Familien

Dominanz aristokratischer Grundstrukturen

(wie die der Deinomeniden) bewegen, hingegen seltener und nur unter gewissen Umständen – als Schutz gegen erneute Tyrannenherrschaften – Handlungsspielräume jenseits aristokratischer Dominanz eröffnen. Sie entfernte sich dabei aber nie sehr weit von der aristokratischen Grundstruktur, sondern blieb gebunden an der für Gesamtsizilien offenbar typischen Politik der auf *lineage*, Kultgemeinschaften und „Freunden" (*phíloi*) basierenden Loyalitätsgruppen [Hofer, Tyrannen, Aristokraten, Demokraten, 127–152, 199 ff.]. Wo deren Rückhalt fehlte, blieben die Anstrengungen der Akteure, wie im Falle des Diokles, des Schöpfers der „letzten" Demokratie, nur kurzfristig erfolgreiche Zwischenspiele [ebd., 220–236].

Auch die so viel diskutierte, aber wegen der Quellenarmut in ihren Details rätselhafte „Neuordnung" des Korinthers Timoleon, der als *strategós autokrátor* und *oikistês* – im Namen der Korinther – agierte [vgl. Smarczyk, Timoleon, 82–116], war wahrscheinlich, auch wenn sie von Plutarch (Tim. 22) und Diodor (16,70,5) als *demokratía* bezeichnet wurde (s. o.), faktisch ein oligarchisch-aristokratisches, gegen die Tyrannis gerichtetes Modell [Talbert, Timoleon, 130–143; Smarczyk, Timoleon, 159 f.]; der Demokratiebegriff konnte in dieser Zeit generell auf alle Ordnungen angewandt werden, die „nicht als Monarchie, Dynastie oder Tyrannis galten" [1.2.1: Welwei, Griechische Geschichte, 393]. W. Hüttl [Verfassungsgeschichte, 124–127] sah in der (schlecht bezeugten) „Ratsversammlung von 600 Mitgliedern, in die nur wohlhabende Bürger gewählt wurden", den institutionellen Kern einer „Mischverfassung", die sich auch wegen des „Fehlen(s) einer starken, den Reichen numerisch wie wirtschaftlich überlegenen Mittelstandes" nach dem Tode Timoleons rasch „in eine Oligarchie wandelte"; das hohe Alter des ‚Schöpfers' sollte ihn offenbar selbst vor der Verlockung der Tyrannis schützen. Politisch und militärisch erzwungene sowie – wie im Falle Timoleons oder Gelons – von außen vorgenommene bzw. inaugurierte Veränderungen erreichten jedenfalls, soweit wir wissen, nie das Ausmaß einer institutionellen und lokal-territorialen Durchdringung kleisthenischen Musters [Rutter, Syracusan Democracy, 150] und evozierten dementsprechend auch keine neue Begrifflichkeit [Hofer, Tyrannen, Aristokraten, Demokraten, 158]. Sie wurden vielmehr – von wem auch immer: dem späteren Tyrannen, Teilen der Bürgerschaft oder dem von außen (Korinth, Gela) entsandten bzw. stammen-

Neuordnung als Neugründung

den *stragegós* in der Funktion des Oikisten – als „Neugründung der Stadt", also in einer auf die kolonialen Anfänge verweisenden, zutiefst aristokratischen Diktion konzipiert. Diese ließ sich harmonisch mit der Parole von der „Wiedererlangung der Freiheit" verbinden und war faktisch fast durchweg auf die Reorganisation der Bodenbesitz- und Eigentumsverhältnisse [auch durch Neubesiedlung: SMARCZYK, Timoleon, 80 ff.] hin konzentriert. In ihrer Grundstruktur ‚restaurativ' sollten diese Maßnahmen, gewissermaßen durch ein *reset* der Gesamtordnung, Fehlentwicklungen korrigieren und Raum für notwendig erscheinende Veränderungen öffnen, versprachen aber letztlich aufgefrischte und von politischen Irrungen bereinigte, ‚konservative' Kontinuitäten.

Hierzu würde auch die besonders von S. N. CONSOLO LANGHER [Un Imperialismo tra Democrazia e Tirannide, XXXI, 27 f., 71 ff., 135 ff.; von den früheren z. B. DRÖGEMÜLLER, Syrakus, 66] mit guten, aber nicht von allen geteilten Argumenten erarbeitete These einer kontinuierlichen imperial-aggressiven Ausrichtung der syrakusanischen Außenpolitik passen, die – das ist entscheidend – mit gewissen Schwankungen von den innenpolitischen Gewichtsverlagerungen unbeeinflusst blieb und deshalb auch anders als Athen keine demokratische (oder andere) Verfassung in abhängige bzw. verbündete Poleis zu exportieren suchte [DREHER, Die Westgriechen, 536]. Im Bereich der inneren Ordnung kam es anders als auf der griechischen Halbinsel und besonders in Athen, wo eine ähnliche Kontinuität aggressiver Machtentfaltung, aber eine viel breitere und intensivere Identifikation des Dêmos mit der expansiven Flottenpolitik erkennbar ist, nicht zu einer eher linearen und kontinuierlichen Entwicklung in *eine* Richtung; erst gegen Endes des 4. Jahrhunderts verfestigte sich mit Agathokles und später mit Hieron in hellenistischer Zeit eine monokratische Herrschaft. Das lag gewiss auch an den Grundstrukturen sizilischer Politik: der prinzipiellen Offenheit gegenüber Zusiedlern und Neuankömmlingen, der großen Bedeutung frei verfügbarer Söldner sowie der hiermit verbundenen relativen Freizügigkeit bei Bürgerrechtsverleihungen und Landbesitzwechsel. Hinzu kam, dass ehrgeizige Politiker und Militärs der Polis in den Karthagern, Etruskern und nicht zuletzt den Athenern sowie zeitweise in Duketios, dem Hegemon der Sikeler, immer wieder reale oder potentielle Gegner fanden, gegen die militärisches Potential aktiviert und politische Macht kumuliert werden konnte. Aber auch die auf diesem Wege

<small>Kontinuität aggressiver Außen- und Machtpolitik</small>

Die Herrschaft der Tyrannen

sich zu mächtigen Tyrannenherrschaften entwickelnden Militär- und Familienclans agierten in einem aristokratischen Grundrahmen; und sie zeigen, wie teilweise die ‚Demokratie' auch, „ein auffällig hartnäckiges Festhalten an alten, archaischen Formen und Traditionen" [Hofer, Tyrannen, Aristokraten, Demokraten, 269]. Sie sicherten ihre Stellung mit typisch aristokratischen Elementen und die öffentliche Meinung gezielt manipulierenden Narrativen ab [dazu instruktiv Lewis, The Tyrant's Myth] und suchten zusätzlich die formelle Zustimmung nichtaristokratischer Kreise, um ihre Position im Macht- und Konkurrenzkampf der Eliten zu stärken.

Die Kompetenzen des Strategen

Nicht von ungefähr besaßen selbst noch in der kurzen Zeit der von Diokles begründeten syrakusanischen ‚Demokratie' die Strategen, anders als in Athen, aber ähnlich dem römischen Konsulat, militärische *und* zivile Kompetenzen [Dreher, Die syrakusanische Verfassung, 53 f.]; auch Timoleon organisierte seine „Neuordnung" als *strategós* (und Oikist). Dementsprechend wurde auch die institutionelle Stellung eines *strategós autokrátor* nie abgeschafft, obwohl sie ein notorisches Sprungbrett für Tyrannisherrschaften war. Auch dies hat zusammen mit den besonderen machtpolitischen Verhältnissen in Sizilien, der permanenten Konkurrenz anderer Tyrannen und dem leichten Zuzug von Söldnern, dazu beigetragen, dass die äußeren Herrschaftsbestrebungen der Stadt andere Wege gingen als zeitgleich auf der griechischen Halbinsel.

Anfänge territorialer Herrschaft

Wieder könnte der Ausgangspunkt in alten und neuen Erfahrungen der aristokratischen Eliten liegen: Die ersten Kolonisten hatten weite Teile der einheimischen Vorbevölkerung zu abhängigen Landarbeitern gemacht. Der Bodenbesitz von Syrakus war zu Beginn des 6. Jahrhunderts mit ca. 1 000 km² größer als der jeder anderen Polis der griechischen Halbinsel außer dem Spartas in Lakonien und Athens in Attika. H. P. Drögemüller [Syrakus] rechnet sogar mit einem „beherrschte(n)" Hinterland von 3 885 km², ganz ähnlich wie es den Spartanern durch die Helotisierung Messeniens zu Gebote stand. Man könnte somit von einer Frühform territorialer Herrschaft sprechen, die Pfadabhängigkeiten schuf, auch wenn offenbar zumindest Teile der Kyllyrier gegen Ende der Archaik (mehr schlecht als recht?) in den Bürgerverband integriert wurden und vielerorts Mischehen zwischen Einheimischen und griechischen Siedlern anzunehmen sind. Die besondere Ausprägung blieb jedoch bestehen und sie wurde durch die objektiven Erfolge der Tyrannen bestätigt: Während die Griechen im Ägäisraum transregionale Machtpolitik fast durchgehend auf symmachialer Basis betrieben, suchten die Tyrannen von Syrakus ihren Einfluss über Sizilien und darüber hinaus an den Rändern durch vertragliche Strukturen und Apoikien, im Nahbereich aber viel stärker durch territorialstaatliche Methoden zu erweitern, dazu gehörte auch die Gründung neuer Siedlungen [LANCASTER, Syracusan Stettlement Expansion]. Bezeichnenderweise setzte erst der aus Korinth und im Auftrag der Korinther entsandte Timoleon konsequenter auf eine Mischung von politischer ‚Neugründung' und Symmachialmodell, das die Hegemonie von Syrakus implizierte [SMARCZYK, Timoleon, 122–153]. Während die Athener sich auch auf dem Höhepunkt ihrer Machtentfaltung lediglich als „Hegemon" sahen und von ihren Gegnern der „Herrschaft" (*archê*) über den Seebund bezichtigt wurden, hat der Tyrann Dionysios eine solche Herrschaft über Sizilien offen und selbstbewusst als Ziel und Höhepunkt seines außenpolitischen Strebens ausgegeben. Auch das markiert einen wesentlichen Unterschied sizilischer und ägäischer Politik. Für deren außenpolitische Kontexte und Konsequenzen s. die beiden folgenden Kapitel; dort findet sich auch Literatur zu den einzelnen Tyrannen und ihrer äußeren Machtentfaltung.

4 Die Griechen machen große Politik (550–400)

4.1 Die Griechen im Mittelmeerraum

Eine Studie, welche die rund fünfzig Jahre bis zum Beginn der Perserkriege als eine den gesamten Mittelmeerraum umfassende Interaktionsgeschichte fasst, steht bisher aus; Hinweise und Zugänge finden sich bei R. SCHULZ, Making of Greece. Arbeiten zur Archaik beschränken sich meist auf den Ägäisraum und/oder behandeln die Westgriechen separat. Man ist somit auf Studien angewiesen, die sich auf regionale Großräume, bestimmte politische Formationen oder strukturelle, für die Dynamik der Zeit wesentliche Sektoren konzentrieren. Einen ausgezeichneten knappen Überblick über die Art, Ausdehnung und Intensivierung des Überseehandels bietet C. ROEBUCK [Trade, in: 1.3: CAH IV, 446–460]. R. OSBORNE [Pots] und L. FOXHALL [Cargoes] plädieren für transregional

Interaktionsgeschichte der mediterranen Poliswelt

Verdichtung des mediterranen Handels

verbundene Märkte, E. BISSA [4.1: Intervention] fragt nach den im 6. Jahrhundert einsetzenden ‚staatlichen' Eingriffen in den "foreign trade". Händler aus dem Ägäisraum und den westlichen Siedlungsgebieten konnten sich in Strukturen einfädeln, die bereits von anderen küstennahen Gemeinden geknüpft worden waren; sie fanden Ansprechpartner auf einer vergleichbaren gesellschaftlichen Ebene, was nicht nur einen fruchtbaren Güteraustausch, sondern auch eine den Handel flankierende Kommunikation ermöglichte. Die in diesem Rahmen wichtige Formierung "of the rich Etruscan merchants and landowners" als "new and prosperous middle class" arbeitet D. RIDGWAY heraus [The Etruscans, in: 1.3: CAH IV, 634–675, v. a. 660–667]. Ähnliche Prozesse lassen sich in den westlichen Apoikien sowie den Poleis Kleinasiens beobachten, von denen wesentliche Impulse zur Intensivierung des mediterranen Handels nicht mehr nur mit Edelmetallen und Luxuswaren, sondern auch mit attraktiven Verbrauchsgütern ausgingen. Zum agrarischen Reichtum der kleinasiatischen Poleis 3.1: GREAVES, Land of Ionia, 69–94; zu den sich aus verändernden Bedarfen und Angeboten entwickelnden Dynamiken SCHULZ, Making of Greece; FOXHALL, Cargoes.

Dass sich die weitgehend friedliche Kooperation der „staatlichen" Akteure seit der Mitte des Jahrhunderts zu feindseliger Konfrontation wandelte, betont C. M. ANTONACCIO [Western Mediterranean, 327], doch sind die Gründe nicht leicht zu erkennen. Sie dürften mit der Entwicklung großräumiger Hegemonien zu tun haben, die an der Sicherung einträglicher Seehandelsströme und dem Zugriff auf die Quellen materieller Reichtümer interessiert waren sowie Konkurrenten und Störenfriede auszuschalten suchten [ASHERI, Carthaginians and Greeks, in: 1.3: CAH IV, 739–780, 746]. Die Seeschlacht von Alalia bildete wohl nur die Spitze eines Eisberges kleinerer Konflikte; sie war kein "decisive disaster for the Greeks in the West", sondern hatte Bedeutung im Hinblick auf die Kontrolle der Gewässer um Korsika und für Korsika selbst [1.10.2: ASHERI u. a., Commentary, 186], denn die Phokaier waren auch weiterhin als Seehändler aktiv. Offensichtlich ging es Karthagern und Etruskern in erster Linie um eine Beendigung der Piratenaktivitäten und die Sicherheit der küstennahen Marktorte (*empória*). Die in derlei Kontexten aufgebotenen militärischen Kräfte (Kriegsflotten und Söldner) verschärften die Konflikte, sie stimulierten aber auch den Handel sowie die großräumige Bewe-

Von der Kooperation zur Konfrontation

Seeschlacht von Alalia

gung von Menschengruppen, die Reichtümer und Aufstiegsmöglichkeiten suchten [SCHULZ, Making of Greece].

Deshalb bildete die Intensivierung eines über *empória* [zu dieser in den Quellen keineswegs eindeutigen Bezeichnung trefflich E. K. PETROPOULOS, 1.6.1: EAH 5, 2397–2399; neuerdings GÜNGÖR, Emporia] verflochtenen Überseehandels eine wichtige Voraussetzung maritimer Hegemonialbildungen, mithin einen wesentlichen, seit dem 6. Jahrhundert wirksamen Faktor historischen Wandels. Dass die Karthager seit der Mitte des 6. Jahrhunderts ihren Einfluss entlang der Seehandelsroute nach Sardinien und Norditalien ausbauten, ist unbestritten, doch gehen die Meinungen über die Ziele und Struktur dieses Einflussgebietes auseinander: Viele postulieren die Existenz eines „sea empire" [HOYOS, Carthaginians, 39 ff.], eines Reiches [1.2.3: SCHMIDT-HOFNER, Griechenland, 84 f.] oder einer karthagischen Thalassokratie [LANCEL, L'empire, 97] als Reaktion auf „her final isolation from Phoenicia" [ASHERI, Carthaginians and Greeks, CAH IV, 749 f., bereits für die zweite Hälfte des 6. Jahrhunderts]. Dem steht eine minimalistische Einschätzung gegenüber, die lediglich Einflusssphären im Tyrrhenischen Meer und dessen Inseln einräumen mag, wobei Orte mit karthagischer Präsenz nur bei Bedarf militärisch gestützt bzw. aktiviert wurden [WHITTAKER, Carthaginian imperialism]. Ein sicheres Urteil wird wie so häufig durch den relativen Mangel an zeitgenössischen Quellen erschwert; archäologische Befunde sind nicht eindeutig [LANCEL, Carthage, 100 f., zu Sardinien]. Immerhin erwähnt auch der von Polybios (3,22) zitierte erste Vertrag Roms mit Karthago keine Institutionen des Tributeinzuges oder eines bürokratischen Apparates, die auf eine territorial-herrschaftliche Durchdringung schließen lassen; es gab in den *empória* lediglich einige „Carthaginian officials" [WHITTAKER, Carthaginian imperialism, 84].

Dies gilt auch in Bezug auf die für die Griechische Geschichte so wichtigen Verhältnisse auf Sizilien, wie P. BARCELÓ [Überseepolitik] und S. SCHMIDT-HOFNER [1.2.3: Griechenland, 86–88] betonen. Es gibt keine archäologischen oder literarischen Indizien (auch Thukydides schweigt) dafür, dass Karthago im 6. Jahrhundert griechische Poleis angegriffen und sich um den Aufbau herrschaftlicher Institutionen bemüht hätte. Dass Gelon (Hdt. 7,158) zu Beginn der Perserkriege betont, er müsse die ertragreichen *empória* befreien, deutet kaum auf eine karthagische Herrschaft;

> Handel und Hegemonialbildung

> Das Einflussgebiet Karthagos

> Karthago auf Sizilien

vielleicht handelt es sich nicht einmal um sizilische Handelsplätze [BARCELÓ, Überseepolitik, 24; HOYOS, Carthaginians, 57].

Schlacht von Himera

Vor diesem Hintergrund ist auch das militärische Eingreifen von 480 zu bewerten, das zur Schlacht von Himera führte. Selbst Forscher, die an der Existenz eines „Carthaginian empire" festhalten [LANCEL, Carthage, 106], räumen ein, dass die Initiative nicht von Karthago ausging, sondern von einem griechischen Tyrannen [zu den familiären Verbindungen: KLEU, Intervention, 21 f.]. Es mag sein, dass dem ein Streit um *empória* vorausging und Hamilkar sich Vorteile gegenüber syrakusanischer Konkurrenz verschaffen wollte [BARCELÓ, Überseepolitik, 25], und sicherlich wird Karthago diese Absicht unterstützt haben [HOYOS, Carthaginians, 49]. Doch dass dem sowie generell dem Vorgehen im westlichen Mittelmeer ein langfristiger Eroberungsplan zu Grunde lag [„likely": HOYOS Carthaginians, 57], der auf die ganze Insel zielte und zudem noch mit den Persern abgestimmt war [HUSS, Geschichte, 97 f.], darf man getrost in den Bereich späterer griechischer Konstruktion verweisen [1.2.3: SCHMIDT-HOFNER, Griechenland, 88]; auch die von den griechischen Quellen betonte lange Vorbereitungszeit suggeriert allzu offensichtlich Parallelen zum Xerxes-Feldzug [BARCELÓ, Überseepolitik, 26].

Herrschaftspolitik der sizilischen Tyrannen

Tatsächlich spricht vieles dafür, dass die Intervention eine Reaktion auf die aggressive Machterweiterung der Tyrannen von Syrakus und Akragas war. Während anderswo Küstenstädte und aufstrebende Poleis Verträge schlossen, um ihre Hegemonie zu sichern (s. o.), wurden die Gemeinden auf Sizilien durch gezielte Umsiedlungspolitik, den Einsatz von Söldnern und die Installierung von „governors" ihrer ohnehin schwach ausgebildeten Autonomie beraubt und in einen auf den Tyrannen, seinem Familienclan sowie seiner „principal city" [1.2.3: RHODES, History, 78] ausgerichteten Territorialstaat integriert; in diesem Sinne F. DE ANGELIS [3.9: Greek Sicily] 102: „City-states now became part of large territorial states." Zu den übrigen Elementen s. ebd., 180–187.

Der Friedensvertrag von 480

Teilt man diese Erklärung, dann bleibt auffällig, dass die Deinomeniden in Gestalt Gelons darauf verzichteten, in den Friedensvertrag [1.10.1: BENGTSON, Staatsverträge II, Nr. 131] Klauseln über territoriale Verschiebungen aufzunehmen und sich mit einer Kriegskontribution von 20 000 Talenten Silber sowie der Verpflichtung zum Bau zweier Tempel begnügten [HUSS, Geschichte, 96 f.; 3.9: DE ANGELIS, Greek Sicily, 104]. Dies ließe sich zum einen damit erklären, dass Karthago (noch) gar kein territorial markiertes Herrschaftsgebiet besaß, aus dem Gebiete oder Gemeinden abzutreten gewesen wären. Zum anderen waren offenbar die Tyrannen zunächst an der Konsolidierung ihres Herrschaftsraumes interessiert; hierzu benötigten sie Geld, ‚soft power' (Tempel zur ‚panhellenischen' Glorifizierung des Sieges) und außenpolitische Stabilität gegenüber Karthago und den phönikischen Städten, die man als Handelspartner schätzte.

Erst nach dieser Stabilisierung begann Gelon, an die Küsten der italischen Halbinsel zu expandieren, während Theron von Akragas zumindest punktuell auch im phönikischen Westen (Motya) aktiv wurde [Paus. 5,25; 1.2.3: RHODES, History, 81]. Der Aufbau der syrakusanischen Flotte von angeblich 200 Triëren war wahrscheinlich erst das Werk Hierons [3.9: DE ANGELIS, Greek Sicily, 103f.], was einen zusätzlichen Hinweis darauf böte, dass die Expansion ins Tyrrhenische Meer erst nach der Regelung des Verhältnisses zu Karthago erfolgte. Dieses blieb selbst über die Zeit der Tyrannis hinaus siebzig Jahre lang stabil.

Expansion der Tyrannen nach Italien

4.2 Sparta und Athen gegen Ende des 6. Jahrhunderts

Dass auch die Poliswelt der Ägäis und der griechischen Halbinsel bis zum Ende des 6. Jahrhunderts – unterstützt durch Getreide- und Metalllieferungen aus dem Westen [TREISTER, Role of Metals] – einen spürbaren wirtschaftlichen, militärtechnischen und demographischen Aufschwung erfuhr, ist unbestritten; wichtige Hinweise bei 3.7: O'HALLORAN, Political Economy, 63ff., und 1.9: FIGUEIRA, Population Patterns, 173–179, zum demographischen Wachstum in Athen und Sparta sowie zur „dynamic of economic growth", die durch die Einführung der Triëre und die technologischen Innovationen gegen Ende des 6. Jahrhunderts in ökonomisch starken Poleis (Athen, Korinth, Aigina, Eretria, Samos und Chios) ausgelöst wurde. Gleichzeitig erlebte das östliche Mittelmeer wie der Westen eine sich intensivierende und zunehmend auf das Meer verlagernde „interstate rivalry" [3.7: O'HALLORAN, Political Economy, 79, 182f.], die mit der Entwicklung von Triërenflotten und der wachsenden strategischen Bedeutung von Seehandelsrouten einherging [ebd., 88–101, 183–211].

Griechenland und die Ägäis

Grundsatzfragen / Orientierung

Um die sich aus diesen Faktoren speisende Machtentwicklung zu analysieren, müssen drei miteinander verbundene Fragen beantwortet werden. Welcher Zusammenhang bestand zwischen der inneren sowie ökonomischen Entwicklung der bedeutendsten Poleis und ihrer äußeren Machtentfaltung? In welchen Formen und in welche Richtung bewegten sich die Konflikte? Welchen Einfluss hatte dabei die Expansion der Perser an die kleinasiatische Küste? Eine gute Einführung in die wesentlichen Ereignisse und Fakten bietet L. H. JEFFERY, Greece, in: 1.3: CAH IV, 347–367. Wer tiefer bohren möchte, muss auf monographische Darstellungen zu den auch später maßgeblichen Akteuren zurückzugreifen: Für Sparta und Athen bieten sich die einschlägigen, literatur- und diskussionsgesättigten Kapitel der Werke von K.-W. WELWEI an [3.4: Sparta; 3.7: Athen; Das klassische Athen]. A. ROOBAERT [Isolationisme] sucht die Schwankungen der spartanischen Außenpolitik bis 469 aus dem spannungsgeladenen Verhältnis zwischen den miteinander konkurrierenden Königen bzw. Königsfamilien und dem Ephorat zu entwickeln. Eine mitunter eigenwillige, doch stets instruktive Ergänzung bildet das auf die bedeutendsten Könige konzentrierte erste Kapitel von 3.4: CARTLEDGE, The Spartans. P. RAHE [Grand Strategy] ist auf Spartas Verhältnis zu Persien konzentriert, aber gegenüber den späten Quellen (Plutarch) oft zu unkritisch; vgl. D. B. CAMPBELL, Gnomon 89, 2017, 472 f. Zu den Grundlagen, Formen und Zielen spartanischer Außenpolitik seit der Mitte des 6. Jahrhunderts s. 3.4: BALTRUSCH, Polis und Gastfreundschaft, der die verschiedenen Forschungsansätze pointiert bündelt.

Spartas Außenpolitik bis zu den Perserkriegen

Hinsichtlich der spartanischen Aktivitäten in dieser Zeit konzentriert sich das Interesse der Forschung auf die Konsolidierung des Peloponnesischen Bundes, die in Bezug auf die Hintergründe und Ziele schwer zu beurteilenden Expeditionen des Dorieus nach Nordafrika und Sizilien bzw. Unteritalien sowie auf die Samoskampagne [3.4: WELWEI, Sparta, 106 f.; 3.4: BALTRUSCH, Polis und Gastfreundschaft, 178 ff.; RAHE, Grand Strategy, 43–62]. Die im Darstellungstext vertretene Auffassung, dass sich die beiden zuletzt genannten Aktionen in einer Grauzone zwischen offizieller Billigung und aristokratischem Unternehmungsgeist, familiären Verpflichtungen und Gastfreundschaften bewegten, wurde von A. HEUSS in einem nach wie vor lesenswerten Aufsatz [1.4: Archaische Zeit, bes. 76–84] entwickelt; er spricht von einer „Kombination von ‚staatlichen' Feldzügen und Freischärlerexpedition" [78]. Für die spezifisch spartanischen Formen und Rituale „völkerrechtlicher" Kontakte s. 3.4: BALTRUSCH, Polis und Gastfreundschaft.

Die Vermutung, korinthische Familien hätten Gastfreundschaften mit samischen Aristokraten gepflegt und den Spartanern mit Schiffsmaterial ausgeholfen, erscheint auch deshalb plausibel, weil es ähnliche Handlungs- und Verpflichtungsstrukturen in der Zeit der Perserkriege gab; sie steht nicht im Widerspruch zur zögerlichen Haltung Spartas gegenüber offiziellen Hilfegesuchen der Lyder, Ägypter und Skythen (wenn sie historisch sind). P. A. RAHE [Grand Strategy, 44] sieht dagegen eine konzertierte Aktion der Korinther (bzw. der korinthischen Schiffsbesitzer) und Spartaner zur Einschränkung der „Ionian Thalassocracy" des Polykrates und dessen „policy of city-sponsored piracy"; das wäre eine Parallele zum zeitgleichen Vorgehen der Karthager und Etrusker gegen die Phokaier (s. o.). Dass Sparta einem persischen Ausgreifen über die Ägäis zuvorkommen wollte, ist eine weniger plausible Spekulation, die nicht im Einklang mit der vorsichtigen Haltung gegenüber der persischen Expansion steht; diese konzentrierte sich zudem auf die Nordägäis.

Die Samos-Expedition

Die Abkehr von den schwer zu kontrollierenden maritimen Einzelaktionen und Expeditionen wird meist mit der Person des Königs Kleomenes (I.) verbunden, der „bedeutendste(n), aber auch umstrittenste(n) Persönlichkeit im damaligen Sparta" [3.4: WELWEI, Sparta, 105–107 mit Hdt. 3,148]. E. BALTRUSCH [3.4: Polis und Gastfreundschaft, 187] sieht in dessen Politik eine Kurskorrektur, die sich auch aus der Anpassung an die konsolidierten inneren Verhältnisse – den „Kosmos" – ergab und in eine regelrechte Doktrin mündete: keine Einmischung Spartas in außereuropäische Verhältnisse, keine fremde Intervention in das spartanische Interessengebiet auf der Peloponnes und ihrer Anrainer. ROOBAERT [Isolationisme, 60 f.] spricht dagegen von einem „volonté imperialisme", der sich auf Mittelgriechenland richtete, dort aber auf den Widerstand der Mitglieder des Peloponnesischen Bundes stieß. Die Initiativen des Pausanias stützten sich auf Beziehungen zu Adligen in allen Städten Griechenlands, sie konnten aber auch von familiär-aristokratischen Verpflichtungen auf Seiten potentieller Gegner beeinflusst werden. So vermuten viele Gelehrte [z. B. JEFFERY, Greece, wie eben, 554; RAHE, Grand Strategy, 83], dass Verbindungen zwischen Peisistratos und Argos (der Tyrann heiratete eine Argiverin und besaß Söldner aus Argos) zur Entscheidung

Außenpolitik des Kleomenes und Eingreifen in Athen

beitrugen, in Athen militärisch zu intervenieren. Als weiteres Motiv vermuten WELWEI [3.4: Sparta, 107, 109] und RAHE [Grand Strategy, 78–85] die Sorge vor einer Kooperation der Peisistratiden mit Persien (auch in der Nordägäis, wo sich der Tyrann von Sigeion den Persern angeschlossen hatte), die mittelfristig die Führungsposition Spartas gefährdet hätte.

Kleisthenes und Athens Machtaufstieg

Die mit den Reformen des Kleisthenes verbundenen strukturellen und organisatorischen Veränderungen des militärischen Sektors und ihr Einfluss auf die athenische Außenpolitik haben zuletzt größeres Interesse gefunden. Frühere Arbeiten [z. B. 3.7: SIEWERT, Trittyen, 140–169] betonten vor allem die mit der Demenreform verbundene Neuorganisation der Miliz- bzw. Hoplitenarmee; daran anknüpfend arbeiten H. VAN WEES [3.7: Ships and Silver] und D. M. PRITCHARD [3.7: Democracy at War] die Veränderungen im maritimen Bereich heraus. Die Registrierung aller wehrfähigen Bürger in den Demen bildete „the Athenians state's first ever effective mechanism for mass mobilisation" und die Voraussetzung für die Erfolge gegen die Boioter und Chalkidier 506; die organisatorisch-fiskalischen Veränderungen der Schiffsstellung und -bemannung legten die Grundlagen dafür, dass die im Besitz der Aristokraten und der Tyrannenfamilie befindlichen Kriegsschiffe allmählich in die Kontrolle und Verantwortung der Gesamtgemeinde übergingen, auf eine breitere finanzielle Grundlage gestellt und mit einer größeren Zahl von Ruderern bemannt werden konnten.

Kontinuität seit der Tyrannenzeit

Was die Einführung der Triëre selbst sowie die außenpolitischen Perspektiven Athens angeht, ist die Kontinuität bis hinauf in die Zeit der Tyrannis offenkundig (s. a. u. 4.4). Nach VAN WEES [3.7: Ships and Silver, 77ff., 99ff.] und B. O'HALLORAN [3.7: Political Economy, 100–195, v. a. 168f.] ließ Hippias die ersten Triëren bauen und schuf in Gestalt der Triërarchie eine der für den Einsatz notwendigen infrastrukturell-organisatorischen Voraussetzungen, die von Kleisthenes „into a single all public, all trireme navy" überführt wurden. Die Monetarisierungsmaßnahmen der Peisistratiden, die mit deren außenpolitischer Expansion und maritimer Rüstung offensichtlich ursächlich zusammenhingen, untersucht detailliert G. DAVIS [3.7: Mining Money]. Wenige Jahre nach den kleisthenischen Reformen konnte die Stadt über eine Triërenflotte von 50 Einheiten mit einer Besatzung von rund 10000 Mann disponieren. Wahrscheinlich fallen die Wahl von zehn Finanzfunktionären (*tamíai*) der Kasse der Athena und die

Einrichtung der Staatskasse (*dêmósion*) in diesen Zeitraum [3.7: SAMONS, Empire of the Owl, 38, 58, 70). Für VAN WEES [3.7: Ships and Silver, 101–126] war die Neuorganisation der Finanz- und Militärverwaltung im Rahmen der Neugliederung der Bürgergemeinde eng verzahnt mit den unter den Tyrannen einsetzenden wirtschaftlichen Modernisierungsprozessen und wurde die Flottenorganisation zum Schrittmacher der Formierung von Staatlichkeit überhaupt. Im gleichen Sinn verfolgt B. O'HALLORAN [3.7: Political Economy] in einem auch für das 5. Jahrhundert wichtigen Buch, welche Impulse die mit dem Triërenbau verbundene „naval economy" [279 ff.] für Athens Gesamtentwicklung setzte. Kontinuitäten sieht PRITCHARD in der durch die kleisthenischen Reformen forcierten kriegerischen Mentalität, die den Ausgangspunkt für die „general bellicosity of fifth century Athens" bildete, während R. SCHULZ [4.3: Eroberungskrieg], anknüpfend an die Erkenntnisse von M. STAHL [2.3: Aristokraten und Tyrannen], auf die identitäts- und solidaritätsstiftende Kraft der aggressiven Außenpolitik selbst verweist.

Bürgermentalität und aggressive Außenpolitik

Tatsächlich lässt sich ähnlich wie später bei der Ablösung der syrakusanischen Tyrannen (s. o. S. 217) kein Bruch zwischen der expansiven Außenpolitik der Peisistratiden im Saronischen Meer sowie der Nordägäis und den außenpolitischen Perspektiven der Isonomie nach der Abwehr der erneuten spartanischen Interventionsversuche und dem Sieg über die boiotisch-chalkidische Koalition erkennen. Nicht wenige Forscher [3.7: LAVELLE, Fame, Money, and Power, 126; 3.7: O'HALLORAN, Political Economy, 84 ff., 142, 234 f.; 4.3: SCHULZ, Eroberungskrieg] sehen in den auf die Edelmetalle Thrakiens zielenden und zu lokalen Hegemonien führenden Unternehmungen athenischer Kommandeure im letzten Drittel des 6. Jahrhunderts [dazu FIGUEIRA, Athens and Aigina, 132–142] wesentliche Wurzeln des athenischen Imperialismus. Ob dabei bereits vor den Perserkriegen der Zwang, für eine wachsende Bevölkerung Getreide aus dem Schwarzmeerraum zu importieren, eine strategische Richtlinie war, ist umstritten, aber als Teilmotiv nicht auszuschließen [3.7: MORENO, Feeding the Democracy, bes. 161–167 zu den archäologischen Befunden]. Selbst Sparta besaß im Eurotastal mehr ackerbaufähige Flächen als ganz Attika [3.7: O'HALLORAN, Political Economy, 66 ff.].

Ebenso diskutiert werden der Kontext und die Folgen der Gesandtschaft, welche die Athener auf dem Höhepunkt der militäri-

Athens Gesandtschaft an die Perser

schen Bedrohung von 507 – vielleicht auf ausdrückliche Initiative des Kleisthenes [3.7: Fornara / Samons, Athens, 20 Anm. 38] – an den Satrapen in Sardes schickten. Hätten sie nicht wissen müssen, dass Artaphernes eine Unterwerfung (in Form der Übergabe von Erde und Wasser) fordern würde? War die Not so groß, dass man sogar die Wiedereinsetzung des nach Persien geflüchteten Hippias und eine Revision der Isonomie in Kauf nahm? Wie ist schließlich vor diesem Hintergrund die alte und jüngst wieder von M. Zahrnt [Überlegungen] stark gemachte These zu beurteilen, dass die Athener die Gesandtschaft als Drohgebärde gegenüber dem in Attika zum Angriff bereitstehenden spartanischen Heer einzusetzen suchten? Nun hätte eine solche Drohung einerseits die Spartaner eigentlich erst recht zum Vormarsch animieren müssen, wenn man mit Welwei [3.7: Sparta, 107] und Rahe [Grand Strategy, 100–104] annimmt, die Zerschlagung der persisch-peisistratidischen Verbindungen sei ein ursprüngliches Ziel der Intervention gewesen. Andererseits hatte Sparta unter Kleomenes stets Respekt vor den Persern und ihren expansionistischen Zielen gezeigt, so dass ein Zurückweichen im Falle einer Aufnahme Athens in den persischen Machtbereich nachvollziehbar gewesen wäre. Wie öfters ist auch hier ein Richtungsstreit in der spartanischen Führung, zumal unter den Königen anzunehmen – bezeichnenderweise schickte man fortan nie mehr beide Könige gemeinsam ins Feld. Hinzu kam ein Dissens mit den Vertretern des Peloponnesischen Bundes, die einer Ausweitung der spartanischen Hegemonie nach Mittelgriechenland skeptisch gegenüberstanden [Roobaert, Isolationisme, 60 f.]. Wahrscheinlich verbanden sich diese Unstimmigkeiten mit Gerüchten über die athenische Kontaktaufnahme; jedenfalls löste sich das Heer der Peloponnesischen Bundes auf, und die athenische Volksversammlung sah sich berechtigt, die ausgehandelte Unterwerfung gegenüber den Persern nicht zu ratifizieren [Hdt. 5,73,3; vgl. 3.7: Welwei, Das klassische Athen, 23]. Athen wurde seitdem – eine schwere Hypothek – von Persien als ungehorsamer Rebell eingestuft; s. hierzu Waters, Xerxes and the Oathbreakers.

4.3 Große und kleine Kriege in Ost und West – Der Perserkrieg (499–478)

Die Dynamiken in der Entwicklung der Poliswelt seit der zweiten Hälfte des 6. Jahrhundert bleiben ohne Kenntnis des Perserreiches unverständlich. Zu dessen Geschichte und Expansion liegen fundierte Monographien aus der Feder von J. WIESEHÖFER [Persien] und P. BRIANT [From Cyrus] vor. Beide ergänzen die chronologisch angelegte Darstellung mit ausführlichen Querschnittkapiteln etwa zur Herrschaftsideologie, Religion oder dem Finanz- und Tributsystem des Reiches; kompaktere Zusammenfassungen bieten M. WATERS, Ancient Persia; ähnlich jüngst M. BROSIUS, History. Eine monumentale Zusammenschau hält der von R. ROLLINGER und B. JACOBS herausgebene „Companion of the Achaemenid-Persian Empire" bereit, der sämtliche Regionen des Perserreiches systematisch erfasst und auch die archäologischen Befunde ausführlich berücksichtigt. Die beste Grundlage für Lehre und Forschung bildet der voluminöse, reich kommentierte Quellenband von A. KUHRT [1.10.1: Persian Empire]; eine kürzere kommentierte Quellensammlung legte M. BROSIUS vor [1.10.1: Persian Empire]. Selbstverständlich bildet das Perserreich auch einen Eckstein in der vergleichenden Imperienforschung; vgl. etwa die instruktiven, nach klaren Kategorienrastern geordneten Überblicke von R. ROLLINGER [Das tespidisch-achaimenidische Imperium] und J. WIESEHÖFER [Achaemenid Empire].

Das Persische Reich – Orientierung

Arbeiten wie diese sowie zahlreiche Spezialaufsätze haben nicht nur die „Achaemenid Studies" als eigenständige Disziplin etabliert; sie repräsentieren auch so etwas wie eine „New Persian" oder „New Achaemenid history". Diese schlägt sich in einer konsequenten Kritik (vermeintlich) gräko-zentrischer Engführungen sowie der aus griechischen Quellen gewonnenen und lange als sakrosankt geltenden Großnarrative bzw. Struktur- und Detailerklärungen nieder, ferner in der Aufarbeitung eher vernachlässigter oder unterbelichteter Forschungsfelder. Wesentlich im Hinblick auf die Griechische Geschichte sind neue Einschätzungen des persischen Machtaufstieges und der Expansion nach Westen, der Streit um den innovativen Gehalt der „Reformen" des Dareios zumal im Hinblick auf die Finanz- und Abgabenorganisation [dazu pointiert und streitbar JACOBS, Länderlisten], ferner die Historizität des Skythenfeldzuges sowie die Ziele der Perser im Schwarzmeer-

„New Achaemenid history"

raum, insbesondere aber die fundamentale Frage, ob der Expansion über die Ägäis und dem Angriff auf die griechische Halbinsel unter Xerxes wirklich ein langfristiger, durch die Weltherrschaftsideologie vorgegebener Plan zugrunde gelegen habe.

Der persische Angriff auf Hellas

Tatsächlich mehren sich Stimmen, die zwar die hinter einer solchen Strategie stehende Ideologie für historisch halten, jedoch bezweifeln, ob man von ihr aus ohne Weiteres auf konkrete Angriffs- und Eroberungspläne rückschließen darf. Stattdessen erklärt man die Außen- und Kriegspolitik (nicht nur) gegenüber Griechenland eher als situative Reaktionen auf günstige Gelegenheiten oder Herausforderungen; ferner verweist man darauf, dass entgegen griechischer Ansicht der persische Kriegsschatz nicht unermesslich war und die Planer dementsprechend – von den innenpolitischen Risiken eines Misserfolgs einmal ganz abgesehen – sehr genau abwägen und kalkulieren mussten, wann und gegen wen eine militärische Kampagne größeren Ausmaßes möglich und sinnvoll war. Diese pragmatische, an den finanziellen Ressourcen und situativen Kontexten der Reichspolitik orientierte Politik verfolgt J. B. Hyland [Persian Interventions] bis in das 4. Jahrhundert. Eine markante Variante dieser ‚revisionistischen' Positionen ist die ursprünglich von H. T. Wallinga [Xerxes's Adventure] entwickelte, aber inzwischen auch von anderen Spezialisten zumindest als diskussionswürdig erachtete These, wonach der Xerxes-Feldzug letztlich eine Reaktion auf die für die persische Ägäis bedrohliche Flottenrüstung Athen gewesen sei. R. Schulz [Eroberungskrieg] und L. J. Samons [3.7: Pericles] haben diese Vermutung mit der seit den Peisistratiden verfolgten Machtprojektion der Athener in die Nordägäis und auf die Kykladen (s. u. S. 246) verbunden. J. Wiesehöfer [Herodot und ein persisches Hellas] erinnert daran, dass jede Analyse, die von einem lange feststehenden Eroberungsplan der Perser ausgeht, zunächst einmal abzuklären habe, welchen Raum die persische Expansion eigentlich in den Jahren von 500 bis 480 anvisierte, was die Perser unter „Hellas" verstanden und welche Möglichkeiten ihnen zur Beherrschung eines eroberten Griechenlands zur Verfügung standen. Desgleichen geben neue Studien zu *hot spots* der persischen Herrschaft in Ägypten [Ruzika, Trouble] und Thrakien/Makedonien [Vasilev, Policy] zusätzliche Hinweise auch für die Einschätzung und Ziele der persischen Politik gegenüber Griechenland. S. Manning [Armed Forces] schließlich hat – nach Vorarbeiten etwa von Tuplin [King's

Horse], zu der in griechischen Quellen überwerteten Reiterei – das gesamte Material zum persischen Militär neu gesichtet und eine empfindliche Lücke unseres Verständnisses von den expansiven Kapazitäten des Achämenidenreiches geschlossen.

Akzeptiert man, dass die Perser nicht auf ein einziges Muster von Expansion festgelegt waren, sondern ihre Kriegspolitik nach situativen Kontexten, Erfahrungen und Ressourcen gestalteten, und löst man sich ferner von der durch Herodot vorgegebenen Zentrierung auf die Invasion des Xerxes, so erscheint es durchaus instruktiv, die „Perserkriege" chronologisch über das erste Drittel des 5. Jahrhunderts hinaus weiter zu spannen, etwa bis zum Königsfrieden (386) oder sogar bis zu Feldzügen Alexanders [so CAWKWELL, Greek Wars, aus persischer Perspektive], wie das auch griechische Historiker nach Herodot (Diodor) taten. In gewisser Weise ein Vorreiter der zeitlichen Erweiterung und (partiellen) Perspektivänderung war die Gesamtdarstellung von J. M. BALCER, The Persian Conquest of the Greeks 545–450 BC. „Perserkriege" weiter gefasst

Aus dieser Perspektive wird das Verhältnis zu Persien zu einem die Griechische Geschichte dauerhaft begleitenden, in unterschiedlichen Formen (Krieg, Diplomatie, Handel etc.) aufscheinenden Faktor. Markante Wegscheiden werden dadurch umso deutlicher: Eine erste bildet die auf die Abwehr der Invasion unmittelbar folgende Bildung des Attischen Seebundes: nicht weil hier etwa eine grundsätzlich neue expansive Richtung der Außenpolitik eingeschlagen worden wäre, sondern weil diese mit vorher nicht gekannten militärischen und finanziellen Ressourcen ausgestattet war. Der Peloponnesische Krieg bildet einen weiteren markanten Einschnitt, weil an dessen Ende das gewaltige Potential des Seebundes in sich zusammenbrach und Persien Positionen zurückzugewinnen konnte, die es zuletzt vor den Kriegen zu Beginn des 5. Jahrhunderts besessen hatte.

Die meisten Monographien konzentrieren sich jedoch nach wie vor auf die Zeit bis Plataia und Mykale, nicht zuletzt deshalb, weil mit Herodot eine durchlaufende Großerzählung zur Verfügung steht. Jede Analyse ist so immer auch eine Auseinandersetzung mit dem Historiker, der die Kämpfe bis 479 zum Thema seines Werkes machte. Während englischsprachige Bücher neben den politischen Kontexten auch die militärischen Abläufe detailreich, aber bisweilen unkritisch gegenüber den außerherodoteischen Quellen (Diodor; Plutarch) analysieren, blendet W. WILL Orientierung am Perserkrieg Herodots

[Perserkriege] programmatisch die militärische Seite aus. Die Emphase, mit der andererseits selbst neuere Monographien die großen Schlachten zu Rettungsmomenten gleich der abendländischen Kultur ausrufen [markant etwa BARRY STRAUSS, The Battle of Salamis. The Naval Encounter that Saved Greece – and Western Civilization, 2004], erinnert daran, dass der wissenschaftliche Fortschritt keineswegs geradlinig verläuft; in diesem Sinne ist der doxographische Überblick von D. L. FINK [Marathon] erhellend. Eine Brücke zwischen militärpragmatischer und politischer Analyse vor dem Hintergrund ökonomischer und gesellschaftlicher Entwicklungen zu schlagen sucht R. SCHULZ im Rahmen einer Monographie zum Krieg in der Antike [2.6: Feldherren, Kap. 3] sowie in einem Studienbuch [Perserkriege], das neben ausgewähltem Quellenmaterial und der Vorstellung wichtiger Interpretationsprobleme einen Einblick in den Gang und Stand der Forschung bietet. Eine umfassende Monographie, welche diese Perspektiven sowie die Anliegen der „New Persian History" gleichermaßen berücksichtigt, steht jedoch noch aus.

Da es in diesem Rahmen nicht möglich ist, die gesamte Bandbreite der Spezialforschung abzubilden, kann nur ein Einblick in wesentliche, die Griechische Geschichte prägende Problemfelder gegeben werden. Den Ausgangspunkt für jede Diskussion um den Kriegsausbruch bildet nach wie vor der sog. Ionische Aufstand (500/499–494). Herodots Ursachenerklärung bildet eine (für die antike Geschichtsschreibung typische) Mischung aus individuell-situativen Handlungen und Motivkomplexen (Aristagoras-Episode) sowie scheinbar regelhaft-strukturellen Faktoren. Diese laufen in der These zusammen, die östlichen Monarchien seien gewissermaßen auf Expansion geeicht, ein Vordringen der persischen „Weltmacht" in der und über die Ägäis nach der Eroberung des Lyderreiches somit auf kurz oder lang unumgänglich gewesen. Da man sich heute mit den Motiven einzelner Personen nicht zufriedengeben mag und empirisch schwer zu belegenden Gesetzmäßigkeiten misstraut, hat die Forschung andere Faktoren wirtschaftlicher, handelspolitischer und allgemeinpolitischer Art ins Feld geführt, die von Herodot nur angedeutet werden oder aus dem historischen Kontext zu erschließen sind. Eine zuletzt von O. MURRAY [The Ionian Revolt, in: 1.3: CAH IV, 461–490, 477 f.] verfolgte Variante der ökonomischen Erklärungslinie geht u. a. mit Verweis auf den Rückgang exportierter Keramik davon aus, dass die persische Expansion an und in die Ägäis sowie die aggressive Handelskonkurrenz der Phönizier [so auch 3.7: WELWEI, Das klassische Athen, 28] den für die Küstenpoleis so einträglichen Seehandel eingeschränkt hätten; zusätzlich sei das lukrative Geschäft des Söldnerdienstes in Lydien und Ägypten zum Erliegen gekommen (Histiaios wollte in Thrakien und der Propontis Ersatz finden). Doch passt diese These nur schwer zu dem archäologischen Befund, der für das spätarchaische Milet, den Ausgangspunkt des Aufstandes, eine materielle Blüte und eine Erweiterung der Hafenanlagen belegt [1.2.1: GÜNTHER, Griechische Antike, 112; GEORGES, Persian Ionia; CAWKWELL, Greek Wars, 73 f.], die Herodot (5,28) bestätigt. Welche Vorteile hätte es den kleinasiatischen Händlern auch gebracht, wenn sich ihre Poleis aus dem persischen Reichsverband gelöst hätten, bot dieser doch einen lukrativen, nie dagewesenen ‚globalen' und militärisch gesicherten Wirtschaftsraum? Eher musste man doch wohl mit Nachteilen rechnen: Ein ägyptisches Zollregister aus der Zeit des Xerxes, also *nach* dem Ionischen Aufstand, zeigt, dass ionisch-griechische Handelsschiffe und ihre Waren höher veranlagt wurden als phönikische [BRIANT / DESCAT, Registre; vgl. BRIANT, From Cyrus, 150]. Plausibler erscheint die These, dass es vor allem die sich aus dem persischen Flottenbau vor dem Kambyses-Feldzug ergebenden und von Dareios nur selektiv gelinderten Belastungen durch das Ausrüsten von Schiffen war, welche die Mehrzahl der kleinasiatischen Städte in den Aufstand trieben; die Perser stellten offenbar nur den Rumpf der Triëren, der Rest musste von den Griechen besorgt werden [BRIANT, From Cyrus, 405; CAWKWELL; Greek Wars, lehnt hingegen die Vorstellung einer zentralen Marineorganisation der Perser kategorisch ab]. Dass es hierbei unter den Tyrannen zu finanziellen Unregelmäßigkeiten und ungerechten Belastungen kam, deutet die Neuveranlagung nach der Niederschlagung des Aufstandes an, die, wie Herodot (6,42) ausdrücklich betont, fortan keine Klagen mehr evozierte und langfristig Frieden bewirkte [SCHULZ, Perserkriege, 73]. Die innerstädtischen Konflikte bei der Verteilung der Belastungen durch die persische Herrschaft trafen sich offenbar mit dem typischen Krisenphänomen einer Stasis (o. 2.5.1) in Milet (und Naxos), die durch die prekäre Stellung des als Stellvertreter seines Vetters in Milet residierenden Tyrannen Aristagoras verkompliziert wurde; s. WALTER, Ursachen. Dieser suchte seiner Schwäche durch außenpolitische Erfolge zu begegnen, doch als

Lasten durch Kriegsbeiträge

Stasis und Isonomieversprechen

der Naxos-Feldzug scheiterte, bot er seinen Mitbürgern die Niederlegung der Tyrannis und eine Isonomie an. Deren ‚aristokratischer' Charakter ergibt sich aus politisch-gesellschaftlichen Kontexten und Parallelen. Nach Herodot [3,142; vgl. Murray, CAH IV, 475] habe der als Stellvertreter von Polykrates in Samos eingesetzte Maiandrios nach dem Tod des Tyrannen seine Mitbürger für sich einzunehmen gesucht, indem er die „Herrschaft in die Mitte legte und die Gleichberechtigung aller verkündete". Das klingt zunächst nach einer Isonomie athenischen Zuschnitts; tatsächlich wurden dadurch jedoch nur die aristokratischen Familien wieder integriert, die von Polykrates ausgeschlossen oder entmachtet worden waren. Die Idee der Isonomie in einer aristokratischen Variante hatte also an der kleinasiatischen Küste Konjunktur, auf die Aristagoras aufspringen konnte; D. Asheri u. a. [1.10.2: Commentary, 519] sprechen von einem „free republican regime". Die Tyrannen hatten offenbar die anderen Aristokraten nicht nur vom politischen Regiment, sondern auch von maritimen Handelsgewinnen ausgeschlossen.

Dass die Perser ihrerseits sich grundsätzlich mit einer „Isonomie" anfreunden konnten oder zumindest eine Kooperation erwogen, schließt L.-M. Günther [1.2.1: Griechische Antike, 112] aus der Erzählung Herodots, der persische Admiral Megabates habe vor der Naxos-Expedition den isonomen Naxiern den Angriffsplan verraten. Nun stammt freilich die Episode Herodots offensichtlich aus einer mündlichen Überlieferung, die den Anteil des Aristagoras am Scheitern der Expedition minimieren und den Persern aufbürden wollte, und ist insofern wenig belastbar. Unbestreitbar ist, dass der Perser Mardonios nach Niederschlagung des Aufstandes, wie Herodot 6.43,3 sagt, überall „Demokratien" einsetzte. Folgt man der oben skizzierten Argumentationslinie, kann es sich hierbei nicht um eine Isonomie athenischen Musters gehandelt haben, sondern um eine aristokratische Variante, die an die Stelle des Tyrannen als Stadtregenten eine perserfreundliche Regierung aristokratischer Familien setzte – so wie das die Perser auch in anderen Reichsteilen handhabten.

Ionischer Aufstand: Bilanz

So ist es keine Platitüde zu bilanzieren, dass unterschiedliche politische, finanzielle und individuelle Faktoren in ihrer Summe für eine Stimmung sorgten, die dem Aufruf des Aristagoras zum Aufstand entgegenkam. Im Verlauf der Kämpfe rückten die milesischen Protagonisten in den Hintergrund und veränderte der Aufstand seinen Charakter; die Regenten der zyprischen Griechen versprachen ihren Bürgern keine Isonomie und verfolgten andere Ziele [Wiesehöfer, Herodot und Zypern, bes. 720–722]. Dass es den Aufständischen nicht nur an einer gemeinsamen politischen Linie und einer effektiven Organisation, sondern auch an kampfstarken Hopliten mangelte, betont O. Murray, CAH IV, 482. Die gegenüber Athen häufig unterschätzte Rolle der Polis Eretria, die offenbar bereits vor dem Aufstand ein Bündnis mit Milet eingegangen war und nach der Niederlage bei Ephesos zur See weiterkämpfte, verfolgt 3.6: Walker, Archaic Eretria.

Die Frage nach den Zielen der Expeditionen des Mardonios nach Thrakien und Makedonien ist nicht zu trennen von der oben (S. 230) skizzierten Diskussion um die persische West- bzw. Ägäispolitik. Dass es schon jetzt – wie Herodot insinuiert – um die Eroberung ganz Griechenlands ging, kann nur behaupten, wer von einem langfristigen Plan überzeugt ist. Realistischer erscheinen der Mehrheit der Forschung Zielperspektiven, die sich aus den Ereignissen des Ionischen Aufstandes ergaben [Zahrnt, Mardonioszug]. Dazu gehörte die Festigung der Satrapie von Thrakien, die Sicherung des maritimen Potentials von Thasos sowie die Überprüfung der Loyalität Makedoniens, das Athen mit Holz versorgt hatte [Vasilev, Policy]. Ob Mardonios zusätzlich den Auftrag hatte, Eretria und Athen zu bestrafen, wird nach wie vor kontrovers diskutiert und hängt auch von der Interpretation der gescheiterten Athos-Umsegelung ab [Schulz, Perserkriege, 87 f.]. Einiges spricht dafür, dass Mardonios vor Ort je nach Lage und Verlauf der Dinge die räumliche und politische Reichweite seines Feldzuges selbst bestimmen konnte. Einzelheiten der gesamten Operation bespricht unter Einbeziehung sämtlicher literarischer und archäologischer Daten M. I. Vasilev, Policy.

Feldzüge des Mardonios (491)

Die 490 begonnene Expedition des Datis und Artaphernes verfolgte ein doppeltes Ziel, das sich ebenfalls aus den Erfahrungen des Ionischen Aufstand ableitete. Erstens sollten die von Aristagoras begonnene, jedoch gescheiterte Eroberung von Naxos nachgeholt und mit den Kykladen ein strategischer Markstein auf dem Weg zu einem *Mare Persicum* gewonnen werden. Der Weg über die Ägäis führte zweitens an die Küsten Euboias und des griechischen Festlandes und diente so der Bestrafung der am Aufstand beteiligten Poleis Eritrea und Athen. Die erste Phase war äußerst erfolgreich, auch ein Großteil des zweiten Zieles wurde er-

Zug des Datis und Artaphernes

reicht. Die Perser hatten ihrer Herrschaft in der Nordägäis eine Hegemonie über die Südflanke hinzugefügt und mit Euboia einen ressourcenstarken Brückenkopf (neben Aigina) in unmittelbarer Nähe Athens gewonnen.

Marathon

Das angesichts dieser Erfolgsserie überraschende Scheitern gegenüber Athen ist mit der Schlacht von Marathon 490 verbunden. Die mit dem Ausgang des Treffens zusammenhängenden militärpragmatischen Fragen – das Fehlen bzw. der nicht erfolgte Einsatz der Reiterei, der „Laufschritt" der Hopliten, die topographischen Kontexte – werden (auf unterschiedlichem Niveau) fast ausnahmslos in englischsprachigen Arbeiten diskutiert. Eine jüngere Gesamtrekonstruktion bietet P. KRENTZ [Battle], der nach den methodischen Vorgaben der Kagan-Schule unter Berücksichtigung sämtlicher geographischer, topographischer und archäologischer Rahmendaten die literarischen Quellen erst dann verwirft, wenn sie innere Widersprüche aufweisen oder keine befriedigende Lösung bieten. Eine akzeptierte Linie scheint sich in Bezug auf den Umfang der Expeditionsarmee herauszukristallisieren, die inzwischen für kaum größer eingeschätzt wird als die athenisch-plataische Hoplitenmiliz. Umso mehr bleibt die Frage, was das strategische Ziel der Perser war. Wollte man die Athener Hopliten aus der Stadt locken und eine fünfte, dem Hippias loyale Kolonne stärken? War Marathon ein Ablenkungsmanöver, das den Persern wie zuvor in Eretria die Stadttore der Stadt öffnen sollte [Diskussion bei SCHULZ, Perserkriege; vgl. 2.6: DERS., Feldherren, 63–67]?

Seeschlacht vor Athen 490?

Wie auch immer man zu diesen Deutungen steht, wichtig ist die in der Forschung oft zu wenig beachtete zweite Phase der Operationen, die – so die *communis opinio* – in einen Angriff der das Kap Sunion umrundenden Flotte auf Athen mündete. Warum und wie die Perser erneut scheiterten, ist bis heute unklar; die meisten verweisen auf die überraschend schnelle Rückkehr der Hopliten sowie die Tatsache, dass sich die Hoffnung der Perser auf eine propersische Opposition nicht erfüllte. J. H. SCHREINER [Two Battles; vertiefend: Battle of Phaleron] argumentiert für eine Seeschlacht, in der sich die Perser nicht durchsetzen konnten. Die vorgerückte Jahreszeit verhinderte eine längere Belagerung und zwang die Angreifer, noch einmal zur See alles auf eine Karte zu setzen.

Außenpolitik und Flottenrüstung

Die Forschungen zur Phase nach Marathon bis zum Angriff des Xerxes konzentrieren sich auf Athen. Im Zentrum des Interesses stehen neben der Paros-Expedition des Miltiades das von Themistokles initiierte Flottenprogramm, das Athen zur führenden Seemacht der griechischen Halbinsel machte und möglicherweise – folgt man der revisionistischen Linie der Forschung – für Xerxes den entscheidenden Anstoß gab, sich dem „griechischen Problem" in größerem Stil zuzuwenden [dazu v. a. WALLINGA, Xerxes's Adventure]. Während die von Miltiades geleitete Flottenexpedition nach Paros wohl noch mit dem alten (gegen die Flotte des Datis erfolgreichen?) Schiffsbestand durchgeführt wurde [SCHULZ, Perserkriege], besaß Athen nach Vollendung des Bauprogramms 200 Triëren. Die Forschung neigt heute dazu, beide Ereignisse in längere Kontinuitätslinien einer aggressiven Außenpolitik einzuordnen, die durch den Erfolg bei Marathon bestärkt und mit der Paros-Expedition wieder aufgenommen wurde. Diese zielte offenbar nicht nur auf Beute, sondern auch auf eine „Rückgewinnung" der Kykladen. Auch wenn Themistokles zunächst Aigina als Angriffsziel der neuen Flotte angab, so war aufgrund der perserfreundlichen Haltung dieses Gegners eine Ausrichtung gegen Persien impliziert, zumal die Athener damit rechnen mussten, dass es der König mit der Schlappe von Marathon nicht bewenden lassen würde. W. BLÖSEL hat der Thematik sowie den Problemen der Phasierung und des Umfangs der Neubauten eine sorgfältige Monographie [Themistokles] und einen Aufsatz [Flottenbauprogramm] gewidmet, die sich zugleich mit dem komplexen Bild des Themistokles in der Tradition auseinandersetzen. Sein Ergebnis, dass das Programm keine völlige Neuschöpfung der Triërenflotte, sondern eine massive Ergänzung bestehender Bestände vorsah und das Ergebnis „sechs- bis achtjähriger Anstrengungen seit ca. 488/7" [Flottenbauprogramm, 57] war, liegt auf der inzwischen von mehreren Forschern vertretenen Linie, den Weg der Athener aufs Meer viel früher anzusetzen, als man das bislang tat. Dies trägt zudem der technischen, politischen und organisatorischen Komplexität eines Flottenneubaus Rechnung, der einen längeren Vorlauf voraussetzt: Nach Thuk. 1,92 schlug Themistokles bereits 493/2 den Ausbau des Kriegshafens vor [SCHULZ, Perserkriege, 104].

Aus gesamtgriechischer Perspektive bildete der Feldzug des Xerxes den Höhepunkt der Perserkriege. Er knüpfte an die Erfahrungen der vergangenen Kampagnen an, erfolgte aber nach längerer Vorbereitung und in weit größeren Dimensionen, auch wenn man sich heute sicher ist, dass die von Herodot gegebenen

Reichsfeldzug des Xerxes 480/79

Zahlenangaben viel zu hoch ausgefallen sind [so bereits 2.6: DELBRÜCK, Geschichte der Kriegskunst, 42–51]. Darüber hinaus ist nahezu jeder Aspekt der militärpragmatischen Ereignisse, von der Logistik über die Aufmarschwege bis hin zur Zusammensetzung der Armeen und Strategien, intensiv erforscht [durchgehende Analyse bei LAZENBY, Defence; systematische Aspekte in 2.6: SABIN u.a., Cambridge History]. Dies gilt auch für die großen Schlachten, die zunehmend ihren griechisch-zentrierten Glorienschein verlieren, auch wenn angloamerikanische Autoren (oder die Verlage?) plakativ-reißerische Titel nach wie vor nicht scheuen [s.o., ferner etwa CARTLEDGE, Thermopylae]. Insgesamt versteht man heute besser die politischen und organisatorischen Zwänge, welche die Planungen auf beiden Seiten erschwerten, Entscheidungen sprunghaft erscheinen lassen und die Perser unter Zeitdruck setzten. So war die Seeschlacht bei Salamis kein griechischer Vernichtungssieg, sondern ein strategischer Erfolg, der die im Wesentlichen intakte Flotte der Perser angesichts der vorgerückten Jahreszeit zum Abzug aus dem Saronischen Golf zwang.

Bei anderen Großereignissen wie den Schlachten bei den Thermopylen und bei Plataiai bleiben selbst nach erneuter Auswertung topographischer und ökologischer Befunde die alten Fragen nach den strategischen Zielen, Motiven und Verläufen in vieler Hinsicht offen. Ein fruchtbares Arbeitsfeld der gegenüber militärpragmatischen Themen zurückhaltenden deutschsprachigen Forschung bilden die bereits in der Antike einsetzenden Rezeptions- und Verklärungsprozesse; dazu etwa M. JUNG [Marathon und Plataiai] sowie A. ALBERTZ [Heldentum]. Jüngst hat D. YATES den lokalfixierten Charakter auch der Perserkriegserinnerung herausgestellt [States of Memory, 268]; „there is little evidence that the Greeks of the classical period recalled the war as Greeks. The larger collective was rather remembered as a coalition of separate states or more often as a mere backdrop for the heroics of the home state."

Der Hellenenbund (481)

Wichtig für die innergriechische Geschichte ist dennoch das von den abwehrwilligen Poleis im Herbst 481 gegründete Militärbündnis (Symmachie), von der Forschung als „Hellenenbund" oder „hellenische Eidgenossenschaft" bezeichnet. Es handelt sich um das erste Vertragswerk, dessen Mitglieder sich selbst als Hellenen bezeichneten, die Aufforderung zum Kampf an alle Hellenen richteten und (wahrscheinlich etwas später) eine Strafandrohung gegen die Verweigerer im Namen der Vertragsteilnehmer aussprach [KIENAST, Hellenenbund, 49]. Insofern wäre es das erste Zeugnis einer politischen Instrumentalisierung einer bis dahin vagen Vorstellung von Ethnizität. Letztlich – da ist sich die Forschung recht einig – handelte es sich aber nicht um ein „panhellenisches" Vertragswerk, sondern um ein aus der Not geborenes Zweckbündnis [1.2.3: SCHMIDT-HOFNER, Griechenland, 59], das recht geringen Widerhall fand und nach Abflauen der Gefahr auch rasch an Bedeutung verlor. Kontrovers diskutiert werden der völkerrechtliche Charakter und das mit ihm verbundene Kalkül der Initiatoren: Handelte es sich um eine zweiseitig zwischen Sparta und den Bundesgenossen beschlossene Erweiterung (oder einen ‚Ableger') des Peloponnesischen Bundes [so 2.6: BALTRUSCH, Außenpolitik, 47 f. mit Forschungsdiskussion 137–140], das „auf die spartanische Vormacht zugeschnitten war" [ähnlich TRONSON, Hellenic League], oder um ein neues, von allen gemeinsam beeidetes Bündnis, bei dem Sparta als stärkster Militärmacht die Führungsrolle übertragen bzw. eingeräumt wurde [so u. a. 3.4: WELWEI, Sparta, 134; DERS., 1.2.1: Griechische Geschichte, 193]? Wie ist dabei die Rolle Athens zu erklären, das im Besitz der größten Flotte den Oberbefehl über die Seestreitkräfte erhoffte, sich aber angesichts des Widerstandes der übrigen Teilnehmer mit der Rolle des Juniorpartners zufriedengeben musste [3.4: WELWEI, Sparta, 134], obwohl die Athener als einzige bei Marathon einen Erfolg gegen die Perser aufweisen konnten und als erste von der persischen Invasion betroffen waren? Dass derlei Spannungen einige Planungen und Kriegsszenarien (wie den Zug des Leonidas) mitbestimmten und alte Konkurrenz- und Grabenkämpfe nur mühsam unter der Oberfläche der formalen Einigung verdeckt wurden, zeigen der Verlauf des Krieges und sogar eine gewonnene Schlacht wie die bei Plataiai zur Genüge.

4.4 Athen in der Offensive

Einen folgenreichen Einschnitt bildeten der sog. Hegemoniewechsel von Samos und die Gründung des Delisch-Attischen Seebundes. Dass dieser ein vom Hellenenbund unabhängiges und nicht etwa aus ihm hervorgegangenes oder weiter geführtes Vertragswerk war, gilt heute als sicher. Des Weiteren scheint sich der

Der Hegemoniewechsel

durch die kontroverse Quellenlage ergebende Streit über die Motive der Protagonisten und die mit dem Hegemoniewechsel eingeleitete Verschiebung der machtpolitischen Gewichte in der Erkenntnis aufzulösen, dass Thukydides (und die auf ihn aufbauende Tradition: Plutarch) das Bild eines freiwilligen Rückzuges der Spartaner konstruierte, um die für sein Geschichtswerk so zentrale These eines *allmählich* einsetzenden Machtzuwachses der Athener nicht zu konterkarieren. Berücksichtigt man jedoch die aggressive, schon früh auf die Ägäis gerichtete Außenpolitik Athens und bedenkt ferner die kontinuierlichen Spannungen mit Sparta [die Argumente sind übersichtlich aufgeführt und besprochen bei 1.2.3: STAHL, Klassische Zeit, Kap. 1, bes. 174–185], so ist es sehr viel plausibler, dass Athen die günstige Gelegenheit nicht nur aktiv wahrnahm, sondern in Kooperation mit den Ionern auch gezielt forcierte. Das von den Quellen betonte arrogante Verhalten des Pausanias war der geeignete Anlass, um nachzuholen, was wahrscheinlich bereits mit der Teilnahme am Ionischen Aufstand intendiert war, nämlich eine Hegemonie über die Ioner des Ägäisraums. Auch die erstaunliche Schnelligkeit, mit der die Athener von der defensiven Rolle einer zweimal eroberten und teilweise zerstörten Stadt in die Offensive gingen, spricht dafür, dass länger gesponnene Fäden aufgenommen und zu einem machtpolitisch wohlkalkulierten Großprojekt verknüpft wurden. Nicht von ungefähr warnten Stimmen bereits in den 470er-Jahren (Aischylos) vor der aus Hybris geborenen Überdehnung der Machtpolitik.

... von Athen forciert

Anders als von Thukydides dargestellt, wird es auch in Sparta starke Kräfte gegeben haben, die sich dieser Entwicklung entgegenstemmten; plausibel pointiert S. HORNBLOWER [1.2.3: Greek World, 9]: „Opinion at Sparta was split." Die vieldiskutierte Diodor-Stelle 11,50,1–6, wonach eine Mehrheit der Spartaner, zumal die Jüngeren, im Jahre 475/74 darauf drängte, gegen Athen Krieg zu führen, um verlorene Positionen zurückzugewinnen, spricht jedenfalls in Kombination mit den Aussagen von Herodot 8,3 und [Aristot.] Ath. Pol. 23,2/4 zum Hegemoniewechsel eine deutliche Sprache [1.2.3: SCHULZ, Athen und Sparta, 5]. Ergänzend hat L. KALLET [3.7: Origins of economic *arche*] überzeugend herausgearbeitet, dass die Athener sogleich die aus der großen stehenden Flotte des Seebundes erwachsenden Chancen nutzten, um für sich selbst Ressourcen und Land zu gewinnen, zumal in Regionen, die bereits im 6. Jahrhundert zu ihren Interessengebieten gehörten.

Widerstreben Spartas

Ähnlich argumentiert auch 3.7: DAVIES, Corridors, cleruchies, commodities, and coins. Zuletzt hat K. RUFFING [Reiches Hellas?] noch einmal betont, welche zentrale Bedeutung die „Ressource Land" für die Expansion der Athener nach den Perserkriegen besaß und in welchem Maße sie bestrebt waren, „das Maximum [sc. an *phóroi*] aus den ‚Bündnern' herauszuholen" [150].

Wenn man Thukydides hinsichtlich der Umstände des Hegemoniewechsels misstraut, wie steht es dann mit seiner berühmten Formel (1,97), dass sich die anfängliche Hegemonie der Athener innerhalb der Symmachie zu einer *archê* (Herrschaft) über die Bundesgenossen entwickelt habe [2.6: BALTRUSCH, Außenpolitik, 50; 3.7: MORRIS, Greater State, 103, 128]? Die Mehrheit der Forschung verbindet den Beginn der Reichs- oder Herrschaftsbildung mit der Verlegung der Bundeskasse nach Athen und der organisatorischen Zentralisierung der Phoroi in den späten 450er-Jahren; diese ging einher mit dem Aufbau eines Dokumentationssystems der Zahlungseingänge in Form der sog. Tributlisten (Athenian tribute lists = ATL) und einer im gesamtem Seebund tätigen Funktionärsbürokratie [z. B. 3.7: SCHUBERT, Perikles, 105–113]. Gegen diese „orthodox view" [3.7: FORNARA / SAMONS, Athens, 78 f.], die vor allem von den Herausgebern der Tributlisten und von R. MEIGGS [3.7: Athenian Empire, 156 ff.] begründet wurde, hat sich allerdings in den letzten Jahrzehnten Widerspruch erhoben. Er gründet im Wesentlichen auf der Datierung und Interpretation der für abgefallene Bündner erlassenen Einzel- sowie (wahrscheinlich) für das gesamte Bundesgebiet geltenden Generaldekrete, besonders des Münzdekrets [1.10.3: OR Nr. 155 = HGIÜ I Nr. 68] und des Kleinias-Dekrets [1.10.3: OR Nr. 154 = HGIÜ I Nr. 74]. Während die einen aufgrund epigraphischer Argumente die Generaldekrete erst in die Zeit des Peloponnesischen Krieges setzen [Diskussion bei 1.2.1: WELWEI, Griechische Geschichte, 265; 3.7: MORRIS, Greater State, 105 f.], andere viel längere Kontinuitäten postulieren [3.7: FORNARA / SAMONS, Athens], bestreitet K.-W. WELWEI [1.2.1: Griechische Geschichte, 265 f.; 3.7: Das klassische Athen, 131] grundsätzlich, dass man die Generaldekrete als Kronzeugen für die Entwicklung einer flächendeckenden „Herrschaft" lesen könne. Es fehlten Hinweise auf eine „offizielle Herrschaftsterminologie", so wie auch Thukydides oft *hegemonía* und *archê* ohne Bedeutungsunterschied verwende und mit *árchein* „militärische Führung", aber nicht „Herrschaftsausübung" meine. Dementsprechend würden

Von der *symmachía* zur *archê*?

auch die zur Bezeichnung einer Herrschaft (*archê*) eingesetzten Begriffe „Reich" oder „Reichsbildung" nicht der Vorstellungswelt der Athener entsprechen; sie hätten hierfür kein Konzept gehabt. Andererseits scheint Athen von Rivalen schon vor dem Peloponnesischen Krieg als *týrannos pólis* apostrophiert worden zu sein [Thuk. 1,122,4; 124,3; dazu TUPLIN, Imperial Tyranny], was die denkbar schärfste Bezeichnung von Dominanz darstellte.

Der Seebund, herrschaftssoziologisch betrachtet

Der Streit um die Berechtigung der thukydideischen These einer Entwicklung von der Hegemonie zur Herrschaft sowie die Diskussion um die Früh- oder Spätdatierung der Herrschaftsbildung sind implizit oder explizit immer auch mit der Frage verbunden, wie man das Gesamtgebilde des Seebundes herrschaftssoziologisch einordnen soll. Die Mehrheit der angloamerikanischen Forschung spricht meist unbefangen vom *Athenian empire*, was dem deutschen „Reich" oder „Seereich" entspricht. Nun kommt es bei solchen Begriffen mit so vielschichtigen Konnotationen auf die Perspektive und die Kriterien an, die man zur Bestimmung der historischen Formation einsetzt. Einen instruktiven Neuanstoß der Diskussion gab I. MORRIS. Er sprach dem Seebund unter Athener Führung vor allem deshalb die Qualität eines *empire* ab, weil es nur einen geringen Grad von „foreignness" aufgewiesen, es also keine Distanz zwischen Herrschern und Beherrschten auf ethnischer, sprachlich-kultureller und religiöser Ebene gegeben habe. Stattdessen müsse man von einer für die Griechische Geschichte ungewöhnlichen, auf die ionischen Griechen ausgerichteten, ausgedehnteren Formierung hin zu einem „Greater Athenian State" sprechen: Athen wurde zur „capital city of a territorial, national state of Ionian Greeks", habe jedoch den Übergang zum „empire" nicht erreicht [3.7: MORRIS, Greater State, 139].

„Greater Athenian State"?

Dagegen lässt sich mit K. RAAFLAUB fragen [Arché, bes. 123], ob die geringe kulturelle Distanz zwischen der Metropole und den Ionern das herrschaftliche Gefälle tatsächlich soweit überdeckte, dass man von einem Staat sprechen kann, zumal Athen unter Perikles – anders als Rom – allen Ausweitungen des Bürgerrechts einen Riegel vorschob [3.7: FORNARA / SAMONS, Athens, 74 f.] und erst in äußerster Not am Ende des Peloponnesischen Krieges den Samiern die Option eines wechselseitigen Bürgerrechts (Isopolitie) einräumte [1.10.3: OR Nr. 191 = HGIÜ I Nr. 153]; ferner: wie viel damit gewonnen ist, wenn man die schillernden Begriffe „Empire" und „Reich" durch die nicht minder schwierige Kategorie

„Staat" ersetzt. Überdies umfasste der Seebund auch Verbündete, die definitiv keine Ioner waren und offenbar durchaus zu unterschiedlichen Bedingungen an Athen gebunden waren. Auch deshalb sollte neben der historisch-politischen Dynamik sowie der herrschaftssoziologischen Einordnung die vertragsrechtliche Grundlegung nicht ignoriert werden; s. zuletzt 3.7: P. SCHEIBELREITER, Untersuchungen.

Antworten auf die erwähnten Fragen sowie eine Schärfung der Kriterien kann nur der Vergleich mit anderen antiken, wenn möglich zeitgleichen Formationen bieten. Hierin besteht – abgesehen von der instruktiven Perspektivverlagerung von der Reichs- auf die Staatsbildung – der Mehrwert des Ansatzes von I. MORRIS [Greater State], der Athens Sonderrolle im Vergleich mit dem Herrschaft Spartas im Peloponnesischen Bund und mit der von Syrakus in Sizilien herausarbeitet, orientiert an den finanziell-organisatorischen Kapazitäten und der Ausbildung ideologischer Integrationsmechanismen [vgl. auch DERS., Multicity States]. Während Sparta mit seiner zwangsintensiven Variante eines „Greater State" die geringsten Anstrengungen unternahm und kaum wirtschaftliches Wachstum generierte, repräsentiere Syrakus eine Mischform: Die Stadt übte sich zunächst in territorialer Machterweiterung, legte aber nach dem Sieg von 480 wie Athen eine Triërenflotte auf Kiel und begann über das Meer zu expandieren. Insgesamt scheinen jedoch die institutionellen Formen zur Finanzierung von Flotte und Herrschaft weniger intensiv oder zumindest anders ausgefallen zu sein: Anstelle einer Fiskalbürokratie, die den regelmäßigen Einzug von *phóroi* sicherstellte [3.9: DE ANGELIS, Greek Sicily, 180–187], setzten die Tyrannen auf die direkte Besteuerung der Bürger von Syrakus (und anderer, später vor allem binnensizilischer Städte); deshalb waren sie auch so interessiert daran, Fremde und Söldner nach Syrakus zu verpflanzen. Hinzu kamen neben den üblichen Hafengebühren okkasionell genutzte Finanzierungsquellen, etwa Kriegsbeute. Das entsprach den nur kurzfristig zu Kriegszwecken geschlossenen Symmachien im Gegensatz zu den auf Dauer angelegten bilateralen Verträgen des Attischen Seebundes [VITALE, Städtebünde, 7 f.].

Trotz dieser auch durch die geographisch-ökologischen Bedingungen geprägten Unterschiede – Athen herrschte über Inseln und Küstenstädte, Sizilien galt als territorialer Block – bleiben als Gemeinsamkeit die „capital-intensive, commercial paths" [3.7:

Vergleich mit anderen Formationen

MORRIS, Greater State, 101], die beide Herrschaftssysteme beschritten. Das hängt im Wesentlichen mit dem Verhältnis gegenüber dem Seehandel und der Marine zusammen. Insofern würde ein Makrovergleich mit der inzwischen gut erforschten karthagischen und korinthischen Hegemonie weitere Erkenntnisse erbringen; auch Karthago finanzierte seine Flotte über ein Tribut- oder Phorossystem wohl mit Hilfe der *mhsbm* [4.1: HOYOS, Carthaginians, 41 ff.]; zu Korinth: 3.5: STICKLER, Korinth, 265 ff. Eine andere Möglichkeit komparativer Analyse hat P. KEHNE [3.7: Seereich] vorgelegt. Er kommt nach Anwendung von sechzehn (an H. Münkler und M. Doyle orientierten) Kriterien zu dem Schluss [356; vgl. 341], das „attische Seereich" habe wesentliche, ja fast alle Kriterien für Imperien erfüllt, ohne jedoch schon ein vollgültiges Imperium zu sein: „Es war auf *longue durée* angelegt und befand sich unter stetiger Ausweitung direkter Herrschaft im Übergang von einem hegemonialen zu einem imperialen Reich."

Imperien und Imperialismus

So hilfreich die Verbindung bewährter, bereits von W. SCHULLER [3.7: Herrschaft der Athener] adaptierter herrschaftssoziologischer Modelle von direkter/indirekter Herrschaft in Verbindung mit dem Imperium-Paradigma sein kann – es bleibt die Frage, welche Erkenntnisse der aus den jeweiligen Kriterien gebildete analytische Rahmen eröffnet. Handelt man sich mit dem Rückgriff auf die Vorstellung eines Übergangs von einer kategorialen Form zur anderen (Hegemonie → Reich) nicht mehr Erklärungsnöte ein, als man damit zu lösen vermag? Größere Chancen eröffnet vielleicht der mit der Imperium-Kategorie eng verwandte, vor allen von der angloamerikanischen Forschung recht unbefangen verwendete Begriff des Imperialismus. Bei allen Problemen, die ein erst im 19. Jahrhundert entwickeltes und zunächst auf europäische Akteure angewandtes Konzept mit sich bringt [1.2.1: WELWEI, Griechische Geschichte, 266; 3.7: FORNARA / SAMONS, Athens, 76], bietet es doch mehrere Vorteile: Der Begriff Imperialismus ist dynamisch angelegt und eröffnet die Chance einer ‚ganzheitlichen' Analyse, die sich von der Fixierung auf organisatorisch, völkerrechtlich-vertraglich oder institutionell begründete Einschnitte zu lösen vermag, stattdessen viel größere Zeiträume in den Blick nehmen sowie mehrere Sektoren und Antriebskräfte von Machtpolitik miteinander in Beziehung setzen kann. Unter einer solchen Perspektive werden fünf eng miteinander verbundene Elemente deutlich: Der Imperialismus Athens in Form einer expansiven, ge-

Demokratischer Imperialismus

gen andere Mächte zielenden aggressiven Kriegs- und Außenpolitik hat (1.) sehr viel mit ökonomisch-finanzieller Dominanz zu tun; diese Politik verfolgt auf einem „capital-intensive path" [MORRIS] handelspolitische Kontrolle auf der Basis eines *mare clausum*, [3.7: FINLEY, Athenian Empire, 54 f.] und war mit dem Aufbau eines für mediterrane Verhältnisse ungewöhnlichen Funktionärsapparats verbunden. Dieser steht in scharfem Kontrast zur „minimal bureaucracy" der Demokratie im Innern [3.7: MORRIS, Greater State, 121] und scheint sich auch deshalb an persischen Vorbildern orientiert zu haben [3.7: RAAFLAUB, Learning]. (2.) Er ist flottenbasiert sowie maritim-insular, auf die Besetzung und Kontrolle von Brückenköpfen und *empória* fixiert (Sizilien galt wegen seiner Größe als „Kontinent"; Thuk. 6,1,2; vgl. 1.5: CONSTANTAKOPULOU, Dance of the Islands, 83). Die Bezeichnung „Inselgriechen" war ein Synonym für die beherrschten Bundesmitglieder; Athen verstand sich nach dem Bau der Langen Mauern als „central island of the imperial world" [1.5: CONSTANTAKOPULOU, Dance of the Islands, 101; zur „insularity" im imperialen Kontext ebd. Kap. 3–5]. Land für eigene Siedler, die sog. Kleruchen, wurde im Gebiet fremder Inselpoleis (u. a. Aigina, Chalkis) angestrebt [dazu jetzt umfassend 3.7: IGELBRINK, Kleruchien und Apoikien; dort wird auch die Kontinuität seit dem späten 6. Jahrhundert aufgezeigt, wie sie im ‚Salamis-Dekret' (Bd. 1, S. 137) greifbar ist] – das war ein besonderer Beschwerdegrund der Bündner. Dagegen scheiterten alle Versuche, auf Dauer Gebietsgewinne weiter im Landesinnern und ohne Konnex zum Meer zu erzielen (Thrakien, Ägypten, Mittelgriechenland, Zypern, Sizilien). Im Falle Spartas war es genau umgekehrt: man scheiterte auf kleinen Inseln (Sphakteria 425) und dominierte zu Land. Hier wäre der Vergleich mit Karthago instruktiv, das, wie C. R. WHITTAKER [4.1: Carthaginian Imperialism] betont, bis zum späten 4. Jahrhundert keine territoriale Expansion auf den Inseln des Tyrrhenischen Meeres betrieb. (3.) Der athenische Imperialismus wurde ferner durch die Erfahrung mit sowie durch die Konkurrenz zu Sparta geleitet und mit dem Ziel vorangetrieben, mit der spartanischen Hegemonie auf der Peloponnes mindestens gleichzuziehen [3.7: FLAIG, Demokratischer Imperialismus, 43; 3.7: FORNARA / SAMONS, Athens, 104]; (4.) Er war institutionell und ideell mit der innenpolitischen Ordnung der Isonomie bzw. Demokratie verbunden [„imperial democracy": 3.7: FORNARA / SAMONS, Athens, 113]. (5.) Er war ideologisch unterfüttert durch

Vergleichsperspektiven

den Anspruch, als „mother state" und Schutzmacht der ägäischen Ioner zu fungieren und entsprechende Gegenleistungen einzufordern [1.5: Constantakopoulou, Dance, 64 f.; Raaflaub, Arché, 107].

All diese Elemente – das ist eine der wichtigsten Forschungsperspektiven der letzten dreißig Jahre – traten nicht erst mit der Gründung des Seebundes, sondern *in nuce* spätestens mit den kleisthenischen Reformen [3.7: Fornara / Samons, Athens, 102 ff.], wenn nicht sogar schon mit den Peisistratiden [2.3: Stahl, Aristokraten und Tyrannen; 1.5: Constantakopoulou, Dance of the Islands, 63 ff.] auf. Die Gründung des Seebundes und sein Ausbau waren vor diesem Hintergrund kein revolutionärer Einschnitt, sondern eine weitere Etappe in Richtung auf eine sich nun völkerrechtlich und institutionell [3.7: Kehne, Seereich, 335 f.; 2.6: Baltrusch, Außenpolitik, 49] verdichtende Herrschaft, die parallel mit der Isonomie aufgebaut wurde. Die Demokratie der 460er-Jahre war demnach nicht die Voraussetzung des Seebundes, wie auch die Seemacht die Demokratie nicht ‚geschaffen' hat – diese Behauptung war offenbar Teil des antidemokratischen Diskurses seit dem späten 5. Jahrhundert. Auf beiden Feldern entfaltete sich vielmehr ein durch komplexe Rückkopplungseffekte und die Konkurrenz zu Sparta befeuertes Dominanzstreben, dessen Dynamik durch Rückschläge nicht gebremst, sondern in neue Richtungen gedrängt wurde. Die im Vergleich zu anderen isonomen Ordnungen ‚radikale' Demokratie verband sich mit dem athenischen Diskurs des ‚radikalen Imperialismus' und dem Bewusstsein, mit entsprechender Anstrengung immer noch mehr erreichen zu können [für das von Chr. Meier postulierte „Könnens-Bewußtsein" als Äquivalent zum modernen Fortschrittsgedanken s. 2.5: ders., Entstehung des Politischen, 435–499], zum Modellfall des „demokratischen Imperialismus" s. 3.7: Flaig, Demokratischer Imperialismus. Vollendeten Ausdruck fand das athenische Selbstgefühl in der berühmten Gefallenenrede bei Thukydides (2,35–46), in der Perikles zunächst die Demokratie als umfassende Lebensordnung der gesamten Polis preist, um dann zu betonen, die Macht Athens sei so stark und berechtigt, dass der Untertan (*hypêkoos*) keinen Grund zu klagen habe, da er von Würdigen beherrscht werde (2,41,3).

Unter dieser Perspektive ergeben sich auch für die von Thukydides nur selektiv behandelte Zeit zwischen den Perserkriegen und dem Peloponnesischen Krieg („Pentekontaëtie") neue Fragen: Verfolgten etwa die großen Protagonisten Kimon und Peri-

Kontinuität imperialer Politik

kles mit ihren angeblich so unterschiedlichen Außen- und Kriegspolitiken nicht vielmehr situativ (und familiär) bedingte Ausprägungen ein und derselben Generallinie? S. HORNBLOWER [1.2.3: Greek World, 18] sieht z. B. bereits in Kimons Vater Miltiades den „founder of an overseas Athenian empire" und in der Seekriegs- und Außenpolitik Kimons den Beginn des Athener Imperialismus. M. ZACCARINI [Lame Hegemony] hat die „Kimonische Ära" einer auf genauer Analyse der diffusen Quellenlage beruhenden Revision unterzogen und fünf aufeinander aufbauende Phasen der Expansion rekonstruiert [vgl. 234 f.]. Die angebliche Spartafreundlichkeit („philo-laconism") des „konservativen" Aristokraten [so noch 3.7: FORNARA / SAMONS, Athens, 61] geht auf eine von Plutarch bewahrte Kimon-feindliche Tradition zurück, die – ähnlich wie die „Perserie" – den Aristokraten Kimon zu konturieren suchte, aber mit der politischen Realität wenig zu tun hatte. Als Kimon mit den Athener Hopliten auf den Bündnis- und Hilferuf der Spartaner nach Lakonien zog, bedeutete dies eine potentielle Schwächung der spartanischen Autorität als Hegemon des Peloponnesischen Bundes. Deshalb schickten die spartanischen Behörden das Kontingent – nach Stabilisierung der Lage – zurück nach Athen. Jedenfalls fügt sich die kimonische Außenpolitik nahtlos in die Linie der aggressiven Machterweiterung ein, die Athen seit den Peisistratiden verfolgte; sie erhielt durch den Rückhalt des Seebundes mit der Flotte und der damit einhergehenden Kopplung mit dem offiziellen Kampf gegen Persien einen mächtigen Schub. Die militärische Sicherung von ressourcenstarken und strategisch wichtigen *empória* – gegen die Interessen anderer flottenmächtiger Polis wie Thasos, mit denen die Athener „wegen ihrer *empória* und der von ihnen betriebenen Bergwerke" (Thuk. 1,100) in Streit geraten waren – versprach Beute und Kontrolle der Handelsströme [ZACCARINI, Lame Hegemony, 112; zu Thasos ebd. 155 ff. und 235 ff. zum Seehandel]. Beides weist Parallelen zu den sowie Kenntnisse über die Methoden maritimer Mächte im Westen auf [vgl. Gelons Bitte um Unterstützung, wegen des Streites um *empória*, s. u. S. 252]. Thasos, Karien und Kilikien waren überdies bedeutende Sklavenlieferanten für Athen [ebd. 123; vgl. 147: „the rational behind these operations were principally economic"]. Die Ausweitung des maritimen Expansionsradius mit umgebauten Truppentransportern [Thuk. 1,14,3; Plut. Kim. 12,2; vgl. ZACCARINI, 241] auf Ziele in Pamphylien, Zypern und Ägypten deutet auf den

Politik Kimons

Versuch, ressourcenstarke Küstengebiete und Großinseln auch weiter im Landesinnern zu sichern, was jedoch zu katastrophalen Rückschlägen führte. Auch die in der Forschung gerne als Indiz für den Beginn der Reichsbildung in Anspruch genommenen Ereignisse – Verlegung der Bundeskasse, Kopplung der Tribute an die Aparché-Abgabe und ihre Einbindung in die Inszenierung der Athener Herrschaftsdominanz als Mutterstadt aller Ioner – sowie die religiösen und symbolischen Integrationsbemühungen [3.7: Smarczyk, Religionspolitik und Propaganda] „veränderte(n) den Charakter des Seebundes nicht, transformierte(n) ihn keineswegs in ein Seereich" [3.7: Flaig, Demokratischer Imperialismus, 46]. Mit ihnen wurden lediglich die organisatorischen und symbolpolitischen Konsequenzen aus einer kontinuierlichen Verschiebung der Kräfteverhältnisse zugunsten Athens gezogen; sie lagen ganz auf der Linie alter Machtansprüche. Bereits die Wahl von Delos als Bundesheiligtum und Stationierungsort der Bundeskasse war mit dem Hegemonialanspruch Athens verbunden, den Peisistratos gegenüber den Ionern erhoben hatte [1.5: Constantakopoulou, Dance of the Islands, 63 ff., 68 ff.; Zaccarini, Lame Hegemony, 107 mit Hdt. 1,64,3; Raaflaub, Arché, 107: seit Solon]. Generell empfiehlt S. Hornblower [1.2.3: Greek World, 15] hinsichtlich der Seebundpolitik Athens mit vollem Recht: „A better approach is to abandon the attempt to associate changes in the machinery of control with particular individuals or decades, and to look at its structure rather than its development."

Perikles' Außenpolitik

Die Ostrakisierung Kimons in Folge der innenpolitischen Wirrungen, die mit den Namen des Ephialtes und Perikles verbunden sind, hat an der aggressiven Ausrichtung der Athener Expansion nichts geändert [Zaccarini, Lame Hegemony, 203]. Die Gefallenenliste der Phyle Erechtheïs [1.10.3: OR Nr. 109 = HGIÜ I Nr. 53; Interpretation bei Zaccarini, Lista] „attests a wide ranging campaign in the eastern Mediterranean, which is hardly understandable from Thucydides' non linear arrangement" [Lame Hegemony, 211 f.]. Die Kriegslust Athens scheute auch vor Angriffen auf die Levante, neben Zypern das Herz der persischen Flottenrüstung, nicht zurück. Die bald nach Kimons Tod eingeleitete Verständigung mit Persien, der sog. Kallias-Friede [449; Zeugnisse in 1.10.1: Bengtson, Staatsverträge II Nr. 152; die Frage nach einem förmlichen, beurkundeten Vertragsinstrument ist obsolet; einen guten Forschungsüberblick bietet D. M. Lewis, 1.3: CAH V, 121–127], grenzte

Kallias-Friede

die jeweiligen maritim-territorialen Interessensphären beider Mächte voneinander ab (eine Parallele zu Vereinbarungen im westlichen Mittelmeerraum?) und leitete eine Verlagerung der athenischen Expansion ein, die auch darauf reagierte, dass in Ägypten eine Generation der erfahrensten Ruderer umgekommen war. Das vieldiskutierte, in seiner Datierung stark umstrittene „Münzgesetz" (oder „Münzdekret", s. o. S. 241) formalisierte – falls es in die Jahrhundertmitte zu setzen ist – bestehende Praktiken [4.1: BISSA, Intervention, 75]. Es sollte die Finanzierung der Expansionspolitik auf stabilere, von Beuteinnahmen unabhängigere Grundlagen stellen, indem es Zahlungseingänge verschiedenster Art durch Vereinheitlichung und Sicherungen (Versiegelungen) vor Ausfällen und Korruption schützte [3.7: SCHUBERT, Perikles, 107 ff.], ein Problem, mit dem jede Seemacht, auch bereits die Perser zu kämpfen hatten (s. o. S. 233).

Münzgesetz

Insgesamt scheint es demnach so, dass die Außenpolitik des Perikles etablierte Formen transformierte und geographische Ziele variierte, aber dem gleichen Anspruch verpflichtet war, Athens Vormacht auch auf Kosten Spartas zu erweitern und dessen Stellung innerhalb des Peloponnesischen Bundes (z. B. durch das Eingreifen in der Megaris) zu schwächen [ZACCARINI, Lame Hegemony, 209 f.; vgl. 3.7: FORNARA / SAMONS, Athens, 99: „As to the empire himself, Pericles was Cimon's heir."]. Sparta handelte demgegenüber meist reaktiv, nicht proaktiv. Versuche wie der des Pausanias, in den frühen 470er-Jahren am Hellespont ein Gegengewicht gegen die sich anbahnende ägäische Hegemonie der Athener aufzubauen [ZACCARINI, Lame Hegemony, 97], wurden nicht mehr unternommen, auch wenn einige spartanische Kreise sie befürworteten. Man verweigerte die Teilnahme an der ‚panhellenischen' Koloniegründung in Unteritalien (u. S. 251) und setzte auf militärische Stärke zu Land, was Athens ausgreifender Machtpolitik immerhin in Mittelgriechenland Schranken setzte. Erst als sich nach der Schlacht von Koroneia die Machtgewichte in Mittelgriechenland sowie auf Euboia und in Megara überraschend zu Ungunsten Athens verändert hatten und man eine direkte Konfrontation mit dem geschwächten Gegner riskieren zu können glaubte, griffen die Spartaner (ähnlich wie seinerzeit unter Kleomenes) selbst in Attika militärisch ein, zogen sich dann aber erneut aus nicht gänzlich geklärten Gründen wieder zurück. Die Bedeutung der für Athen und die Bildung des boiotischen Koinon wie

Spartas (Nicht-)Reaktion

des boiotischen Selbstverständnisses gleichermaßen wichtigen Schlacht von Koroneia ist von H. BECK [3.6 From Regional Rivalry to Federalism, bes. 54 ff; zum Schlachtfeld zudem J. Buckler, The Battle of Coronea] mit historischen Argumenten und Indizien gegen den Minimalismus des Thukydides hervorgehoben worden. Unklar bleibt nach wie vor die Verbindung mit den für Athen so gefährlichen oligarchischen Revolten auf Euboia und in Megara. Dass nach Thuk. 2,103,2 euboiische Exilanten bei Koroneia mitkämpften, mag (ebenso wie die Erfahrungen von 507) für eine Art konzertierte Aktion sprechen, die vielleicht zusätzlich durch die Kleruchienpolitik des Tolmides auf Euboia verstärkt wurde, „but we cannot say more than that" [HORNBLOWER, Commentary, 184, auch zu den Kleruchien]. K.-W. WELWEI, Athen, 120 relativiert deshalb die Folgen von Koroneia für die athenische Seeherrschaft, die „trotz der Erhebungen auf Euboia und Megara nicht erschüttert" und schließlich durch das energische Eingreifen des Perikles erneut gefestigt wurde.

Westpolitik des Perikles

Ein besonderes Diskussionsfeld bildet bis heute die sog. „Westpolitik des Perikles". Großgriechenland bot den Poleis der Halbinsel ein wichtiges Reservoir an Bauhölzern für Kriegsschiffe (Unteritalien) sowie Getreide (Unteritalien und Sizilien). Die gesamte Thematik der komplexen Interaktion zwischen den griechischen Siedlungsgebieten [3.7: MORRIS, Greater State, 107 f.] bedürfte einer eingehenden Studie. Zwar wird man heute auch aufgrund der Späterdatierungen inschriftlicher Zeugnisse wie der Verträge mit Segesta, Leontinoi und Rhegion [1.2.3: HORNBLOWER, Greek World, 14 f., 30] gegenüber der Vorstellung einer konsistenten und langfristig konzipierten Westpolitik Athens skeptisch sein. Immerhin gibt es genügend Quellenhinweise, dass der Westen spätestens seit dem Bau und Unterhalt stehender Flotten als potentieller Aktionsradius athenischer Hegemonialpolitik nie aus dem Blick geriet. Dass nach Herodot 8,62,2 gerade Themistokles, der Initiator des Flottenbauprogramms der Perserkriegszeit, den Anspruch Athens auf das zerstörte Siris in Unteritalien formuliert, seine Töchter Italia und Sybaris benannt sowie sich um gute Beziehungen zu Korkyra bemüht habe [Thuk. 1,136,1; vgl. 3.7: LEHMANN, Perikles, 297 Anm. 45], lässt darauf schließen, dass die Generation nach Themistokles ein solches Engagement für logisch und sinnvoll hielt. Tatsächlich dürfte bereits damals weitaus mehr Holz aus Unteritalien als aus dem persisch kontrollierten

Makedonien zum Triërenbau verwendet worden sein [4.1: Bissa, Intervention, 118; gegen die angenommene Abhängigkeit Athens vom makedonischen Holzexport auch 3.7: Psoma, Athenian Owls]. Das Interesse Athens steigerte sich, als in den 440er-Jahren Sizilien und Unteritalien an die Stelle Zyperns und Ägyptens als Lieferant von Holz bzw. Getreide treten mussten [ebd., 115] und zusätzlich der von Perikles direkt anvisierte Schwarzmeerraum bald ein Ziel von Flottenoperationen und vertraglich zu sichernden Einflussnahmen wurde. M. Zahrnt [Sicily and Southern Italy, bes. 635 f.] hat gegen den Trend zumal der angloamerikanischen Forschung gute Gründe angeführt, „that Athenian diplomatic activity in the West was more intense than many scholars admit". Die heute üblichen Spätdatierungen der inschriftlich überlieferten Verträge auf 432 schließen ja nicht aus, dass es bereits frühere Vereinbarungen und Kontakte gab. M. Zahrnt hält deshalb an der Frühdatierung von 443/42 fest; in diese Richtung tendiert auch 3.7: Rhodes, Democracy and Empire, 33. Die Sicherung des Ressourcennachschubes v. a. an Getreide und Bauholz [Thuk. 6,90,3 mit 1.2.3: Hornblower, Greek World, 30 f., 59] verband sich spätestens seit den 450er-Jahren („1. Peloponnesischer Krieg") mit militärstrategischen und handelspolitischen Konstellationen: Die sich verschärfenden Konflikte mit Korinth durch das Engagement in den westgriechischen Gewässern (Flottenfahrt des Tolmides) führten dazu, dass die Athener zu den westlichen Verbindungen der Korinther Gegengewichte aufzubauen suchten. Diese fand man in den Anführern der Sikeler, mit denen „Freundschaftsbündnisse" geschlossen wurden [Thuk. 7,1,4 zu Archonidas; 7,33,4 f. zu den Iapygern in Süditalien; vgl. Zahrnt, Sicily and Southern Italy, 635], aber besonders in vertraglichen Beziehungen zu solchen Poleis, die sich durch die syrakusanische Hegemonie bedrängt fühlten oder mit anderen Städten in Streit lagen.

Sicherung von Ressourcen

Nach wie vor kreisen Diskussionen um die Gründung der als „panhellenisch" deklarierten Apoikie Thurioi an Stelle des zerstörten Sybaris; s. knapp F. Frisone, Thourioi, 1.6.1: EAH 12, 6727–6729. Die Motive und Ziele der Athener sind in der Forschung umstritten, doch auch diese Aktion lässt sich in den allgemeinen Trend einfügen [3.7: Lehmann, Perikles, 176 f.]: Thurioi lag am Ausläufer des für sein Bauholz so gerühmten Silawaldes und belieferte Athen seit seiner Gründung nachweislich mit Material [1.2.3: Hornblower, Greek World, 59, auch zu den diskutierten Grün-

Thurioi

dungsmotiven; 4.1: Bissa, Intervention, 119]. Sparta verweigerte sich der Einladung zur Koloniegründung, und so konnte Athen gewissermaßen mit Zustimmung der griechischen Öffentlichkeit unter dem Motto eines panhellenischen Gemeinschaftsprojektes seine transmaritime Handlungsfähigkeit demonstrieren und sich zum ersten Mal als Hegemon sowie in Konkurrenz zu den Korinthern als koloniale „Mutterstadt" gerieren [Diodor 12,10 f.; Zahrnt, Sicily and Southern Italy, 635]. Sybaris hatte enge Verbindungen zu den kleinasiatischen Ionern unterhalten. Nimmt man die Verträge mit Leontinoi und Rhegion [1.10.1: Bengtson, Staatsverträge II Nr. 162 und 163; s. 3.7: Lehmann, Perikles, 323] sowie andere von Thukydides angedeutete Symmachien [3,86,3; Zahrnt, Sicily and Southern Italy, 635]. hinzu, dann verschaffte sich Athen direkte Einflussmöglichkeiten an der so wichtigen Seehandelsroute nach Sizilien und Unter- bzw. Mittelitalien.

Die Seemacht der Ägäis fädelte sich damit in die seit der Mitte des 6. Jahrhunderts im Westen entwickelte Methode von Hegemonialbildungen ein, die auf der Kontrolle von *empória* und Handelsrouten sowie der Markierung von Einflusssphären beruhte. Sie ging damit im Prinzip den Weg, den Gelon gewiesen hatte, als er 480 um Unterstützung bat mit der Aussicht, bei der Befreiung von *empória* „große Vorteile und Gewinne zu erzielen" (Hdt. 7,158,2; s. o. S. 247). Ähnliche Ziele verfolgten die Expeditionen des Perikles in den Pontosraum und nach Thrakien [4.1: Bissa, Intervention, passim]. In Unteritalien und Sizilien war die Gelegenheit günstig, weil der zeitweilige Verfall der Tyrannis ein Machtvakuum geschaffen hatte, das erst allmählich wieder gefüllt wurde und viele Poleis zu potentiellen Vertragspartnern erhob. Zusätzlich machten die ethnische Fragmentierung und geringe bürgerstaatliche Kohäsion der sizilischen Poleis [3.7: Morris, Greater State, 159 ff.] diese anfälliger für aristokratische Ränkespiele und Einflussnahmen von außen. Die Athener konnten an diese Möglichkeiten andocken und haben sie soweit genutzt, wie es die Entwicklung auf der griechischen Halbinsel zuließ. Dass hieraus imperiale Begehrlichkeiten erwachsen konnten, lässt sich an den mit unterschiedlichem Aufwand betriebenen Sizilien-Expeditionen der 420er- und 410er-Jahre ablesen [1.2.3: Hornblower, Greek World, 161 und 168 ff.]. G. A. Lehmann [3.7: Perikles, 323 Anm. 23] verweist auf die (nicht erhaltene) Komödie „Thuriopersai" des Me-

<small>Athens Sizilienpolitik</small>

tagenes, in der das Land von Thurioi offenbar als Schlaraffenland geschildert wurde, ähnlich wie später Sizilien.

Einen guten Überblick über die sizilischen Machtverhältnisse, der auch die Entwicklungen einzelner Poleis berücksichtigt, bietet D. ASHERI, Sicily 478–431 B. C., in: 1.3: CAH V, 147–170. Die Gründe für den Sturz der Tyrannen sind weithin unstrittig. Weniger einheitlich ist die kategoriale Einordnung der politischen Ordnungen, die in der Folge in den ‚befreiten' Poleis entstanden. Vor einer zu schnellen Kategorisierung der nachtyrannischen Verfassungen als ‚Demokratien' warnt F. DE ANGELIS [3.9: Greek Sicily 173, 193] und plädiert für die Annahme einer oligarchischen Regierungsform [174, s. o.]. Die Aussöhnung zwischen Alt- und Neubürgern gelang auch deshalb, weil die sizilischen Städte eine lange Tradition der ethnischen Mischung kannten und somit aufgeschlossener waren für die Integration von Neubürgern. In Naxos und Himera kam es zur „re-emergence of the old clan order" [ebd., 194]; das mächtige Akragas wurde nie eine Demokratie. Wichtig ist die Erkenntnis, dass zwar im Zuge der Kämpfe einerseits viele Küstenpoleis zunächst ihre Autonomie wiedererlangten – was sie zugänglich machte für vertragliche Beziehungen (s. o.) –, andererseits Syrakus an das imperiale Erbe der Tyrannen anknüpfte; vgl. 3.9: DE ANGELIS, Greek Sicily, 117; ASHERI, CAH V, 166: „Imperial ambitions were aroused along with the rise of democracy, as usually occured in ancient maritime city states." Viele ostsizilische Städte, die zur deinomenidischen Herrschaft gehört hatten, wurden tributabhängig gemacht und in ein syrakusanisches Bündnissystem (mit Erhebung des Zehnten zur Bezahlung von Flotte und Mannschaft) integriert [ebd., 199 f.].

Innersizilische Machtverhältnisse

4.5 Der Peloponnesische Krieg (431–404)

Der Peloponnesische Krieg ist als Ereigniskomplex eine Erfindung des Thukydides (s. o. 1.1.2). Dieser spricht vom „Krieg der Peloponnesier und der Athener"; die heute gängige Bezeichnung, abgeleitet vom Hauptschauplatz in der ersten Phase, ist erst seit dem Späthellenismus sicher belegt. Jede Analyse muss sich so immer auch mit der Intention und Arbeitsweise dieses Historikers beschäftigen, der in der Antike keine Nachahmer gefunden hat, doch seit dem 19. Jahrhundert vor allem wegen seiner unge-

Thukydides und der Peloponnesische Krieg

schminkten Sicht auf menschliches und staatliches Machtstreben sowie die hiermit zusammenhängenden militärstrategischen Phänomene, daneben auch wegen seiner strengen und sachgerechten, dabei explizit reflektierenden Methode als Muster und Lehrwerk geschätzt wird [dazu K. Meister, Thukydides als Vorbild der Historiker, 2013; N. Morley, Thucydides and the Idea of History, 2014]. Unentbehrlich zum Verständnis ist der dreibändige „Commentary on Thucydides" von S. Hornblower. Angloamerikanische Autoren konzentrieren sich nach wie vor auf eine Rekonstruktion der militärpragmatischen Phänomene [Hanson, War; detailliert und faktengesättigt: Lazenby Peloponnesian War; essayistischer Roberts, Plague of war]. Sie ersetzen in mancher Hinsicht die voluminöse (4 Bände!), bisweilen unkritische und redundante Darstellung des Militärhistorikers D. Kagan [Kurzfassung: ders., The Peloponnesian War, 2003] und versuchen die Lücken zu füllen, die Thukydides hinterlassen hat, durch seine Konzentration auf bestimmte Aspekte sowie die missliche Tatsache, dass sein Werk mit dem Sommer 411 abbricht.

Analogien und Psychohistorie

Groß war und ist der Reiz, die thukydideische Sicht von Macht und Militärpragmatik mit modernen Kriegsszenarien zu konfrontieren; vgl. in diesem Sinn instruktiv die Beiträge in MacCann [War and Democracy], die auf verschiedenen Ebenen den Peloponnesischen Krieg mit dem Koreakrieg vergleichen. Ein Versuch im Sinne der in den USA lebendigen Psychohistorie aus der Feder des Vietnam-Veteranen L. A. Tritle sucht – frühere Ansätze am Beispiel Homers fortführend [J. Shay, Achill in Vietnam. Kampftrauma und Persönlichkeitsverlust, 1998] – die militärstrategische Perspektive durch eine anthropologische zu erweitern, indem er durch eine Interpretation von Attischen Dramen aus der Kriegszeit den Traumata und Ängsten nachspürt, denen die Menschen im Krieg ausgesetzt waren; vgl. seine „New History of the Peloponnesian War". Leider werden dabei die methodischen Prämissen und Probleme, besonders die im Vergleich zu den zeithistorischen Ego- und medizinischen Dokumenten sehr trümmerhafte Quellenlage, nicht hinreichend diskutiert. Auf sicherem Boden steht dagegen die Darstellung von W. Will [Athen oder Sparta], die zwar neben Thukydides ebenfalls Zeugnisse der dramatischen Aufführungen benutzt, jedoch nicht, um in die Seele des Soldaten im Angesicht der Schlacht zu blicken, sondern um die Stimmungen und Spannungen innerhalb der athenischen Gesellschaft in der Zeit militärischer Dauerbelastung herauszuarbeiten.

Neben dem chronologisch angelegten Generalnarrativ bilden Biographien bedeutender Feldherren und Politiker eine beliebte Variante historischer Analyse. Sie können aus zwei Gründen instruktiv sein: Erstens zeigen sie, wie Thukydides das Handeln von Individuen mit den sein Werk bestimmenden makrohistorischen Faktoren (auch in Abgrenzung zu den episodenhaften Erzählungen Herodots) verknüpfte. Diese Aufgabe barg im Rahmen einer Zeitgeschichte andere Herausforderungen als bei der Darstellung länger vergangener Großereignisse (wie die Perserkriege Herodots). D. GRIBBLE [3.7: Alcibiades and Athens, 167–169] spricht am Beispiel des Alkibiades von „actors of focus", deren „contingently influential character" das Narrativ organisiert, indem sie historische Ereignisse wesentlich beeinflussen und deren „general factors" offenbaren. Zweitens kreisen alle modernen Biographien – implizit oder explizit – um das klassische Problem des Verhältnisses zwischen (in der Regel aristokratischem) ‚Individuum' und Polis-Gemeinschaft (o. 2.5). Dieses war zumal in der ‚imperialen' Demokratie besonders heikel und erzeugte auf dem Feld der Außen- und Kriegspolitik dialektische, sich in verschiedene Richtungen entfaltende Energien: Auf der einen Seite beeinflussten die aristokratischen Verbindungen von Männern wie Alkibides, Perikles und Nikias nicht nur die Richtung der Außen- und Expansionspolitik, sie waren auch – das gilt für Sparta ebenso [3.4: BALTRUSCH, Polis und Gastfreundschaft, s. o. S. 224 f.] – unentbehrliche Hilfsmittel expansiver Politik, wenn es etwa galt, persische Hilfen zu organisieren oder Unterstützung im Feindgebiet zu aktivieren [3.7: GRIBBLE, Alcibiades and Athens, 82–89]. Auf der anderen Seite sprengten solche Aktivitäten, wenn sie sich konsequent mit dem Habitus und Machtanspruch des an homerischen Idealen orientierten ‚starken Mannes' verbanden, die von der Polis vorgegebenen Handlungsspielräume; deshalb flüchteten sich so viele allzu erfolgreiche Feldherren (nicht nur Athens) nach Persien, wo man ihre Kenntnisse zu schätzen wusste und gewohnt war, mit deren Ansprüchen umzugehen.

Biographien

Individuum und Gemeinschaft

Die komplexen Formen der (aristokratischen) „ritualized friendship" als wesentliche Grundlage einer zwischen außen und innen nicht scharf unterscheidenden Polispolitik sind untersucht; vgl. G. HERMAN [2.6: Ritualized friendship] und die Hinweise bei E.

BALTRUSCH [3.4: Polis und Gastfreundschaft, 166 ff.]; eine umfassende Arbeit, die das komplexe Gefüge von Chance und Risiko des aristokratischen Aktionismus auf die Außen- und Kriegspolitik des 5. Jahrhunderts überträgt und mit den ambivalenten Verhältnis zu Persien verbindet, ist jedoch ein Desiderat [instruktiver Überblick bis 479 bei 4.3: RUBERTO, Gran Re]. Biographische Monographien zu den großen Athener Persönlichkeiten – an erster Stelle Perikles und Alkibiades (Kap. 3.7) sowie Nikias – neigen dazu, auf der einen Seite „Lichtgestalten" wie Perikles kritisch zu prüfen und umgekehrt einseitig bzw. retrospektiv negativ beurteilte Politiker und Feldherren wie Nikias zu ‚rehabilitieren' [so 3.7: GESKE, Nikias]. Es fehlt eine moderne Studie zu Kleon. Ferner hat die traditionell auf Athen konzentrierte Perspektive bisher Biographien zu den bedeutenden spartanischen Offizieren und Generälen, insbesondere Brasidas und Gylippos verhindert. Für die in der letzten Phase des Krieges so zentrale Figur Lysander ist man nach wie vor auf die gründliche Studie von D. LOTZE [Lysander] angewiesen.

Einzelne Köpfe

Stetig und intensiv werden zentrale Teilprobleme des Peloponnesischen Krieges diskutiert, auch wenn kaum noch grundlegend neue Gesichtspunkte ans Licht kommen. Das gilt etwa für die immergrüne Frage nach den Entstehungsgründen des Krieges. Sie wurde von Thukydides bekanntlich in die so folgenreiche Unterscheidung zwischen „tieferer oder wahrster Ursache" und „äußeren Anlassen" oder besser: „Streitpunkten" aufgeteilt [luzide Einführungen: 1.11: MEISTER, Interpretation, 62; CAWKWELL, Thucydides, 20–39]. Bezüglich der „Ursachen" haben sich in der Forschung seit den 1970er-Jahren drei Grundpositionen herausgeschält: Die erste folgt weitgehend der thukydideischen Deutung und sieht in dem Machtaufstieg der Athener seit dem Ende der Perserkriege den entscheidenden Grund, der Sparta zum Krieg „zwang", bevor es zu spät war. Eine andere, vehement in den 70er-Jahren von DE ST. CROIX [Origins] vertretene Richtung sieht in Sparta diejenige Macht, die gezielt die Konfrontation mit Athens Seebund ansteuerte, um nicht nur die eigene Hegemonie zu sichern, sondern diese auch in der Tradition spartanischer Interventionen nach Mittelgriechenland auszuweiten. Eine dritte Gruppe von Forschern glaubt, dass Athen nicht nur einen Entscheidungskampf um die Macht in Griechenland in Kauf nahm, sondern ihn auch gezielt herbeiführte. Perikles wird unter dieser

Ursachen und Anlässe

Perspektive zum Kriegstreiber, der auch aus innenpolitischen Gründen seine Mitbürger vom Erfolg und Nutzen einer militärischen Auseinandersetzung überzeugte [Cawkwell, Thucydides, 25 f.].

Alle drei Positionen können sich auf plausible Indizien und Quellenbelege berufen, die in Einzelfällen über das Zeugnis des Thukydides hinausgehen und z. B. die zeitgenössischen Komödien des Aristophanes einbeziehen. Allerdings hat sich in den letzten Jahrzehnten doch eher die Meinung durchgesetzt, dass die aggressive Athener Außenpolitik der treibende Faktor gewesen war, während Sparta den Blick auf die Sicherung der Peloponnes richtete und von prominenten Mitgliedern des Peloponnesischen Bundes, die von der Ausweitung der Politik Athens seit den 450er-Jahren bedrängt wurden (allen voran Korinth), von einer militärischen Reaktion überzeugt werden musste – was immerhin eine markante Wendung gegenüber dem Agieren kurz nach den kleisthenischen Reformen implizieren würde; s. o. 225. Wenn man dem angesprochenen Trend der jüngeren Forschung folgt, dass nämlich der ‚Imperialismus' Athens viel längerfristig angelegt war und die Spannungen mit Sparta einen dauernden Faktor der innergriechischen Politik seit Kleisthenes bildeten, dann gewinnen die sog „Anlässe" oder „Streitpunkte" (*aitíai* und *disphoraí*, 1,23,5) ein größeres Gewicht, als der vorgeblich so weitreichende Blick des Thukydides ihnen zugestehen mochte. Nicht von ungefähr ergaben sich die drei aufgeführten Konfliktherde – Epidamnos/Kerkyra, Potideia und Megara – sowie die von Thukydides nicht erwähnte Athener Intervention auf Aigina [Cawkwell, Thucydides, 28–30] aus einer Generallinie aggressiver Hegemonialpolitik, die Athen eben nicht erst in den 440er-Jahren verfolgte. Sie lagen sämtlich an strategisch und handelspolitisch hoch bedeutsamen Knotenpunkten zentraler Seehandelsrouten und naturalmaterieller Ressourcen: den Silber- bzw. Goldvorkommen der Nordägäis- und der Adriaküsten, den Holzvorkommen Makedoniens und Thrakiens sowie (jenseits der Straße von Otranto) des Silawaldes [alle Hinweise ausgewertet bei 4.1: Bissa, Intervention]. Insofern reihen sich die Konfliktherde in einen gesamtmediterranen Kontext außenpolitischer Hegemonialbildungen ein, die im Westen bereits im 6. Jahrhundert auf die Kontrolle von *empória* und dem Zugriff auf naturale Ressourcen zielten (s. o. S. 247). Unter dieser Perspektive gewinnt auch das Megarische Psêphisma

Neugewichtung der „Anlässe"

als hegemoniales Instrument eine neue Bedeutung, die grundsätzlich auch von Thukydides nicht geleugnet werden konnte [1.11: MEISTER, Interpretation, 68 f.]. Wenn die Megarer „von den Häfen im Herrschaftsbereich der Athener und vom attischen Markt ausgeschlossen werden" sollten (Thuk. 1,67), so erscheint dies zunächst tatsächlich als ein „ein bisher ungekannter Eingriff in die Aufrechterhaltung regionaler Ordnungen" [2.6: BALTRUSCH, Außenpolitik, 51]. Unter gesamtmediterraner Perspektive ist es aber ‚nur' eine Variante maritimer Handels- und Hegemonialpolitik, welche z. B. bereits die Karthager in Bezug auf ihre nordafrikanisch-sardinischen Besitzungen gegenüber dem etruskischen bzw. republikanischen Rom vertraglich angewandt hatten; vgl. Polyb. 3,22,9; 24,11: „In Sardinien und Libyen soll kein Römer Handel treiben oder eine Stadt gründen." In beiden Fällen dienten die Maßnahmen dazu, ein auf *empória* und Handelskontrolle gestütztes *mare clausum* zu errichten, und dieses Ziel wurde nun von Athen auf die Konfliktsituation der 430er-Jahre hin konkretisiert: Das Psephisma zielte darauf, das aufstrebende Korinth als neuen Hauptkonkurrenten Athens auf dem Meer von der für den Bau von Kriegsschiffen notwendigen Zufuhr mit Bauholz abzuschneiden sowie die Abwerbung von Ruderern zu verhindern. Dass aus diesen Bestrebungen, einseitige Kontrolle über die *empória* auszuüben, militärische Großkonflikte entstehen konnten, zeigt nicht nur der Beginn des Peloponnesischen Krieges, sondern auch die vielzitierte Bitte Gelons von Syrakus (o. S. 252), ihn im Kampf gegen Karthago zur Befreiung der *empória* zu unterstützen, wodurch große Vorteile und Profite zu gewinnen seien (Hdt. 7,158).

Vor diesem Hintergrund war es nicht mehr allein und in erster Linie Sparta, das die Athener Machtausdehnung einzudämmen suchte. Die Ausweitung der griechischen Machtpolitik auf das Meer hatte dazu geführt, dass mit Korinth (und seinen ‚kolonialen' Beziehungen) ein Vertreter der „dritten Mächte" [„third forces": G. CRANE, Case of Plataea], deren Ambitionen der Dreißigjährige Frieden nicht berücksichtigt hatte, zu einem treibenden Faktor transregionaler Konflikte wurde [1.11: MEISTER, Interpretationen, 63 ff.; ROBERTS, Plague of War, 70 f.]. Gerade vor diesem Hintergrund wäre es geboten, das nach wie vor auf die beiden Hauptprotagonisten konzentrierte Szenario durch die Analyse anderer Mächte zu ergänzen, darunter auch Thebens und seines

Boiotischen Bundes, die mit dem Machtaufstieg Athens nicht erst in den 430er-Jahren konfrontiert waren.

Was die militärische Ausgangslage und die beiderseitigen Strategien angeht, so ist zu Recht mehrfach darauf hingewiesen worden, dass es verfehlt wäre, den Spartanern eine rein territorial-offensive, den Athenern eine zu Lande defensive, rein maritim orientierte Kriegspolitik zu unterstellen [z. B. SPENCE, Perikles and the Defence of Attika; HUGH HUNTER, Cavalry Strategy; SCHUBERT / LASPE, Perikles' defensiver Kriegsplan]. Perikles schickte immerhin neben der Flotte 10 000 Hopliten mit 3 000 Metöken und einer großen Zahl von Leichtbewaffneten nach Megara – das größte Landheer, das Athen jemals aufgeboten hatte [ROBERTS, Plague of War, 79]. Diese Kraftanstrengungen waren jedoch offenbar nur für die Anfangsjahre eines von beiden Seiten als recht kurz geplanten Krieges möglich – auch Athens Reserven waren auf maximal drei Jahre hin kalkuliert [ebd., 72]. Schon vor der ‚Pest', welche die Bevölkerung Athens möglicherweise um bis zu einem Drittel reduzierte, pendelte sich eine aus der allgemeinen Struktur der athenischen Herrschaft im Seebund abgeleitete „island strategy" [ebd., 110] ein; sie konnte den durch die „Langen Mauern" und die Flottenhoheit gesicherten Rückzug in das Festungsdreieck [dazu ausführlich CONWELL, Connecting a City] jederzeit mit offensiven Expeditionen verbinden. Gleichermaßen war Sparta gezwungen, seine auf die Zermürbung der gegnerischen Ressourcen in Attika konzentrierte Politik spätestens nach der Niederlage auf der Insel Sphakteria aufzugeben und größerräumige Strategien zu Lande und zu Wasser zu wagen; die Expedition des Brasidas ist in dieser Hinsicht eine immer noch zu wenig gewürdigte Initiative mit weitreichenden Folgen.

Strategien

Unter den Kriegsszenarien der zweiten Phase nach dem Nikiasfrieden ragt die (dritte) sizilische Expedition der Athener heraus. Sie bildet eine „case study for the state of Greek military practices and technology in the late fifth century" [BRICE, Athenian Expedition, 623], und zwar nicht nur deshalb, weil Thukydides in ihr den Umschwung (Peripetie) des Krieges gesehen hat, sondern auch – das wird häufig vergessen – weil sein Text die dahin ausführlichste Darstellung einer großen maritimen Expedition ist. Dementsprechend haben sich die Gelehrten zum einen mit der literarischen Gestaltung des sich über zwei Bücher hinziehenden Geschehens beschäftigt und die Bewertung des Ereignisses als

Sizilische Expedition

kriegsentscheidende Wende einer kritischen Prüfung unterzogen. Diese fällt selten zu Gunsten des Thukydides aus. Athen konnte trotz des Verlustes an erfahrenen Ruderern, des zeitweiligen Rückganges der Tribute und des Rückzuges mancher *sýmmachoi* – wie nach der Ägyptenkatastrophe! – eine neue Flotte bauen und den sich hinziehenden Krieg weithin erfolgreich gestalten. Ein wesentlicher Faktor der athenischen Niederlage, nämlich die finanzielle und politische Unterstützung der Spartaner durch Persien, wird dagegen von Thukydides eher unterbelichtet, obwohl er die Verträge auflistet.

Neben der historischen Einordnung des Geschehens stand aufgrund der ungewöhnlich dichten Schilderung des Thukydides die militärpragmatische Seite im Blickwinkel der Forschung [BRICE, Athenian Expedition]. Dass der Hauptgrund für die Niederlage der Athener letztlich politischer Natur war, nämlich die Fehleinschätzung der Verbündeten in Süditalien und Sizilien sowie, hiermit zusammenhängend, die unzureichende Ausstattung mit kampfstarken Reiterverbänden (die man von jenen erwartete), ist weitgehend akzeptiert [1.2.3: HORNBLOWER, Greek World, 174; BRICE, Athenian Expedition, 625]. Unklar und wohl nie restlos zu klären sind die Motive und Kriegsziele der Athener [Diskussion bei 1.2.3: SCHULZ, Athen und Sparta, 111–115; 1.2.3: HORNBLOWER, Greek World, 169f. 172, mit Betonung der materiellen Motive]. Das Verstehen wird durch die Tatsache verkompliziert, dass schon die drei führenden Strategen nicht nur in der beschlussfassenden Volksversammlung unterschiedliche Konzepte vertraten, sondern diese Differenzen auch in die erste Phase der Expedition hineintrugen. Immerhin zeigen die Diskussionen, inwieweit die Tradition der bereits vorher gen Westen gerichteten Expansionspolitik der Demokratie mit dem potentiell alle Grenzen sprengenden Streben nach Ehre (*philotimía*) des Aristokraten Alkibiades konvergieren konnte. Die Sizilienexpedition ist so einerseits folgerichtiges Glied einer langen Kette expansiver Weiterungen, andererseits Höhepunkt einer für griechische Verhältnisse singulären Dynamik, die selbst von den so ambitiösen und ressourcenstarken Unternehmungen der sizilischen Tyrannen nicht erreicht wurde.

5 Neue Machtkonstellationen und Transformationen des Politischen (400–322)

5.1 Neue Konflikte, alte Fronten und der Wiederaufstieg Persiens bis zum Königsfrieden

Mit der Niederlage Athens endete ein halbes Jahrhundert maritimer Hegemonie („das Jahrhundert Athens"), die in Sparta und dem Peloponnesischen Bund ihren Widerpart hatte. Die meisten Forscher vermuten, Sparta habe aus machtpolitischem Kalkül die von Theben und Korinth geforderte Zerstörung der Stadt verhindert [z. B. 3.4: CARTLEDGE, Agesilaos, 275 f.; 3.4: WELWEI, Sparta, 267]. Anstelle eines Machtvakuums, in das vor allem Theben hätte hineinstoßen können, erreichte Sparta das, was es seit den Perserkriegen erstrebt hatte: ein seiner Seemacht und Verteidigungsfähigkeit (nur die Stadtmauer, der *períbolos*, blieb unangetastet; Xen. Hell. 2,4,37) sowie seines Seebundes beraubtes Athen, das Mitglied des Peloponnesischen Bundes werden musste [1.2.3: RHODES, History, 159; 3.4: WELWEI, Sparta, 267; 1.10.1: BENGTSON, Staatsverträge II, Nr. 211]. Demgegenüber hat sich die These von A. POWELL [Why did Sparta; weitere Überlegungen bei LOTZE, Lysander, 45 f.], wonach die spartanischen Behörden eine Zerstörung und Plünderung Athens ablehnten, weil das dem siegreichen Lysander zu große finanzielle Mittel an die Hand und dessen Einfluss in Sparta unkontrollierbar gesteigert hätte, als Generalerklärung nicht durchsetzen können, auch wenn sie die Richtungskämpfe ins Gedächtnis ruft, die mit der Politik Lysanders (und jeder größeren außen- und kriegspolitischen Entscheidung in Sparta) verbunden waren.

Die Niederlage Athens

Thukydides hat über das Ende des Krieges nicht mehr berichtet; sein Werk bricht im Jahr 411 ab. Als Fortsetzer verstand sich Xenophon, der in Buch I–II,9 der *Helleniká*, kompositorisch angelehnt an Thukydides, die sieben Jahre bis zur Niederlage Athens und danach unabhängiger von den Vorgaben seines Vorbildes die Zeit bis zur Schlacht von Mantineia (362) behandelt. Vorzüge (realistische Pragmatik, militärische Sachkenntnis), Neuerungen (z. B. im Bereich der Reden), Eigenarten („Spartan viewpoint") und Auslassungen (z. B. Persien, Seekrieg um Kleinasien, Zweiter Seebund, institutionelle Strukturen) seiner Darstellung sind oft be-

Veränderte Quellenlage – Xenophon

handelt worden. Anders als seine Vorgänger verzichtete Xenophon (wie in der „Anábasis") auf eine Vorrede (Proömium); entsprechend unterschiedlich werden Charakter und Zielsetzungen der „Helleniká" beurteilt. Unbestritten bildet „leadership" (von Personen und ‚Staaten') in der innerstädtischen Politik und im Felde einen zentralen Angelpunkt seiner Darstellung [Marincola, Xenophon's Anabasis and Hellenica, 108–112; Flower, Xenophon as Historian, 307, beide in: 1.10.2: Cambridge Companion to Xenophon]. Während jedoch V. Gray das Vorbild Herodots betont und zu zeigen sucht, dass Xenophon weniger an machtpolitischen Entwicklungen als an den „ethical qualities" von Personen und Städten interessiert war, erkennen C. Tuplin und J. Dillery das zentrale Anliegen darin, die Fehlentwicklungen von Hegemonialbemühungen und imperialer *arché* aufzuzeigen [Tuplin, Failings] und – hieraus abgeleitet – für eine „new form of leadership" zu plädieren, die nicht auf Ausbeutung und Gewalt, sondern „on the goodwill of others" beruht [Dillery, Xenophon, 248].

Noch größer sind die Differenzen in Bezug auf den Quellenwert der „Helleniká"; M. A. Flower [wie eben, 112] urteilt resigniert: „Given the current state of evidence, it is not possible to settle this issue definitevily." Ein Großteil der angloamerikanischen Forschung hält daran fest, dass Diodor bzw. der von ihm über mindestens eine Zwischenquelle (Ephoros) benutzte Autor der „Hellenika von Oxyrhynchos" „represents a tradition independant of and preferable to Xenophon" [S. Hornblower, Sources, in: 1.3: CAH VI, 5 f.], weshalb diese als Korrektiv der xenophontischen „Helleniká" dienen kann. Demgegenüber hat B. Bleckmann [Athens Weg] durch detaillierte Quellenvergleiche nachzuweisen gesucht, dass die Vorlagen Diodors die knappe und lückenhafte Darstellung Xenophons lediglich ausgeschmückt, umgestaltet und umgedeutet haben, ohne eigene *histôríe* zu betreiben; der Text Diodors bilde dementsprechend ein spätes literarisches Konstrukt, das nicht gegen oder ergänzend zu Xenophon in Anschlag gebracht werden dürfe. Für die Verhältnisse in Sizilien und Italien benutzte Diodor dagegen neben Ephoros in erster Linie [Bleckmann, Athens Weg, 35] die „Historien" des bedeutendsten westgriechischen Historikers Timaios von Tauromenion (ca. 350–260), der sein Werk rhetorisch ausschmückte, sich aber dem Wahrheitspostulat des Thukydides verpflichtet fühlte, ferner die „Sikeliká" des Philistos von Syrakus, so dass seine diesbezüglichen Partien zur Rekon-

Keine Alternativtradition zu Xenophon

struktion der Verhältnisse genutzt werden können [1.10.2: MEISTER, Geschichtsschreibung, 68f., 131f., 171f.; LEWIS, Sicily, in: 1.3: CAH V, 121–124; SANDERS, Dionysius I; HORNBLOWER, Sources, in: 1.3: CAH VI, 8–10]. Zu den Quellen des 4. Jahrhunderts, besonderes den attischen Rednern und Publizisten sowie dem gegenüber dem 5. Jahrhundert stark anwachsenden inschriftlichen Material [1.10.3: RO], bietet S. HORNBLOWER [Sources, in: 1.3: CAH VI, 2–23] einen einführenden Überblick.

Das spektakulärste Phänomen der Griechischen Geschichte nach der Niederlage Athens bildet die Ausweitung der spartanischen Herrschaftspolitik, die für viele Forscher „a strongly imperialistic line" folgte und in ein „'Second' Spartan Empire" mündete [3.4: CARTLEDGE, The Spartans, 209; vgl. 1.2.3: RHODES, History, Kap. 19]. Die meisten Standardwerke beschränken ihre Perspektive auf den Raum des ehemaligen Seebundes und stellen die Aktivitäten Lysanders und des Königs Agesilaos II. sowie die mit ihren Aktivitäten verbundenen Konkurrenz- und Richtungskämpfe ins Zentrum des Interesses. S. HORNBLOWER suchte dagegen eine spartanische „Weltpolitik" zu rekonstruieren, die „all four points of the compass" umfasste [1.2.3: Greek World, 225]. Die Belege sind freilich dünn – für expansive Interessen in Ägypten müssen neben einer späten Gesandtschaft (Diod. 14,79,1) Lysanders Besuch des Ammon-Orakels und der Name seines Bruders (Libys) herhalten; diese lassen auf familiäre Bindungen, aber schwerlich auf gezielte „directions of penetrations" (sic!) schließen. Desgleichen ähneln die Einzelunternehmungen spartanischer Heerführer in Sizilien (Dexippos, Aretes, Pharax) den Expeditionen in der Archaik. Sie waren auch das Ergebnis einer sich – nicht zuletzt durch die Ausweitung des Söldnerwesens [LEWIS, Sicily, in: 1.3: CAH VI, 131–133] – verstärkenden Interaktion zwischen Sizilien und dem östlichen Mittelmeerraum [1.2.3: HORNBLOWER, Greek World, 224] und wurden mit der Entsendung syrakusanischer Trieren in die ionischen Gewässer (Thuk. 8,26,1; 28,2; Xen. Hell. 1,2,10; 5,1,26) sowie mit Kontakthilfen und Informationsübermittlung vergolten (Thuk. 8,29, 45, 85; Xen. Hell. 3,4,1). Die spartanische Außenpolitik war vielgestaltig, doch sie scheint sich auch im 4. Jahrhundert – wie G. E. M. DE STE. CROIX [4.5: Origins 89–166] und P. CARTLEDGE [3.4: Agesilaos, 34–54, 77–98, 116–138, 242–273] betonen – von den Methoden der Athener erheblich unterschieden zu haben. Einzelne Spartaner drangen zwar in Aktionsräume vor, die bereits Ob-

Spartanische Hegemonialpolitik

Spartanische ‚Weltpolitik'?

jekte des athenischen Imperialismus gewesen waren, um finanzielle Gewinne zu erzielen und Kontakte zu knüpfen – einer gezielten Expansion (etwa in Form von Kleruchien) standen jedoch in Sizilien die Syrakusaner und in Ägypten die gegen Persien rebellierenden Einheimischen entgegen.

Probleme Spartas in der Ägäis

Während Sparta in jenen Räumen eher sporadisch und mit geringem militärischen Aufwand reagierte, war man im Osten gezwungen, das durch die Auflösung des Seebundes geschaffene Machtvakuum aktiv zu füllen. Das von Lysander initiierte und aus der Kriegssituation geborene [3.4: Welwei, Sparta, 270 f.] „duale" System von militärischer Stationierung (Harmosten) und innenpolitischer Umgestaltung („oligarchische" Dekarchien oder Dekadarchien) bewährte sich nicht – die kleinasiatischen Dekarchien wurden vor 397 beseitigt –, da es eine unkontrollierbare Quelle individueller Bereicherung und Korruption [3.4: Welwei, Sparta, 275; Lewis, Sparta as Victor, 40 f.] darstellte, zumal wenn die Posten von Vertrauten der Kommandeure besetzt wurden. Dies sowie das längerfristige Engagement jenseits der Ägäis hatten nicht nur Rückwirkungen auf die innerspartanische Ordnung [Asmonti, Conon, 25, 99–101: Lysander versuchte eine Reform des Königtums], sondern auch auf die Gestaltung der transägäischen Kriegspolitik. Der Mangel an geeignetem Personal verhinderte effektive Kontrollen und Ressourcenerhebungen in Form eines weitgefächerten Funktionärsapparates [3.4: Welwei, Sparta, 270; Lewis, Sparta as Victor, 24]; Harmosten und Könige neigten stattdessen dazu, vor Ort potentielle Bündner wie abhängige Heloten zu behandeln [ebd., 25] und sich Gelder zur Bezahlung der Truppen durch ausgedehnte Plünderungen auch von griechischen Poleis zu verschaffen. All dies verschob das (ohnehin unausgeglichene) Ressourcenverhältnis gegenüber den zu Hause Gebliebenen und widersprach dem Autonomieversprechen, das allerdings bereits in den Verträgen mit Persien aus den Jahren 412/11 missachtet worden war. Vielleicht erhoffte man in dem Jüngeren Kyros einen Herrscher zu finden, mit dem ein für beide Seiten tragfähiger Kompromiss auszuhandeln war [3.4: Welwei, Sparta, 277]; dies mag auch der Grund gewesen sein, weshalb man dessen Rebellion halboffiziell unterstützte [Xen. Hell. 3,1,1; 1.2.3: Hornblower, Greek World, 220]. Doch als dieser auf dem Schlachtfeld von Kunaxa starb und Tissaphernes als neuer Karanos die kleinasiatischen Griechenstädte beanspruchte, war Sparta gezwungen, militärisch jenseits der Ägäis aktiv zu werden.

Einen Höhepunkt der Kampagnen bildete der mit größerem (auch propagandistischen) Aufwand betriebene Feldzug des Agesilaos II. Bis heute ist nicht klar, mit welchen Zielen und welcher Motivation der König aufbrach. Muss man seine in Aulis vorgenommene Opferung sowie die Tatsache, dass sein Heer nur aus Söldnern und Bündnern des griechischen Festlandes bestand [1.2.3: RHODES, History, 243], dahin deuten, dass er [wie seine Vorgänger, Xen. Hell. 3,1,3–4; vgl. 1.2.3: HORNBLOWER, Greek World, 220] nicht nur einen panhellenischen Feldzug zur Befreiung der ionischen Poleis, sondern zur Eroberung Persiens plante? Ist sein Unternehmen eine aus der Erfahrung des Erfolges der 10 000 Söldner Xenophons geborene Vorwegnahme des Alexanderzuges? Immerhin hatte ein Großteil der Söldner, die mit Kyros bis an den Euphrat vorgedrungen waren, Aufnahme in die spartanischen Expeditionsarmeen gefunden [1.2.3: RHODES, History, 242]. Der intensive Kontakt mit den benachbarten Satrapen mag ferner darauf hindeuten, dass Agesilaos auf eine erneute, die Eroberung erleichternde Rebellion hoffte [HAMILTON, Agesilaos and the Failure, 100] oder zumindest plante, eine Art Puffer lokaler Dynasten und rebellierender Satrapen zwischen dem von Sparta kontrollierten Küstenraum und dem Persischen Reich herzustellen [SEAGER, Agesilaos; HORNBLOWER, Persia, in: 1.3: CAH VI, 69]. Während P. CARTLEDGE dennoch darauf beharrt, dass Agesilaos auch aufgrund des Fehlens eines Belagerungstrains (ein wichtiger Unterschied zum Alexanderfeldzug!) niemals vorhatte, sich allzu weit von der Küste zu entfernen, nimmt P. J. RHODES [1.2.3: History, 244] die Quellenhinweise auf „expansive ambitions for conquest" ernst und vermutet wie C. D. HAMILTON [Agesilaos and the Failure, 100 f.], dass sich die Ziele des Agesilaos im Laufe des Feldzuges erweiterten, ohne dass sich hieraus ein klares Konzept ergeben hätte. Die Quellen selbst spiegeln möglicherweise dieses Changieren zwischen realistischer Minimalposition und maximaler Projektion [HAMILTON, Agesilaos and the Failure, 101; HORNBLOWER, Persia, in: 1.3: CAH VI, 68, 72]. Xenophon unterstellt seinem Helden die größten Ambitionen, wenn er sagt, Agesilaos wollte „soweit ins Landesinnere wie möglich vordringen und auf dem Weg dem König alle Völker entreißen" (Hell. 4,1,41) und er habe den Anspruch auf Asien bzw. ganz Persien erhoben (Xen. Ages. 1,8).

Ziele des Agesilaos in Kleinasien

In welche Richtung auch immer die Pläne des Agesilaos gingen – sie wurden zur Makulatur, als der sich zum Korinthischen Bund formierende Widerstand auf der griechischen Halbinsel eine Rückkehr des Königs verlangte (Xen. Hell. 4,2,2) und etwas später (394) die neue persische Flotte die spartanischen Einheiten besiegte. L. Asmonti hat in einer wichtigen Monographie [Conon] herausgearbeitet, dass die Initiative zum Seekrieg gegen Sparta auf die Initiative des Pharnabazos zurückging, der sich gegenüber der territorialen Strategie des Konkurrenten Tissaphernes profilieren wollte. Konon war für seine Aufgabe als Nauarch prädestiniert, weil er sich in der Endphase des Peloponnesischen Krieges „in the preparation, training and organisation of the crews" [Conon, 94] hervorgetan hatte und nun mit Euagoras von Salamis zudem einen athenfreundlichen Förderer besaß.

Konon

Die Wiedergewinnung der Flottenbasis von Rhodos und der Sieg bei Knidos beendeten die Vorherrschaft Spartas zur See. Gleichzeitig waren sie der Startschuss für den Wiederaufstieg der Perser als ägäische Großmacht, die in den nächsten Jahren Positionen auf der Peloponnes gewann (Xen. Hell. 4,8,7–8) und eine zweite Front der Unzufriedenen gegen die Spartaner unterstützte (es war nicht von ungefähr ein Rhodier, der die Verteilung persischer Gelder übernahm). Beides ermöglichte den Athenern, sich aus der Bündnisverpflichtung mit Sparta zu lösen, der Korinthischen Allianz beizutreten sowie schrittweise an alte Großmachtträume anzuknüpfen [1.2.3: Rhodes, History, 245]. Ein Referenzwerk für diese Phase bildet P. Funke, Homonoia und Arche, vor allem in methodischer Hinsicht: Es räumt auf mit der von K. J. Beloch (nach dem „Parteienschema" der „Hellenika von Oxyrhynchos") erarbeiteten Vorstellung, man könne differierende außenpolitische Grundsatzpositionen mit stabilen Parteiungen verbinden, die sich aufgrund ökonomisch-sozialer Lage und verfassungspolitischer Einstellung um bestimmte Politiker gebildet hätten [Funke, Homonoia, 11; 3.7: Welwei, Athen, 266]. Tatsächlich gilt es heute als gesichert, dass die Athener mehrheitlich die ägäische Hegemonie zurückzugewinnen suchten. Konon konnte an diese „imperiale Aufbruchstimmung" anknüpfen [Funke, Homonoia, 122–124]. Der Wiederaufbau der Mauerbefestigungen war Symbol des Selbstbewusstseins und des Bruches mit Sparta, der durch die Wiederaufnahme von Bündnisbeziehungen – auch mit Dionysios I. von Syrakus: Lys. 19,19 f. – und Flottenbewegungen

Folgen der Seeschlacht von Knidos

Wiederaufstieg Athens und Bruch mit Sparta

in der Ägäis [unter Thrasyboulos; 3.7: WELWEI, Athen, 271 f.; FUNKE, Homonoia, 113–159] begleitet wurde. Auch wenn sich die Frontlinien in Bezug auf Theben und Korinth verändert hatten, blieb Sparta der Hauptgegner [FUNKE, Homonoia, 162 f.; 3.7: WELWEI, Athen, 265].

Insofern ist es durchaus berechtigt, den sich aus der Opposition der Mittelmächte gegen Sparta sowie dem athenischen Hegemonie-Streben entwickelnden „Korinthischen Krieg" als Fortsetzung des Peloponnesischen Krieges anzusehen. Die Vorzeichen, unter denen dieser Krieg ausgefochten wurde, unterschieden sich freilich in vielerlei Hinsicht von den Ereignissen zuvor: Der Korinthische Krieg zeigte nicht nur neue innergriechische Frontstellungen (das Zusammengehen zwischen Theben und Athen sowie Korinth) und ein militärisch geschwächtes Athen; er war auch viel stärker durch persische Interessen und Militäraktionen lanciert. Wohl konnten Athen und Korinth ihre Stadtbefestigungen vollenden und (kleinere) Kriegsflotten auf Kiel legen [Xen. Hell. 4,8,10; FUNKE, Homonoia, 83]; doch die hauptsächlichen Kampfhandlungen spielten sich in Mittelgriechenland ab [Konon hatte hierfür Söldner bereitgestellt: 1.10.1: JACOBY, FGrH 324 F 48 = 328 F 150]; die Perser waren so in der Lage, den Krieg von ihrem Interessengebiet in Kleinasien fernzuhalten. Erst als sich die Kämpfe (wie am Ende des Peloponnesischen Krieges) in die Nordägäis verlagerten und indirekt Zypern und Ägypten miteinbezogen [FUNKE, Homonoia, 150 ff.], endete die Kooperation der Perser mit Athen. Die Wiederannäherung Persiens an Sparta entschied auch diesmal den Krieg. Erneut konnten die spartanischen Kommandeure die Athener am Bosporus in eine ausweglose Lage bringen und die Stadt mit ihren Verbündeten zur Annahme des „Königsfriedens" zwingen [FUNKE, Homonoia, 164 f.; 3.7: WELWEI, Athen, 276].

Der Korinthische Krieg

Der Vertrag ist seit langem Gegenstand intensiver Diskussionen [URBAN, Königsfrieden, 11–23]. Zwei Interpretationswege haben sich herauskristallisiert: Der erste, vornehmlich von anglo-amerikanischen Gelehrten beschritten, sucht die machtpolitischen Voraussetzungen, Ziele und Konsequenzen herauszuarbeiten und in den Kontext des Korinthischen Krieges einzufügen. Eine andere Richtung fragt nach dem hinter den pragmatischen Vorgängen stehenden ideellen und konzeptionellen Voraussetzungen; sie sucht die innovativen Elemente der vertraglichen Umsetzung nicht so sehr als Mittel von Machtpolitik, sondern als ein

Der Königsfriede

kreatives Instrument zur Stabilisierung der griechischen Welt zu erfassen und hieraus auch dessen Scheitern zu erklären. Weitgehend einig ist man sich in der Einschätzung, dass die Abmachungen auf vorausgelagerte Verhandlungen zurückgingen und das Ergebnis längeren Abtastens und Austestens waren. J. WILKER [War and Peace] hat dabei auf die Bedeutung der Verhandlungen von 392 verwiesen, andere, wie z. B. J. P. STRONK [Sparta and Persia] betonen die Verträge, die Sparta in der Endphase des Peloponnesischen Krieges mit den Satrapen geschlossen hatte. Aus alldem wird deutlich, dass die 386 erzielte Einigung ein spartanisch-persisches Projekt war. Spartas Umschwenken zur Allianz mit Persien ergab sich aus der Einsicht, dass eine Kriegführung an zwei Fronten (in Kleinasien und Griechenland) nach Knidos nicht mehr möglich und die persische Unterstützung der griechischen Gegner zu unterbinden war. Dafür musste man die ionischen Griechen aufgeben. Insofern beendete der Königsfriede nicht nur den Korinthischen, sondern auch den kleinasiatischen Krieg.

Ablauf des Vertragsschlusses

Vertragstechnisch drückte sich das konvergierende Interesse der Kriegsgegner so aus, dass zunächst Antalkidas eine Vereinbarung mit dem Satrapen erwirkte [so die von WILCKEN, Entstehung, und HAMILTON, Sparta's Bitter Victories, 305–314 nach Xen. 5,1,25 und Diod. 14,110,3 f. vorgenommene Rekonstruktion], die dann in Richtung eines umfassenden Friedensvertrages modifiziert und in Sardes auszugsweise als königliches Edikt (mit Sanktionsklausel) den griechischen Gesandten präsentiert wurde [1.10.1: BENGTSON, Staatsverträge II, 192; RYDER, Koine Eirene, 35; URBAN, Königsfrieden, 103–107]. Andere [JEHNE, Koine Eirene, 41] sehen einen zweiphasigen Vorgang (ohne vorausgegangene Verträge) von der Präsentation des Dekrets in Sardes bis zum „panhellenic congress", auf dem die Abgesandten nach Konsultation der heimischen Regierungen die Bedingungen des Ediktes beschworen [HAMILTON, Spartas bitter Victories, 315]; erst damit sei die Koine Eirene als völkerrechtliches Instrument in Kraft getreten. Der ‚Königsfriede' wurde auf persischer Seite selbstverständlich nur von den Satrapen beeidigt [URBAN, Königsfrieden, 52 A. 158, 136 A. 527; JEHNE, Koine Eirene, 38; BADIAN, King's Peace].

Wenn dem so ist, dann erhebt sich umso mehr der Frage, a) welche Motive die Griechen dazu bewogen, sich einem spartanisch-persischem Vertragsprojekt zu unterwerfen, und b) wie dieses in Hinblick auf seinen Charakter und seine Wirkung hin einzuschätzen ist. Zumal in der deutschsprachigen Forschung [z. B. BALTRUSCH, Verträge, 36] wird immer wieder die – bereits von A. HEUSS [1.2.1: Hellas, 354 f.] wortgewaltig formulierte – Auffassung vertreten, eine sich seit den 90er Jahren verbreitende Kriegsmüdigkeit und Friedenssehnsucht hätten die Griechen nicht nur an den Verhandlungstisch gezogen, sondern auch Überlegungen anstellen lassen, wie man der endemischem Instabilität der Verhältnisse Herr werden könne. Die Belege für eine solche aus Kriegsmüdigkeit geborene Friedenssehnsucht oder gar „incentives to selfish pacifism" [RYDER, Koine Eirene, 37 f.] sind freilich vage [Aristoph. Ekkl. 814–825; Isokrat. 17,41; Aristoph. Ekkl. 233–235 „might be read as a hint to a growing war-weariness": WILKER, War and Peace, 101 A. 41]; die von J. BUCKLER [Aegean Greece, 169 A. 41] angeführten Quellen (u. a. Diod. 14,110,2; Plut. Ages. 23,1–3 und Artox. 21,5 f.) sagen nichts aus. Selbst wenn es eine solche Stimmung gab, dann ist nicht sicher, ob und wie sie ihren Weg in die Formulierung der offiziellen Außen- und Kriegspolitik fand. Mitunter scheint die Annahme einer allgemeinen Friedenssehnsucht aus einer für die deutsche Tradition typischen Interpretation einschlägiger Reden des Isokrates (über dessen Einschätzung der Zeit *vor* dem Königsfrieden wir aber nichts wissen; s. 5.2: WALTER, Isokrates metanóon?, 80) zurückprojiziert und mit der Vorstellung einer strukturellen sozialen und ökonomischen Krise verbunden zu sein. Von einem solchen ‚Krisendiskurs' vor der Schlacht von Mantineia hat sich die Forschung freilich längst distanziert. Natürlich konnten aus dem Verlauf militärischer Operationen, dem technischen Wandel des Krieges (s. u.) sowie der finanziellen und ökonomischen Belastung (die durch den Teufelskreis von Ressourcenschwäche und Plünderung verschärft wurde) Kriegsmüdigkeit und Erschöpfung entstehen [HAMILTON, Sparta's Bitter Victories, 316 zu Xen. 5,1,29; JEHNE, Koine Eirene, 9 und 18 spricht von „Mangelgefühl"]; doch das ist etwas anderes als „Friedens*sehnsucht*" und bedeutet nicht, dass das die militärischen Handlungen beendende Vertragswerk aus diesem Motiv heraus und auf ein solches Ziel hin konzipiert worden sein muss. Tatsächlich haben fast durchweg machtpolitisches Kalkül und das Abwägen der militärischen Lage die Parteien zum Frieden gedrängt [URBAN, Königsfrieden, 106; BUCKLER, Aegean Greece, 169]. Davon abgesehen: Kann man dem entscheidenden Vertragsinitiator wie Sparta, der

Kriegsmüdigkeit und Friedenssehnsucht?

Machtpolitisches Kalkül und militärischer Druck

nach dem Friedenschluss gegen die Autonomie-Klauseln flagrant verstieß und bereitwilliger Krieg führte als jemals im 5. Jahrhundert [Ryder, Koine Eirene, 44–47 mit Diod. 15,5,1; Buckler, Aegean Greece, 169; Urban, Königsfrieden, 126] eine ganz Griechenland stabilisierende Friedensabsicht unterstellen? Mussten die Vertragspartner nicht mit einer solch macchiavellistischen Zweckentfemdung der Autonomie-Klausel rechnen? Die Athener zwangen jedenfalls nicht Kriegsmüdigkeit und Friedenssehnsucht, sondern – wie Xenophon 5,1,29 unzweideutig sagt – die aussichtslose Kriegslage zum Frieden, der sie immerhin aus der vertraglichen Abhängigkeit von Sparta befreite sowie den Wiederaufbau der Langen Mauern und der Kriegsflotte bestätigte.

Wenn demnach eine allgemeine Friedemssehnsucht nicht zu belegen ist, dann fällt es schwer, in dem Vertragswerk – in Analogie zu modernen Einrichtungen [Ryder, Koine Eirene; Baltrusch, Verträge, 36: für die Zeit nach dem 1. Weltkrieg] – ein auf der ‚Idee' der Friedenssicherung basierendes Ordnungsinstrument zur Stabilisierung der innergriechischen Verhältnisse [Wilker, War and Peace, 108] und zur Lösung „of the problem of interstate relations" [Ryder, Koine Eirene, 1] sowie der „structural deficits of the state system" [Beck, Prologue, 9] zu erkennen. Sparta wollte sich durch die rechtliche Objektivierung einer politischen Parole, nämlich der Autonomie [Thuk. 1,139,3; Ryder, Koine Eirene, 10–14; auch die Athener beriefen sich darauf, Plat. Menex. 242E], und eines vertraglich gesicherten Friedenszustandes die Grundlage für eine Stabilisierung der eigenen, in die Krise und unter Druck geratenen Herrschaftspolitik verschaffen. Für tiefgreifende strukturelle Planungen war der auf den Vertragspartnern lastende situative Handlungsdruck zu groß.

Erfolg und Scheitern der *Koine Eirene*

Insofern wäre es problematisch, den Erfolg bzw. das Scheitern der Vertragsform an diesem Ziel zu messen oder zu unterstellen, der Allgemeine Friede sei mit derlei Zielen überfordert gewesen, wenn es solche Ziele womöglich gar nicht gab. Andererseits muss eine pragmatische, auf das machtpolitisch-situative Kalkül setzende Erklärung mit der Tatsache umgehen, dass mit der Vereinbarung von 386 tatsächlich ein neuer Vertragstypus geschaffen wurde, der einen mit dem Autonomie-Prinzip gekoppelten Friedenszustand (*eirênê*) herstellen sollte [Wilker, War and Peace, 108–110; Baltrusch, Verträge, 31, 37; Beck, Prologue, 19]. Ist das aber nur aus den Defiziten bisheriger Vertragstypen und „den Störungen des mit Frieden und Autonomie verbundenen Wertesystems" [BALTRUSCH, Verträge, 31] zu erklären?

Möglicherweise kommt man weiter, wenn man – den Pfaden der „New Achaimenid History" (o. 4.3) folgend – der Rolle des Perserkönigs als „architect" des Königsfriedens [BUCKLER, Aegean Greece, 179] größeres Gewicht beimisst. Diese Richtung haben R. URBAN [Königsfrieden, 103–107] und J. BUCKLER [Aegean Greece, 169–180] eingeschlagen. Die Geschichte der griechisch-persischen Diplomatie und Vertragspolitik ist nur vor dem Hintergrund der Tatsache zu verstehen, dass es Griechen und Persern im Laufe der Zeit gelang, zwei konträre Auffassungen über das Verhältnis zur Welt sowie grundverschiedene Formen außenpolitischer Vereinbarungen auf einer pragmatischen Linie so weit anzunähern, dass beiden Auffassungen Genüge getan wurde und konkrete Abmachungen möglich waren (hierzu bedürfte es einer umfassenden Monographie). Aus griechischer Perspektive war der Königsfriede in dem Sinne innovativ, als er erprobte Einzelelemente (unbefristete Dauer, Einbeziehung mehrerer Partner, Geltungsanspruch für ganz Griechenland, wie beim Hellenenbund) zu einem neuen Ganzen zusammenfügte.

Persische Ordnungskonzepte

Dessen Ummantelung mit einer umfassenden und unbefristeten Friedenserklärung, bei dem der Perserkönig Zuwiderhandelnden mit Krieg droht, deutet dagegen auf persische Reichsideologie. Diese sah den König als Garanten einer auf ewig begründeten *Pax Persica*, welche die gesamte Welt umfasste und auch die Gebiete, die wir gemeinhin als unabhängiges Vorfeld betrachten, als integralen Teil seiner Herrschaft ansah, in die er mittels der Satrapen seine Ordnungsvorstellungen durchsetzte, gegen Unruhestifter vorging, „ungerecht Handelnde" bestrafte, gerecht Handelnde belohnte und auf diese Weise die Stabilität der Welt sicherte. Persien wünschte ein befriedetes Griechenland wohl nicht in erster Linie deshalb – wie oft vermutet [JEHNE, Koine Eirene, 58 f.] –, weil man die freiwerdenden Kämpfer als Söldner gegen die Rebellen in Ägypten einsetzen konnte (aus dem gleichen Pool hätten die Rebellen schöpfen können), sondern weil man das in Kleinasien Erreichte absichern und denjenigen, der hier die persische Oberhoheit bekämpft hatte, nach Griechenland abschieben und zum Polizisten der neuen Ordnung einsetzen konnte. Grundsätzlich wird man den Persern ohnehin eine viel längerfristig angelegte Außenpolitik unterstellen, während man zweifeln kann, ob die Poleis überhaupt so etwas wie eine von den endemischen inneren Konflikten getrennte Sphäre der Außenpolitik kannten [2.5: Heuss, Herrschaft und Freiheit, 83].

Machtpolitisches Übergewicht Persiens

Die persische Ordnungsvorstellung zu betonen, entspricht schließlich auch der machtpolitischen Gesamtlage unmittelbar vor der Bekanntgabe des königlichen Dekretes. Der Vorstoß über die Ägäis bis auf die Peloponnes revidierte die griechischen Erfolge der ‚klassischen' Perserkriege vollkommen, wie P. Cartledge [3.4: Agesilaos, 362] mit Recht bemerkt: „Artaxerxes achieved by the stroke of a stylus the formal suzerainty of Greece that Xerxes had failed to secure by a massive invasion a century earlier and the real souveregnty over the Greeks of Asia (now for the first time collectivity thus described) that Xerxes had lost as a consequence of that failure." Wenn man das *koinê eirênê*-Konzept aus einer solchen Vormachtstellung und persischer Reichsideologie versteht, die griechischen Usancen genügend Entfaltungsspielraum einräumte, würde das die Forschung auch der leidigen Suche nach griechischen Friedenssehnsüchten entheben.

Spätere koinê-eirênê-Verträge

Es ist wohl kein Zufall, dass alle Bemühungen zur Erneuerung des Königfriedens oder des „Allgemeinen Friedens" – jedenfalls bis zur Schlacht von Mantineia 362 – auf die Initiative des Perserkönigs zurückgingen. Die aus militärischer bzw. machtpolitischer Not um Frieden bemühten Griechen suchten die Einwilligung des Perserkönigs und seiner Satrapen. Sogar die großen Poleis Athen, Sparta und Theben konnten sich eine *koinê eirênê* ohne deren Mitwirkung offenbar nicht vorstellen (Xen. Hell. 6,5,1); vgl. zu Athen nach Leuktra Ryder, Koine Eirene, 58–61, 71 f., 80, 121; Cargill, Second Athenian League, 10 f.; Buckler, Aegean Greece, 258 ff., 282 f., 327 ff.; Jehne, Koine Eirene, 86 f., 94, 100 f. Dass dies nach Mantineia offenbar weniger der Fall war, wird darin gelegen haben, dass kleinere Poleis ihrerseits die Autonomie-Klausel als Instrument entdeckten, um sich gegen die größeren Mächte zu behaupten, und dass die *koinê eirênê* ihren symmachialen und damit panhellenischen Charakter verstärkte, der als Projektionsfläche einer griechischen Einigung die Perser als Gegner benötigte [Jehne, Koine Eirene, 56 f., 93, 98, 165, 186–195]. Am Ende modifizierte Philipp II. als ‚auswärtiger' Monarch noch einmal die Ordnungsrolle, die ursprünglich der Großkönig übernommen hatte.

5.2 Veränderung der machtpolitischen Gewichte in Ost und West

Einst konstatierte A. HEUSS [1.2.1: Hellas, 356], es sei bisher nicht gelungen, dem halben Jahrhundert vom Königsfrieden bis zur Schlacht von Chaironeia „einen überzeugenden Text zu unterlegen". Sechzig Jahre später kann die Forschung immerhin instruktive Schneisen durch das verwirrende Dickicht schlagen und Erklärungsmodelle anbieten, die nicht nur für die Griechische Geschichte des 4. Jahrhunderts einen hohen Erkenntniswert besitzen. Bezogen auf die makropolitische Entwicklung lassen sich im Wesentlichen drei, auch geographisch zu differenzierende Wege rekonstruieren, welche die Griechen gingen, um die Probleme der Zeit nach dem Königsfrieden zu meistern: erstens der Versuch Athens und Spartas, an ihre alte Hegemonialpolitik auf der Halbinsel und in der Ägäis – auch in Konkurrenz zueinander – anzuknüpfen, um sich auf der Basis von Hegemonialsymmachien neue Handlungsspielräume zu sichern; zweitens – das war einer der innovativsten Entwicklungen – der vor allen in Mittel- und Nordgriechenland zu beobachtende Zusammenschluss mehrerer Poleis zu Bünden (*Koiná*), die einen Teil ihrer Zuständigkeit an ein Bundesorgan übertrugen; und drittens die Stärkung monarchischer Regierungs- und Herrschaftsformen, die auf alten Traditionen aufbauend sich nicht nur im Westen (Sizilien und Italien), sondern auch in den Zonen zwischen den Räumen direkter persischer Herrschaft und indirekter Abhängigkeit als unabhängige Machtgebilde mit imperialen Ambitionen etablierten (Zypern, Karien).

Eine gemeinsame und für den Historiker lehrreiche Klammer dieser drei Entwicklungslinien besteht darin, dass die Akteure mit jeweils unterschiedlichen Voraussetzungen und Erfahrungen auf generelle Herausforderungen der Zeit reagierten. Seit dem Peloponnesischen Krieg wandelte sich der militärische Sektor tiefgreifend; dazu gehörten das große Gewicht von Söldnern [BERTELLI, Mercenari], die Diversifizierung der Waffengattungen, die hiermit verbundene neue Rolle des Feldherrn [ASMONTI, Conon, 153] sowie die alle Bereiche des Kriegswesens (Waffentechnik, Marine, Belagerungs- und Festungswesen) durchdringende Professionalisierung. Dies erschloss zwar der Kriegsführung neue Räume und Perspektiven (wie der Zug der 10 000 gezeigt hatte), machte aber den Krieg zu einer im Vergleich zum 5. Jahrhundert sehr kostspieligen

Vom Königsfrieden bis Chaironeia

Wandel des Krieges

Angelegenheit (o. 2.6). Zu diesen Entwicklungen und ihren Auswirkungen auf die politischen Verhältnisse gibt es eine Reihe von Überblicken und Spezialuntersuchungen, die den militärpragmatischen mit dem politisch-ökonomischen Bereich auch in komparativer Perspektive verbinden; vgl. SCHULZ, Militärische Revolution; 2.6: LENDON, Soldiers and Ghosts, 91–114; 1.2.3: HORNBLOWER, Greek World, 195–203; GARLAN, Warfare, in 1.3: CAH VI, 678–692. Sammelbände wie der von L. A. TRITLE [1.2.3: Greek World] sowie die einschlägigen Kapitel der „Cambridge Ancient History" geben einen Überblick über die Entwicklung in den jeweiligen Großräumen.

Sparta

Was Athen und Sparta angeht, sind die wesentlichen Entwicklungslinien klar: Während Sparta den Königsfrieden nutzte, um seine Stellung in Griechenland zu stärken, dabei aber gegenüber Theben seine aggressiven Alleingänge überzog und 371 bei Leuktra einen nicht mehr wettzumachenden Rückschlag erlitt, gab sich die Politik Athens in den 80er- und frühen 70er-Jahren sehr viel vorsichtiger, sowohl gegenüber Persien als auch gegenüber Sparta [URBAN, Königsfrieden, 138 f., WILKER, That All Your Security]. Die dem zweiten Seebund vorausgehenden Verträge und der Seebund selbst [1.10.1: BENGTSON, Staatsverträge II, Nr. 196–198] waren eine Reaktion auf die auch von anderen Poleis als bedrohlich empfundene Aggression Spartas; manche vermuten sogar, dass die ursprüngliche Initiative gar nicht von Athen, sondern aus dem Schutzbedürfnis kleinerer Poleis wie Chios erwuchs [CARGILL, Second Athenian Empire, 128]. Athen hat diese Initiativen zur Bildung einer Symmachie genutzt, die sich an die Autonomie-Vorgaben des Königsfriedens hielt; so sollte kein Bodenbesitz von Athenern auf Bündnergebiet erlaubt sein [RYDER, Koine Eirene, 49, 55 f.; WILKER, That all your security, 135; CARGILL, Second Athenian Empire, 122 f., 132–134; BUCKLER, Aegean Greece, 301]. Während sich J. CARGILL [Second Athenian League] stärker den vertraglichen Verhältnissen widmet, sucht M. DREHER [Hegemon] die organisatorischen Strukturen im Innern (insbesondere *syntáxeis* und *synhédrion*) zu erfassen, indem er kontrovers behandelte oder unterbelichtete Quellen neu sichtet und sich von mehreren Seiten dem Gesamtcharakter des Seebundes nähert.

Zweiter Attischer Seebund

Athen legte Wert darauf, die imperial-herrschaftlichen „Sünden" des ersten Seebundes auch in ideologischer Hinsicht („Ioner-Motiv", s. o.) zu vermeiden und durch kooperative Bindungen zu gleichberechtigten Bündnern zu ersetzen [DREHER, Hegemon, 70–89, 259, 268]. Das schloss militärische Eingriffe in und auf das Bündnergebiet nicht aus, doch kamen diese selten vor (Athen hat nur Keos militärisch reïntegriert) und waren an von den Bundesgenossen sanktionierte Bestimmungen sowie an deren Zustimmung geknüpft [DREHER, Hegemon, 82, 121–123, 129; SEAGER, King's Peace, in: 1.3: CAH VI, 171; CARGILL, Second Athenian Empire, 154–156, 193 zur Defensiv- und Schutzfunktion von Besatzungen, 136–140 zu Keos]. Insofern stellte der Zweite Seebund eine bedeutende Stabilisierungsleistung dar, da er den Rechten der Bündner größeren Schutz einräumte als die spartanischen und thebanischen Hegemonialsysteme [JEHNE, Koine Eirene, 24 f.].

Auf der anderen Seite ist nicht zu verkennen, dass der Seebund für Athen nicht nur eine Bestätigung des bisher Erreichten war – Persien akzeptierte ihn in der *Koine Eirene* von 375 [BUCKLER, Aegean Greece, 260 f.] –, sondern auch die Grundlage dafür bot, dass die Stadt spätestens mit der Seeschlacht von Naxos 376 erneut zur dominierenden Seemacht der Ägäis und im Ionischen Meer aufstieg [WILKER, That All Your Security, 135; BUCKLER, Aegean Greece, 249; DREHER, Hegemon, 104 f., 124 f., 270]. Hier setzen die Forschungskontroversen an. Während das Werk von J. CARGILL [Second Athenian League] auf die These hin konzipiert ist, dass der Zweite Seebund gerade keine Wiederholung der imperialen Tendenzen hin zur *archê* erlebte, geht M. DREHER von einer Entwicklung aus, die sich aus Reaktionen auf wandelnde Umstände ergab und die Verwirklichung alter imperialer Hoffnungen nie gänzlich ausschloss. „The ghost of empire" [E. BADIAN] war stets präsent, die Frage war nur, wie weit man ihn aus der Flasche lassen konnte und wollte. J. BUCKLER [Aegean Greece, 231, 296 f.] sucht nach dem Vorbild von CARGILL und R. SEALEY [Demosthenes, 56 f., 63 f.] diese (jedem Hegemonialsystem innewohnende?) Spannung zwischen Gleichberechtigung und Entwicklung zur Dominanz dahingehend aufzulösen, dass Athen seit 373 einen „dual course of action" betrieb, was zur Entwicklung zweier Vertrags- und Hegemonialsphären führte: „first the maintenance of the League as it then existed and second the conclusion of treaties independent of the League into which Athens and the other party entered bilaterally. (...) Athens thereby created both a League and the beginnings of an empire." Aus den Ansätzen sei aber kein echtes „empire" entstanden, auch wenn es den Athenern in den 370er-Jahren

Imperiale Entwicklung des Seebunds?

Zwei Hegemonialsphären?

gelang, in weitausholenden Expeditionen an alte Erfolge anzuknüpfen [BUCKLER, Aegean Greece, 251–257].

Nun erscheint allerdings, so das Gegenargument, eine solche Scheidung zwischen einem „privileged inner circle" der rund sechzig Seebundsmitglieder [Diskussion bei SEAGER, King's peace, in: 1.3: CAH VI, 170 f.] und den Verträgen mit Poleis und Dynasten [SCHWENK, Athens; CARGILL, Second Athenian League, Kap. II und III] zu künstlich, um dem Seebund imperiale Tendenzen abzusprechen. Auch wenn Athen erst in den 360er-Jahren kriegsbedingt gegenüber Poleis außerhalb des Bundes auf Herrschaftsmethoden des früheren Seebundes zurückgriff – Paradebeispiel ist die Kleruchie auf Samos: Diod. 18,8,7; 18,9; Aristot. Rhet. 1384b32–6; vgl. ROY, Thebes, in: 1.3: CAH VI, 201; RHODES, Athenian Foreign Policy, 131] –, so färbte dies auf das Verständnis des Seebundes ab und wurde von misstrauischen Beobachtern auch so wahrgenommen [1.2.3: HORNBLOWER, Greek World, 260].

Athen zwischen Dominanz und Schwäche

Insgesamt ergibt sich ein ambivalentes Bild: Einerseits tendierte jede bündnisgestützte Außenpolitik, die Seemacht zur Grundlage der eigenen Existenz erhob, dazu, eine gewisse hegemoniale Dominanz zu generieren. Seekrieg und Seebund bildeten ein Eigengewicht, das dem Hegemon eine ‚natürliche' Autorität verschaffte, die von den Bündnern trotz divergierender oder schwankender Interessen gewünscht und akzeptiert werden konnte [DREHER, Hegemon, 264]. Da andererseits die Bündner ihre Schiffe behielten und nicht zur Heeresfolge verpflichtet waren, musste Athen als Hegemon größere Lasten tragen, besaß aber weniger Handlungsspielraum als im 5. Jahrhundert [DREHER, Hegemon, 282 f.; Finanzierungsprobleme der Flotte: BUCKLER, Aegean Greece, 266]. Deshalb war man gezwungen, vorsichtiger zu agieren und Methoden zu entwickeln, die [wie die Ehrendekrete für fremde Großhändler und Potentaten; s. ENGEN, Honor and Profit] geringeren finanziellen und militärischen Einsatz erforderten. An die Stelle imperial-aggressiver Ambitionen trat die Einsicht, die eigene Position innerhalb einer unüberschaubaren, nicht mehr bi-, sondern multipolaren Machtentwicklung in Griechenland durch eine defensive „balance of power policy" zu sichern [P. HARDING, Athenian Foreign Policy, 108 f.].

Multipolare Machtentwicklungen

Was für Athen gilt, reflektiert in gewisser Weise große Teile der Poliswelt der griechischen Halbinsel seit den 360er-Jahren: Auch andere „leading states" verfolgten eine „strategy of balancing" [HUNT, War, Peace, and Alliance, 173 f.], während kleinere Poleis das Autonomie-Konzept nutzten und ihre Entscheidung für oder gegen ein Bündnissystem daran ausrichteten, wie mächtig der Hegemon in Konkurrenz zu anderen (Athen vs. Theben) war und inwieweit sie von dessen Schutz profitierten; auch der Entschluss von Chios, Rhodos, Kos und Byzantion, den Seebund zu verlassen, war weniger Abwehrreaktion gegen imperiale Übergriffe Athens als Ergebnis eines Machtkalküls, das darauf hinauslief, den Schutz eines Mächtigeren zu suchen oder selbst „ihre Autonomie und Sicherheit auch in Zukunft aufrecht(zu)erhalten" [DREHER, Hegemon, 281; CARGILL, Second Athenian League, 65 f.; SEALEY, Demosthenes, 106 f.]. Strategy of Balancing

Theben, selbst ein Alliierter Athens zu Beginn des Seebundes, vermochte in den späten 370er-Jahren aufgrund wachsender Stärke mehrere Mitglieder des Seebundes auf seine Seite zu ziehen; s. CARGILL, Second Athenian League, 164 ff., 186. Das von Theben zur gleichen Zeit neu formierte und alle Poleis Boiotiens umfassende *koinón* repräsentierte ein zweites Modell polisübergreifender Vereinigung; ausführlicher s. o. 2.5.3; eine knappe Übersicht mit Karte bietet P. FUNKE, in: 1.3: GEHRKE/SCHNEIDER, 203 f. Aufstieg und Niedergang Thebens und des von ihm dominierten Bundes sind monographisch intensiv erforscht; s. J. BUCKLER, Theban Hegemony; G. MAFODDA, Koinon beotico; R. BUCK, Boiotia; Weiteres o. 3.6. Stärke der Bundesstaaten: Boiotien

Eine bündige ‚außenpolitische' Erklärung für den Aufstieg der *Koiná* gibt es nicht. Zu nennen sind: eine allgemeine militärische und ökonomische Erschöpfung der Poleis; die aggressive Politik der Spartaner, gegen die sich die „leidgeprüften Regionen" [2.6: BALTRUSCH, Außenpolitik, 56] wehrten; das durch die Auflösung der bipolaren Welt geschaffene Vakuum, in dem die *Koiná* auf der Suche nach einer "more stable infrastructure of foreign affairs" [BECK, Prologue, 11; vgl. 2.5: DERS., Polis und Koinon, 253] eine attraktive Alternative zum Imperialismus bildeten, nämlich „a way of achieving unity without force" [1.2.3: HORNBLOWER, Greek World, 206, 265]; nicht zuletzt äußere Unterstützung, zumal durch die Perser – all das sind wichtige Teilantworten auf ein komplexes Problem. Gründe für den Aufstieg der *Koiná*

Hinzu kommt ein überregionales Phänomen, auf das ausführlich R. SCHULZ [Militärische Revolution] hingewiesen hat und das auch von H. BECK [Prologue, 16 f.] genannt wurde: nämlich die oben (S. 273) erwähnten Veränderungen des Kriegswesens. Es ist

Koiná und militärische Veränderungen

kein Zufall, dass die zeitweilig zu achtungsgebietenden Militärmächten aufsteigenden *Koiná* selbst Rekrutierungs- bzw. Herkunftsgebiete von Söldnern waren oder an solche Gebiete angrenzten und (wie Boiotien und Thessalien) eine lange Tradition der Reiterei besaßen – eine Waffengattung, die im 4. Jahrhundert immer wichtiger wurde. Insgesamt waren sie den technischen und taktischen Veränderungen des Krieges aufgeschlossener als das am Hoplitenethos festhaltende Sparta. Athen zeigte sich offener, was den Festungsbau, Peltasten und Reiterei angeht, war aber gebunden durch die Gewichtsverlagerung auf die Marine. Während der Seebund ausschließlich Zahlungen für den Flotteneinsatz vorsah, konnten die Bünde allein auf der Basis der Bundesorganisation regulär auf die Kontingente der Mitgliedspoleis zurückgreifen und diese der für die Außen- und Kriegspolitik zuständigen Bundesgewalt und ihren Exekutivbeamten übergeben [2.5: BECK, Polis und Koinon, 168–170, 181 f.]. Auch wenn diese Form der Kriegsorganisation nicht vor Zerreißproben und Krisen gefeit war und wesentlich von der Autorität der Feldherren abhing, konnten bundesstaatliche Assoziationen – vor allem, wenn sich (wie in Thessalien und Theben) mit der Rüstung ökonomische Potenz verband – doch eine richtungweisende Alternative gegenüber den Beschränkungen der vertraglich basierten und meist sehr asymmetrischen Polishegemonien sein [BECK, Prologue, 12 f.]. Diese war im militärischen Erfolgsfalle (Leuktra) für frühere Bündner der alten Mächte so attraktiv, dass sie den Aufstieg z. B. von Theben zur führenden Macht Griechenlands unterstützten [BUCKLER, Theben Hegemony, 66–68; 5.1: DERS., Aegean Greece, 299; DREHER, Hegemon, 126, 173], bis sie sich 357 wieder mit Athen verbanden [CARGILL, Second Athenian League, 165 ff.].

Der Aufstieg monarchischer Herrschaften

Wie sich zeigte, konnten Monarchen am effizientesten militärische Ressourcen ansammeln und innovative Kriegstechniken adaptieren, vor allem, wenn sie sich in einem ökonomisch und natural günstigen Umfeld bewegten. Die bekanntesten Beispiele sind im Westen Dionysios I. von Syrakus und im Osten Euagoras von Salamis auf Zypern [Isokr. Archid. 9,51 mit COSTA, Euagoras, 43–45 und SEALEY, Demosthenes, 46–48; vgl. 5.1: ASMONTI, Conon, 113: Euagoras als „forerunner of hellenistic autocrats"], in Mittelgriechenland Jason von Pherai [SCHULZ, Militärische Revolution, 301 f.] und etwas zeitversetzt Philipp II. von Makedonien (s. u.). So unterschiedlich die machtpolitischen Umstände ihres Aufstieges waren und wie sehr auch die Dauer ihrer Herrschaft variierte, so lassen sich doch wesentliche strukturelle Gemeinsamkeiten benennen: (1.) Die Alleinherrschaften entwickelten sich in ökologisch begünstigten Gebieten mit direktem Zugriff auf reiche Ressourcen (Holz: Makedonien; Getreide: Thessalien, Sizilien, Zypern; Mineralien: Zypern, Makedonien/Thrakien). (2.) Einnahmen aus dem Abbau- und Exportüberschuss wurden zentral abgeschöpft und konnten zusammen mit Zöllen und Steuern sowie Kriegsgewinnen in den Unterhalt von Söldnern oder heimischen Soldaten sowie in den Aufbau einer „modernen Kriegsindustrie" investiert werden. (3.) Der Herrscherhof wurde zum politischen Kristallisationspunkt sowie zum Zentrum militärischer Innovation und systematischer Rüstung (Diod. 14,41,3–42,2 zu Dionysios, Isokr. Archid. 9,51 zu Euagoras). (4.) Angesichts der zeitnahen Abfolge der Weiterentwicklungen u. a. im Bereich des Katapultwesens ist ein reger Austausch zwischen den Höfen anzunehmen [Garlan, Warfare, in: 1.3: CAH VI, 682 f.; Talbert, Greeks, 164 A. 4; Müth, Ancient Fortifications], der in anderen Bereichen (Palastarchitektur, Kleidung und königliche Insignien) auch Persien miteinbezog; vgl. Aiosa [Palazzo dimenticato, 97–102] zu Einflüssen persischer Palastarchitektur in Syrakus; Sanders [Dionysius, 7–10] zu Insignien, Kleidung und der „emulation of Persian monarchy" durch Dionysios; Kienast, Philipp, zu persischen Organisationsformen (Pagenkorps) in Makedonien. Im Fall von Philipp II. kann man generell von einer nachholenden Modernisierung sprechen, gespeist aus dem in der Poliswelt und im Perserreich gesammelten und abzuschöpfenden Sachverstand sowie der Spezialisierung auf den zentralen Gebieten Militärwesen und Finanzadministration [1.2.1: Ober, Das antike Griechenland, 399].

Am besten sind wir über die Verhältnisse in Sizilien und Makedonien informiert. In beiden Fällen war die Zentralisierung militärischer, politischer und ökonomisch-finanzieller Kompetenzen ein wesentliches Erfolgselement, wobei die Herrscher an längerfristige Entwicklungen anknüpfen konnten. In Sizilien führte der im Krieg gegen Karthago [der vielleicht von griechischer Seite provoziert wurde: Talbert, Greeks in Sicily, 141 f.] zum *strategós autokrátor* bestellte Dionysios Zentralisierungsmaßnahmen im Bereich der Agrarwirtschaft und des Exportes von Getreide als Stapelware fort. Diese generierten einen Überschuss von bis zu 200 Talenten pro Jahr [3.9: De Angelis, Greek Sicily, 272–318]. Ein durch Münz-

Dionysios von Syrakus

emissionen stabilisierter Markt innerhalb der Territorialherrschaft erbrachte überdies hohe Abgaben, die in die Zentrale flossen. Die Versklavung der Einwohner eroberter Städte oder deren Auslösung verschafften liquide Mittel zur Bezahlung von Söldnern und Land zu deren Ansiedlung [Souza, Enslavement]. Abgesehen von Investitionen in den Palast- und Tempelbau scheinen Krieg und Rüstungen auch im Bereich der Marine [2.6: Garlan, Warfare, 684] bei allen Nöten, die Eroberung und Versklavung auslösten [archäologische Befunde bei Jonasch, Military Landscape, 186–189], die Wirtschaft stimuliert zu haben [3.9: De Angelis, Greek Sicily, 300–318].

Empire-building in Sizilien

Wie sehr sich die machtpolitischen Gewichte auch gegenüber der griechischen Halbinsel verschoben hatten, zeigt die Tatsache, dass im Laufe des 4. Jahrhunderts kaum noch Expeditionstruppen von dort nach Sizilien kamen, Dionysios dagegen Kriegsflotten in die Ägäis entsandte und zugleich die Expansion der Deinomeniden nach Italien und in die Adria fortsetzte; zu optimistisch ist freilich B. Cavens [Dionysios, 128–153] Vorstellung eines „colonial empire across the Adriatic to northern Italy" als Gegengewicht gegen Karthagos Reich. J. Harris [Power] sieht einen Erfolgsgaranten der dennoch eindrucksvollen Herrschaft darin, dass es Dionysios gelang, umfangreiche Söldnertruppen verschiedener Herkunft (u. a. kampanische Reiter) im Rahmen einer zweiten Phase des „empire building" durch Bürgerrechtsverleihungen und Ansiedlung in Festungen (*phroúria*) zu integrieren. Diese gewährten einerseits einen schnellen Zugriff, verschafften andererseits den Söldnern Land und eine neue Identität im Status einer Polis (wie Aetna), gewährleisteten jedoch gleichzeitig die nötige Distanz zu den Bürgern der „alten" Poleis [Harris, Power, bes. 143 f. mit Anm. 94–96 für weitere Literatur]. Die dritte Stufe des „empire-building" bestand darin, dass Dionysios durch solche „new multi-ethnic-spaces", ergänzt durch Formen der *philía* und *symmachía* gegenüber einheimischen Gemeinden sowie individuelle Beförderungen, Ethnien auch nichtgriechischer Herkunft (Sikeler, Kampaner, Iberer, Kelten etc.) an sich band und in sein „burgeoning multi-ethnic empire" integrierte, ohne heimische Identitäten zu unterdrücken [Harris, Power, 145–149; Diod. 14,75,8 f.; 15,70,1]. Dies wirkte – die vierte Stufe – als zusätzlicher wirtschaftlicher Impuls und förderte, da Söldneransiedlungen Händler, Handwerker und Techniker mit sich zogen, zumal in den Städten die Innovationskraft im Bereich der Militärtechnik, des Festungsbaues und der urbanen Architektur [HARRIS, Power, 150; KRASILNIKOFF, Power base, 177–179; JONASCH, Military landscape, 202 f.].

5.3 Der Aufstieg Makedoniens unter Philipp II.

Die Analyse der sizilischen Verhältnisse ist auch deshalb instruktiv, weil sie trotz unterschiedlicher Rahmenbedingungen eine Reihe von Parallelen zum Machtaufstieg Philipps II. aufweisen. Philipp kam wie Dionysios in einer existentiellen militärischen Krise (ausgelöst durch einen Angriff der Illyrer) an die Macht, musste sich zunächst auch durch die Anwerbung von Söldnern [WORTHINGTON, Philip, 23, 32] in der Defensive bewähren, bevor er wie der sizilische Herrscher Maßnahmen ergriff, um seine Herrschaft in Pella zu zentrieren [CAWKWELL, Philip, 37–48], die Wirtschaft zu stimulieren, vergleichbare Ressourcen zu generieren [Zölle, Minenerträge und „Zehnte" in Thrakien; B. CAVEN, Dionysios, 150, 160 vermutet Silberminenerträge für Dionysios im illyrisch-adriatischen Raum] sowie eine auf Eroberung basierende „rolling economy" zu entwickeln [HAMMOND, Philip, 5 f., 37 f.; CAWKWELL, Philip, 115–117; WORTHINGTON, Philip, 7, 25, 45 f., 124, 196]. All dies erleichterte es, neueste Kriegstechniken [die Parallelen zu Dionysos sind oft gesehen worden, z. B. von WORTHINGTON, Philip, 31] zu integrieren und, unterstützt durch den Bau von Straßen, militärische Operationen schneller als seine Gegner [HAMMOND, Philip, 30] durchzuführen. Philipp sicherte seine Eroberungen durch eine polygame Heiratspolitik [Parallele zu Dionysios: CAWKWELL, Philip, 40], Festungen, Bevölkerungsverschiebungen und Kolonien an strategisch und handelspolitisch wichtigen Punkten [WORTHINGTON, Philip, 45 f., 124; HAMMOND, Philip, 38, 50–55]. Er nahm ferner mit dem Bosporus eine Meerenge und das jenseitige, als reich geltende Kleinasien in den Blick, so wie Dionysios nach Italien expandierte [Euagoras streckte seine Fühler nach Phönizien aus: SEALEY, Demosthenes, 47]. Politische Grundlage der Machtentfaltung war ein recht einfach strukturiertes Heerkönigtum im Rahmen einer „streamlined constitution", das dem Inhaber, wenn er sich als Nachfolger durchgesetzt hatte, eine stasisfreie Herrschaft und das Oberkommando über eine professionelle Armee verschaffte, die

Die Expansion Philipps II.: Strukturelemente

schneller, länger und ausdauernder Krieg führen konnte als die Polis-Milizionäre [Hammond, Philipp, 7].

<small>Standardwerke zu Philipp und Makedonien</small>

Für die Analyse dieser Faktoren im Rahmen der politischen Geschichte steht neben den üblichen Spezialaufsätzen (auch zur Wirtschaft) eine Reihe von Gesamtdarstellungen zur Verfügung, die sich nicht selten ihrem Gegenstand mit dem Anspruch nähern, Philipp aus dem Schatten seines Sohnes zu befreien und ihn als bedeutendsten Herrscher des 4. Jahrhunderts zu präsentieren [so schon extrem: 1.2.1: Beloch, Griechische Geschichte III 1, 474: Es habe „nie ein grösserer Staatsmann auf einem Throne gesessen" als Philipp II.; der Vergleich zwischen Vater und Sohn falle eindeutig zugunsten von ersterem aus: ebd., IV 2, 290–293]. Eine der nach wie vor besten Arbeiten bildet die aus einer souveränen Quellenkenntnis gewonnene, mit untrüglichem Sinn für das Wesentliche geschriebene Monographie des Altmeisters N. G. L. Hammond [Philip]; er hatte seine Positionen zusammen mit G. T. Griffith zuvor schon in der magistralen „History of Macedonia" entfaltet [dort für die Außenpolitik Griffith, 203–646 und 675–698]. Eine monographische Übersicht über die institutionellen Strukturen findet sich gesondert bei Hammond [Macedonian State]. Jüngere Werke z. B. aus der Feder von I. Worthington [Philip] bilden eine gute Ergänzung, auch wenn sie einer sich verbreitenden Neigung folgen, fehlendes Grundlagenwissen bei der posthumanistischen Leserschaft durch eine breite Erzählung auszugleichen, und vor plakativen Deutungen nicht zurückschrecken: Philipps Reich als „first nation state in Europe"; der König als „first ‚modern' regent of the ancient world" [4]. Zu ähnlichen Urteilen kommt das an einer „Thucydidean view of politics" orientierte Buch von G. Cawkwell [Philip]. R. Sealey [Demosthenes] spricht vorsichtiger von „a novel sense of national unity", die sich im Zuge der Bevölkerungsverschiebungen und Reorganisationsmaßnahmen Philipps einstellte. Einen aktuellen Überblick zu zentralen Fragen der Makedonienforschung (Identität und Ethnizität, Königtum und Staatlichkeit, Philipp II.) hat M. Hatzopoulos erarbeitet [Ancient Macedonia]; er behandelt auch die neueren Ausgrabungen. Sehr nützlich ist ferner das „Lexicon of Argead Makedonia" [1.6.2].

<small>Philipp und Demosthenes</small>

Jede Beschäftigung mit Philipp schließt unweigerlich eine Analyse der Politik seiner Gegner ein, an erster Stelle Athens und des berühmten Redners Demosthenes. Auch in der englischsprachigen Literatur gab und gibt es starke Tendenzen, Demosthenes nicht nur als einen im Denken der Hegemonialpolis befangenen Politiker gegenüber dem „modernen", transpolitisch agierenden, ganz Griechenland und Persien miteinbeziehenden Philipp herabzusetzen, sondern ihm auch in konkreten Fragen der Außen- und Kriegspolitik „a serious lack of judgment", „ignorance" und eine verfehlte Politik zu attestieren und so seine Bedeutung im Vergleich zu seinen Gegnern (insbesondere Aeschines) zu schmälern [so z. B. Cawkwell, Philip, 80, ferner 77, 121, 126–131; 142: „In so far as I have critized Demosthenes as a defender of liberty, it is (...) because he did it badly", ferner Ellis, Philip]. Demgegenüber fehlt es nicht an Forschern wie R. Sealey, P. Carlier oder G. A. Lehmann, welche die Leistungen des Atheners nicht nur am objektiven Erfolg, sondern an den – spätestens seit dem Bundesgenossenkrieg 357–355 sehr eingeschränkten – Ressourcen sowie den innenpolitischen Rahmenbedingungen der Demokratie, zumal den dauernden Stimmungswechseln und Konkurrenzkämpfen, zu messen suchten. Philipp verfolgte aufgrund einer günstigen geostrategischen Gesamtlage, seiner „souveränen Entscheidungsfreiheit" und mit Hilfe einer hochmobilen Armee eine multi-optionale Kriegspolitik, die selbst von athenischen Politikern nicht immer leicht zu durchschauen war [Sawada, Allies, 340] und noch heute nicht zu durchschauen ist [Sealey, Demosthenes, 125]. Demosthenes habe sich gleichwohl, so G. A. Lehmann [Demosthenes, 158], diesen Herausforderungen gestellt und vielfach „prophetische Präzision" bewiesen, unter anderen als einer der ersten verstanden, dass die „Epoche der hellenischen Hegemonialsysteme und -kämpfe" vorbei war [160]. Demosthenes behandelte Außenpolitik – eine wichtige, dem allgemeinen Professionalisierungstrend folgende Entwicklung – als ein hochkomplexes, von der Innenpolitik (*tá oikeía*) separiertes Sachgebiet, das spezielle Erfahrungen, Kontakte und Wissen erforderte [Lehmann, Demosthenes, 154; ferner Hunt, War and Peace, 164; vgl. Usher, Greek Oratory, 214 zur „distinction between the internal force and external irrelevance of justice"]. Gleichwohl fehlten ihm die institutionellen und organisatorischen Rahmenbedingungen, um dieses Feld so effektiv auszugestalten, dass es mit der monarchischen Herrschaftspraxis und ihren kurzen Entscheidungs- und Beratungswegen langfristig konkurrieren konnte [Lehmann, Demosthenes, 155; Cawkwell, Philip, 77].

Außenpolitik als eigenständiges Aktionsfeld

Neue Ansätze   In diesem Rahmen suchen jüngere Arbeiten wie die Artikel von N. Sawada [Allies (I)] und L. Gallo [Allies (II)] einen Ausweg aus der forschungsgeschichtlich einflussreichen, jedoch erkenntnishemmenden Dichotomie von ‚Erfolg' vs. ‚Misserfolg' bzw. Etiketten wie ‚modern' oder ‚rückwärtsgewandt', ‚radikal' vs. ‚moderat' bzw. ‚pro-/antimakedonisch'; vgl. Sawada, Allies; 337; Gallo, Allies, 354. Sie verweisen darauf, dass solche Kategorisierungen auf Schlagworte von Prozessrednern zurückgehen, die aus ihrem rhetorischen Zusammenhang verstanden und im konkreten historisch-politischen Kontext überprüft werden müssten. Ferner sei die Makedonienpolitik bis in die frühen 340er Jahre keineswegs das einzige Streitthema gewesen; Athen musste gleichzeitig die Entwicklungen in Theben, Persien und Ägypten im Auge behalten. Auffassungen über das richtige Vorgehen waren wandelbar und wurden in einer politisch volatilen Atmosphäre [1.2.3: Hornblower, Greek world, 284 f.] vertreten. Hier konnten sich keine pro- und antimakedonischen ‚Parteien', keine Advokaten des Kriegs bzw. des Friedens entwickeln, wie W. Will [5.4: Athen und Alexander] und P. J. Rhodes [Athenian foreign policy, 137] annahmen; zur Widerlegung s. Sealey, Demosthenes, 163–173; vgl. Bosworth, Gnomon 57, 1985, 435. Es gab aber auch keine völlige Atomisierung und Vereinzelung der Interessen [Sealey, Demosthenes, 120], sondern man muss von fluiden „pressure or interest groups" [Gallo, Allies, 354] ausgehen, die sich um die miteinander ringenden, mit unterschiedlichen Temperament ausgestatteten, aber auch situativ kooperierenden Redner scharten [Rhodes, Athenian foreign policy, 137; Sealey, Demosthenes, 164].

Grundkonsens und volatile Politik   Einen instruktiven Einblick in die Verhältnisse der damaligen Politiker bietet Sealey [Demosthenes, bes. 26–35]. P. Hunt [War, Peace, and Alliance] hat in einem wichtigen Buch aus einem Corpus von vierzehn Reden grundlegende (sowie erstaunlich modern anmutende) Auffassungen von Außen- und Kriegspolitik (realism, economic/financial gains, reciprocity, vengeance, peace and war etc.) abgeleitet, welche die – durchaus auf hohem Niveau geführten – öffentlichen Diskussionen bestimmten und so etwas wie ein Basiskonstrukt der Außenpolitik Athens bildeten. J. Harris [Aischines] arbeitet die methodischen Prinzipien heraus, die es bei der Interpretation der überlieferten Reden (und Gegenreden) zu beachten gilt, um zu einem klaren Bild der Abläufe und politischen Positionen zu kommen. Im Kern – darauf deuten auch andere Arbeiten – ging es weniger, als es die Reden suggerieren, um völlig diametrale außenpolitische Meinungen, denn Philipp wurde ab dem Olynthischen Krieg von allen als Gegner wahrgenommen. Vielmehr wurde darum gestritten, ob und wie man ihn bekämpfen oder ob und wann man ihn eher einhegen und einbinden sollte, wobei Philipp womöglich gegenüber Athen im Zusammenhang mit dem Angriff auf Persien ähnliche Gedanken hegte [CAWKWELL, Philip 128].

Am Ende stand ohnehin die militärische Entscheidung von Chaironeia, die alle politischen Erwägungen zunichtemachte und mit der nun auch neue Protagonisten einer jüngeren Politikergeneration in Athen umgehen mussten [GALLO, Allies, 360]. Dass Philipp sich gegenüber Athen im Vergleich zu Theben und manch anderen Mittelmächten generös zeigte [1.2.3: HORNBLOWER, Greek World, 286; SEALEY, Demosthenes, 198], auch wenn der Seebund aufgelöst wurde, erklären die meisten Forscher mit seiner in den 340er-Jahren gewachsenen Einsicht, dass man auf Athens See- und Ordnungsmacht nicht nur zur Befriedung Griechenlands, sondern auch – wie vielleicht schon in den Jahren des Philokratesfriedens [CAWKWELL, Philip, 100; GRIFFITH, History of Macedonia, 460 f.] – zur Unterstützung der Expansion gen Osten angewiesen war. Andere Erklärungen für die 340er-Jahre (momentane Schwäche Philipps) und für die unmittelbare Zeit nach Chaironeia (militärische Stabilität eines gut befestigten Athen sowie der Wille Philipps, keine Zeit zu verlieren) finden sich bei SEALEY [Demosthenes, 161 f., 198 f.; vgl. 5.4: WORTHINGTON, By the Spear, 98: Unterstützung der Flotte].

Philipps Politik nach Chaironeia

Diese Einstellung änderte sich auch zunächst nicht grundsätzlich unter Alexander [5.4: WILL, Athen und Alexander, 36]. Athen verhielt sich seinerseits verhalten loyal und außenpolitisch vorsichtig (keine Unterstützung für Agis III.!); gleichzeitig nutzte man den Friedenszustand im Zuge der Reorganisation von Finanzen und Flotte unter der Ägide Lykurgs (angeregt durch monarchische Vorbilder, s. o.?) zum Aufbau der nominell stärksten Flotte in der Geschichte Athens [5.4: WILL, Athen und Alexander, 52 f., 5.4: ZAHRNT, Versöhnen oder Spalten, 420] und pflegte verdeckte Kontakte zu den Persern. Instruktiv für diese Phase der Athener Geschichte ist neben der neueren Studie von M. FARAGUNA [5.4: Atene] immer noch WILL [5.4: Athen und Alexander, bes. 20–100], auch wenn man die Einteilung der Politiker in Pro- und Antimake-

Alexander und Athen

donen heute so nicht mehr teilen würde (s. o.) und der Friedenswille Athens wohl zu stark betont wird. S. D. LAMBERT [Inscribed Athenian Laws, 377–386] wies freilich darauf hin, dass es in der Zeit nach Chaironiea keine inschriftlichen Quellen für Verträge oder Ehrenbezeigungen mit anderen bzw. für andere Staaten gab, sondern nur individuelle Ehrungen für Ausländer (z. B. Händler). Das lässt darauf schließen, dass sich Athen vom vertragsbasierten Hegemonialdenken löste und den Interessen der Makedonen nicht zuwiderhandeln wollte, solange deren militärische Übermacht spürbar war und die Siege im Osten anhielten [SEALEY, Demosthenes, 202 f.; RHODES, Athenian Foreign Policy, 140].

5.4 Griechenland im Schatten des Alexanderzuges

Alexander und die Griechen – drei Schlüsselereignisse

Alexander löste bei seiner Rückkehr aus Indien tiefgreifende Veränderungen aus. Sie konzentrieren sich auf das Jahr 324 und werden in der Forschung mit drei zeitlich eng beieinander liegenden Ereignissen verbunden: 1. dem Söldnerdekret (in der englischsprachigen Literatur auch als „Dissolution Decree" bezeichnet); 2. der Harpalos-Affäre und 3. dem Verbanntendekret. Zur Einarbeitung in die Thematik bieten sich neben den Handbüchern die sorgfältige, verschiedene Forschungsstränge berücksichtigende Dissertation von S. JASCHINSKI [Alexander und Griechenland] sowie die einschlägigen Kapitel bei A. B. BOSWORTH [Conquest and Empire, 187–228] an. Einige Forscher [z. B. BOSWORTH, Conquest and Empire, 221; WORTHINGTON, From East to West; DERS., By the Spear, 274 zum Söldner- und Verbanntendekret, 290 zu Harpalos; JASCHINSKI, Alexander und Griechenland, 45–50: Söldnerdekret als Antwort auf die Flucht des Harpalos] erliegen dabei zu schnell der Versuchung, die nicht exakt datierbaren Einzelereignisse in einen unmittelbaren kausalen Aktions- und Motivationszusammenhang zu bringen. Das verkompliziert die Analyse mitunter und ist sachlogisch nicht immer geboten; es ging z. B. bei den „Verbannten" auch, aber keinesfalls nur um Söldner. Insofern ist der Konnex nicht zwingend, allenfalls mittelbar vorhanden [5.1: JEHNE, Koine Eirene; gegen Söldner unter den Verbannten: JASCHINSKI, 82; dafür: WORTHINGTON, From East to West].

Die methodisch lehrreiche Diskussion zeigt die Grenzen und Möglichkeiten der Althistorie angesichts eines Quellenbefundes, der zu entscheidenden Fragen wie der nach den Zielen Alexanders wenig aussagt (Diod. 18,8,2), entsprechend verschiedene Deutungen eröffnet und letztlich nur Rekonstruktionen nach der Maßgabe historischer Plausibilität zulässt. Das gilt besonders für das „Verbanntendekret" [Hauptquelle: Diod. 18,8; 1.10.3: RO Nr. 85 und Nr. 101]. Denn während sich die Interpretations- und Rekonstruktionsvarianten im Falle des Söldnerdekrets und der Harpalos-Affäre innerhalb einer vergleichsweise überschaubaren Bandbreite bewegen – die Entlassung der Söldner war eine aus der Perserzeit bekannte Reaktion auf Korruption und Unabhängigkeitsbestrebungen der von Alexander eingesetzten Verwalter und Satrapen, die Flucht des Harpalos ein spektakuläres Symptom dieser Krise; vgl. JASCHINSKI, Alexander und Griechenland, 7–44, 45–61 –, hat der Beschluss Alexanders, die Verbannten in Griechenland in ihre Heimatorte zurückzuführen, fundamental unterschiedliche, geradezu konträre Deutungen erfahren. Unstrittig spiegelt sich in dem Dekret ein gegenüber seinem Vater Philipp grundlegend verändertes Herrschaftsverständnis, doch was Alexander mit seiner Anordnung konkret erreichen wollte, ist bis heute Gegenstand intensiver Kontroversen. Rein altruistische Motive [1.2.1: BELOCH, Griechische Geschichte IV 1, 57 nannte das Dekret angesichts der durch die Verbannungen grassierenden sozialen Verelendung „eine erlösende Tat" und eine „ebenso humane wie staatskluge Maßregel"] oder ein gegen die Stellung des Antipater gerichtetes Kalkül [Kritik bei JASCHINSKI, Alexander und Griechenland, 72] erscheinen wenig wahrscheinlich. Es bleiben zwei Interpretationen: Die eine unterstellt Alexander eine konstruktive, die andere eine eher destruktive Intention in Bezug auf die griechischen Verhältnisse. Die erste Gruppe knüpft letztlich an eine (einseitig zeitgebundene) Deutung J. G. DROYSENS an und kann sich auf Autoritäten wie A. HEUSS berufen. Sie sieht in Alexanders Maßnahme den Versuch eines omnipotenten Weltherrschers, der in einer „superhuman role (...) global solutions" entwickelte [1.2.3: HORNBLOWER, Greek World, 317] und die instabilen Verhältnisse Griechenlands langfristig zu konsolidieren suchte [JASCHINSKI, Alexander und Griechenland, 80–84; 5.1: JEHNE, Koine Eirene, 250], um an der westlichen Flanke seines Reiches (die schon den Persern so große Probleme bereitet hatte) eine „homogene, nur noch emp-

Das Verbanntendekret

... als konstruktive Ordnungsmaßnahme

fangsbereite Untertanenschicht" [Heuss, Antigonos Monophthalmos, 244; s. Bosworth, Conquest and Empire, 221] innerhalb einer *pax Macedonica* zu bilden und auf die Feldzüge in Arabien und im westlichen Mittelmeerraum vorzubereiten [Worthington, From East to West, 102–105]. Dass durch das Dekret die Bestimmungen des Korinthischen Bundes und der *koinê eirênê* von 337 unterlaufen wurden, habe Alexander gegenüber den stabilisierenden Effekten und der Gewinnung loyaler Gefolgsleute unter den Zurückgeführten [so schon 1.2.1: Grote, Geschichte Griechenlands 6, 601: „jede Stadt mit ergebenen Anhängern des Alexandros anzufüllen"] in Kauf genommen. Die Gegenposition, zuletzt untermauert von M. Zahrnt [Versöhnen oder Spalten], verweist umgekehrt auf die destabilisierenden Effekte, welche die Rückführung sowie die harsche Missachtung der *koinê eirênê* für die Poliswelt bedeutete [vgl. 5.1: Jehne, Koine Eirene, 250]. Die durch die dekretierte Integration der Verbannten gesteigerte Instabilität sei für Alexander, der „in naher Zukunft mit einem Krieg gegen griechische Staaten" rechnete, Mittel zum Zweck gewesen, „ein gemeinsames Auftreten (sc. der Griechen) nach außen", also gegen die makedonische Weltherrschaft zu verhindern [Zahrnt, 431 f.].

...oder als Destabilisierungsmaßnahme?

Die Vertreter der Destabilisierungsthese berufen sich gerne darauf, dass die Ausführung des Dekretes vielen Poleis erhebliche (finanzielle) Probleme bereitete und innere Zwistigkeiten heraufbeschwören konnte. Einen – wohl nicht repräsentativen Einblick – bieten die Regelungen der Tegea-Inschrift von 324 [1.10.3: RO Nr. 101; dazu Heisserer, Alexander, 204–229]. Das besagt jedoch an sich noch wenig für die Intention Alexanders, der als Herrscher der Welt derartige Schwierigkeiten auktorial lösen zu können glaubte. Eine markant aggressive Stoßrichtung übte das *diágramma* in jedem Fall auf Athen und die Aitoler aus. Diese hatten den Überfall auf Oiniadai und die Vertreibung der Bevölkerung zu büßen (Diod. 18,8,6), während Athen seine seit mehr als einer Generation auf Samos befindlichen Kleruchen abziehen und die Insel den Exilierten zurückgeben musste – mit einschneidenden wirtschaftlichen Folgen. Vielleicht gab es weitere Anweisungen zur Auflösung der arkanischen und achäischen *Koina* [Hypereides, Gegen Demosthenes, col. 18 mit Bosworth, Conquest and Empire, 221 f.]. Dennoch sind „grave disruptions upon thousands of communities" [Bosworth, Conquest and Empire, 20] jenseits der beiden machtpolitisch unmittelbar Betroffenen nicht direkt nach-

Athen und die Samosfrage

zuweisen; sie scheinen auf dem Verhandlungsweg und durch nachgeschobene Vereinbarungen zumindest gedämpft worden zu sein, ohne dass – wie S. DMITRIEV [Alexander's Exiles Decree] betont – Alexander gegen die Autonomiebestimmung in die Verfassungen eingreifen musste.

Wenn Diodor [18,8,6, in makedonenfreundlicher Absicht? 5.1: JEHNE, Koine Eirene, 250 A. 350] resümiert, alle anderen Griechen – außer den Aitolern und Athenern – hätten die Maßnahme Alexanders für gut befunden, wäre zu überlegen, ob Alexander nicht zwei Ziele verfolgte, die von der Forschung zu schnell als alternativ generalisiert wurden. Was spricht dagegen, dass er gegenüber Gesamtgriechenland eine stabile Herrschaftsordnung zu etablieren suchte, gleichzeitig aber zwei der militärisch gefährlichsten potentiellen Störenfriede dieser Ordnung [WILL, Athen und Alexander, 114 spricht von „Unruheherde(n) vor der Realisierung weitgehender Pläne"], nämlich Athen und Aitolien, maßregeln wollte, auch auf die Gefahr eines ohnehin bereits geplanten [FARAGUNA, Alexander and the Greeks, 127 mit Quellen] Krieges? Alexander wird spätestens nach seiner Rückkehr aus Indien von den Kontakten der Athener mit den Persern erfahren haben [ZAHRNT, Versöhnen oder Spalten, 429]. Athen hatte kurz nach der Schlacht am Granikos der persischen Flotte angeboten, sich auf Samos (!) zu verproviantieren (Arr. An. 1,19,8). Wohlweislich hatte der Makedonenkönig während der ersten Phase seines Feldzuges nicht auf die volle Flottenstärke der Athener zurückgegriffen und deren kleines Kontingent frühzeitig entlassen [Diod. 17,22,5; WILL, Athen und Alexander, 52]. Bezeichnend ist ferner, dass der abtrünnige Harpalos mit 6 000 Söldnern, 30 Kriegsschiffen und 1 500 Talenten just in Athen um Aufnahme bat [die Wirkung der Nachricht auf Alexander betont JASCHINSKI, Alexander und Griechenland, 89 f.; 141; abgeschwächt von 5.1: JEHNE, Koine Eirene, 249], offensichtlich in der Hoffnung, von hier aus eine Rebellion gegen Alexander anzuzetteln [WORTHINGTON, By the Spear, 264]. C. W. BLACKWELL [In the Absence of Alexander] sieht in der Affäre v. a. ein Symptom der schleichenden Schwächung der Autorität des Antipater (Kritik s. o.). Auch wenn die Athener dessen Gesuch ablehnten bzw. dilatorisch behandelten – dass die ökonomisch blühende, finanziell vitale und hochgerüstete Stadt [FARAGUNA, Alexander and the Greeks, 119] seit längerem ein Doppelspiel der offenen

Doppeltes Ziel Alexanders?

Harpalos in Athen

Loyalität bei gleichzeitiger Kriegsbereitschaft pflegte, dürften Alexanders Berater rasch erkannt haben.

Der Weg in den Lamischen Krieg

Hierfür spricht auch, dass Alexander weder gegenüber den Aitolern [JEHNE, Koine Eirene, 252] noch den Athenern im Gegensatz zu anderen Poleis zu irgendwelchen Zugeständnissen und Kompromissen bereit war. Von beiden Seiten wurde nicht einmal die offenbar in anderen Fällen übliche Teilung des Besitzes zwischen Exilierten und Kleruchen erwogen. Spätestens als die Athener erfuhren, dass Alexander im Hoflager die Rückgabe der Insel an die Samier ausdrücklich bestätigt hatte, bereiteten auch sie sich planmäßig – wenn auch noch ohne offiziellen Bruch mit den makedonischen Autoritäten – auf den Krieg vor [5.1: JEHNE, Koine Eirene, 252–261]. Der Lamische Krieg war denn auch nicht nur eine Reaktion auf das Samosurteil (Diodor 18,8,1; 8,7), sondern zugleich der letzte Versuch, die makedonische Vormacht abzuschütteln und die alte Hegemonialstellung wiederzugewinnen; zum Verlauf und den politischen Implikationen s. O. SCHMITT, Der Lamische Krieg.

III Literatur

1 Griechische Geschichte studieren

1.1 Grundlinien des Verständnisses in historischer Perspektive

Ampolo, Carmine, Storie greche. La formazione della moderna storiografia sugli antichi Greci, Turin 1997.

Billeter, Gustav, Die Anschauungen vom Wesen des Griechentums, Leipzig/Berlin 1911.

Bruhns, Hinnerk / Nippel, Wilfried (Hg.), Max Weber und die Stadt im Kulturvergleich, Göttingen 2000.

Burckhardt, Leonhard A. / Gehrke, Hans-Joachim (Hg.), Jacob Burckhardt und die Griechen, Basel/München 2006.

Christ, Karl, Hellas. Griechische Geschichte und deutsche Geschichtswissenschaft, München 1999.

Cobet, Justus, Alte Geschichte, in: Maurer, Michael (Hg.), Aufriß der historischen Wissenschaften, Bd. 1: Epochen, Stuttgart 2005, 14–105.

Davies, John K., Geschichtswissenschaft / Geschichtsschreibung. II: Griechische Geschichte, in: DNP 14, 2000, 188–198.

Demetriou, Kyriakos N. (Hg.), Brill's Companion to George Grote and the Classical Tradition, Leiden/Boston 2014.

Eich, Armin, Klassenbegriff und Klassentheorie bei Marx und in den altertumskundlichen Sozialwissenschaften, in: Deglau, Claudia / Reinard, Patrick (Hg.), Aus dem Tempel und dem ewigen Genuß des Geistes verstoßen? Karl Marx und sein Einfluss auf die Altertums- und Geschichtswissenschaften, Wiesbaden 2020, 59–86.

Funke, Peter, Das antike Griechenland: eine gescheiterte Nation? Zur Rezeption und Deutung der antiken griechischen Geschichte in der deutschen Historiographie des 19. Jahrhunderts, in: Blume, Hans-Dieter / Lienau, C. (Hg.), Annäherungen an Griechenland, Münster 2002, 81–101.

Gehrke, Hans-Joachim (Hg.), Alfred Heuß – Ansichten seines Lebenswerkes, Stuttgart 1998.

Hartmann, Andreas, Was ist Griechische Geschichte? Ein Fallbeispiel zur Problematik historischer Räume, in: Schreiber, Waltraud / Gruner, Carola (Hg.), Orientierung durch Geschichte (Eichstätter Kontaktstudium zum Geschichtsunterricht, 7), Neuried 2009, 119–186.

Harrison, Thomas, Through British Eyes. The Athenian Empire and Modern Historiography, in: Goff, Barbara (Hg.), Classics and Colonialism, London 2005, 25–37.

Momigliano, Arnaldo, Die antike Stadt bei Fustel de Coulanges (1970), in: ders., Ausgewählte Schriften zur Geschichte und Geschichtsschreibung, Bd. 3: Die moderne Geschichtsschreibung der Alten Welt, Stuttgart/Weimar 2000, 233–253, 423–426.

Näf, Beat, Deutungen und Interpretationen der griechischen Geschichte in den zwanziger Jahren, in Flashar, Hellmut (Hg.), Altertumswissenschaft in den 20er Jahren, Stuttgart 1995, 275–302.

Nafissi, Mohammad, Ancient Athens and Modern Ideology: Value, Theory and Evidence in Historical Sciences: Max Weber, Karl Polanyi and Moses Finley, London 2005.

Nippel, Wilfried, Antike oder moderne Freiheit? Die Begründung der Demokratie in Athen und in der Neuzeit, Frankfurt/M. 2008 (erweiterte engl. Ausgabe: Ancient and Modern Democracy, Cambridge 2015).

Nippel, Wilfried, George Grotes History of Greece – das liberale England und die Griechen, in: 1.3: Stein-Hölkeskamp / Hölkeskamp, Die griechische Welt, 538–548.

Rebenich, Stefan, Die Deutschen und ihre Antike. Eine wechselvolle Beziehung, Stuttgart 2021.

Roberts, Jennifer Tolbert, Athens on Trial. The Antidemocratic Tradition in Western Thought, Princeton 1994,

Schaefer, Hans, Victor Ehrenbergs Beitrag zur historischen Erforschung des Griechentums (1961), in: 1.3: ders., Probleme, 428–440.

Vassopoulos, Kostas, Marxism and Ancient History, in: 1.3: Allen u. a., How to do things, 209–236.

Walter, Uwe, Die klassischen, die armen, die erfolgreichen Hellenen. Erzählungen vom antiken Griechenland, in: Merkur 70, 2016, H. 12 (Nr. 784), 71–80.

Winterling, Aloys, Zur Geschichte der antiken Gesellschaftsgeschichte, in: Politica Antica 2, 2012, 141–163.

1.2 Gesamtdarstellungen

1.2.1 Griechische Geschichte insgesamt (chronologisch nach Erscheinen)

Grote, George, History of Greece (1846–1856), 12 Bde., London/New York o. J. (Everyman-Ausgabe); dt.: Geschichte Griechenlands, 6 Bde., Berlin 1880².

Curtius, Ernst, Griechische Geschichte, 3 Bde., Berlin 1887/88⁶ (zuerst 1857–1867).

Burckhardt, Jacob, Griechische Kulturgeschichte. 4 Bde., Basel 1956/57 (zuerst 1898–1902, kritische Edition: Griechische Culturgeschichte, 4 Bde., Basel/München 2002–2012).

Busolt, Georg, Griechische Geschichte bis zur Schlacht bei Chaeroneia, 3 Bde. in 4, Gotha 1893–1904² (reicht tatsächlich nur bis 404).

Meyer, Eduard, Geschichte des Altertums, Bde. III–V, bearb. von Stier, Hans Erich, Stuttgart 1937²/1965⁶/⁵/1969⁵ (zuerst 1893–1902).

Beloch, Karl Julius, Griechische Geschichte, 4 Bde. in 8, Straßburg u. a. 1912–1927².

BERVE, HELMUT, Griechische Geschichte. 2 Bände, Freiburg/Br. 1931/1933, Neubearb. 1950/1952.
DE SANCTIS, GAETANO, Storia dei Greci dalle origine alla fine del secolo V, 2 Bde., Firenze 1939.
HEUSS, ALFRED, Hellas, in: MANN, GOLO / HEUSS, ALFRED (Hg.), Propyläen Weltgeschichte Bd. III: Griechenland. Die hellenistische Welt, Frankfurt/Berlin 1962 u. ö., 69–400.
EHRENBERG, VICTOR, From Solon to Socrates. Greek History and Civilization During the 6th and 5th Centuries BC, London 1973[2] (Neuausgabe mit einem Vorwort von MILLETT, PAUL, London/New York 2011).
SCHULLER, WOLFGANG, Griechische Geschichte (Oldenbourg Grundriss der Geschichte, 1a), München 2008[6] (zuerst 1980).
ORRIEUX, CLAUDE / SCHMITT PANTEL, PAULINE, A History of Ancient Greece, Malden/Oxford 1999.
OSBORNE, ROBIN, Greek History, London/New York 2004.
MORRIS, IAN / POWELL, BARRY, The Greeks. History, Culture, and Society, Upper Saddle River u. a. 2014[2].
WALTER, UWE, Griechenland vom Ende der Bronzezeit bis 500 v. Chr.; Das klassische Griechenland (499–322 v. Chr.), in: Der Große Ploetz. Die Enzyklopädie der Weltgeschichte. 35., völlig neubearb. Aufl. Göttingen 2008, 151–195.
SCHULZ, RAIMUND, Kleine Geschichte des antiken Griechenland, Stuttgart 2022[3].
GÜNTHER, LINDA-MARIE, Griechische Antike, Tübingen 2011.
WELWEI, KARL-WILHELM, Griechische Geschichte. Von den Anfängen bis zum Beginn des Hellenismus, Paderborn 2011.
PARKER, VICTOR, A History of Greece 1300 to 30 BC, Hoboken 2014.
OBER, JOSIAH, Das antike Griechenland. Eine neue Geschichte, Stuttgart 2016 (engl. The Rise and Fall of Classical Greece, Princeton/Oxford 2015).

1.2.2 Frühzeit bis ca. 500 (Synthesen und ‚Companions')

BAURAIN, CLAUDE, Les Grecs et la méditerranée orientale. Des siècles obscurs à la fin de l'epoque archaïque (Nouvelle Clio), Paris 1997.
HALL, JONATHAN M., A History of the Archaic Greek World ca. 1200–479 BCE (Blackwell History of the Ancient World), second edition, Malden u. a. 2014.
LAVELLE, BRIAN M., Archaic Greece: the Age of New Reckonings, Hoboken 2020.
LEMOS, IRENE S. / KOTSONAS, ANTONIS (Hg.), A Companion to the Archaeology of Early Greece and the Mediterranean, Hoboken 2020.
MEIER, CHRISTIAN, Kultur, um der Freiheit willen. Griechische Anfänge – Anfang Europas?, München 2009.
MURRAY, OSWYN, Das frühe Griechenland (dtv Geschichte der Antike), München 1995[5].
OSBORNE, ROBIN, Greece in the Making 1200–479 BC (Routledge History of the Ancient World), second edition, London/New York 2009.
RAAFLAUB, KURT A. / VAN WEES, HANS (Hg.), A Companion to Archaic Greece (Blackwell Companions to the Ancient World), Malden u. a. 2009.

SHAPIRO, H. ALAN (Hg.), The Cambridge Companion to Archaic Greece, Cambridge 2007.
SNODGRASS, ANTHONY, Archaic Greece: The Age of Experiment, London u. a. 1980.
STAHL, MICHAEL, Gesellschaft und Staat bei den Griechen: Archaische Zeit, Paderborn u. a. 2003.
STARR, CHESTER G., The Origins of Greek Civilization 1100–650 B. C., London 1962.
STEIN-HÖLKESKAMP, ELKE, Das archaische Griechenland. Die Stadt und das Meer (C. H. Beck Geschichte der Antike), München 2015.
ULF, CHRISTOPH / KISTLER, ERICH, Die Entstehung Griechenlands (Oldenbourg Grundriss der Geschichte, 46), Berlin/Boston 2020.

1.2.3 5. und 4. Jahrhundert (Synthesen und ‚Companions')

BRIANT, PIERRE u. a., Le monde grec aux temps classiques, I: Le Ve siècle (Nouvelle Clio), Paris 2001^2.
BRULÉ, PIERRE u. a., Le monde grec aux temps classiques, II: Le IVe siècle (Nouvelle Clio), Paris 2004.
DAVIES, JOHN K., Das klassische Griechenland und die Demokratie (dtv Geschichte der Antike), München 1996^5.
HORNBLOWER, SIMON, The Greek World 479–323 BC (Routledge History of the Ancient World), forth edition, London/New York 2011.
KINZL, KONRAD H. (Hg.), A Companion the Classical Greek World (Blackwell Companions to the Ancient World), Malden u. a. 2006.
RHODES, PETER J., A History of the Classical Greek World 478–323 BC (Blackwell History of the Ancient World), second edition, Malden u. a. 2010.
SAMONS II, LOREN J. (Hg.), The Cambridge Companion to the Age of Pericles, Cambridge 2007.
SCHMIDT-HOFNER, SEBASTIAN, Das klassische Griechenland. Der Krieg und die Freiheit (C. H. Beck Geschichte der Antike), München 2016.
SCHULZ, RAIMUND, Athen und Sparta (Geschichte kompakt), Darmstadt 2008^3.
STAHL, MICHAEL, Gesellschaft und Staat bei den Griechen: Klassische Zeit, Paderborn u. a. 2003.
TRITLE, LAWRENCE A. (Hg.), The Greek World in the Fourth Century. From the Fall of the Athenian Empire to the Successors of Alexander, London 1997.

1.3 Sammelwerke, Gesammelte Schriften, grundlegende Tagungsbände

ALLEN, DANIELLE S. / CHRISTESEN, PAUL / MILLETT, PAUL (Hg.), How to do things with history: new approaches to ancient Greece, Oxford/New York 2018.
BANG, PETER FIBIGER / SCHEIDEL, WALTER (Hg.), The Oxford Handbook of the State in the Ancient Near East and Mediterranean, Oxford 2013.
BLECKMANN, BRUNO (Hg.), Herodot und die Epoche der Perserkriege. Realitäten und Fiktionen, Köln u. a. 2007.

1.3 Sammelwerke, Gesammelte Schriften, grundlegende

Bleicken, Jochen, Gesammelte Schriften, 2 Bde., Stuttgart 1998.
Boys-Stones, Georges / Graziosi, Barbara / Vasunia, Phiroze (Hg.), The Oxford Handbook of Hellenic Studies, Oxford 2009.
Bradley, Keith / Cartledge, Paul (Hg.), The Cambridge World History of Slavery, Bd. 1: The Ancient Mediterranean World, Cambridge 2011.
Brodersen, Kai (Hg.), Große Gestalten der griechischen Antike. 55 historische Portraits von Homer bis Kleopatra, München 1999.
Brunt, Peter A., Studies in Greek History and Thought, Oxford 1993.
The Cambridge Ancient History (**CAH**). Second edition, Bd. III 1: The Prehistory of the Balkans, The Middle East and the Aegean World, Tenth to Eighth Centuries B. C., hg. von Boardman, John u. a., Cambridge u. a. 1982.
The Cambridge Ancient History (**CAH**). Second edition, Bd. III 3: The Expansion of the Greek World, Eighth to Sixth Centuries B. C., hg. von Boardman, John / Hammond, N. G. L., Cambridge u. a. 1982.
The Cambridge Ancient History (**CAH**). Second edition, Bd. IV: Persia, Greece and the Western Mediterranean c. 525 to 479 B. C., hg. von Boardman, John u. a. Cambridge u. a. 1988.
The Cambridge Ancient History (**CAH**). Second edition, Bd. V: The Fifth Century B. C., hg. von Lewis, D. M. u. a., Cambridge u. a. 1992.
The Cambridge Ancient History (**CAH**). Second edition, Bd. VI: The Forth Century B. C., hg. von Lewis, D. M. u. a., Cambridge u. a. 1994.
Cartledge, Paul (Hg.), Kulturgeschichte Griechenlands in der Antike, Stuttgart 2000.
Fisher, Nick / van Wees, Hans (Hg.), Archaic Greece. New Approaches and New Evidence, London 1998.
Cartledge, Paul u. a. (Hg.), Money, Labour and Land. Approaches to the economies of Ancient Greece, London/New York 2002.
Cawkwell, George, Cyrene to Chaeronea. Selected Essays on Ancient Greek History, Oxford 2011.
Delp, Dominik / Herren, Xenia (Hg.), TextRessourcen. Agrarische, soziale und poetische Ressourcen in archaischer und hellenistischer Zeit, Hildesheim 2021.
de Ste. Croix, Geoffrey E. M., Athenian Democratic Origins and other Essays, Oxford 2004.
Ehrenberg, Victor, Polis und Imperium. Beiträge zur Alten Geschichte, Zürich/Stattgart 1965.
Finley, Moses I., Economy and Society in Ancient Greece, London 1981.
Flensted-Jensen, Pernille u. a. (Hg.), Polis and Politics. Studies in Ancient Greek History, Copenhagen 2000.
Foxhall, Lin / Lewis, Andrew D. E. (Hg.), Greek Law in its Political Setting. Justifications not Justice, Oxford 1996.
Gehrke, Hans-Joachim, Politik und politisches Denken. Ausgewählte Schriften, 1, Stuttgart 2019.
Gehrke, Hans-Joachim / Schneider, Helmuth (Hg.), Geschichte der Antike. Ein Studienbuch. 5. erw. Auflage, Stuttgart/Weimar 2019.
Gschnitzer, Fritz (Hg.), Zur griechischen Staatskunde, Darmstadt 1969.

Gschnitzer, Fritz, Kleine Schriften zum griechischen und römischen Altertum, 2 Bde., Stuttgart 2001/2003.
Harris, Edward M. / Rubinstein, Lene (Hg.), The Law and the Courts in Ancient Greece, London 2004.
Jacoby, Felix, Abhandlungen zur griechischen Geschichtsschreibung, Leiden 1956.
Kinzl, Konrad H. (Hg.), Demokratia. Der Weg zur Demokratie bei den Griechen, Darmstadt 1995, 1–54.
Linke, Bernhard u. a. (Hg.), Zwischen Monarchie und Republik. Gesellschaftliche Stabilisierungsleistungen und politische Transformationspotentiale in den antiken Stadtstaaten, Stuttgart 2010.
Lotze, Detlef, Bürger und Unfreie im vorhellenistischen Griechenland. Ausgewählte Aufsätze, Stuttgart 2000.
Meister, Jan B. / Seelentag, Gunnar (Hg.), Konkurrenz und Institutionalisierung in der griechischen Archaik, Stuttgart 2020.
Meyer, Eduard, Forschungen zur Alten Geschichte, 2 Bde., Halle 1892/1899.
Mitchell, Lynette G. / Rhodes, Peter J., The Development of the *Polis* in Archaic Greece, London 1997.
Ober, Josiah, The Athenian Revolution. Essays on Ancient Greek Democracy and Political Theory, Princeton 1996.
Osborne, Robin, Athens and Athenian Democracy, Cambridge 2010.
Rollinger, Robert / Ulf, Christoph (Hg.), Griechische Archaik. Interne Entwicklungen – externe Impulse, Berlin 2004.
Ruschenbusch, Eberhard, Kleine Schriften zur Alten Geschichte, Wiesbaden 2014.
Schaefer, Hans, Probleme der Alten Geschichte. Gesammelte Abhandlungen und Vorträge, Göttingen 1963.
Scheidel, Walter / Morris, Ian / Saller, Richard (Hg.), The Cambridge Economic History of the Greco-Roman World, Cambridge 2007.
Settis, Salvatore (Hg.), I Greci. Storia, cultura, arte, società, 4 Bde. in 7, Turin 1996–2002.
Snodgrass, Anthony, Archaeology and the Emergence of Greece, Ithaca 2006.
Stein-Hölkeskamp, Elke / Hölkeskamp, Karl-Joachim (Hg.), Die griechische Welt. Erinnerungsorte der Antike, München 2010.
Vernant, Jean-Pierre (Hg.), Der Mensch der griechischen Antike, Frankfurt/New York 1993.
Welwei, Karl-Wilhelm, Polis und Arché. Kleine Schriften zu Gesellschafts- und Herrschaftsstrukturen in der griechischen Welt, Stuttgart 2000.
Welwei, Karl-Wilhelm, Nachlese. Kleine Schriften zur Sozial- und Herrschaftsgeschichte in der griechischen und römischen Welt, Stuttgart 2012.

1.4 Epochen und Zäsuren

Heuss, Alfred, Die archaische Zeit Griechenlands als geschichtliche Epoche (1946), in: 1.3: Gschnitzer, Staatskunde, 36–96.

STRAUSS, BARRY S., The problem of periodization: the case of the Peloponnesian War, in: GOLDEN, MARK / TOOHEY, PETER (Hg.), Inventing Ancient Culture. Historicism, Periodization, and the Ancient World, London/New York 1997, 165–175.

WALTER, UWE, Die Archaische Zeit – noch immer eine Epoche der griechischen Geschichte?, in: Das Altertum 58, 2013, 99–113.

WALTER, UWE, Von Anfängen, Herausforderungen und Antworten: Gedanken zum archaischen Hellas, in: Archiv für Kulturgeschichte 101, 2019, 235–258.

WALTER, UWE, The Classical Age as a Historical Epoch, in: 1.2.3: KINZL, Companion, 1–25.

1.5 Neuere Perspektiven

BECK, HANS, Localism and the Ancient Greek City-State, Chicago/London 2020.

BRUGHMANS, TOM, Connecting the Dots: Towards Archaeological Network Analysis, in: Oxford Journal of Archaeology 29, 2010, 277–303.

CANEVARO, MIRKO u. a. (Hg.), Ancient Greek History and Contemporary Social Science, Edinburgh 2018.

CARTLEDGE, PAUL, Die Griechen und wir, Stuttgart/Weimar 1998 (engl.: The Greeks. A Portrait of Self and Others, Oxford 1997²).

CONSTANTAKOPOULOU, CHRISTY, The Dance of the Islands. Insularity, Networks, the Athenian Empire, and the Aegean World, Oxford 2007.

DAVIDSON, JAMES N., Kurtisanen und Meeresfrüchte. Die verzehrenden Leidenschaften im klassischen Athen, Berlin 1999.

DAVIES, JOHN K., Greek history – a discipline in transformation, in: WISEMAN, TIMOTHY P. (Hg.), Classics in progress. Essays on ancient Greece and Rome, Oxford 2002, 225–246.

DIETLER, MICHAEL / LÓPEZ-RUIZ, CAROLINA (Hg.), Colonial encounters in ancient Iberia. Phoenician, Greek, and indigenous relations, Chicago 2009.

EIDINOW, ESTHER, Networks and Narratives: A Model for Ancient Greek Religion, in: Kernos 24, 2011, 9–38.

FERRARIO, SARAH BROWN, Historical Agency and the ‚Great Man' in Classical Greece, Cambridge 2014.

GARLAND, ROBERT, Athens Burning. The Persian Invasion of Greece and the Evacuation of Attica, Baltimore 2017.

GEHRKE, HANS-JOACHIM, Jenseits von Athen und Sparta. Das dritte Griechenland und seine Staatenwelt, München 1986.

GEHRKE, HANS-JOACHIM, Methodologische Überlegungen zu aktuellen Tendenzen in der Alten Geschichte. Kulturelle Austauschprozesse und historische Narratologie, in: Gymnasium 122, 2015, 211–232.

GREENWOOD, EMILY, Postcolonialism, in: 1.3: BOYS-STONES, Oxford Handbook, 653–664.

HARRIS, EDWARD M., Some Recent Developments in the Study of Ancient Greek Law, in: Journal of Ancient Civilizations 33, 2018, H. 2, 187–266.

Hodos, Tamar, The Archaeology of the Mediterranean Iron Age. A Globalising World c. 1100–600 BCE, Cambridge 2020

Horden, Peregrine / Purcell, Nicholas, The Corrupting Sea. A Study of Mediterranean History, Oxford 2000.

Horden, Peregrine / Purcell, Nicholas, The Boundless Sea. Writing Mediterranean History, London/New York 2019.

Kistler, Erich, ‚Kampf der Mentalitäten': Ian Morris' ‚Elitist-' versus ‚Middling-Ideology', in: 1.3: Rollinger / Ulf, Griechische Archaik, 145–175.

Kopp, Hans, Thalassokratie: Zur historischen Semantik und Wirkungsgeschichte eines Hilfsbegriffs, in: Baltrusch, Ernst u. a. (Hg.), Seemacht, Seeherrschaft und die Antike, Stuttgart 2016, 27–45.

Leidwanger, Justin / Knappett, Carl (Hg.), Maritime networks in the ancient Mediterranean world, Cambridge 2018.

Malkin, Irad (Hg.), Ancient Perceptions of Greek Ethnicity, Washington 2001.

Malkin, Irad (Hg.), Mediterranean Paradigms and Classical Antiquity, London/New York 2005.

Malkin, Irad, A Small Greek World. Networks in the Ancient Mediterranean, Oxford 2011.

Osborne, Robin, Changing Ancient Greek History, in: Harlaftis, Gelina u. a. (Hg.), The New Ways of History. Developments in Historiography, London/New York 2010, 35–47.

McInerney, Jeremy (Hg.), A Companion to Ethnicity in the Ancient Mediterranean, Chichester 2014.

Renfrew, Colin / Cherry, J. F. (Hg.), Peer polity interaction and socio-political change, Cambridge 1986.

Rollinger, Robert / Luther, Andreas / Wiesehöfer, Josef (Hg.), Getrennte Wege? Kommunikation, Raum und Wahrnehmung in der Alten Welt, Frankfurt/M. 2007.

Schliephake, Christopher, Die Blendung des Kyklopen – Antikenrezeption und (post-)kolonialer Diskurs, in: Mitteilungen des Instituts für Europäische Kulturgeschichte 22, Aug. 2014, 13–34.

Schliephake, Christopher, The Environmental Humanities and the Ancient World. Questions and Perspectives, Cambridge 2020 (DOI: 10.1017/9781108782005).

Scheidel, Walter, Demography and Sociology, in: 1.3: Boys-Stones, Oxford Handbook, 665–677.

Schulz, Raimund, Von Gades zum Ganges. Was verspricht eine neue „Welt-" und „Globalgeschichte" der Antike?, in: Geschichte in Wissenschaft und Unterricht 61, 2010, H. 3, 156–170.

Schulz, Raimund / Walter, Uwe, Eine neue Idee vom alten Griechenland? Endlich einmal kontrovers: Josiah Obers ökonomisch-kybernetische Erfolgsgeschichte der Hellenen, in: Geschichte in Wissenschaft und Unterricht 69, 2018, H. 9/10, 568–578.

Small, David B., Ancient Greece. Social Structure and Evolution, Cambridge 2019.

Snodgrass, Anthony, Interaction by design: the Greek city state, in: Renfrew / Cherry, Peer-polity interaction, 47–58.

VAN DOMMERLEN, PETER, Colonial constructs. Colonialism and archaeology in the Mediterranean, in: World Archaeology 28, 1997, 31–49.
VIDAL-NAQUET, PIERRE, The Black Hunter. Forms of Thought and Forms of Society in the Greek World, Baltimore/London 1986 (französ. Original 1981).
VLASSOPOULOS, KOSTAS, Unthinking the Greek Polis. Ancient Greek History Beyond Eurocentrism, Cambridge 2007.
WALTER, UWE, Der Begriff des Staates in der griechischen und römischen Geschichte, in: HANTOS, THEODORA / LEHMANN, GUSTAV ADOLF (Hg.), Althistorisches Kolloquium aus Anlaß des 70. Geburtstages von Jochen Bleicken, Stuttgart 1998, 9–27.
ZELLER, PETER, Basileis und Goden. Gesellschaftliche Ordnung im früharchaischen Griechenland und der isländischen Freistaatzeit, Göttingen 2020.
ZENZEN, NICOLAS / HÖLSCHER, TONIO / TRAMPEDACH, KAI (Hg.), Aneignung und Abgrenzung. Wechselnde Perspektiven auf die Antithese von ‚Ost' und ‚West' in der griechischen Antike, Heidelberg 2013.
ZUCHTRIEGEL, GABRIEL, Colonization and Subalternity in Classical Greece. Experience of the Nonelite Population, New York 2017.

1.6 Nachschlagewerke und Hilfsmittel

1.6.1 Allgemeine Lexika und Enzyklopädien

CANCIK, HUBERT / SCHNEIDER, HELMUTH (Hg.), Der Neue Pauly. Enzyklopädie der Antike (**DNP**). Antike: 12 Bde. in 13, Stuttgart/Weimar 1996–2002; Rezeptions- und Wissenschaftsgeschichte: 3 Bände in 5, ebd. 1999–2003; Bd. 16: Register, Listen, Tabellen, ebd. 2003 (engl. Ausgabe: Brill's New Pauly, Leiden u. a. 2002 ff.; beide auch online).
BAGNALL, ROGER S. u. a. (Hg.), The Encyclopedia of Greek and Roman History (**EAH**), 13 Bde., Malden/Oxford 2013 (auch online, mit Aktualisierungen).
ZIEGLER, KONRAT / SONTHEIMER, WALTHER (Hg.), Der Kleine Pauly (**KIP**), 5 Bde., München 1964–1975.
ANDRESEN, CARL u. a. (Hg.), Lexikon der Alten Welt (**LAW**), Zürich 1965.
HORNBLOWER, SIMON / SPAWFORTH, ANTHONY / EIDINOW, ESTHER (Hg.), The Oxford Classical Dictionary, 4th ed. (**OCD⁴**), Oxford 2012 (auch online).
GAGARIN, MICHAEL / FANTHAM, ELAINE (Hg.), The Oxford Encyclopedia of Ancient Greece and Rome (**OEAGR**), 7 Bde., Oxford 2010.
WISSOWA, GEORG u. a. (Hg.), Real-Encyclopädie der classischen Altertumswissenschaft (**RE**), 83 Bde., Stuttgart 1893–1980.

1.6.2 Spezielle Lexika und Enzyklopädien

BERKOWITZ, LUCI / SQUITIER, K. A. (Hg.), Thesaurus Linguae Graecae. Canon of Greek Authors and Works, New York/Oxford 1990³.
HANSEN, MOGENS HERMAN / NIELSEN, THOMAS HEINE (Hg.), An Inventory of Archaic and Classical Poleis, Oxford 2004.
HECKEL, WALDEMAR u. a. (Hg.), Lexicon of Argead Makedonia, Berlin 2020.

Heinen, Heinz (Hg.), Handwörterbuch der antiken Sklaverei (**HAS**), 3 Bde., Stuttgart 2017 (auch digital).
Kuhlmann, Peter / Schneider, Helmuth (Hg.), Geschichte der Altertumswissenschaften. Biographisches Lexikon (DNP Supplemente, Bd. 6), Stuttgart/Weimar 2012 (auch online).
Lauffer, Siegfried (Hg.), Griechenland. Lexikon der historischen Stätten, München 1989.
Welskopf, Elisabeth Charlotte (Hg.), Soziale Typenbegriffe im alten Griechenland und ihr Fortleben in den Sprachen der Welt. Bd. 1–2: Belegstellenverzeichnis altgriechischer sozialer Typenbegriffe von Homer bis Aristoteles, Berlin 1985; Bd. 3–4: Untersuchungen ausgewählter altgriechischer sozialer Typenbegriffe, Berlin 1981.

1.6.3 Namen- und Personenlexika

Davies, John K., Athenian Propertied Families 600–300 B. C. (**APF**), Oxford 1971.
Develin, Robert, Athenian Officials 684–321 BC, Cambridge 1989.
Fraser, P. M. u. a. (Hg.), A Lexicon of Greek Personal Names (**LGPN**), bisher 7 Bde., Oxford 1987 ff. (nach Regionen gegliedert, auch online verfügbar)
Hofstetter, Josef, Die Griechen in Persien. Prosopographie der Griechen im persischen Reich vor Alexander, Berlin 1978
Kirchner, Johannes, Prosopographia Attica (**PA**), 2 Bde., Berlin 1901/03; Nachträge von Sundwall, J., Helsinki 1910.
Poralla, Paul, Prosopographie der Lakedaimonier bis auf die Zeit Alexanders des Großen, Breslau 1913, aktualis. Ausg. von Bradford, A., Chicago 1985.
Traill, John S., Persons of Ancient Athens (**PAA**), 22 Bde., Toronto 1994–2016.
Zoumbaki, Sophia B., Prosopographie der Eleer bis zum 1. Jh. v. Chr., Athen 2005.

1.7 Raum

1.7.1 Atlanten

Talbert, R. J. A. (Hg.), Barrington Atlas of the Greek and Roman World, Princeton 2000.
Wittke, Anna-Marie / Olshausen, Eckardt / Szydlak, Richard (Hg.), Historischer Atlas der antiken Welt (DNP Supplemente, Bd. 3), Stuttgart/Weimar 2007.

1.7.2 Historische Landeskunde / Topographie / Urbanistik / Land und Meer

Beck, Hans / Smith, Philip J. (Hg.), Megarian Moments. The Local World of an Ancient Greek City-State, Montreal 2018 (online: http://teiresias-supplements.mcgill.ca).
Bintliff, John, Emergent Complexity in Settlement Systems and Urban Transformations, in: Fellmeth, Ulrich u. a. (Hg.), Historische Geographie der Alten Welt (FS Olshausen), Hildesheim u. a. 2007, 43–82.

Bursian, Conrad, Geographie Griechenlands, 2 Bde., Leipzig 1862/1872.
De Polignac, François, Forms and Processes: Some Thoughts on the Meaning of Urbanization in Early Archaic Greece, in: Osborne / Cunliffe, Mediterranean Urbanization, 45–69.
Ehrenberg, Victor, Griechisches Land und griechischer Staat (1923), in: 1.3: ders., Polis und Imperium, 63–82.
Freitag, Klaus, Der Golf von Korinth. Historisch-topographische Untersuchungen von der Archaik bis in das 1. Jh. v. Chr., München 1999.
Freitag, Klaus, Überlegungen zur Konstruktion von Grenzen im antiken Griechenland, in: Albertz, Rainer u. a. (Hg.), Räume und Grenzen. Topologische Konzepte in den antiken Kulturen des östlichen Mittelmeerraums, München 2007, 49–70.
Gehrke, Hans-Joachim, Bemerkungen zu Hippodamos von Milet, in: Schuller, Wolfgang u. a. (Hg.), Demokratie und Architektur. Der hippodamische Städtebau und die Entstehung der Demokratie, München 1989, 58–63.
Gehrke, Hans-Joachim, Die Raumwahrnehmung im archaischen Griechenland, in: Rathmann, Michael (Hg.), Wahrnehmung und Erfassung geographischer Räume in der Antike, Mainz 2007, 17–30.
Gehrke, Hans-Joachim, Die Rolle der Geographie in den klassischen Altertumswissenschaften, in: Geographia Antiqua 23–24, 2014–2015, 5–15.
Hölscher Tonio, Öffentliche Räume in frühen griechischen Städten, Heidelberg 1998.
Hoepfner, Wolfgang, Überlegungen zum Städtebau klassischer Zeit, in: Pöhlmann, Egert / Gauer, Werner (Hg.), Griechische Klassik, Nürnberg 1994, 199–212.
Hoepfner, Wolfgang / Schwandner, Ernst-Ludwig, Haus und Stadt im klassischen Griechenland, München 1994².
Jameson, M. H. (Hg.), A Greek Countryside. The Southern Argolid from Prehistory to the Present Day, Stanford 1994.
Kirsten, Ernst / Kraiker, Wilhelm, Griechenlandkunde. Ein Führer zu den klassischen Stätten, Heidelberg 1967⁵.
Kolb, Frank, Die Stadt im Altertum, München 1984.
Lang, Franziska, Archaische Siedlungen in Griechenland, Berlin 1996.
Lolos, Yannis, Land of Sikyon. Archaeology and History of a Greek City-State, Princeton 2013.
Mertens, Dieter, Archäologische Stadtforschung, in: Borbein, Adolf H. (Hg.), Klassische Archäologie. Eine Einführung, Darmstadt 2000, 229–250.
Lohmann, Hans, Atene. Forschungen zur Siedlungs- und Wirtschaftsstruktur des klassischen Attika, 2 Bde., Köln 1993.
Osborne, Robin, Classical Landscape with Figures. The Ancient Greek City and its Countryside, London 1987.
Osborne, Robin / Cunliffe, Barry (Hg.), Mediterranean Urbanization 800–600 BC, Oxford 2005.
Philippson, Adolf / Kirsten, Ernst, Die griechischen Landschaften, 4 Bde., Frankfurt/M. 1950–1959.
Pritchett, William K., Studies in Ancient Greek Topography, 8 Bde., Berkeley/Los Angeles 1965–1992.
Rackham, Oliver, Ancient Landscapes, in: 2.5: Murray / Price, Greek City, 85–111.

Rocchi, Giovanna Daverio, Systems of Borders in Ancient Greece, in: Bianchetti, Serena u. a. (Hg.), Brill's Companion to Ancient Geography, Leiden/Boston 2016, 58–77.

Schulz, Raimund, Die Antike und das Meer, Darmstadt 2005.

Schulz, Raimund, Abenteurer der Ferne. Die großen Entdeckungsfahrten und das Weltwissen der Antike, Stuttgart 2016.

Starr, Chester G., The Influence of Sea Power on Ancient History, Oxford 1989.

1.7.3 Klima – Landesnatur – Historische Ökologie

Alcock, Susan E., Die Menschen in ihrer natürlichen Umwelt, in: 1.3: Cartledge, Kulturgeschichte, 13–34.

Borsch, Jonas, Erschütterte Welt. Soziale Bewältigung von Erdbeben im östlichen Mittelmeerraum der Antike, Tübingen 2018.

Foxhall, Lin, Olive Cultivation in Ancient Greece: Seeking the Ancient Economy, Oxford 2007.

Hughes, J. D., The Mediterranean: An Environmental History, Santa Barbara 2005.

Sallares, Robert, The Ecology of the Ancient Greek World, Ithaca 1991.

Sauerwein, Friedrich, The Physical Background, in: Sparkes, Brian A. (Hg.), Greek Civilization. An Introduction, Oxford 1998, 3–18.

Schulz, Raimund / Günther, Sven, Ökologie, in Ruffing, Kai / von Reden, Sitta (Hg.), Handbuch zur Wirtschaftsgeschichte, Bd. 1: Die griechisch-römische Antike, im Druck.

1.8 Zeit (Chronologie – Chronographie – Zeitkonstruktion)

Bichler, Reinhold, Das chronologische Bild der „Archaik", in: 1.3: Rollinger / Ulf, Griechische Archaik, 207–248.

Bickerman, Elias J., Chronology of the Ancient World, Ithaca 1980^2.

Christesen, Paul, Olympic Victor Lists and Ancient Greek History, Cambridge 2007.

Clinton, Henry Fynes, Fasti Hellenici, Oxford 1834 (Bd. 1, bis 559, Bd. 2, bis 278).

Cobet, Justus, Zeitsinn. Am Anfang unserer Geschichtsschreibung, in: Hölkeskamp, Karl-Joachim u. a. (Hg.), Sinn (in) der Antike. Orientierungssysteme, Leitbilder und Wertkonzepte im Altertum, Mainz 2003, 117–134.

Eder, Walter / Renger, Johannes (Hg.), Herrscherchronologien der antiken Welt. Namen, Daten, Dynastien. DNP (s. 1.6.1) Supplemente 1, Stuttgart/Weimar 2004.

Gehrke, Hans-Joachim, Herodot und die Tyrannenchronologie, in: Ax, Wolfram (Hg.), Memoria rerum veterum (Festschrift C. J. Classen), Stuttgart 1990, 33–50.

Hannah, Robert, Greek and Roman Calendars. Constructions of Time in the Classical World, London 2005.

HEDRICK, CHARLES W., The Prehistory of Greek Chronography, in: GORMAN, VANESSA B. / ROBINSON, ERIC B. (Hg.), Oikistes. Studies in Constitutions, Colonies, and Military Power in the Ancient World, Leiden u. a. 2002, 13–32.
KALETSCH, HANS, Zeitrechnung, in: 1.6.1: LAW, 3307–3324.
MARI, MANUELA, I ‚tempi' della colonizzazione grecha arcaica. Spunti per un dialogo tra discipline, in: DONNELLAN, LIEVE u. a. (Hg.), Contexts of Early Colonization, Rom 2016, 21–33.
PETER, CARL, Zeittafeln der Griechischen Geschichte zum Handgebrauch (...) mit fortlaufenden Belegen und Auszügen aus den Quellen, Halle 1886[6].
SAMUEL, ALAN E., Greek and Roman Chronology. Calendars and years in classical antiquity, München 1972.
SHAW, PAMELA-JANE, Discrepancies in Olympiad dating, and chronological problems of archaic Peloponnesian history, Stuttgart 2000.
STRASBURGER, HERMANN, Herodots Zeitrechnung (1956/1962), in: DERS., Studien zur Alten Geschichte, Hildesheim/New York 1982, Bd. 2, 627–675.
TRÜMPY, CATHERINE, Untersuchungen zu den altgriechischen Monatsnamen und Monatsfolgen. Heidelberg 1997.

1.9 Bevölkerung (Demographie)

AKRIGG, BEN, Population and Economy in Classical Athens, Cambridge 2019.
BELOCH, (KARL) JULIUS, Die Bevölkerung der griechisch-römischen Welt, Leipzig 1886.
DECETY, NATHAN, Attrition-based *Oliganthrôpia* Revisited, in: Klio 102, 2020, 474–508.
DORAN, TIMOTHY, Spartan Oliganthropia, Berlin/Boston 2018 (Forschungsbericht).
FIGUEIRA, THOMAS J., Population Patterns in Late Archaic and Classical Sparta, in: Transactions and Proceeedings of the Philological Association 116, 1985, 165–213.
HANSEN, MOGENS H., Demography and Democracy. The Number of Athenian Citizens in the Forth Century B. C., Herning 1985.
HANSEN, MOGENS H., The shotgun method: the demography of the ancient Greek city-state culture, Columbia/London 2006.
PRICE, SIMON, Estimating Ancient Greek Populations: The Evidence of Field Survey, in: BOWMAN, ALAN / WILSON, ANDREW (Hg.), Settlement, urbanization, and population. Oxford 2011, 17–35.
SCHEIDEL, WALTER, The Greek Demographic Expansion: Models and Comparisons, in: Journal of Hellenic Studies 123, 2003, 120–140.
SCHEIDEL, WALTER, Gräberstatistik und Bevölkerungsgeschichte: Attika im achten Jahrhundert, in: 1.3: ROLLINGER / ULF, Griechische Archaik, 177–185.
STANGL, GÜNTER, Antike Populationen in Zahlen. Überprüfungsmöglichkeiten von demographischen Zahlenangaben in antiken Texten, Frankfurt/M. u. a. 2008.

1.10 Die Quellen

1.10.1 Quellensammlungen in / ohne Übersetzung (nach Inhalt geordnet)

JACOBY, FELIX, Die Fragmente der griechischen Historiker (**FGrH**), 15 Bde., (Berlin)/Leiden 1923–1968.

Brill's New Jacoby (**BNJ**), hg. v. WORTHINGTON, IAN, ab 2007 (brillonline.com/browser/brill-s-new-jacoby)

SCHEPENS, GUIDO u. a. (Hg.), Die Fragmente der griechischen Historiker continued. IV A: Biography. Fascicle 1. The Pre-Hellenistic Period, Leiden u. a. 1998.

GEHRKE, HANS-JOACHIM / SCHNEIDER, HELMUTH (Hg.), Geschichte der Antike. Quellenband, 2., erw. Aufl. 2013 (einschlägig: 1–143).

DILLON, MATTHEW / GARLAND, LYNDA (Hg.), Ancient Greece. Social and Historical Documents from Archaic Times to the Death of Alexander the Great, London/New York 2010³.

ROISMAN, JOSEPH / YARDLEY, J. C. (Hg.), Ancient Greece from Homer to Alexander. The Evidence, Malden u. a. 2011.

CRAWFORD, MICHAEL H. / WHITEHEAD, DAVID (Hg.), Archaic and Classical Greece. A selection of ancient sources in translation, Cambridge 1983.

FORNARA, CHARLES W. (Hg.), Archaic Times to the end of the Peloponnesian War (Translated Documents of Ancient Greece and Rome 1), Cambridge 1983² (bietet v. a. entlegene Quellen; gute Erläuterungen)

HARDING, PHILIPP, From the end of the Peloponnesian War to the battle of Ipsus (Translated Documents of Ancient Greece and Rome 2), Cambridge 1986 (wie FORNARA).

HILL, G. F. (Hg.), Sources for Greek History Between the Persian and the Peloponnesian War. New edition by MEIGGS, R. / ANDREWES, A., Oxford 1951 (Originaltexte ohne Übersetzung; Anhänge und Indices sehr nützlich).

KUHRT, AMÉLIE (Hg.), The Persian Empire. A corpus of sources from the Achaemenid period, London 2010.

BROSIUS, MARIA, The Persian Empire from Cyrus II to Artaxerxes I. Translated and edited with notes, London 2000.

HORNBLOWER, SIMON / GREENSTOCK, MARK (Hg.), The Athenian Empire (LACTOR 1), 3rd edition, London 1984.

OSBORNE, ROBIN (Hg.), The Athenian Empire (LACTOR 7), 4th edition, London 2000.

WICKERSHAM, J. / VERBRUGGHE, G. (Hg.), Greek Historical Documents: the fourth Century B. C, Amsterdam 1973.

RHODES, PETER J., The Greek City States. A Source Book. Second edition, Cambridge 2007.

AUSTIN, MICHAEL / VIDAL-NAQUET, PIERRE, Gesellschaft und Wirtschaft im alten Griechenland, München 1984 (Quellen: 147–331).

RILINGER, ROLF (Hg.), Lust an der Geschichte. Leben im antiken Griechenland, München 1990.

Sage, Michael M. (Hg.), Warfare in Ancient Greece. A sourcebook, London/New York 1996.
Bengtson, Hermann (Hg.), Die Staatsverträge des Altertums, Bd. 2: Die Verträge der griechisch-römischen Welt von 700 bis 338 v. Chr., München 1975² (Originaltexte ohne Übersetzung).
Ruschenbusch, Eberhard, Solon: Das Gesetzeswerk – Fragmente. Übersetzung und Kommentar. Hg. von Bringmann, Klaus, Stuttgart 2014².
Leão, Delfim F. / Rhodes, Peter J., The Laws of Solon. A New Edition with Introduction, Translation and Commentary, London/New York 2015.
Harding, Phillip (Hg., Übers.), The Story of Athens. The Fragments of the Local Chronicles of Attica, London 2008.
Harding, Phillip (Hg., Übers.), Androtion and the Atthis, Oxford 1994.
Liddel, Peter, Decrees of Fourth-Century Athens (403/2–322/1 BC). Bd. 1: The Literary Evidence; Bd. 2: Political and Cultural Perspectives, Cambridge 2020.

1.10.2 Literarische Quellen

Alexiou, Evangelos, Greek Rhetoric of the 4th Century BC. The Elixir of Democracy and Individuality, Berlin/Boston 2020.
Asheri, David / Lloyd, Alan / Corcella, Aldo, A Commentary in Herodotus Books I–IV, Oxford 2007.
Bakker, Egbert J. / de Jong, Irene J. F. / van Wees, Hans (Hg.), Brill's Companion to Herodotus, Leiden u. a. 2002.
Balot, Ryan K. / Forsdyke, Sara / Foster, Edith (Hg.), Oxford Handbook of Thucydides, New York 2017.
Baron, Christopher (Hg.), The Herodotus Encyclopedia, 3 Bde., Hoboken 2021.
Beck, Mark (Hg.), A Companion to Plutarch, Malden u. a. 2014.
Boedeker, Deborah, Early Greek Poetry as/and History, in: Hardy, Grant / Feldherr, Andrew (Hg.), The Oxford History of Historical Writing, vol. I: Beginnings to 600 CE, Oxford 2011, 122–147.
Budelmann, Felix (Hg.), The Cambridge Companion to Greek Lyric, Cambridge 2009.
Carawan, Edwin (Hg.), Oxford Readings in the Attic Orators, Oxford 2007.
Dewald, Carolyn / Marincola, John, (Hg.), The Cambridge Companion to Herodotus, Cambridge 2006.
Dickey, Eleanor, Ancient Greek Scholarship: A Guide to Finding, Reading, and Understanding Scholia, Commentaries, Lexica, and Grammatical Treatises, from Their Beginnings to the Byzantine Period, Oxford 2007.
Flower, Michael A. (Hg.), The Cambridge Companion to Xenophon, Cambridge 2017.
Gschnitzer, Fritz, Die griechische Geschichtsschreibung (1981), in: 1.3: ders., Kleine Schriften II, 3–27.
Holzberg, Niklas, Die antike Fabel, Darmstadt 1993.
Horn, Christoph / Müller, Jörn / Söder, Joachim (Hg.), Platon-Handbuch. Leben – Werk – Wirkung, Stuttgart/Weimar 2017².

Kurke, Leslie, Aesopic Conversations: Popular Tradition, Cultural Dialogue, and the Invention of Greek Prose, Princeton 2010.

La Penna, Antonio, La favola antica. Esopo e la sapienza degli schiavi. Pisa 2021

Marincola, John, Greek Historians (Greece & Rome New Surveys in the Classics 31), Oxford 2001.

Marincola, John (Hg.), A Companion to Greek and Roman Historiography, Malden u. a. 2007.

Martin, Gunther (Hg.), The Oxford Handbook of Demosthenes, Oxford 2019.

Montanari, Franco / Rengakos, Antonios / Tsagalis Christos (Hg.), Brill's Companion to Hesiod, Leiden/Boston 2009.

Morris, Ian / Powell, Barry (Hg.), A New Companion to Homer, Leiden u. a. 1997.

Näf, Beat, Antike Geschichtsschreibung. Form – Leistung – Wirkung, Stuttgart 2010.

Pelling, Christopher, Literary Texts and the Greek Historian, London 2000.

Pitcher, Luke, Writing Ancient History. An Introduction to Classical Historiography, London 2009.

Rapp, Christof / Corcilius, Klaus, Aristoteles-Handbuch. Leben – Werk – Wirkung, Stuttgart/Weimar 2011.

Rengakos, Antonios / Tsakmakis, Antonis (Hg.), Brill's Companion to Thucydides, Leiden u. a. 2006.

Rengakos, Antonios / Zimmermann, Bernhard (Hg.), Homer-Handbuch. Leben – Werk – Wirkung, Stuttgart/Weimar 2011.

Rhodes, Peter J., The Literary Sources, in: 1.2.3: Kinzl, Companion, 26–44.

Roisman, Hanna M. (Hg.), The Encyclopedia of Greek Tragedy, Malden u. a. 2014.

Schubert, Charlotte, Formen der griechischen Historiographie: die Atthidographen als Historiker Athens, in: Hermes 138, 2010, 259–275.

Sommerstein, Alan H. (Hg.), The Encyclopedia of Greek Comedy, Hoboken 2019.

Thomas, Rosalind, Polis Histories, Collective Memories and the Greek World, Cambridge/New York 2019.

Timpe, Dieter, Westgriechische Historiographie, in: ders., Antike Geschichtsschreibung. Studien zur Historiographie, Darmstadt 2007, 9–63.

Walter, Uwe, Herodot und Thukydides – die Entstehung der Geschichtsschreibung, in: 1.3: Stein-Hölkeskamp / Hölkeskamp, Die griechische Welt, 400–417. 645–648.

Worthington, Ian (Hg.), A Companion to Greek Rhetoric, Malden u. a. 2007.

Zimmermann, Bernhard (Hg.), Handbuch der griechischen Literatur der Antike. Erster Band: Die Literatur der archaischen und klassischen Zeit, München 2011.

Zimmermann, Bernhard / Rengakos, Antonios (Hg.), Handbuch der griechischen Literatur der Antike. Zweiter Band: Die Literatur der klassischen und hellenistischen Zeit, München 2014.

1.10.3 Inschriften / Epigraphik

Jeffery, Lilian H., The Local Scripts of Archaic Greece. A Study of the Origins of the Greek Alphabet and its Development from the Eighth to the Fifth Centuries B. C. Rev. Ed., Oxford 1990.

Kallet, Lisa, Democracy, Empire, and Epigraphy in the Twentieth Century, in: 3.7: Ma u. a., Interpreting the Athenian Empire, 43–66.
Klaffenbach, Günther, Griechische Epigraphik, Göttingen 1966².
Osborne, Robin, Greek Inscriptions as Historical Writing, in: Hardy, Grant / Feldherr, Andrew (Hg.), The Oxford History of Historical Writing, vol. I: Beginnings to 600 CE, Oxford 2011, 97–121.
Petzl, Georg, Epigraphik, in: Nesselrath, Heinz-Günther, Einleitung in die griechische Philologie, Stuttgart/Leipzig 1997, 72–83.
Rhodes, Peter J., Epigraphy, in: 1.3: Boys-Stones, Oxford Handbook, 709–719.
Rhodes, Peter J., The Non-Literary Written Sources, in: 1.2.3: Kinzl, Companion, 45–63.
Supplementum Epigraphicum Graecum, 1 ff., Leiden(/Boston) 1923 ff. (**SEG**)
Brodersen, Kai / Günther, Wolfgang / Schmitt, Hatto H., Historische Griechische Inschriften in Übersetzung. Bd. I: Die archaische und klassische Zeit, Darmstadt 1992; Bd. II: Spätklassik und früher Hellenismus (400–250 v. Chr.), Darmstadt 1996 (**HGIÜ**)
Meiggs, Russell / Lewis, David M., A selection of Greek historical inscriptions to the end of the fifth century B. C., Oxford 1989² (**ML**)
Rhodes, Peter J. / Osborne, Robin, Greek Historical Inscriptions 404–323 BC, Oxford 2003 (**RO**)
Osborne, Robin / Rhodes, Peter J., Greek Historical Inscriptions 478–404 BC, Oxford 2017 (**OR**)
Rhodes, Peter J., with David M. Lewis, The Decrees of the Greek States, Oxford 1997.
Koerner, Reinhard, Inschriftliche Gesetzestexte der frühen griechischen Polis. Aus dem Nachlaß hg. von Hallof, Klaus, Köln u. a. 1993.
van Effenterre, Henri / Ruzé, Françoise, Nomima. Recueil d'inscriptions politiques et juridiques de l'archaisme grec, 2 Bde., Rom 1994/95.
Guarducci, Margarita Hg.), Inscriptiones Creticae. 4 Bde., Rom 1935–1950.
Gagarin, Michael / Perlman, Paula, The Laws of Ancient Crete, c. 650–400 BCE, Oxford 2016.

1.10.4 Münzen / Numismatik
Figueira, Thomas, The power of money. Coinage and politics in the Athenian Empire, Philadelphia 1998.
Howgego, Christopher, Geld in der antiken Welt. Was Münzen über Geschichte verraten, Darmstadt 2000.
Kallet, Lisa / Kroll, John H., The Athenian Empire: Using Coins as Sources. Cambridge 2020.
Kim, Henry S., Archaic Coinage as Evidence for the Use of Money, in: Meadows, Andrew / Shipton, Kristy (Hg.), Money and its Uses in the Ancient Greek World, Oxford 2001, 7–21.
Kloft, Hans, Geld und Wirtschaft: Der griechische Horizont, in: ders., Brückenschläge. Antike und moderne Welt, Bremen 2006, 11–35.
Kraay, Colin M., Archaic and Classical Greek Coins, London 1976.

KROLL, JOHN H., What about Coinage, in: 3.7: MA u. a., Interpreting the Athenian Empire, 195–209.
MITTAG, PETER FRANZ, Griechische Numismatik. Eine Einführung, Heidelberg 2016.
RITTER, STEFAN, Bildkontakte. Götter und Heroen in der Bildsprache griechischer Münzen des 4. Jahrhunderts v. Chr., Berlin 2002.

1.10.5 Materielle Überreste / Archäologie

Archaeological Reports (Beilage zum Journal of Hellenic Studies), Cambridge, Bd. 1 ff. 1955 ff.
BINTLIFF, JOHN, The Complete Archaeology of Greece. From Hunter-Gatherers to the 20th Century AD, Malden 2013.
FORSÉN, BJÖRN, The Contribution of the Non-Written Sources, in: 1.2.3: KINZL, Companion, 64–83.
HALL, JONATHAN M., Artifact and Artifice. Classical Archaeology and the Ancient Historian, Chicago 2014.
HÖLSCHER, TONIO, Klassische Archäologie – Grundwissen. Mit Beiträgen von BORG, BARBARA u. a., Darmstadt 2002, 2015^4.
LANG, FRANZISKA, Klassische Archäologie. Eine Einführung in Methode, Theorie und Praxis, Tübingen/Basel 2002.
MEE, CHRISTOPHER, Greek archaeology. A thematic approach, Malden u. a. 2011.
MORRIS, IAN, Archaeology and Archaic Greek History, in: 1.3: FISHER / VAN WEES, Archaic Greece, 1–91.
NEVETT, LISA C. (Hg.), Theoretical Approaches to the Archaeology of Ancient Greece: Manipulating Material Culture, Ann Arbor 2017.
VON DEN HOFF, RALF, Einführung in die Klassische Archäologie, München 2019.
WHITLEY, JAMES, The Archaeology of Ancient Greece, Cambridge/New York 2001.

1.11 Praxis und Handwerk des Studiums – Historische Erkenntnislehre

BLECKMANN, BRUNO u. a., Altertum, in: MAURER, MICHAEL (Hg.), Aufriß der Historischen Wissenschaften, Bd. 4: Quellen, Stuttgart 2002, 15–125.
BLUM, HARTMUT / WOLTERS, REINHARD, Alte Geschichte studieren, Konstanz 2011^2.
DROYSEN, JOHANN GUSTAV, Historik. Historisch-kritische Ausgabe, Bd. 3: Die Historik-Vorlesungen letzter Hand (1879, 1881 und 1882/83), hg. von BLANKE, HORST WALTER, 2 Bde., Stuttgart/Bad Cannstadt 2020.
FINLEY, MOSES I., Quellen und Modell in der Alten Geschichte, Frankfurt/M. 1987.
HANSEN, MOGENS H., What is a document? An ill-defined type of source, in: Classica & Mediaevalia 52, 2001, 317–343.
MEISTER, KLAUS, Einführung in die Interpretation historischer Quellen, Schwerpunkt: Antike. Bd. 1: Griechenland, Paderborn u. a. 1997.
MORLEY, NEVILLE, Theories, models, and concepts in ancient history, London/ New York 2004.
MORLEY, NEVILLE, Alte Geschichte schreiben, Heidelberg 2013.

SCHRÖTER, MARCUS, Erfolgreich recherchieren – Altertumswissenschaften und Archäologie, Berlin/Boston 2017.
WAGNER-HASEL, BEATE, Antike Welten, Frankfurt/New York 2017.
WIRBELAUER, ECKHARD (Hg.), Oldenburg Geschichte Lehrbuch: Antike, München 2010³.

1.12 Sektorale Synthesen

LINKE, BERNHARD, Antike Religion (Enzyklopädie der griechisch-römischen Antike 13), München 2014.
MANN, CHRISTIAN, Militär und Kriegführung in der Antike (Enzyklopädie der griechisch-römischen Antike 9), München 2013.
SCHEER, TANJA, Griechische Geschlechtergeschichte (Enzyklopädie der griechisch-römischen Antike 11), München 2011.
VON REDEN, SITTA, Antike Wirtschaft (Enzyklopädie der griechisch-römischen Antike 10), Berlin/Boston 2015.

2 Grundstrukturen und Basisprozesse (800–320)

2.1 Bronzezeit und *Dark Ages* als Voraussetzungen

BERNSTEIN, FRANK, „Ionische Migration" vs. „Große Kolonisation der Griechen": Kategorien und Konsequenzen, in: Historia 68, 2019, 258–284.
CHADWICK, JOHN, Die mykenische Welt, Stuttgart 1979.
CLINE, ERIC H. (Hg.), The Oxford Handbook of the Bronze Age Aegean, Oxford 2010.
COSMOPOULOS, MICHAEL B., Von Lokalkönigen zu Herrschern. Iklaina – Aufstieg der mykenischen Paläste, in: Badisches Landesmuseum Karlsruhe (Hg.), Mykene – Die sagenhafte Welt des Agamemnon (Ausstellungskatalog), Darmstadt 2018, 134–139.
DEGER-JALKOTZY, SIGRID / LEMOS, IRENE S. (Hg.), Ancient Greece: From the Mycenean Palaces to the Age of Homer, Edinburgh 2006.
DEMAND, NANCY H., The Mediterranean context of early Greek history, Malden 2011.
DICKINSON, OLIVER, The Aegean Bronze Age, Cambridge 1994.
DICKINSON, OLIVER, The Aegean from Bronze Age to Iron Age. Continuity and change between the twelfth and eighth centuries BC, London/New York 2006.
EMANUEL, JEFFREY P., Naval Warfare and Maritime Conflict in the Late Bronze and Early Iron Age Mediterranean, Leiden/Boston 2021.
GORIGIANNI, EVI u. a. (Hg.), Beyond Thalassocracies. Understand processes of Minoisation and Mycenaeanisation in the Aegean, Oxford 2016.
HAARER, PETER, Problematising the transition from bronze to iron, in: A. SHORTLAND (Hg.), The Social Context of Technological Change, Oxford 2001, 255–273.

Kirsten, Ernst, Gebirgshirtentum und Sesshaftigkeit. Die Bedeutung der Dark Ages für die griechische Staatenwelt: Doris und Sparta, in: Deger-Jalkotzy, Sigrid (Hg.), Griechenland und die Ägäis und die Levante während der „Dark Ages" vom 12. bis 9. Jh. v.Chr., Sitzungsber. d. Akademie der Wiss. Wien 418, 1983, 356–443.

Knapp, A. Bernard, Seafaring and Seafarers in the Bronze Age Eastern Mediterranean, Leiden 2018.

Knapp, A. Bernard / Van Dommelen, Peter (Hg.), The Cambridge Prehistory of the Bronze and Iron Age Mediterranean, Cambridge 2014.

Kramer-Hajos, Margaretha, Mycenean Greece and the Aegean World. Palace and Province in the Late Bronze Age, Cambridge 2016.

Laffineur, Robert (Hg.), Polemos. Le contexte guerrier en Égée à l'Âge du Bronze (Aegaeum 19), Liège/Austin 1999.

Laffineur, Robert / Basch, Lucien (Hg.), Thalassa. L'Egée préhistorique et la mer (Aegaeum 7), Liège 1991.

Lane Fox, Robin, Reisende Helden. Die Anfänge der griechischen Kultur im homerischen Zeitalter, Stuttgart 2011.

Maran, Joseph, Nach dem Ende: Tiryns – Phönix aus der Asche, in: Badisches Landesmuseum Karlsruhe (Hg.), Zeit der Helden. Die „dunklen Jahrhunderte" Griechenlands 1200–700 v. Chr. (Katalog), Darmstadt 2008, 63–73.

Middleton, Guy, Collapse and transformation: the late Bronze Age to early Iron Age in the Aegean, Oxford 2020.

Nightingale, Georg, Vom Untergang zum Neubeginn. Von der mykenischen zur griechischen Welt. in: Breitwieser, Rupert u. a. (Hg.), Calamus. Festschrift für Herbert Graßl zum 65. Geburtstag, Wiesbaden 2013, 323–340.

Papadopoulos, John K., Greece in the Early Iron Age: Mobility, Commodities, Polities, and Literacy, in: Knapp / Van Dommelen, Cambridge Prehistory, 178–195.

Pappa, Eleftheria, Early Iron Age Exchanges in the West: Phoenicians in the Mediterranean and the Atlantic, Leuven 2013.

Patzek, Barbara, Homer und die frühen Griechen, Berlin/Boston 2017.

Shelmerdine, Cynthia W., The Cambridge Companion to the Aegean Bronze Age, Cambridge 2008.

Schmitt, Tassilo, Kein König im Palast. Heterodoxe Überlegungen zur politischen und sozialen Ordnung in der mykenischen Zeit, in: Historische Zeitschrift 288, 2009, 281–346.

Schmitt, Tassilo, Wer steckt hinter Agamemnons Maske? Zur politischen Herrschaft in mykenischer Zeit, in: Rebenich, Stefan (Hg.), Monarchische Herrschaft im Altertum, Berlin/Boston 2017, 83–103.

Scott, James, Against the Grain. A Deep History of the Earliest States, New Haven/London 2017.

Small, David, Surviving the Collapse: The Oikos and Structural Continuity between Late Bronze Age and Later Greece, in: Gitin, Seymour u. a. (Hg.), Mediterranean Peoples in Transition. Thirteenth to Early Tenth Centuries BCE, Jerusalem 1998, 283–291.

SNODGRASS, ANTHONY, The Coming of the Iron Age in Greece: Europe's Earliest Bronze / Iron Transition (1989), in: 1.3: DERS., Archaeology, 126–143.
TARTARON, THOMAS, Maritime Networks in the Mycenean World, Cambridge 2013.
THOMAS, CAROL G. / CONANT, CRAIG, Citadel to City-State. The Transformation of Greece 1200–700 BCE, Bloomington 1999.
ULF, CHRISTOPH, Homers Publikum – Wer waren die Zuhörer Homers?, in: Philia 2, 2016, 1–18.
WERTIME, T. A. / MUHLY, JAMES DAVID (Hg.), The Coming of the Age of Iron, New Haven/London 1981.
WIRBELAUER, ECKARD, Eine Frage von Telekommunikation? Die Griechen und ihre Schrift im 9.–7. Jahrhundert v. Chr., in: 1.3: ROLLINGER / ULF, Griechische Archaik, 187–206.
WITTKE, ANNA-MARIE (Hg.), Frühgeschichte der Mittelmeerkulturen. Historisch-archäologisches Handbuch (DNP Supplemente, Bd. 10), Stuttgart/Weimar 2015.

2.2 Ordnungsrahmen I: Haus, Familie, Wirtschaft

ARCHIBALD, ZOSIA HALINA, Ancient Economies of the North Aegean, Fifth to First Centuries BC, Oxford 2013.
BALME, MAURICE, Attitudes to work and leisure in ancient Greece, in: Greece & Rome 31, 1984, 140–152.
BRESSON, ALAIN, The Making of the Ancient Greek Economy. Institutions, Markets, and Growth in the City-States, Princeton/Oxford 2016.
CARLÀ, FILIPPO / GORI, MAJA (Hg.), Gift Giving and the ‚Embedded' Economy in the Ancient World, Heidelberg 2014.
CRAIK, ELIZABETH, Diet, *diaita* and dietetics, in: ANTON POWELL (Hg.), The Greek World, London/New York 1997, 387–402.
EICH, ARMIN, Die politische Ökonomie des antiken Griechenland (6.–3. Jahrhundert v. Chr.), Köln u. a. 2006.
ENGELS, JOHANNES, „Mit meiner Hände Arbeit". Zeugnisse über die Wertschätzung eigener Arbeit im demokratischen Athen, in: DREXHAGE, HANS-JOACHIM / SÜNSKES, JULIA (Hg.), Migratio und Commeatio (FS Pékary), St. Katharinen 1989, 136–156.
FISHER, NICK, Arbeit und Freizeit, in: 1.3: CARTLEDGE, Kulturgeschichte, 199–224.
GSCHNITZER, FRITZ, Bürgerpflicht und Erwerbstätigkeit im alten Griechenland. Von der einträglichen Arbeit des rechten Bürgers (1990), in: 1.3: DERS., Kleine Schriften II, 288–304.
HANSON, VICTOR DAVID, The other Greeks. The family farm and the agrarian roots of western civilization, New York 1995.
HARRIS, EDWARD M., Workshop, marketplace and household: the nature of technical specialization in classical Athens and its influence on economy and society, in: 1.3: CARTLEDGE, Money, Labour and Land, 67–99.
HERRMANN-OTTO, ELISABETH, Sklaverei und Freilassung in der griechisch-römischen Welt, Hildesheim u. a. 2017².

Hoepfner, Wolfram (Hg.), Geschichte des Wohnens 5000 v. Chr. – 500 n.Chr., Stuttgart 1999.

Ismard, Paulin, Democracy's Slaves: A Political History of Ancient Greece, Cambridge/London 2017.

Klees, Hans, Sklavenleben im klassischen Griechenland, Stuttgart 1998.

Lang, Franziska, Structural change in Archaic Greek housing, in: Ault, Bradley A. / Nevett, Lisa C. (Hg.), Ancient Greek houses and households: chronological, regional, and social diversity. Philadelphia 2005, 12–35.

Lewis, David M., Greek Slave Systems in their Eastern Mediterranean Context, c. 800–146 BC, Oxford 2018.

Meier, Christian, Griechische Arbeitsauffassungen in archaischer und klassischer Zeit. Praxis. Ideologie. Philosophie, in: Bierwitsch, Manfred (Hg.), Die Rolle der Arbeit in verschiedenen Epochen und Kulturen, Berlin 2003, 19–76.

Murray, Oswyn, Life and Society in Classical Greece, in: Boardman, John u. a. (Hg.), The Oxford History of the Classical World, Oxford 1986, 204–233.

Nevett, Lisa C., Domestic space in classical antiquity, Cambridge u. a. 2015.

Nevett, Lisa C., Between Urban and Rural: House-Form and Social Relations in Attic Villages and *Deme* Centers, in: Ault, Bradley A. / Nevett, Lisa C. (Hg.), Ancient Greek houses and households: chronological, regional, and social diversity. Philadelphia 2005, 83–99.

Pomeroy, Sarah, Xenophon, Oeconomicus: a social and historical commentary, Oxford 1994.

Schmitz, Winfried, Haus und Familie im antiken Griechenland (Enzyklopädie der griechisch-römischen Antike, 1), München 2007.

Schmitz, Winfried, Überlegungen zur Verbreitung der Sklaverei in der griechischen Landwirtschaft, in: Mauritsch, Peter / Ulf, Christoph (Hg.), Kultur(en). Formen des Alltäglichen in der Antike, Graz 2013, 535–552.

Vlassopoulos, Kostas, Greek slavery: from domination to property and back again, in: Journal of Hellenic Studies 131, 2011, 115–130.

Walter-Karydi, Elena, Die Nobilitierung des Wohnhauses. Lebensform und Architektur im spätklassischen Griechenland, Konstanz 1994.

Welwei, Karl-Wilhelm, Ursprung, Verbreitung und Formen der Unfreiheit abhängiger Landbewohner (2008), in: 1.3: ders., Nachlese, 41–92.

2.3 Ordnungsrahmen II: Gesellschaft und soziale Beziehungen

Blundell, Mary W., Helping friends and harming enemies: a study in Sophocles and Greek ethics, Cambridge 1984.

Bourriot, Felix, Recherches sur la nature du génos. Étude d'histoire sociale athénienne (periodes archaïque et classique, Lille 1976.

Demandt, Alexander, Politik in den Fabeln Äsops, in: Gymnasium 98, 1991, 397–419.

de Ste. Croix, G. E. M., The Class Struggle in the Ancient Greek World from the Archaic Age to the Arab Conquests, Ithaca 1981.

DONLAN, WALTER, The Aristocratic Ideal and Selected Papers, Wauconda 1999.
DONLAN, WALTER, Reciprocities in Homer, in: Classical World 75, 1982, 137–175.
DUPLOUY, ALAIN, Le prestige des élites. Recherches sur les modes de reconnaissance sociale en Grèce entre les Xe et Ve siècles avant J.-C., Paris 2006.
EHRENBERG, VICTOR, Das Agonale, in: DERS., Ost und West, Brünn u. a. 1935, 63–96. 217–221.
FINLEY, MOSES I., Die Welt des Odysseus, Frankfurt 2005² (zuerst engl. 1954).
FISHER, NICHOLAS R. E., Greek associations, symposia, and clubs, in: GRANT, MICHAEL / KITZINGER, RACHEL, Civilization of the Ancient Mediterranean: Greece and Rome, New York 1988, 1167–1197.
FISHER, NICK, Arme und Reiche, in: 1.3: CARTLEDGE, Kulturgeschichte, 78–101.
FISHER, NICK / VAN WEES, HANS (Hg.), ‚Aristocracy' in Antiquity. Redefining Greek and Roman Elites, Swansea 2015.
FLAIG, EGON, Ehre gegen Gerechtigkeit. Adelsethos und Gemeinschaftsdenken in Hellas, in: ASSMANN, JAN u. a. (Hg.), Gerechtigkeit. Richten und Retten in der abendländischen Tradition und ihren altorientalischen Ursprüngen, München 1998, 97–140.
FLAIG, EGON, Olympiaden und andere Spiele – „immer der Beste sein", in: 1.3: STEIN-HÖLKESKAMP / HÖLKESKAMP, Die griechische Welt, 353–369. 641 f.
GALLANT, THOMAS W., Risk and Survival in Ancient Greece. Reconstructing the Rural Domestic Economy, Cambridge 1991.
GEHRKE, HANS-JOACHIM, Die Griechen und die Rache. Ein Versuch in historischer Psychologie (1987), in: 1.3: DERS., Politik, 206–240. 398 f.
GILL, CHRISTOPHER / POSTLETHWAITE, NORMAN / SEAFORD, RICHARD (Hg.), Reciprocity in Ancient Greece, Oxford 1998.
GYGAX, MARC DOMINGO, Benefaction and Rewards in the Ancient Greek City. The Origins of Euergetism, Cambridge 2016.
JOHNSTONE, STEVEN, A History of Trust in Ancient Greece, Chicago 2011.
HAMMER, DEAN C., Ideology, the symposium, and archaic politics, in: American Journal of Philology 125, 2004, 479–512.
HERMAN, GABRIEL, Ritualised Friendship and the Greek City, Cambridge 1987.
HOBDEN, FIONA, The Politics of the *Symposion*, in: 1.3: BOYS-STONES, Oxford Handbook, 271–280.
KAMEN, DEBORAH, Status in Classical Athens, Princeton 2013.
KONSTAN, DAVID, Greek Friendship, in: AJPh 117, 1996, 71–94.
LINK, STEFAN, Landverteilung und sozialer Frieden im archaischen Griechenland, Stuttgart 1991.
MA, JOHN, Elites, Elitism, and Community in the Archaic Polis, in: Annales HSS 71, 2016, 395–418.
MARTIN, JOCHEN, Dynasteia. Eine begriffs-, verfassungs- und sozialgeschichtliche Skizze (1979), in: DERS., Bedingungen menschlichen Handelns in der Antike, Stuttgart 2009, 237–250.
MEISTER, JAN. B., ‚Adel' und gesellschaftliche Differenzierung im archaischen und frühklassischen Griechenland, Stuttgart 2020.
NAFISSI, MOHAMMED, Class, Embeddedness, and the Modernity of Ancient Athens, in: Comparative Studies in Society and History 46, 2004, 378–410.

Osborne, Robin, Intoxication and sociality: The symposium in the ancient Greek world, in: Past and Present Suppl. 9, 2014, 34–60.

Papakonstantinou, Zinon, Sport and Identity in Ancient Greece, London/New York 2019.

Rose, Peter W., Class in Archaic Greece, Cambridge 2012.

Schmitz, Winfried, Die griechische Gesellschaft. Eine Sozialgeschichte der archaischen und klassischen Zeit, Heidelberg 2015.

Schmitz, Winfried, Nachbarschaft und Dorfgemeinschaft im archaischen und klassischen Griechenland, Berlin 2004.

Schmitz, Winfried, Verpaßte Chancen. Adel und Aristokratie im archaischen und klassischen Griechenland, in: Beck, Hans u. a. (Hg.), Die Macht der Wenigen. Aristokratische Herrschaftspraxis, Kommunikation und ‚edler' Lebensstil in Antike und Früher Neuzeit, München 2008, 35–70.

Schulz, Brigitte Johanna, Bezeichnungen und Selbstbezeichnungen der Aristokraten und Oligarchen in der griechischen Literatur von Homer bis Aristoteles, in: 1.6.2: Welskopf, Soziale Typenbegriffe 3, 67–155.

Stahl, Michael, Aristokraten und Tyrannen im archaischen Athen. Untersuchungen zur Überlieferung, zur Sozialstruktur und zur Entstehung des Staates, Stuttgart 1987.

Stein-Hölkeskamp, Elke, Adelskultur und Polisgesellschaft. Studien zum griechischen Adel in archaischer und klassischer Zeit, Stuttgart 1989.

Stein-Hölkeskamp, Elke, Eliten im archaischen Griechenland, in: dies. / Hölkeskamp, Karl-Joachim, Ethos – Ehre – Exzellenz. Antike Eliten im Vergleich, Göttingen 2018, 43–59.

Taylor, Claire, Poverty, Wealth, and Well-being. Experiencing Penia in Democratic Athens, Oxford 2017.

van Berkel, Tazuko Angela, The Economics of Friendship. Conceptions of Reciprocity in Ancient Greece, Leiden/Boston 2020.

van Wees, Hans, The Mafia of Early Greece. Violent Exploitation in the Seventh and Sixth Centuries BC, in: Hopwood, Keith (Hg.), Organized Crime in Antiquity, London 1999, 1–51.

von Reden, Sitta, Exchange in Ancient Greece, London 2003².

Vlassopoulos, Kostas, What Do We Really Know about Athenian Society?, in: Annales HSS (English Edition) 71, 2016, 419–439.

Wagner-Hasel, Beate, Der Stoff der Gaben. Kultur und Politik des Schenkens und Tauschens im archaischen Griechenland, Frankfurt/New York 2000.

Wagner-Hasel, Beate, Gift Exchange: modern theories and ancient attitudes, in: 2.1: Deger-Jalkotzy / Lemos, Greece, 257–270.

Weber, Max, Wirtschaft und Gesellschaft. Grundriss der verstehenden Soziologie. 5. revidierte Aufl. von Winckelmann, Johannes, Tübingen 1972.

Wecowski, Marek, The Rise of the Greek Aristocratic Banquet, Oxford 2014.

Whitehead, David, Immigrant communities in the classical polis: some principles for a synoptic treatment, in: Antiquité Classique 53, 1984, 47–59.

Winterling, Aloys, „Arme" und „Reiche". Die Struktur der griechischen Polisgesellschaften in Aristoteles' „Politik", in: Saeculum 44, 1993, 179–205.

Zurbach, Julien, Les hommes, la terre et la dette en Grèce, c. 1400–c. 500 a. C. 2 Bde., Bordeaux 2017.

2.4 Menschen in Bewegung: Mobilität, Migration, Siedlungsexpansion

ANTONACCIO, CARLA M., Greek colonization, connectivity, and the Middle Sea, in: DE SOUZA / ARNAUD, The Sea in History, 214–223.

ANTONACCIO, CARLA M., Colonization: Greece on the Move, 900–480, in: 1.2.2: SHAPIRO, Companion to Archaic Greece, 201–224.

ANTONACCIO, CARLA M., Elite Mobility in the West, in: HORNBLOWER, SIMON / MORGAN, CATHERINE (Hg.), Pindar's Poetry, Patrons, and Festivals. From Archaic Greece to the Roman Empire, Oxford 2007, 265–286.

BERNSTEIN, FRANK, Konflikt und Migration. Studien zu griechischen Fluchtbewegungen im Zeitalter der sogenannten Großen Kolonisation, St. Katharinen 2004.

BERNSTEIN, FRANK, Apoikie und Metropolis. Voraussetzungen und Bedingungen ihrer Beziehungen, in: Geschichte in Wissenschaft und Unterricht 71, 2020, 153–173.

BERNSTEIN, FRANK, Immigranten und Indigene. Eine Kontakttypologie am Beispiel der „Großen Kolonisation der Griechen", in: MARZOLI, DIRCE u. a. (Hg.), Kontaktmodi. Ergebnisse der gemeinsamen Treffen der Arbeitsgruppen „Mobilität und Migration" und „Zonen der Interaktion" (2013–2018). ForschungsCluster 6 „Connecting Cultures", Wiesbaden 2021, 33–49.

BERNSTEIN, FRANK, Von der „Großen Kolonisation" zu einer Migrationsgeschichte der Griechen: Bemerkungen zur jüngeren Forschung und zum Wert der *ktiseis* als „Auswanderungsgeschichten", in: FORNASIER, JOCHEN / BUJSKICH, ALLA V. (Hg.), An den Ufern des Bug. Deutsch-ukrainische Ausgrabungen in Olbia Pontike im Kontext internationaler Forschungen zu antiken Migrationsprozessen, Bonn 2021, 9–27.

BETTALLI, MARCO, I mercenari nel mondo greco I. Dalle origini alla fine dell V sec. a. C., Pisa 1995.

VON BREDOW, IRIS, Wandernde Handwerker zwischen Ost und West in der früharchaischen Zeit, in: OLSHAUSEN / SAUER, Mobilität, 56–69.

CASSON, LIONEL, Reisen in der Alten Welt, München 1976.

CAWKWELL, GEORGE L., Early Colonization, in: Classical Quaterly 42, 1992, 289–303.

COSTANZI, MICHELA, Mobility in the Ancient Greek World: diversity of causes, variety of vocabularies, in: DE ANGELIS, A Companion to Greeks Across the Ancient Worlds, 13–36.

D'AGOSTINO, BRUNO, The First Greeks in Italy, in: TSETSKHLADZE, Greek Colonisation I, 201–237.

DANA, MADALINA, Connecting People: Mobility and Networks in the Corpus of Greek Private Letters, in: CHS Research Bulletin 3/2, 2015 (http://nrs.harvard.edu/urn-3:hlnc.essay:DanaM.Connecting_People.2015; 23.08.2021).

DE ANGELIS, FRANCO, Colonies and Colonization, Greek. 1.6.1: OEAGR 2, 251–256.

DE ANGELIS, FRANCO, (Hg.), A Companion to Greeks Across the Ancient Worlds, Malden 2020.

DEMAND, NANCY R., Urban Relocation in Archaic and Classical Greece. Flight and Consolidation, Norman/London 1991.

DESCAT, RAYMOND, La mer et l'information économique dans le Monde Grec, in ANDREAU, J. / VIRLOUVET, C., L'information et la mer dans le monde antique, Paris 2002, 263–278.

DESCHARMES, BERNADETTE, Piraterie in der antiken Mittelmeerwelt. Ein Forschungsbericht zum Seeraub von der griechischen Frühzeit bis zur Begründung des Prinzipats, in: Orbis Terrarum 15, 2017, 197–222.

DE SOUZA, PHILIP / ARNAUD, PASCAL (Hg.), The Sea in History. The Ancient World – La mer dans l'histoire. L'Antiquité, Suffolk / Rochester 2017.

DIETLER, MICHAEL, The Iron Age in the Western Mediterranean, in: 1.3: SCHEIDEL, Cambridge Economic History, 242–276.

DONNELLAN, LIEVE / NIZZO, VALENTINO / BURGERS, GERT-JAN (Hg.), Conceptualising Early Colonization, Brüssel/Rom 2016.

DONNELLAN, LIEVE, „Greek Colonisation" and Mediterranean Networks: Patterns of Mobility and Interaction at Pithekoussai, in: Journal of Greek Archaeology 1, 2016, 109–148

FORSDYKE, SARA, Exile, Ostracism, and Democracy. The Politics of Expulsion in Ancient Greece, Princeton/Oxford 2005.

FOXHALL, LIN, Cargoes of the Heart's Desire. The Character of Trade in the Archaic Mediterranean World, in: 1.3: FISHER / VAN WEES, Archaic Greece, 295–309.

FOXHALL, LIN, Village to City: Staples and Luxuries? Exchange Networks and Urbanization, in: 1.7.2: OSBORNE / CUNLIFFE, Mediterranean Urbanization, 233–248.

FUNCK, BERND, Griechen im Perserreich, in: DEMANDT, ALEXANDER (Hg.), Mit Fremden leben. Eine Kulturgeschichte von der Antike bis zur Gegenwart, München 1995, 24–36, 240–245.

GARLAND, ROBERT, Wandering Greeks: the Ancient Greek Diaspora from the Age of Homer to the Death of Alexander the Great, Princeton N. J., 2014.

GIANGIULIO, MAURIZIO, Avventurieri, mercanti, coloni, mercenari: mobilità umana e circolazione di risorse nel Mediterraneo arcaico, in: 1.3: SETTIS, I Greci, 2 I, 497–525.

GIULIANI, ALESSANDRO, Le migrazione forzate in Sicilia e in Magna Grecia sotto Dionigi I di Siracusa, in: SORDI, MARTA (Hg.), Coerzione e mobilità umana nel mondo antico, Mailand 1995, 107–124.

GRAY, BENJAMIN, Stasis and stability: Exile, the Polis, and Political Thought, ca. 404–146 BC., Oxford 2015.

HALL, JONATHAN M., Foundation Stories, in: TSETSKHLADZE, Greek Colonisation II, 383–426.

KAPLAN, PHILIP, The Social Status of the Mercenary in Archaic Greece, in: GORMAN VANESSA B. / ROBINSON ERIC W. (Hg.), Oikistes. Studies in Constitutions, Colonies, and Military Power in the Ancient World, Leiden u. a. 2002, 229–244.

KOTSONAS, ANTONIS / MOKRIŠOVÁ, JANA, Mobility, Migration, and Colonization, in: 1.2.2: LEMOS / KOTSONAS, Archaeology of Early Greece, 218–246.

LIVERANI, MARIO, The Libyan Caravan Road in Herodotus IV 181–189, in: Journal of Economic and Social History of the Orient 43, 2000, 496–520.

LUCAS, JASON / MURRAY, CARRIE ANN / OWEN, SARA (Hg.), Greek Colonization in Local Contexts. Case studies in colonial interactions, Oxford/Philadelphia 2019.

LURAGHI, NINO, Traders, Pirates, Warriors: The Proto-History of Greek Mercenary Soldiers in the Eastern Mediterranean, in: Phoenix 60, 2006, 21–47.

MALKIN, IRAD, Religion and Colonization in Ancient Greece, Leiden u. a. 1987.

MALKIN, IRAD, The Returns of Odysseus: Colonization and Ethnicity, Berkeley u. a. 1998.

MALKIN, IRAD, A colonial middle ground: Greek, Etruscan and local elites in the bay of Naples, in: LYONS, CLAIRE L. / PAPADOPOULOS, JOHN K. (Hg.), The Archaeology of Colonialism, Los Angeles 2002, 151–181.

MAUERSBERG, MARTIN, Die „griechische Kolonisation". Ihr Bild in der Antike und der modernen altertumswissenschaftlichen Forschung, Bielefeld 2019.

MAURO, CHIARA MARIA, Archaic and Classical Harbours of the Greek World. The Aegean and Eastern Ionian contexts, Oxford 2019.

MALKIN, IRAD, Migration and Colonization, Turbulence, Continuity, and the Practice of Mediterranean Space (11th–5th centuries BCE), in: DABAG, MIHRAN u. a. (Hg.), New Horizons. Mediterranean Research in the 21^{St} Century, Paderborn 2016, 285–307.

MILLER, THERESA, Die griechische Kolonisation im Spiegel literarischer Zeugnisse, Tübingen 1997.

MÖLLER, ASTRID, Naukratis. Trade in archaic Greece, Oxford 2000.

MOGGI, MAURO, Emigrazioni forzate e divieti di ritorno nella colonizzazione greca dei secoli VIII–VII a. C., in: SORDI, MARTA (Hg.), Coerzione e mobilitè umana nel mondo antico, Mailand 1995, 27–41.

MONTIGLIO, SILVIA, Wandering in Ancient Greek Culture, Chicago 2005.

MORLEY, NEVILLE, Trade in Antiquity, Cambridge 2007.

MORRIS, IAN, Early Iron Age Greece, in: 1.3: SCHEIDEL, Cambridge Economic History, 211–241.

OLSHAUSEN, ECKART / SAUER, VERA (Hg.), Mobilität in den Kulturen der antiken Mittelmeerwelt. Stuttgarter Kolloquium zur Historischen Geographie des Altertums 11, 2011, Stuttgart 2014.

OSBORNE, ROBIN, Early Greek colonization? The nature of Greek settlement in the West, in: 1.3: FISHER / VAN WEES, Archaic Greece, 251–269.

OSBORNE, ROBIN, Pots, Trade and the Archaic Greek Economy, in: Antiquity 70, 1996, 31–44.

PURCELL, NICHOLAS, Mobility and the Polis, in: 2.5: MURRAY / PRICE, Greek City, 29–58.

REED, CHARLES M., Maritime Traders in the Ancient Greek World, Cambridge 2003.

ROBU, ADRIAN, Mégare et les établissements mégariens de Sicile, de la Propontide et du Pont-Euxin. Histoire et institutions, Bern u. a. 2014.

SCHLESINGER, RENATE, Menschen und Götter unterwegs: Ritual und Reise in der griechischen Antike, in: HÖLSCHER, TONIO (Hg.), Gegenwelten zu den Kulturen Griechenlands und Roms in der Antike, Leipzig 2000, 129–157.

SCHULZ, RAIMUND, Innovationsraum, Impulsgeber und imperiale Vorreiter. Der Einfluss der „kolonialen" Randgebiete auf die gesamtgriechische Entwicklung, in: Geschichte in Wissenschaft und Unterricht 71, 2020, 117–133.

SCHULZ, RAIMUND, Over the Water and Across the Desert – Trans-Saharan Contacts of the Mediterranean World in the 6th and 5th Century BC., in: Journal of Ancient Civilizations 32, 2017, 147–174.

SEIBT, GUNTER F., Griechische Söldner im Achaimenidenreich, Bonn 1977.

SEIBERT, JAKOB, Die politischen Flüchtlinge und Verbannten in der Griechischen Geschichte, 2 Bde., Darmstadt 1979.

SEIBERT, JAKOB, Die Bevölkerungsfluktuation in den Griechenstädten Siziliens, in: Ancient Society 13/14, 1982/83, 33–65.

SHEFTON, BRIAN B., Massilia and Colonization in the North-Eastern Mediterranean, in: TSETSKHLADZE / DE ANGELIS, The Archaeology of Greek Colonization, 61–86.

STEIN-HÖLKESKAMP, ELKE, Im Land der Kirke und Kyklopen. Immigranten und Indigene in den süditalischen Siedlungen des 8. und 7. Jahrhunderts v. Chr. In: Klio 88, 2006, 311–327.

TAGLIAMONTE, GIANLUCA, I figli di Marte. Mobilità, mercenari e mercenariato italici in Magna Grecia e Sicilia, Rom 1994.

TANDY, DAVID W., Warriors into traders. The Power of the Market in Early Greece, Berkeley u. a. 1997.

TAUSEND, SABINE, ‚Die Verlockung der Fremde?' Mobilitätsmotivation im archaischen Griechenland zwischen Abenteuerlust und Notwendigkeit, in: OLSHAUSEN / SAUER, Mobilität, 479–499.

TERPSTRA, TACO, Trade in the Ancient Mediterranean. Private Order and Public Institution, Princeton / Oxford 2019.

TRUNDLE, MATTHEW, Greek Mercenaries. From the Late Archaic Period to Alexander, London/New York 2004.

TRUNDLE, MATTHEW, Identity and Community among Greek Mercenaries in the Classical World: 700–322 BCE, in: The Ancient History Bulletin 13, 1999, 28–38.

TSETSKHLADZE, GOCHA R. (Hg.), Greek Colonisation. An Account of Greek Colonies and Other Settlements Overseas, 2 Bde., Leiden/Boston 2006/2008.

TSETSKHLADZE, GOCHA R. / DE ANGELIS, FRANCISCO (Hg.), The Archaeology of Greek Colonization, Oxford 1994.

VATTUONE, RICCARDO, ‚Metoikesis'. Trapianti di populazione nella Sicilia greca fra VI e IV sec. A. C., in: SORDI, MARTA (Hg.), Emigrazione e immigrazione nel mondo antico, Mailand 1994, 81–113.

WALTER, UWE, Paradigmen für fast alle Typen: Migration in der Antike, in: Geschichte. Politik und ihre Didaktik 32, 2004, 62–74.

WALTER, UWE, Ares-Söhne oder brave Siedler? Migrationen im frühen Griechenland, in: Geschichte in Wissenschaft und Unterricht 71, 2020, 174–189.

WHITEWRIGHT, JULIAN, Sails, Sailing and Seamanship in the Mediterranean, in: SCHÄFER, CHRISTOPH (Hg.), Connecting the Ancient World. Mediterranean Shipping, Maritime networks and their Impact, Rahden/westf. 2016, 1–21.

YAMADA, S., Neo-Assyrian Trading Posts on the East Mediterranean Coast and „Ionians": An Aspect of Assyro-Greek Contact, in: NAKATA, ICHIRO (Hg.),

Prince of the Orient. Ancient Near Eastern Studies in Memory of H. I. H. Prince Takahito Mikasa, Tokio 2019, 221–235.

Zurbach, Julien, Question foncière et departs coloniaux. Àpropos des *apoikiai* archaiques, in: Annuario della Scuola archeologica italiana di Atene 86, 2008, 87–103

2.5 Politische Organisationsformen

Ampolo, Carmine, Il sistema della ‚polis'. Elementi costitutivi e origini della città greca, in: 1.3: Settis, I Greci, 2 I, 297–342.

Archibald, Zosia Halina, Space, Hierarchy, and Community in Archaic and Classical Macedonia, in: Brock / Hodkinson, Alternatives to Athens, 212–233.

Atack, Carol, The Discourse of Kingship in Classical Greece, London/New York 2019.

Anderson, Greg, Before *Turannoi* Were Tyrants: Rethinking a Chapter of Early Greek History, in: Classical Antiquity 24, 2005, 173–222.

Aristoteles, Politik. Übersetzt und erläutert von Schütrumpf, Eckardt. 4 Bände, Berlin 1991–2005.

Balot, Ryan K., Greek Political Thought, Malden u. a. 2009.

Balot, Ryan K., A Companion to Greek and Roman Political Thought, Malden u. a. 2009.

Beck, Hans, Die antiken Menschen in ihren Gemeinschaften: Griechenland, in: 1.11: Wirbelauer, Lehrbuch, 181–193.

Beck, Hans, Polis und Koinon. Untersuchungen zur Geschichte und Struktur der griechischen Bundesstaaten im 4. Jahrhundert v. Chr., Stuttgart 1997.

Beck, Hans (Hg.), A Companion to Ancient Greek Government, Malden u. a. 2013.

Beck, Hans / Funke, Peter (Hg.), Federalism in Greek Antiquity, Cambridge 2015.

Beck, Hans / Buraselis, Kostas / McAuley, Alex (Hg.), Ethnos and Koinon. Studies in Ancient Greek Ethnicity and Federalism, Stuttgart 2019.

Berger, Shlomo, Revolution and Society in Greek Sicily and Southern Italy, Stuttgart 1992.

Bernstein, Frank, Ressourcenorientierung und Ressourcenproduktion: Zum Transferpotential der frühen Polis im Zuge der „Großen Kolonisation" der Griechen, in: 1.3: Delp / Herren, TextRessourcen, 45–86.

Berve, Helmut, Die Tyrannis bei den Griechen, 2 Bde., München 1967.

Bleicken, Jochen, Die Entstehung der Verfassungstypologie im 5. Jahrhundert v. Chr. (Monarchie, Aristokratie, Demokratie) (1979), in: 1.3: ders., Gesammelte Schriften, Bd. 1, 68–92.

Blösel, Wolfgang u. a., Grenzen politischer Partizipation im klassischen Griechenland, Stuttgart 2014.

Blösel, Wolfgang, Zensusgrenzen für die Ämterbekleidung im klassischen Griechenland. Wie groß war der verfassungsrechtliche Abstand gemäßigter Oligarchien von der athenischen Demokratie?, in: ders. u. a., Grenzen politischer Partizipation, 71–93.

Bonazzi, Mauro, The Sophists (New Surveys in the Classics), Cambridge 2020.
Brandt, Hartwin, Γῆς ἀναδασμός und ältere Tyrannis, in: Chiron 19, 1989, 207–220.
Brock, Roger / Hodkinson, Stephen (Hg.), Alternatives to Athens. Varieties of Political Organization and Community in Ancient Greece, Oxford 2000.
Busolt, Georg, Griechische Staatskunde. Erste Hälfte: Allgemeine Darstellung des griechischen Staates, München 1920. Zweite Hälfte: Darstellung einzelner Staaten und der zwischenstaatlichen Beziehungen, bearbeitet von Heinrich Swoboda, München 1926.
Caire, Emmanuèle, Penser l'oligarchie à Athènes aux Ve et IVe siècles. Aspects d'une idéologie, Paris 2016.
Cartledge, Paul, Ancient Greek Political Thought in Practice, Cambridge 2009.
de Polignac, François, La naissance de la cité grecque. Cultes, espace et société $VIII^e–VII^e$ siècles avant J.-C., Paris 1984 (überarb.: Cults, Territory, and the Origins of the Greek City State, Chicago 1995).
Dössel, Astrid, Die Beilegung innerstaatlicher Konflikte in den griechischen Poleis vom 5. – 3. Jahrhundert v. Chr., Bern/Frankfurt a. M. 2003.
Donlan, Walter, The Relations of Power in the Pre-State and Early State Polities, in: 1.3: Mitchell / Rhodes, Development, 39–48.
Ducrey, Pierre, La muraille est-elle un élément constitutif d'une cité?, in: Hansen, Mogens H. (Hg.), Sources for the Ancient Greek City-State (CPC Acts 2), Copenhagen 1995, 245–256.
Duplouy, Alain, Construire la cité. Essai de sociologie historique sur les communautés de l'archaïsme grec, Paris 2019.
Duplouy, Alain / Brock, Roger (Hg.), Defining Citizenship in Archaic Greece, Oxford 2018.
Ehrenberg, Victor, Der Staat der Griechen (1932/33), Zürich/Stuttgart 1965^2 (engl. überarb. Ausgabe: The Greek State, London 1969^2).
Ehrenberg, Victor, Wann entstand die Polis (1937), in: 1.3: Gschnitzer, Staatskunde, 3–25.
Ehrenberg, Victor, Eine frühe Quelle der Polisverfassung (1943), in: 1.3: Gschnitzer, Staatskunde, 26–35.
Engels, Johannes, Die Sieben Weisen. Leben, Lehren und Legenden, München 2010.
Fetscher, Iring / Münkler, Herfried (Hg.), Pipers Handbuch der politischen Ideen, Bd. 1: Frühe Hochkulturen und europäische Antike, München 1988.
Flaig, Egon, Die Mehrheitsentscheidung. Entstehung und kulturelle Dynamik, Paderborn u. a. 2013.
Flaig, Egon, Weisheit und Befehl. Platons „Politeia" und das Ende der Politik, in: Saeculum 45, 1994, 34–70.
Forsdyke, Sarah, The Use and Abuse of Tyranny, in: Balot, Companion, 231–246.
Frederiksen, Rune, Greek City Walls of the Archaic Period, 900–480 BC, Oxford 2011.
Funke, Peter, Stamm und Polis. Überlegungen zur Entstehung der griechischen Staatenwelt in den „Dunklen Jahrhunderten", in: Bleicken, Jochen (Hg.), Colloquium aus Anlass des 80. Geburtstages von Alfred Heuss, Kallmünz 1993, 29–48.

FUNKE, PETER, *Polis*genese und Urbanisierung in Aitolien im 5. und 4. Jahrhundert, in: HANSEN, The Polis as an Urban Centre, 145–188.

FUNKE, PETER, Was die Amphiktyonie im Innersten zusammenhält. Überlegungen zum Wechselspiel von Religion und Politik in zwischenstaatlichen Verfahren im frühen Griechenland, in: BONNANO, DANIELA u. a. (Hg.), Rechtliche Verfahren und religiöse Sanktionierung in der griechisch-römischen Antike, Stuttgart 2016, 19–33.

FUNKE, PETER / HAAKE, MATTHIAS (Hg.), Greek Federal States and Their Sanctuaries. Identity and Integration, Stuttgart 2013.

FUSTEL DE COULANGES, NUMA DENIS, Der antike Staat. Kult, Recht und Institutionen Griechenlands und Roms (La cité antique, 1864), Stuttgart 1981.

GABRIELSEN, VINCENT, The Synoikized Polis of Rhodes, in: 1.3: FLENSTED-JENSEN, Polis & Politics, 177–205.

GAGARIN, MICHAEL, Early Greek Law, Berkeley u. a. 1986.

GAWANTKA, WILHELM, Die sogenannte Polis. Entstehung, Geschichte und Kritik der modernen althistorischen Grundbegriffe der griechische Staat, die griechische Staatsidee, die Polis, Stuttgart 1985.

GEHRKE, HANS-JOACHIM, Stasis. Untersuchungen zu den inneren Kriegen in den griechischen Staaten des 5. und 4. Jahrhunderts v. Chr., München 1985.

GERNET, LOUIS, Sur le symbolisme politique en Grèce ancienne: le Foyer commun, in: Cahiers internationaux de Sociologie 11, 1951, 21–43.

GIANGIULIO, MAURIZIO, Democrazie greche. Atene, Sicilia, Magna Grecia, Rom 2015.

GLOTZ, GUSTAVE, La cité grecque (1928), Bibliograph. aktualisierte Neuausgabe Paris 1968 (engl. Übersetzung: The Greek City and its Institutions, London 1929).

GREY, V. J., Xenophon's Mirror of Princes: Reading the Reflections, Oxford 2011.

GROTE, OLIVER, Die griechischen Phylen. Funktion – Entstehung – Leistungen, Stuttgart 2016.

GROTE, OLIVER, Die homerische *agorê* und die Herausbildung politischer Rollen und Verfahren in archaischer Zeit, in: Gymnasium 123, 2016, 247–279.

GROTE, OLIVER, Die Genese der griechischen Polis als Ausdifferenzierung von Systemen, in: Gymnasium 123, 2016, 467–489.

GROTE, OLIVER, Zur Integration der Periöken in die elische Bürgerschaft: der Synoikismos von 471 v. Chr., in: Historia 68, 2019, 170–187.

GSCHNITZER, FRITZ, Stammes- und Ortsgemeinden im alten Griechenland (1955), in: 1.3: DERS., Staatskunde, 271–297.

HAHM, DAVID E., The Mixed Constitution in Greek Thought, in: BALOT, Companion, 178–198.

HANSEN, MOGENS H., Polis. An Introduction to the Ancient Greek City-State, Copenhagen 2006.

HANSEN, MOGENS H. (Hg.), The Return of the Polis: The Use and Meanings of the Word Polis in Archaic and Classical Sources (CPC Papers 8), Stuttgart 2007.

HANSEN, MOGENS H. (Hg.), The Polis as an Urban Centre and as a Political Community (CPC Papers 4), Copenhagen 1997.

HANSEN, MOGENS H. (Hg.), The Imaginary Polis (CPC Acts 7), Copenhagen 2005.

Hansen, Mogens H., „The Autonomous City-State." Ancient Fact or Modern Fiction?, in: ders., / Raaflaub, Kurt A. (Hg.), Studies in the Ancient Greek Polis (CPC Papers 2), Stuttgart 1995, 21–44.

Hansen, Mogens H. / Fischer-Hansen, Tobias, Monumental Political Architecture in Archaic and Classical Greek Poleis. Evidence and Historical Significance, in: Whitehead, David (Hg.), From Politcal Architecture to Stephanus Byzantius (CPC Papers 1), Stuttgart 1994, 23–90.

Hermann, Karl Friedrich, Lehrbuch der griechischen Staatsalterthümer aus dem Standpuncte der Geschichte entworfen, Heidelberg 1831.

Heuss, Alfred, Herrschaft und Freiheit im griechisch-römischen Altertum, in: Mann, Golo u. a. (Hg.), Summa historica. Die Grundzüge der welthistorischen Epochen (Propyläen Weltgeschichte, Bd. 11), Berlin u. a. 1965, 67–128.

Hölkeskamp, Karl-Joachim, Ptolis and Agore. Homer and the Archaeology of the City State, in: Montanari, Franco (Hg.), Omero tremila anni dopo, Rom 2002, 297–347.

Hölkeskamp, Karl-Joachim, The Polis and its Spaces – the Politics of Spatiality. Tendencies in Recent Research, in: Ordia Prima 3, 2004, 25–40.

Hölkeskamp, Karl-Joachim, Institutionalisierung durch Verortung. Die Entstehung von Öffentlichkeit im frühen Griechenland, in: ders. u. a. (Hg.), Sinn (in) der Antike. Orientierungssysteme, Leitbilder und Wertkonzepte im Altertum, Mainz 2003, 81–104.

Hölkeskamp, Karl-Joachim, Tempel, Agora und Alphabet. Die Entstehungsbedingungen von Gesetzgebung in der archaischen Polis, in: Gehrke, Hans-Joachim (Hg.), Rechtskodifizierung und soziale Normen im interkulturellen Vergleich, Tübingen 1994, 135–164.

Hölkeskamp, Karl-Joachim, Schiedsrichter, Gesetzgeber und Gesetzgebung im archaischen Griechenland, Stuttgart 1999.

Hoepfner, Wolfram / Lehmann, Lauri (Hg.), Die griechische Agora, Mainz 2006.

Huffman, Carl A., Archytas of Tarentum: Pythagorean, Philosopher, and Mathematician King, Cambridge 2005.

Itgenshorst, Tanja, Denker und Gemeinschaft. Polis und politisches Denken im archaischen Griechenland, Paderborn u. a. 2014.

Itgenshorst, Tanja, Clisthène l'Athénien la la pensée politique en Grèce archaïque, in: Dialogues d'histoire ancienne 45.2, 2019, 15–45 (https://www.cairn.info/revue-dialogues-d-histoire-ancienne-2019-2-page-15.htm; 23.08.2021).

Jones, Nicholas F., Public Organization in Ancient Greece, Philadelphia 1987.

Jordović, Ivan, Anfänge der Jüngeren Tyrannis. Vorläufer und erste Repräsentanten von Gewaltherrschaft im späten 5. Jahrhundert v. Chr., Frankfurt/M. u. a. 2005.

Jordović, Ivan, Taming Politics. Plato and the Democratic Roots of Tyrannical Man, Stuttgart 2019.

Kenzler, Ulf, Studien zur Entwicklung und Struktur der griechischen Agora in archaischer und klassischer Zeit, Frankfurt/M. u. a. 1999.

Kinzl, Konrad H. (Hg.), Die ältere Tyrannis bis zu den Perserkriegen, Darmstadt 1979.

Knoll, Manuel, Antike griechische Philosophie, Berlin/Boston 2017.
Kõiv, Mait, *Basileus, tyrannos* and polis. The Dynamics of Monarchy in Early Greece, in: Klio 98, 2016, 1–89.
Kõiv, Mait, Why Did the Greeks Hate the Tyrants? A Comparative View on Monarchy in Archaic Greece, in: Historia 70, 2021, 134–184.
Leppin, Hartmut, Argos. Eine griechische Demokratie des fünften Jahrhunderts v. Chr., in: Ktèma 24, 1999, 297–312.
Leppin, Hartmut, Unlike(ly) Twins? Democracy and Oligarchy in Context, in: Beck, Greek Government, 146–158.
Levêque, Pierre / Vidal-Naquet, Pierre, Clisthène l'Athénien. Essai sur la représentations de l'espace et du temps dans la pensée politique grecque de la fin du Vie siècle à la mort de Platon, Paris 1964.
Linke, Bernhard, Religion und Herrschaft im archaischen Griechenland, in: Historische Zeitschrift 280, 2005, 1–37.
Luraghi, Nino, One-Man Government: The Greeks and Monarchy, in: Beck, Greek Government, 131–145.
Luraghi, Nino, Anatomy of the Monster: The Discourse of Tyranny in Ancient Greece, in: Börm, Henning (Hg.), Antimonarchic Discourse in Antiquity, Stuttgart 2015, 67–84.
Mack, William, Proxeny and Polis. International Networks in the Ancient Greek World, Oxford 2015.
Mackil, Emily, Creating a Common Polity: Religion, Economy, and Politics in the Making of the Greek Koinon, Berkeley u. a. 2013.
Mann, Christian, Athlet und Polis im archaischen und frühklassischen Griechenland, Göttingen 2001.
McInerney, Jeremy, *Polis* and *koinon*: Federal Government in Greece, in: Beck, Greek Government, 466–479.
Meier, Christian, Die Entstehung des Politischen bei den Griechen, Frankfurt/M. 1980.
Meier, Christian, Die Entstehung einer autonomen Intelligenz bei den Griechen, in: Eisenstadt, Shmuel N. (Hg.), Kulturen der Achsenzeit, Bd. 1.1: Griechenland, Israel, Mesopotamien, Frankfurt 1987, 89–127.
Meier, Christian, Zum Aufkommen des Demokratie-Begriffs. Eine Nachlese, in: Schmitt, Tassilo u. a. (Hg.), Gegenwärtige Antiken – antike Gegenwärtigkeiten, München 2005, 49–83.
Meister, Klaus, „Aller Dinge Maß ist der Mensch." Die Lehren der Sophisten, München 2010.
Mertens, Dieter, Von Megara nach Selinunt. Raumordnung und Baukunst als Mittel zur Identitätsbildung griechischer Poleis während der großen Kolonisation, in: Römische Mitteilungen 116, 2010, 55–103.
Mertens, Dieter, Raumgestaltung in westgriechischen Kolonialstädten, in: Geographia Antica 18, 2009, 75–95.
Mitchell, Lynette, The Heroic Rulers of Archaic and Classical Greece, London/New York 2013.
Moggi, Mauro, I sinecismi interstatali greci, vol. 1: Dalle origini al 338 a. C., Pisa 1976.

Mohr, Martin, Die Heilige Straße – Ein ‚Weg der Mitte'? Soziale Gruppenbildung im Spannungsfeld der archaischen Polis, Rahden 2013.

Molho, Anthony u. a. (Hg.), City States in Classical Antiquity and Medieval Italy, Ann Arbor/Stuttgart 1991.

Morgan, Catherine, Early Greek States Beyond the Polis, London/New York 2003.

Morgan, Catherine / Coulton, James J., The Polis as a Physical Entity, in: Hansen, The Polis as an Urban Centre, 9–86.

Morris, Ian, The Strong Principle of Equality and the Archaic Origins of Greek Democracy, in: Ober / Hedrick, Dēmokratia, 19–48.

Mossé, Claude, Les institutions politiques grecques à l'époque classique, Paris 1967.

Murray, Oswyn, Rationality and the Greek City: the Evidence from Kamerina, in: Hansen, The Polis as an Urban Centre, 493–504.

Murray, Oswyn / Price, Simon (Hg.), The Greek City from Homer to Alexander, Oxford 1990.

Nebelin, Katarina, Philosophie und Aristokratie. Die Autonomisierung der Philosophie von den Vorsokratikern bis Platon, Stuttgart 2016.

Nippel, Wilfried, Mischverfassungstheorie und Verfassungsrealität in Antike und Früher Neuzeit, Stuttgart 1980.

Ober, Josiah / Hedrick, Charles (Hg.), Dēmokratia. A Conversation on Democracies, Ancient and Modern. Princeton 1996.

Papakonstantinou, Zinon, Lawmaking and Adjudication in Archaic Greece, London 2008.

Piepenbrink, Karen, Politische Ordnungskonzeptionen in der attischen Demokratie des vierten Jahrhunderts v. Chr. Eine vergleichende Untersuchung zum philosophischen und rhetorischen Diskurs, Stuttgart 2001.

Piepenbrink, Karen, Demokratische Implikationen in der „Politik" des Aristoteles, in: 3.7: Jordović / Walter, Feindbild und Vorbild, 249–268.

Piérart, Marcel, Argos. Une autre démocratie, in: 1.3: Flensted-Jensen, Polis & Politics, 297–314.

Piérart, Marcel, Klyton Argos. Histoire, société et institutions d'Argos. Choix d'articles, hg. von Curty, Olivier, Bordeaux 2020.

Quass, Friedemann, Nomos und Psephisma. Untersuchungen zum griechischen Staatsrecht, München 1971.

Raaflaub, Kurt A., Homer to Solon. The Rise of the Polis. The Written Sources, in: Hansen, Mogens H. (Hg.), The Ancient Greek City-State (CPC Acts 1), Copenhagen 1993, 41–105.

Raaflaub, Kurt A., Politisches Denken und Krise der Polis. Athen im Verfassungskonflikt des späten 5. Jahrhunderts v. Chr., in: Historische Zeitschrift 255, 1992, 1–60.

Raaflaub, Kurt A., The Discovery of Freedom in Ancient Greece, Chicago/London 2004 (überarbeitete und erweiterte Übersetzung von: Die Entdeckung der Freiheit. Zur historischen Semantik und Gesellschaftsgeschichte eines politischen Grundbegriffs der Griechen, München 1985).

Raaflaub, Kurt A., Das frühe politische Denken der Griechen im interkulturellen Zusammenhang des Mittelmeerraumes, in: Matthäus, Hartmut u. a. (Hg.),

Der Orient und die Anfänge Europas. Kulturelle Beziehungen von der Späten Bronzezeit bis zur Frühen Eisenzeit, Wiesbaden 2011, 241–266.

RAAFLAUB, KURT A., Archaic and Classical Greek Reflections on Politics and Government. From Descriptions to Conceptualization, Analysis, and Theory, in: BECK, Greek Government, 73–92.

RAAFLAUB, KURT A., The „Great Leap" in Early Greek Politics and Political Thought. A Comparative Perspective, in: 1.3: ALLEN u. a., How to do things, 21–54.

RAAFLAUB, KURT A. / OBER, JOSIAH / WALLACE, ROBERT W., with chapters by PAUL CARTLEDGE & CYNTHIA FARRAR, Origins of Democracy in Ancient Greece, Berkeley 2007.

RAAFLAUB, KURT A. / WALLACE, ROBERT W., ,People's Power' and Egalitarian Trends in Archaic Greece, in: RAAFLAUB u. a., Origins of Democracy, 22–48.

REBER, KARL, Vom Versammlungsraum zum Tempel. Überlegungen zur Genese der monumentalen Tempelarchitektur, in: Religion: Lehre und Praxis. Akten des Kolloquiums Basel, 22. Oktober 2004, Athen 2009, 95–110.

RHODES, PETER J., Oligarchs in Athens, in: BROCK / HODKINSON, Alternatives to Athens, 119–136.

ROBERTSON, NOEL, Festivals and Legends. The Formation of Greek Cities in the Light of Public Ritual, Toronto ua. 1993.

ROBINSON, ERIC W., The First Democracies. Early Popular Government Outside Athens, Stuttgart 1997.

ROBINSON, ERIC W., Democracy Beyond Athens. Popular Government in the Greek Classical Age, Cambridge 2011.

ROBINSON, ERIC W., Ancient Greek Democracy. Readings and Sources, Malden u. a. 2004.

ROGAN, ESTHER, La Stásis dans la politique d'Aristote: La cité sous tension, Paris 2018.

ROUSSEL, DENIS, Tribu et cite. Études sur les groupes sociaux dans les cités grecques aux époques archaïque et classique, Paris 1976.

ROWE, CHRISTOPHER / SCHOFIELD, MALCOLM (Hg.), The Cambridge History of Greek and Roman Political Thought, Cambridge 2000.

ROY, JAMES, The synoikism of Elis, in: HEINE NIELSEN, THOMAS (Hg.), Even more studies in the ancient Greek polis (CPC Papers 6), Stuttgart 2002, 249–264.

RUTHERFORD, IAN, State Pilgrims and Sacred Observers in Ancient Greece. A Study of Theōriā and Theōroi, Cambridge 2013.

RZEPKA, JACEK, Greek Federal Terminology (Akanthina 12), Danzig 2017.

SAKELLARIOU, MICHAEL B., The Polis-State. Definition and Origin, Athens 1989.

SALKEVER, STEPHEN, The Cambridge Companion to Ancient Greek Political Thought, Cambridge 2009.

SCHAEFER, HANS, Πόλις μυρίανδρος (*pólis myríandros*) (1961), in: 1.3: DERS., Probleme, 401–427.

SCHMITT-PANTEL, PAULINE, La cité au banquet. Histoire des repas publics dans les cités grecques, Paris 1992.

SCHMITT-PANTEL, PAULINE, Collective activities and the political in the Greek city, in: MURRAY / PRICE, The Greek City, 199–213.

SCHMITZ, WILFRIED, Kypselos und Periandros: Mordende Despoten oder Wohltäter der Stadt?, in: 1.3: LINKE, Zwischen Monarchie und Republik, 19–49.

Schubert, Charlotte, Isonomia. Einwicklung und Geschichte, Berlin/Boston 2021.
Scully, Stephen, Homer and the Sacred City, Ithaca/London 1990.
Shipley, Graham, Little Boxes on the Hillside: Greek Town Planning, Hippodamos and Polis Ideology, in: Hansen, Imaginary Polis, 335–403.
Simonton, Matthew, Classical Greek Oligarchy. A Political History, Princeton 2017.
Sordi, Marta, Die Anfänge des Aitolischen Koinon (1953), in: 1.3: Gschnitzer, Staatskunde, 343–374.
Sourvinou-Inwood, Christiane, What is Polis Religion?, in: Murray / Price, The Greek City, 295–322
Sprawski, Slawomir, Jason of Pherai, Krakau 1999.
Teegarden, David Arlo, Death to tyrants! Ancient Greek democracy and the struggle against tyranny, Princeton/Oxford 2014.
Touloumakos, Johannes, Die theoretische Begründung der Demokratie in der klassischen Zeit Griechenlands. (Die demokratische Argumentation in der „Politik" des Aristoteles), Athen 1985.
Trampedach, Kai, Die Tyrannis als Wunsch- und Schreckbild. Zur Grammatik der Rede über Gewaltherrschaft im Griechenland des 5. Jahrhunderts v. Chr., in: Seidensticker, Bernd / Vöhler, Martin (Hg.), Gewalt und Ästhetik. Zur Gewalt und ihrer Darstellung in der griechischen Klassik, Berlin/New York 2006, 3–27.
van der Vliet, Edward Ch. L., The Early Greek Polis: Regime Building, and the Emergence of the State, in: Terrenato, Nicola / Haggis, Donald C. (Hg.), State formation in Italy and Greece: questioning the neoevolutionist paradigm, Oxford 2011, 119–134.
van Wees, Hans, „Stasis, Destroyer of Men". Mass, Elite, Political Violence and Security in Archaic Greece, in: Sécurité Collective et Ordre Public dans les Sociétés Anciennes. Entretiens préparé par Brélaz, Cédric et Ducrey, Pierre, Vandroeuvres/Genève, 1–40.
Vernant, Jean-Pierre, Die Entstehung des griechischen Denkens, Frankfurt/M. 1982.
Vernant, Jean-Pierre, Raum und politische Organisation im antiken Griechenland (1965), in: ders., Mythos und Denken bei den Griechen, Konstanz 2016, 249–271.
Walter, Uwe, An der Polis teilhaben. Bürgerstaat und Zugehörigkeit im archaischen Griechenland, Stuttgart 1993.
Welwei, Karl-Wilhelm, Die griechische Polis. Verfassung und Gesellschaft in archaischer und klassischer Zeit (1998^2), Stuttgart 2017^3.
Welwei, Karl-Wilhelm, Ursprünge genossenschaftlicher Organisationsformen in der archaischen Polis (1988), in: 1.3: ders., Polis und Arché, 10–21.

2.6 Krieg und zwischenstaatliche Beziehungen

Adcock, Frank / Mosley, Derek J., Diplomacy in Ancient Greece, London 1973.

Alonso, Victor / Freitag, Klaus, Prolegomena zur Erforschung der Bedeutung der Eliteeinheiten im archaischen und klassischen Griechenland, in: Gerion 19, 2001, 199–219.

Baltrusch, Ernst, Symmachie und Spondai. Untersuchungen zum griechischen Völkerrecht der archaischen und klassischen Zeit (8.–5. Jahrhundert v. Chr.), Berlin/New York 1994.

Baltrusch, Ernst, Außenpolitik, Bünde und Reichsbildung in der Antike (Enzyklopädie der griechisch-römischen Antike 7), München 2008.

Baltrusch, Ernst / Wendt, Christian (Hg.), Ein Besitz für immer? Geschichte, Polis und Völkerrecht bei Thukydides, Baden-Baden 2011.

Blome, David A., Greek Warfare Beyond the Polis. Defense, Strategy, and the Making of Ancient Federal States, Ithaca/London 2020.

Bolmarcich, Sarah, Oaths in Greek international relations, in: Sommerstein, Alan / Fletcher, Judith, Horkos: the oath in Greek society, Exeter 2007, 26–38.

Brice, Lee L. (Hg.), New Approaches to Greek and Roman Warfare, Hoboken 2020.

Buis, Emiliano J., Taming Ares. Interstate Law, and Humanitarian Discourse in Classical Greece, Leiden 2018.

Burckhardt, Leonhard A., Staat und Heer: Griechenland, erscheint in: 1.6.1: DNP Suppl. 12: Militärgeschichte der Antike, Stuttgart/Weimar 2022.

Burrer, Friedrich / Müller, Holger (Hg.), Kriegskosten und Kriegsfinanzierung in der Antike, Darmstadt 2008.

Campbell, J. Brian / Tritle, Lawrence A. (Hg.), The Oxford Handbook of Warfare in the Classical World, Oxford 2013.

Cuomo, Serafina, Technology and Culture in Greek and Roman Antiquity, Cambridge 2007.

Dayton, John C., The athletes of war: An evaluation of the agonistic elements in Greek Warfare, Toronto 2006.

Debidour, Michel, Les Grecs et la guerre. V^e–IVe siècles. De la guerre rituelle à la guerre totale, Monaco 2002.

Delbrück, Hans, Geschichte der Kriegskunst im Rahmen der politischen Geschichte. Das Altertum: Von den Perserkriegen bis Caesar, Berlin 1900, 1920^3 (ND 2000).

Droysen, Hans, Heerwesen und Kriegführung der Griechen, Freiburg 1889.

Echeverría Rey, Fernando, Hoplite and Phalanx in Archaic and Classical Greece: A Reassessment, in: Classical Philology 107, 2012, 291–318.

Echeverría Rey, Fernando, Weapons, Technological Determinism, and Ancient Warfare, in: Fagan, Garrett G. / Trundle, Matthew (Hg.), New Perspectives on Ancient Warfare, Leiden/Boston 2010, 21–56.

Franz, Johann P., Krieger, Bauern, Hopliten. Untersuchungen zu den Hopliten der archaischen und klassischen Zeit, Frankfurt/Main u. a. 2002.

GABRIELSEN, VINCENT, Naval Warfare: Its Economic and Social Impact of Greek Cities, in: BEKKER-NIELSEN, TONNES / HANNESTAD, LISE (Hg.), War as a Cultural and Social Force. Essays on Warfare in Antiquity, Kopenhagen 2001, 72–98.

GARLAN, YVON, Greek culture and science. Warfare, in: 1.3: CAH VI, 678–692.

GIOVANNINI, ADALBERTO, Les relations entre États dans la Grèce antique du temps d'Homère à l'intervention romaine (ca. 700 – 200 av. J.-C.), Stuttgart 2007

GÜNTHER, SVEN, War-Zone Markets: Generals, Military Payment, and the Creation of Market Economies in Warfare Zones during the Fourth Century BC, in: Marburger Beiträge zur Antiken Handels-, Wirtschafts- und Sozialgeschichte 38, 2020, 179–202.

HANSON, VICTOR D., Warfare and Agriculture in Classical Greece, Pisa 1983.

HANSON, VICTOR D., Hoplites. The Classical Greek Battle Experience, London u. a. 1991.

HANSON, VICTOR D., The Western Way of War. Infantry battle in classical Greece, New York/Oxford 1989.

HANSON, VICTOR D., The Modern Historiography of Ancient Warfare, in: SABIN u. a., Cambridge History of Greek and Roman Warfare, I 3–21.

HORNBLOWER, SIMON, ,This was Decided' (ἔδοξε ταῦτα): The Army as *polis* in Xenophon's *Anabasis* – and Elsewhere, in: DERS., Thucydidean Themes, Oxford 2011, 226–249.

HUNT, PETER, War and Society, in: 1.3: BOYS-STONES, Oxford Handbook, 226–237.

HUTCHINSON, G., Xenophon and the Art of Command, London 2000.

KAGAN, DONALD / VIGGIANO, G. F. (Hg.), Men of Bronze: Hoplite Warfare in Ancient Greece, Princeton 2013.

KERN, PAUL BENTLEY, Ancient Siege Warfare, Bloomington/Indianapolis 1999.

KIENAST, DIETMAR, Presbeia, 1.6.1: RE Suppl. 13, 1973, 499–628.

KONIJNENDIJK, ROEL, Classical Greek Tactics. A Cultural History, Leiden/Boston 2018.

KRENTZ, PETER, Casualties in Hoplite Battles, in: Greek, Roman and Byzantine Studies 26, 1985, 13–29

KRENTZ, PETER, Deception in Archaic and Classical Greek Warfare, in: VAN WEES, War and Violence, 167–182.

KRENTZ, PETER: Warfare and Hoplites, in: 1.2.2: SHAPIRO, Companion to Archaic Greece, 61–84.

KRENTZ, PETER: Fighting by the Rules: The Invention of the Hoplite Agon (2002), in: WHEELER, Armies of classical Greece, 111–128.

KROMAYER, JOHANNES / VEITH, GEORG, Heerwesen und Kriegführung der Griechen und Römer, München 1928.

LENDON, J. E., Soldiers and Ghosts. A History of Battle in Classical Antiquity, New Haven/London 2005.

MANDL, GOTTFRIED / STEFFELBAUER, ILJA (Hg.), Krieg in der antiken Welt, Essen 2007.

MARSDEN, ERIC W., Greek and Roman Artillery. Historical Developments, Oxford 1969.

MORRISON, JOHN S. / COATES, JOHN F., Die athenische Triere. Geschichte und Rekonstruktion eines Kriegsschiffs der griechischen Antike, Mainz 1990; engl.

Neubearbeitung: DIES. / RANKOV, BORIS (Hg.), The Athenian Trireme, Cambridge 2000.
PICCIRILLI, LUIGI, Gli arbitrati interstatali greci, vol. I. Dalle origini al 338 a. C. Pisa 1973.
PICCIRILLI, LUIGI, L'invenzione della diplomazia nella Grecia antica, Rom 2002.
PRITCHETT, WILLIAM K., The Greek State at War, 5 Bde., Berkeley 1971–1991.
RAAFLAUB, KURT, Homerische Krieger, Protohopliten und die Polis: Schritte zur Lösung alter Probleme, in: MEISSNER, BURKHARD u. a. (Hg.), Krieg – Gesellschaft – Institutionen. Beiträge zu einer vergleichenden Kriegsgeschichte, Berlin 2005, 229–266.
RAAFLAUB, KURT A., Greek Concepts and Theories of Peace, in: DERS. (Hg.), Peace in the Ancient World. Concepts and Theorie, Chichester 2016, 122–157.
RANKOW, BORIS (Hg.), Trireme Olympias. The Final Report, Oxford/Oakville 2012.
RAWLINGS, LOUIS, War and Warfare in Ancient Greece, in: CAMPBELL / TRITLE, Oxford Handbook of Warfare in the Classical World, 3–28.
RAWLINGS, LOUIS, Alternative Agonies. Hoplite martial and combat experiences beyond the phalanx, in: VAN WEES, War and Violence, 233–260.
RÜSTOW, WILHELM / KÖCHLY, HERMANN, Geschichte des griechischen Kriegswesens von der ältesten Zeit bis auf Pyrrhos, Aarau 1852.
SABIN, PHILIP A. G. / VAN WEES, HANS / WHITBY, MICHAEL L. (Hg.), The Cambridge History of Greek and Roman Warfare. Vol. I: Greece, the Hellenistic World and the Rise of Rome, Cambridge 2007.
SCHULZ, RAIMUND, Feldherren, Krieger und Strategen. Krieg in der Antike von Achill bis Attila, Stuttgart 2012, 2018[3].
SCHULZ, RAIMUND, Flotte, erscheint in: 1.6.1: DNP Suppl. 12: Militärgeschichte der Antike, Stuttgart/Weimar 2022.
SEKUNDA, NICHOLAS V., War and Society in Greece, in: CAMPBELL / TRITLE, Oxford Handbook of Warfare in the Classical World, 199–215.
SOMMERSTEIN, ALAN H. / BAYLISS, ANDREW J., Oath and State in Ancient Greece, Berlin/Boston 2013.
DE SOUZA, PHILIP, Die Kriege des Altertums. Von Ägypten bis zum Inkareich, Heimstetten 2008.
STRAUSS, BARRY S., Archaic and Classical Greece. B. Naval battles and sieges, in: SABIN u. a., Cambridge History of Greek and Roman Warfare I, 223–247.
VAN WEES, HANS, Greek Warfare. Myths and Realities, London 2004.
VAN WEES, HANS (Hg.), War and Violence in Ancient Greece, London 2000.
VAN WEES, HANS, Politics and the battlefield: ideology in Greek warfare, in: POWELL, ANTON (Hg.), The Greek World, London/New York 1995, 153–178.
WHEELER, EVERETT L. The Armies of Classical Greece, London/New York 2016[2].
WHEELER, EVERETT L. / STRAUSS, BARRY, Battle, in: SABIN u. a., Cambridge History of Greek and Roman Warfare I, 186–247.
WRIGHTSON, GRAHAM, Combined Arms Warfare in Ancient Greece. From Homer to Alexander the Great and His Successors, London 2019.
YATES, DAVID C., The Archaic Treaties between the Spartans and their Allies, in: Classical Quarterly 55, 2005, 65–76.

2.7 Konstruierte Identitäten: Mythos, Vergangenheitsfiktionen, Barbaren, Hellenen

Bearzot, Cincia / Landucci, Franca (Hg.), Storie di Atene, storia dei Greci. Studie e ricerche di attidografia, Milano 2010.

Boardman, John, The Archaeology of Nostalgia. How the Greeks re-created their mythical past, London 2002.

Boehringer, David, Heroenkulte in Griechenland von der geometrischen bis zur klassischen Zeit. Attika, Argolis, Messenien, Berlin 2001.

Burkert, Walter, Mythos und Mythologie, in: Propyläen Geschichte der Literatur, Bd. 1: Die Welt der Antike, Berlin 1981, 11–35.

Clarke, Katherine, Making Time for the Past. Local History and the Polis, Oxford 2008.

Dreher, Martin, Die Herausbildung eines politischen Instruments: Die Amnestie bis zum Ende der klassischen Zeit, in: Harter-Uibopuu, Kaja / Mitthof, Fritz (Hg.), Vergeben und Vergessen? Amnestie in der Antike, Wien 2013, 71–94.

Edmunds, Lowell, Greek Myth, Berlin/Boston 2021

Flaig, Egon, Der mythogene Vergangenheitsbezug bei den Griechen, in: Assmann, Jan / Müller, Klaus E. (Hg.), Der Ursprung der Geschichte. Archaische Kulturen, das Alte Ägypten und das Frühe Griechenland, Stuttgart 2005, 215–248.

Flower, Michael A., From Simonides to Isocrates: The Fifth-Century Origins of Fourth-Century Panhellenism, in: Classical Antiquity 19, 2000, 65–101.

Foxhall, Lin u. a. (Hg.), Intentional History. Spinning Time in Ancient Greece, Stuttgart 2010.

Gehrke, Hans-Joachim, Geschichte als Element antiker Kultur. Die Griechen und ihre Geschicht(n), Berlin/Boston 2014.

Ganter, Angela (geb. Kühr), Καδμεία νίκη. Politicising the ‚Seven against Thebes' in the 5th century B. C., in: Cecconi, Paula / Tornau, Christian (Hg.), Städte und Stadtstaaten zwischen Mythos, Literatur und Propaganda, Berlin/Boston 2020, 11–27.

Giangiulio, Maurizio, Collective Identities, Imagined Past and Delphi, in: Foxhall, Intentional History, 121–136.

Giuliani, Luca, Myth as past? On the temporal aspect of Greek depictions of legend, in: Foxhall, Intentional History, 35–55.

Graf, Fritz, Griechische Mythologie. Eine Einführung, Düsseldorf 1999^5.

Grethlein, Jonas, The Greeks and Their Past. Poetry, Oratory and History in the Fifth Century BCE, Cambridge 2010.

Gruen, Erich S., Rethinking the Other in Antiquity, Princeton/Oxford 2011.

Gudehus, Christian u. a. (Hg.), Gedächtnis und Erinnerung. Ein interdisziplinäres Handbuch, Stuttgart/Weimar 2010.

Haake, Matthias / Jung, Michael (Hg.), Griechische Heiligtümer als Erinnerungsorte. Von der Archaik bis zum Hellenismus, Stuttgart 2011.

Hall, Edith, Inventing the Barbarian: Greek Self-Definition through Tragedy, Oxford 1989.

HALL, JONATHAN, Ethnic Identity in Greek Antiquity, Cambridge 1997.
HALL, JONATHAN, Hellenicity. Between Ethnicity and Culture, Chicago 2002.
HANSEN, WILLIAM, Classical Mythology. A Guide to the Mythical World of the Greeks and Romans, Oxford 2020².
HARRISON, THOMAS, Reinventing the Barbarian, in: Classical Philology 115, 2020, 139–163.
HARTMANN, ANDREAS, Zwischen Relikt und Reliquie. Objektbezogene Erinnerungspraktiken in antiken Gesellschaften, Berlin 2010.
HÖLSCHER, TONIO, Athen – die Polis als Raum der Erinnerung, in: 1.3: STEIN-HÖLKESKAMP / HÖLKESKAMP, Die Griechische Welt, 128–149, 618 f.
IRWIN, ELIZABETH, The Politics of Precedence: First Historian on First Thalassocrats, in: OSBORNE, ROBIN (Hg.), Debating the Athenian Cultural Revolution, Cambridge 2007, 188–223.
JACOBY, FELIX, Atthis. The Local Chronicles of Ancient Athens, Oxford 1949.
KÕIV, MAIT, Ancient Tradition and Early Greek History. The Origins of States in Early-Archaic Sparta, Argos and Corinth, Tallinn 2003.
KOSTOPOULOS, KATHARINA, Die Vergangenheit vor Augen. Erinnerungsräume bei den attischen Rednern, Stuttgart 2019.
KÜHR, ANGELA (verh. GANTER), Als Kadmos nach Boiotien kam. Polis und Ethnos im Spiegel thebanischer Gründungsmythen, Stuttgart 2006.
LORAUX, NICOLE, The Invention of Athens. The Funeral Oration in the Classical City, Cambridge (Mass.)/London 1986
LORAUX, NICOLE, Born of the Earth. Myth and Politics in Athens, Ithaca/London 2000.
LORAUX, NICOLE, The Divided City. On Memory and Forgetting in Ancient Athens, New York 2006.
LURAGHI, NINO, The Ancient Messenians. Constructions of Ethnicity and Memory, Cambridge 2008.
LURAGHI, NINO, Local Knowledge in Herodotus' Histories, in: DERS. (Hg.), The Historian's Craft in the Age of Herodotus, Oxford 2001, 138–160.
MA, JOHN, The City as Memory, in: 1.3: BOYS-STONES u. a., Oxford Handbook, 248–259.
MAC SWEENEY, NAOÍSE, Foundation myths and politics in ancient Ionia, Cambridge 2013.
MARINCOLA, JOHN u. a. (Hg.), Greek Notions of the Past in the Archaic and Classical Eras. History without Historians, Edinburgh 2012.
MEIER, MISCHA, Die Deiokes-Episode im Werk Herodots – Überlegungen zu den Entstehungsbedingungen griechischer Geschichtsschreibung, in: DERS. u. a., Deiokes, König der Meder. Eine Herodot-Episode in ihren Kontexten, Stuttgart 2004, 27–51.
MICHELS, CHRISTOPH, Mit Erinnerung arbeiten im klassischen Athen, in: DERS. u. a. (Hg.), Erinnerung. Studien zu Konstruktionen, Persistenzen und gesellschaftlichem Wandel, Paderborn 2018, 67–108.
MITCHELL, LYNETTE G., Panhellenism and the Barbarian in Archaic and Classical Greece, Swansea 2007.

Osmers, Maria, „Wir aber sind damals und jetzt immer die gleichen." Vergangenheitsbezüge in der polisübergreifenden Kommunikation der klassischen Zeit, Stuttgart 2013.

Perlman, Shalom, Panhellenism, the Polis and Imperialism, in: Historia 25, 1976, 1–30.

Powell, Barry B., Einführung in die klassische Mythologie, Stuttgart/Weimar 2009.

Prinz, Friedrich, Gründungsmythen und Sagenchronologie, München 1979.

Rhodes, Peter J., Atthis. The Ancient Histories of Athens, Heidelberg 2014.

Schröder, Janett, Die Polis als Sieger. Kriegsdenkmäler im archaisch-klassischen Griechenland, Berlin/Boston 2020.

Schulz, Raimund, Als Odysseus staunte. Die griechische Sicht des Fremden und das ethnographische Vergleichen von Homer bis Herodot, Göttingen 2020.

Sporn, Katja, Vergangenheit in der Gegenwart. Spurensuche in der griechischen Antike, in: Boschung, Dietrich u. a. (Hg.), Reinventing ‚the invention of tradition'? Indigenous Pasts and the Roman Present, Paderborn 2005, 69–94.

Schubert, Charlotte, Formen der griechischen Historiographie: die Atthidographen als Historiker Athens, in: Hermes 138, 2010, 259–275.

Stähler, Klaus, Griechische Geschichtsbilder klassischer Zeit, Münster 1992.

Steinbock, Bernd, Social Memory in Athenian Public Discourse. Uses and Meanings of the Past, Ann Arbor 2013.

Stenger, Jan, Migration, Genealogie und Typologie. Die Konstruktion von Identitäten in Pindars fünfter *Isthmie*, in: Renger, Almut-Barbara / Toral-Niehoff, Isabel (Hg.), Genealogie und Migrationsmythen im antiken Mittelmeerraum und auf der Arabischen Halbinsel, Berlin 2014, 85–102.

Thomas, Rosalind, Polis Histories, Collective Memories and the Greek World, Cambridge/New York 2019.

Tober, Daniel, Greek Local Historiography and its Audience, in: Classical Quarterly 67, 460–484.

Tufano, Salvatore, Boiotia from Within. The Beginnings of Boiotian Historiography, Münster 2019, doi:10.17879/tso-2019-vol2.

Vlassopoulos, Kostas, Greeks and Barbarians, Cambridge 2013.

von Ranke-Graves, Robert, Griechische Mythologie. Quellen und Deutung, 2 Bde., Reinbek 1960.

Walser, Gerold, Hellas und Iran. Studien zu den griechisch-persischen Beziehungen vor Alexander, Darmstadt 1984.

Westwood, Gary, The Rhetoric of the Past in Demosthenes and Aeschines. Oratory, History, and Politics in Classical Athens, Oxford 2020.

Will, Wolfgang, Hellenen A I, in: Reallexikon für Antike und Christentum 14, 1988, 376–389.

Zingg, Emanuel, Die Schöpfung der pseudohistorischen westpeloponnesischen Frühgeschichte. Ein Rekonstruktionsversuch, München 2016.

3 Hellas in seiner Vielfalt

3.1 Milet und Ionien

Balcer, Jack Martin, Imperialism and stasis in fifth century B. C. Ionia, in: Bowersock, Glen u. a. (Hg.), Arktouros. Hellenic studies presented to Bernard M. W. Knox, Berlin 1979, 261–268.

Balcer, Jack Martin, Fifth Century B. C. Ionia: A Frontier Redefined, in: Revue des Études Anciennes 37, 1985, 31–42.

Cobet, Justus u. a. (Hg.), Frühes Ionien. Eine Bestandsaufnahme, Mainz 2007.

Cook, John M., The Problem of Classical Ionia, in: Proceedings of the Cambridge Philological Society 187, 1961, 9–17.

Ehrhardt, Norbert, Milet und seine Kolonien. Vergleichende Untersuchung der kultischen und politischen Einrichtungen, Frankfurt a. Main u. a. 1983.

Ehrhardt, Norbert, Milet nach den Perserkriegen: Ein Neubeginn? In: Schwertheim, Elmar / Winter, Engelbert (Hg.), Stadt und Stadtentwicklung in Kleinasien, Bonn 2003, 1–19.

Emlyn-Jones, Chris J., The Ioniens and Hellenism. A study of the Cultural Achievement of Early Greek Inhabitants of Asia Minor, London 1980.

Gehrke, Hans-Joachim, Zur Geschichte Milets in der Mitte des 5. Jahrhunderts v. Chr. (1980), in: 1.3: ders., Politik und politisches Denken, 165–178.

Gorman, Vanessa B., Miletos, the ornament of Ionia – a history of the city to 400 B. C. E., Ann Arbor 2001.

Greaves, Alan M., Miletos, a History, London 2002.

Greaves, Alan M., The Land of Ionia. Society and Economy in the Archaic Period, Malden u. a. 2010.

Greaves, Alan M., Milesians in the Black Sea: Trade, Settlement and Religion, in: Gabrielsen, Vincent / Lund, John (Hg.), The Black Sea in Antiquity. Regional and Interregional Economic Exchanges, Aarhus 2007, 9–21.

Greaves, Alan M., The Greeks in Western Anatolia, in: Steadman, Sharon / McMahon, Gregory (Hg.), The Oxford Handbook of Ancient Anatolia, Oxford 2011, 500–514.

Harl, Kenneth W., The Greeks in Anatolia: from the Migration to the Age of Alexander, in: Steadman, Sharon / McMahon, Gregory (Hg.), The Oxford Handbook of Ancient Anatolia, Oxford 2011, 752–774.

Hoepfner, Wolfram, Ionien. Brücke zum Orient, Darmstadt 2011.

Kleiner, Gerhard, Alt-Milet, Wiesbaden 1966.

Kleiner, Gerhard, Die Ruinen von Milet, Berlin 1968.

Lohmann, Hans, Die Chora Milets in archaischer Zeit, in: Cobet, Frühes Ionien, 363–392.

Lohmann, Hans, Ionians and Carians in the Mycale: the Discovery of Carian Melia and the Archaic Panionion, in: Cifani, Gabriele / Stoddart, Simon (Hg.), Landscape, Ethnicity and Identity in the Archaic Mediterranean Area, Oxford/Oakville 2012, 32–50.

Niemeier, Wolf-Dietrich, Milet von den Anfängen menschlicher Besiedlung bis zur Ionischen Wanderung, in: Cobet u. a., Frühes Ionien, 3–20.

Niemeier, Wolf-Dietrich, Miletus in the Bronze Age: Bridge between the Aegean and Anatolia, in: Bulletins of the Institute of Classical Studies 46, 2002/2003, 225–227.

Robertson, Noel, Government and Society at Miletus, 525–442 B. C., in: Phoenix 41, 1987, 356–398.

Senff, Reinhard, Form and function of sanctuaries in archaic Miletus, in: Revue des Études Anciennes 108, 2006, 159–172.

Senff, Reinhard, Die Ergebnisse der neuen Grabungen im archaischen Milet – Stratigraphie und Chronologie, in: Cobet, Frühes Ionien, 319–326.

Talamo, Clara, Mileto. Aspetti della città arcaica e del contesto ionico, Rom 2004.

Weber, Berthold F., Der Stadtplan von Milet, in: Cobet, Frühes Ionien, 327–362.

3.2 Kreta

Chaniotis, Angelos, Das antike Kreta, München 2004.

Gehrke, Hans-Joachim, Gewalt und Gesetz. Die soziale und politische Ordnung Kretas in der archaischen und klassischen Zeit, in: Klio 79, 1997, 23–68.

Greco, Emanuele / Lombardo, Mario (Hg.), La Grande iscrizione di Gortyna: centoventi anni dopo la Scoperta. Atti del I convegno internazionale di studi sulla Messarà, Athen 2005.

Kristensen, Karen Rørby, Codification, tradition, and innovation in the law code of Gortyn, in: Dike 7, 2004, 135–168.

Link, Stefan, Das griechische Kreta. Untersuchungen zu seiner staatlichen und gesellschaftlichen Entwicklung vom 6. bis zum 4. Jahrhundert v. Chr., Stuttgart 1994.

Link, Stefan, 100 Städte – 100 Verfassungen? Einheitlichkeit und Vielfalt in den griechischen Städten Kretas, in: Cretan Studies 7, 2002, 149–175.

Link, Stefan, Aristoteles, Ephoros und die „Kretische Verfassung", in: Gymnasium 115, 2008, 469–479.

Perlman, Paula, One Hundred-Citied Crete and the „Cretan πολιτεία", in: Classical Philology 87, 1992, 193–205.

Perlman, Pauly, Imagining Crete, in: 2.5: Hansen, Imaginary Polis, 282–334.

Pilz, Oliver / Seelentag, Gunnar (Hg.), Cultural Practices and Material Culture in Archaic and Classical Crete, Berlin/Boston 2014.

Prent, Mieke, Cretan Sanctuaries and Cults. Continuity and Change from Late Minoan IIIC to the Archaic Period, Berlin/Boston 2005.

Seelentag, Gunnar, Das archaische Kreta. Institutionalisierung im frühen Griechenland, Berlin/Boston 2015.

Shaw, Joseph W., Phoenicians in Southern Crete, in: American Journal of Archaeology 93, 1989, 165–183.

Stampolides, Nikolaos, Eleutherna. Polis – Acropolis – Necropolis, Athen 2004.

Wallace, Saro, Ancient Crete: From Successful Collapse to Democracy's Alternatives, Twelfth to Fifth Centuries BC, Cambridge/New York 2010.

Whitley, James, The Archaeology of Ancient Crete, Cambridge 2004.

WHITLEY, JAMES, Crete, in: 1.2.2: RAAFLAUB / VAN WEES, Companion, 273–293.
WILLETTS, RONALD F., Aristocratic Society in Ancient Crete, London 1955.

3.3 Delphi und die Delphische Amphiktyonie

BRODERSEN, KAI, Heiliger Krieg und Heiliger Friede in der frühen griechischen Geschichte, in: Gymnasium 98, 1991, 1–14.
DEFRADAS, JEAN, Les thèmes de la propagande delphique, Paris 1954.
FLOWER, HARRIET I. Herodotus and Delphic Traditions about Croesus, in: FLOWER, MICHAEL A. / TOHER, MARK (Hg.), Georgica. Greek Studies in Honour of George Cawkwell, London 1991, 57–77.
FORREST, WILLIAM GEORGE, Colonisation and the Rise of Delphi, in: Historia 6, 1957, 160–175.
HORNBLOWER, SIMON, Did the Delphic Amphiktiony Play a Political Role in the Classical Period?, in: Mediterranean Historical Review 22, 2007, 39–56.
JACQUEMIN, ANNE, Adieu l'*apoikia*, adieu le Pythien!, in: Pallas 87, 2011, 205–222.
LEFÈVRE, FRANÇOIS, L'Amphictionie pyléodelphique: Histoire et institutions, Paris 1998.
LEHMANN, GUSTAV ADOLF, Der „Erste Heilige Krieg" – eine Fiktion?, in: Historia 29, 1980, 242–246.
MCINERNEY, JEREMY, The Folds of Parnassos: Land and Ethnicity in Ancient Phokis, Austin 1999.
SÁNCHEZ, PIERRE, L'Amphictionie des Pyles et de Delphes. Recherches sur son role historique, des origines au IIe siècle de notre ère, Stuttgart 2001.
SCOTT, MICHAEL, Delphi. A History of the Center of the Ancient World, Princeton/Oxford 2014.
TRAMPEDACH, KAI, Politische Mantik. Die Kommunikation über Götterzeichen und Orakel im Klassischen Griechenland, Heidelberg 2015.
TRAMPEDACH, KAI, Der Gott verteidigt sein Heiligtum in Delphi (nicht), in: FREITAG, KLAUS / HAAKE, MATTHIAS (Hg.), Griechische Heiligtümer als Handlungsorte, Stuttgart 2019, 155–173.
WÖRRLE, MICHAEL, Delphes et l'Asie Mineure: Pourquoi Delphes?, in: JACQUEMIN, ANNE (Hg.), Delphes cent ans après la grande fouille, Paris 2000, 157–165.

3.4 Sparta und sein peloponnesisches Machtsystem

BALTRUSCH, ERNST, Mythos oder Wirklichkeit? Die Helotengefahr und der Peloponnesische Bund, in: Historische Zeitschrift 272, 2001, 1–21.
BALTRUSCH, ERNST, Polis und Gastfreundschaft: Die Grundlagen der spartanischen Außenpolitik, in: LUTHER u. a., Das Frühe Sparta, 165–192.
BIANCO, ELISABETTA, Sparta e i suoi navarchi, Alessandria 2018.
BLANK, THOMAS, Logos und Praxis. Sparta als politisches Exemplum in den Schriften des Isokrates, Berlin 2014.

Braccesi, Lorenzo, L'enigma Dorieo, Rom 1999.
Cartledge, Paul A., Sparta and Laconia. A Regional Survey 1300 – 362 BC, London u. a. 2002² (zuerst 1979).
Cartledge, Paul, Agesilaos and the Crisis of Sparta, London 1987.
Cartledge, Paul A., The Spartans. An Epic History, London 2003.
Cartledge, Paul, Spartan Reflections, Berkeley/Los Angeles 2001.
Cartledge, Paul, The Politics of Spartan Pederasty (1981), in: Siems, Andreas Karsten (Hg.), Sexualität und Erotik in der Antike, Darmstadt 1988, 385–415.
Cavanagh, William u. a., Continuity and Change in a Greek Rural Landscape: The Laconia Survey. Vol. I: Methodology and Interpretation, London 2002.
Christ, Karl (Hg.), Sparta, Darmstadt 1986.
Christ, Karl, Spartaforschung und Spartabild (1986), in: ders., Sparta, 1–72.
Dettenhofer, Maria H., Die Frauen von Sparta: Gesellschaftliche Position und politische Relevanz, in: Klio 75, 1993, 61–75.
Ducat, Jean, Les Hilotes, Athenes 1990.
Ducat, Jean, Le statut des Perieques lacedemoniens, in: Ktèma 33, 2008, 1–86.
Ehrenberg, Victor. Neugründer des Staates. Ein Beitrag zur Geschichte Spartas und Athens im VI. Jahrhundert, München 1925.
Figueira, Thomas J. (Hg.), Spartan Society, Swansea 2004.
Figueira, Thomas J., *Politeia* and *Lakônika* in Spartan Historiography, in: ders. (Hg.), Myth, Text, and History at Sparta, Piscataway 2016, 7–104.
Figueira, Thomas J., Xenelasia and Social Control at Sparta, in: Classical Quaterly 53, 2003, 44–74.
Figueira, Thomas J., The demography of the Spartan Helots, in: Luraghi / Alcock, Helots and Their Masters, 193–239.
Figueira, Thomas J., Helotage and the Spartan Economy, in: Powell, Companion to Sparta, 565–595.
Flaig, Egon, Die spartanische Abstimmung nach der Lautstärke. Überlegungen zu Thukydides 1,87, in: Historia 42, 1993, 141–160.
Flower, Michael A., The invention of tradition in Classical and Hellenistic Sparta, in: Powell / Hodkinson, Sparta – Beyond the Mirage, 191–217.
Flower, Michael A., Spartan ‚religion' and Greek ‚religion', in: Hodkinson, Sparta. Comparative Approaches, 193–229.
Grote, Oliver, Zur politischen Funktion der Volksversammlung in Sparta, in: Historische Zeitschrift 305, 2017, 1–36.
Hampl, Franz, Die lakedaimonischen Periöken, in: Hermes 72, 1937, 1–49.
Hodkinson, Stephen J., Property and Wealth in Classical Sparta, Swansea 2000.
Hodkinson, Stephen J., Female property ownership and empowerment in classical and hellenistic Sparta, in: Figueira, Spartan Society, 103–136.
Hodkinson, Stephen J., Spartiates, helots and the direction of the agrarian economy: towards an understanding of helotage in comparative perspective, in: Luraghi / Alcock, Helots and Their Masters, 248–285.
Hodkinson, Stephen J., The Imaginary Spartan *Politeia*, in: 2.5: Hansen, Imaginary Polis, 222–281.
Hodkinson, Stephen J. (Hg.), Sparta. Comparative Approaches, Swansea 2009.
Hodkinson, Stephen J. / Powell, Anton (Hg.), Sparta. New Perspectives, London 1999.

Hodkinson, Stephen J. / Powell, Anton (Hg.), Sparta & War, Swansea 2006.
Hodkinson, Stephen J. / Macgregor Morris, Ian (Hg.), Sparta in Modern Thought: Politics, History and Culture, Swansea 2012.
Hölkeskamp, Karl-Joachim, Lykurg – der Mythos vom Verfassungsstifter und Erzieher, in: 1.3: Stein-Hölkeskamp / Hölkeskamp, Die Griechische Welt, 316–335, 636–639.
Jung, Michael, ‚Wanderer, kommst du nach Sparta …'. Die Bestattung der Perserkämpfer Leonidas und Pausanias im Heiligtum der Athena Chalkioikos, in: Haake, Matthias / Jung, Michael (Hg.), Griechische Heiligtümer als Erinnerungsorte, Stuttgart 2011, 95–108.
Levy, Edmond, La Sparte d'Herodote, in: Ktema 24, 1999, 123–134.
Link, Stefan, Der Kosmos Sparta. Recht und Sitte in klassischer Zeit, Darmstadt 1994.
Link, Stefan, Das frühe Sparta. Untersuchungen zur spartanischen Staatsbildung im 7. und 6. Jahrhundert v. Chr., St. Katharinen 2000.
Link, Stefan, Staatliche Institution und innergemeindlicher Diskurs. Politische Entscheidungsfindung in Sparta?, in: Historische Zeitschrift 287, 2008, 1–34.
Link, Stefan, Sparta, von innen gesehen, in: Historische Zeitschrift 293, 2011, 323–371.
Lotze, Detlef, Bürger zweiter Klasse: Spartas Periöken, ihre Stellung und Funktion im Staat der Lakedaimonier (1993/94), in: 1.3: ders., Bürger und Unfreie, 171–183.
Luraghi, Nino / Alcock, Susan E. (Hg.), Helots and their masters in Laconia and Messenia: histories, ideologies, structures, Washington 2003.
Luraghi, Nino, Helotic Slavery Reconsidered, in: Powell / Hodkinson, Sparta. Beyond the Mirage, 227–248.
Luther, Andreas, Könige und Ephoren. Untersuchungen zur spartanischen Verfassungsgeschichte, Frankfurt am Main 2004.
Luther, Andreas / Meier, Mischa / Thommen, Lukas (Hg.), Das Frühe Sparta, Stuttgart 2006.
Malkin, Irad, Myth and Territory in the Spartan Mediterranean, Cambridge 1994.
Meier, Mischa, Aristokraten und Damoden. Untersuchungen zur inneren Entwicklung Spartas im 7. Jahrhundert v. Chr. und zur politischen Funktion der Dichtung des Tyrtaios, Stuttgart 1998.
Meier, Mischa, Tyrtaios fr. 1B G/P bzw. fr. °14 G/P (= fr. 4 W) und die große Rhetra – kein Zusammenhang?, in: Göttinger Forum für Altertumswissenschaft 5, 2002, 65–87.
Meier, Mischa, Zwischen Königen und Damos. Überlegungen zur Funktion und Entwicklung des Ephorats in Sparta (7.–4. Jh. v. Chr.), in: Zeitschrift der Savigny-Stiftung für Rechtsgeschichte. Romanistische Abteilung 117, 2000, 43–102.
Meyer, Eduard, Lykurgos von Sparta, in: ders., 1.3: Forschungen zur Alten Geschichte I, 211–283.
Millender, Ellen G., Kingship. The History, Power, and Prerogatives of the Spartans' ‚Divine' Dyarchy, in: Powell, Companion to Sparta, 452–479.

Millender, Ellen G., Athenian ideology and the empowered Spartan woman, in: Hodkinson / Powell, Sparta. New Perspectives, 355–391.

Nafissi, Massimo, La nascita del kosmos. Studi sulla storia e la società di Sparta, Perugia 1991.

Nafissi, Massimo, Lykourgos the Spartan „Lawgiver". Ancient Beliefs and Modern Scholarship, in: Powell, Companion to Sparta, 93–123.

Noethlichs, Karl Leo, Bestechung, Bestechlichkeit und die Rolle des Geldes in der spartanischen Außen- und Innenpolitik vom 7. – 2. Jh. v. Chr., in: Historia 36, 1987, 129–170.

Ober, Josiah / Weingast, Barry S., The Sparta Game: Violence, Proportionality, Austerity, Collapse, in: 1.3: Allen u. a., How to do things, 161–184.

Plutarco, Licurgo. Introduzione di Desideri, Paolo, traduzione di Faranda, Giovanna, note di Ghilli, Lucia. Numa (…), Milano 2012.

Pothou, Vassiliki / Powell, Anton (Hg.), Das antike Sparta, Stuttgart 2017.

Powell, Anton (Hg.), A Companion to Sparta, 2 Bde., Hoboken 2018.

Powell, Anton (Hg.), Classical Sparta: Techniques behind her success, London 1989.

Powell, Anton, Divination, royalty and insecurity in Classical Sparta, in: ders. / Hodkinson, Sparta: The Body Politic, 35–82.

Powell, Anton / Debnar, Paula, Thucydides and Sparta, Swansea 2021.

Powell, Anton / Hodkinson, Stephen J. (Hg.), The Shadow of Sparta. London/New York 1994.

Powell, Anton / Hodkinson, Stephen J. (Hg.), Sparta: Beyond the Mirage. London/Swansea 2002.

Powell, Anton / Hodkinson, Stephen J. (Hg.), Sparta: The Body Politic. Swansea 2010.

Rabinowitz, Adam, Drinking from the same cup: Sparta and late Archaic commensality, in: Hodkinson, Sparta. Comparative Approaches, 113–191.

Rawson, Elizabeth, The Spartan Tradition in European Thought, Oxford 1969.

Rebenich, Stefan, Fremdenfeindlichkeit in Sparta? Überlegungen zur Tradition der spartanischen Xenelasie, in: Klio 80, 1998, 336–359.

Rebenich, Stefan, Alter Wein in neuen Schläuchen?, in: Potho / Powell, Sparta, 111–132.

Richer, Nicolas, Les Éphores. Études sur l'histoire et sur l'image de Sparte (VIIIe – IIIe siècles avant Jésus Christ), Paris 1998.

Rohde, Dorothea, „Weder haben wir in der gemeinsamen Kasse Geld, noch zahlen wir mit Leichtigkeit aus unseren eigenen Mitteln" – Die öffentlichen Finanzen Spartas in klassischer Zeit, in: Pothou / Powell, Sparta, 245–270.

Schenk Graf von Stauffenberg, Alexander, Dorieus, in: Historia 9, 1960, 181–215.

Schmitz, Winfried, Die geschorene Braut. Kommunitäre Lebensformen in Sparta?, in: Historische Zeitschrift 274, 2002, 561–602.

Schmitz, Winfried, Nicht ‚altes Eisen', sondern Garant der Ordnung. Die Macht der Alten in Sparta, in: Gutsfeld, Andreas / Schmitz, Winfried (Hg.), Am schlimmen Rand des Lebens. Altersbilder in der Antike, Köln u. a. 2003, 87–112.

SCHMITZ, WINFRIED, Altersklassen in Sparta?, in: SCHMITT, TASSILO u. a. (Hg.), Gegenwärtige Antiken – antike Gegenwärtigkeiten. Kolloquium zum 60. Geburtstag von Rolf Rilinger, München 2005, 105–126.

SCHMITZ, WINFRIED, Die Macht über die Sprache. Kommunikation, Politik und soziale Ordnung in Sparta, in: LUTHER u. a., Das Frühe Sparta, 89–111.

SCHMITZ, WINFRIED, Die Gründung der Stadt Tarent und die Gesetze des Lykurg. Eine neue Sicht auf Spartas Geschichte in archaischer Zeit, in: Klio 99, 2017, 420–463.

SCHMITZ, WINFRIED, Lykurgs Gesetz über die Kinderzeugung und seine zweite und dritte Rhetra, in: Chiron 48, 2018, 107–141.

SHIPLEY, GRAHAM, The other Lakedaimonians: the dependent perioikic poleis of Laconia and Messenia, in: 2.5: HANSEN, The Polis as an Urban Centre, 189–281.

STARR, CHESTER G., Die Glaubwürdigkeit der frühen spartanischen Geschichte (1965), in: CHRIST, Sparta, 264–289.

STIBBE, CONRAD M., Das andere Sparta, Mainz 1996.

THOMMEN, LUKAS, Lakedaimion Politeia. Die Entstehung der spartanischen Verfassung, Stuttgart 1996.

THOMMEN, LUKAS, Sparta. Verfassungs- und Sozialgeschichte einer griechischen Polis, 2. erw. Auflage Stuttgart/Weimar 2017.

THOMMEN, LUKAS, Spartas fehlende Lokalgeschichte, in: Gymnasium 107, 2000, 399–408.

THOMMEN, LUKAS, Der spartanische *Kosmos* und sein „Feldlager" der *Homoioi*. Begriffs- und forschungsgeschichtliche Überlegungen zum Sparta-Mythos, in: 1.3: ROLLINGER / ULF, Griechische Archaik, 127–141.

TIGERSTEDT, E. N., The Legend of Sparta in Classical Antiquity, 2 Bde., Stockholm 1965.

TURNER, SUSANNE, „Only Spartan Women Give Birth To Real Men:" Zack Snyder's 300 and the Male Nude, in: Lowe, Dunstan M. / Shahabudin, Kim (Hg.), Classics for All: Reworking Antiquity in Mass Culture, Newcastle upon Tyne 2009, 128–149.

VAN WEES, HANS, Tyrtaeus' Eunomia: Nothing to Do with the Great Rhetra, in: HODKINSON / POWELL, Sparta. New Perspektives, 1–41,

VAN WEES, HANS, Luxury, Austerity and Equality in Sparta, in: POWELL, Companion to Sparta, 202–235.

WELWEI, KARL-WILHELM, Sparta. Aufstieg und Niedergang einer antiken Großmacht, Stuttgart 2004.

WELWEI, KARL-WILHELM, Apella oder Ekklesia? Zur Bezeichnung der spartanischen Volksversammlung (1997), in: 1.3: DERS., Polis und Arché, 172–179.

WELWEI, KARL-WILHELM, Überlegungen zur frühen Helotie in Lakonien, in: LUTHER u. a., Das Frühe Sparta, 29–41.

WELWEI, KARL-WILHELM, War die Krypteia ein grausames Terrorinstrument? Zur Entstehung einer Fiktion (2004), in: 1.3: DERS., Nachlese, 145–158.

WELWEI, KARL-WILHELM, Kleomenes I. und Pausanias: Zum Problem von Einzelpersönlichkeit und Polis in Sparta im späten 6. und frühen 5. Jahrhundert v. Chr. (2007), in: 1.3: DERS., Nachlese, 177–192.

Welwei, Karl-Wilhelm, Sparta. Zum Konstrukt eines Gegenbildes zur athenischen Demokratie (2005), in: 1.3: ders., Nachlese, 159–175.
Welwei, Karl-Wilhelm / Samotta, Iris, Heloten / Helotie, 1.6.2: HAS 1360–1375.
Whitby, Michael (Hg.), Sparta, New York 2002.
Wolff, Christina, Sparta und die peloponnesische Staatenwelt in archaischer und klassischer Zeit, München 2010.
Zimmermann, Carsten, Der vertraute Feind. Spartaner und Heloten, Duisburg 2020.

3.5 Korinth

Bernardini, Paola Angeli (Hg.), Corinto: Luogo di azione e luogo di racconto, Pisa 2013.
Cabanas, Pierre, Les diasporas grecques en Adriatique et dans le mer Ionienne VIIIe–IIIe siècle avant J.-C., in: Bouffier, Sophie (Hg.), Les diasporas grecques. Du détroit de Gibraltar à l'Indus (VIIIe s. av. J.-C. à la fin du IIIe s. av. J.-C.), Paris 2012, 99–125.
D'Acunto, Matteo, Il mondo del vaso Chigi. Pittura, guerra e società a Corinto alla metà del VII secolo a. C., Berlin/Boston 2013.
Freitag, Klaus, Die Fährverbindungen im Golf von Korinth, in: Olshausen, Eckart / Sonnabend, Holger (Hg.), Zu Wasser und zu Land. Verkehrswege in der antiken Welt, Stuttgart 2002, 79–82.
Friesen, Steven J. / Schowalter, Daniel N. / Walters, James C. (Hg.), Corinth in Context: Comparative Studies on Religion and Society, Leiden/Boston 2010.
Giangiulio, Maurizio, Per una nuova immagine di Cipselo. Aspetti della tradizione storica sulla tirannide di Corinto, in: Bernardini, Corinto, 226–237.
Kissas, Konstantinos (Hg.), Ancient Corinthia. From Prehistoric Times to the End of Antiquity, Athen 2013.
Koehler, Carolyn G., Corinthian Developments in the Study of Trade in the Fifth Century, in: Hesperia 50, 1981, 449–458.
Kõiv, Mait, Reading ancient tradition. The rulers of Archaic Corinth, in: Chiron 49, 2019, 93–129.
Kourou, Nota, Corinthian Wares and the West, in: Hackens, Tony (Hg.), Ancient and Traditional Ceramics, Rixensait 1994, 27–31.
Macdonald, Brian R., The Import of Attic Pottery to Corinth and the question of trade during the Peloponnesian War, in: Journal of Hellenic Studies 102, 1982, 113–123.
Raepsaet, Georges / Tolley, Mike, Le Diolkos de l'Isthme à Corinthe. Son tracé, son fonctionnement, in: Bulletin de correspondance hellénique 117, 1993, 233–261.
Romano, David Gilman, Athletics and Mathematics in Archaic Corinth: The Origins of the Greek Stadion, Philadelphia.
Salmon, J. B., Wealthy Corinth. A History of the City to 338 BC., Oxford 1984.

Scahill, David, The Origins of the Corinthian Capital, in: Schultz, Peter / von den Hoff, Ralf (Hg.), Structure, Image, Ornament. Architectural Sculpture in the Greek World, Oxford 2009, 40–53.
Scheer, Tanja S., Tempelprostitution in Korinth? in: Dies. (Hg.), Tempelprostitution im Altertum. Fakten und Fiktionen, Berlin 2009, 221–266.
Scheer, Rudolf, Korinth, in: 1.6.2: Lauffer, Griechenland, 338–343.
Stickler, Timo, Korinth und seine Kolonien. Die Stadt am Isthmus im Mächtegefüge des klassischen Griechenland, Berlin 2010
Tartaron, Thomas F., The Eastern Korinthia Archaeological Survey: Integrated Methods for a Dynamic Landscape, in: Hesperia 75, 2006, 453–524.
Werner, Walter, The largest ship trackway in ancient times: The Diolkos of the Isthmus of Corinth, Greece, and early attempts to build a canal, in: International Journal of Nautical Archaeology 26, 1997, 98–119.
Will, Edouard, Korinthiaka. Recherches sur l'histoire et la civilisation de Corinthe des origines aux guerres médiques, Paris 1955.
Zimmermann-Munn, Mary Lou, Corinthian Trade with the Punic West in the Classical Period, in: Williams, Charles K. / Bookidis, Nancy (Hg.), Corinth 20, The Centenary 1869–1969, Princeton 2003, 195–217.

3.6 Theben und das übrige Boiotien

Teiresias. A Review and Bibliography of Boiotian Studies, 1971 ff., http://www.teiresias-journal.org/; 23.08.2021.
Aravantinos, Vasileios, Thebes and Boeotia, in: 1.2.2: Lemos / Kotsonas, Archaeology of Early Greece, 763–785.
Beck, Hans, Ethnic Identity and Integration in Boeotia: The Evidence of the Inscriptions (6th and 5th Centuries BC), in: Papazarkadas, Epigraphy and History, 19–44.
Beck, Hans, Thebes, in: Cartledge, Paul / Christesen, Paul (Hg.), The Oxford History of the Archaic Greek World, Oxford, im Druck.
Beck, Hans / Ganter, Angela, Boiotia and the Boiotian Leagues, in: 2.5: Beck / Funke, Federalism, 132–157.
Beck, Hans, From Regional Rivalry to Federalism, in: Marchand, Fabienne / Beck, Hans (Hg.), The Dancing Floor of Ares. Local Conflict and Regional Violence in Central Greece. Ancient History Bulletin, Supplemental Volume 1, 2020, 46–62.
Buck, Robert J., A History of Boeotia, Edmonton 1979.
Cartledge, Paul, Thebes. The Forgotten City of Ancient Greece, London 2020.
Cartledge, Paul, Boiotian Swine F(or)ever? The Boiotian Superstate 395 BC, in: 1.3: Flensted-Jansen u. a., Polis & Politics, 397–418.
Fossey, John M., Topography and population of ancient Boeotia, 2 Bde., Chicago 1988.
Fossey, John M., Boiotia in ancient times. Some studies of its topography, history, cults and myths, Leiden/Boston 2019.
Gartland, Samuel D. (Hg.), Boiotia in the Forth Century B. C., Philadelphia 2016.

Georgiadou, Aristoula, Plutarch's Pelopidas. A Historical and Philological Commentary, Stuttgart/Leipzig 1998.
Hammond, Nicholas G. L., Plataea's Relations with Thebes, Sparta, and Athens, in: Journal of Hellenic Studies 112, 1992, 143–150.
Jehne, Martin, Formen der thebanischen Hegemonialpolitik zwischen Leuktra und Chaironeia (371 – 338 v. Chr.), in: Klio 81, 1999, 317–358.
Larson, Stephanie L., Tales of Epic Ancestry. Boiotian Collective Identity in the Late Archaic and Early Classical Periods, Stuttgart 2007.
Mackil, Emily, Creating a Common Polity in Boeotia, in: Papazarkadas, Epigraphy and History, 45–67.
Papazarkadas, Nikolaos (Hg.), The epigraphy and history of Boeotia: new finds, new prospects; Leiden/Boston 2014.
Rockwell, Nicholas, Thebes: a history, New York 2017.
Schachter, Albert, Cults of Boiotia, 4 Bde., London 1981–1994.
Schachter, Albert, Boiotia in antiquity. Selected papers. With a preface by Hans Beck, Cambridge 2016.
van Wijk, Roy, Contested Hegemonies: Thebes, Athens and Persia in the Aegean of the 360s, in: Strootman, Rolf u. a. (Hg.), Empires of the Sea. Maritime Power Networks in World History, Leiden/Boston 2019, 81–112.
Walker, Keith G., Archaic Eretria. A political and social history from the earliest times to 490 BC, London/New York 2004.

3.7 Athen: maritime Großmacht und Demokratie

Adak, Mustafa, Metöken als Wohltäter Athens. Untersuchungen zum sozialen Austausch zwischen ortsansässigen Fremden und der Bürgergemeinde in klassischer und hellenistischer Zeit (ca. 500–150 v. Chr.), München 2003.
Ameling, Walter, Landwirtschaft und Sklaverei im klassischen Attika, in: Historische Zeitschrift 266, 1998, 281–315.
Anderson, Greg, Alkmeonid Homelands, Political Exile, and the Unification of Attica, in: Historia 49, 2000, 387–412.
Anderson, Greg, The Athenian Experiment: Building an Imagined Political Community in Ancient Attica, 508–490 BC, Ann Arbor 2003.
Azoulay, Vincent, Pericles of Athens, Princeton 2014.
Azoulay, Vincent, The Tyrant-Slayers of Ancient Athens: a Tale of Two Statues, Oxford/New York 2017.
Azoulay, Vincent / Ismard, Pauline, Les lieux du politique dans l'Athènes classique. Entre structures institutionelles, idéologigie civique et pratique sociales, in: Schmitt-Pantel, Pauline / de Polignac, François (Hg.), Athènes et le politique, Paris 2007, 271–309.
Barbato, Matteo, The Ideology of Democratic Athens. Institutions, Orators and the Mythical Past, Edinburgh 2020.
Beck, Hans, Freiheit und Herrschaft in der athenischen Demokratie. Aristoteles, Niklas Luhmann und die *archai* der Polis, in: Electrum 9, 2003, 37–53.

BLEICKEN, JOCHEN, Die athenische Demokratie, 2. überarb. Aufl. Paderborn u. a. 1994.
BLEICKEN, JOCHEN, Wann begann die athenische Demokratie? (1995), in: 1.3: DERS., Gesammelte Schriften, Bd. 1, 13–40.
BLEICKEN, JOCHEN, Die Einheit der athenischen Demokratie in Klassischer Zeit (1987), in: 1.3: DERS., Gesammelte Schriften, Bd. 1, 41–67.
BLEICKEN, JOCHEN, Verfassungsschutz im demokratischen Athen (1984), in: 1.3: DERS., Gesammelte Schriften, Bd. 1, 93–111.
BLOK, JOSINE, Citizenship in Classical Athens, Cambridge 2017.
BLOK, JOSINE H. / LARDINOIS, ANDRÉ P. M. H. (Hg.), Solon of Athens. New Historical and Philological Approaches, Leiden/Boston 2006.
BOEDEKER, DEBORAH / RAAFLAUB, KURT (Hg.), Democracy, Empire, and the Arts in Fifth-Century Athens, Cambridge (Mass.)/London 1998.
BRENNE, STEFAN, Ostrakismos und Prominenz in Athen. Attische Bürger des 5. Jhs. v. Chr. auf den Ostraka, Wien 2001.
BRINGMANN, KLAUS, Alkibiades und der Sturz der athenischen Demokratie. Die dramatischen Ereignisse des Jahres 411 v. Chr., in: SCHULTZ, UWE (Hg.), Große Verschwörungen. Staatsstreich und Tyrannenmord von der Antike bis zur Gegenwart, München 1998, 19–32.
BURCKHARDT, LEONHARD / VON UNGERN-STERNBERG, JÜRGEN (Hg.), Große Prozesse im antiken Athen, München 2000.
CAMP, JOHN M., The Archaeology of Athens, New Haven / London 2001.
CAREY, CHRIS u. a. (Hg.), Use and Abuse of Law in the Athenian Courts, Leiden/Boston 2019.
CARUGATI, FEDERICA, Creating a Constitution. Law, Democracy, and Growth in Ancient Athens, Princeton/Oxford 2019.
COHEN, DAVID, Law, sexuality, and society. The enforcement of morals in classical Athens, Cambridge 1991.
COHEN, DAVID (Hg.), Demokratie, Recht und soziale Kontrolle im klassischen Athen, München 2002.
COHEN, EDWARD E., The Athenian Nation, Princeton 2000.
COŞKUN, ALTAY, Perikles und die Definition des Bürgerrechts im klassischen Athen. Neue Vorschläge zu Inhalt, Zeitpunkt, Hintergrund und Auswirkung seines Bürgerrechtsgesetzes, in: Historische Zeitschrift 299, 2014, 1–35.
DAVIES, JOHN K., Corridors, cleruchies, commodities, and coins: the pre-history of the Athenian Empire, in: SLAWISCH, A. (Hg.), Handels- und Finanzgebaren in der Ägäis im 5. Jh. v. Chr., Istanbul 2013, 1–24.
DAVIS, GIL, Mining Money in Late Archaic Athens, in: Historia 63, 2014, 257–277.
DMITRIEV, SVIATOSLAV, The Birth of the Athenian Community. From Solon to Cleisthenes, London/New York 2018.
DORONZIO, ANNARITA, Athen im 7. Jahrhundert v. Chr. Räume und Funde der frühen Polis, Berlin/Boston 2018.
EDER, WALTER (Hg.), Die athenische Demokratie im 4. Jahrhundert v. Chr. Vollendung oder Verfall einer Verfassungsform?, Stuttgart 1995.

Eder, Walter, Aristocrats and the Coming of Athenian Democracy, in: Morris / Raaflaub, Democracy 2500, 105–140.
Ellis, Walter, Alcibiades, London 1989.
Engels, Johannes, Zur Entwicklung der attischen Demokratie in der Ära des Eubulos und des Lykurg (355–322 v. Chr.) und zu Auswirkungen der Binnenwanderung von Bürgern innerhalb Attikas, in: Hermes 120, 1992, 425–451.
Finley, Moses I., Athenian Demagogues (1962/1985), in: Rhodes, Athenian Democracy, 163–184.
Finley, Moses I., The Athenian Empire: A Balance Sheet (1978), in: 1.3: ders., Economy and Society, 41–61.
Flaig, Egon, Demokratischer Imperialismus. Der Modellfall Athen, in: Faber, Richard (Hg.), Imperialismus in Geschichte und Gegenwart, Würzburg 2005, 43–57.
Flaig, Egon, Der verlorene Gründungsmythos der athenischen Demokratie. Wie der Volksaufstand von 507 v. Chr. vergessen wurde, in: Historische Zeitschrift 279, 2004, 35–61.
Flaig, Egon, Amnestie und Amnesie in der griechischen Kultur. Das vergessene Selbstopfer für den Sieg im athenischen Bürgerkrieg 403 v. Chr., in: Saeculum 42, 1991, 129–149.
Fornara, Charles William / Samons, Loren J., Athens from Cleisthenes to Pericles, Los Angeles/Oxford 1991.
Friend, John L., The Athenian *Ephebeia* in the Fourth Century BCE, Leiden/Boston 2018.
Gehrke, Hans-Joachim, Zwischen Freundschaft und Programm. Politische Parteiung im Athen des 5. Jahrhunderts (1998), in: 1.3: ders., Politik und politisches Denken, 179–205.
Gehrke, Hans-Joachim, Der historische Hintergrund der pseudo-xenophontischen *Athenaion Politeia*. Ein Versuch über griechische Politik (1997), in: 1.3: ders., Politik und politisches Denken, 263–277.
Geske, Norbert, Nikias und das Volk von Athen im Archidamischen Krieg, Stuttgart 2005.
Gottesman, Alex, Politics and the street in democratic Athens, Cambridge 2014.
Gribble, David, Alcibiades and Athens: A Study in Literary Presentation, New York/Oxford 1999.
Hall, Edith, The Boys of Cydathenaeum: Aristophanes vs. Cleon Again, in: 1.3: Allen u. a., How to do things, 339–364.
Hansen, Mogens H., Die Athenische Demokratie im Zeitalter des Demosthenes, Berlin 1995 (eng. 1991).
Hansen, Mogens H., The Trial of Socrates – from the Athenian Point of View, Copenhagen 1995.
Harris, E. M., A new solution to the riddle of the *seisachtheia*, in: 1.3: Mitchell / Rhodes, Development, 103–112.
Hasskamp, Dorothee, Oligarchische Willkür – demokratische Ordnung. Zur athenischen Verfassung im 4. Jh. v. Chr., Darmstadt 2005.
Heftner, Herbert, Alkibiades. Staatsmann und Feldherr, Darmstadt 2011.

Heftner, Herbert, Der oligarchische Umsturz des Jahres 411 v. Chr. und die Herrschaft der Vierhundert in Athen. Quellenkritische und historische Untersuchungen, Frankfurt/M. 2001.
Hintzen-Bohlen, Brigitte, Retrospektive Tendenzen im Athen der Lykurg-Ära, in: Flashar, Martin u. a. (Hg.), Retrospektive. Konzepte von Vergangenheit in der griechisch-römischen Antike, München 1996, 87–112.
Hölkeskamp, Karl-Joachim, Parteiungen und politische Willensbildung im demokratischen Athen. Perikles und Thukydides, Sohn des Melesias, in: Historische Zeitschrift 267, 1998, 1–27.
Houby-Nielsen, Sanne, Attica. A View from the Sea, in: 1.2.2: Raaflaub / van Wees, Companion, 189–211.
Humphreys, Sally C., Kinship in Ancient Athens. An Anthropological Approach, Oxford 2018.
Hunter, Virginia J., Policing Athens: social control in the Attic lawsuits, 420–320 B. C., Princeton 1994.
Igelbrink, Christian, Die Kleruchien und Apoikien Athens im 6. und 5. Jahrhundert v. Chr. Rechtsformen und politische Funktionen der athenischen Gründungen, Berlin/Boston 2015.
Johnstone, Steven, Disputes and Democracy: The Consequences of Litigation in Ancient Athens, Austin 1999.
Jordović, Ivan / Walter, Uwe (Hg.), Feindbild und Vorbild. Die athenische Demokratie und ihre intellektuellen Gegner (Historische Zeitschrift, Beiheft, 74). Berlin/Boston 2018.
Kallet, Lisa, The origins of the Athenian economic *arche*, in: Journal of Hellenic Studies 133, 2013, 43–60.
Kasimis, Demetra, The Perpetual Immigrant and the Limits of Athenian Democracy, Cambridge 2018.
Kehne, Peter, Das attische Seereich (478–404 v. Chr.) und das spartanische Hegemonialreich (nach 404 v. Chr.): Griechische Imperien?, in: Gehler, Michael / Rollinger, Robert (Hg.), Imperien und Reiche in der Weltgeschichte. Epochenübergreifende und globalhistorische Vergleiche, Wiesbaden 2014, 329–362.
Kloft, Hans, Die athenische Demokratie. Standpunkte und Kontroversen (2010), in: ders., Studien zur Wirtschafts-, Sozial- und Rezeptionsgeschichte der Antike, Berlin/Boston 2020, 91–115.
Lauffer, Siegfried, Die Bergwerkssklaven von Laurion, 2 Bde., Wiesbaden 1979².
Lavelle, Brian M., Fame, money, and power. The rise of Peisistratos and ‚democratic' tyranny at Athens, Ann Arbor 2005.
Lehmann, Gustav Adolf, Perikles. Staatsmann und Stratege im Klassischen Athen, München 2008.
Lehmann, Gustav Adolf, Oligarchische Herrschaft im klassischen Athen. Zu den Krisen und Katastrophen der attischen Demokratie im 5. und 4. Jahrhundert, Opladen 1997.
Liddel, Peter, Civic Obligation and Individual Liberty in Ancient Athens, New York 2007.
Lipsius, Justus Hermann, Das attische Recht und Rechtsverfahren, 3 Bde., Leipzig 1905–1915.

Loening, Thomas Clark, The Reconciliation Agreement of 403/402 B. C. in Athens. Its Contents and Application, Stuttgart 1987.

Ma, John / Papazarkadas, Nikolaos / Parker, Robert (Hg.), Interpreting the Athenian Empire, London 2009.

Mann, Christian, Die Demagogen und das Volk. Zur politischen Kommunikation im Athen des 5. Jahrhunderts, Berlin 2007.

Mann, Christian, Macht des Volkes – Disziplinierung des Adels. Zur Funktion des athenischen Ostrakismos, in: De Benedictis, Angela u. a. (Hg.), Die Sprache des Politischen in actu. Zum Verhältnis von politischem Handeln und politischer Sprache von der Antike bis ins 20. Jahrhundert, Göttingen 2009, 31–50.

Mann, Christian, Politische Gleichheit und gesellschaftliche Stratifikation. Die athenische Demokratie aus der Perspektive der Systemtheorie, in: Historische Zeitschrift 286, 2008, 1–35.

Manville, Philipp Brook, The Origins of Citizenship in Ancient Athens, Princeton 1990.

Martin, Jochen, Von Kleisthenes zu Ephialtes. Zur Entstehung der athenischen Demokratie (1974), in: 1.3: Kinzl, Demokratia, 160–212.

Matuszewski, Rafał, Räume der Reputation. Zur bürgerlichen Kommunikation im Athen des 4. Jahrhunderts, Stuttgart 2019.

McInerney, Jeremy, Politicizing the Past: The Atthis of Kleidemos, in: Classical Antiquity 13, 1994, 17–37.

Meier, Christian, Athen. Ein Neubeginn der Weltgeschichte, Berlin 1993; erweitert um ein „Nachwort zur Taschenbuchausgabe" München 1995.

Meier, Mischa, Die athenischen Hektemoroi – eine Erfindung?, in: Historische Zeitschrift 294, 2012, 1–29.

Meiggs, Russell, The Athenian Empire, Oxford 1972.

Meyer, Marion, Athena, Göttin von Athen. Kult und Mythos auf der Akropolis bis in klassische Zeit, Wien 2017.

Moreno, Alfonso, Feeding the democracy. The Athenian grain supply in the fifth and fourth centuries BC, Oxford 2007.

Morris, Ian, The Greater Athenian State, in: Morris, Ian / Scheidel, Walter (Hg.), The Dynamics of Ancient Empires. State Power from Assyria to Byzantium, Oxford 2009, 99–177.

Morris, Ian / Raaflaub, Kurt (Hg.), Democracy 2500: Questions and Challenges, Dubuque 1997.

Mossé, Claude, Der Prozess des Sokrates. Hintergründe, Motive, Auswirkungen, Freiburg u. a. 1999.

Mülke, Christoph, Solons politische Elegien und Iamben (Fr. 1–13; 32–37 West). Einleitung, Text, Übersetzung, Kommentar, München/Leipzig 2002.

Munn, Mark, The School of History, Athens in the Age of Socrates, Berkeley u. a. 2000.

Nebelin, Marian, Demokratisches Entscheiden und antidemokratische Ideologie im klassischen Athen, in: Jordović / Walter, Feindbild und Vorbild. 109–152.

Neils, Jenifer / Rogers, Dylan (Hg.), The Cambridge Companion to Ancient Athens, Cambridge 2021.

NÉMETH, GYÖRGY, Kritias und die dreißig Tyrannen. Untersuchungen zur Politik und Prosopographie der Führungselite in Athen 404/403 v. Chr., Stuttgart 2006.

NOUSSIA-FANTUZZI, MARIA, Solon the Athenian: The Poetic Fragments, Leiden u. a. 2010.

OBER, JOSIAH, Mass and Elite in Athenian Democracy. Rhetoric, Ideology, and the Power of the People, Princeton 1989.

OBER, JOSIAH, Political Dissent in Democratic Athens. Intellectual Critics of Popular Rule, Princeton 1999.

OBER, JOSIAH, Democracy and Knowledge. Innovation and Learning in Classical Athens, Princeton 2008.

OBER, JOSIAH, The Athenian Revolution of 508/7. B. C.: Violence, Authority, and the Origins of Democracy, in: 1.3: DERS., The Athenian Revolution, 32–52.

OBER, JOSIAH, „I Besieged That Man". Democracy's Revolutionary Start, in: 2.5: RAAFLAUB u. a., Origins of Democracy, 83–104.

O'HALLORAN, BARRY, The Political Economy of Classical Athens: A Naval Perspective, Leiden/Boston 2018.

ORANGES, ANNABELLA, Euthyna: il rendiconto dei magistrati nella democrazia ateniese (V-IV secolo a. C.), Milan 2021.

OSBORNE, ROBIN, Demos. The Discovery of Classical Attica, Cambridge 1985.

OSBORNE, ROBIN, When was the Athenian democratic revolution?, in: GOLDHILL, SIMON / OSBORNE, ROBIN (Hg.), Rethinking revolutions through ancient Greece, Cambridge 2006, 10–28.

OSBORNE, ROBIN, Archaeology and the Athenian Empire, in: Transactions and Proceedings of the American Philological Association 129, 1999, 319–332.

PARLAMA, LIANA / STAMPOLIDES, NICHOLAS C. (Hg.), Athens: The City beneath the City. Antiquities from the Metropolitan Railway Excavations. Athen 2000.

PIOVAN, DINO / GIORGINI, GIOVANNI (Hg.), Brill's Companion to the Reception of Athenian Democracy. From the Late Middle Ages to the Contemporary Era, Leiden/Boston 2021.

PRITCHARD, DAVID M., Athenian Democracy at War, Cambridge 2019.

PSOMA, SELENE, Athenian Owls and the Royal Macedonian Monopoly on Timber, in: Mediterranean Historical Review 30, 2015, 1–18.

RAAFLAUB, KURT, Democracy, in: 1.2.3: KINZL (Hg.), Companion to the Classical Greek World, 387–415.

RAAFLAUB, KURT, Kleisthenes, Ephialtes und die Begründung der Demokratie, in: 1.3: KINZL, Demokratia, 1–54.

RAAFLAUB, KURT, The Breakthrough of *Dēmokratia* in Mid-Fifth-Century Athens, in: 2.5: DERS. u. a., Origins of Democracy, 105–154.

RAAFLAUB, KURT, Athens ‚Ideologie der Macht' und die Freiheit des Tyrannen, in: BALCER, JACK MARTIN u. a. (Hg.), Studien zum Attischen Seebund, Konstanz 1984, 45–86.

RAAFLAUB, KURT, Learning from the Enemy: Athenian and Persian ‚Instruments of Empire', in: MA u. a., Interpreting the Athenian Empire, 89–124.

RAAFLAUB, KURT, Die Erklärung eines Paradoxes. Pseudo-Xenophons Auseinandersetzung mit demokratischer Praxis und Ideologie, in: JORDOVIĆ / WALTER, Feindbild und Vorbild, 153–181.

Rhodes, Peter J., A Commentary on the Aristotelian *Athenaion Politeia*, Oxford ²1993.

Rhodes, Peter J., Democracy and Empire, in: 1.2.3: Samons, Companion to the Age of Pericles, 24–45.

Rhodes, Peter J., After the three-bar *sigma* controversy: the history of Athenian imperialism reassessed, in: Classical Quaterly 58, 2008, 501–506.

Rhodes, Peter J., The Athenian code of laws 410–399 BC, in: Journal of Hellenic Studies 111, 1991, 87–100.

Rhodes, Peter J., Stability in the Athenian Democracy after 403 B. C., in: 1.3: Linke, Zwischen Monarchie und Republik, 67–75.

Rhodes, Peter J., The Athenian Assembly and Council: Continuing Problems, in: Journal of Ancient Civilizations 34, 2019, 39–67.

Rhodes, Peter J. (Hg.), Athenian Democracy, Edinburgh 2004.

Rönnberg, Maximilian F., Athen und Attika vom 11. bis zum frühen 6. Jh. v. Chr. Siedlungsgeschichte, politische Institutionalisierungs- und gesellschaftliche Formierungsprozesse, Rahden, 2021.

Rohde, Dorothea, Von der Deliberationsdemokratie zur Zustimmungsdemokratie. Die öffentlichen Finanzen Athens und die Ausbildung einer Kompetenzelite im 4. Jahrhundert v. Chr., Stuttgart 2019.

Rutishauser, Brian, Athens and the Cyclades. Economic strategies 540–314 BC, Oxford 2012.

Salomon, Nicoletta, Le cleruchie di Atene. Caratteri et funzione, Pisa 1997.

Samons, Loren J., Revolution or Compromise?, in: 2.5: Robinson, Ancient Greek Democracy, 113–122.

Samons, Loren J., Empire of the Owl. Athenian Imperial Finance, Stuttgart 2000.

Samons, Loren J., Pericles and the Conquest of History, Cambridge 2016.

Sancisi-Weerdenburg, Heleen (Hg.), Peisistratos and the Tyranny. A Reappraisal of the Evidence, Amsterdam 2000.

Schaefer, Hans, Athen und das Griechentum im 5. Jahrhundert (1942), in: 1.3: ders., Probleme, 99–119.

Scheibelreiter, Philipp, *Atheniensium vetus exemplum*: Zum Paradigma einer antiken Amnestie, in: Harter-Uibopuu, Kaja / Mitthof, Fritz (Hg.), Vergeben und Vergessen? Amnestie in der Antike, Wien 2013, 95–126.

Schmidt-Hofner, Sebastian, Politik räumlich denken. Herodots drei Parteien in Attika und das politische Imaginaire der Griechen, in: Historische Zeitschrift 299, 2014, 624–668.

Schmitz, Winfried, Die athenische Demokratie. Vom Volk erstritten oder ein Betriebsunfall der Geschichte? in: Arand, Tobias / Vössing, Konrad (Hg.), Antike im Unterricht. Das integrative Potential der Alten Geschichte für das historische Lernen, Schwalbach 2017, 87–99.

Schmitz, Wilfried, Das Gesetz Drakons über die Tötung in der neueren Forschung, in: Riess, Werner (Hg.), Colloquia Attica. Neuere Forschungen zur Archaik, zum athenischen Recht und zur Magie, Stuttgart 2018, 37–60.

Schubert, Charlotte, Die Naukrarien: Zur Entwicklung der attischen Finanzadministration, in: Historia 57, 2008, 38–64.

Schubert, Charlotte, Perikles – Tyrann oder Demokrat?, Stuttgart 2012.

Schubert, Charlotte, Solon, Tübingen/Basel 2012.

SCHULLER, WOLFGANG, Die Herrschaft der Athener im Ersten Attischen Seebund, Berlin 1974.
SEALEY, RAPHAEL, Zum Datum der solonischen Gesetzgebung, in: Historia 38, 1979, 238–241.
SHEAR, JULIA L., Polis and revolution: responding to oligarchy in classical Athens, Cambridge 2011.
SHEAR, JULIA L., Serving Athena: the festival of the Panathenaia and the construction of Athenian identities, Cambridge/New York 2021.
SHEAR, T. LESLEY jr., Trophies of Victory. Public Building in Periclean Athens, Princeton 2016.
SICKINGER, JAMES P., Public Records and Archives in Classical Athens, Chapel Hill/London 1999.
SIEWERT, PETER, Die Trittyen Attikas und die Heeresreform des Kleisthenes, München 1982.
SIEWERT, PETER (Hg.), Ostrakismos-Testimonien I: Die Zeugnisse antiker Autoren, der Inschriften und Ostraka über das athenische Scherbengericht aus vorhellenistischer Zeit (487–322 v. Chr.), Stuttgart 2002.
SMARCZYK, BERNHARD, Untersuchungen zur Religionspolitik und politischen Propaganda Athens im Delisch-Attischen Seebund, München 1990.
STAHL, MICHAEL, Solon F 3 D: Die Geburtsstunde des demokratischen Gedankens, in: Gymnasium 99, 1992, 385–408.
STAHL, MICHAEL / WALTER, UWE, Athens, in: 1.2.2: RAAFLAUB / VAN WEES, Companion, 138–161.
STANLEY, PHILLIP V., The Economic Reforms of Solon, St. Katharinen 1999.
STEIN-HÖLKESKAMP, ELKE, Demokratie – die ‚herrschende Hand des Volkes', in: 1.3: DIES. / HÖLKESKAMP (Hg.), Die griechische Welt, 487–509.
STUTTARD, DAVID, Nemesis. Alcibiades and the Fall of Athens, Cambridge (Mass.)/London 2018.
THEOCHARAKI, ANNA MARIA, The Ancient Circuit Walls of Athens, Berlin/Boston 2020.
THÜR, GERHARD, New light on Draco and the Cylonian Sacrilege, in: RIESS, WERNER (Hg.), Colloquia Attica. Neuere Forschungen zur Archaik, zum athenischen Recht und zur Magie, Stuttgart 2018, 27–36.
TIERSCH, CLAUDIA (Hg.), Die athenische Demokratie im 4. Jahrhundert. Zwischen Modernisierung und Tradition, Stuttgart 2016.
TIMMER, JAN, Teilhabe und Systemeffektivität. Überlegungen zur Legitimität von Entscheidungen im klassischen Athen, in: 2.5: BLÖSEL u. a., Grenzen politischer Partizipation, 95–124.
TIMMER, JAN, Die Mehrheitsregel und die Legitimität von Entscheidungen in der attischen Demokratie des späten 5. und 4. Jhs. v. Chr., in: RATHMANN, MICHAEL (Hg.), Studien zur antiken Geschichtsschreibung, Bonn 2009, 25–53.
TIMMER, JAN, Schritte auf dem Weg des Vertrauens – Überlegungen zu Chancen und Grenzen der Anpassung von Handlungsdispositionen, in: TIERSCH, Athenische Demokratie, 33–53.
TRAILL, JOHN S., The Political Organization of Attica. A Study of the Demes, Trittyes, and Phylai, and their Representation in the Athenian Council, Princeton 1975.

Travlos, John, Bildlexikon zur Topographie des antiken Athen, Tübingen 1971.
Travlos, John, Bildlexikon zur Topographie des antiken Attika, Tübingen 1988.
van der Vin, J. P. A., Coins in Athens at the Time of Peisistratos, in: Sancisi-Weerdenburg, Peisistratos and the Tyranny, 147–153.
Wagner-Hase, Beate, Hektemoroi. Kontraktbauern, Schuldknechte oder abgabenpflichtige Bauern?, in: Ruffing, Kai / Droß-Krüpe, Kerstin (Hg.), Emas non quod opus est, sed quod necesse est. Beiträge zur Sozial-, Wirtschafts-, Rezeptions- und Wissenschaftsgeschichte der Antike, Wiesbaden 2018, 295–308.
Walter, Uwe, Welches Wissen ist das beste? Sachkunde, Expertenwissen und *common sense* in der Athenischen Demokratie, in: Gymnasium 127, 2020, 507–533.
Walter-Karydi, Elena, Die Athener und ihre Gräber (1000–300 v. Chr.), Berlin/Boston 2015.
Weber, Gregor, Die athenische Demokratie. Entstehung, Institutionen, Probleme, in: Luks, Gregor (Hg.), Demokratie: Entstehung, Krisen und Gefahren, Hamburg 2008, 9–32.
van Wees, Hans, Ships and Silver, Taxes and Tribute. A Fiscal History of Archaic Athens, London/New York 2013.
Welwei, Karl-Wilhelm, Athen. Vom neolithischen Siedlungsplatz zur archaischen Großpolis, Darmstadt 1992.
Welwei, Karl-Wilhelm, Das klassische Athen. Demokratie und Machtpolitik im 5. und 4. Jahrhundert, Darmstadt 1999.
Welwei, Karl-Wilhelm, Die Staatswerdung Athens – Mythos und Geschichte (1990), in: 1.3: ders., Polis und Arché, 108–133.
Welwei, Karl-Wilhelm, Athens langer Weg zur Demokratie (2010), in: 1.3: ders., Nachlese, 195–216.
Welwei, Karl-Wilhelm, Eine Tyrannis als Vorstufe der Demokratie? Überlegungen zur Tyrannis des Peisistratos, in: 1.3: Linke, Zwischen Monarchie und Republik, 51–66.
Will, Wolfgang, Perikles, Reinbek 1995.
Wirth, Gerhard (Hg.), Perikles und seine Zeit, Darmstadt 1979.
Wolff, Hans Julius, „Normenkontrolle" und Gesetzesbegriff in der attischen Demokratie, Heidelberg 1970.

3.8 Massilia

Bats, Michel, Marseille archaique: Étrusques et Phocéens en Méditerranée nord-occidentale. Mélanges de l'École française de Rome. Antiquité 110, 1998, 609–633.
Bernard, Loup, Massilia und sein Hinterland als Ausgangspunkt von Fernkontakten mit der Celtica, in: Lang, Amei / Salac, Vladimir (Hg.), Fernkontakte in der Eisenzeit, Prag 2000, 147–159.
Boiron, Marc u. a. (Hg.), Marseille. Trames et paysages urbaines de Gyptis au Roi René, Aix-en-Provence 2001.

Bouffier, Sophie, Mobilités grecques en Gaule, in: Dies. u. a. (Hg.), Les diasporas grecques. Du détroit de Gibraltar à l'Indus (VIIIe s. av. J.-C. à la fin du IIIe s. av. J.-C.), Paris 2012, 127–148.

Clavel-Léveque, Monique, Marseille grecque. La dynamique d'un impérialisme marchand, Marseille 1977.

Clavel-Léveque, Monique, Das griechische Marseille, in: Welskopf, Elisabeth Ch. (Hg.), Hellenische Poleis II, Berlin 1973, 855–969.

Clerc, Michel, Massilia. Histoire de Marseille dans l'Antiquité, des origines à la fin de L'Empire Romain (476 apr. J.-C.), Marseille 1927–1929, Vol. I: Des Origines jusqu' au IIIe siècle avant J.-C.

Cunliffe, Barry, Europe between the Oceans 9000 BC – AD 1000, New Haven/London 2008.

Dietler, Michael, The Iron Age in Mediterranean France: Colonial Encounters, Entanglements, and Transformations, in: Journal of World Prehistory 11, 1997, 269–358.

Gras, Michel, Marseille, la bataille d'Alalia et Delphes, in: Dialogues d'histoire Ancienne 13, 1987, 161–181.

Gras, Michel, L'arrivé d'immigrés à Marseille au milieu du VIe s. av. J.-C., in: Arcelin, Patrice u. a. (Hg.), Sur les pas des Grecs en Occident, Paris 1995, 363–366.

Hermary, Antoine / Hesnard, Antoinette / Treziny, Henri (Hg.), Marseille grecque, 600–49 av. J.-C. La cite phocéenne, Paris 1999.

Hermary, Antoine, The Greeks in Marseilles and the Western Mediterranean, in: Karageorghis, Vassos (Hg.), The Greeks Beyond the Aegean. From Marseilles to Bactria, Nicosia 2004, 59–77.

Hodge, A. Trevor, Ancient Greek France, Bristol 1998.

Mauersberg, Martin, The Ktisis of Massalia Revisited: What to do with contradictory ancient sources?, in: Ancient West & East 14, 2015, 145–168.

Morel, Jean-Paul, Phocaean Colonisation, in: 2.4: Tsetskhladze, Greek Colonisation I, 359–428.

Pralon, Didier, La légende de la fondation de Marseille, in: Bats, Michel u. a. (Hg.), Marseille grecque et la Gaule, Aix-en-Provence 1992, 51–56.

Radermacher, Ludwig, Die Gründung von Marseille. Ein Versuch zur Geschichte von Sage und Sitte, in: Rheinisches Museum 71, 1916, 1–16.

Shefton, Brian B., Massilia and Colonization in the North-eastern Mediterranean, in: G. R.

Van den Boom, Helga / Pape, J., Die massiliotischen Amphoren, in: Kimmig, Wolfgang (Hg.), Importe und mediterrane Einflüsse auf der Heuneburg, Mainz 2000, 43–70.

Wells, Peter S., Farms, Villages, and Cities. Commerce and Urban Origins in Late Prehistoric Europe, Ithaca/N. Y., 1984.

3.9 Syrakus

BERGER, SHLOMO, Democracy in the Greek West and the Athenian Example, in: Hermes 117, 1989, 303–314.

CHAMPION, JEFFREY, Tyrants of Syracuse. War in Ancient Sicily, Bd. 1, Barnsley 2010.

CONSOLO LANGHER, SEBASTIANA NERINA, Siracusa e la Sicilia greca tra età arcaica ed alto ellenismo, Messina 1996.

CONSOLO LANGHER, SEBASTIANA NERINA, Un Imperialismo tra democrazia e tirannide. Siracusa nel seculi V e IV a. C., Rom 1997.

DE ANGELIS, FRANCO, Archaic and Classical Greek Sicily. A Social and Economic History, New York/Oxford 2016.

DEININGER, JÜRGEN, „Krise" der Polis? Betrachtungen zur Kontinuität der gesellschaftlichen Gruppen und der inneren Konflikte im Syrakus des 5. und 4. Jahrhunderts v. Chr., in: DIETZ, KARLHEINZ u. a. (Hg.), Klassisches Altertum, Spätantike und frühes Christentum, Würzburg 1993, 55–76.

DREHER, MARTIN, Die Westgriechen – andere Griechen?, in: Gymnasium 116, 2009, 519–546.

DREHER, MARTIN, Die syrakusanische Verfassung im 4. Jahrhundert v. Chr. zwischen Theorie und Praxis, in: SCHULLER, WOLFGANG (Hg.), Politische Theorie und Praxis im Altertum, Darmstadt 1998, 50–71.

DRÖGEMÜLLER, HANS- PETER, Syrakus. Zur Topographie und Geschichte einer griechischen Stadt. Mit einem Anhang zu Thukydides 6,96 ff. und Livius 24,25, Heidelberg 1969.

DUNBABIN, T. J., The Western Greeks. The History of Sicily and South Italy From the Foundation of the Greek Colonies to 480 BC, Oxford 1948.

EVANS, RICHARD, Ancient Syracuse. From Foundation to Fourth Century Collapse, London/New York 2016.

FISCHER-BOSSERT, WOLFGANG, The Coinage of Sicily, in: METCALF, WILLIAM F. (Hg.), The Oxford Handbook of Greek and Roman Coinage, Oxford 2012, 142–156.

FUNKE, PETER, Western Greece (Magna Graecia), in: 1.2.3: KINZL, Companion, 153–173.

GABBA, EMILIO / VALLET, GIOVANNI (Hg.), La Sicilia antica, Bd. I 2: Le città greche di Sicilia; Bd. II 1: La Sicilia greca del VI secolo alle guerre puniche, Mailand 1992.

HAUG, ANNETTE, Faszination der Geometrie. Sizilische Stadtgründungen als systematische Planentwürfe, in: Hephaistos 25 (2007), 45–67.

LANCASTER, JERRAD, Syracusan Settlement Expansion in South-East Sicily in the Archaic Period, Royal Holloway, University of London PhD-Thesis 2017.

LEWIS, SIAN, The Tyrant's Myth, in: SMITH, CHRISTOPHER / SERRATI, JOHN (Hg.), Sicily from Aeneas to Augustus. New Approaches in Archaeology and History, Edinburgh 2000, 97–106.

LOICQ-BERGER, MARIE-PAUL, Syracuse. Histoire culturelle d'une cité grecque, Brüssel 1967.

PUGLIESE CARRATELLI, GIOVANNI (Hg.), The Western Greeks. Classical Civilization in the Western Mediterranean (Ausstellung Venedig), London 1996.

Ross Holloway, R., The Archaeology of Ancient Sicily, London/New York 1991.
Rutter, N. Keith, Coin Types and Identity. Greek Cities in Sicily, in: Smith, Christopher / Serrati, John (Hg.), Sicily from Aeneas to Augustus. New Approaches in Archaeology and History, Edinburgh 2000, 73–83.
Smarczyk, Bernhard, Timoleon und die Neugründung von Syrakus, Göttingen 2003.
Talbert, Richard J. A. Timoleon and the Revival of Greek Sicily, 344–317 B. C., New York 1975.
Vitale, Marco, Städtebünde auf Sizilien von der Spätarchaik bis zur späten Kaiserzeit, in: Klio 100, 2018, 3–54.
Wescoat, Bonna Daix (Hg.), Syracuse, the Fairest Greek City, Rom 1989.
Zahrnt, Michael, Der Demos von Syrakus im Zeitalter der Dionysioi, in: Eder, Walter / Hölkeskamp, Karl Joachim (Hg.), Volk und Verfassung im vorhellenischen Griechenland, Stuttgart 1997, 153–175.

4 Die Griechen machen große Politik (550–400)

4.1 Die Griechen im Mittelmeerraum

Antonaccio, Carla M., The Western Mediterranean, in: 1.2.2: Raaflaub / van Wees, Companion to Archaic Greece, 314–329.
Bissa, Errietta, Governmental intervention in foreign trade in archaic and classical Greece, Leiden 2009.
Barceló, Pedro, Zur karthagischen Überseepolitik im VI. und V. Jahrhundert v. Chr, in: Gymnasium 96, 1989, 13–37.
Carty, Aideen, Polycrates, Tyrant of Samos. New Light on Archaic Greece, Stuttgart 2015.
Foxhall, Lin, Cargoes of the heart's desire: the character of the trade in the archaic mediterranean world, in: 1.3: Fisher / van Wees, Archaic Greece, 295–309.
Güngör, Aylin, Emporia – neue Überlegungen zum Fernhandel im antiken Mittelmeerraum, in: Seifert, Martina / Ziemer, Leon (Hg.), North Meets East 2. Aktuelle Forschungen zu antiken Häfen, Aachen 2018, 81–94.
Hoyos, Dexter, The Carthaginians, London 2010.
Huss, Werner, Geschichte der Karthager, München 1985.
Kleu, Michael, Von der Intervention zur Herrschaft. Zur Intention karthagischer Eingriffe auf Sizilien bis zum Frieden von 405, in: Engels, David u. a. (Hg.), Zwischen Ideal und Wirklichkeit. Herrschaft auf Sizilien von der Antike bis zum Spätmittelalter, Stuttgart 2010, 13–36.
Lancel, Serge, Carthage, Paris 1992 (= Carthage. A History, Cornwall 1995).
Mertens, Dieter, Städte und Bauten der Westgriechen. Von der Kolonisationszeit bis zur Krise um 400 vor Christus, München 2006.
Osborne, Robin, Pots, Trade, and the Archaic Economy, in: Antiquity 70, 1996, 31–44.

SCHULZ, RAIMUND, The Making of Greece: Contributions from the Edges, in: 2.4: DE ANGELIS, Companion to Greeks across the Ancient World, 513–528.

WHITTAKER, CHARLES RICHARD, Carthaginian Imperialism in the Fifth and Fourth Centuries, in: GARNSEY, PETER / WHITTAKER, CHARLES RICHARD (Hg.), Imperialism in the Ancient World, Cambridge 1978, 60–90.

4.2 Sparta und Athen gegen Ende des 6. Jahrhunderts

FIGUEIRA, THOMAS J., Athens and Aigina in the Age of Imperial Colonization, Baltimore 1991.

RAHE, PAUL A., The Grand Strategy of Classical Sparta. The Persian Challenge, New Haven/London 2015.

RHODES, PETER J., Democracy and Empire, in: 1.2.3: SAMONS, Cambridge Companion to the Age of Pericles, 24–45.

ROOBAERT, ARLETTE, Isolationisme et impérialisme spartiates de 520 à 469 av. J. C., Leuven 1985.

TREISTER, MICHAIL YU, The Role of Metals in Ancient Greek History, Leiden/New York/Köln 1996.

ZAHRNT, MICHAEL, Überlegungen zu den athenisch-spartanischen Beziehungen im Zeitalter der Perserkriege, in: 1.3: BLECKMANN, Herodot und die Epoche der Perserkriege, 67–100.

WATERS, MATT, Xerxes and the Oathbreakers: Empire and Rebellion on the Northwestern Front, in: COLLINS, JOHN J. / MANNING, J. G. (Hg.), Revolt and Resistance in the Ancient Classical World and the Near East. In the Crucible of Empire, Leiden / New York 2016, 93–102.

4.3 Große und kleine Kriege in Ost und West – Der Perserkrieg (499–478)

ALBERTZ, ANUSCHKA, Exemplarisches Heldentum. Die Rezeptionsgeschichte der Schlacht an den Thermopylen von der Antike bis zur Gegenwart, München 2006.

BALCER, JACK MARTIN, The Persian Conquest of the Greeks 545–450 BC, Konstanz 1995

BLÖSEL, WOLFGANG, Themistokles bei Herodot. Spiegel Athens im fünften Jahrhundert. Studien zur Geschichte und historiographischen Konstruktion des griechischen Freiheitskampfes 480 v. Chr., Stuttgart 2004.

BLÖSEL, WOLFGANG, Das Flottenbauprogramm des Themistokles und der Beschluß der Athener zur Seeverteidigung gegen Xerxes (Hdt. VII 140–144), in: 1.3: BLECKMANN, Herodot und die Epoche der Perserkriege, 53–66.

BRIANT, PIERRE, From Cyrus to Alexander. A History of the Persian Empire, Winona Lake 2002 (= Histoire de l'empire perse, 1996).

BRIANT, PIERRE / DESCAT, RAYMOND, Un registre dounaiere et la satrapie d'Egypte à l'époque achéménide, in: GRIMAL, NICOLAS / MENU, BERNADETTE (Hg.), La commerce en Egypte ancienne (IFAO), Kairo 1998, 59–104.
BROSIUS, MARIA, A History of Ancient Persia: The Achaemenid Empire, Hoboken 2021.
CARTLEDGE, PAUL A., Thermopylae. The Battle that Changed the World, London 2006.
CARTLEDGE, PAUL A., After Thermopylae. The Oath of Plataea and the End of the Graeco-Persian Wars, Oxford 2013.
CAWKWELL, GEORGE, The Greek Wars. The Failure of Persia, Oxford 2005.
FINK, DENNIS L., The Battle of Marathon in Scholarship. Research, Theories and Controversies since 1850, Jefferson 2014.
GEORGES, PERICLES, Persian Ionia under Darius: the revolt reconsidered, in: Historia 49, 2000, 1–39.
HYLAND. JOHN O., Persian Interventions. The Achaemenid Empire, Athens, and Sparta, 450–386 BCE, Baltimore 2018.
JACOBS, BRUNO, Die altpersischen Länder-Listen und Herodots sogenannte Satrapienliste (Historien III 89–94) – Eine Gegenüberstellung und ein Überblick über die jüngere Forschung, in: DITTMANN, REINHARD / EDER, CHRISTIAN / JACOBS, BRUNO (Hg.), Altertumswissenschaften im Dialog, Münster 2003, 301–343.
JACOBS, BRUNO / ROLLINGER, ROBERT (Hg.), A Companion to the Achaemenid Persian Empire, 2 Bde., Malden 2021.
JUNG, MICHAEL, Marathon und Plataiai. Zwei Perserschlachten als „lieux de mémoire" im antiken Griechenland, Göttingen 2006.
KIENAST, DIETMAR, Der Hellenenbund von 481 v. Chr., in: Chiron 33, 2003, 43–77.
KRENTZ, PETER, The Battle of Marathon, New Haven/London 2010.
LAZENBY, JOHN F., The Defence of Greece, 490–479 B. C., Warminster 1993.
MANNING, SEAN, Armed Force in the Teispid-Achaemenid Empire, PhD Innsbruck 2018.
MURRAY, OSWYN, The Ionian Revolt, in: 1.3: CAH IV, 461–490.
ROLLINGER, ROBERT, Das tespidisch-achaimenidische Imperium, in: GEHLER, MICHAEL / ROLLINGER, ROBERT (Hg.), Imperien und Reiche in der Weltgeschichte. Epochenübergreifende und globalhistorische Vergleiche, Wiesbaden 2014, 149–192.
RUBERTO, ANTONELLA, Il gran re e i greci: un dialogo possibile. Vincoli personali e collaborazioni militari dal 546 al 479 a. C., Perugia 2009.
RUZICKA, STEPHEN, Trouble in the West. Egypt and the Persian Empire, 525–332 BC, Oxford 2012.
SCHREINER, JOHAN HENRIK, Two battles and two bills. Marathon and the Athenian fleet, Bergen 2004.
SCHREINER, JOHAN HENRIK, The battle of Phaleron in 490 BC, in: Symbolae Osloenses 82, 2007, 30–34.
SCHULZ, RAIMUND, Die Perserkriege (Seminar Geschichte), Berlin/Boston 2017.
SCHULZ, RAIMUND, Zwischen Eroberungskrieg und Präventivschlag? Neue Perspektiven zu den Perserkriegen und ihren Voraussetzungen, in: Historische Zeitschrift 306, 2018, 647–684.

TRONSON, ADRIAN, The Hellenic league of 480 B. C. – fact or ideological fiction?, in: Acta Classica 34, 1991, 93–110.

TUPLIN, CHRISTOPHER, All the King's Horse: In Search of Achaemenid Persian Cavalry, in: 2.6: FAGAN / TRUNDLE, New Perspectives, 101–182.

VASILEV, M. I., The Policy of Dareios and Xerxes towards Thrace and Macedonia, Leiden/Boston 2015.

WALLINGA, HERMAN T., Xerxes's Greek Adventure. The naval perspective. Leiden/Boston 2008.

WALTER, UWE, Herodot und die Ursachen des Ionischen Aufstandes, in: Historia 42, 1993, 257–278.

WATERS, MATTHEW, Ancient Persia. A Concise History of the Achaemenid Empire 550–330 BCE, New York 2014.

WIESEHÖFER, JOSEF, Das antike Persien. Von 550 v. Chr. bis 650 n.Chr., Düsseldorf 2005.

WIESEHÖFER, JOSEF, The Achaemenid Empire, in: MORRIS, IAN / SCHEIDEL, WALTER (Hg.), The Dynamics of Ancient Empires. State Power from Assyria to Byzantium, Oxford 2009, 66–98.

WIESEHÖFER, JOSEF, Herodot und Zypern, in: ROLLINGER, ROBERT (Hg.), Herodot und das persische Weltreich, Wiesbaden 2011, 717–734.

WIESEHÖFER, JOSEF, Herodot und ein persisches Hellas. Auch ein Beitrag zu populärer und „offiziöser" Geschichtskultur, in: DUNSCH, BORIS / RUFFING, KAI (Hg.), Herodots Quellen – Die Quellen Herodots, Wiesbaden 2013, S. 273–283.

WILL, WOLFGANG, Die Perserkriege, München 2010.

YATES, DAVID, States of memory: the polis, panhellenism, and the Persian War, Oxford/New York 2019.

ZAHRNT, MICHAEL, Der Mardonioszug des Jahres 492 v. Chr. und seine historische Einordnung, in: Chiron 22, 1992, 237–279.

4.4 Athen in der Offensive

CARLSON, DEBORAH, A View from the Sea. The Archaeology of Maritime Trade in the Fifth Century Aegean, in: SLAWISCH, ANJA (Hg.), Handels- und Finanzgebaren in der Ägäis im 5. Jh. v. Chr., Istanbul 2013, 1–23.

CONWELL, DAVID H., Connecting a City to the Sea. The History of the Athenian Long Walls, Leiden/Boston 2008.

MORRIS, IAN, Greek Multicity States, in: BANG, PETER FIEBIGER / SCHEIDEL, WALTER (Hg.), The Oxford Handbook of the State in the Ancient Near East and Mediterranean, Oxford 2013, 270–303.

RAAFLAUB, KURT A., „Arche", „Reich" oder „athenischer Groß-Staat"? Zum Scheitern integrativer Staatsmodelle in der griechischen Poliswelt des 5. und frühen 4. Jahrhunderts v. Chr., in: BALTRUSCH, ERNST / KOPP, HANS (Hg.), Seemacht, Seeherrschaft und die Antike, Stuttgart 2016, 103–132.

RAHE, PAUL A., Sparta's First Attic War. The Grand Strategy of Classical Sparta, 478–446 B. C., London 2019.

Ruffing, Kai, Reiches Hellas, in: Föllinger, Sabine / Korn, Evelyn (Hg.), Von besten und zweitbesten Regeln. Platonische und aktuelle Perspektiven auf individuelles und staatliches Wohlergehen, Wiesbaden 2019, 143–175.
Tuplin, Christopher, Imperial Tyranny. Some Reflections on a Classical Greek Political Metaphor, in: Cartledge, Paul A. / Harvey, F. D. (Hg.), Crux. Essays Presented to G. E. M. de Ste. Croix on his 75th Birthday, Exeter 1985, 348–375.
Zaccarini, Matteo, The Lame Hegemony. Cimon of Athens and the Failure of Panhellenism, ca. 478–450 BC, Bologna 2017.
Zaccarini, Matteo, Lista dei caduti in guerra della tribu Eretteide, in: Axon 4, 2020, 51–86.
Zahrnt, Michael, Sicily and Southern Italy in Thucydides, in: 1.10.2: Rengakos / Tsakmakis, Companion to Thucydides, 629–656.

4.5 Der Peloponnesische Krieg (431–404)

Bleckmann, Bruno, Athens Weg in die Niederlage. Die letzten Jahre des Peloponnesischen Kriegs. Stuttgart/Leipzig 1998.
Brice, Lee L., The Athenian Expedition to Sicily, in: Campbell, Brian / Tritle, Lawrence A. (Hg.), The Oxford Handbook of Warfare in the Classical World, Oxford 2013, 623–641.
Cawkwell, George, Thucydides and the Peloponnesian War, London u. a. 1997.
Crane, Gregory, The Case of Plataea: Small States and the (Re-)Invention of Political Realism, in: MacCann, David R., War and democracy. A comparative study of the Korean War and the Peloponnesian War, Armonk 2001, 127–160.
De Ste. Croix, Geoffrey E. M., The Origins of the Peloponnesian War, London 1972.
Hanson, Victor Davis, A War Like No Other. How the Athenians and Spartans Fought the Peloponnesian War, London 2005.
Hornblower, Simon, A Commentary on Thucydides, 3 Bde., Oxford 1990–2008.
Hugh Hunter, J., Pericles' Cavalry Strategy, in: Quaderni Urbinati di cultura classica 81, 2005, 101–108.
Lazenby, John, The Peloponnesian War. A Military History, London 2004.
Lendon, Jon Edward, Homeric Vengeance and the Outbreak of Greek Wars, in: 2.6: Van Wees, War and Violence, 1–30.
Lendon, Jon Edward, Song of Wrath. The Peloponnesian War Begins, New York 2010.
Lotze, Detlef, Lysander und der Peloponnesische Krieg, Berlin 1964.
Powell, Anton, Why did Sparta not destroy Athens in 404, or in 403 BC, in: 3.4: Hodkinson / Powell, Sparta & War, 287–304.
Roberts, Jennifer T., The Plague of War. Athens, Sparta, and the Struggle for Ancient Greece, Oxford 2017.
Schubert, Charlotte / Laspe, Dewid, Perikles' defensiver Kriegsplan: Eine thukydideische Erfindung?, in: Historia 58, 2009, 373–394.

SPENCE, IAIN, Pericles and the Defence of Attika during the Peloponnesian War, in: Journal of Hellenic Studies 110, 1990, 91–110.
TRITLE, LAWRENCE A., A New History of the Peloponnesian War, Malden u. a. 2010.
WILL, WOLFGANG, Athen oder Sparta. Eine Geschichte des Peloponnesischen Krieges, München 2019.
WILL, WOLFGANG, Thukydides und Perikles. Der Historiker und sein Held, Bonn 2003.

5 Neue Machtkonstellationen und Transformation des Politischen (400–322)

5.1 Neue Konflikte, alte Fronten und der Wiederaufstieg Persiens bis zum Königsfrieden

ASMONTI, LUCA, Conon the Athenian. Warfare and Politics in the Aegean, 414–386 B. C., Stuttgart 2015.
BADIAN, ERNST, The King's Peace, in: Bulletin of the Institute of Classical Studies 37, 1991, 25–48.
BUCKLER, JOHN, Aegean Greece in the Fourth Century B. C., Leiden/Boston 2003.
BALTRUSCH, ERNST, Verträge zur Besserung der Welt, oder: War die *Koine Eirene* zum Scheitern verurteilt?, in: Göttingische Gelehrte Anzeigen 249, 1997, 30–42.
DILLERY, JOHN, Xenophon and the History of his Times, London/New York 1995.
FUNKE, PETER, Homonoia und Arché. Athen und die griechische Staatenwelt vom Ende des peloponnesischen Krieges bis zum Königsfrieden (404/3–387/6 v. Chr.), Wiesbaden 1980.
GRAY, VIVIENNE, The Character of Xenophon's Hellenica, London 1989.
HAMILTON, CHARLES D., Agesilaus and the Failure of Spartan Hegemony, Ithaca NY 1991.
HAMILTON, CHARLES D., Sparta's Bitter Victories. Politics and Diplomacy in the Corinthian War, Ithaca NY 1979.
JEHNE, MARTIN, Koine Eirene. Untersuchungen zu den Befriedungs- und Stabilisierungsbemühungen in der griechischen Poliswelt des 4. Jahrhunderts v. Chr., Stuttgart 1994.
KELLY, A. H. / MCDONALD, JAMES, Xenophon's ‚Hellenika'. A Commentary, vol. I: Hell. I.1.1–II.2.24, Amsterdam 2019.
LEWIS, DAVID M., Sparta as Victor, in: 1.3: CAH VI, 24–44.
RYDER, TIMOTHY THOMAS BENNETT, Koine Eirene. General Peace and Local Independence in Ancient Greece, Oxford 1965.
SEAGER, ROBIN, Agesilaus in Asia: Propaganda and Objectives, in: Liverpool Classical Monthly 2, 1977, 183 f.
SHIPLEY, DONALD R., A commentary on Plutarch's Life of Agesilaos. Response to sources in the presentation of character, Oxford 1997.
STRONK, JAN P., Sparta and Persia: 412–386, in: Talanta 1990/91, 117–136.

TUPLIN, CHRISTOPHER, The Failings of Empire. A Reading of Xenophon Hellenica 2.3.11–7.5.27, Stuttgart 1993.
URBAN, RALF, Der Königsfrieden von 387/86 v. Chr.: Vorgeschichte, Zustandekommen, Ergebnis und politische Umsetzung, Stuttgart 1991.
WILCKEN, ULRICH, Über Entstehung und Zweck des Königsfriedens, Abhandl. Preuß. Akad. d. Wiss. 1941, phil.-hist. Klasse 15, Berlin 1942.
WILKER, JULIA, ‚… that all your Security Depends on the Sea'. Concepts of Hegemony at Sea in the 4th Century BCE., in: BALTRUSCH, ERNST / KOPP, HANS / WENDT, CHRISTIAN (Hg.), Seemacht, Seeherrschaft und die Antike, Stuttgart 2016, 131–147.
WILKER, JULIA, War and Peace at the Beginning of the Fourth Century. The Emergence of the *Koine Eirene*, in: DIES. (Hg.), Maintaining Peace and Interstate Stability in Archaic and Classical Greece, Mainz 2012, 92–117.

5.2 Machtpolitische Gewichtsverlagerungen in Ost und West

AIOSA, SERGIO, Un palazzo dimenticato: I tyranneia di Dionysio I. ad Ortygia, in: Quaderni di archaeologia dell'Università di Messina 2, 2001, 91–110.
BADIAN, ERNST, The Ghost of Empire. Reflections on Athenian Foreign Policy in the Forth Century B. C., in: 3.7: EDER, Demokratie, 79–106.
BECK, HANS, Prologue: power politics in fourth-century Greece, in: BUCKLER / BECK, Central Greece, 1–29.
BERTELLI, MARCO, Mercenari. Il mestiere delle armi nel mondo greco antico. Età arcaica e classica, Rom 2013.
BUCK, ROBERT J. Boiotia and the Boiotian League, 442–371 B. C., Edmonton 1994.
BUCKLER, JOHN, The Theban Hegemony, 371–362 BC, Cambridge, MA 1980.
BUCKLER, JOHN, Philipp II and the Sacred War, Leiden 1989.
BUCKLER, JOHN / BECK, HANS (Hg.), Central Greece and the Politics of Power in the Fourth Century BC, Cambridge 2008.
CARGILL, JACK, The Second Athenian League. Empire or free alliance?, Berkeley u. a. 1981.
CAVEN, BRIAN, Dionysius I. War-Lord of Sicily, New Haven/London 1990.
COSTA, E. A., Euagoras and the Persians, ca. 411 to 391 BC., in: Historia 23, 1974, 40–56.
DREHER, MARTIN, Hegemon und Symmachoi. Untersuchungen zum Zweiten Athenischen Seebund, Berlin/New York 1995.
ENGEN, DAREL TAIJ, Honor and Profit, Athenian Trade Policy and the Economy and Society of Greece, 415–307 B. C. E., Ann Arbor 2010.
FROLOV, EDUARD, Organisation und Charakter der Herrschaft Dionysios' des Älteren, in: Klio 57, 1975, 103–122; 58, 1976, 377–404.
GIULIANI, ALESSANDRO, Le migrazioni forzate in Sicilia e in Magna Grecia sotto Dionigi di Siracusa, in: SORDI, MARTA (Hg.), Coerzione e mobilità umana nel mondo antico, Mailand 1995, 107–124.
HARDING, PHILLIP, Athenian Foreign Policy in the Fourth Century, in: Klio 77, 1995, 105–125.

Harris, Jason R., The power of movement: mercenary mobility and empire building in Sicily during the classical period, in: Jonasch, Melanie (Hg.), The Fight for Greek Sicily. Society, Politics, and Landscape, Oxford/Philadelphia 2020, 130–153.

Hornblower, Simon, Mausolus, Oxford 1982.

Jonasch, Melanie, The military landscape of Greek Sicily, in: Dies. (Hg.), The Fight for Greek Sicily. Society, Politics, and Landscape, Oxford/Philadelphia 2020, 183–212.

Krasilnikoff, Jens A., The power base of Sicilian tyrants, in: Fischer-Hansen, Tobias (Hg.), Ancient Sicily, Kopenhagen 1995, 171–184.

Mafodda, Giuseppe, Il koinon beotico in età arcaica e classica. Storia ed istituzioni, Rom 2000.

Müth, Silke u. a. (Hg.), Ancient Fortifications. A Compendium of Theory and Practice, Oxford 1950.

Mignosa, Valentina, When war changes a city. Fortifications and urban landscapes in tyrant-rules Syracuse, in: Jonasch, Melanie (Hg.), The Fight for Greek Sicily. Society, Politics, and Landscape, Oxford/Philadelphia 2020, 242–270.

Munn, Mark, Thebes and Central Greece, in: 1.2.3: Tritle, The Greek World in the Fourth Century, 66–106.

Nielsen, Thomas Heine, Arcadia and its Poleis in the Archaic and Classical Periods, Göttingen 2002.

Sanders, Lionel Jehuda, Dionysius I of Syracuse and Greek Tyranny, London 1987.

Schulz, Raimund, Militärische Revolution und politischer Wandel. Das Schicksal Griechenlands im 4. Jahrhundert v. Chr., in: Historische Zeitschrift 268, 1999, 281–310.

Schwenk, Cynthia, Athens, in: 1.2.3: Tritle, The Greek World in the Fourth Century, 8–40.

Sealey, Raphael, Demosthenes and his Time. A Study in Defeat, Oxford 1993.

Souza, R., Enslavement and redemption in Classical Sicily, in: Jonasch, Melanie (Hg.), The Fight for Greek Sicily. Society, Politics, and Landscape, Oxford/Philadelphia 2020, 57–72.

Talbert, Richard J. A., Timoleon and the revival of Greek Sicily, Cambridge 1974.

Talbert, Richard J. A., The Greeks in Sicily and Southern Italy, in: 1.2.3: Tritle, The Greek World in the Fourth Century, 137–165.

Walter, Uwe, *Isokrates metanóôn*? Traditionen griechischer Kriegs- und Außenpolitik bei Isokrates, in: Orth, Wolfgang (Hg.), Isokrates. Neue Ansätze zur Bewertung eines politischen Schriftstellers, Trier 2003, 78–94.

Woodhead, A. G., The Adriatic empire of Dionysius, in: Klio 52, 1970, 503–512.

5.3 Der Aufstieg Makedoniens unter Philipp II.

Buckler, H., Demosthenes and Aischines, in: Worthington, Ian (Hg.), Demosthenes. Statesman and Orator, London 2000, 114–158.

Carlier, Pierre, Démosthene, Paris 1990.

Cawkwell, George L., Philip of Macedon, London 1978.
Gallo, Luigi, Allies and Foes (II). Politicians without transmitted speeches, in: 1.10.2: Martin, Oxford Handbook of Demosthenes, 353–362.
Hammond, Nicholas Geoffrey Lemprière, The Macedonian State. Origins, Institutions, and History, Oxford 1979.
Hammond, Nicholas Geoffrey Lemprière / Griffith, Guy Thompson, A History of Macedonia. Vol. 2: 550–336 B. C., Oxford 1979.
Hammond, Nicholas Geoffrey Lemprière, Philip of Macedon, London 1994.
Harris, Edward Monroe, Aeschines and Athenian Politics, Oxford 1995.
Hatzopoulos, Miltiades B., Ancient Macedonia, Berlin/Boston 2020.
Hunt, Peter, War, Peace, and Alliance in Demosthenes' Athens, Cambridge 2010.
Kienast, Dietmar, Philipp von Makedonien und das Reich der Achaimeniden (1971), in: Ders., Kleine Schriften, Aalen 1994, 19–73.
Lambert, Stephen D., Inscribed Athenian Laws and Decrees, 352/1–322/1 BC, London 2010.
Lehmann, Gustav Adolf, Demosthenes von Athen. Ein Leben für die Freiheit, München 2004.
Rhodes, Peter, J., Athenian Foreign Policy, in: 1.10.2: Martin, Oxford Handbook of Demosthenes, 129–141.
Ryder, Timothy Thomas Bennett, Demosthenes and Philip II., in: Worthington, Ian (Hg.), Demosthenes. Statesman and Orator, London/New York 2000, 45–89.
Sawada, Noriko, Allies and Foes (I). Aischines, Hyperides, Lycurgus, in: 1.10.2: Martin, Oxford Handbook of Demosthenes, 337–351.
Usher, Stephen Greek Oratory. Tradition and Originality, Oxford 1999.
Worthington, Ian, Philip II of Macedonia, New Haven CT u. a. 2008.
Worthington, Ian, Demosthenes of Athens and the Fall of Classical Greece, New York 2013.

5.4 Griechenland im Schatten des Alexanderzuges

Badian, Ernst, Alexander the Great and the Greeks of Asia, in: Ancient Society and Institutions. Studies Presented to Victor Ehrenberg on his 75th Birthday, Oxford 1966, 37–69.
Blackwell, Christopher W., In the Absence of Alexander. Harpalus and the Failure of Macedonian Authority, New York 1999.
Bosworth, A. Brian, Conquest and Empire. The Reign of Alexander the Great, Cambridge 1988.
Dmitriev, S., Alexander's Exiles Decree, in: Klio 86, 2004, 348–381.
Faraguna, Michele, Alexander and the Greeks, in: Roisman, Joseph (Hg.), Brill's Companion to Alexander the Great. Leiden/Boston 2003, 99–130.
Faraguna, Michele, Atene nell'età di Alessandro. Problemi politici, economici e finanziari (Atti dell'Accademia Nazionale dei Lincei. Memorie, s. IX, vol. II 2), Rom 1992, 165–447.

Heisserer, Andrew J., Alexander the Great and the Greeks. The Epigraphic Evidence, Norman 1980.
Heuss, Alfred, Antigonos Monophthalmos und die griechischen Städte (1938), in. Ders., Gesammelte Schriften in 3 Bänden, Bd. I, Stuttgart 1995, 236–297.
Jaschinski, Siegried, Alexander und Griechenland unter dem Eindruck der Flucht des Harpalos, Diss. phil. Bonn 1981.
Nawotka, Krzysztof, Freedom of Greek Cities in Asia Minor in the Age of Alexander, in: Klio 85, 2003, 15–41.
Poddighe, Elisabetta, Alexander and the Greeks. The Corinthian League, in: Heckel, Waldemar / Tritle, Lawrence A. (Hg.), Alexander the Great. A New History, Oxford 2009, 99–120.
Schmitt, Oliver, Der Lamische Krieg, Bonn 1992.
Will, Wolfgang, Athen und Alexander. Untersuchungen zur Geschichte der Stadt von 338 bis 322 v. Chr., München 1983.
Worthington, Ian, From East to West: Alexander and the Exiles Decree, in: Wheatley, Pat / Baynham, Elizabeth (Hg.), East and West in the World Empire of Alexander, Oxford 2015, 93–106.
Worthington, Ian, By the Spear. Philipp II, Alexander the Great, and the Rise and Fall of the Macedonian Empire, Oxford 2014.
Zahrnt, Michael, Versöhnen oder Spalten? Überlegungen zu Alexanders Verbanntendekret, in: Hermes 131, 2003, 407–432.

Namen, Ethnien, Bevölkerungsgruppen

(„Athener" und „Spartaner" sind weggelassen.)

Achämeniden 229
Achaier 105, 143
Ägypter 225
Äsop (Aísopos) 49
Agamemnon 30, 160
Agathokles 217
Agesilaos II. (spartan. König) 145, 261, 263, 265 f.
Agis III. (spartan. König)
Aineias Taktikos 23
Aioler 143
Aiolos 140
Aischylos 23, 120, 240
Aitoler 105, 288–290
Akarnanen 105
Alexander III., d. Gr. (makedon. König) 126, 145, 231, 265, 285–290
Alexander I. (makedon. König) 144
Alkibiades 81, 101 f., 196, 208, 255, 260
Alkman 163
Alkmeoniden 56
Amazonen 132
Anaximander 151
Antalkidas 268
Antipater 287
Aphrodite 174
Apollon 12, 111, 156, 182
Archelaos von Milet 151
Archilochos 143, 144
Archonidas 251
Archytas von Tarent 81, 114
Aretes 263
Argonauten 132
Aristagoras 149, 232–235
Aristeas 65
Aristophanes 23, 196, 257

Aristoteles 24, 102, 113 f., 155, 183, 190
Arkader 105
Artaphernes 228
Artaxerxes 272
Aspasia 151
Athena 135, 150, 226

Bakchiaden 178
Bias 111
Bion, Sohn des Diodoros (Künstler) 151
Boioter 105, 135, 138, 180–182, 226
Brasidas 256, 259

Chalkidier 226
Chalkidiker 105

Damasenor (Tyrann von Milet) 150
Dareios I. (pers. König) 229, 233
Datis 235
Deiniades 167
Deinomeniden 213, 216, 222 f.
Demosthenes 24, 40, 81, 140, 201, 203, 282 f., 288
Dexippos 263
Diodor 211, 214, 231, 262, 289
Diodoros 151
Diokles 216–218
Dionysios I. (Tyrann von Syrakus) 126, 212, 214, 219, 266, 278 f., 280.
Dionysos 202
Dorer 34, 70, 138 f., 163
Dorieus 70, 224
Doros 140
Drakon 191
Duketios 217

Epaminondas 181, 184
Epeiroten 105
Ephialtes 195, 248
Ephoros 262

Etrusker 14, 66, 124, 126, 204, 217, 220, 225, 258
Euagoras von Salamis 278, 281
Euboier 38, 69, 143
Eubulos 203
Eumelos 174
Euripides 23

Gallier 207
Gelon (Tyrann von Syrakus) 124, 152, 213, 216, 221–223, 252, 258
Gylippos 256
Gyptis 205
Hamilkar 222
Harmodios 195
Harpalos 287–289
Hebräer 34
Hekataios 65
Hellanikos von Lesbos 135
Hellen 140, 144
Herakles 132
Herodot 23 f., 111, 121, 124, 134, 142 f.,157, 161,182,192, 204, 211, 231–234, 237, 240, 250,255,262
Hesiod 23 f., 46, 49, 65, 87, 91, 104, 112, 143 f.
Hieron 217
Hipparchos 195
Hippias 226, 236
Hippodamos von Milet 19, 152
Histiaios 149, 233
Homer 23 f., 35, 37, 46 f., 59, 87, 96, 104, 117, 136, 143, 254

Iapyger 251
Iberer 280
Illyrer 281
Ioner (Ionier) 7, 36, 66, 111, 138, 147, 163, 240, 248, 274
Isagoras 194
Isokrates 114, 144 f., 161, 269
Israeliten 34
Italia (Tochter des Themistokles) 250
Italiker 67, 124

Jason von Pherai 108, 127, 157, 278
Juden 142

Kadmos 138
Kallias 27, 248
Kambyses 233
Kampaner 280
Karer 111, 148, 150
Karthager 66, 124, 126, 152, 175, 217, 220 f., 225, 258
Kelten 67, 124, 207, 280
Kerykes 56
Kimon 195, 246–248
Kleidemos 135
Kleisthenes 19, 95, 159, 187 f., 193 – 195, 199, 216, 226–228, 257
Kleomenes I. (spartan. König) 70 f., 81, 225, 228, 249
Kleon 197, 256
Konon 266 f.
Kreter 143
Kritias 101, 201
Kroisos (König der Lyder) 157, 192
Kyllyrier 213, 218
Kylon 191
Kypseliden
Kypselos (Tyrann von Korinth) 100, 177 f.
Kyros, d. Jüngere 264 f.

Leonidas (spartan. König) 160, 239
Libys 263
Lyder 14, 27, 147, 150, 157, 225, 232
Lykurg 161 f., 165–167, 203, 285
Lysander 167, 255, 261–264
Maiandrios 234
Makedon 140
Makedonen 125, 140, 144
Mardonios 234 f.
Meder 182
Megabates 234
Megarer 258
Messenier 134
Metagenes 252
Miltiades d. J. 151, 236 f., 247
Minoer 31
Minos 132, 153

Molosser 105
Mykener 31, 32

Naxier 234
Nikias 255 f., 259
Nikolaos von Damaskus 100

Orestes 160

Pausanias 81, 240
Peisistratiden 62, 186, 225–227, 230, 246–248
Peisistratos (Tyrann von Athen) 187, 191 f., 225
Pelopidas 183 f.
Periander/Periandros (Tyrann von Korinth) 150, 177
Perikles 56, 81, 145, 151, 196, 242, 246–256, 259
Perser 14, 77, 140–142, 149, 157, 181, 191, 222–239, 249, 267, 271, 285–289
Pharax 263
Philipp II. (makedon. König) 84, 127, 140, 272, 278–287
Philistos von Syrakus 262
Philochoros 135
Philokrates (athen. Politiker, sog. Friede des P., 346) 285
Philolaos 183
Phönizier 12, 69, 72, 84, 126, 154, 233
Phokaier 205, 220, 225
Phoker 105, 184
Phokion 201
Pindar 23, 120, 212
Platon 19, 23 f., 48, 114
Plutarch 24, 162, 182, 211, 216, 231, 247
Polybios 221
Polykrates (Tyrann von Samos) 101, 132, 225, 234
Poseidon 111
Protagoras 113
Protis 205
Pythagoras 81
Pythia 27

Rhodier 12, 266
Römer 142

Sargon II. (assyr. König) 66
Sikeler (Sikelioten) 12, 124, 217, 251, 280
Skythen 124, 140, 225, 229
Sokrates 2, 201
Solon 43, 48 f., 112, 186, 191–194, 199
Sophokles 23
Strabon 110, 204
Sybaris (Tochter des Themistokles) 250

Thales von Milet 111
Thebaner 180, 184
Themistokles 237, 250
Theognis 56
Theron (Tyrann von Akragas) 223
Theseus 77, 132, 135, 187
Thessaler 105, 158
Thoas 150
Thraker 14
Thrasyboulos 150, 267
Thukydides 5, 23 f., 48, 119, 122, 129, 153, 161, 173, 196, 204, 208, 212, 221, 240–242, 246, 250–262
Timaios von Tauromenion 262
Timoleon 77, 178, 214–219
Tissaphernes 264–266
Tolmides 250 f.
Trogus 204
Tyrtaios 120, 163

Westgriechen 5, 7, 92, 103, 219

Xenophon 23, 25, 114, 161, 261 f., 265, 270
Xerxes (pers. König) 142, 222, 230 f., 236 f., 272

Zeus 113

Orte/Örtlichkeiten und geographische Bezeichnungen

Achaia 107, 172
Adria 177, 257, 280 f.
Ägäis 28 f., 31, 36, 70, 72, 76, 148–150, 174, 176, 219 f., 223, 225–227, 230, 232 f., 235 f., 240, 249, 252, 257, 264–267, 272 f., 275, 280
Ägypten 9, 66, 101, 126, 140, 144, 146, 230, 233, 245, 247, 249, 251, 263 f., 267, 271, 284
Aigina 56, 223, 236 f., 245, 257
Aigospotamoi 167
Aitolien 289
Akragas 215, 222, 253
Akropolis 90, 137, 191
Alalia 206, 220
Apollonia 177
Arabien 288
Argasa 147
Argolis 33, 137
Argos 33, 95, 103, 133, 139, 159, 225
Arkadien 107
Asien *siehe auch* Kleinasien 9, 138, 265
Askra 33
Assesos 147
Assyrien 66
Athen 3, 5 f., 10, 12, 19, 22, 26 f., 33, 40–46, 48–51, 54, 56, 61 f., 74, 76 f., 83, 85, 87, 90, 92 f., 95, 99, 101 f., 109, 114, 118, 123, 127–129, 135–137, 139, 141 f., 144 f., 147 f., 150–152, 159, 163, 165, 171 f., 175 f., 178, 182, 184–187, 189, 191, 193 f., 198 f., 202, 210–215, 217 f., 223 f., 226–228, 230, 235–237, 239–252, 256–261, 267, 270, 273–275, 277 f., 282, 284–286, 288–290
Atlantik 176

Attika 22, 46, 77, 147, 174, 181, 185–188, 198 f., 218, 227 f., 249, 259
Aulis 265

Babylonien 66
Balkan 6
Boiotien 6, 106, 135, 138, 179–183, 227, 249, 258, 277 f.
Bosporanisches Reich 101
Bosporus 267, 281
Byzantion 277

Chaironeia 5, 273, 285 f.
Chalkis 29, 165, 227, 245
Chios 95, 103, 150, 223, 274, 277

Delion 181
Delos 12, 111, 248
Delphi 27, 110 f., 144, 155–157, 167, 206
Deutschland 1, 82, 159
Diolkos 174, 177
Dreros 62, 95

Eleusis 90, 187
Eleutherna 153
Elis 77, 138, 172
England 159
Ephesos 235
Epidamnos 177, 257
Epidauros 159
Epipolai 212
Epirus 21
Erechtheïs 248
Eretria 29, 43, 223, 235 f.
Etrurien 146, 175
Euboia 235 f., 249 f.
Euphrat 265
Europa 138
Eurotas 162
Eurotastal 227

Orte/Örtlichkeiten und geographische Bezeichnungen — 367

Frankreich 9, 83, 159

Gades 176
Gela 216
Golf von Korinth 107, 174 f.
Golf von Neapel 67
Gortyn 43, 54, 95
Granikos 289
Großbritannien 1, 206
Großgriechenland 208, 250
Gytheion 167

Hellespont 249
Heraklea 11, 46, 149
Himera 152, 222, 253

Iklaina 30
Illyrien 281
Indien 126, 286, 289
Ionien 69, 146, 152
Ionisches Meer 275
Ischia 38, 69
Isthmia 144
Isthmos von Korinth 173 f.
Italien 9, 11, 31 f., 74, 77, 86, 138, 156, 164, 175, 177, 208, 211, 221, 223, 249–252, 260, 262, 273, 280 f.

Judah 66

Kadmela 182
Kalabaktepe 147
Kalauria 111
Kamarina 95
Kap Sunion 236
Karien 247, 273
Karthago 6, 126, 176, 206, 211, 221–223, 244 f., 258, 279
Keos 275
Kerkyra 257
Kilikien 247
Kleinasien 26, 32, 36, 99, 138, 145–147, 150, 152, 157, 211, 215, 220, 224, 233 f., 261, 264, 268, 271, 281
Knidos 159, 266, 268

Knossos 154
Kommos 154
Kopaïs-See 180
Korinth 5, 18, 33, 60, 74, 76 f., 95, 99 f., 127, 137, 139, 149, 156, 159, 172–175, 177, 179, 210 f., 216, 219, 223, 225, 244, 251, 257 f., 261, 267
Korkyra 139, 159, 177, 250
Koroneia 249 f.
Korsika 220
Kos 277
Kouass 176
Kreta 26, 28, 30, 43, 46 f., 56, 94 f., 153–155
Krisai 158
Kroton 103
Kunaxa 264
Kykladen 42, 151, 230, 235, 237
Kyrene 28, 72, 95, 103

Lakedaimon *siehe auch* Sparta 171
Lakonien 34, 137, 167, 218, 247
Lechaion 174
Lefkandi 33
Leontinoi 250, 252
Leuktra 119, 272, 274, 278
Levante 34, 126, 146, 248
Lixus 176
Libyen 258
Lydien 233
Lyttos 154

Mäander 147
Makedonien 5 f., 15, 21, 76, 108 f., 126, 200, 230, 235, 250, 257, 279, 281 f., 284 f.
Mantineia 119, 121, 127, 172, 261, 272
Marathon 5, 121, 232, 236–239
Marokko 176
Massilia 60, 74, 178 f., 203–207, 210 f.
Megalopolis 77
Megara 103, 159, 249 f., 257–259
Megara Hyblaia 74
Megaris 249

Messenien 30, 119, 133, 138, 218
Metapont 91
Midea 33
Milet 95, 146–152, 173, 233, 235
Mittelmeer 11 f., 14, 18, 31 f., 70, 148, 175 f., 204, 210, 212, 219–223, 248 f., 258, 263, 288
Myanmar 202
Mykale 111, 231
Mykene 30–33

Naher Osten 30, 32, 68, 76, 100
Naukratis 144
Naxos 233–235, 253, 275
Nemea 144
Nichoria 33
Nordafrika 258

Ogygia 212
Oikumene 65
Oiniadai 288
Olbia 149
Olympia 144, 174
Olynth 43
Orchomenos 181, 183
Orient *siehe auch* Naher Osten 9 f., 146
Ost-Lokris 107
Oxyrhynchos 25

Pamphylien 247
Paros 151, 236 f.
Pella 281
Peloponnes 85, 138, 158–167, 171, 174, 177, 179, 225, 228, 239, 242, 245, 247, 249, 251, 253 f., 257, 266, 272
Perserreich *siehe auch* Perser und Persien 77, 178, 182, 229–231, 266
Persien 77, 144, 152, 226, 228–239, 247, 260 f., 264 f., 268, 274 f., 279, 283–285
Phaleron 236
Phigaleia 133
Phokaia 152, 204–206
Phokis 107 f.

Phönizien 72, 84, 221, 281
Piräus 176, 202
Pithekoussai 38, 69
Plataiai 27, 127, 181–183, 231, 236, 238 f.
Pontos *siehe* Schwarzes Meer
Potideia 174, 257
Propontis 233
Pylos 30

Rhegion 250, 252
Rhodos 77, 266, 277
Rhône 205
Rom 15, 86, 127, 208, 221, 242, 258

Salamis 194, 214, 238
Samos 56, 99, 150, 223–225, 234, 239, 242, 276, 288–290
Sardes (Sardeis) 228, 268
Sardinien 31, 210, 221, 258
Saronischer Golf 111, 174, 238
Saronisches Meer 227
Schwarzes Meer 46, 62, 140, 148 f., 151, 227, 251 f.
Segesta 250
Senegal 206
Sigeion 226
Sikyon 95, 159
Silawald 251, 257
Sizilien 27, 31, 56, 74, 76 f., 95, 127, 138, 156, 175, 177 f., 208–210, 212, 215, 218 f., 221 f., 243, 245, 250–253, 259 f., 262–264, 273, 279–281
Spanien 9, 33, 62, 176, 206
Sparta 5 f., 21, 46 f., 54, 70, 74, 76, 81, 83, 85, 92, 94 f., 109, 119, 121, 123, 127, 129, 132 f., 135, 138 f., 142, 144, 150, 154, 156, 158–164, 166, 168–173, 179, 191, 218, 223–228, 239 f., 243, 245–247, 249, 251, 255–259, 261, 263–270, 272–275, 277 f.
Sphakteria 245, 259
St. Blaise (etruskischer Handelsplatz bei) 204
Straße von Gibraltar 175

Straße von Otranto 175, 177, 257
Strymon-Tal 150
Sybaris 151, 251
Syrakus 6, 46, 76, 103, 109, 126, 139, 148, 178, 208, 211–219, 222 f., 227, 243, 251, 253, 258, 264, 279
Syrien 33, 66

Tainaron 167
Taras/Tarent 103, 163, 165
Tartessos 205
Tegea 172, 288
Teichioussa 147
Thasos 235, 247
Theben 5, 109, 132, 135, 138, 158 f., 179–184, 258, 261, 267, 272, 274 f., 277 f., 284 f.
Thera 72
Thermopylen 182, 238
Thespiai 181, 183

Thessalien 6, 46, 60, 107–109, 126 f., 135, 158, 210, 278 f.
Thrakien 148, 227, 230, 233, 235, 245, 252, 257, 279, 281
Thurioi 103, 151, 251 f.
Tiryns 31, 33
Transjordangebirge 34
Tyros 66
Tyrrhenisches Meer 211, 221, 223, 245

USA 159, 254

Vietnam 254
Vorderasien *siehe auch* Naher Osten 66

Zankle 210
Zypern 32, 34, 36, 210, 235, 245, 247 f., 251, 267, 273, 278 f.

Sachen

Abstammung/-sgemeinschaft 8, 43, 61, 84, 136, 182, 207
Abwanderung 152
Adelsethik 58
Adelsherrschaft 55, 95, 99, 155
Administration 93, 198
agency 9
agogê 35, 166
agôn/Agonalität 2, 58 f., 61 f., 112, 118, 121 f.
‚agonaler Mensch' 57
Agora 69, 90 f., 137, 185
Alterität 139
Altersklasse 168
Amnestie 139, 201
Amphiktyonen/Amphiktyonie 104, 110 f., 158
Amt 79, 89
Amtsträger 78, 92
– Kontrolle der 195
Analogieschlüsse 16
Analphabeten 37
Anfang/-serzählung 83, 133
Anführer 35, 51, 81, 83
Apella 143, 148 f., 156, 169 f., 177, 204, 212
Apoikie 72, 74 *siehe* Kolonie
Arbeit, nicht-bäuerliche 40
Archäologie 22, 27, 146, 152, 186, 204, 209
Archaische Zeit 4, 28
archê 219, 241 f., 262, 275
Archon (Amt) 192
Archontenliste 20, 62, 191
Areopag 193, 195
aretê 59, 82
Aristokraten 7, 70, 87, 226, 234, 260
Aristokratie 54–62, 67, 78, 101, 112, 149, 164, 186, 206, 215 f., 218, 252, 255 f.
aristokratischer Unternehmungsgeist 224
Arme/Reiche 48 f., 51

Assoziation 61, 83, 88
– genossenschaftliche 7
Athênaíôn Politeía 22, 25, 135, 190
Athenische Demokratie 3, 5, 22, 43, 45, 48 f., 51, 79, 102 f., 113, 123, 135 f., 142, 185, 188 f., 195–198
Athleten/Athletik 52, 57, 59, 62, 174
Attischer Seebund, Erster 19, 26, 42, 111, 141 f, 152, 198, 231, 239, 243, 246–248, 274
Attischer Seebund, Zweiter 261, 274–278, 285
Ausländer 40, 198 f., 286
Außenpolitik 58, 128, 217, 225, 227, 231, 237, 240, 248, 249, 263, 271 f., 283 f.
Austausch, maritimer 86
Austerität 164
Autochthonie 18 f., 135 f.
autonome Intelligenz 157
Autonomie 9, 85, 106, 264, 274, 277
Autonomie-Klausel 270, 272

bäuerliche Lebenswelt 88
Bankett/-haus 61, 84, 186
Barbaren 13 f., 134, 138–142, 144
basileús 35 f., 51, 191
Belagerung/-skrieg 124–126, 265
Besitzverhältnisse 22, 40, 150, 160
Bestattungspraktiken 56, 86
Bevölkerungsschwund 34, 150, 165
Bevölkerungsverschiebung 76, 281
Bevölkerungswachstum 21, 68, 86, 109, 223 *siehe* Überbevölkerung
big men 36, 55, 99
Binnenkolonisation 148
Biographie 81, 255 f.
Bogenschützen 124
Boiotischer Bund 106, 183, 258
boulê siehe Rat
Bronzezeit 3, 28–35, 146, 153, 181
Bündnisvertrag 53
Bürger/Nicht-Bürger 199

Bürger/-recht 48, 93 f., 120, 217, 242, 280
Bürgerrechtsgesetz (Athen, Mitte 5. Jh.) 43, 199
Bürgerschaft 7, 51, 80, 84, 93, 95, 103, 165
Bürgerstaat 83, 88
Bürgerzahl Athens 22, Spartas 165
Bundesgenossenkrieg (357–355) 283
Bundesstaat 7, 77, 104 f., 108 f., 180, 277 siehe koinón

Charisma 100
chiefdom 36
Chigi-Kanne 120
chôra 147, 149
Chronographie, antike 20, 136
Chronologie 20, 74, 135, 137
clan 83, 210
connectivity siehe Konnektivität
Copenhagen Polis Centre 7, 84 f., 166

Dark Ages 32–39, 72, 78, 84, 88, 96, 100, 105, 146
Dekarchie 264
Dekonstruktion/Dekonstruktivismus 1, 14, 96
Demagogen 196
Demen 136, 186 f.
Demenreform 226
demographic instability 44
Demographie 2, 20, 22 siehe Bevölkerung-
Demokratie 45, 85, 101–104, 112 f., 123, 135–137, 142, 182, 185, 189, 191, 195, 201, 213–216, 218, 234, 245 f., 253 siehe Athenische Demokratie
Demokratietheorie 89
Dêmos 95, 214
dêmósion 227
Dialekte 36 f., 209
Diolkos (Korinth) 177
Dionysos-Theater 202
Diplomatie 128 f.

Diskurs 7, 130, 199
– antidemokratischer 200, 246
Dissoziation 61, 83 siehe stásis
Divination 157, 173 siehe Orakel
Doppelkönigtum (Sparta) 34, 169
Dorer vs. Ioner 138
‚Dorische Wanderung' 70
Dreißig (in Athen) 101, 200
Dreißigjähriger Frieden (446) 258
dynasteía 54, 100
Dynastenregime 155

Ehre 50 f., 122, 127, 260
Eid von Plataiai 27
Eintracht 139, 161
Einzelpersönlichkeit 81, 184, 196, 203, 255
Eisen/-zeit 34 f.
Elite/Eliten 6, 35, 59, 87, 94, 97, 154, 164, 207, 210, 214 f.
Elitendominanz/-herrschaft 57, 102
elitist-ideology 88
Emigranten 77, 151
empire 242, 263
empire-building 280
empórion 149, 205, 220-222, 245, 247, 252, 258
Epen, frühe 37
Epheben/Ephebie 44, 202
Ephorat/Ephoren 169, 224
Epigraphik 22 siehe Inschriften
epitáphios lógos siehe Gefallenenrede
Epoche/-nbegriff 4, 16
Eponymen 19
equality, strong principle of 88
Erdbeben 17, 31
Erinnerungsort 4, 136
Ernährung 18, 118
Erzählung, mythische 8
Erziehung 84, 155, 168
Ethnizität 8, 69, 107, 138, 143 f., 180, 182, 239, 282
Ethnographie 113, 142
éthnos 104 f., 108, 172
Ethnozentrismus 141 f.
Euergetismus 52

Evolutionismus/Evolutionsvorstellung 9, 112
Exil 77, 169
Exklusivierung 57

Fabeln 49
Familie 83, 90, 136, 154
Fernhandel 176
Fest 34, 83, 85
Festgesandte/-schaft 85, 93
Festung 76, 278, 280 f.
Fiskalbürokratie 243
Fiskalpolitik 202
Flottenprogramm 237
Formierung durch Verfahren 89
Fragmente der Griechischen Historiker 25
Frauen 43, 74, 86, 112, 134, 142, 164 f., 194, 199
Fremdenvertreibung 168
Freundschaft 53, 130
Freundschaftsnetzwerk 197
friedship, ritualized 66, 68, 255
frontier studies 74
Frontier-Gesellschaften 14
Fünfzigruderer 205
Funktionärsapparat 245, 264
Fürstenspiegel 82

Gabentausch 52
gamóroi 48, 213
Garnison 198
Gastfreundschaft 58, 97, 224, 255
Gefallenenrede 135 f.
Gegenseitigkeit 52, 130
Gehorsamsmodalitäten 127
Geld/-wirtschaft 27, 42, 168, 223
Gemeindesklaven 93
Gemeinschaften, prä-/protostaatliche 36
Gemeinschaftsaufgaben 35, 164, 192
Gemeinwohl 88
Gender 56, 74, 161
Genealogie 133, 136, 140, 144
Generaldekrete 198, 241
Generation 20
Gerechtigkeit 58, 112

Gericht/-swesen 190, 198
Gesandtschaft/-swesen 129, 227 f.
Geschenk 52
Geschichtsschreibung 24, 26
Geschlecht *siehe* Gender
Gesellschaft 16, 46 ff., 56, 68, 71, 80
– segmentäre 105
– vormoderne 63
Gesetz 79, 84, 90, 153, 201
Gesetzgeber/-gebung 94, 167, 183, 192, 201
Getreide 227, 251, 279
Gewalt 7, 84, 98
gift giving 52 *siehe* Gabentausch, Geschenk
Gleichheit 54, 112, 164, 183
Globalgeschichte 13, 63
Globalisierung 12 f.
Gold 257
governance 44, 78
‚Große Kolonisation' 73
‚Große Rhetra' 163, 169 f.
Großmacht/-politik 27, 109, 172, 180, 191
Gründung 137 f.
Gründungserzählung/-mythos 107, 138, 156, 205

Händler 65, 68, 128, 175, 206, 220, 233, 276
Hafen 71, 175, 177, 212
Handel/-sbeziehung/-skonkurrenz 12, 40, 42, 66, 148, 173, 175 f., 206, 211, 220, 233
Handwerk/-er 11, 40 f., 44, 76, 173 f., 176 f., 210, 280
Harmosten 264
Häuptlingstum 30
Haus (als Bauform) 42 f.
Heerkönigtum 281
Hegemon 252, 276 f.
Hegemonie/Hegemonialbildung/-politik/-system 5, 109, 183, 220, 222, 240, 256 f., 261, 263, 275, 283
Hegemoniewechsel (478) 240 f.
Heiliger Krieg 158

Heilige Straße 91
Heiligtum 56, 90 f., 107, 110, 143
Heiratspolitik/-verbindungen 56, 58, 281
Hektemoroi 192
Hellenion 144
Hellenenbund (481) 110, 124, 135, 142, 182, 238 f., 271
Hellenenname 158
Helleniká aus Oxyrhýnchos 22, 25
Hellenismus 2, 5, 77, 106, 136, 161, 217
Heloten 45, 163–165, 167 f., 171 f., 264
Heroengrab 91
Herrschaft 7, 45, 58, 76 f., 113, 185, 214
– aristokratische 56, 60, 79, 88, 95, 98 f., 154
– monarchische 126 f., 141, 217
– territoriale 19, 42, 218, 221–223, 280
Herrschaftssoziologie 242–244
hetaíroi 53
heterarchy 78
hierá 199
Hierarchie 38
– göttlich sanktionierte 10
Hirten/Hirtennomaden 11, 34
Historiographie *siehe* Geschichtsschreibung
Hochkultur 30
Hof 30, 212, 279
Holz 174 f., 250 f., 257, 279
homoíoi 165
homónoia 139, 161
Hopliten 80, 88, 118 f., 122–124, 226, 235 f., 278
Hoplitenphalanx 117–123, 125, 168
‚Hoplitenrevolution' 80, 123
hóroi 193
Hybridformen/Hybridität 9, 11

Idealtypus 9, 79, 82, 96, 104
Identität 48, 68, 74, 92, 107, 130, 134, 138 f., 144, 154, 182, 199, 282

– ethnische 143
– hellenische 12, 142 f.
– panhellenische 106
Ideologie 48, 59, 137, 145, 196, 199, 230
Ilias 35, 120
Imperialismus/imperial 13, 244–247, 257, 273, 277
– athenischer 227
Infrastruktur 27, 212
Inschriften 25, 81, 90 f., 107, 136, 153, 157, 189, 196, 203, 251, 286
Inselgriechen 245
Instanz, dritte 170
Institutionen/Institutionalisierung/-sprozess 15, 59 f., 62, 67, 78, 92, 94 f., 134, 170, 200
Institutionentheorie 202
Integration 84, 105, 107, 183
– politische 6
Intellektuelle 200
intentionale Geschichte 133
Interaktion 6, 9, 11, 13, 51, 90, 104, 106 f., 139, 172, 219, 250
International Relations 129
‚Ionische Wanderung' 69, 147
Ionischer Aufstand 232, 235, 240
Isonomie 112, 213, 228, 234 f., 245 f.
Isopolitie 242

Kalender 19
‚Kallias-Friede' 27 f., 248
Karawanenrouten 65
Kartell/-bildung 57, 60, 87
Katapult 126, 279
Keramik 175 f., 193, 203, 205, 212, 232
Klaroi 165
Klasse/-nkampf 47, 50, 97
Klassische Philologie 22
Klassische Zeit 4
Klassizismus 1
Kleinbauern 11
Kleisthenische Reformen 246
Kleruchie 75 f., 194, 245, 264, 276
Klientelbildung 102

Klimatheorie 141
koinê eirênê 270, 272, 275, 288
koinón 104, 108, 273, 277 f., 288
Kollektivwille 87
Kolonialgesellschaft 207
Koloniallegende 74
Kolonie 13, 281 *siehe* Apoikie
Kolonisation 8, 11, 32, 48, 69, 70, 74 f, 148
Komplexitätssteigerung 89
Komplexitätstheorie 15
Konflikte, soziale 8, 47 f., 51, 70, 97 f.
König/Königtum *siehe* Monarchie
Königsfriede (386) 267–274
Konkurrenz 6, 8, 55, 59 f., 87, 95, 150, 155
Konnektivität 11, 33, 68, 74
Konsens 95, 170
Kontinuität 32 f., 227
Korinthischer Bund 145, 266, 288
Korinthischer Krieg 267
Kosmos (Sparta) 159, 225
Kreativität 6, 11, 180
Kreditwesen 68
Krieg/-swesen 31, 42, 86, 114–130, 168, 273
Kriegsfinanzierung/-ökonomie 118, 128
Kriegstechnik 281
krypteía 34, 163, 168
ktísis siehe Gründungserzählung
Kulttopographie 91
Kultur, politische 8, 80, 170
Kulturgeschichte des Politischen 79
Kupfer 210

Labilität (des Politischen) 57 f.
Lamischer Krieg 290
Landbesitz/-er 40, 48 f., 217
Landproblem/-not/-verteilung 97, 148, 160
Landwirtschaft 39
Lange Mauern 245, 259
Lebensstil 50, 55, 164, 174
Legitimität 89, 197
Legitimität/Illegitimität 99

Leichtbewaffnete 124 *siehe* Peltasten
‚Lelantischer Krieg' 29
Linear-B-Täfelchen 36
Lokalgeschichte 134–136
Lokalismus 7, 18, 42, 84, 103, 186 f.
Luxus/-güter 56, 164

Machtentfaltung, Kontinuität aggressiver 217
Mahlgemeinschaft 155
mare clausum 258
Markt 51, 280
Marxismus 48 f.
Medizin 211
Megaron-Haus 31
Mehrheitsentscheidung 89, 197
Megarisches Psêphisma 257 f.
Meistererzählung 29, 59, 79, 95
memorial turn 130
Mensch/Landschaft 17
Mentalität 4, 44, 227
Messenischer Krieg, Erster 163
Messenischer Krieg, Zweiter 164 f.
Metoiken 54, 177, 194, 198
middle-class 88, 120
middle grounds 67, 143
middling ideology 88
Migration 6, 8, 12, 21, 36 f., 63–78, 133
Militärpragmatik 254, 260
Militärwesen 80
Miliz/-system 119, 123
Mineralien 210, 279
Minoisierung 32
Mischehe 218
Mischverfassungstheorie 114
Misstrauen 53
Mittelmeer/-raum 11 f.
Mittelschicht 68, 98, 216
Mobilität 3, 6, 11 f. 33, 63–78, 211
– soziale 56
Mobilitätsnetzwerk 75
Modellbildung 116, 202
Modernisierung/-sprozess 202, 227
Modernisierung, nachholende 6, 279

Monarchie 30, 36, 81 f., 99, 127, 273, 278
Monetarisierung 75, 226
Monumentalisierung 91
multicity states 109
Münze 27, 68, 107, 194, 203, 210
Musik/Tanz 84
Mutterstadt 70, 72, 75, 252
Mykenisierung 32
Mythos 14, 20, 69, 107, 131, 134, 181

Nachbarschaft/-sverband 39, 96
Naher Osten 32, 68
Nation 1, 3
naukraríai 191
Nekropole 90, 203
Nestorbecher von Pithekoussai 38
networking 12
Netzwerk/-bildung/-modell/-theorie 10–14, 17, 68, 74, 92, 104, 110
Neue Institutionenökonomie 14, 41
Neuhumanismus 1
Nobilität, römische 57
nómima 75, 134
nómoi 202
Numismatik 22, 26 *siehe* Münze

Oben/*ôbai* (Sparta) 163, 171
Odyssee 35
öffentliche Gebäude 92
Ökologie 17, 63, 67, 147, 173, 209
Ökonomie 107, 176 *siehe* Wirtschaft
– Modernität der griech. 50
Oikisten 216–218
Oikonomikós (Schrift Xenophons) 40
Oîkos 30 f., 39–44, 95
Oliganthrôpia 165
Oligarchen 190, 200
Oligarchie 48, 101 f., 178, 201 f., 250, 253
Olivenanbau 18, 193
Olympische Spiele 144
Orakel 143, 155–157
Orientalismus 13, 141
Ostrakismos 77, 193, 195, 214, 248

Päderastie 84
Palast 30 f., 38
Panathenäen 133, 194
panhellenisch/Panhellenismus 144 f., 251 f., 265
Panhoplie 71
Panionion 111
Partei/Parteiungen 197, 266, 284
Partikularismus 109 f., 187
Patronage 152
peer-polity-interaction 10
Peloponnesischer Bund 171 f., 179, 225, 228, 239, 243, 247, 249, 257, 261
Peloponnesischer Krieg 5, 105, 125, 171, 177, 231, 241 f., 253–260, 267, 273
Peltasten 278 *siehe* Leichtbewaffnete
Pentekontaëtie 246
Periodisierung 4
Periöken 166 f, 171
Perserkriege 120, 125, 137, 139, 141 f., 144, 182, 221, 225, 229, 231 f., 237, 261, 272
Perserreich 6, 14, 77, 182, 229, 265
Personenname 43
Personenverband 83, 93
Phalanx *siehe* Hoplitenphalanx
phêmê 54
philía 280
phíloi 53, 216
Philosophie 112, 151, 211
phóros 241, 243
Phratrie 83
Phyle 83, 95 f., 136, 163, 171, 187, 194
Phylenreform 84, 179, 187, 215
Piraten/Piraterie 65, 67, 71, 220
Pnyx 202
Poliorketik 126
Polis 2, 7, 9, 14, 58–60, 79, 82–98, 109, 119, 139, 166, 255, 280
Polisautonomie 106
Polisbewusstsein 48
Polisbildung 48, 63, 72, 100

Polisinstitutionen 163
Polisstaat/-lichkeit 8, 33, 99 f., 182
politeía 213
Politik 6 f.
politische Anthropologie 89
politische Ökonomie 202
Politischen, Formbarkeit des 83
politisches Denken/-e Theorie 55, 111–114
Postkolonialismus/postkolonial 8, 10, 74, 84
postpalatial warlords 36
Praktiken/Praxis 56, 59
Praxeologie 56, 79, 85, 185
Priester 62
Privateigentum 83
Professionalisierung 273, 283
Prosopographie 26
Prostitution 174
Protohopliten 119
Protokolonisation 149
Proxenie 26, 52, 68, 92
Prytanie 202
psêphísma 202
Psychohistorie 254
Publikum 134, 142

qa-si-re-u 36
Quellen 22–28

Randgruppen 10
Rassismus 141 f.
Rat 101, 113, 189, 194 f.
Raum 16, 78, 89
– öffentlicher 86, 90
Raumvorstellungen 19
Recht 54, 190
Rechtsfindung 78
Rede/Redner 137 *siehe* Rhetorik
Reform 165, 227, 229
Regionalismus 104
Regionen 18
Reiche/Arme *siehe* Arme/Reiche
Reisen 64
Reiterei 124, 126, 215, 278
Religion 88, 173

Ressourcen 17, 30, 97, 147 f., 209, 231, 240, 248, 257, 279
– Knappheit agrarischer 70
‚Revolution im 8. Jahrhundert' 86
Rezeptionsgeschichte 160
Reziprozität *siehe* Gegenseitigkeit
Rhetorik 197, 214
Risikobereitschaft 71
Rotationsprinzip 155
‚Rückkehr der Herakliden' 36, 132

sakrale Achse 90
Satzung 60, 86, 94
Schicht, soziale 47, 51
Schiedsgericht 128
Schiedsrichter 60
Schiffekatalog (Homer) 138
Schleuderer 124
Schulden 49, 193
Schuldknechtschaft/-sklaven 46, 193
Seefahrt/-fahrer 12, 31, 65, 173
Seehandel 68, 71, 204, 244
Seehandelsroute 210, 221, 223, 252, 257
Seekrieg/-schlacht 122, 128
seisáchtheia 192
Sesshaftigkeit 63, 69
Sicherheit 51, 78, 93
Sieben Weisen 100
Siedlungen, früheisenzeitliche 38
Siedlungsarchäologie 63
Siedlungsmuster/-strukturen 91, 107
Silber 210, 257
Sippe 83
Sizilische Expedition (415–413) 259 f.
Sklaven/Sklaverei 40, 44–46, 247
Social Anthropology 36
Söldner 12, 27, 65–67, 71 f., 77, 122, 144, 155, 188, 205, 209, 212, 220, 233, 265, 271, 273, 278–280
Söldnerdekret (Alexander d. Gr.) 286 f.
Söldnersiedlung 76
soft power 223

Sophistik 113, 197, 214
sophoí 100
Sozialanthropologie 14, 78, 160, 162
soziale Differenzierung 11, 35, 57
soziale Komplexität 100
soziale Stabilität 154
soziales Gedächtnis 136 f.
Sozialgeschichte 46 f.
Sozialkontrolle 39, 190
sozialwissenschaftlicher Zugriff 15
Soziobiologie 14
Soziologie 47, 78, 89
Spezialisierung/Spezialisten 12, 40, 125, 127
Staat 59, 78, 83, 87, 243
Staatlichkeit 21, 78, 109, 128, 194, 198, 227 *siehe* Polisstaatlichkeit
Staatsmann, idealer 114
Staatsrecht 93
Stadt (als Typus) 9, 19, 40, 80, 83, 133
Stadtmauer 88, 91 f.
Stadtplanung 19, 43, 104, 212
ständische Lage 50
Stand/Status 47, 50 f., 54
stásis 61, 77, 83, 97–99, 101, 114, 139, 150 f., 163, 171, 179, 183, 193, 207, 233
Steuern 279
Stil (des Handelns) 75, 87, 139
strategós autokrátor 216, 218, 279
Stratifizierung 51, 105
Streifenstadt 92
Stress 31
strukturalistisches Denken 19
Stufentheorie 15
subalternity 11
Subkolonie 206, 211
Subkolonisation 74
Summierungstheorie 113
Survey 18, 21
symmachía 280, 238, 241, 243
Symmachie, hegemoniale 104, 110, 273
Symposion 54, 58, 61, 143, 163 f.

synhédrion 207
Synoikismos 77, 135, 187
sýntaxeis 274
Syssitien 163 f.
Systemtheorie 15, 89

tamíai 226
Tausch 51
Tauschplatz 107
Tempel/-bau 88, 92, 212
Territorialstaat 10, 222 *siehe* Herrschaft, territoriale
Thalassokratie (Seeherrschaft) 153, 221
Theorie 16
Thessalischer Bund 108
Theten 44, 123
Topographie 16 f.
Transaktionskosten 67, 71
Tributlisten 241
Triërarchie 42, 226
Triëre 126, 128, 223, 226, 233, 237, 250
Trojanischer Krieg 20, 132
Typenhaus 43
Tyrann 48, 61, 76, 81, 126, 140, 150, 152, 177, 207, 209 f., 213, 218 f., 222 f., 227, 233 f., 253
Tyrannis 87, 98–101, 112 f., 163, 178, 194, 214, 216
Tyrannisdiskurs 100
týrannos pólis 242

Überbevölkerung 3, 70
Übergangsritual 160
Überseehandel 146, 219
Umsiedlung/-spolitik 73, 76 f., 222
Ungleichheit 11, 49, 56, 70. 78, 80, 164
Urbanisierung 72
Urbanistik 19
Urbanität 84, 107
Ursachen/Anlässe 256

Vasenmalerei 131 f.
Verbanntendekret (Alexander d. Gr.) 286–289

Verbannung 139
Verfahren 54, 77 f., 89, 94, 194, 197
‚Verfassung der Väter' 190, 202
Verflechtung/-sgeschichte 9, 13, 42
Vergessen 139
Vergleich 16, 21, 243, 245
Verschuldung 192
Vertrag 172, 250, 252, 286
Vertrauen 15, 52
Verwandtschaft 136, 140, 199, 210
Verwandschaftsfiktion 83
Viehzucht 34
Vielheit/Einheit 79
Völkerrecht 128
Volk 3
Volksversammlung 90, 195

Waffengattung 273
wandering 64
Wanderung 70
Wanderungszeit 104
warfare, colonial-style of 124

Wasserbau 18
Weltherrschafts-/Reichsideologie (Perser) 230, 271
Wettkampf, sportlicher *siehe* Athleten
Willensbildungsprozess (Sparta) 171
Wirtschaft 41 f., 50, 63, 173, 232
wirtschaftlicher Aufschwung 68, 177
Wissen 197

Zäsur 33
Zeitrechnung 19
Zensusklassen 54, 193
Zentralisierung 38, 78, 279
Zentrum-Peripherie-Modell 9, 11, 74
Zersplitterung 154
Zerstörung von Städten 209
Zugehörigkeit 94, 136, 143
zwischenstaatliche Beziehungen/-r Verkehr 79, 110, 128–130, 136

Oldenbourg Grundriss der Geschichte

Herausgegeben von Hans Beck, Karl-Joachim Hölkeskamp, Achim Landwehr, Benedikt Stuchtey und Steffen Patzold

Band 1a
Wolfgang Schuller
Griechische Geschichte
6., akt. Aufl. 2008. 275 S., 4 Karten
ISBN 978-3-486-58715-9

Band 1b
Hans-Joachim Gehrke
Geschichte des Hellenismus
4. durchges. Aufl. 2008. 328 S.
ISBN 978-3-486-58785-2

Band 2
Jochen Bleicken
Geschichte der Römischen Republik
6. Aufl. 2004. 342 S.
ISBN 978-3-486-49666-6

Band 3
Werner Dahlheim
Geschichte der Römischen Kaiserzeit
3., überarb. und erw. Aufl. 2003.
452 S., 3 Karten
ISBN 978-3-486-49673-4

Band 4
Jochen Martin
Spätantike und Völkerwanderung
4. Aufl. 2001. 336 S.
ISBN 978-3-486-49684-0

Band 5
Reinhard Schneider
Das Frankenreich
4., überarb. und erw. Aufl. 2001.
224 S., 2 Karten
ISBN 978-3-486-49694-9

Band 6
Johannes Fried
Die Formierung Europas 840–1046
3., überarb. Aufl. 2008. 359 S.
ISBN 978-3-486-49703-8

Band 7
Hermann Jakobs
Kirchenreform und Hochmittelalter
1046–1215
4. Aufl. 1999. 380 S.
ISBN 978-3-486-49714-4

Band 8
Ulf Dirlmeier/Gerhard Fouquet/
Bernd Fuhrmann
Europa im Spätmittelalter 1215–1378
2. Aufl. 2009. 390 S.
ISBN 978-3-486-58796-8

Band 9
Erich Meuthen
Das 15. Jahrhundert
4. Aufl., überarb. v. Claudia Märtl
2006. 343 S.
ISBN 978-3-486-49734-2

Band 10
Heinrich Lutz
Reformation und Gegenreformation
5. Aufl., durchges. und erg. v. Alfred Kohler 2002. 283 S.
ISBN 978-3-486-48585-2

Oldenbourg Grundriss der Geschichte

Band 11
Heinz Duchhardt / Matthias Schnettger
Barock und Aufklärung
5., überarb. u. akt. Aufl. des Bandes „Das Zeitalter des Absolutismus"
2015. 302 S.
ISBN 978-3-486-76730-8

Band 12
Elisabeth Fehrenbach
Vom Ancien Régime zum Wiener Kongreß
5. Aufl. 2008. 323 S., 1 Karte
ISBN 978-3-486-58587-2

Band 13
Dieter Langewiesche
Europa zwischen Restauration und Revolution 1815–1849
5. Aufl. 2007. 261 S., 4 Karten.
ISBN 978-3-486-49734-2

Band 14
Lothar Gall
Europa auf dem Weg in die Moderne 1850–1890
5. Aufl. 2009. 332 S., 4 Karten
ISBN 978-3-486-58718-0

Band 15
Gregor Schöllgen/Friedrich Kießling
Das Zeitalter des Imperialismus
5., überarb. u. erw. Aufl. 2009. 326 S.
ISBN 978-3-486-58868-2

Band 16
Eberhard Kolb/Dirk Schumann
Die Weimarer Republik
8., aktualis. u. erw. Aufl. 2012. 349 S., 1 Karte
ISBN 978-3-486-71267-4

Band 17
Klaus Hildebrand
Das Dritte Reich
7., durchges. Aufl. 2009. 474 S., 1 Karte
ISBN 978-3-486-59200-9

Band 18
Jost Dülffer
Europa im Ost-West-Konflikt 1945–1991
2004. 304 S., 2 Karten
ISBN 978-3-486-49105-0

Band 19
Rudolf Morsey
Die Bundesrepublik Deutschland Entstehung und Entwicklung bis 1969
5., durchges. Aufl. 2007. 343 S.
ISBN 978-3-486-58319-9

Band 19a
Andreas Rödder
Die Bundesrepublik Deutschland 1969–1990
2003. 330 S., 2 Karten
ISBN 978-3-486-56697-0

Band 20
Hermann Weber
Die DDR 1945–1990
5., aktual. Aufl. 2011. 384 S.
ISBN 978-3-486-70440-2

Band 21
Horst Möller
Europa zwischen den Weltkriegen
1998. 278 S.
ISBN 978-3-486-52321-8

Oldenbourg Grundriss der Geschichte

Band 22
Peter Schreiner
Byzanz
4., aktual. Aufl. 2011. 340 S.,
2 Karten
ISBN 978-3-486-70271-2

Band 23
Hanns J. Prem
Geschichte Altamerikas
2., völlig überarb. Aufl. 2008.
386 S., 5 Karten
ISBN 978-3-486-53032-2

Band 24
Tilman Nagel
Die islamische Welt bis 1500
1998. 312 S.
ISBN 978-3-486-53011-7

Band 25
Hans J. Nissen
Geschichte Alt-Vorderasiens
2., überarb. u. erw. Aufl. 2012.
309 S., 4 Karten
ISBN 978-3-486-59223-8

Band 26
Helwig Schmidt-Glintzer
Geschichte Chinas bis zur mongolischen Eroberung 250 v. Chr.–1279 n. Chr.
1999. 235 S., 7 Karten
ISBN 978-3-486-56402-0

Band 27
Leonhard Harding
Geschichte Afrikas im 19. und 20. Jahrhundert
2., durchges. Aufl. 2006. 272 S.,
4 Karten
ISBN 978-3-486-57746-4

Band 28
Willi Paul Adams
Die USA vor 1900
2. Aufl. 2009. 294 S.
ISBN 978-3-486-58940-5

Band 29
Willi Paul Adams
Die USA im 20. Jahrhundert
2. Aufl., aktual. u. erg. v. Manfred Berg 2008. 302 S.
ISBN 978-3-486-56466-0

Band 30
Klaus Kreiser
Der Osmanische Staat 1300–1922
2., aktual. Aufl. 2008. 262 S.,
4 Karten
ISBN 978-3-486-58588-9

Band 31
Manfred Hildermeier
Die Sowjetunion 1917–1991
3. überarb. und akt. Aufl. 2016. XXX S.
ISBN 978-3-486-71848-5

Band 32
Peter Wende
Großbritannien 1500–2000
2001. 234 S., 1 Karte
ISBN 978-3-486-56180-7

Band 33
Christoph Schmidt
Russische Geschichte 1547–1917
2. Aufl. 2009. 261 S., 1 Karte
ISBN 978-3-486-58721-0

Band 34
Hermann Kulke
Indische Geschichte bis 1750
2005. 275 S., 12 Karten
ISBN 978-3-486-55741-1

Oldenbourg Grundriss der Geschichte

Band 35
Sabine Dabringhaus
Geschichte Chinas 1279–1949
3. akt. und überarb. Aufl. 2015.
324 S.
ISBN 978-3-486-78112-0

Band 36
Gerhard Krebs
Das moderne Japan 1868–1952
2009. 249 S.
ISBN 978-3-486-55894-4

Band 37
Manfred Clauss
Geschichte des alten Israel
2009. 259 S., 6 Karten
ISBN 978-3-486-55927-9

Band 38
Joachim von Puttkamer
Ostmitteleuropa im 19. und 20. Jahrhundert
2010. 353 S., 4 Karten
ISBN 978-3-486-58169-0

Band 39
Alfred Kohler
Von der Reformation zum Westfälischen Frieden
2011. 253 S.
ISBN 978-3-486-59803-2

Band 40
Jürgen Lütt
Das moderne Indien 1498 bis 2004
2012. 272 S., 3 Karten
ISBN 978-3-486-58161-4

Band 41
Andreas Fahrmeir
Europa zwischen Restauration, Reform und Revolution 1815–1850
2012. 228 S.
ISBN 978-3-486-70939-1

Band 42
Manfred Berg
Geschichte der USA
2013. 233 S.
ISBN 978-3-486-70482-2

Band 43
Ian Wood
Europe in Late Antiquity
2022. ca. 288 S.
ISBN 978-3-11-035264-1

Band 44
Klaus Mühlhahn
Die Volksrepublik China
2017. 324 S.
ISBN 978-3-11-035530-7

Band 45
Jörg Echternkamp
Das Dritte Reich. Diktatur, Volksgemeinschaft,
Krieg
2018. 344 S., 2 Karten
ISBN 978-3-486-75569-5

Band 46
Christoph Ulf/Erich Kistler
Die Entstehung Griechenlands
2019. 328 S., 26 Abb.
ISBN 978-3-486-52991-3

Band 47
Steven Vanderputten
Medieval Monasticisms
2020. 304 S.
ISBN 978-3-11-054377-3

Band 48
Christine Hatzky/Barbara Potthast
Lateinamerika 1800–1930
2021, 370 S., 2 Karten
ISBN 978-3-11-034999-3

Oldenbourg Grundriss der Geschichte

Band 49
Christine Hatzky/Barbara Potthast
Lateinamerika seit 1930
2022, 416 S., 1 Karte
ISBN 978-3-11-073522-2

www.ingramcontent.com/pod-product-compliance
Lightning Source LLC
Chambersburg PA
CBHW031324230426
43670CB00006B/234